Karl Grammer

Signale der Liebe

*Die biologischen Gesetze
der Partnerschaft*

Hoffmann
und Campe

Lektorat Johannes Thiele

Die Deutsche Bibliothek – CIP-Einheitsaufnahme
Grammer, Karl: Signale der Liebe:
die biologischen Gesetze der Partnerschaft / Karl Grammer.
– 1. Aufl. – Hamburg: Hoffmann und Campe, 1993
ISBN 3-455-08451-6

Copyright © 1993 by
Hoffmann und Campe Verlag, Hamburg
Schutzumschlag: Lo Breier
Gesetzt aus der Sabon
Satz: Dörlemann-Satz, Lemförde
Druck und Bindung: Ebner Ulm
Printed in Germany

Inhalt

Danksagung   7

Verhängnisvolle Affären   9
Die Werbungsphase: ungerichtete Selbstdarstellung   13
Die Aufmerksamkeitsphase: Der erste Eindruck   17

Vom Kampf der Geschlechter   27
Verhalten – der Puffer zwischen Umwelt und Überleben   30
Variabilität – der Schlüssel zum Erfolg   33
Männlich und weiblich: Grundbedingungen im
    Fortpflanzungsverhalten   39
Der biologische Imperativ   48

Nichts ist ohne Risiko: Verrechnen, Entscheiden und Handeln   50
Wahlbedingungen   51
Der Flirt – die Stunde der Zweideutigkeit   52
Der Eigennutz des Denkens   58
Das Prinzip der offenen Programme   59
Die Grenzen der Verarbeitung   66
Strategien, Taktiken und Risikowahrnehmung   68
Werbeverhalten, Partnerwahl und Denkprozesse   72

Ich weiß nicht, was soll das bedeuten: Grundlagen der Kommunikation   76
Die Rahmenbedingungen   81
Botschaft und Triggersignal   93

Der Partnermarktwert: Suchbilder   116
Angebot und Nachfrage   116
Persönlichkeitsmerkmale: Bindungsfähigkeit   123
Alter   126
Sozialer Status als Wahlkriterium   132
Körpergröße und Intelligenz   138

Keuschheit, Sex und Kinderwunsch 141
Attraktivität 142
Heiratsmarkttheorie 144

Spieglein, Spieglein: Schönheit und erotische Ausstrahlung 147
Wer schön ist, ist auch gut 150
Ist Schönheit Durchschnitt? 156
Das menschliche Chamäleon: Kleidung und Status 209
Prototypentheorie der Schönheit 227
Schönheit und Partnerwahl 233

Kommunikation ist »Manipulation«: Lügen, Täuschen und Betrügen 249
Täuschungsmanöver 250
Täuschung und Werbeverhalten 252
Triggersignal und Täuschung: Signale als Werkzeuge 254
Lügen haben kurze Beine 256

Die Anatomie des Flirts 264
Die Wahrnehmungsphase 265
Die Interaktionsphase 298
Die sexuelle Erregungsphase 351
Die Bindungsphase: Liebe 368

Partnerwahl: Wunsch und Wirklichkeit 378
»Gleich zu gleich gesellt sich gern« 378
Zufriedene Ehen: Stabilität und Gleichheit 395
Das biologische Ergebnis: Fruchtbarkeit 398
Genetische Effekte und die Grenzen der Partnerwahl 400

Die Kniffe der Frauen und die Tricks der Männer 409
Sexuelle Eifersucht 410
Fremdgehen: aktive Wahl und Spermienwettbewerb 417
Die stille Ovulation 423
Jemanden riechen können und Sensationslust: die Mechanismen 428

Der biologische Imperativ 435
Kritische Faktoren der Partnerwahl 437
Singles und Partnervermittlungen 442

Literatur 455

Sachregister 493

Danksagung

Die Idee zu diesem Buch wurde vor zehn Jahren geboren. Damals, nach Abschluß meiner Dissertation über das Gruppenverhalten von Kindergartenkindern, suchte ich gemeinsam mit H. Shibasaka und R. Schropp nach neuen Möglichkeiten, Verhaltensforschung am Menschen zu betreiben. Die Überlegung war, ein Gebiet menschlichen Verhaltens zu finden, in dem biologische Grundlagen vorherrschten. Da Reproduktionsverhalten im Tierreich allgemein streng hierarchisch organisiert ist, bot sich der »Flirt«, das menschliche Werbeverhalten, als Arbeitsgebiet an. Die Ausgangsidee war, ein Repertoire des menschlichen Werbeverhaltens zu erstellen und die Taktiken und Strategien zu untersuchen. Wir hofften dabei, den Einfluß der Evolution auf das menschliche Verhalten festnageln zu können. Mit der Unterstützung meiner Frau Irmgard, I. Eibl-Eibesfeldt, V. Heeschen, H. Herzog und G. Senft entstand ein neues Forschungsprojekt.

Nach vielen vergeblichen Versuchen, Menschen beim Werbeverhalten auf ein Videoband zu bannen, entwickelten wir, ohne es zunächst zu wissen, einen Standardversuch der Sozialpsychologie neu: Fremde wurden unter einem Vorwand allein gelassen und gefilmt. Das so entstandene Projekt wurde dann von der Deutschen Forschungsgemeinschaft gefördert.

Bei der Durchführung des Projektes in der Forschungsstelle für Humanethologie der Max-Planck-Gesellschaft in Seewiesen und später in Andechs halfen D. Heunemann, R. Krell, F. Krell, M. Keeser, P. Döring, P. Heineke und C. Scharmann. Das Projekt wäre nicht möglich gewesen ohne die Kooperation der vielen freiwilligen Versuchspersonen, die unserem Experiment bereitwillig zustimmten. Das erhaltene Videomaterial war reichlicher als erwartet – es ermöglichte C. Doermer-Tramitz, K. Kruck und C. Möllhoff ihre Dissertationen bzw. Diplomarbeiten, die überraschende Resultate erbrachten. Schnelle Entscheidungen, Frage- und Antwortspiele und »good vibrations« waren die ersten augenfälligen Ergebnisse. Doch die Reihe der Analysen ist keineswegs beendet, das Videomaterial wird zur Zeit in mehreren Labors untersucht.

Unsere Analysen des Materials zeigten dann aber doch viele weiße Flecken auf der Karte des menschlichen Werbeverhaltens. In neuen Projekten sind K. Atzwanger, J. Uher, B. Niedner, D. Strecke, F. Salter, A. Schmitt, W. Wojtenek, B. und D. Dovermann, N. Zimprich und M. S. Magnusson eine große Hilfe.

Im September 1991 wurde ich dann zusammen mit I. Eibl-Eibesfeldt zum Leiter des neugegründeten Ludwig-Boltzmann-Instituts für Stadtethologie nach Wien berufen. Der Wechsel nach Wien brachte eine völlig neue Sichtweise des menschlichen Werbeverhaltens: Figuren, Gesichter und Hormone wurden wichtig. Dazu haben vor allem J. Dittami, H. Seidler, J. Feierman und R. Thornhill beigetragen.

Mein besonderer Dank gilt T. Hirukawa, M. Matsutani und H. Hosoma, die Vergleichsmaterial in Japan erheben und ausarbeiten.

Ohne den Einsatz von L. Kolf-Stiller und M. Stöckl wäre dieses Buch nie zustande gekommen.

Wien, im Mai 1993   *Karl Grammer*

Verhängnisvolle Affären

Stellen Sie sich vor, Sie gehen durch eine Großstadt. Was glauben Sie, wieviel Menschen Sie im Laufe Ihres Spazierganges treffen werden? Mit wie vielen davon würden Sie gerne Kontakt aufnehmen? Wie viele Vertreter(innen) des anderen Geschlechts sind wohl dabei, die Sie interessant finden, oder in denen Sie einen möglichen Partner wittern?

Der Rock, die Hose, die Sie sich zu eng gekauft haben – nur vielleicht deshalb, weil neuerdings ein Adonis in der Firma die Papierkörbe leert?

An was denken Sie, wenn Sie morgens Ihre auffälligste Krawatte anziehen und das Rasierwasser um einen Hauch zu stark auftragen?

Oder Sie sitzen allein in einem Eisenbahnabteil – ein Fremder kommt dazu. Ein Gespräch beginnt, und ohne daß viele Worte gewechselt wurden, finden Sie ihn so sympathisch, daß er Ihnen einen Seitensprung wert wäre.

Wenn Sie geglaubt haben, Liebe beginnt mit dem ersten Blick, dann haben Sie sich gehörig getäuscht – sie beginnt schon lange vorher. Verhängnisvolle Affären fangen bereits an, ohne daß die darin verwickelten Personen auch nur die geringste Ahnung davon haben.

Den Ablauf von Kontaktaufnahmen zum anderen Geschlecht stellen sich Biologen als einen in verschiedenen Abschnitten verlaufenden Prozeß vor. In diesem Prozeß werden von den Beteiligten alle Zutaten zu dem, was wir »Liebe« nennen, ausgehandelt. Beach (1976) teilt die Verhaltensweisen »weiblicher Säugetiere« in drei Klassen ein: *Attraktivität*, (der Stimuluswert des äußeren Erscheinungsbildes) und *Prozeptivität* (Verhalten, das die Attraktivität erhöht). Dieses Verhalten wird vor allem dann gezeigt, wenn Männchen in der Nähe sind. Darunter versteht man freundliche Verhaltensweisen des Lockens und schließlich die Aufnahme von Körperkontakt. Sie dienen vor allem dazu, die Aufmerksamkeit der Männchen zu binden und die Männchen sexuell zu erregen. Schließlich kommen in dieser Abfolge dann Verhaltensweisen der *Rezeptivität* (Kopulation) vor.

Diese sehr einseitig anmutende Vorstellung läßt sich ebenso auf die »männlichen« Säugetiere ausweiten. Nicht nur der Pfau versucht seine Geschlechtsgenossinnen zu beeindrucken, sondern auch die »Schwünge männlicher Skifahrer werden um so schwungvoller und betonter, wenn Frauen auf der Piste sind« (Lorenz, 1965).

Wann tritt jetzt aber wirklich Werbung auf? Meist liegt es außerhalb der Beurteilungskompetenz des Beobachters, ob es sich in der Auseinandersetzung zwischen Personen um eine Flirtsituation handelt. Givens (1978) geht davon aus, daß es bestimmte nicht-sprachliche Anzeichen für eine ernsthafte Werbesituation gibt – eine Auffassung, die der von Sabini und Silver (1982) widerspricht. Nach diesen Autoren kann es kein spezifisches Werberepertoire geben. Es entspricht aber einer allgemeinen Auffassung, daß es gewisse Signale geben muß, wenn diese als solche erkannt und im Sinne des Senders interpretiert werden.

So läßt sich beispielsweise im Tierreich zwar eine Vielzahl von Strategien der Annäherung an das andere Geschlecht beobachten; die meisten der Strategien dienen aber denselben Funktionen. Tiere wählen beim Werbeprozeß aus den Alternativen, die ihnen zur Verfügung stehen, diejenigen aus, die es erlauben, Umstände zu überwinden, die notwendige körperliche Nähe für die Begattung nicht zulassen. Als häufigste Widrigkeiten finden wir Territorialität, Aggression, Statusunterschiede und Furcht.

Die möglichen »Verhaltensblockaden« auf dem Weg zur Liebe sind auch beim Menschen vielfältig. Es könnten Betrüger/innen unterwegs sein, die ganz andere Ziele verfolgen und nur zu ihrem eigenen Nutzen arbeiten. Die Auserwählten könnten dabei sogar eine gewisse Tendenz zur Aggression und Gewaltbereitschaft besitzen. Der Flirt könnte nur als Werkzeug eingesetzt werden, oder die Zielperson hat einfach kein Interesse. Es geht neben dem Mitteilen von Interesse deshalb auch darum, Informationen über mögliche Verhaltenstendenzen des Partners zu sammeln. Das Mitteilen von sexuellem Interesse scheint demnach die einfachste und auch empirisch umsetzbarste Definiton des Werbeverhaltens zu sein (Grammer, 1989a).

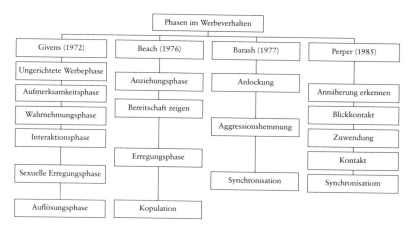

Abb. 1: Phasen des Werbeverhaltens
Das Werbeverhalten bei Menschen und Tieren scheint in »Phasen« zu zerfallen. Die Phasen wurden so geordnet, daß sich die verschiedenen Modelle in etwa zeitlich entsprechen. Dabei handelt es sich um rein deskriptive Phasen, die nicht jedes Paar unbedingt in dieser Reihenfolge durchlaufen muß. Sie eignen sich jedoch äußerst gut zur Beschreibung des Ablaufs. Besonders wichtig, und bei der Beschreibung des menschlichen Verhaltens oft vernachlässigt, sind neben den Phasen der Anlockung auch die der Aggressionshemmung.

Wie fängt es nun wirklich an? Wir sind selten still, wir »verhalten« uns immer – und stellen uns selbst dar. Die Bühne, auf der wir unsere Schauspielkünste erproben, wird durch unser Publikum definiert, und je nachdem, welche und wieviel Zuschauer vorhanden sind, ändern wir auch die Art unserer Selbstdarstellung. Dabei versuchen wir den anderen ein möglichst positives Bild von uns selbst mitzuteilen. Goffmans Doktrin der »Selbstdarstellung« (1959) ist der Ausgangspunkt eines jeden Flirts: Wir versuchen dadurch, daß wir andere beeindrucken wollen, die ersten möglichen Hindernisse bereits im Vorfeld aus dem Weg zu räumen. Für den Verhaltensforscher gilt es aber zunächst einmal zu beobachten – was passiert wirklich?

Abb. 2: Junger Japaner mit Statussymbol
Sonntag nachmittags in Harajuku in Tokyo tanzen Horden der Teenager-Avantgarde die »takenozoku« (Bambussprossenbande) auf einer abgesperrten Straße – eine einmalige Gelegenheit zur Selbstdarstellung, die auch Statussymbole mit einschließt. Wie man sieht, gefällt dies auch den japanischen Mädchen (Ausschnitt). Männliche ungerichtete Selbstdarstellung markiert den Partnermarktwert und erhöht den Stellenwert innerhalb von männlichem Wettbewerb (Foto: K. Grammer).

Die Werbungsphase: ungerichtete Selbstdarstellung

Eine ganze Reihe von Forschungsarbeiten hat gezeigt, daß man aus sehr wenigen Verhaltensinformationen Eigenschaften und Ziele von Fremden vorhersagen kann. Albright und Hildebrand (1988) und Watson (1989) zeigten, daß sich die Selbstbewertung von Personen und die Einschätzung durch Fremde weitgehend deckt. Nicht-sprachliche Information trägt entscheidend zu dieser Übereinstimmung bei. Zum Beispiel können Gesichtsmerkmale und Bewegungen wesentliche Informationen über die Qualitäten einer Person beisteuern (Berry, 1990b, 1990c).

Eine Person zieht in der Regel durch ihr Verhalten und ihr Aussehen Aufmerksamkeit auf sich und gibt dem Beobachter die Möglichkeit der Einschätzung. Dadurch kommunizieren wir ständig, wer wir sind, was wir sind, was wir im Sinn haben und wer wir sein wollen. Die Aufmerksamkeit, die uns andere zollen, führt letztlich dazu, daß wir sie benutzen, um anderen ein bestimmtes Bild von uns selbst zu übermitteln. Selbstdarstellung ist deshalb auch im Werbeverhalten eines der am häufigsten eingesetzten Mittel.

Geschlechtstypisches Aussehen und Verhalten wird als attraktiv bewertet. Demnach muß sich auch die Darstellung der Identifikation mit dem eigenen Geschlecht auf andere auswirken.

Die Tendenz zur ausgeprägten Selbstdarstellung in Gegenwart von Frauen tritt bei Männern sehr früh auf. Weisfeld et al. (1982) ließen zwölfjährige Jungen und Mädchen in gleich- und in gemischtgeschlechtlichen Gruppen ein Spiel namens »Dodgeball« spielen. Es stellte sich heraus, daß, sobald Mädchen mit Jungen zusammenkommen, die Mädchen weniger Wettbewerb zeigen und eher passiv am Spiel teilnehmen. Das Interessanteste daran ist aber, daß die Knaben, die vorher weniger Geschick gezeigt haben und die schlechteren Spieler waren, sich auf einmal stärker am Spiel beteiligten und versuchten, mehr Treffer zu erzielen. Männliche Selbstdarstellung beginnt also relativ früh, und das bereits vor der Pubertät. Die Kinder waren übrigens aus zwei verschiedenen Kulturen, die auch sehr unterschiedliche Ansichten über die Rolle der Frau und unterschiedliche Erziehungspraktiken besitzen, nämlich Hopiindianer und Afroamerikaner.

Wie nehmen die Frauen nun die Selbstdarstellungsinformation der Männer wahr? Cramer et al. (1989, 1991) spielten Frauen Interviews mit Männern vor, in denen die Männer zu bestimmten Themen Stellung nehmen mußten. Die vorgeführten Männer nahmen einmal den traditionellen Standpunkt des sogenannten »Machotyps« ein, d. h., sie identifizierten sich weitgehend mit ihrer männlichen Geschlechterrolle. Ein anderer Teil der gefilmten Männer spielte die Rolle der »Softies«, d. h., diese Männer sprachen auch über die Interessen der Frauen und nahmen oft sehr viel weiblichere Standpunkte an. Die letzteren Männer wurden von Frauen wesentlich positiver beurteilt. Sie wurden als ehrlicher, liebenswerter, moralischer und geistig gesunder bewertet als die sich besonders maskulin gebenden Gegenstücke. Inwieweit das auch für andere Populationen als die amerikanischen Collegestudenten gilt, ist fraglich. Geschlechtsrollenidentifikation in der Selbstdarstellung wirkte sich in diesem Fall bei Männern eher negativ aus.

Auch aus der Sprache leiten Frauen Persönlichkeitseinschätzungen ab. Glass et al. (1982) untersuchte sogenannte A- und B-Typen von Männern. A-Typen sind diejenigen, die wettbewerbsorientiert und ehrgeizig sind, die unter Zeitdruck stehen, ungeduldig und feindselig sind und hohe Aggressivität zeigen. Von Interviews mit A- und B-Typen fertigte Glass Videofilme an und manipulierte diese so, daß die Sprache unverständlich wurde und der Inhalt damit nicht mehr zu verstehen war. Die Frauen konnten, als die Sprache noch zu hören war, sehr gut zwischen A- und B-Typen unterscheiden. Doch kaum war der Inhalt der gesprochenen Worte nicht mehr erfaßbar, konnten die Probandinnen die A-Typen nicht mehr herausfiltern. Fazit: Der aggressive, wettbewerbsorientierte A-Typ wird eher an dem erkannt, *was* er sagt, und nicht, *wie* er es sagt.

Zur Eindrucksbildung muß demnach ein Gesamtbild vorhanden sein, bei dem alle Kommunikationskanäle mitwirken. Die Selbstdarstellung von Frauen in Gegenwart von Männern wurde von Moore (1985) in ihrer Untersuchung amerikanischer Diskotheken beobachtet. Sie beschreibt auch Verhaltensweisen, die »ungerichtet« ausgeführt werden. Solches Verhalten ist nicht auf einen bestimmten Mann gerichtet, sondern es dient der allgemeinen Erhöhung der Attraktivität. Die Betonung der sekundären weiblichen Geschlechtsmerkmale wird von Frauen als Signal eingesetzt. In Moores Untersuchungen korrelierte das Zeigen dieser Verhaltensweisen tatsächlich mit der Anzahl der Annäherungen von Männern an die beobachteten Frauen.

Solche Muster sind die »Parade« und der »einsame Tanz«. Eine Parade wird dann durchgeführt, wenn die Frau durch einen Raum geht.

Abb. 3: Parade am Strand
»Strandläufer« in St. Tropez setzen sich gewollt den Blicken von Tausenden aus – eine einzigartige Möglichkeit, ungerichtet für sich zu werben. Auf diesem Strandabschnitt wurden auf 50 m Länge 133 Personen gezählt. Nehmen wir an, die »Strandläuferin« schafft es nur bei einem Drittel der Strandbesucher, Aufmerksamkeit zu erregen, dann wäre sie bei ihrem 3 km langen Strandspaziergang von 2217 Personen gesehen worden, ein Drittel davon wahrscheinlich Männer. Der gebannte Zuschauer im Wasser ist nur einer davon. Eine einmalige Gelegenheit für eine »Parade« (siehe Text, Fotos: K. Grammer)

Sie nimmt dabei keine entspannte Körperhaltung ein, sondern zieht den Bauch ein und biegt ihren Rücken durch, so daß die Brüste hervorstechen. Sie erzeugt dadurch einen hohen Abknickungswinkel am Kreuzbein. Den Kopf hält sie hoch und übertreibt beim Gehen die schwingende Bewegung ihrer Hüften. Auch das Gehen selbst spielt dabei eine Rolle. Man weiß, daß der Abstand zwischen den Füßen beim Gehen für die Beurteilung des Ganges wichtig ist. Im Durchschnitt halten Frauen einen seitlichen Abstand der Füße von etwa 12 cm beim Gehen ein (Rossi, 1976). Wird der Abstand kleiner, dann wird das Gehen als erotisch bezeichnet, wird er größer, wird das Gehen als unerotisch empfunden.

Der »einsame Tanz« wird produziert, wenn eine Frau ihren Körper im Takt zur Musik bewegt, während sie beispielsweise an der Bar steht. Das endet gewöhnlich damit, daß sie ein Mann zum Tanzen auffordert. Moore beobachtete nun, daß diese Verhaltensweisen in ihrer Summe in der Umgebung der Bar am häufigsten vorkamen, und daß sich, je öfter eine Frau solches Verhalten ausführte, um so häufiger Männer an sie annäherten.

Solches Verhalten hat weitere Konsequenzen. Renne und Allen (1976) beobachteten, daß Männer doppelt so häufig einer Frau die Tür öffnen und sie offen halten als umgekehrt. Diese Wahrscheinlichkeit, daß einer Frau die Tür offen gehalten wird, erhöht sich mit der Art der Kleidung, die sie trägt. Je weiblicher die Kleidung ist, um so häufiger wird sie in ein »Türritual« verwickelt.

In der Selbstdarstellung gibt es wiederum typische Geschlechtsunterschiede, die auch den Partnersuchkriterien entsprechen. Solche Geschlechtsunterschiede lassen sich unter konstanten, für beide Geschlechter identischen Bedingungen untersuchen. Ragan (1982) benutzte dazu Selbstdarstellungen in Portraitfotografien. In über tausend untersuchten Portraitfotografien von amerikanischen Hochschul- und Universitätsjahrbüchern lächelten Frauen häufiger, und ihr Lächeln war in der Regel breiter. Frauen halten zudem ihren Kopf viel öfter schräg als Männer. Männer präsentieren sich dagegen sehr viel direkter zur Kamera als Frauen. Frauen nehmen demnach eine eher submissive, unterlegene Selbstdarstellungsrolle ein als Männer. Männer stellen sich direkt und dominant dar.

Auf was trifft nun diese ungerichtete, aber geschlechtsspezifische Selbstdarstellung? Bei der Frage nach dem Verhalten des Empfängers stellen sich zwei Hürden: Der Empfänger hat Entschlüsselungsprobleme – ist er unter Umständen doch bereits in diesem Stadium mit Täuschungsmanövern konfrontiert – und er kann in einem bestimmten emotionalen Zustand sein. Abhängig davon, ob er traurig oder fröhlich ist, wird er die Selbstdarstellung anderer mit Sicherheit unterschiedlich wahrnehmen.

Aus diesen ersten, ungerichtet gesendeten und empfangenen Informationen entsteht dann ein erster Eindruck. Nach Zetterberg (1966) vollzieht sich der erste Eindruck als »geheime Einstufung«, wobei die Person nach Persönlichkeit, Attraktivität, sozialem Hintergrund, Ähnlichkeit usw. klassifiziert und in Abhängigkeit von inneren idealen Suchbildern eingestuft wird. Nach Goffman (1963) wird zusätzlich die Darstellungsweise verarbeitet: Körperhaltung und -ausdruck, Kleidung und Sprechweise gehen mit in die Beurteilung ein.

Die persönlichen Eigenschaften, wie etwa Freundlichkeit und Offenheit, sowie das äußere Erscheinungsbild (Kleidung, gepflegtes Äußeres) und die physische Attraktivität werden als positiv, negativ oder neutral bewertet, in der Regel jedoch nicht mit Worten beschrieben (Argyle, 1988).

Durch diese erste Einschätzung entsteht eine Art von Vorhersagbarkeit für die zukünftige Entwicklung einer Kontaktaufnahme, die sich dazu nutzen läßt, den möglichen Nutzen einer Beziehung zu der beobachteten Person zu berechnen.

Die Aufmerksamkeitsphase: Der erste Eindruck

Der Sender konnte sich bis jetzt zwar darüber im klaren sein, daß er gesehen wird, daß ihm aber noch keine gezielte Aufmerksamkeit irgendeiner Person zuteil geworden ist. Ähnliche Verhältnisse liegen beim Empfänger vor – nach einer ersten Abschätzungsphase wird er dazu übergehen, direkte und spezifischere Informationen zu gewinnen. Dabei wird der Empfänger vor allem Informationen einholen, die für seine besonderen Ziele wichtig sind.

Es ist jedoch nur bruchstückhaft bekannt, welche Informationen über den Interaktionspartner zu diesen Entscheidungen herangezogen werden. Bärte könnten Dominanz signalisieren (Freedman, 1969), Brillen Intelligenz (Hamid, 1972) und Lippenstift Frivolität (McKeachie, 1952).

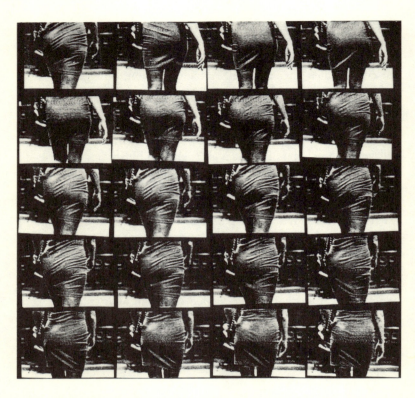

An dieser Stelle könnten den Beobachter jedoch seine eigenen Emotionen irreführen. Vorübergehende Stimmungen beeinflussen die Entscheidungsfähigkeit in der Partnerwahl beträchtlich. Emotionen verleiten uns dazu, nicht mehr alles wahrzunehmen, uns schneller oder langsamer zu entscheiden und Informationen sehr unterschiedlich zu verarbeiten (Forgas und Moylan 1991).

Eine traurig gestimmte Person wählt nach einem globalen Eindruck, den die andere Person auf sie macht. Glücklich gestimmte Leute dagegen vergleichen die Einzelmerkmale der Personen, die sie als Partner wählen. Bedrückte Personen entscheiden sich auch schneller, da sie nur nach selektiver, spezifischer Information suchen. Temporäre Stimmungen haben demnach einen nicht zu unterschätzenden Einfluß auf unsere täglichen Entscheidungen.

Informationssammelstrategien und Entscheidungsverhalten hängen zudem von der Attraktivität der verfolgten Ziele ab. Viele Informationen werden dann gesammelt, wenn der Attraktivitätsunterschied zwischen den beiden Alternativen sichtlich gering ist und keine der Alternativen dominant ist. Darüber hinaus wird mehr Information gesammelt, wenn beide Alternativen sehr unattraktiv sind (Bockenholt et al. 1991).

Zur Frage, woher die Informationen, die wir benutzen, nun tatsächlich kommen, gibt es kaum Forschungsergebnisse. Man kann annehmen, daß es spezifische »heiße Körperstellen« gibt, denen die meiste Aufmerksamkeit zuteil wird. Gardner und Morell (1992) maßen die Blickdauer, mit der Personen verschiedene Körperregionen anschau-

Abb. 4: Sexuelle Präsentation: Hüftschwung
Der Hüftschwung ist ein eindeutiges Zeichen sexueller Präsentation, hier in einer Partnerwahlsendung in Amerika. Kleidung unterstreicht diese Art der Präsentation – sie dient nur dazu, Aufmerksamkeit zu erregen, und ist deshalb ungerichtet (Fotos: J. Feierman).

Abb. 5: Sexuelle Präsentation: Hair-flip
Ist Aufmerksamkeit vorhanden, ändert sich das Verhalten schlagartig (Zeitreihen von links nach rechts (1–4), dann von oben nach unten I–III). In Antwort auf eine Frage (I-1), wird zuerst der Kopf schräg gehalten (I-3), und es erfolgt eine ruckartige Bewegung des Kopfes nach hinten oben (I-4). Dabei wird die ganze Halspartie entblößt. Die zweite Serie zeigt Kopf heben (II-2) und das Zurücknehmen der Schultern (II-3) und leichtes Ducken. Die dritte Serie zeigt ein »Verlegenheitslächeln« (»Coy-smile«), mit Lidschluß (III-2) und Abwenden (III-3 und III-4) (Fotos: J. Feierman).

ten, wenn ihnen ihr eigenes Bild präsentiert wurde. Der Kopf spielt dabei eine geringe Rolle. Männer schauen am häufigsten auf ihren Brustkorb – Frauen auf ihre Taille. Hüfte, Beine und Oberschenkel spielen für die Selbstbewertung eine eher untergeordnete Rolle.

Mit Hilfe moderner Meßtechnik läßt sich verfolgen, an welchen Körperstellen der Blick hängenbleibt. Yarbus (1967) stellte fest, daß es bei der Betrachtung von Bildern keine bevorzugten Blickpfade und auch keine Blickmuster gibt. Lediglich an interessanten Stellen (große Variation, Unvorhersehbarkeit, großer auffälliger Wechsel) treten Fixationen bevorzugt auf. Die Aufmerksamkeit wird auf jene Stellen gelegt, die in der subjektiven Annahme des Betrachters Information enthalten. Stellen, die das Auge nicht fixiert, haben demnach für den Betrachter auch keinen Informationsgehalt.

Deshalb ist gerade die Vermessung des Blicks und der Fixation das ideale Mittel, diejenigen Stellen herauszufinden, die der Beobachter zu einer ersten Einschätzung heranzieht. Bei Männern müßten demnach die Körperregionen der Frau von Interesse sein, die vielleicht deren reproduktiven Wert repräsentieren: sprich Brüste und Gesäß. Umgekehrt sollte sich die Frau auf emotionale Signale des Mannes spezialisieren und sein Gesicht betrachten – weil sie unter Umständen seine Verhaltenstendenzen vorhersagen können.

Halla (1980) untersuchte den Blick und die Blickpfade in der Wahrnehmung unbekannter Personen. Er stellte zunächst keine Unterschiede in der Fixation bei unterschiedlicher Kleidung fest (elegant mit Rock und Bluse oder Anzug vs. Jeans und T-Shirt). Das heißt die Information wird höchstwahrscheinlich kleidungsunabhängig abgetastet. Männer werden von Frauen eher im Gesicht betrachtet als Frauen, und Frauen werden von Männern im mittleren Feld länger betrachtet als Männer. Frauen, die Männer anblicken, suchen zuerst Blickkontakt. Männer tasten mit den Augen hauptsächlich die Figur ab. In etwa fünf Sekunden werden dabei alle subjektiv wesentlichen Informationen wahrgenommen. Es gibt demnach wirklich biologisch »heiße Körperstellen«, die als erste »abgefragt« werden.

Dieses Ergebnis stimmt mit dem von Brown (1979) überein. Er stellte fest, daß Frauen in acht Sekunden alle wesentlichen Informationen über einen Mann herausfinden können. Der Hauptteil der Frauen gab dabei an, vor allem das Gesicht als Informationsquelle zu benutzen.

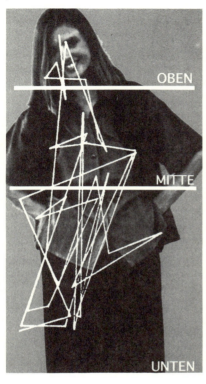

Abb. 6: Der erste Blick
Der erste Blick dient dazu, Informationen über einen potentiellen Partner zu sammeln. Personen schauen die Körperregionen an, die für sie wesentliche Informationen bieten. In dieser Abbildung wurden mit Hilfe eines Eye-View-Monitors die Blickrichtung und die Dauer, mit der der Blick auf bestimmten Körperregionen hängenbleibt, gemessen. Als visuelle Reize wurden Fotos vom anderen Geschlecht geboten. Die weißen Linien zeigen an, wie der Blick gewandert ist. Es zeigt sich, daß Männer häufiger die mittlere und die untere Körperregion bei Frauen mit dem Blick abtasten, während Frauen bei Männern die obere Region anschauen. Demnach liegt die relevante Information für beide Geschlechter in unterschiedlichen Körperregionen. Der Blick enthüllt sozusagen die Körperregionen, nach denen die Geschlechter Attraktivität beurteilen (nach Halla 1980).

Ist der Informationsabruf erfolgt und vielleicht sogar deckungsgleich mit vorhandenen Partnersuchbildern, dann erfolgt eine Annäherung. Oft aber weiß die Person, die als Zielobjekt ausgesucht wurde, noch nichts von ihrem »Glück«.

Cook (1981) geht davon aus, daß die Annäherung (hierbei wird von der Annäherung seitens des Mannes ausgegangen) in der Regel äußerst vorsichtig erfolgt. Zunächst wird er ihr seinen Körper zuwenden, es jedoch vermeiden, sie anzustarren, statt dessen seinen Blick in ihrer Richtung stets umherschweifen lassen. Kommt es nun zu einem Blickkontakt, so wird dieser schnell wieder abgebrochen, gleichzeitig läßt sich oft ein zweideutiges Lächeln beobachten (Eibl-Eibesfeldt, 1984). Ruckartige Kopfbewegungen erfolgen, wobei der Kopf nach hinten bzw. zur Seite bewegt wird. Diese Bewegungen werden oftmals von einer Selbstberührung (Automanipulation) begleitet.

Auch Givens (1982) beschreibt eine Vielzahl von Körperbewegungen, die in dieser Phase in äußerst schnellem Ablauf aufeinanderfolgen, wie etwa: Automanipulation, Kleiderrichten, sich strecken, seitwärts blicken etc.

Mit wachsender Nähe zu der begehrten Person wächst die Anzahl der Automanipulationen. Kratzen, Gesichtsberührung, Spielen im Haar treten auf. All diese Bewegungen können dem anderen als Hinweis dafür dienen, daß seine Gegenwart einen gewissen Einfluß auf ihn ausübt.

Das Kennzeichnende an dieser Phase ist die Zweideutigkeit. Annäherungsversuche gehen mit Zögern einher. Diese Art der Ambivalenz drückt sich beispielsweise beim Lächeln mit gleichzeitiger Blickvermeidung aus (Eibl-Eibesfeldt, 1973).

Am Anfang steht somit die Aufmerksamkeit; unspezifische Erregung wird am Verhalten sichtbar. Levinger und Snoek (1972) definieren den Beginn einer Beziehung mit diesem Punkt des Aufmerksamkeit-Schenkens. Hier spielt das Verhalten der Zielperson aber noch keinerlei Rolle.

Ein weiterer Faktor, der hier wirksam wird, sind die äußeren Bedingungen, unter denen eine Beziehung begonnen wird. Die Situationen, in denen Aufmerksamkeit dann schließlich zur Kontaktaufnahme führt, teilt Murstein (1970) in »offene« und »geschlossene« ein.

»Offene« Situationen sind durch Fremdheit gekennzeichnet. Beispiele sind Bars, flüchtige Bürobekanntschaften, die Person in der U-Bahn usw. Die Situation zeichnet sich durch eine völlig freie Entscheidungssphäre aus – jeder kann sich annähern, wenn er will, muß aber mit den wenigen Informationen, die er bis jetzt erhalten hat, auskommen. Dies sind die Situationen, in denen Flirts am seltensten vorkommen.

»Geschlossene« Situationen hingegen sind solche, in denen Männer und Frauen gezwungen sind zu interagieren, also in Schulklassen, am Arbeitsplatz usw.

Der Arbeitsplatz bietet sich geradezu als natürliche Umgebung an, in der romantische Beziehungen geknüpft werden (Anderson und Fisher, 1991). Solche Beziehungen sind unvermeidbar, da Männer und Frauen viele Stunden in der Arbeit zusammen verbringen. Der Arbeitsplatz stellt eine Atmosphäre zur Verfügung, wo sich Leute kennenlernen können.

Hoher Bekanntheitsgrad und das Teilen von gleichen Werten und Interessen erzeugen am Arbeitsplatz positive Gefühle. Dazu kommt, daß eine permanente räumliche Nähe vorhanden ist, die ein primärer Faktor für Anziehungskraft ist (Bradford et al., 1977). Zusätzlich zur Nähe trägt die erzwungene Intensität von Beziehungen zur Anziehungskraft bei.

Spannung und Erregung bei der Arbeit und das Verfolgen eines gemeinsamen Zieles lassen oft gegenseitige Anziehung entstehen. Wenn man sich jedoch die Studien anschaut, die über solche Bürobeziehungen gemacht wurden, dann findet man, daß sie häufig negativ für die Frau ausgehen und eher nachteilige Auswirkungen für sie als für den daran beteiligten Mann haben (Ford und McLaughlin, 1987).

Bürobeziehungen sind häufig statusgebunden, scheinen geradezu ein Statusmerkmal für Männer zu sein (Korda, 1973). Negative Konsequenzen für Frauen entstehen gemeinhin in der Beurteilung durch andere. Obwohl Anderson und Fisher (1991) in einer Studie nicht nachweisen konnten, daß die Beziehungen deshalb aufgenommen wurden, um persönliche Vorteile zu erreichen, werden solche Motivationen häufiger Frauen zugeschrieben. Frauen werden aber auch öfter als Opfer solcher Beziehungen gesehen.

In diesen beiden Möglichkeiten, offenen und geschlossenen Situationen, kommen unter Umständen völlig andere Faktoren zum Tragen. So kann man beispielsweise in »geschlossenen« Situationen aufgrund dessen Charaktereigenschaften auf jemanden aufmerksam werden, den man in einer »offenen« Situation auf Anhieb nicht bemerken konnte, da seine wenig ansprechenden äußeren Merkmale eine Kontaktaufnahme erst gar nicht hätten zustande kommen lassen. Wir wissen aus unseren Untersuchungen, daß über 70 Prozent aller Partner in »geschlossenen« Situationen kennengelernt werden.

Für die Partnerwahl wichtig sind auch Ähnlichkeitseinschätzungen. Wie wird aber Ähnlichkeit eingeschätzt, d. h., welche Information wird herangezogen? Überraschenderweise sind es nur wenige physische Merkmale, eher Persönlichkeitsbewertungen wie Ehrlichkeit, Gespanntheit und erst an letzter Stelle die Attraktivität. Physische Maße wie Augenbreite oder Lippenhöhe spielen hier keine Rolle. Nur die Gesichtsform, d. h. das Verhältnis der Länge zur Breite, scheint Informationen über Ähnlichkeit zu beinhalten.

Darüber hinaus achten Bewerter offenbar eher auf Merkmale, die sie selbst besitzen (auch wenn sie die Ähnlichkeit zweier ihnen unbekannter Gesichter beurteilen sollen). Man findet nur wenige physische Merkmale und Bewertungsdimensionen. Frauen beurteilen Gesichter mit breitem Kinn, vollen Backen und breitem Nacken als sehr männlich. Gesichter mit Bärten, Koteletten werden eher als maskulin und attraktiv beurteilt. Gesichter, denen diese Merkmale fehlen, gelten als weiblich und unattraktiv (Hirschberg et al., 1978).

Eine solche Erstbegegnung ruft in uns vielerlei Empfindungen hervor, wie etwa Sympathie, Antipathie, Respekt, Unsicherheit oder sogar Überlegenheit. Der erste Eindruck läßt sich aber nur in den wenigsten Fällen wirklich verbergen und wird dem Gegenüber sofort übermittelt. Der wiederum vermittelt ebenfalls seinen ersten Eindruck, nimmt aber gleichzeitig den ihm entgegengebrachten Eindruck wahr. Im ersten Eindruck wird das Interesse des anderen wahrgenommen. Entscheidungen werden notwendig. Was tun?

Wenn man annimmt, zwei aufeinandertreffende Fremde hätten keine Informationen voneinander, liegt man völlig falsch. Wie wir gesehen haben, vermitteln äußeres Erscheinungsbild und seine Betonung bereits eine solche Menge an Informationen, die in Sekundenschnelle abgetastet und mit den abgespeicherten Prototypen verglichen und ausgewertet werden.

Welche Information ist nun bereits vor der Kontaktaufnahme vorhanden? Wir können uns an diesem Punkt bereits ein genaues Bild vom »Partnermarktwert« des anderen machen. Haben wir doch Statussignale gesehen, die Attraktivität beurteilt und die Gruppenzugehörigkeit des anderen ermittelt.

Darüber hinaus kennen wir bereits den reproduktiven Zustand, das Alter, das Geschlecht, vielleicht sogar die möglichen physiologischen Vor- und Nachteile, die ein potentieller Partner besitzt.

Dazu kommen mögliche Persönlichkeitsmerkmale. Gesichtern und verschiedenen Körperbauweisen schreiben wir immer bestimmte psychische Eigenschaften zu. Wir lernen Vorurteile: Dicke Menschen sind gemütlich, hagere dynamisch. Solche immer vorhandenen Vorurteile gegenüber anderen könnten eine direkte Konsequenz der Partnerwahl sein – denn nicht jeder mögliche Partner in einer kleinen Gruppe entspricht optimalen Suchbildern. Suchbilder müssen auf Grund der normalerweise vorhandenen geringen Auswahl an Partnern eher plastisch sein.

Darüber hinaus erlauben dekorative Veränderungen des Körpers die weitere Entschlüsselung von Informationen über ihren Träger. Nicht nur Persönlichkeitsmerkmale verrechnen wir beobachtend, sondern es sind auch bereits Verhaltenstendenzen bekannt. Mit der Entscheidung, in welche Verkleidung wir uns zwängen und welche nicht-sprachlichen Signale wir während des ungerichteten Werbens senden, zeigen wir auch an, wie wir uns in Zukunft verhalten werden.

Sexuelle Erreichbarkeit und mögliche Keuschheit werden durch bestimmte Kleidung und die Darstellung sexueller Reize vom Signalempfänger erfaßt und abgewogen.

Der Signalempfänger steht aber jetzt vor fast unlösbaren Problemen. Wie kann er nun Tendenzen zur Manipulation und den Wahrheitsgehalt der empfangenen Information abschätzen? Er ist gezwungen, in

Abb. 7: Weibliche Täuschung: »kühl und federleicht«
Obwohl Täuschung im Werbeverhalten eher bei Männern vorkommen sollte, gibt es natürlich auch Hilfsmittel, die es erlauben, die weibliche Figur den gerade herrschenden Modeströmungen anzupassen. Dieses Bild aus den fünfziger Jahren zeigt einen aufblasbaren BH, der vor allem unter enganliegenden Pullovern getragen werden sollte. Spitze, hoch angesetzte Brüste waren in dieser Zeit das Ideal der Filmsternchen. Wo Täuschung auftreten kann, wird sie auch auftreten (Foto: Popper).

Abb. 8: Kopf-zurück und Winkelkonfigurationen
Die Serie zeigt einen Verhaltensablauf, bei dem ein Kopf-zurück (I- 3) mit einer Verwinkelungshaltung mit ihrem Maximum in I-4 kombiniert wird. Die Verwinkelung wird dann auf die Gegenseite durchgeführt (II-1). Dieses Verhalten wird von Kruck (1993) als »Hier bin ich und werfe meine Haare« beschrieben. Die Bewegung setzt einen Akzent, der durch die Geschwindigkeit der Ausführung extreme Aufmerksamkeit erregt. Dieses Verhalten beinhaltet Aufforderung und Submission gleichzeitig und stellt somit ein typisches Beispiel der Ambivalenz in der Aufmerksamkeitsphase dar (Fotos: J. Feierman).

direkten Kontakt zu treten und zu überprüfen, ob sein erster Eindruck auch standhält: Er muß sein Interesse offenbaren.

Soweit dieses Schauspiel, in das wir alle tagtäglich verwickelt sind, ohne daß wir uns ihm entziehen könnten. Wir können uns fragen, warum das alles, warum strengen wir uns an, präsentieren uns, machen wir uns sogar lächerlich und lernen letztlich nicht aus unseren Enttäuschungen? Die Antwort ist einfach: Von der Plastikkultur verdrängt, spielt im Hintergrund die Biologie ihr listiges Spiel.

Vom Kampf der Geschlechter

Die gesellschaftliche Situation, in der wir heute leben, entspricht nicht mehr der sozialen Situation, in welcher der Mensch die meiste Zeit seiner Entwicklungsgeschichte verbracht hat. Eine Frage, die wir uns stellen müssen, lautet deshalb: Was erlaubt es uns, in einer Massengesellschaft zu überleben, und welchen Einfluß hat der vielzitierte biologische Imperativ auf unser Verhalten?

Diese Frage kann am besten dort untersucht werden, wo der Fortpflanzungserfolg des einzelnen direkt betroffen ist. Dieses Vorgehen erscheint um so logischer, wenn wir bedenken, daß wohl gerade der Bereich der Fortpflanzung durch relativ strikte Mechanismen abgesichert sein müßte, um den Erfolg zu sichern, der das Überleben von Genen wahrscheinlicher macht. Im menschlichen Fortpflanzungsverhalten sollte es deshalb möglich sein, eine »letzte Bastion« von evolutiv entstandenen Passungen zu finden.

Evolutionstheoretische Betrachtungen gehen davon aus, daß die komplexen Charakteristika des Menschen Langzeitprodukte der Individualselektion sind (Hamilton, 1964). Die Fortpflanzung der Lebewesen und vor allem das daran gebundene Verhalten sind damit das zentrale Paradigma der Verhaltensforschung. Erfolgreiches Werben um Partner und die Wahl des richtigen Partners bestimmen den Erfolg eines biologischen »Systems« in der Zukunft (Darwin, 1871). Wenn die Bedingungen der Evolution auch für den Menschen gelten, dann sind Partnerwahl und Paarfindung diejenigen Bereiche menschlichen Zusammenlebens, in denen wir die striktesten biologischen Begrenzungen unseres Verhaltens erfahren.

Die biologische Selektion war auf der Ebene des Individuums am wirksamsten und veränderte im Laufe der Evolutionsgeschichte dessen Eigenschaften. Das Hauptargument in evolutionstheoretischen Betrachtungen ist, Organismen seien so konstruiert, daß sie versuchen, die Gene, die die Information für ihre Konstruktion enthalten, möglichst weit zu verbreiten.

Erfolgreiche Reproduktion setzt in erster Linie auch »Überleben« voraus. Selektion wirkt aber nicht gleichmäßig während der Lebensgeschichte eines Individuums, sondern schafft unterschiedliche kritische Stadien für das Überleben.

Dies läßt sich sehr gut am Beispiel des Menschen verdeutlichen. Die erste Hürde, die die genetische Information auf dem Weg in die Zukunft überschreiten muß, besteht darin, daß zwei Informationssätze zusammengeführt werden müssen. Aus zwei Gameten (einer Eizelle und einem Spermium beim Menschen) entsteht eine Zygote, die sich dann zum fertigen Individuum entwickelt. Jedoch nicht alle Befruchtungen führen auch zur Einnistung eines Eies in die Gebärmutterwand und damit zu einem neuen Genreplikator. Schon vor der Einnistung und den ersten Zellteilungen können sich die Gameten einem Wettbewerb mit anderen Gameten ausgesetzt sehen. Nur derjenige Gamet, der als erster den Partner erreicht, kommt weiter. Die dann folgenden Zellteilungen und die Organbildung sind ebenso kritische Stadien.

Nur etwa ein Drittel aller befruchteten Eier schafft den Weg bis zur Geburt. Untersuchungen zeigen, daß bei der Geburt die Sterblichkeitsrate am höchsten ist. Sie sinkt in den darauffolgenden Jahren und steigt überraschenderweise mit der Entwöhnung von der Mutter wieder an. In der ersten Auseinandersetzung mit der sozialen Umwelt werden andere Anpassungen verlangt als in der Zeit der engen Bindung an die Mutter (Grammer und Atzwanger, 1993).

Die Sterberate sinkt schließlich wieder ab, um dann mit etwa 18 Jahren dramatisch anzusteigen. Interessanterweise sind Männer dabei stärker gefährdet als Frauen. Diese dritte Periode fällt genau in die Zeit der ersten Partnerfindung.

Die Gründe für das Nicht-Überleben müssen aber nicht in den entsprechenden Stadien selbst liegen. Die Gründe können vielfältig sein und nur indirekt von den Bedingungen, die die Lebensabschnitte stellen, beeinflußt werden.

Vier Stadien lassen sich demnach als kritische Schwellen für das Überleben auf dem Weg zur Reproduktion festhalten.

Befruchtung
Geburt
Erste Änderung der sozialen Umwelt
Erste Partnerfindung

Partnerfindung ist eine dieser kritischen Schwellen, die auch in der modernen Massengesellschaft nichts von ihrer Bedeutung verloren hat. Wettbewerb um Partner, die Suche selbst und auch die notwendigen Verhaltensmittel markieren eine kritische Schwelle, in der sich ein Organismus vielen Gefahren aussetzt. Deshalb ist anzunehmen, daß

Abb. 9: Die Lebenszyklen des Menschen
Die Sterberate in Deutschland ist geschlechts- und altersspezifisch. Auffällig sind die hohen Raten nach der Entwöhnung mit zwei bis drei Jahren und der extreme Anstieg vor allem für Männer zwischen 15 und 20 Jahren. Dieses Ergebnis würde einer biologischen Interpretation von kritischen Stadien im Leben der Menschen entsprechen. Es ist auch nicht notwendig zu wissen, woran jemand starb, sondern lediglich der Effekt ist interessant, d. h., daß sich die Sterberaten mit spezifischen neuen Lebensaufgaben dramatisch ändern. Die neuen Lebensaufgaben heißen hier Eintritt in die soziale Gruppe und Selbständigkeit und später die erste Werbephase. Deshalb könnte man annehmen, daß eben diese Stadien »Überlebenshürden« darstellen, die spezifische Verhaltenspassungen voraussetzen (nach Grammer und Atzwanger, 1993).

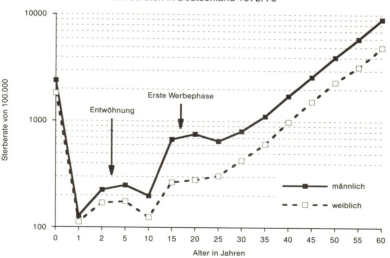

gerade an diesen kritischen Schwellen auch besondere »Passungen« vorliegen, da hier anscheinend die Selektion besonders wirksam wird. Man kann die Hypothese aufstellen: Um so eher ein Lebensstadium für den Überlebens- und Reproduktionserfolg kritisch ist, je mehr und um so striktere Passungen müssen vorliegen. Dieser Hypothese widerspricht zunächst einmal unsere Erfahrung. Verhalten in der Partnerwahl scheint beim Menschen alles zuzulassen. Wissen wir doch aus eigener Erfahrung, daß in diesem Bereich eine erstaunliche Vielfalt von Wahlmöglichkeiten und von kulturellen Unterschieden vorliegt.

In der Tat aber ist Verhalten eines der wirksamsten in der Evolution entwickelten Mittel, der Selektion ein Schnippchen zu schlagen: Verhalten ist ein Puffer zwischen Überleben und Umwelt. Konsequenterweise muß man deshalb auch beim Verhalten Flexibilität und nicht strikte Anpassung verlangen. Die Flexibilität dieser Regeln erlaubt es uns dann schließlich auch, in einer modernen Massengesellschaft zu überleben.

Verhalten – der Puffer zwischen Umwelt und Überleben

Grundvoraussetzung für Reproduktion ist Erfolg in der Auseinandersetzung mit der Umwelt. Aber nur Variation erlaubt eine Ausbreitung in verschiedenste ökologische Nischen. Wenn ein Gensystem auf ökologische Bedingungen trifft, gegen die es nicht abgepuffert ist, wird sein Überleben in Frage gestellt. Die Fähigkeit, möglichst viele unvorhersehbare Situationen abdecken zu können, verschafft Erfolg. Variation und nicht strikte Passung ist deshalb das Credo der Anpassung in der Evolutionsgeschichte. Dieser Zusammenhang wird oft wesentlich unterschätzt – eine biologisch bestimmte Verhaltenstheorie hat die Erklärung der Vielfalt zum Inhalt.

Die Evolutionsgeschichte des Verhaltens ist nicht mit unserem herkömmlichen Verstehen von Ursache und Wirkung in Einklang zu bringen. In der Evolution können Wirkungen auch Ursachen sein. Darwins Theorie ist eine Theorie über komplexe Beziehungen zwischen Organismen, Genen und ihrer Umwelt. Jeder Faktor, der eine Änderung in diesen Beziehungen bewirkt, kann sich in der Überlebenswahrscheinlichkeit und im Fortpflanzungspotential eines Organismus widerspiegeln. Umweltfaktoren – dazu gehört auch die soziale Umwelt – sind eine der Ursachen für evolutionäre Änderungen in der natürlichen Selektion. Dies gilt auch für das Verhalten und für Änderungen im Verhalten, die im Laufe der Evolution entstanden. Das, was ein Organismus »tut«, ist letztlich das, was seinen Überlebenserfolg bestimmt.

In der Evolutionsbiologie wird angenommen, daß sich lebende Systeme aus ihrer Natur heraus auf Ziele ausrichten (Mayr, 1974). Organismen versuchen, bestimmte, für ihr Überleben wichtige Dinge zu erreichen. Diese Zielgerichtetheit ist nicht übersinnlich. Verhalten wird durch interne Programme kontrolliert und Teleonomie gilt als Grundlage jedes Verhaltens. Organismen sind hierarchisch organisierte kybernetische Systeme. Sie organisieren sich selbst als thermodynamische Systeme, die zielgerichtet Materie und Energie aufnehmen, verarbeiten und wieder abgeben. Der Prozeß, in dem Energie aufgenommen und verarbeitet wird, unterliegt vorhandenen Programmen und Rückkopplungsprozessen (Powers, 1973). Verhalten kontrolliert und bestimmt die Energieverarbeitung eines lebenden Systems. Die Verwendung von Energie und deren optimale Ausschöpfung führt zur Notwendigkeit der Anpassung. Anpassung ist der Prozeß, der im Verhaltensbereich zur Passung, d. h. einer optimalen Fähigkeit zur Auseinandersetzung mit der Umwelt, führt.

Wann liegen aber wirklich »Passungen« vor? Der genaue Nachweis einer »Passung« ist nur über die Aufklärung der Funktion eines Verhaltens führbar (Lewontin, 1979). Solche Beweisführungen sind oft einfach, solange es sich um morphologische Strukturen, also die Baupläne eines Organismus handelt. Beine ermöglichen das Gehen, Flossen das Schwimmen. Die Form von Beinen und Flossen sind aber, auch innerhalb von Populationen, oft sehr unterschiedlich. Es ist einsehbar, daß die primären Geschlechtsmerkmale optimale Anpassungen an die Fortpflanzung darstellen.

Ein Organismus muß die Umwelt für die Entwicklung der Keimzellen zur Verfügung stellen. Wenn die Information neu kombiniert werden soll, dann muß ein Apparat vorhanden sein, der es ermöglicht, die Keimzellen zusammenzufügen. Letztlich müssen diese Keimzellen dann auf irgendeine Art und Weise von einem Organismus zum anderen transportiert werden. Die morphologische Ausprägung steht aber auch in der Auseinandersetzung mit anderen Notwendigkeiten – der Apparat kann nicht so aufgebaut sein, daß er den Energieerwerb eines Organismus behindert.

Körperstrukturen sind gleichzeitig auch die Grundlage von Verhalten. Will man jetzt die Funktionen von Verhalten untersuchen, dann ergeben sich erhebliche Schwierigkeiten. Vor allem dann, wenn bei einer Art, wie es beim Menschen der Fall ist, Verhalten mehreren Funktionen dienen kann. Ein endgültiger Beweis für das Vorhandensein einer »Passung« wäre erst dann erbracht, wenn ein Merkmalsträger einen Fortpflanzungsvorteil gegenüber einem Nichtträger aufweist und sich dadurch beobachtbar besser durchsetzen kann. Anpassungsprozesse erweisen sich demnach immer erst im nachhinein und müssen deshalb oft theoretische Konstrukte bleiben.

Auf diesem Weg ist aber Vorsicht geboten, denn nicht alles, was wir finden werden, kann als evolutive Passung bezeichnet werden; wir können lediglich sagen, daß die Verhaltenstendenzen, die wir besitzen, dem Überleben unserer Gene bis jetzt nicht geschadet haben. Eine erste naive Annahme wäre, daß nach Millionen von Jahren der Selektion alle Individuen fehlerlos an ihre natürlichen Wohnumgebungen angepaßt sein müßten. Bezieht man eine solche Annahme auf das Verhalten in der Partnerwahl, dann würde sie bedeuten, daß jedes Individuum ähnliche, festgelegte Verhaltensstrategien besitzt und immer den optimalen Partner sucht und auch findet. Diese Aussage enthält zwei versteckte Vorannahmen (Kummer, 1971, oder Rowell, 1979). Die erste ist die, daß alle Attribute eines Individuums durch Gene beeinflußt werden, daß alle Mutationen möglich und auch vorgekommen sind. Die zweite Vorannahme wäre, daß die Selektionskräfte im Laufe der Evolution immer konstant waren, daß sich letztlich alle Zufallsprozesse aufheben würden. Der perfekt angepaßte Organismus wäre die Folge solcher Annahmen.

Nachdem aber keine dieser Annahmen mit Sicherheit zu bestätigen ist, bleibt festzustellen, daß vielleicht viele Merkmale von der Selektion lediglich toleriert wurden, also nicht zur Auslöschung der diese Information tragenden Individuen beigetragen haben. Der Prozeß der Anpassung hat demnach nicht notwendigerweise auch eine erfolgreiche »Passung« zur Folge. Beziehen wir diese Aussage wiederum auf Verhalten in der Partnersuche, dann wird klar, daß auch Dinge möglich sind, die Zufallscharakter haben. Wenn jedoch Information einem Organismus einen Vorteil verschafft, dann sind auch »Passungen« zu erwarten. Damit begeben wir uns auf einen schwierigen Balanceakt zwischen evolutiven Erklärungsmöglichkeiten und deterministischen Vorstellungen. Wir müssen uns aber vor Augen halten, daß »natürlich« nicht »Recht« sein muß. Nur der Mensch kann sich durch seine kognitiven Fähigkeiten über biologischen Determinismus hinwegsetzen. Die Evolution hat keine Handlungsnormen geschaffen, sondern nur Handlungsbahnen, innerhalb derer Handlungen auch evolutiv sinnvoll erscheinen.

Wenn Gene tatsächlich damit beschäftigt sind, sich selbst zu replizieren, sollten wir uns vor Augen halten, daß sie das in einer realen Welt tun müssen, in der die selektiven Bedingungen direkt auf die äußeren Erscheinungsbilder wirken und nur indirekt auf die Gene selbst.

Variabilität – der Schlüssel zum Erfolg

Wie lassen sich nun aber viele unterschiedliche Situationen und Umweltbedingungen durch Verhalten meistern? Dazu stehen grundsätzlich zwei verschiedene Wege zur Verfügung. Eine Möglichkeit ist, eine Art von Lexikon anzulegen, in dem alle möglichen Situationen und die Antworten darauf verzeichnet sind. Der Nachteil einer solchen Konstruktion liegt darin, daß sie sehr viele unterschiedliche Situationen abdecken muß und neuen Situationen nicht beggnen kann. Information über unbekannte Herausforderungen enthält so ein Lexikon nicht. Die zweite Möglichkeit ist, den Verhaltensapparat mit einem flexiblen Lern- und Entscheidungsapparat zu verknüpfen. Der entscheidende Trick ist, daß solche Apparate wertgetrieben sind und nicht ein vereinfachtes Modell, das nur durch Verstärkung lernt, darstellen. Oft werden nur bestimmte Informationen aus der Umwelt aufgenommen. Die Reize werden also gefiltert. Es gibt gezieltes Versuchs- und Irrtumslernen. Gelernt wird durch Beobachtung, und es gibt die Fähigkeit, Risiko in einer Situation auszurechnen.

Organismen machen Nutzen – Kosten – Analysen, um ihre Ziele zu strukturieren. Verhaltensänderungen selbst sind deshalb oft ein Ergebnis von zielgerichteten mentalen Prozessen oder einer zielgerichteten Auswahl aus unterschiedlichen Strategien. Dementsprechend sind viele der direkten Ursachen für evolutionäre Änderungen gerade diejenigen Verhaltensänderungen, die die natürliche Selektion vorwegnehmen. Die Tatsache, daß der Mensch ein »Kulturwesen« ist, hat zu seinem Erfolg beigetragen. Evolutionstheoretische Ansätze lassen der

Tatsache Raum, daß Verhalten auch durch den Einfluß kultureller Kräfte geformt werden kann. Lernen erzeugt in Zusammenarbeit mit genetischer Information vor allem Variationen, und daraus ergeben sich neue Möglichkeiten, auf die Änderungen in der Umwelt zu reagieren, sie abzupuffern und zu überleben (Lumsden und Wilson, 1981).

Ein Dualismus »angeboren-erworben« ist deshalb wenig brauchbar, um Erklärungen für menschliches Verhalten zu finden. Die Evolution hat keine Handlungsnormen geschaffen, sondern nur variante Handlungsbahnen, innerhalb derer Handlungen auch evolutiv sinnvoll sind.

Viel grundlegender und in seinen Auswirkungen viel bedeutender ist ein anderes System, das indirekt zur Variabilität bei Umweltreaktionen führt.

Die sexuelle Fortpflanzung ist ein Verhaltenssystem mit dem einfachen Effekt der Neukombination von Informationen, die wiederum die notwendige Variabilität schafft. Die Notwendigkeit zur Variabilität hat all die Nachteile und den Aufwand erzeugt, die mit zweigeschlechtlicher Fortpflanzung verbunden sind.

Die Vielfalt der Lebewesen entsteht unter anderem dadurch, daß an Genen Mutationen auftreten, die geringfügig veränderte Eigenschaften der betreffenden Individuen, den Mutanten, verursachen. Unter bestimmten Bedingungen kann nun eine Mutante der ursprünglichen Form gegenüber im Vorteil sein. Immer neue Variationen können sich dann auf verschiedene Umweltbedingungen und Lebensräume spezialisieren, indem verschiedene Variationen miteinander konkurrieren und die besser angepaßte Variante sich rascher vermehrt.

Die Mutationsrate eines Genes schätzt man mit 10^{-8}, d. h. 1:100 000 000. Unter 100 000 000 Individuen ist mindestens eine Mutante. Diese Wahrscheinlichkeit des Auftretens von Mutanten dürfte in Wirklichkeit aber etwas höher liegen. Ändert sich die Umwelt, und eine Mutante kann sich daran besser anpassen, dann vermehrt sie sich. Diejenigen Individuen, die diese durch Mutation entstandene neue Information nicht besitzen, sterben aus. Die Wahrscheinlichkeit, daß sich in einer Population von 100 Millionen gerade eine Mutante befindet, die Informationen besitzt, mit der sie in einer neuen Umgebung besser zurechtkommt, ist aber verschwindend gering (Wickler und Seibt, 1977). Die Gene haben hier nur dann eine Chance, wenn sie in sehr vielen Individuen als Replikate stecken. Nur dann ist vielleicht eines der Individuen in der Lage, in einer veränderten Umwelt zu bestehen. So viele Individuen kann es aber nur geben, wenn diese winzig klein sind.

Wenn sich Umwelten schnell ändern, haben diejenigen Genome (die Gesamtheit der Gene eines Individuums) die größere Überlebenschance, die nicht auf eine Mutation warten müssen, sondern eine große Variationsbreite an Reaktionsmöglichkeiten besitzen.

Diese große Variationsbreite wird durch immer neue Durchmischung der Informationen gewährleistet. Der einfachste Weg dazu sind sexuelle Prozesse. Ein halber Gensatz wird in eine Fortpflanzungszelle gepackt, die sich dann wieder mit einer anderen Fortpflanzungszelle zu einem neuen Individuum vereinigt. Dies gewährleistet, daß die vorhandene Information in immer wieder neuen Kombinationen auftritt. Die notwendige Herstellung von Keimzellen bricht die bestehenden Kombinationen von Informationen immer wieder auf, und durch Neukombinationen entstehen wiederum neue Variationen von Information. Die einzelnen Gene werden nämlich nicht einfach wieder getrennt, sondern die Informationen vermischen sich.

Dadurch entstehen Abweichungen von der ursprünglichen Information, an der wiederum die Selektion angreifen kann. Sexualität ist in ihrer biologischen Bedeutung nichts anderes als die Neukombination und Durchmischung von Informationen. Auf diese Weise lassen sich viele Organismen herstellen, die für Umweltinteraktionen leicht unterschiedliche Informationen benutzen. Eines der Individuen besitzt dann vielleicht die beste Information für gerade diese eine Problemlösung.

Sobald Sexualität eine Rolle für das Überleben spielt, drängt sich auch das Problem der Partnerwahl in den Vordergrund. Die biologische Theorie im Bereich der Partnerwahl ist also kein Reduktionismus. Verhaltensstrategien müssen variabel sein, um erfolgreich zu sein. Sie können und müssen sich ändern, wenn sich ökonomische Bedingungen ändern. Die Evolutionstheorie ist in diesem Bereich deshalb eine ökonomische Theorie, die geeignet ist, Vielfalt zu erklären.

Die Entstehung der Geschlechter

Die Entwicklung der Sexualität ist für die Genome überlebensnotwendig. Weshalb gibt es nun aber Männchen und Weibchen?

Auch auf diese Frage läßt sich eine überraschende und ebenso erstaunliche Antwort finden, die von Parker et al. 1972 durch Computersimulationen entdeckt wurde. Ein kleines Gedankenspiel mag sie veranschaulichen. Die Geschlechtszellen (also die Gameten) waren ursprünglich in ihrer Größe gleich (Isogameten). Der selektive Druck, dem die Gameten ausgesetzt sind, betrifft zunächst die Fitneß der Zygote, die durch Verschmelzung von zwei Gameten entsteht. Unter Fitneß der Zygote versteht man die Wahrscheinlichkeit, mit der sie sich selbst in kürzester Zeit wieder reproduziert.

Allerdings werden Gameten aus verschiedenen Gründen nicht alle identisch gleich groß zu produzieren sein. Es entstehen unterschiedlich große Gameten, die dann in verschiedenen Kombinationen zu unterschiedlich großen Zygoten verschmelzen. Wenn die Fitneß einer Zygote in direktem Zusammenhang zu ihrem Volumen steht, dann verhilft deren größerer Nährstoffanteil den neuen Individuen zu einem Wachstumsvorsprung vor solchen Zygoten, die aus der Fusion von kleineren Gameten entstanden sind. Dadurch erhalten jene Individuen, die große Gameten produzieren, eine im Durchschnitt höhere Reproduktionsrate. So kann ein Entwicklungstrend hin zu großen Gameten in Gang gesetzt werden.

Andererseits lassen sich kleinere Geschlechtszellen in größerer Zahl herstellen als große. Das führt dazu, daß sich die Wahrscheinlichkeiten, mit der die verschieden großen Gameten aufeinandertreffen werden, verschieben. Ein kleiner Gamet wird am häufigsten zwar auf kleine Gameten treffen, aber er wird auch häufiger auf große Gameten treffen. Große Gameten habe die geringste Wahrscheinlichkeit, auf einen großen Gameten zu treffen, da sie selten sind. So kann ein Entwicklungstrend in Richtung auf kleinere Zellen in Gang gesetzt werden. Die relative Reproduktionsrate eines Gameten hängt aber nicht nur von der möglichen Größe der Zygote ab, die er schaffen kann, sondern auch von der Wahrscheinlichkeit, mit der der Gamet auf eine Zygote einer bestimmten Größe trifft. Parker et al. (1972) haben bei ihren Computersimulationen herausgefunden, welche Konsequenzen sich für den Fortpflanzungserfolg eines Individuums ergeben können, wenn dieses Gameten einer bestimmten Größe in einer bestimmten Anzahl produziert.

Diese Simulationen zeigen, daß die natürliche Selektion nicht den goldenen Mittelweg geht. Es werden vielmehr zwei Extremtypen von Individuen entstehen: Erzeuger großer Gameten, die ihren Nachkommen möglichst viele Nährstoffe mit auf den Weg geben, und solche, die viele sehr kleine Gameten produzieren. Die Selektion bewirkt damit extrem ungleiche Keimzellen (Anisogameten).

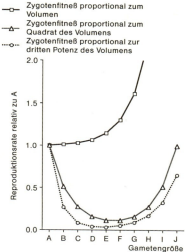

Reproduktionsraten von Gameten in Abhängigkeit von ihrer Größe
– □ – Zygotenfitneß proportional zum Volumen
– △ – Zygotenfitneß proportional zum Quadrat des Volumens
··· ○ ··· Zygotenfitneß proportional zur dritten Potenz des Volumens

Reproduktionsrate relativ zu A
Gametengröße

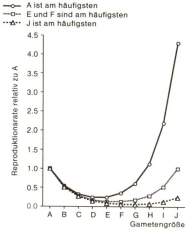

Reproduktionsraten von Gameten in Abhängigkeit von ihrer Häufigkeit
– ○ – A ist am häufigsten
···□··· E und F sind am häufigsten
··△·· J ist am häufigsten

Reproduktionsrate relativ zu A
Gametengröße

Abb. 10: Reproduktionsraten von Geschlechtszellen und deren Größe
Die Reproduktionsrate von Geschlechtszellen hängt von deren Größe ab. Eine größere Geschlechtszelle kann mehr Nährstoffe speichern und hat deshalb einen Wachstumsvorsprung; eine kleine Geschlechtszelle kann aber viel öfter hergestellt werden und hat deshalb einen Häufigkeitsvorteil. Worauf sollte sich ein Individuum eigentlich spezialisieren, um seinen Reproduktionserfolg sicherzustellen? Dieses Ergebnis einer Computersimulation nach Parker et al. (1972) zeigt, daß es dabei keinen goldenen Mittelweg geben kann. Die x-Achse zeigt die Gametengröße, wobei A die größten, J die kleinsten Gameten darstellt. Die y-Achse zeigt den Reproduktionserfolg, gemessen an A. Erst wenn der Erfolg der Geschlechtszelle proportional zum Volumen im Quadrat ist, stellt sich der Zwei-Geschlechter-Effekt ein. Ganz große und ganz kleine Gameten haben den höchsten Reproduktionserfolg. (Der Computeralgorithmus für die Simulation ist vom Autor erhältlich.)

Abb. 11: Reproduktionsraten von Geschlechtszellen und deren Häufigkeit
Die Reproduktionsrate von Geschlechtszellen hängt neben der Größe auch von der Häufigkeit des Vorkommens ab. Man könnte annehmen, daß deshalb die kleineren, aber häufiger vorkommenden Gameten einen reproduktiven Vorteil darstellen. Die hier dargestellten Simulationsergebnisse nach Parker et al. (1972) zeigen, daß häufiges Auftreten immer zum Vorteil des anderen Größenextrems gereicht. Sind die großen häufig, dann haben die kleineren den Reproduktionsvorteil und umgekehrt. Deshalb muß sich das Verhältnis von großen zu kleinen Gametenproduzenten automatisch auf 50 Prozent einpendeln.

Voraussetzung wäre aber auch, daß die kleinen Zellen eine große Zelle als Partner finden, um von deren Vorräten zu schmarotzen. Deswegen kann der Erfolg jener Individuen, die kleine Zellen produzieren, nicht größer werden als der von Erzeugern großer Zellen.

Kombinationen von sehr kleinen Zellen würden am häufigsten auftreten, hätten aber eine geringere Überlebenschance, d. h., kleine Zellen müßten sich meiden.

Kombinationen von großen Zellen hätten nun die höchsten Überlebenschancen, sie sind aber unbeweglicher als kleine Zellen. Große Zellen müßten deshalb einen Großteil ihrer Reserven für die Suche aufwenden. Irgendwo wird aber der Punkt erreicht sein, wo die Energie für die Suche den Größenvorteil aufhebt. Kleine Zellen werden deshalb eher eine große Zelle finden, als daß sich zwei große finden. Kleine Zellen sind zudem häufiger und haben daher eine größere Mutationsrate – sie erfinden also schneller neue Tricks im Aufspüren großer Zellen. Da die kleinen Zellen zudem in der Überzahl sind, müssen sie untereinander konkurrieren – jeder Vorteil im Auffinden von großen Zellen durch kleine Zellen setzt sich also unter den kleinen Zellen schnell durch.

Wettbewerb um Befruchtung setzt Selektion für Geschwindigkeit in Gang – gleichzeitig aber auch Selektion für Stillsitzen. Die einzelnen Individuen sollten sich deshalb entweder auf kleine oder große Zellen spezialisieren; sie sollten entweder große nährstoffreiche oder viele kleine bewegliche Keimzellen erzeugen.

Damit erhalten wir zwei mögliche, aber unvereinbare Fortpflanzungsstrategien: nämlich männlich (Produzenten kleiner Gameten) und weiblich (Produzenten großer Gameten). Jetzt beginnen aber die Probleme, weil unterschiedliche Strategien häufig zu Konflikten führen. Ist ein Trend in diese Richtung in Gang gesetzt, ist er nicht mehr umkehrbar, da er sich selbst im Gleichgewicht hält. Die einfache Formel

Zygotenfitness = Fusionswahrscheinlichkeit x Zygotengröße^2

setzt einen Prozeß in Gang, an dessen Ende unter anderem auch der Mensch mit seinem komplexen Paarverhalten steht. Die Selektion greift auf diesem Weg weiter an solchen Phänotypen an, die den Gametentyp, den sie produzieren, maximal protegieren können – unabhängig von dem Gen, das selbst für die Gametenproduktion verantwortlich ist.

Die Frage, warum dieser Aufwand, ist damit aber noch nicht ganz beantwortet. Um dies tun zu können, muß man sich auf eine ganz andere Ebene begeben.

Männlich und weiblich: Grundbedingungen im Fortpflanzungsverhalten

Der unausweichliche Weg zur Sexualität führt zu einer ganzen Reihe weiterer theoretischer Überlegungen, zu denen bereits Charles Darwin (1871) vor mehr als hundert Jahren den Grundstock gelegt hat. Darwin stellte sich die Frage: Wenn alle Individuen einer Art den gleichen Selektionskräften ausgesetzt sind, warum gibt es dann morphologische Ungleichheit und Verhaltensunterschiede zwischen den Geschlechtern? Darwin schlug vor, daß bestimmte Merkmale in der Evolution selektiert werden, weil sie den Verpaarungserfolg erhöhen, und zwar unabhängig vom Überlebenswert dieser Merkmale in der natürlichen Umwelt.

Darwin ging davon aus, daß es neben der natürlichen Selektion, d. h. Selektion durch Umweltbedingungen, auch eine sexuelle Selektion geben müßte. Darunter versteht er die verschiedensten Anpassungen, die Individuen im Laufe des Wettbewerbs um Partner erfahren haben. Wenn Weibchen immer solche Männchen bevorzugen, die bestimmte Merkmale besitzen, und wenn diese Männchen mehr Nachwuchs hinterlassen würden als die anderen, würden die bevorzugten Merkmale an zukünftige Generationen weitergegeben. Darwin ging davon aus, daß deshalb die Selektion für viele der sekundären Sexualcharakteristika verantwortlich sei. Darwin definierte den Ausgangspunkt dieser »sexuellen Selektion« als:
a. Wettbewerb innerhalb eines Geschlechts um die Mitglieder des anderen Geschlechts;
b. differentielle Wahl durch Mitglieder eines Geschlechts.

Darwin zeigte auch, daß es üblicherweise die Männchen sind, die Wettbewerb treiben, und die Weibchen, die Männchen auswählen. Dieser Unterschied in Paarungsstrategien hängt direkt mit den Unterschieden in der Gametenproduktion zwischen den Geschlechtern zusammen. Männchen produzieren eine große Anzahl von Spermien und können so viele Weibchen in schneller Aufeinanderfolge befruchten.

Deshalb sollte man erwarten, daß Männchen um Möglichkeiten zur Befruchtung miteinander Wettbewerb betreiben. Weibchen andererseits produzieren im gleichen Zeitintervall weniger Gameten. Weibchen sollten deshalb in der Auswahl ihrer Partner vorsichtiger und wählerischer sein. Das Risiko eines Fehlinvestments ist für sie höher. Diese Zusammenhänge wurden empirisch in den vierziger Jahren von Bateman (1948) an der Fruchtfliege nachgewiesen. Demnach ist der Fortpflanzungserfolg der Männchen variabler als der der Weibchen. Bateman erklärte diese Unterschiede damit, daß Männchen weniger Energie in die Geschlechtszellen investieren müssen als Weibchen. Deshalb ist der Fortpflanzungserfolg des Männchens nicht durch die Anzahl der vorhandenen Eizellen begrenzt, wie beim Weibchen, sondern nur durch ihre Fähigkeit, Weibchen anzulocken. Grundsätzlich gilt dieser Geschlechtsunterschied für die meisten Arten und sogar für Pflanzen.

Der Mensch ist bei diesem Prinzip keine Ausnahme. Das Guiness-Buch der Rekorde nennt 1993 Leontina Albina (*1925) aus Chile als die gebärfreudigste Frau der Gegenwart. Sie heiratete 1943 und brachte bis 1981 55 Kinder, darunter fünfmal Drillinge, zur Welt. Nur 40 dieser Kinder überlebten – sie war insgesamt über 33 Jahre schwanger. Was die Männer betrifft, liegen keine beglaubigten Angaben vor, manche arabischen Herrscher sollen aber über 500 Kinder gezeugt haben. Daly und Wilson (1983) zeigten an Daten über die Xavante und die !Kung-Buschleute, daß dort die Männer durchschnittlich 3.1 bzw. 1.42 mal so viele Kinder haben wie die Frauen.

Aus dieser möglichen Asymmetrie entstehen zwei unterschiedliche Verhaltenstendenzen, die weitreichende Folgen haben können. Das weibliche Geschlecht stellt einen Engpaß für die Fortpflanzung des männlichen Geschlechts dar. Alle Männer zusammen können aber nicht mehr Kinder haben als alle Frauen. Wenn sich Männer in vielen Gesellschaften durchschnittlich häufiger fortpflanzen als Frauen, heißt dies, daß sich manche Männer gar nicht fortpflanzen können. Daraus läßt sich leicht folgern, daß die Männer deshalb in Wettbewerb um die Frauen geraten werden.

Erst etwa 60 Jahre nach Darwin wurde mit der Publikation von R. A. Fishers »The genetic theory of natural selection« (1930) die sexuelle Selektion als möglicher Evolutionsfaktor wiederentdeckt. Die meisten der Probleme mit der Akzeptanz von sexueller Selektion in der Wissenschaft zentrierten sich auf die weibliche Wahl. Fisher war der erste, der dann die exakten Bedingungen für Partnerwahl formulierte. Wenn Darwins Konzept stimmt, dann müßten folgende Verhaltenstendenzen und Vorlieben in der Partnerwahl zu finden sein:

(1) die Präferenz für bestimmte Merkmale muß zumindest in einem der Geschlechter vorhanden sein;

(2) diese Vorlieben müssen sich auf einen reproduktiven Vorteil beziehen.

Mit anderen Worten, die Wahl muß einen evolutionären Effekt besitzen. Fisher legte damit wesentlich mehr Wert auf aktive Wahl als auf Wettbewerb. Er hielt fest, daß bestimmte Vorlieben für Merkmale von Partnern durch die Selektion erzeugt werden, solange

(1) die Söhne der ausgewählten Männchen erfolgreicher werden als die Söhne anderer Männchen;

(2) die natürliche Selektion nicht die sexuelle Selektion beeinflußt und so den Vorteil eines bevorzugten Merkmals wieder aufhebt.

Ein dritter Punkt ist nach Fisher, daß es einen sich fortführenden Vorteil des bevorzugten Merkmals geben muß. Er zeigte auch, daß die sexuelle Selektion nicht auf ein Geschlecht beschränkt bleibt, sondern in einem Interaktionsprozeß zwischen Männchen und Weibchen stattfindet.

Sexuelle Selektion führt dazu, daß die andauernden Verlierer im sozialen Wettbewerb durch die Gewinner von der Reproduktion abgehalten werden. Die zweite Komponente der Selektion basiert auf Attraktivität und nennt sich epigamische Selektion. Wenn der spätere Verlierer sich im sozialen Wettbewerb an das andere Geschlecht annähert, kann er/sie unter Umständen weniger attraktiv für das andere Geschlecht sein und deshalb nicht für die Reproduktion ausgewählt werden.

Programmierte Interessenkonflikte

Trivers (1972) geht wie Darwin von der Annahme aus, daß die sexuelle Selektion teilweise von unterschiedlichem Investment durch Männer und Frauen in ihren Nachwuchs angetrieben wird. Er erweitert den Begriff Investment vom geschlechtsspezifischen Anfangsinvestment in die Geschlechtszellen auf jede Art von Investment in den Nachwuchs, das die Überlebenschance des Nachwuchses erhöht.

Beim Menschen und anderen Säugetieren ist jetzt das väterliche

Investment geringer als das der Weibchen. Der Grund dafür liegt darin, daß die Befruchtung des Eies innerhalb des Weibchens geschieht. Eine Kopulation, die minimales männliches Investment erfordert, kann ein neunmonatiges Investment für das Weibchen verursachen. Dieser langandauernde Aufwand erfordert Zeit, Energie, Ressourcen. Hat das Weibchen ein solches Investment auf sich genommen, stehen ihm kaum Alternativen zur Verfügung. Investment beginnt natürlich nicht erst mit der Befruchtung, sondern auch der Werbeaufwand muß dazu gerechnet werden. Das Investment endet für die Frau auch nicht mit der Entwöhnung des Nachwuchses. Der Mann dagegen hat weniger direkte Investitionen. Ein Männchen kann kopulieren und verschwinden, in der »Hoffnung«, daß das Weibchen den Nachwuchs aufzieht. Das führt letztlich dazu, daß ein Männchen pro Zeiteinheit mehr Nachwuchs erzeugen kann als ein Weibchen. Die einzige Möglichkeit, die ein Weibchen hat, um seine Kosten zu senken, ist die, das Männchen zum Investment zu überreden.

Trivers (1972) beschreibt unterschiedliche Formen des männlichen Investments. Männchen müssen ihre Weibchen mit Nahrung versorgen, Territorien finden und verteidigen, das Weibchen gegen Angreifer schützen und eventuell sogar füttern. Ähnliches gilt für die Nachkommen, die auch gefüttert und beschützt sein wollen. Darüber hinaus müssen die Männchen Möglichkeiten zum Lernen für die Jungen schaffen. Sie können ihren Status auf die Jungen übertragen, ihre Macht oder ihre Ressourcen, und sie können ihrem Nachwuchs helfen, gegenseitige Allianzen zu bilden.

Diese Formen des männlichen Investments – wenn vorhanden – führen dazu, daß die Lücke zwischen dem männlichen und dem weiblichen Investment kleiner wird. Trivers' Theorie schlägt vor, daß dasjenige Geschlecht, das mehr in seinen Nachwuchs investiert (typischerweise das Weibchen), in der Selektion darauf achtet, größere Ansprüche an seine Partner zu stellen. Dasjenige Geschlecht, das mehr investiert, muß wählerischer sein, weil es größere Reproduktionskosten trägt. Die Kosten der Verpaarung sind höher, wenn zufällig ausgewählt wird, und der Nutzen kann größer werden, wenn eine sorgfältige Wahl durchgeführt wird. Die Kosten für Anspruchslosigkeit werden natürlich für dasjenige Geschlecht geringer sein, das weniger investiert; der Nutzen einer genauen Wahl wird für das Geschlecht mit dem größeren Investment natürlich größer. Bei Arten, deren Investment in den Nachwuchs für Männchen und Weibchen gleich ist, wäre anzunehmen, daß die Geschlechter auch gleich diskriminierend in ihrer Wahl der Geschlechtspartner sind.

Woher kommt dann Selektionsdruck für weiteres männliches Investment, wo doch der Wettbewerb unter Männchen gegen Investment arbeitet und jedes Investment die Chancen des Männchens begrenzt, weitere Eier zu befruchten? Die Antwort darauf erscheint trivial. Sobald zwei Individuen zusammen mehr Nachwuchs hervorbringen können als eines allein, wird Selektion auf väterliches Investment in Gang gesetzt.

Bei diesen Betrachtungen muß man zwischen Anfangs- und Folgeinvestment unterscheiden. Das Anfangsinvestment ist immer geschlechtsspezifisch unterschiedlich, Folgeinvestment muß es nicht sein.

Nehmen wir das menschliche Beispiel. Dort ist das Anfangsinvestment des Mannes klein, das der Frau hoch – denn das mögliche Resultat sind neun Monate Schwangerschaft. Danach würde es der Frau freistehen, das Investment zu beenden – aber sie würde die neun Monate verlieren. Sie ist also gezwungen, weiter zu investieren. Obwohl der Mann nun auch in den Nachwuchs investieren kann, muß er es nicht. Er kann versuchen, seinen Fortpflanzungserfolg zu erhöhen, indem er weitere Frauen befruchtet. Und er hofft, daß die Frauen, eventuell auch mit Hilfe von anderen, diesen Nachwuchs aufziehen.

Das Ergebnis ist, daß in Arten, in denen es starken Selektionsdruck auf väterliche Fürsorge gab, sehr wahrscheinlich auch gemischte Strategien der Männer auftauchen: bei der einen bleiben, dieser bei der Aufzucht helfen, und nebenher so viele Frauen wie möglich befruchten.

Aktive weibliche Wahl: das Grundprinzip

Aus diesen theoretischen Überlegungen lassen sich die optimalen Partnercharakteristika vorhersagen. In Arten mit männlichem elterlichem Investment – so wie etwa beim Homo sapiens – sollten Weibchen männliche Partner suchen, die die Fähigkeit und die Bereitschaft zeigen, Ressourcen zur Verfügung zu stellen. Diese Ressourcen sollten an elterliches Investment gebunden sein, wie Nahrung, Schutz und Verteidigung. Das gilt jedoch nur dann, wenn Ressourcen erworben, monopolisiert und verteidigt werden können. Wenn Männchen versuchen, solche Ressourcen zu kontrollieren, und wo die männliche Varianz in ihrer Fähigkeit, Ressourcen zu erwerben, genügend hoch ist, wird das väterliche Investment zum kritischen Faktor.

Die Hypothese, daß sich Weibchen in erster Linie mit Männchen einlassen, die die größeren Geschenke bringen, die die besseren Territorien haben oder einen höheren Rang als andere besitzen, wurde empirisch bei mehreren Arten gezeigt (z. B. Lack, 1940, Trivers, 1985). Die vorhandenen Ressourcen können dann erstens einen direkten materiellen Vorteil für das Weibchen und ihren Nachwuchs darstellen, zweitens den reproduktiven Vorteil ihres Nachwuchses durch die vorhandenen sozialen und ökonomischen Grundlagen erhöhen. Drittens können sie dem Weibchen und ihrem Nachwuchs einen reproduktiven Vorteil verschaffen. Das gilt aber wiederum nur dann, wenn die Variation in den Qualitäten der Männchen, die zum Erwerb von Ressourcen führen, auch nur teilweise vererbbar ist.

Der Effekt der Partnerwahl auf Selektion hängt von der Art der Wahl ab. Zunächst ist es trivial, daß weibliche Wahl bestimmte Faktoren im Erscheinungsbild der Männchen favorisieren kann, und zwar so lange, bis die Erscheinung der Männer dem Wunsch der Frauen entspricht. Die Weibchen erreichen aber eine ständige Veränderung der Männchen, falls sie relative anstelle absoluter Kriterien anwenden. Wenn sie ihre Wahl am Mittelwert einer Population ausrichten und dann das Extrem auswählen, verschiebt sich nach wenigen Generationen auch die Verteilung der weiblichen Präferenzen. Die Söhne dieser Weibchen sind auf Grund ihrer Charakteristika für die Weibchen zukünftiger Generationen als Partner interessanter. Damit erreichen die Weibchen durch ihre Wahl den Effekt, daß sich auch ihre Söhne vermehrt fortpflanzen. Man spricht deshalb auch von der »Sexy-Söhne-Hypothese« (Fisher, 1930). Die Weibchen zukünftiger Generationen sind dann gezwungen, extremer zu wählen, um ihre Söhne als Partner interessant zu halten. Das initiiert einen Vorgang, der darauf hinausläuft, daß sich die männlichen Attribute und die weiblichen Präferenzen mit zunehmender Geschwindigkeit in die gleiche Richtung bewegen.

Eine Gegenselektion kann nur durch die natürliche Selektion erfolgen, und zwar dann, wenn die so immer gesteigerten Charakteristika dem männlichen Überleben im Wege stehen.

Eine etwas andere Ansicht über die Existenz männlicher Extremcharakteristika vertritt Zahavi (1975). Er geht davon aus, daß das Weibchen in erster Linie solche männlichen Merkmale auswählt, die die Überlebensfähigkeit und die Kraft des Männchens widerspiegeln. Viele Extreme der männlichen sekundären Sexualmerkmale könnten den physiologischen Zustand des Männchens für das Weibchen ansagen. Diese Signale sind unabhängig von ihrem Effekt auf das Paarungsverhalten. Zahavi schlägt deshalb vor, daß Männchen mit Extremcharakteristika dem Weibchen demonstrieren, daß sie sogar mit diesem »Handikap« überleben können. Ein Männchen, das sich ein hohes Handikap leisten kann, wäre deshalb der beste Partner. Weibchen wählen dann diese Männchen auf Grund deren Stärke aus, und sie werden dafür durch hohe Fitneß ihres männlichen und weiblichen Nachwuchses belohnt. Dieses Handikap sollte jedoch nicht andauernd sein – da sich der Vorteil ja sonst wiederaufhebt (Wickler und Seibt, 1977). Man kann sich aber vorstellen, daß das Handikap nur einmal in Kauf genommen wird. Extrem große sekundäre Geschlechtsmerkmale entstehen unter dem Einfluß von Sexualhormonen, die andererseits auch das Immunsystem schwächen können. Eine hohe Konzentration von Sexualhormonen ist jedoch nicht notwendig, um das Merkmal, ist es einmal geschaffen, aufrechtzuerhalten.

Da der Grad des männlichen Investments kritisch für die Frau ist, sollte dieser Faktor derjenige sein, der die weibliche Wahl in erster Linie beeinflußt. Männliche Fähigkeiten, angefangen von ihrer Intelligenz und Innovationsfreude bis zur Aggressionsbereitschaft usw., wären demnach ein direktes Produkt der weiblichen Wahl. Die sexuelle Auswahl hat mit Sicherheit nicht nur große Teile unseres äußeren Erscheinungsbildes, sondern auch viele Teile unseres Verhaltens geprägt. Sobald eine Wahl erfolgt, verfestigen sich in einer Population die Merkmale, die als Wahlkriterien benutzt werden.

Probleme für die Männer: Hahnreischaft
Hat sich die Situation so weit entwickelt, wird sie für die Männchen zum Problem. Sobald sie nämlich tatsächlich investieren, müssen sie sich darüber sicher sein können, daß es auch ihr eigener Nachwuchs ist, den sie umsorgen. Im Gegensatz zur Frau könnten sie nämlich leicht in die Gene eines anderen investieren. Die Selektion wird deshalb Anpassungen forcieren, die ein mögliches Fehlinvestment des Mannes verhindern. Demgegenüber steht die Notwendigkeit, daß auch Frauen, die von einem Mann verlassen wurden, Anpassungen ausbilden und

einen Mann suchen müßten, der ihnen bei der Aufzucht hilft. Sozusagen als Gegenmaßnahme müßten die Frauen die Fähigkeit besitzen, entweder Vaterschaft zu verschleiern oder den Mann so zu manipulieren, daß er trotzdem investiert.

Die Strategie der Männer hätte dann folgendermaßen auszusehen: Sie wären gut beraten, nicht gleich beim ersten Treffen mit der Frau zu kopulieren, sondern eine Zeit abzuwarten und nachzuprüfen, ob sie bereits von einem anderen schwanger ist. Weiter sollte es zu einem ausgeprägten Überwachungsverhalten des Mannes kommen.

Diese beiden Notwendigkeiten haben Auswirkungen auf das Werbeverhalten der beiden Geschlechter. Es müssen Möglichkeiten für beide Geschlechter vorhanden sein, auszutesten, ob der andere, egal welchen Geschlechtes, betrügen wird oder nicht. Die Männchen müssen mobiler werden und sich auf die Suche machen, da Weibchen eine seltene Ressource sind.

Aus diesen unterschiedlichen Verhaltenstendenzen ergeben sich eine ganze Reihe interessanter Konsequenzen:

Für monogame Arten ergibt sich der interessante Fakt, daß der Partner, dessen kumulatives Investment vom anderen Partner übertroffen wird, theoretisch in Versuchung geführt wird, seinen Partner zu verlassen. Diese Versuchung entsteht dadurch, daß der »Verlasser« weniger verliert als jener, der beim Nachwuchs bleibt. Wenn der Mann gleich nach der Kopulation die Frau verläßt, dann kostet ihn das sehr wenig, während die Chance, daß die Frau auf Grund ihres hohen Anfangsinvestments den Nachwuchs aufzieht, sehr hoch ist. Solche Asymmetrien erleichtern dem »Treulosen« die Entscheidung.

Falls jetzt das Folgeinvestment höher und höher wird, verschiebt sich das Ganze wieder: Dann kann jeder den anderen verlassen, da beide durch Investment gebunden sind. Der Zurückbleibende wird in den Zwang versetzt, ganz allein weiterzumachen, falls er sein Investment nicht aufgeben will.

Gefangen im Investment: das Geschlechter-Dilemma

Durch diese unterschiedlichen Bedingungen für die beiden Geschlechter ergeben sich ausgeprägte Interessensunterschiede, die Konfliktpotential besitzen.

Die vier Grundbedingungen – notwendige väterliche Pflege, hohe Varianz in der Partnerqualität, Angst vor Hahnreischaft und asymmetrische Investition in den Nachwuchs – führen zu einem neuen »biologischen Imperativ«.

Hinde (1984) fordert deshalb folgende »biologische« Grundannahmen für Strukturierung und Inhalt der »zwischengeschlechtlichen Interaktionen« beim Menschen:

- In der sexuellen Attraktivität sollten wir Geschlechtsunterschiede finden. Männer sollten Frauen anziehend finden, deren Charakteristika aussagen, daß sie den Nachwuchs des Mannes erfolgreich aufziehen können. Im Gegensatz dazu sollten Frauen Männer anziehend finden, die signalisieren, daß sie gute Versorger und Beschützer sind.
- Männer sollten eine Ablehnung gegen Beziehungen mit promisken Frauen entwickeln. Sie sollten nur in Beziehungen investieren, in denen sie nicht zum Hahnrei gemacht werden.
- Frauen dagegen sollten Möglichkeiten haben, den Mann davon zu überzeugen, daß er der Vater des Nachwuchses ist, und sie sollten die Investitionsbereitschaft des Mannes in die Beziehung ausloten.
- Dasjenige Geschlecht, das die geringeren Investitionen in den Nachwuchs hat, erfährt den intensiveren Wettbewerb um Partner und tendiert deshalb zum offenen Werbeverhalten. Bei den Menschen sind das die Männer.

Es sollte demnach Geschlechtsunterschiede in der Wahrnehmung eines optimalen Partners geben, und damit sind auch geschlechtsspezifische Taktiken im Werbeverhalten zu erwarten: Jedes der beiden Geschlechter sollte, kongruent zur Wahrnehmung des optimalen Partners des anderen Geschlechts, Werbung treiben.

Menschliches Werbeverhalten, das von asymmetrischem Investment geprägt ist, führt deshalb zu:

aktiver weiblicher Wahl;
männlichem Wettbewerb und Mobilität;
ausgeprägtem männlichem Werbeverhalten;
Austesten der Investmentbereitschaft;
Mechanismen, die eine feste Paarbindung garantieren;
männlicher sexueller Eifersucht.

Diese grundlegend unterschiedlichen biologischen Bedingungen für die beiden Geschlechter müßten theoretisch auch zu verschiedenen Verhaltenstendenzen bei den Geschlechtern führen.

Der biologische Imperativ

Die Aufdeckung solcher Passungen beim Menschen mußte, bevor solche Theorien aufgestellt und akzeptiert wurden, fast immer auf der Ebene theoretischer, hypothetischer Konstrukte stehenbleiben. Die jetzt vorliegenden Theorien erlauben es aber, genaue Vorhersagen über Verhalten zu machen. Anpassungen selbst lassen sich in der Regel nur über die Aufklärung der Funktion eines Verhaltens aufdecken. Solche Beweise sind beim Menschen freilich nur sehr schwer durchzuführen. Die Praxis der empirischen Beobachtung zeigt, daß Verhalten mehreren Funktionen dienen kann und beim Menschen eine hohe Plastizität besitzt.

Diese Problematik wird dadurch verstärkt, daß der Mensch in der Lage ist, die Auswirkungen eines Verhaltens zu erkennen und ein Verhalten um seiner Effekte willen in fast jedem beliebigen Kontext einzusetzen – diese Fähigkeit macht Verhalten kontextunabhängig.

Als Gegenargument wird man anführen, daß die Konsequenzen von Verhalten direkt auf eine Organisation einwirken: Je näher Verhalten am Fortpflanzungserfolg steht, um so hierarchischer und strikter sollte es organisiert werden (Dawkins, 1976).

Als Schlußfolgerung mag folglich dienen, daß in all den Bereichen, die unmittelbar an die Fortpflanzung des Menschen anknüpfen, die direkten Konsequenzen aus den biologischen Notwendigkeiten im Verhalten zu finden sein müßten.

Das Verhalten der beiden Geschlecher hat sich aber nicht getrennt voneinander entwickelt. Deshalb hat jedes Geschlecht die Kapazität, auch das Verhalten des anderen Geschlechts auszuüben. Die Entwicklung (gesteuert durch Hormone) verläuft üblicherweise in eine bestimmte Richtung. Dadurch entstehen Überflußkapazitäten und somit auch eine gewisse Überlappung zwischen geschlechtsspezifischem Verhalten.

Geschlechtsunterschiede in der Partnerwahl haben aber eine ungeheure Bedeutung, wenn sich Vorlieben in eine bestimmte Richtung entwickelt haben.

Erstens: Solche Vorlieben können die gegenwärtige Richtung der sexuellen Selektion beeinflussen, indem sie bestimmen, wer differenziell aus der Fortpflanzung ausgeschlossen oder eingeschlossen ist. Bevorzugte Partnercharakteristika, die zumindest einige Vererbbarkeit zeigen, werden typischerweise in zukünftigen Generationen häufiger vorhanden sein. Individuen, denen solche bevorzugten Charakteristika fehlen, tendieren dazu, die Vorfahren von niemand zu werden.

Zweitens: Die gegenwärtigen Vorlieben für bestimmte Partner können vorhergegangenen Selektionsdruck reflektieren und damit wichtige Hinweise auf die reproduktive Geschichte einer Spezies geben.

Drittens: Vorlieben für bestimmte Partner können Selektionsdruck auf andere Teile des Partnersystems hervorrufen. Im Kontext des intrasexuellen Wettbewerbs zum Beispiel können Taktiken, die benutzt werden, um Partner anzuziehen und zu behalten, sehr stark durch Partnervorlieben des anderen Geschlechts beeinflußt werden.

Auf Grund der mächtigen reproduktiven Konsequenzen der Bevorzugung von Partnern ist wohl anzunehmen, daß Vorlieben für bestimmte Partner nicht zufällig sind, und daß sie durch sexuelle Selektion entstanden sind. Männlichsein und Weiblichsein sind demnach zwei unterschiedliche Überlebensstrategien, die sehr verschiedene Ziele verfolgen. Sie haben nur ein Problem gemeinsam, nämlich einen möglichst optimalen Partner zu finden (Wickler und Seibt, 1977).

Diese Annäherung erlaubt uns, konkrete Hypothesen für den gesamten Bereich der Partnerwahl und die dort auftretenden Phänomene zu bilden – eine Ansatzmöglichkeit, die biologische Theorien von allen anderen Theorien in diesem Bereich unterscheidet. Durch diesen Vorgang können wir letztlich auch einen Bereich unseres Lebens besser verstehen, ohne den Schleier der Mystik darüberzuwerfen: Sexualität, Partnerwahl und schließlich auch Liebe.

Nichts ist ohne Risiko:
Verrechnen, Entscheiden und Handeln

Die Idee, daß biologische Grundlagen auch die Partnerwahl des Menschen leiten, führt zu einer Reihe von weiteren Überlegungen. Denn die Anforderungen der Paarfindung verlangen in erster Linie einen Entscheidungsapparat, der – unbewußt oder bewußt, gezielt, mit Absicht oder ohne Absicht – all die Probleme verarbeitet, die in der Partnerwahl vorkommen können. Letztlich muß dieser Apparat aber auch Mechanismen besitzen, die es ihm erlauben, zu einer Entscheidung zu kommen. Damit sind, als unerläßliche Voraussetzung jeder Partnerwahl, kognitive Verarbeitungsmöglichkeiten zu fordern.

Warum tut man sich aber überhaupt mit jemanden zusammen? Es wäre doch einfacher, allein zu bleiben und nicht die ganzen Schwierigkeiten der Partnerfindung und der Aufrechterhaltung von Beziehungen auf sich zu nehmen? Dafür stehen mehrere Erklärungsmöglichkeiten offen. Unsere Physiologie ist so ausgerichtet, daß wir mit einem Partner zusammen eine ganze Reihe von Gefühlssensationen erleben können. Verliebtsein, Zärtlichkeit, sexuelle Erregung, Orgasmus und Gefühlsbindungen haben physiologische Begleiterscheinungen, die als angenehm empfunden werden. Soziale Vorteile sind auch vorhanden – ein Partner kann unter Umständen Prestige einbringen. Wenn jeder einen Partner will, dann kommt es zum sozialen Wettbewerb: Wer dabei erfolgreich ist, gewinnt an Ansehen.

Partnerschaften führen unter den meisten ökologischen Bedingungen zu ökonomischen Vorteilen. Eine feste Beziehung zwischen Mann und Frau hat in Umgebungen, in denen Ressourcen selten sind, erhebliche Vorteile. Der Aufwand zur Lebenserhaltung reduziert sich durch Arbeitsteilung. Und es gibt schließlich soziale Faktoren: Wettbewerb um Partner. Diejenigen, die sich binden, drängen dann darauf, daß Bindung zum allgemeinen sozialen Standard erhoben wird. Der »Single« wird von den Paaren als bedrohlich empfunden. Auf reproduktionsbiologischer Ebene ist es einfach so, daß zwei zusammen mehr und besseren Nachwuchs produzieren können als einer allein.

Wahlbedingungen

Beide Geschlechter haben in der Paarfindung eine identische Ausgangsposition. Sie verfolgen beide das Ziel, einen optimalen Partner zu finden. Unter einem Ziel verstehen wir in diesem Fall – wie Cranach et al. (1980) – einen vorgestellten, beabsichtigten Zustand am Ende einer Handlung. Solche Ziele können zeitlich und auch hierarchisch organisiert sein. Das Ziel, einen optimalen Partner zu finden, setzt sich damit aus mehreren Unterzielen zusammen, wie zum Beispiel Werben, Kontaktaufnehmen, Kopulation usw. Solche Ziele stehen jedoch immer in Auseinandersetzung untereinander und beeinflussen sich gegenseitig.

Ziele können sich auch im Verlauf von Interaktionen ändern, so zum Beispiel von einer freundlichen Kontaktaufnahme bis hin zu sexuellem Interesse. Bei der Partnersuche zeigt sich uns ein weites Spektrum an verschiedenen Zielen, die dem obersten Ziel der Reproduktion untergeordnet sind. Als logische Konsequenz finden wir auf der nächsten Ebene den Wunsch nach Geschlechtsverkehr und den nach einem Aufbau von konstanten Beziehungen.

In der Tat sind dies die Hauptziele, die Studenten in Befragungen angeben. Kirkendall (1965) interviewte 200 Studentinnen und Studenten und fand ausgeprägte Geschlechtsunterschiede. Owen (1982) bestätigte diese Ergebnisse durch die Analyse von Partnerschaftsanzeigen. Es zeigt sich, daß Männer mehr betonen, »sie wollten nur Spaß« haben, während Frauen eher feste Partnerschaften und Eheabsichten verfolgen. Auf dieser Ebene werden die Zielstrukturen aber relativ schnell recht kompliziert – Selbstbestätigung, die Demonstration oder das Ausüben von Macht und sogar materielle oder physische Ausbeutung werden nicht selten genannt (Skipper und Nass, 1966).

Alle diese Zieltypen haben jedoch dasselbe Unterziel: die Auswahl einer Zielperson des anderen Geschlechts. Paarfindung hat deshalb folgende Komponenten (Barash, 1977): Als erstes muß der Partnersuchende sich selbst als potentiellen Partner darstellen. Er muß den reproduktiven Zustand und das reproduktive Potential des möglichen Partners erkennen und beurteilen können. Dieser Phase des mehr oder minder unspezifischen Informationssammelns und -sendens folgt dann eine Phase der gerichteten Annäherung sowie die Notwendigkeit, die Aufmerksamkeit des Partners auf sich zu lenken.

Der Flirt – die Stunde der Zweideutigkeit

Die nächste Phase bezeichnen wir in der Regel als »Flirt«. Rowland et al. (1982) fanden, daß beide Geschlechter sehr gut darin übereinstimmten, was man als Flirtverhalten bezeichnen kann. Der normale Gebrauch des Begriffs Flirt bezieht sich auf anfängliche Aktionen innerhalb einer Begegnung, die eine Botschaft des Interesses oder der gegenseitigen Anziehung übermitteln soll. Wir wissen, daß wir – zwar mit geringer Treffergenauigkeit, aber immerhin – einen Flirt erkennen können.

Sabini und Silver (1982) haben wohl die beste Analyse des Flirts geliefert. Wenn wir Handlungen von Personen beschreiben, ist das Konzept des »Zwecks« zentral. Tatsächlich unterscheidet der Begriff »Zweck« zielgerichtete Handlungen von Zufälligkeiten. Vielleicht läßt sich ein Flirt über die dabei verfolgten Ziele definieren.

Was ist nun das Ziel des Flirts? Die Antwort scheint einfach zu sein: die Wahl eines Partners und damit Sex. Wir flirten sogar, wenn wir Kopfweh haben und uns nicht vorstellen können, daß es in diesem Flirt zum Sex kommen kann. Wir flirten mit Leuten, an denen wir überhaupt kein sexuelles Interesse haben. Man kann mit seinem Chef oder seiner Chefin flirten, obwohl er/sie unseren Vorstellungen von einem Partner keineswegs entspricht – einzig darum, um etwas in seiner Karriere zu erreichen. Man kann auch mit jemandem flirten, den man eigentlich für unattraktiv hält, nur so, um sich die Zeit zu vertreiben. An den verfolgten Zielen läßt sich ein Flirt wohl kaum erkennen.

Vielleicht könnten wir eine Liste von Flirtverhalten zusammenstellen und dabei sagen, daß eine Person nur dann flirtet, wenn sie eine gewisse Anzahl von Verhaltensweisen aus diesem Katalog zeigt. Versuche in diese Richtung enden aber meist mit sinnlosen Repertoireuntersuchungen, die einzelne Signale als »Flirtsignale« darstellen wollen.

Lockard und Adams (1980) versuchten ein Ethogramm des menschlichen Werbeverhaltens zu schaffen. Dazu beobachteten sie Paare in Freizeiteinrichtungen. Sie beschrieben Werbeverhalten als dasjenige Verhalten, das exklusiv Männer und Frauen zueinander zeigen. Die Autoren waren jedoch nicht in der Lage, bindende und mehr intimere Verhaltensweisen zu beobachten, weil sie einfach nicht vorkamen. Das läßt darauf schließen, daß viele der Verhaltensweisen in der Öffentlichkeit nicht gezeigt werden. Es bleiben nur Berührungen, gegenseitige Umarmungen übrig, die von Paaren im Alter zwischen 18 und 24 in der Öffentlichkeit gezeigt werden.

Ein weiterer Versuch in Richtung der Identifikation von Flirtverhalten wurde von Shotland & Graig (1988) gemacht. Das Interesse dieser Studie lag in erster Linie darauf, wie Beobachter zwischen Handlungen, die (sexuelles) Interesse, und solchen, die nur freundliche Absichten signalisieren, unterscheiden. Dabei konnten die Autoren einige nicht-sprachliche Verhaltensweisen identifizieren, wie zum Beispiel längeren Blickkontakt, die von Beobachtern herangezogen werden, um »normale Interaktionen« und »Flirtsituationen« voneinander abzugrenzen.

Doch solche Kriterien allein reichen nicht aus, denn längerer Blickkontakt kann auch in »normalen« Interaktionen vorkommen. In einer möglichen Flirtsituation muß deshalb der Empfänger eines Signales entscheiden, daß das Signal eine Botschaft von Interesse oder Anziehung beinhaltet und aus keinem anderen Grund gesendet wird. Dabei könnte auch die notwendige Anstrengung oder der Aufwand, der getrieben wird, eine Rolle spielen. Downey & Damhave (1991) konnten nachweisen, daß eine Situation, in der die Person einige Anstrengung in die Kontaktaufnahme stecken muß, als Flirt betrachtet wird. Eine Situation, in der keine solche Anstrengung verlangt wird, wird seltener von Beobachtern als Flirt bezeichnet. Interaktionen in einer Bar wurden eher als Flirt benannt als die in einer Schulcafeteria. Dabei kommen jedoch Gewichtungsprozesse vor. Beobachter verrechnen die einzelnen Teile wie Ort und Aufwand gegeneinander. Falls der Flirter Kosten auf sich nehmen muß, um in einen verbalen Austausch zu kommen, und gleichzeitig ein Kompliment gibt, dann verliert die Variable »Ort« an Bedeutung. Wenn keine Anstrengung notwendig ist und kein Kompliment vorkommt, dann wird der Ort für die Entscheidung bedeutsam. Beim Flirt spielen also viele Variablen eine Rolle.

Die Liste von Flirtverhaltensweisen kann lang sein: Blickkontaktaufnahme, Direkt-in-die-Augen-schauen, Näher-zu-jemandem-hingehen, Mit-weicher-Stimme-reden, Kurze-Blicke, Lange-Blicke usw. (Moore, 1985). Solche Listen werden endlos. Man kann sich eine ganze Reihe von Verhaltensweisen vorstellen, die in diesen Kontext passen. Letztlich würde aber jede Liste, die Flirtverhalten beschreiben will, immer noch zu kurz ausfallen. Hier entsteht ein Paradoxon: Wir können flirtende Leute erkennen, aber nicht sagen, wie wir zu dem Eindruck gelangt sind, daß sie flirten.

Vielleicht sollte man versuchen, ein Regelsystem zu entwickeln, das genau beschreibt, wie zwischengeschlechtliches Interesse entsteht und wie es kommuniziert wird. Sabini und Silver (1982) nehmen dafür Schach als Modell. Entsprechend ihrer Betrachtungen kann Schachspiel durch verschiedene Verhaltensweisen identifiziert werden. Diese Verhaltensweisen folgen bestimmten Regeln.»Der Läufer schlägt über die Diagonale« – das ist demnach ein Typ von Verhalten, welches Teil des Schachs ist.»Turm schlägt über die Diagonale« ist keine solche Regel. Die bestimmenden Regeln des Schachspiels sagen uns, wie die Figuren sich bewegen und wie sie schlagen können. Obwohl wir nicht in der Lage sind, uns an das ganze individuelle Verhalten der Figuren in einem Spiel zu erinnern, können wir den schmalen Satz der Regeln des Schachs beherrschen. Vielleicht hat Flirt einen genauso kleinen Satz an Regeln.

Im Flirt wie im Schach gibt es gute und schlechte Züge. Der einzige Unterschied ist, daß es im Flirt keine »falschen Züge« gibt. Es gibt dort anscheinend keine Regeln, die bestimmtes Verhalten verbiten, denn wir wissen, daß Leute sich nicht an »Regeln« im Flirt halten, zum Beispiel, wenn ihr Partner oder ihre Partnerin mit jemand anders redet. Solches Verhalten verletzt zunächst einmal die Regeln, da man sich im Flirt eigentlich immer auf den anderen Partner konzentriert. Jedoch kann es durchaus ein guter »Zug« sein, denn die Tatsache, daß ich meinen Partner/Partnerin ignoriert habe, war eine gute Strategie in diesem Flirt: Es machte sie oder ihn zuerst eifersüchtig und dann bereit, auf ein Gespräch mit mir einzugehen. Konstitutive Regeln für den Flirt zu erkennen, fällt also ebenso schwer, wie eine Verhaltensliste aufzustellen.

Bleibt als einzige Möglichkeit, nochmals mit den Zielen im Flirt zu beginnen. Sabini und Silver (1982) greifen dabei wieder zur Schachanalogie. Leute, die Schach spielen, verfolgen mit dem Schachspiel Ziele.

Manche spielen für Geld, manche zu ihrem Vergnügen. Schach hat aber ein vorherrschendes Ziel: das Schlagen der anderen Figuren. Man muß mehr tun, als seine Figuren auf eine regelrechte Weise zu bewegen, nämlich dem Gegner Figuren wegnehmen. Dies ist unabhängig davon, aus welchen Gründen man Schach spielt.

Damit können wir zum Flirt zurückkehren. Man kann zwar flirten, ohne ein sexuelles Ziel zu verfolgen. Aber Sex ist nicht unbedeutend für den Flirt, denn es gibt dem Flirt seine Zieldefinition und bindet ihn an das Reproduktionsverhalten und somit auch an evolutionstheoretische Erklärungsmodelle. Der Zielpunkt beim Flirt ist nicht der Sexualakt, sondern daß man dem Partner einen Wunsch nach (sexueller) Intimität mitteilt. Das Vergnügen im Flirt kann durchaus daraus entstehen, daß man Vergnügen empfindet, wenn eine andere Person Interesse an einem zeigt, und daß die Person sich dabei anstrengt. Leute können die unterschiedlichsten Ziele im Flirt verfolgen, aber Flirt wird durch sein sexuelles Ziel definiert und ist deshalb attraktiv. Diese sexuelle Zieldefinition erlaubt es, wie wir sehen werden, auch genau jene Signalsysteme zu identifizieren, die im Flirt gehäuft auftreten müssen.

Es gibt spezifische Verhaltenstypen in einer begrenzten Anzahl, die das Spiel des Schachs ausmachen, und zwar unabhängig davon, wer warum spielt. Die Züge und die Regeln des Schachs haben nichts mit dem Vergnügen am Schachspiel zu tun. Verhalten beim Flirt kann selbstbelohnend sein, viele der möglichen Verhaltensweisen können Vergnügen bereiten. Aus diesem Grund kann man im Flirt sein Verhalten mehr oder weniger frei bestimmen. Eine Person kann flirten, ohne ein bestimmtes Verhalten auszuführen, das direkt dem Flirt zugeordnet werden muß.

Die Schlußfolgerung, die man daraus ziehen kann, ist, daß Flirtverhalten konzeptuelles Verhalten sein muß. Die Grundlage dieses Verhaltens besteht im wesentlichen darin, die Ziele, die der Flirter verfolgt, zu verschleiern. Die Kontaktaufnahme und damit der Flirt sind »Grauzonen« in unserem Verhalten, die sich dadurch auszeichnen, daß sie zunächst zweideutig und unverbindlich sind. Deshalb wäre es nutzlos, ein Verhaltensrepertoire des Flirts zu erstellen, das wie ein Kochrezept angewandt werden kann.

Flirt zeichnet sich dadurch aus, daß er Interesse signalisiert, ohne eine Verpflichtung einzugehen. Sich-nicht-festlegen ist sein Hauptthema. Es wird ein »push-pull«-Mechanismus in Gang gesetzt, bei dem die Interessierten sich langsam in eine Richtung bewegen. Einer zeigt Interesse, der andere folgt und zeigt mehr Interesse usw. Information über Interesse muß dann aber auch mit Information über mögliche Hingabe abwechseln. Die Mittel, die dazu eingesetzt werden, können unterschiedlichster Art sein. Ihr Inhalt ist ohne Belang, solange sie als Signale wirksam sind.

Die vorhandene Zweideutigkeit hat aber auch noch andere Gründe. Flirt und Kontaktaufnahme sind auch Gefahrenzonen. Denn bereits jetzt müssen die möglichen Tendenzen des Partners abgeschätzt werden: Er könnte unter Umständen aggressiv werden oder er könnte betrügen. Eine Studie von Sack et al. (1982) zeigte, daß jede(r) vierte, unabhängig vom Geschlecht, in einer Befragung zugab, während eines Rendezvous schon einmal Zwang oder Gewalt angewandt zu haben. Nach der Kontaktaufnahme wird die Ausforschung des möglichen Partners zum Hauptthema, vor allem, um möglichen Betrug zu vermeiden oder auch durchzuführen. Berk (1977) zeigte bei einer Untersuchung von Singles auf Tanzveranstaltungen, daß Frauen dieses Ziel zu erreichen versuchen, indem sie Freundschaften mit anderen Frauen bilden. Betrugsgeschichten durch Männer sind ein Hauptthema, über das Frauen sprechen. Gleichzeitig mit der Vermeidung von Betrug muß aber auch Koordination erreicht werden, d. h. die Handlungen der Partner müssen angeglichen und zeitlich abgestimmt sein. Dazu gehört auch die Aufrechterhaltung von Nähe und Aufmerksamkeit.

Die möglichen Ziele im Werbeverhalten sind also recht weit gestreut. Allen gemeinsam ist jedoch, daß nur Informationen-sammeln, Informationen-verarbeiten und die Auswahl einer entsprechenden Taktik oder Strategie ihre Verwirklichung ermöglicht.

Die asymmetrischen Investmentvoraussetzungen für die beiden Geschlechter müssen jedoch zu sehr unterschiedlichen Paarungsstrategien führen, wenn man biologische Voraussetzungen als Grundlage nimmt. Auf Grund ihres geringen Investments bestehen die Paarungsstrategien der Männer aus drei Komponenten (Thornhill und Thornhill, 1992):

a. Partner (Kopulationen) mit reproduktiven Vorteilen erhalten;
b. Beziehung zum Partner aufrechterhalten und;
c. Vaterschaftssicherheit erhöhen.

Männer sind weniger diskriminierend bei der Wahl eines Sexualpartners, sondern mehr damit beschäftigt und begieriger darauf, Kopulation als Teil einer Interaktion einzubauen. Wenn Männer ausgewählt wurden, die sexuellen Erfolg haben, dann werden sie eher dazu tendieren, erzwungenen oder gewalttätigen Sex anzuwenden – und zwar gegenüber beiden, willfährigen oder auch sich sträubenden Frauen. Ihre Tendenzen dazu sollten auch nicht dadurch beeinflußt werden, ob die Frau ihr Einverständnis gibt oder nicht.

Die Männer werden deshalb in der Regel drei Haupttaktiken anwenden (Shields und Shields, 1983):

a. ehrliche Werbung und ehrliches Werbeverhalten
b. Täuschungen in der Werbung und im Werbeverhalten
c. Zwang

Männer drängen auf schnelle Entscheidungen, da sie einem Wettbewerb ausgesetzt sind; Täuschungsmanöver und Zwang spielen deshalb für Männer eine nicht unwichtige Rolle.

Die Unterschiede zu Frauen sind bemerkenswert. Die sexuelle Selektion hat solche Frauen favorisiert, die ihren Zugang zu Ressourcen erhöhen konnten und deren genetische Fitneß das Überleben ihres Nachwuchses sicherte. Frauen sollten zufällige, unausgewählte Kopulationen vermeiden, um ihr Investment nicht zu gefährden, mögliche Partner gut austesten und langfristige Beziehungen zu einem investierenden Partner aufbauen. Frauen sind deshalb das Objekt des sexuellen Wettbewerbs unter Männern, und sie haben darum auch die besseren Möglichkeiten der Wahl.

Diese Geschlechtsunterschiede in den Verpaarungsstrategien führen zu einem Unterschied zwischen den wahrgenommen Interessen von Männern und Frauen, ob, wann, wie und wie oft Verpaarung vorkommen sollte. Um sexuellen Erfolg zu haben, müssen Männer deshalb oft weibliche Barrieren des Zögerns und des Widerstandes durchbrechen (Kirkendall, 1965). Dieses »Mauermodell« der sexuellen Initiative ist vor allem in der amerikanischen Wissenschaft weit verbreitet. Nach diesem Modell schlagen Männer vor, Frauen treffen Entscheidungen.

Diese Entscheidungskonflikte zwischen schneller Annäherung und einer langen Informationssammelphase lassen die Annahme der Möglichkeiten einer »Liebe auf den ersten Blick« im Rahmen evolutionstheoretischer Betrachtungen eher unwahrscheinlich erscheinen.

Der Eigennutz des Denkens

Das Finden eines Partners hängt also davon ab, wie und welche Information zu welchem Zeitpunkt vorhanden ist. Diese Information muß verarbeitet werden und nutzbringend, d. h. kostenvermeidend anwendbar sein. Partnerfindung benötigt damit nichts anderes als intelligente Signalverarbeitung. Neuere Betrachtungen über die Evolution der Intelligenz stellen ihren sozialen Ursprung in den Vordergrund (Humphrey, 1976; Jolly, 1966; Grammer, 1988). Demnach ist der Ursprung der Intelligenz in der Notwendigkeit zu suchen, die innerhalb des sozialen Alltags auftretenden Probleme zu lösen. Probleme entstehen daraus, daß Menschen Ziele verfolgen und daß diese Ziele nicht immer von anderen Menschen geteilt werden. Dieser Zielkonflikt ist auch ein zentrales Thema in der Partnerwahl. Die Funktion der Intelligenz ist es deshalb, andere zu manipulieren und sie mit Informationen zu versorgen, die sie schließlich veranlassen, ganz bestimmte Dinge zu tun.

Die Lösung eines Problems beginnt mit dem Auftreten einer Verhaltensblockade, d. h., das Verhalten kann auf dem Weg zu seinem Ziel nicht mehr weiterverfolgt werden. Erfolgt kein Eingriff durch andere, muß eine Strategie ausgewählt werden, die die Blockade überwinden kann.

Prinzipiell stehen drei Wege zur Lösung sozialer Probleme zur Verfügung. Man kann das Ziel aufgeben, Gewalt anwenden, um so die Blockade zu entfernen, oder man kann versuchen, die Blockade zu umgehen. In letzterem Fall wird man, falls die Möglichkeit dazu besteht, der Blockade ausweichen. Darin finden wir vielleicht die Hauptfunktion der Intelligenz: Man kann versuchen, von vornherein so zu handeln, daß die Wahrscheinlichkeit des Auftretens einer Blockade möglichst klein gehalten wird.

Ein Problemlösen mit Hilfe von »Versuch und Irrtum« ist nicht immer möglich. Ein einziger Irrtum kann zur Folge haben, daß man das ganze Ziel nicht mehr erreichen kann. Deshalb erscheint es notwendig, Vorhersagen über den möglichen Ausgang der Situation zu treffen. Vorhersagen müssen aber zum einen auf der Ebene des Verhaltens stattfinden, d. h., »wenn ich das und das mache, dann passiert das und das«. Zum anderen müssen sie genauso auf der Beziehungsebene möglich sein, d. h., »der andere wird dann vielleicht das und das tun, oder auch das und das«.

Falls der zweite Fall eintritt, nämlich die Notwendigkeit, Vorhersagen zu treffen, dann müssen kognitive Strukturen vorhanden sein, welche die notwendigen Informationen für Vorhersagen zur Verfügung stellen. Der soziale Bereich der Problemlösung verlangt also bestimmte Passungen im Bereich der kognitiven Verarbeitung.

Der »Flirt« oder eine Kontaktaufnahme ist der Paradefall des sozialen Problems. Das »Mauermodell« schlägt vor, daß auf Grund der unterschiedlichen Investitionen viele Verhaltensblockaden geschaffen werden müssen und daß auf der anderen Seite findige Gehirne viele Umwege finden werden. Deshalb erscheint es angebracht, zunächst einmal grundsätzliche Konstruktionsprinzipien unseres kognitiven Apparates zu betrachten, denn diese könnten Hinweise darauf liefern, warum wir einen Flirt erkennen, auch wenn er nicht »beschreibbar« ist.

Das Prinzip der offenen Programme

Informationen zu sammeln, sie zu verarbeiten und zu Entscheidungen heranzuziehen, ist die Grundvoraussetzung zur Lösung eines Problems. Nun erscheint uns die Umwelt als Quelle unendlich vieler Informationen. Die Aufgabe des menschlichen Erkenntnisapparates ist also die Wahrnehmung und die Analyse des Datenflusses in der Umwelt. Ein Individuum kann sich aber nicht die ganze Palette sozialer Situationen und Gegenstände merken. Deshalb muß es beginnen, aufgenommene Information über die Zeit zu integrieren, sie zu verallgemeinern und sie schließlich der Verarbeitung zugänglich zu machen. Dieser permanente Druck zur Informationsreduktion ist in Abbildung 12 dargestellt. Auf der homogenen Fläche werden permanent Muster interpretiert – diese Muster springen aber weiter. Wir versuchen, unsere Umwelt zu ordnen und sie in »Muster« zu zwingen. Dies gilt nicht nur für Punkte auf einer Fläche, dies gilt genauso für Personen und deren Verhalten. Informationsreduktion ist demnach auch in der Partnerwahl eine wichtige Voraussetzung.

Der Vorgang der Informationsreduktion sollte so ablaufen, daß er dem Individuum hilft, seine Umwelt zu meistern und die Probleme, die sie ihm stellt, zu lösen, und zwar so, daß sein Überleben und das seines Nachwuchses garantiert wird. Der Erkenntnisapparat, der die Daten-

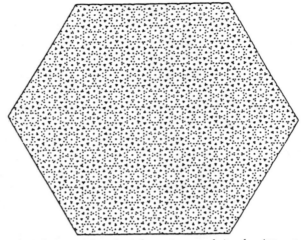

Abb. 12: Die Ordnungstendenz des informationsverarbeitenden Apparates
Unser Gehirn sucht nach Ordnung und interpretiert Formen (aber auch Verhalten). Aus diesem Grund sehen wir in dieser Abbildung beständig neue Kreise und Quadrate (nach Marr, 1982).

reduktion und Verarbeitung leistet, ist damit ein Ergebnis der biologischen Evolution.

Somit ist anzunehmen, daß unser subjektiver Eindruck, den wir von dieser Welt haben, auch auf die tatsächlichen Strukturen der Welt paßt, weil sie sich in Anpassung daran herausgebildet haben und ein Überleben ermöglichten. Erkenntnis und Wissen sind deshalb nicht unbedingt ideal, sie müssen aber überlebensadäquat sein (Lorenz, 1973).

Abbildung 13 zeigt solche angeborenen Wahrnehmungsbegrenzungen. Rachmandran (1988) erklärt, daß unser Gehirn annimmt, Licht käme immer von oben. Deshalb erscheinen uns diejenigen Kreise, die einen kontinuierlichen Weiß-Schwarz Verlauf von oben nach unten zeigen, als »Pillen«, die anderen als »Teller«. Drehen wir das Bild um 180 Grad, erscheinen diejenigen Kreise, die vorher als Pillen interpretiert wurden, als Teller und umgekehrt.

Wenn Information Überleben garantieren soll, dann kann sie nicht regellos reduziert werden – der Erkenntnisapparat benutzt deshalb
   a. Kategorien für Objekte
   b. Konzepte für Relationen

als Grundportionen zur Informationsspeicherung und Verarbeitung.

Die Art und Weise der Bildung und Organisation von Kategorien und Konzepten bestimmt deshalb bereits wesentlich unser Denken. Die Denkwelt des Menschen besteht aus Kategoriensystemen, die sich auf sogenannten Prototypen aufbauen (Rosch, 1978) und die im wesentlichen zur Mustererkennung dienen. Das Ordnen der Umwelt ist jedoch nicht ein regellos ablaufender Prozeß, denn Ordnen erfordert Prägnanz.

Ein Resultat dieser Forderung ist die Prägnanztendenz des Menschen (Lorenz, 1969), d. h. die Suche nach Regelmäßigkeiten. Diese Prägnanztendenz versucht, keine Zwischenstufen zuzulassen. Alle Ereignisse müssen sich jeweils einordnen lassen und sich um einen bestimmten Prototyp anordnen. Das ist wichtig, um die Vieldeutigkeit der Umwelt möglichst klein zu halten und damit entscheidungsrelevante Informationen zu erhalten.

Kategorien (Rosch, 1978) zeichnen sich dadurch aus, daß die Gren-

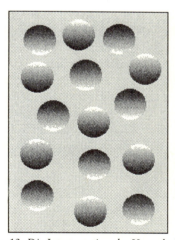 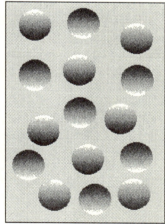

Abb. 13: Die Interpretation der Umwelt durch das Gehirn
Unser Gehirn nimmt an, das Licht komme immer von oben – und aus einer einzigen Lichtquelle. Deshalb werden beim Drehen des Bildes die Teller als Pillen und umgekehrt die Pillen als Teller wahrgenommen. Das Gehirn selbst hat also eine in der Evolution entstandene Vorstellung davon, wie die Welt aussehen sollte (nach Rachmandran, 1982).

zen zwischen den einzelnen Prototypen in der Wirklichkeit und auch in der Wahrnehmung fließend sind, sie werden aber entsprechend der Prägnanztendenz abgegrenzt verarbeitet. Deshalb entsteht die Klassifikation nicht nach den Grenzen der Kategorien, sondern nach Prototypen. Unter einem Prototyp versteht man jeweils den klarsten Fall der Definition.

Hier finden wir die erste direkte Auswirkung von Denkprozessen für die Partnerfindung, denn am Beispiel von Gesichtern ist der Vorgang der Kategorisierung am besten untersucht, und Gesichter spielen eine wichtige Rolle in der Partnerwahl.

Eine der Theorien darüber, wie das Erkennen von Gesichtern funktioniert, geht davon aus, daß Gesichter nicht einfach als metrische Abbildungen im Gedächtnis abgespeichert werden, sondern nur als Abweichungen von einem Durchschnittsgesicht. Valentine und Bruce (1986) sind dieser Theorie nachgegangen und ließen von Probanden verschiedene Gesichter danach beurteilen, ob sie durchschnittlich oder außergewöhnlich wären. Ergebnis ist, daß es um so länger dauert, ein Gesicht zu erkennen, je durchschnittlicher es ist. Im allgemeinen werden ungewöhnliche Gesichter, die von einem Durchschnittsbild abweichen, schneller erkannt. Wenn dieser Effekt auf der Tatsache beruht, daß ein Vergleich des Gesichtes mit einem impliziten Schema oder Prototyp erfolgt (Light et al., 1979), dann müßten die abweichenden Gesichter im Nachteil sein, wenn die Aufgabe verändert wird. Vertauscht man jetzt Teile des Gesichtes wie Auge, Nase oder Mund, stellt man fest, daß abweichende Gesichter langsamer erkannt werden. Dieses Ergebnis zeigt, daß die Beziehung zwischen der Struktur eines Gesichts und dem Durchschnitt der in einer Kultur erfahrenen Gesichter einen verläßlichen Effekt darauf hat, wie leicht ein Gesicht erkannt wird oder nicht.

Lewicki (1986,a,b) zeigte, daß Personen unbewußt einen Zusammenhang zwischen dem äußeren Erscheinungsbild einer Person und der Beurteilung ihrer Persönlichkeit herstellen können. Zeigt man Versuchspersonen Gesichter und gibt ihnen Beschreibungen der Person dazu, variiert man dabei ein Persönlichkeitsmerkmal systematisch, zum Beispiel Haarlänge und Freundlichkeit (lange Haare sind freundlicher), dann beurteilen diese Versuchspersonen in späteren Versuchen die Freundlichkeit anderer Personen an Hand deren Haarlänge. Das Ganze geschieht natürlich, ohne daß sich die Versuchspersonen dessen

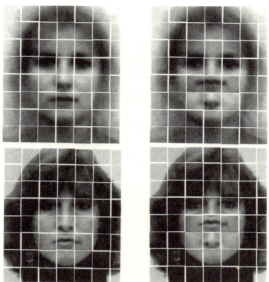

Abb. 14: Verdrehte Gesichter und Prototypenwahrnehmung
Als Prototypen werden die typischen Vertreter einer Klasse von Objekten, Personen oder sogar sozialen Situationen bezeichnet. Prototypen erleichtern dem Gehirn die Informationsverarbeitung, da es zumindest theoretisch die Einzelfälle nur als Abweichung vom Prototyp abspeichern muß. Prototypisierungen sind häufiger, als wir annehmen. Gesichter sind eines der interessantesten Beispiele. An durchschnittliche Gesichter (links oben) erinnert man sich schlechter. Undurchschnittliche Gesichter werden dagegen schneller erkannt. Verschiebt man die Teile des Gesichtes, dann verschwinden diese Effekte. Dies ist ein Hinweis darauf, daß wir Gesichter tatsächlich als Prototypen wahrnehmen.

bewußt sind. Durch unbewußte Assoziationen von Merkmalen lassen sich also neue Prototypen erstellen, die das äußere Erscheinungsbild einer Person betreffen. Diese Prototypen werden dann zur Beurteilung von Persönlichkeitseigenschaften herangezogen, die schnell und einigermaßen verläßlich erfolgen kann. Die Menge der in der Umwelt vorhandenen Informationen muß reduziert werden – die Regeln, die dazu herangezogen werden, fördern »Vorurteile«. Prototypenbildung ist deshalb einer der wichtigsten kognitiven Vorgänge, die in der Partnerwahl erfolgen.

Des weiteren erfordert Ordnen Kontraste. Sobald ein Kontrast existiert, wird dieser benutzt, um Attribute für kontrastierende Kategorien zu bilden, um diese möglichst unterscheidbar zu machen. Das kann letztlich dazu führen, daß die gespeicherten Prototypen »Idealbilder« darstellen, die in der äußeren Welt keine Entsprechung mehr haben. Diese Vorgänge spielen eine wesentliche Rolle für Schönheitsbeurteilungen und deren kulturelle Unterschiede. Aber auch »optimale« Partner können über solche Prototypisierungsvorgänge im Gehirn entstehen. Dabei geht das Gehirn von bestimmten Grundannahmen aus: Bestimmte Körperregionen sind sexuelle Signale. Über Prototypisierungsvorgänge werden dann ideale Partner »gebaut«. Daraus entstehen schließlich Entscheidungshilfen: Die Welt läßt sich in potentielle Partner und Nichtpartner klassifizieren.

Die Tendenz zum Ordnen ermöglicht schließlich auch Vorhersagen. Ist einmal Ordnung vorhanden, dann können Vorhersagen über die Struktur der wahrgenommenen Welt gemacht werden. Einzelteile werden hierbei nicht unabhängig voneinander aufgefaßt; manche Kategorien treten mit hoher Wahrscheinlichkeit aneinander gekoppelt auf.

Auf Grund dieses Wissens ist man auch in der Lage, die Abbildung 15 zu interpretieren. Obwohl die Abbildung nur aus schwarzen Flecken besteht, ist es möglich, den Dalmatiner in diesem Bild zu erkennen. Das Gehirn versucht, die Information seiner Umwelt auf einer möglichst hohen Abstraktionsebene zu kategorisieren.

Das Ordnen der aus der Umwelt gewonnenen Informationen erfordert aber noch mehr Voraussetzungen, schließlich darf ja kein Attribut vorhanden sein, das mehrfach besetzt werden kann. Darüber hinaus ist es nicht nur die Anwesenheit eines Attributs, sondern auch dessen Abwesenheit, die berücksichtigt und gewertet wird.

Neben den Objektkategorien finden wir auch kausale Konzepte. »Größer ... gleich«, »kleiner ... gleich«, »... nicht«, »wenn ... dann« ebenso wie »immer ... wenn ... dann« sind die logischen Operatoren, die zu den verschiedensten Verknüpfungen zusammengesetzt werden.

Sobald solche Kategorisierungen möglich sind, betreffen sie aber nicht mehr nur die Objektwelt, sondern sie erfassen auch das Verhalten. Mit diesem Schritt, nämlich auch Verhalten als Funktionskonzept zu behandeln, erhalten wir einen idealen Baustein, der Verhalten genauso manipulierbar macht wie Objekte. Dies ist die Grundlage der Fähigkeiten, Verhalten zur Problemlösung einzusetzen. Es ist aber auch die Grundlage dafür, im Flirt die verschiedensten Verhaltensweisen zum Einsatz bringen zu können.

Abb. 15: Konzepte und Kategorien
Ist einmal Ordnung vorhanden, dann können Vorhersagen über die Struktur der wahrgenommenen Welt gemacht werden. Einzelteile werden hierbei nicht unabhängig voneinander aufgefaßt. Manche Kategorien treten mit hoher Wahrscheinlichkeit aneinander gekoppelt auf: So gehen Federn, Krallen und Schnabel in unserer Vorstellung in das Bild Vogel über; Pelz, Pfoten und Schnurrbart hingegen zur Katze. Einige solcher Kombinationen sind häufig, andere sind rar, und einige schließen sich sogar aus. Auf Grund dieses Wissens sind wir in der Lage, diese Abbildung zu interpretieren. Obwohl die Abbildung nur aus schwarzen Flecken besteht, ist es möglich, den Dalmatiner in diesem Bild zu erkennen. Das Gehirn versucht also, die Information seiner Umwelt möglichst inklusiv auf einer möglichst hohen Abstraktionsebene zu kategorisieren (nach Rachmandran, 1988).

Mit Hilfe kontextfreier Abstraktion werden diese aus der sozialen und der Objekt-Umwelt abstrahierten Beziehungen zwischen Verhalten und seinem Effekt zu einem von der Situation unabhängigen, frei verfügbaren Konzept (Reynolds, 1981), und dieses kann in allen erdenklichen Situationen eingesetzt werden. Der Mensch hat demnach »Werkzeuge« zur Verfügung, die er auf Grund »einfacher« intelligenter Vorgänge gewinnt.

Das Ergebnis der Generalisierung von Verhalten über die Zeit mit ihren logischen Verknüpfungen wären demnach Kategorien von Verhalten (Objekten) und Konzepte über die Funktion von Verhalten (und Objekten). Wir finden also »offene Lernsysteme« vor, die durch beliebige Inhalte ausgefüllt werden können. Diese offenen Lernsysteme stehen im Gegensatz zu geschlossenen Lernprogrammen, bei denen entweder Reize und die Verknüpfungen vorgegeben sind (zum Beispiel Prägung) oder zeitliche Zusammenhänge die Voraussetzung zum Lernen sind (Konditionierung).

Konzepte und Kategorien im Verhalten erlauben es, die Wirkung einer Verhaltensweise auf andere abzuschätzen. Sprachliche Fähigkeiten sind eng an die Entwicklung von Konzepten und Prototypen geknüpft. Die progressive Entwicklung der Kognition erlaubt deren

Integration mit erworbener Information. Diese Information besteht aus den Konsequenzen von Verhalten und dessen zeitlicher und über Kontexte hinweg stabiler Funktion. Verhalten kann also werkzeuganalog eingesetzt werden, sobald es der freien Kategorisierung zugänglich ist. Genau wie mit richtigen Werkzeugen wird dabei

a. die Wirkung von Verhalten über Situationen und Individuen hinaus verlängert und

b. der Wirkungsgrad des vorhandenen Repertoires erhöht.

Damit erhalten wir ein neues Prinzip für den Flirt und die Kontaktaufnahme: Jedes Verhalten ist möglich, solange es Erfolg bringt oder Verhaltensblockaden vermeidet oder aus dem Weg räumt.

Die Grenzen der Verarbeitung

Kategorien und Konzepte benötigen Denkstrukturen, die in der Lage sind, aus den vorhandenen Informationen Entscheidungen zu fällen und mögliche Ergebnisse gegeneinander zu verrechnen. Ein Individuum muß im Flirt in der Lage sein, zu entscheiden, wann und wo welches Verhalten das »richtige« ist.

McFarland (1990) hat mit seinen Theorien zur Evolution der kognitiven Leistungsfähigkeit wesentlich zur Aufhellung dieser Frage beigetragen. Der informationsverarbeitende Apparat steht demnach in einem Konflikt zwischen der Tatsache, tunlichst viele Informationen erwerben zu müssen, und einer möglichst effektiven Verarbeitung.

Zur Lösung dieser Aufgabe gibt es zwei unterschiedliche Verarbeitungsstrategien: automatisches und autonomes Denken. Beide spielen im Flirt eine wesentliche Rolle, wie wir sehen werden. Automatisches Denken bezieht sich in erster Linie darauf, daß das Gehirn ein »Nachschlagewerk« benutzen kann, eine Art »Lexikon«, in dem, wenn für das Individuum die Situation X eintritt, nachgeschlagen wird, welches Verhalten in Situation X angewandt werden muß. Das Lexikon besteht also aus Situationen und einem relationalen Konzept dazu. Der Vorteil einer solchen Methode liegt darin, daß sie sehr genau ist, d. h., es wird immer das Richtige getan. Zur Genauigkeit kommt eine hohe Geschwindigkeit.

Auf einen Flirt bezogen, würde dies zum Beispiel heißen: »Immer dann, wenn eine Frau in einer Bar mich länger als drei Sekunden anschaut, hat sie Interesse«. Der Mann könnte sich dann sofort entscheiden und damit möglichen Wettbewerbern zuvorkommen. Der Nachteil einer solchen Methode liegt darin, daß sie sehr viel Speicherplatz benötigt, um viele Situationen abdecken zu können. Es kann ja viele unterschiedliche Orte und auch viele unterschiedliche Blicke geben. Zusätzlich können Blicke zusammen mit anderen Verhaltensweisen auftreten – es kann ein Lächeln dabei sein, eine ablehnende Geste oder gar eine »provozierende« Körperhaltung. Anschauen müßte in sehr vielen Kontexten gespeichert werden – jede Art des Blickkontaktes wäre ein »Lexikoneintrag«.

Die Verarbeitungskapazität für Information ist nicht unbegrenzt (Miller, 1967). Je mehr Information man einem Menschen gibt, um so größer wird die Rate von Fehlern, die er in seinen Antworten macht. Irgendwann, d. h. mit Zunahme der Komplexität der Situationen, werden die Kosten für eine Lexikonmethode immer höher und die Treffergenauigkeit in den Entscheidungen immer geringer.

Das ist dann genau der Punkt, an dem sich autonomes Denken lohnt. Autonomes Denken wäre, über die Situation nachzudenken und die möglichen Antworten mit deren Konsequenzen durchzuspielen.

Der Vorteil der Methode ist die hohe Flexibilität, mit der sie auf die verschiedenen Situationen reagieren kann. Doch auch diese Methode hat Nachteile. Sie wird, wenn die Schwierigkeit des Problems zunimmt, äußerst ungenau, und sie benötigt sehr viel Zeit. Denn es müssen aus den vorhandenen Alternativen Handlungen ausgewählt (Rechenbreite) und Schritte vorausgeplant werden (Rechentiefe). Irgendwann wird es einer solchen Methode nur noch möglich sein, über den Daumen zu peilen oder einfache Grundregeln zu bauen, die dann wieder als »Lexikoneinträge« vorliegen können.

Die wichtigste Funktion des Gehirns ist damit die der Simulation, die von Lorenz (1973) als Probehandeln im vorgestellten Raum bezeichnet wird: »So-tun-als-ob« ist mit der wichtigste Faktor für die Planung von Strategien und für den Einsatz von Taktiken. Diese Fähigkeit erlaubt es, »Planspiele« durchzuführen, die dann an der Wirklichkeit erprobt werden können. Das Planspiel »Flirt« ist dabei eines der wichtigsten für die menschliche Reproduktion.

Strategien, Taktiken und Risikowahrnehmung

Wovon könnte nun die Auswahl einer spezifischen Strategie und der notwendigen Taktiken bei einem Problemlösungsversuch wie der Partnerfindung, Kontaktaufnahme oder Flirt abhängen? Innerhalb der Sozialpsychologie und auch in der Biologie wurden eine ganze Reihe von Theorien zu diesem Themenkomplex entwickelt. Als Kernsatz sagen die meisten dieser Theorien aus, daß die Wahl einer Taktik zunächst aus den zur Verfügung stehenden Alternativen erfolgt. Diese Alternativen werden dann nach den Kosten, die diese Taktik verursachen, ausgewählt. Möglichst »billig« ist hier die Devise.

Um uns dieser Frage nähern zu können, müssen wir die Organisation von Strategien und Plänen oder Umwegen unter zwei Gesichtspunkten betrachten. Einmal gilt es, den inneren Aufbau, d. h. die eingesetzten Taktiken der Strategien zu beschreiben, und andererseits müssen die äußeren Begebenheiten, von denen der Einsatz von Strategien und Taktiken abhängen könnte, charakterisiert werden. Damit kommen wir zu den spezifischen Mechanismen, über die Vorhersagen getroffen werden könnten.

Die »innere Organisation« von Strategien beschreibt Inhalt, Qualität und die Abfolge von Handlungen, die eingesetzt werden können, um ein bestimmtes Ziel zu erreichen (Grammer, 1982). Der Inhalt wird dabei häufig durch die verfolgten Ziele oder durch die Art der Unvereinbarkeit von Zielen bestimmt. Ziele können einander entgegengesetzt sein, und das kann beiden Interaktionspartnern (Konflikt) oder nur einem der beiden bekannt sein.

Der Aufbau und die Länge von Strategien werden aber durch eine Reihe von Grundbedingungen eingeschränkt. Zuerst einmal hat ein entsprechender »Spielzug« für das Gegenüber verständlich zu sein, d. h., es muß ein Repertoire verwendet werden, das von allen Mitgliedern einer Population verstanden wird, sonst wird es sinnlos, überhaupt zu spielen. Der Handelnde wird damit gezwungen, sich an ein bestimmtes Repertoire von Verhaltensweisen zu halten.

Die zweite Einschränkung liegt in der Wirkungsweise des Repertoires, d. h., es muß vorhersehbare Effekte beim Gegenüber hervorrufen.

Die dritte Grundbeschränkung findet sich in einer Zeitbegrenzung: Die zur Verfügung stehende Zeit, um das Ziel zu erreichen, ist nicht unbegrenzt. Ein verspeister Apfel kann nicht mehr von jemand anderem verlangt werden. Dieser Zeitfaktor setzt die Grenzen für autonomes Denken und damit auch für Täuschungsmanöver, in denen die Zielperson das Ziel des Handelnden nicht kennt. Es kann deshalb im Laufe einer Interaktion notwendig werden, das Ziel dem Gegenüber zu offenbaren.

Hier treffen wir auf weitere Zwänge: Das Gegenüber wird natürlich die Handlungen des Akteurs verfolgen und wahrnehmen. Jetzt kommen die Denkzwänge der Zielperson zum Tragen. Aufgrund der vorhandenen Kausalhypothese (»Alles hat einen Grund«) wird sie das Verhalten des Handelnden immer als zielgerichtet interpretieren. Nach Goody (1978) ist diese Prämisse für den Menschen universell verbreitet und angeboren.

Aus diesen Begrenzungen entstehen Konflikte beim Handelnden. Diese Konflikte können Umwege erzwingen und Handlungen erfordern, die den Boden für das Erreichen eines Ziels erst vorbereiten. Der Handelnde muß deshalb sein Verhalten so strukturieren, daß sein wirkliches Ziel möglichst lange im dunkeln bleibt und daß seine Absichten in seinem Sinne interpretiert werden. Die maximale Dauer dieser Vorbereitungen ist durch die Zeitbegrenzung, die von Ziel zu Ziel unterschiedlich sein kann, gegeben.

Damit befindet sich der Handelnde in einem Dilemma, das erstens die Qualität und zweitens die Sequenzen der notwendigen Taktiken bestimmt. Betrachten wir Interaktionen als »Spiel«. Den Ablauf von Strategien diskutiert Chisholm (1976) an Hand der Begriffe »gute« und »schlechte« Spielzüge. Ein guter Zug wäre einer, der die weiteren Möglichkeiten zu handeln nicht einschränkt und gleichzeitig das Ziel näher bringt. »Gute Züge« lassen somit die Möglichkeiten zu einer weiteren Eskalation offen. »Schlechte Züge« hingegen schränken die Handlungsfreiheit des Handelnden ein und überlassen dem Gegner die Initiative, wenn sich der Interagierende unwiderruflich festlegt. Damit können wir die Dimensionen der Qualität von Spielzügen beschreiben.

Eine Handlung kann direkt und unmißverständlich sein, oder die Interpretation der Absicht kann dem Gegenüber überlassen werden. Indirektes Handeln beinhaltet damit mehr Eskalationsmöglichkeiten als direktes. Es bringt aber auch weitere Vorteile – es erlaubt dem Handelnden, Information darüber zu sammeln, inwieweit der Handlungspartner auf die Vorschläge des Handelnden eingehen wird. Er kann damit ausloten, wie hoch für ihn die Kosten werden oder was er zum Ausgleich erwarten würde. Umwege sind deshalb auch Strategien der langsamen Informationsanreicherung über den Partner. Ist eine Handlung ultimativ, dann überläßt sie die Entscheidung über Annahme oder Ablehnung dem Gegenüber.

Gerade das Flirten braucht zwei Personen. Beim Flirt muß das eigene Verhalten auf das Verhalten einer anderen Person abgestimmt werden. Diese Ausrichtung auf den anderen sagt aber nicht notwendig etwas über die Absichten einer Person voraus. Der Grund dafür mag in der Zweideutigkeit dieser Abstimmung liegen. Wenn man das Ziel öffentlich verkündet und seine Absichten darstellt, dann versucht man die Kooperation des Partners zu erzwingen. Ein Ultimatum ist deshalb nicht ratsam. Indirektheit oder Zweideutigkeit dagegen erlaubt es, die Taktiken stark zu variieren, und läßt Rückzugsmöglichkeiten offen.

Das wirkt sich natürlich auch auf den Flirtenden selbst aus. Da man nicht ankündigen muß, daß man flirtet, muß man den Zweck oder das Ziel nicht direkt verfolgen. Man kann Umwege bauen. Indirektheit und Zweideutigkeit sind also die Grundlage des Flirts. Wenn die Absichten klar sind, ist der Flirt vorbei. Aber der Spaß beginnt ... vielleicht.

Ein guter Spielzug zeichnet sich dadurch aus, daß er die eigene Handlungsfreiheit auf Kosten der des Partners erhöht, bis der Partner keine andere Möglichkeit mehr sieht, als sich den Zielvorstellungen des Handelnden anzupassen. Insofern hat der Partner natürlich letztlich die Entscheidung darüber, ob das Ziel durch den Handelnden erreicht werden kann oder nicht.

Ein guter Spielzug ist demnach einer, der den Partner in Zugzwang bringt und gleichzeitig die eigene Handlungsfreiheit nicht einengt, jedoch die des Partners begrenzt, so daß diesem nur wenige Züge übrigbleiben.

Von welchen Parametern wird aber nun die exakte Verwendung der anzuwendenden Schritte in einer bestimmten Situation diktiert? Diese Bestimmung ist eng an den Begriff des »Risikos« gebunden, das in erster Linie aus der Gefahr besteht, ein Ziel nicht zu erreichen. Der Rahmen für die Verbindung von »Risiko« mit einem »Spielzug« wird durch die »äußere Organisation« (Grammer, 1982) gebildet.

»Risiko« kann nur aus den Strukturen, die vorhersagbare Reaktionen des Partners gewährleisten, abgeleitet werden. Die Qualitäten von Beziehungen ergeben, falls sie konstante Muster über die Zeit bilden, die Möglichkeit, Vorhersagen über das Verhalten eines Gegenübers zu treffen. »Beziehungen« sind deshalb Konzepte über Verhalten; sie folgen damit auch jenen Gesetzen, denen Konzepte unterliegen. Es werden Prototypen gebildet, die zu klaren Abgrenzungen tendieren. Damit wird eine Tendenz zur Einordnung der sozialen Umwelt und zur Reduktion ihrer Komplexität erzwungen. Beziehungen stehen folglich im Dienste der Vorhersagbarkeit von möglichen Interaktionspartnern und beschreiben Dimensionen der möglichen Nachgiebigkeit. Diese Funktion der Beziehungen erzwingt die Entwicklung von Kategorien und Konzepten auf ganz bestimmten Gebieten. Bei der Partnersuche stehen diese Prototypen in erster Linie mit den Kriterien eines optimalen Partners in Verbindung – also Status, Reproduktionsfähigkeit usw.

Die Konzeptualisierung von Beziehungen und Persönlichkeitsmerkmalen erlaubt Verhaltensvorhersagen über eine weite Spanne von Situationen. Das System funktioniert auch zwischen Fremden, denn die Menschen tendieren dazu, andauernd Zeichen von Dominanz und sozialen Tendenzen in ihrem Erscheinungsbild und in ihrem Verhaltensstil darzustellen. Außerdem tendieren Personen dazu, andere andauernd zu klassifizieren und einzuordnen, um ihre Tendenzen als Interaktionspartner einschätzen zu können.

Als Eröffnungssequenzen von Strategien würden sich dann Handlungen mit einer definierten Wirkung am besten eignen, um den Boden für eine weitere Eskalation zu bereiten, falls sie notwendig ist. Dabei benötigt geringes Risiko keine Umwege und erlaubt deshalb direktes Handeln; hohes Risiko dagegen verlangt Umwege und Eskalationsmöglichkeiten. Als Ergebnis hat jeder Umweg eine Risikobedingung, die seinen Anfang bestimmt, und erst wenn im Ablauf einer Interaktion das Risiko sinkt, kann der Umweg direkter werden. Damit können wir präzisieren, wie Verhaltensblockaden entfernt oder vermieden werden sollen, und vor allem, wie ein Individuum die Wahrscheinlichkeit einschätzen kann, daß überhaupt eine Verhaltensblockade auftreten wird. Die Beziehungsparameter und die daraus abzuleitende mögliche Nachgiebigkeit spielen die Hauptrolle: Je höher das Risiko ist, desto indirekter und autonomer sollte gehandelt werden, d. h., um so länger müssen die Umwege werden.

Flirt ist also deshalb zweideutig, weil er Umwege erfordert, um einem hohen Risiko zu begegnen. Im »Normalfall« würde jetzt ein Handelnder diejenigen Schritte auswählen, die dem tatsächlichen Risiko entsprechen, und ihn gefahrlos an sein Ziel bringen. Risiko in der Annäherung an eine fremde Person entsteht aus:

a. dem Zeitdruck, unter dem das Ziel erreicht werden muß;
b. dem verfolgten Ziel
   - mit den Kosten, die er für den Interaktionspartner verursacht (Zumutung);
   - mit der Erwartung von Kosten, die er dem Handelnden auferlegt;
   - mit der Erwartung von Nutzen, die er dem Handelnden bringt und
   - der allgemeinen Bewertung eines Aktes innerhalb der Population durch Regeln, Normen oder Konventionen.

Damit kann jetzt auch der Entscheidungsspielraum des Handelnden beschrieben werden. Dazu muß der Handelnde die Wahrscheinlichkeit, mit der Kosten für ihn entstehen und mit der Nutzen von ihm erwartet werden kann, vergleichen (Schropp, 1987). Je geringer dabei die Wahrscheinlichkeit für den Kosten-Fall ist (Risiko), desto höhere potentielle Kosten können noch in Kauf genommen werden. Hat man aber geringe oder keine Anhaltspunkte für die eigenen Erfolgsaussichten (Chancen), so müssen geringe Erfolgswahrscheinlichkeiten angenommen werden. Dies treibt selbst bei geringen absoluten Kosten das Risiko einer Verfolgung des Ziels in die Höhe und kann weiteres Vorgehen blockieren.

Werbeverhalten, Partnerwahl und Denkprozesse

Zur Lösung des sozialen Problems »Partnerfindung« drängen sich damit eine ganze Reihe von Mechanismen auf. Wir finden ein System von Notwendigkeiten, die aus den Anforderungen der Partnerwahl und deren möglichen Folgen für den reproduktiven Erfolg eines Individuums entstehen. Auf der anderen Seite steht ein kognitiver Verarbeitungsapparat, der seine eigenen Systemeigenschaften besitzt. Die Verbindung beider Systeme wird über die in der Partnerwahl notwendigen Kosten-Nutzen-Berechnungen hergestellt. Damit spielt der Begriff »Risiko« eine Hauptrolle für die Auswahl eines Partners. Risikoabschätzungen betreffen zuerst den Vergleich von Partnerwahlkriterien, die vorhandenen Möglichkeiten und die Wahrscheinlichkeit eines Erfolgs. Die ultimaten Voraussetzungen der männlichen Wahl, d. h., einen Partner mit guten »Genen« zu finden, der die Überlebenswahrscheinlichkeit des Nachwuchses erhöht, werden durch Risikoabschätzungen modifiziert. Dabei spielt der Wettbewerb unter Männern die Hauptrolle – Männer sind zum Handeln gezwungen, und andere Männer können das notwendige Investment gefährden. Männliche Risikowahrnehmung wird deshalb durch möglichen Wettbewerb unter Männern bestimmt. Männer könnten demnach häufiger unter Zeitdruck stehen und eher dazu tendieren, ihr Gesicht wahren zu wollen.

Risikoabschätzungen durch die Frau dagegen werden in erster Linie durch ihr hohes Investment in den Nachwuchs geprägt. Auf Grund dieses hohen Investments haben die Frauen ein größeres Risiko und stellen damit auch die höheren Ansprüche. Sie müssen aktiv wählen und Annäherungen auslösen. Frauen sollten damit auch den weiteren Verlauf der Werbung kontrollieren. Das Risiko der Frauen wird lediglich durch die Fähigkeiten des Mannes zum Investment und seine Bereitschaft, dieses Investment zu leisten, beeinflußt. Dabei spielt für das Risiko der Frau das Verhalten des Mannes die Hauptrolle, nämlich seine Investmentbereitschaft und seine Tendenzen, sie lediglich auszunutzen.

Verknüpft man diese Anforderungen mit einem kognitiven System der risikoabhängigen Entwicklung von Partnersuchstrategien, bleibt als logische Konsequenz die Entwicklung von geschlechtsspezifischen Strategien. Solche Strategien werden vor allem die Risikowahrnehmung des Partners zu manipulieren versuchen. Manipulationen können aber nur auf dem Hintergrund von vorhandenen Prototypen geschehen, denn der eigene »Partnermarktwert« spielt dabei die Hauptrolle. Attraktivität und sozialer Status im Vergleich mit allen anderen Personen einer Population können festlegen, wieviel Risiko eine Person begegnen kann. Wenn jemand einen Partner sucht und dabei sein Risiko der Nicht-Akzeptanz verkleinern will, wird er sich einen Partner von exakt dem Wert suchen, dem er selbst mit seinem eigenen Partnermarktwert begegnen kann. Partnersuchende besitzen deshalb ein risikoreduzierendes Potential, das sich aus ihrem eigenen Partnermarktwert erklärt, und dessen Konsequenzen letztlich zur Gleichheit in Paaren führen.

Der aktuelle Prozeß der Entscheidungsfindung bleibt eine offene Frage. Es gibt aber Hinweise auf »Filterprozesse«, durch die zuerst die ungeeigneten Partner aus einer möglichen Auswahl entfernt werden (Duck, 1977). Für Männer sind solche Prozesse relativ einfach, wenn sie nur auf Attraktivität hin wählen, wie die evolutionstheoretischen Vorhersagen vorschlagen. Für Frauen dagegen sind solche Entscheidungsfindungen komplizierter, da sich Versorgerqualitäten oder Bindungsqualitäten gegenseitig aufwiegen können.

Natürlich kann Risiko durch eine ganze Reihe weiterer Faktoren modifiziert werden. In erster Linie steht dabei das individuelle Ziel, das der einzelne in der Werbung verfolgt. Nur einen Partner für eine Nacht zu finden oder einen Heiratspartner auszuwählen, kann je nach Gewicht der Entscheidung das Risiko erheblich verschieben. Andere Faktoren sind individuelle Faktoren und Selbstwertschätzung. So suchen sich Männer mit hoher Selbstwertschätzung mit größerer Wahrscheinlichkeit attraktivere Frauen als Männer, die sich gering einschätzen (Stroebe, 1977). Risikoeinschätzungen können durch soziale Merkmale gewichtet werden, die kulturellen und geschichtlichen Änderungen in einer Gesellschaft unterworfen sind. So hat die Möglichkeit der einfachen Empfängnisverhütung wahrscheinlich die Risikoparameter verändert und die kulturelle Bewertung der Kontaktaufnahme verschoben (während das Risiko einer Aids-Erkrankung das generelle Risiko wieder erhöht).

Symonds (1972) mit ihren Beobachtungen auf Gruppensexparties und Cook (1981) beschreiben dieses Prinzip für das Werbeverhalten und den Flirt. Das Prinzip besteht in der Variation der Direktheit von sprachlichem und nicht-sprachlichem Verhalten mit dem wahrgenommenen Risiko der Akzeptanz. Da Frauen das höhere Risiko haben, sollten sie die indirekteren Mittel einsetzen, die nicht-sprachlicher Natur sein können. Die Interpretation wird dabei dem Empfänger überlassen; somit ist dieses Verhalten nicht verpflichtend. Männer mit geringerem Risiko können direkter sein, d. h., sie werden eher bereit sein, Sprache als Mittel einzusetzen. Die Unverblümtheit ihrer Sprache sollte aber mit dem wahrgenommenen Risiko variieren – hohe Indirektheit bei hohem Risiko ist erfolgversprechendes Umwegverhalten (Brown und Levinson, 1978).

Aus diesen Überlegungen, die aus dem Zusammenspiel von kognitivem System und biologischen Partnerwahlkriterien entstehen, lassen sich nun konkrete Hypothesen bilden.

Jede Annäherung an einen Partner hängt vom Vergleich entstehender Kosten, dem Risiko und dem möglichen Nutzen ab. Die Entscheidung, ob eine Annäherung erfolgt, wird dabei durch einen Vergleich vom vorhandenen Risiko mit den zur Verfügung stehenden Mitteln bestimmt. Alle weiteren eingesetzten Taktiken müssen dann dem »Guter-Zug-schlechter-Zug«-Prinzip folgen. Männer und Frauen handeln nun nach dem wahrgenommenen Risiko.

Der Weg, der uns zu einem Verständnis der Natur menschlicher Partnerwahl führt, muß deshalb mit der Identifikation von möglichen Signalen beginnen, die als »Werkzeuge« in der Partnerwahl zur Verfügung stehen. Sind solche Werkzeuge vorhanden, können wir dazu übergehen, die allgemeinen Risikoparameter zu isolieren, indem wir diejenigen Faktoren analysieren, die den Partnermarktwert vorgeben.

Ich weiß nicht, was soll das bedeuten:
Grundlagen der Kommunikation

Stellen Sie sich nun vor, Sie treffen auf jemanden (eine Person des anderen Geschlechts), den/die sie nicht kennen. Was werden Sie nun tun oder sagen? Versuchen Sie auf den/die andere(n) einen guten Eindruck zu machen? Oft ist es so, daß Sie nach kurzer Zeit den anderen sympathisch finden und sich wohl fühlen, oder Sie lehnen ihn/sie ab und fühlen sich unwohl (obwohl Sie mit Ihrem Gegenüber eigentlich nur über das Wetter geredet haben). Man kann annehmen, daß Sie bewußt oder unbewußt die nicht-sprachlichen Zeichen und Signale, die der/die andere »gesendet« hat, herangezogen haben, um ihn oder sie einzuschätzen, und daß Sie sich, bewußt oder unbewußt, der gleichen Mittel bedient haben. Nicht-sprachliches Verhalten kann bei der Werbung die Hauptrolle spielen, denn es ist unverbindlich. Ein gesprochenes Wort kann man nur schwer zurücknehmen, eine Geste aber der Auslegung des anderen überlassen.

Sie müssen also die Fähigkeit besitzen, Informationen zu verschlüsseln und zu entschlüsseln sowie dazu in erster Linie nicht-sprachliche Merkmale heranzuziehen. Nach Zuckerman et al. (1976) gibt es tatsächlich einen generellen Kommunikationsfaktor, den einzelne Personen in unterschiedlichem Ausmaß besitzen, da zwischen der Fähigkeit, mimische Signale und stimmliche Information zu entschlüsseln, ein sehr starker Zusammenhang besteht. Sprache besteht ja nicht nur aus ihrem Inhalt, dem gesprochenen Wort, sondern enthält auch andere Informationen. Folgt man der Definition von Posner (1986), dann läßt sich sprachbezogenes Verhalten in vier Grundkomponenten unterteilen:

Die verbale Komponente besteht aus den Wortformen und der

grammatischen Struktur des Ausdrucks. Eine prosodische und interpunktive Komponente umfaßt die Intonation und im Falle geschriebener Sprache auch die Interpunktion, die es dem Empfänger erlaubt, konventionalisierte Satztypen zu erkennen. Parasprachliche Aspekte beschreiben die Lautform wie z. B. die personenspezifische Stimmqualität oder die emotionale Stimmung des Sprechers. Letztlich, und um Sprache als Zeichen zu verstehen, müssen auch Körperhaltungen und Körperbewegungen dazukommen.

Personen, die in der Lage sind, Gesichtsausdrücke sehr gut zu deuten, können auch sehr gut prosodische Informationen auslegen. In diesen Fähigkeiten zeigen sich klare Geschlechtsunterschiede. Frauen sind die besseren Sender und Empfänger von nicht-sprachlichen Signalen (Argyle et al., 1970).

Wir benutzen demnach zwei primäre Kommunikationskanäle: einen sprachlichen und einen nicht-sprachlichen, die gleichzeitig arbeiten. Der nicht-sprachliche Kanal kann zusätzlich in einen visuellen (Sehen), einen auditiven (Hören) und einen olfaktorischen Kanal (Riechen) unterteilt werden. Ein zusätzlicher haptischer Kanal (Tasten) wird erst in der Kommunikation mit Partnern eingesetzt.

Die Aufmerksamkeit wird auf den sprachlichen Kanal gelenkt, während im Hintergrund der nicht-sprachliche Kanal die zwischenmenschlichen Beziehungen reguliert. Der visuelle Kanal dominiert nach Mehrabian (1972) alle anderen Kanäle – der Mensch ist ein Augentier. Der nicht-sprachliche Kanal gibt zusätzlich die Rückkopplung zu dem, was gesagt wird. Ein Vorteil dieser Aufteilung liegt darin, daß nicht-sprachliches Verhalten vage und flexibel gehalten werden kann. Das gesprochene Wort dagegen ist verbindlich.

Daraus ergibt sich die Frage, auf welchem Wege man die nicht-sprachlichen Signale entziffert. Vor allem nicht-sprachliche Signale sind in einen andauernden, kontinuierlichen Verhaltensstrom eingebettet und müssen deshalb auch erst als Signale erkannt werden. Daß das Senden und Empfangen von Signalen funktioniert, ist erstaunlich, bedenkt man, wie häufig der Sender nicht unbedingt fehlerfrei arbeitet. Mit einer gewissen Wahrscheinlichkeit werden sich beim Sender nämlich Fehler einschleichen.

Zusätzliche Fehlerquellen entstehen auf dem Übertragungsweg. Diese werden als Rauschen bezeichnet. Es gibt drei Hauptquellen des Rauschens in Signalen aus der Sicht des Senders: erstens eine Abschwächung und Dämpfung des Signals in Raum und Zeit (Wiley, 1983), zweitens mit dem Signal im Wettbewerb stehende andere Signale, drittens Empfänger, die darauf selektiert wurden, auf Täuschung zu achten.

Das Problem der Dämpfung eines Signals ist sehr leicht lösbar: Man muß einen Kontrast bilden. Kontraste erregen Aufmerksamkeit, Kontrastbildung könnte demnach auch das Bauprinzip eines Signals per se sein. Man kann zusätzlich ein Signal öfter wiederholen, und zwar so lange, bis es verstanden wird.

Was beim Empfänger ankommt, ist damit nicht mehr unbedingt das, was der Sender abgeschickt hat. Doch auch der Empfänger wird beim Entschlüsseln des Signals Fehler machen. Zusätzlich hat er noch eine weitere Aufgabe, muß er doch all die Informationen herausfiltern, die nicht zum Signal selbst gehören. Am Beispiel der Gesichtsausdrücke wird dies am deutlichsten.

Ein Gesicht enthält eine ganze Reihe sehr unterschiedlicher Informationen: Alter, Geschlecht und die Identität der Person sind die nichtänderbaren Merkmale, die vom Signal abgezogen werden müssen. Dazu kommen die Lippenbewegungen beim Sprechen und die Kopfbewegung des Senders, die ebenfalls dem Signal überlagert werden, nicht zu reden von Blickwinkel und Beleuchtung.

Darüber hinaus erschaffen Menschen selbständig neue Signale, die sie benutzen, um ihre alltäglichen Kommunikationsprobleme zu lösen. Die Welt der nicht-sprachlichen Signale erscheint dem oberflächlichen Betrachter somit als ungeordnet und vieldeutig. Da Sie aber sehr wohl in der Lage waren, in einer Situation wie der eingangs angeführten, Entscheidungen zu treffen, müssen Sie irgendeinen »Mechanismus« benutzt haben, der es Ihnen erlaubt hat, die Bedeutung der Signale zu erschließen. Wie waren Sie dann aber in der Lage, sich ein so eindeutiges Bild von ihrem fremden Interaktionspartner zu verschaffen?

Hofstadter (1980) geht davon aus, daß ein Signal zunächst einmal keine sich selbst tragende Bedeutung besitzt, sondern daß das Signal einem Verarbeitungsmechanismus zugeführt werden muß, der eigene Information zum Signal hinzufügt, bevor es Bedeutung erlangt.

Damit bieten sich zur Lösung des Vieldeutigkeitsproblems zwei sehr unterschiedliche Wege an. Es könnte sein, daß alle Signale und deren Bedeutung im Laufe der Individualentwicklung erlernt würden (LaBarre, 1947). In dieser heute noch weit verbreiteten Auffassung bestimmt der Kontext, in dem ein Signal auftritt, dessen Bedeutung. Die Interpretation erfolgt dann auf Grund eines wie auch immer gearteten Schlusses auf den Kontext. Als Konsequenz daraus müßte jede Person eine Reihe von Kontexten abgespeichert besitzen und entsprechend die Signale einsetzen, damit sie der Empfänger entschlüsseln kann. Dies würde die weitreichende Vielfalt der Signale erklären. Es könnte aber auch sein, daß jedes Signal eine genetisch programmierte Bedeutung besitzt, die von Sender und Empfänger geteilt wird (Morris, 1967). Signale hätten sich demnach entwickelt, weil sie in bestimmten Formen dem Empfänger und auch dem Sender wesentliche Vorteile verschaffen. Nach dieser Definition entsteht Kommunikation aus der Tendenz der Individuen, auf ihre Umgebung so zu reagieren, daß es ihnen zum Vorteil gereicht.

Andere Individuen können von der Evolution daraufhin selektiert worden sein, daß sie Signale benutzen, welche die Tendenz zur Reaktion der Empfänger ausnutzen. Dies trifft, wie wir noch sehen werden, auf eine Reihe von Signalen zu. Je wichtiger ein Signal für das Überleben des Individuums ist, desto strikter ist sein Ablauf und seine Struktur (Dawkins, 1976). Auf alle Signale läßt sich dies freilich nicht anwenden, denn dagegen sprechen die Vielfalt und die Unterschiedlichkeit der Signale, die sich in den verschiedenen Kulturen finden lassen. Die zweite Möglichkeit müßte also zumindest ein Lernsystem voraussetzen, welches zuläßt, daß bestimmte Signale an einen bestimmten Kontext durch Lernvorgänge gebunden werden.

Beide Auffassungen benötigen also letztlich den Kontext eines Signals, um seine Bedeutung zu erfassen. Also muß auch der Kontext definiert werden. Daraus ergibt sich die Frage, ob es ein gelerntes oder ein angeborenes Verständnis für den Kontext gibt. Damit wird die Situation unerträglich, denn spinnt man diesen Gedanken weiter, wird klar, daß man auch Regeln braucht, um den Kontext zu definieren; ebenso braucht man Regeln, um jene Regeln, die den Kontext definieren, ihrerseits zu definieren. Bevor man also eine Bedeutung in einem Signal erkennen kann, muß der Empfänger Regeln kennen, die festlegen, welche Bedeutung im Signal steckt, und Regeln, die die Regeln definieren. Über diesen Ansatz gerät man also in eine unendliche Rekursion oder in eine Hierarchie von Regeln, die uns eigentlich daran hindern müßte, überhaupt jegliche Bedeutung eines Signals zu erschließen (Palermo, 1983, Hofstadter, 1980).

Als Lösung bietet sich an, daß Signale auf verschiedenen Ebenen arbeiten. Hofstadter (1980) fordert folgende Ebenen: den *Signalrahmen*, der die Information »Ich bin ein Signal – dekodiere mich, falls du kannst« enthält. So kann ein System die Konstruktionsanleitung von Signalen beinhalten. Damit wird jede beliebige Bewegung, wenn sie entsprechend konstruiert wird, als Signal definiert. Dann aber bleibt die Bedeutung des Signals immer noch weitgehend unbekannt. Deshalb wird die Entschlüsselungsanleitung für das Signal mitgesendet. Sobald also ein Signal als solches erkannt wird, wird die Aufmerksamkeit auf die *äußere Botschaft* verlagert, die vor allem Informationen über das Signal selbst enthält. Nach Hofstadter (1980) wäre es aber nutzlos, Instruktionen darüber zu senden, wie die äußere Botschaft zu entziffern sei, da diese Instruktionen Teil der *inneren Botschaft*, also der Bedeutung des Signals selbst sein müßten. Folglich ist die Voraussetzung für das Funktionieren eines solchen Systems, daß wir die Konstruktionsanleitungen und auch die Grundlagen der Entschlüsselungsanleitungen angeborenermaßen besitzen.

Wenn der Dekodierungs-Mechanismus bekannt ist, kann die innere Botschaft entschlüsselt werden. Aus diesem Grund ist die äußere Botschaft notwendigerweise ein Satz aus sogenannten »Triggersignalen«: Es werden dem Empfänger parallel Signale mitgesendet, deren Bedeutung er bereits kennt. Diese Triggersignale können aus einem kleinen Satz an angeborenen Signalen bestehen. Sobald aber solch ein System durch Lernvorgänge in Gang gesetzt ist, kann jedes dem Empfänger bereits bekannte Signal wiederum selbst zum Triggersignal werden. Durch diesen »Trick« lassen sich äußerst komplexe Signalsysteme aufbauen.

Mit dieser Verschränkung von Bauplan und Entschlüsselungsanleitung erhalten wir also ein äußerst flexibles System, das erstens dem Lernen offensteht und zweitens eine hohe Signalverläßlichkeit garantiert. Wenn dieses System funktioniert, brauchen wir auch keine Flirtsignale mehr, da wir die Entschlüsselung mitsenden. Das würde heißen: Ich sende ein beliebiges Signal, von dem ich die Wirkung kenne, und gleichzeitig eine Entschlüsselungsanleitung, zum Beispiel aus dem sexuellen Bereich. Der Empfänger würde das Signal dann automatisch als Flirtsignal auslegen. Gerade aus dieser Fähigkeit ergibt sich der soziale Erfolg des Menschen, und nicht aus einem völlig offenen und frei verfügbaren, oder umgekehrt, aus einem starren angeborenen

Signalsystem. Um diesen theoretischen Ansatz zu beweisen, müssen wir die Existenz eines Signalrahmens und festliegender Triggersignale nachweisen. Triggersignale sind jedoch keine »auslösenden Reize« im biologischen Sinn, sondern es handelt sich dabei lediglich um reine Dekodieranweisungen.

Dies soll an drei Beispielen veranschaulicht werden, die als Flirtsignale in der Literatur erwähnt werden, nämlich dem sogenannten »schnellen Brauenheben« (Moore, 1985), dem Lächeln (Givens, 1982) und dem lauten Lachen (Moore, 1985).

Die Rahmenbedingungen

Da der Verhaltensstrom eine Quelle unendlich fließender, wild durcheinander laufender Informationen sein kann, muß der Empfänger zuerst einmal versuchen, Änderungen in den Signalen herauszufinden, die bedeutungsvolle Informationen tragen könnten – Informationen also, die letztlich der Empfänger benutzen kann, um die Gefühle des Senders, seine Absichten und Ziele zu entschlüsseln. Man glaubt, daß spezialisierte neurale Mechanismen, sogenannte Suchbilder für soziale Signale (Konishi, 1965; Marler, 1983), in der Evolution entstanden sind, um solche Prozesse des Herausfilterns zu erleichtern.

Formkonstanz

Leonard et al. (1991) haben nach Zeitpunkten im Lächeln gesucht, die vielleicht zeitliche Grenzen zwischen Signal und Rauschen anzeigen. Sie zogen ganz einfach Videobilder von lächelnden Gesichtern der gleichen Person voneinander ab. Bewegt sich nichts, dann erhält man »Null« als Änderung, das Bild bleibt weiß. Je stärker aber jetzt die Bewegung ausfällt, um so größer wird die Anzahl der vorhandenen Bildpunkte. Diese Änderungen können benutzt werden, um Änderungen in der wahrgenommenen Botschaft vorherzusagen.

Dabei zeigt sich, daß die einzelnen Arten des Lächelns sehr unterschiedliche Anstiegszeiten besitzen. Es gibt am Beginn des Lächelns einen Punkt, an dem die Änderungen zunächst sehr stark zunehmen, es entsteht sehr viel schnelle Bewegung. Diese Änderungen hören abrupt auf – d. h., das ganze Gesicht scheint eine Weile ruhig gehalten zu werden. Die gleichen konstanten Verhältnisse findet Wojtenek (1992)

Abb. 16: Lächeln – ein formkonstantes Signal
Lächeln auf einem Gesicht entsteht durch die Kontraktion des M. zygomaticus major, der die Mundwinkel nach außen und oben bewegt. Dazu kommt eine Kontraktion des M. orbicularis oculi, pars orbitalis, der die typischen Krähenfüßchen in den Augenwinkeln entstehen läßt. Diese Formkonstanz ist in allen untersuchten Kulturen dieselbe (Fotos: W. Wojtenek).

für das Lächeln in zwei Kulturen, und zwar bei den Trobriandern der Südsee und bei Westeuropäern, jedoch ist die Dauer des Anstiegs wesentlich höher als in der vorherigen Studie (etwa 360–520 msec). In dieser Studie zeigten sich keine kulturellen Unterschiede für die Anstiegszeiten der Muskelkontraktionen, die zum Lächeln führen. Ebenso findet man keine Unterschiede zwischen den Geschlechtern. Nur die Gesamtdauer, mit der die Kontraktion auf dem Höhepunkt gehalten wird, also die Zeit des Stillhaltens beim Lächeln, unterscheidet sich zwischen den Kulturen.

Dieses Prinzip einer schnellen Veränderung im Signal, gefolgt von einem Stillhalten über eine gewisse Zeit und einem langsamen Abklingen ist in der Tat ein generelles Konstruktionsprinzip, das die Form eines Signals auszeichnet. Eben dieses Prinzip läßt sich auch am Beispiel des schnellen Brauenhebens zeigen.

Beim schnellen Brauenheben handelt es sich um eine schnelle Kontraktion der Stirnmuskulatur. Erstmals beschrieben wurde dieses Signal als Augengruß von Eibl-Eibesfeldt (1968). Unsere Analysen (Grammer et al. 1988) haben gezeigt, daß der zeitliche Ablauf im Mikrobereich kulturinvariant ist und, wie beim Lächeln, zwischen unterschiedlichen Botschaften ein- und desselben Signals trennen kann.

Der Höhepunkt der Verteilungskurven des Anstiegs des Signals liegt in den drei ganz unterschiedlichen Kulturen (Yanomamö-Indianer vom Oberen Orinoko, den Trobriand-Insulanern und den Eipo, einem Papua-Bergvolk) ungefähr auf einer Linie; es handelt sich etwa um 80 msec. Auch für das Abklingen der Kontraktion ergibt sich ein ähnlich kurzer Wert bei allen drei Kulturen.

Formkonstanz findet man aber nicht nur im zeitlichen Verlauf, sondern auch bei den gleichzeitig vorkommenden Kontraktionen anderer

Gesichtsmuskeln. Die Kontraktion der Musculi zygomatici (Lächelmuskeln) läuft häufig parallel zur Kontraktion des Stirnmuskels. Auch die Pars orbitalis des Musculus orbicularis oculi, also derjenige Teil des um die Augenhöhle führenden Ringmuskels, dessen Kontraktion ein deutliches Anheben der Wangen – erkenntlich am Entstehen der »Krähenfüßchen« – bewirkt, ist häufig beteiligt. Es handelt sich hier um ein kulturunabhängiges, formkonstantes mimisches Signal. Anstieg, Halten und Abflauen der Kontraktion sind ebenso gleichförmig, wie die Einbettung des Signals in andere Muskelkontraktionen.

Das Kontrastprinzip

Ein weiteres Merkmal des Signalrahmens ist die Kontrastbetonung, die bereits von Darwin (1872) beschrieben wurde. Dieses Merkmal wird vor allem beim schnellen Brauenheben eingesetzt. In den meisten Fällen hat das Gesicht des Senders zunächst einen abwartenden oder gar ablehnenden Ausdruck, der durch Kontraktion des Musculus corrugator supercilii entsteht. Die Kontraktion dieses Muskels dehnt die Gesichtsoberfläche nach unten, und eine typische Falte tritt zwischen den Augen auf.

In der Abbildung 18 zeigt die jeweils unter der Zeitleiste vom Computer angegebene Kontraktion der einzelnen Muskeln das einheitliche Muster, das wir in allen drei Kulturen finden konnten. Man erkennt in diesem Beispiel, daß die in einer Flirtsituation reagierende Frau zunächst den Gesichtsausdruck der Ablehnung aufweist. Die Kontraktion des Muskels, der die Augenbrauen in der typischen Weise zusammen und nach unten zieht, flaut ab, kurz bevor die Kontraktion des brauenhebenden Stirnmuskels beginnt. Bis auf sehr seltene Ausnahmen haben wir stets dieses Muster der alternierenden Ab- und Aufbewegungen gefunden.

Kontrasterzeugung ist also eines der Mittel, die ein Signal als solches deutlich macht und aus dem Rauschen hervorhebt. An diesem Beispiel wird jedoch noch ein anderes Prinzip deutlich. Nicht nur das Vorhandensein von bestimmten Bewegungen, sondern auch deren Abwesenheit tragen zur Signalinterpretation bei. Der Vordergrund des Signals (d. h. seine Bewegungsformen) und sein Hintergrund (d. h. das Fehlen von Bewegungen) machen zusammen das Signal.

Verhalten ist Bewegung – sich bewegen bedeutet damit auch Signalisieren. Der Trick ist nun, sich nicht zu bewegen; damit gewinnt jede, auch die kleinste Bewegung Signalcharakter. Und dadurch kann der Kontrast zwischen Stille und Veränderung benutzt werden, um mit dem gleichen Aufwand besser lesbare und deutlichere Signale zu senden.

Dieses Prinzip läßt sich auch aus der Informationstheorie von Shannon und Weaver (1949) ableiten. Liegt ein Sender vor, der keinerlei Signale sendet, ist die Information, die er weitergibt, mehr oder weniger gering. Bewegt sich der Sender, steigt der Informationsgehalt sprunghaft an. Dieser Anstieg an Informationsgehalt läßt sich nicht erreichen, wenn sich der Sender dauernd bewegt – er müßte sich dann noch viel mehr bewegen. Viele menschliche Signale haben mit Sicherheit lediglich die Funktion, durch schnelle Kontrastveränderungen die Aufmerksamkeit unserer Interaktionspartner auf uns zu ziehen und zu binden. Die schnellen Bewegungen des Kopfes zurück, oder das Heben der Arme über den Kopf sind solche Signale. Durch diesen Trick wird Aufmerksamkeit gebunden und zum Beispiel auf die Darstellung der sekundären Geschlechtsmerkmale gelenkt. Nicht alle Signale müssen deshalb auch eine Bedeutung besitzen.

Dieses Prinzip der Kontrastveränderung ist beim lauten Lachen verwirklicht (Grammer und Eibl-Eibesfeldt, 1989). Wenn Frauen mit Frauen oder Männer mit Männern zusammen sind, lachen sie häufiger, als wenn eine Frau mit einem Mann zusammen ist, den sie nicht kennt. Sie bewegt sich dann insgesamt auch seltener (Kruck, 1989). Je höher ihr Interesse am Mann ist, um so mehr bewegt sie sich dann zum Zeitpunkt des Lachens. Sobald also das Risiko in so einer Situation groß ist und zusätzlich das Problem dazu kommt, mißverstanden zu werden, wird der Kontrasteffekt eingesetzt.

Dieses Prinzip erhöht zusätzlich die Übertragungssicherheit – da viel Bewegung auch mehr Rauschen verursacht, wenig Bewegung das Rauschen vermindert, und hier in diesem Fall das Lachen sich deutlich vom übrigen Verhaltensstrom abhebt.

Prinzipiell eignet sich demnach jedes Signal, das genügend Kontrast erzeugt, auch als Flirtsignal. Es muß lediglich Aufmerksamkeit erregen und diese auf die richtigen Körperstellen lenken. Von einem Flirtrepertoire kann man aus diesem Grunde auch nicht sprechen, denn es eignet sich jede Bewegung, die die obigen Bedingungen erfüllt, wie wir sehen werden.

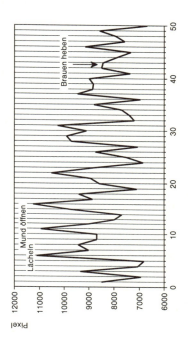

Abb. 17: Zeitverlauf des Lächelns und des schnellen Brauenhebens
Diese Filmserie zeigt ein Lächeln (Beginn bei Bild 5, ein Bild entspricht 0.13 sec) und ein schnelles Brauenheben (Beginn bei Bild 42). Die darunter dargestellte Verlaufskurve zeigt die Änderungen der Bewegung von Bild zu Bild. Dazu wurden die Einzelbilder digitalisiert und die Differenz zwischen den einzelnen Bildern errechnet. Lächeln und Brauenheben zeichnen sich durch eine extrem schnelle Veränderung (ca. 100 msec) im Erscheinungsbild aus. Diese Änderungen markieren die Signale und verstärken die Signalwirkung (Fotos: I. Eibl-Eibesfeldt).

Die Ritualisierung

Kontrastprinzip und Formkonstanz sind die Voraussetzungen für den Vorgang der Ritualisierung, der einen weiteren Satz von möglichen Konstruktionsregeln im Bereich der Rahmenbedingungen zur Verfügung stellt. Im Verlaufe dieses Prozesses sollte ein Signal verdeutlicht werden und damit als wirkungsvoller Auslöser von Verhalten beim Signalempfänger dienen. Die Funktion solcher ritualisierter Signale hätte nach Huxley (1966) die Herstellung einer Bindung im sexuellen oder sozialen Bereich zu sein. Wenn dies so ist, dann haben wir hier ein weiteres Prinzip, das speziell Signale im Flirt auszeichnen sollte. Denn Flirt dient ja in vielen Fällen dazu, Bindung im sozialen und sexuellen Bereich herzustellen.

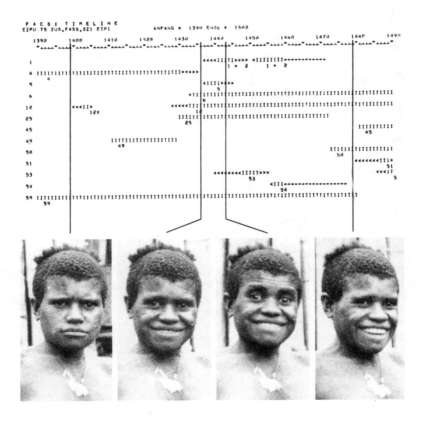

Die Begriffsbestimmung, mit deren Hilfe der Grad der Ritualisierung eines Signals überprüft werden kann, wurde von Morris (1966) erstellt und von Eibl-Eibesfeldt (1978) erweitert. Wenn wir diese Definitionen auf nicht-sprachliche Signale anwenden, dann gehen wir zunächst einmal davon aus, daß der Signalempfänger in seinem Wahrnehmungssystem den kontinuierlichen Verhaltensstrom nach schnellen Änderungen und Stillhalten durchsucht – der Sender kann deshalb fast jede beliebige Verhaltensweise einem Ritualisierungsprozeß unterwerfen. Dabei ist es nicht notwendig, daß das Signal selbst angeboren und als solches in einem evolutiven Ritualisierungsprozeß entstanden ist.

Im einzelnen können sich im Verlauf der Ritualisierung folgende Veränderungen vollziehen:

Abb. 18: Das schnelle Brauenheben und das Kontrastprinzip
Am Beispiel des schnellen Brauenhebens – verbunden mit Lächeln und einem Heben des Kopfes – wird der Ablauf verschiedener Muskelkontraktionen im Gesicht dargestellt. Die Kodierung erfolgte durch FACS (»facial action coding system«, Ekman und Friesen, 1978). Es werden entweder die Bewegungen einzelner Muskeln (Action Units: AU) oder von Muskelgruppen (action descriptors: AD) in der Bild-für-Bild-Analyse erfaßt. Zur Darstellung dieses Beispiels wurden 110 Bilder auf die Bewegungen von bestimmten Muskeln hin untersucht. In Bild Nr. 1399 sind die Brauen der Frau gesenkt und nach unten gezogen. Diese Bewegung wird durch AU 4 (Brauensenker: Depressor glabellae, Depressor supercilii und Corrugator supercilii) hervorgerufen und hat hier den Höhepunkt der Kontraktion erreicht (Apex: I). Zusätzlich wurde AU 59 (Blick zur Kamera) kodiert. 37 Bilder später, in Bild Nr. 1436, verringert sich die Augenöffnung (AU 6 Wangenheber: Orbicularis oculi, Pars orbitalis), und sie lächelt (AU 12 Mundwinkelzieher: Zygomaticus major). Außerdem hat sie den Mund leicht geöffnet (AU 25 Lippen offen: Depressor labii oder Entspannung von Mentalis oder Orbicularis oris). Alle Bewegungen befinden sich auf ihrem Höhepunkt. Wiederum wurde zusätzlich die Orientierung zur Kamera erfaßt (AU 59). 7 Bilder später, in Nr. 1443, sind bereits die Brauen angehoben (AU I Innerer Brauenheber: Frontalis, Pars medialis und AU 2 Äußerer Brauenheber: Frontalis/Pars lateralis). Die zuvor angehobenen Oberlider senken sich wieder (AU 5 Oberlidheber: Levator palpebrae superioris, Offset: >>) Außerdem sind AU 6 und AU 12 noch auf dem Höhepunkt; sie hat den Mund geöffnet (AU 25) und beginnt den Kopf zu heben (AU 53 Kopf oben, Onset: <<). Im letzten Bild, Nr. 1479, sind AU 1 und AU 2 in ihre Ausgangsstellung bereits zurückgekehrt, nur das Lachen und das Anheben der Wangen dauern an (AU 6+12). Dazugekommen ist AU 50, die Frau hat zu sprechen begonnen, und der Blick ist noch immer auf die Kamera gerichtet (AU 59).
Diese Bildserie verdeutlicht vor allem die Kontrastbetonung, die im schnellen Brauenheben erfolgt: Abwärtsbewegungen werden mit einer schnellen Aufwärtsbewegung kontrastiert (aus: Grammer et al., 1988; Fotos: I. Eibl-Eibesfeldt).

(1) Das Verhalten kann einen Funktionswechsel erfahren.
(2) Die ritualisierte Bewegung kann sich von ihrer ursprünglichen Motivation völlig lösen und eigene motivierende Mechanismen entwickeln.
(3) Die Bewegungen werden nach Frequenz und Amplitude oft übertrieben, zugleich aber auch vereinfacht, indem einzelne Komponenten ausfallen, während andere betont werden (»Vereinfachung und Übertreibung«), dabei kommt es häufig zu »rhythmischen Wiederholungen«.
(4) Die Schwellenwerte für auslösende Reize ändern sich oft derart, daß die höher ritualisierte Verhaltensweise im allgemeinen auch leichter auszulösen ist.
(5) Bewegungen »frieren« häufig zu Stellungen ein.
(6) Es ändern sich die Orientierungskomponenten, d. h., ein Signal wird nicht mehr auf den Empfänger ausgerichtet, sondern vom Empfänger wegorientiert.
(7) Eine zuvor in ihrer Intensität nach Trieb- und Reizstärke variable Verhaltensweise kann dahingehend verändert werden, daß sie stereotyp in stets gleichbleibender Intensität abläuft (»typische Intensität«).
(8) Variable Bewegungsfolgen können zu starren, vereinfachten zusammengefaßt werden (»typische Bewegungskonfigurationen«).
(9) Hand in Hand mit diesen Veränderungen entwickeln sich oft besonders auffällige körperliche Strukturen.

Abb. 19: Fremder trifft Fremden: Ein Experiment
Die meisten ethologischen Ansätze haben eines gemeinsam: Sie bedienen sich der freien Beobachtung von Verhalten in seiner natürlichen Umgebung, um Information über Verhalten zu erlangen.
Gerade im Bereich des Werbeverhaltens ist ein solcher Ansatz nur sehr schwer durchführbar, will man verschiedene Strategien empirisch untersuchen und vergleichen. Damit bleibt als einzig möglicher Weg, um verläßliche Daten über sprachliches und nicht-sprachliches Verhalten in diesem Bereich zu erlangen, der in der Sozialpsychologie (Mehrabian, 1972) klassische Versuch, zwei sich fremde Personen allein zu überlassen und die entstehenden Gespräche wie auch das nicht-sprachliche Verhalten unbemerkt zu filmen.
In der ersten Stufe eines von mir durchgeführten Experiments wurden jeweils ein(e) Schüler(in) einer Schule und ein ihm/ihr unbekannte(r) Schüler(in) der anderen Schule aus Besuchergruppen am Max-Planck-Institut in Seewiesen durch Zufall ausgewählt. Den Schülern wurde erzählt, daß sie im Rahmen einer Bewertungsstudie einen von uns gedrehten Videofilm bewerten sollten. Bevor der Film beginnen konnte, wurde die Versuchsassistentin dringend ans Telefon gerufen. Dann wurden die zu zweit im Raum zurückgelassenen Schüler für zehn M   n mit versteckter Kamera durch eine Einwegscheibe gefilmt. Auf diese Ar   Weise wurden n=79 Paare gefilmt (Durchschnittsalter der Frauen: 18.01 Jahre, das der Männer: 18.59 Jahre). Durch die zufällige Auswahl der Versuchspersonen ergibt sich die Möglichkeit, jene Faktoren herauszufinden, unter denen es überhaupt zum Werbeverhalten kommen kann. Weiters können durch dieses Verfahren eine Anzahl möglicher Störvariablen (wie zum Beispiel soziale Schicht) kontrolliert werden, und schließlich sind die standardisierten Bedingungen für alle Paare gleich.
Diese Situation enthält für die Versuchspersonen einen sehr hohen Grad an

Unsicherheit, der aus der Ungewißheit, ob und wann der Experimentator zurückkommt, entsteht. Durch diesen Zeitdruck wird aber auch Handeln und eine schnelle Entscheidung erzwungen.

Nun erhebt sich die Frage, wie man herausfindet, ob es in solchen Situationen auch zum Werbeverhalten kommt. Ein Weg zur Klärung dieser Frage ist, das Verhalten in gleichgeschlechtlichen Dyaden mit dem Verhalten in gemischtgeschlechtlichen Dyaden zu vergleichen (Evidenz aus dem Kontext; Hinde, 1975). Falls bei diesem Vergleich Frequenzunterschiede und/oder Qualitätsunterschiede zwischen den Dyaden auftauchen, wären diese dem Werbeverhalten zuzuschreiben. Dieser Weg hat unübersehbare Nachteile, denn es können nicht nur Frequenzerhöhungen und Qualitätsveränderungen vorkommen, sondern es können auch Verhaltensweisen seltener auftreten, weil sie in diesem Kontext ihre Funktion ändern. Zur Feststellung von Funktion von Verhalten sollten deshalb auch seine Konsequenzen überprüft werden (Evidenz aus den Konsequenzen).

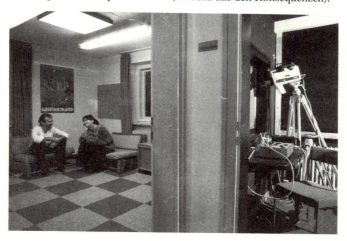

Falls es zum Werbeverhalten kommt, muß dem Partner Interesse signalisiert werden. Das Verhalten, das dieses Interesse signalisiert, müßte dann auch vom Partner als solches erkannt werden. Werbeverhalten läßt sich also durch die Kenntnis des Interesses des Senders erschließen. Damit erhält man aber auch die Möglichkeit, am Interesse des Empfängers abzulesen, wie erfolgreich der Sender war. Interesse kann man über einfache Fragen (auf Bewertungsskalen von eins bis sieben) erheben. Mit der Frage, ob die Versuchsperson mit der anderen Versuchsperson ins Kino gehen oder seine/ihre Telefonnummer hergeben würde, falls er/sie von ihr gefragt werden würde (subjektive Evidenz), läßt sich sein/ihr Interesse erschließen. Risikoeinschätzungen, d. h., ob und wieweit der/die Partnerin darauf eingehen würde, lassen sich durch die Umkehrung der Frage erheben, inwieweit eine Versuchsperson glauben würde, daß der andere einwilligte, falls sie ihn fragen würden. Als zusätzliche Variablen wurden auch gegenseitige Einschätzungen der Attraktivität erhoben.

Obwohl es sich hier um recht klare und empirisch umsetzbare Definitionen handelt, gibt es kaum Untersuchungen von nicht-sprachlichen Zeichen in diesem Bereich. Grammer und Eibl-Eibesfeldt (1989) versuchten am Beispiel des lauten Lachens die Mechanismen der Ritualisierung aufzudecken. Die Hypothese dieser Untersuchung war, daß in »potentiell gefährlichen« Situationen die Informationsübertragung deutlicher ausfallen müßte als in ungefährlichen Situationen, d. h., das Ausmaß der Ritualisierung muß in erstgenannten größer werden.

In der Tat folgt das Lachen allen oben angegebenen Bedingungen. Betrachtet man den Verlauf des lauten Lachens, dann fällt auf, daß es in mindestens drei Phasen zerfällt: Die erste Phase ist eine Atmungsphase, der eine Lachphase, in der die Luft in kurzen Abständen etwa drei-

Abb. 20: Frequenzverlauf des Lachens
Lachen ist ein konstantes menschliches Signal, das in seinem Ablauf in verschiedene Phasen zerfällt. Die erste Phase (oben, vor dem ersten »HA« zu sehen) ist eine vokalisierte Atemphase, die zweite Phase ist die eigentliche Lachphase. In dieser Phase werden die einzelnen »HA« ausgestoßen und zwar meistens drei. Zwischen den »HA« können einzelne kurze Atemphasen eingeschlossen sein, und die Intensität der aufeinanderfolgenden »HA« nimmt ab, und die typische Koloratur entsteht – die Töne werden tiefer. Die dritte Phase ist wiederum eine Atemphase. Beide Atemphasen können nun ebenfalls, wie die Lachphase, vokalisiert sein. Insgesamt gesehen sind alle drei Phasen optional: ein nicht vokalisiertes Lachen besteht nur aus der ersten Atemphase. Provine und Young (1991) konnten diese Stereotypen an Hand von sonographischen Analysen bestätigen. Lachen ist gleichförmig in bezug auf bestimmte Merkmale in der Lachnotenstruktur, der Lachdauer, der einzelnen HA (75 ms), dem Intervall zwischen den einzelnen HA (210–218 ms) und einem Decrescendo, der den charakteristischen Ton des Lachens ausmacht. Lachnoten und die Intervalle haben eine ausreichende zeitliche Symmetrie und Regularität, um den Umkehrtest zu bestehen. Tonaufnahmen von Lachen klingen wie Lachen, auch wenn man sie rückwärts spielt (nach Provine und Young, 1991).

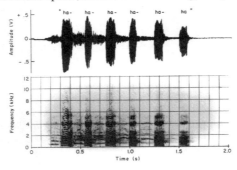

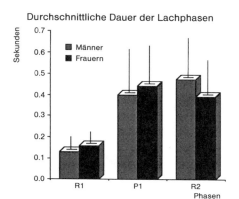

Abb. 21: Die Dauer der Lachphasen
Diese Abbildung zeigt die bei beiden Geschlechtern identische Dauer der drei Lachphasen (R1 = Atemphase vor dem Lachen, P1 = Dauer der ersten Lachphase, R1 = Dauer der zweiten Atemphase). Auch die Gesamtdauer des Lachens ist bei beiden Geschlechtern identisch: Männer 1.5 sec.; SD = 0.7); Frauen 1.47 sec.; SD = 0.63). Beide Geschlechter verwenden also ein identisches, formkonstantes Signal (nach Grammer und Eibl-Eibesfeldt, 1989).

mal ausgestoßen wird, folgt. Die dritte Phase ist dann wiederum eine Atmungsphase. Alle drei Phasen sind bei beiden Geschlechtern relativ konstant. Wird intensiver gelacht, dann werden die drei Phasen zyklisch wiederholt.

Lachen zeigt eine typische Intensität, es ändert seine Intensität nicht mit zunehmender Häufigkeit. Jemand, der häufig lacht, ändert die Grundstruktur des Lachens, zum Beispiel die Anzahl der einzelnen »Ha«, nicht. Ebenso ist das Lachen in typische Bewegungskonfigurationen eingebettet. Illustrierende Handbewegungen und Kopfbewegungen erscheinen in immer denselben Sequenzen. Männer und Frauen betten ihr Lachen in illustrierende Handbewegungen (»So groß war der Fisch«) und Adaptatoren ein. Das sind Manipulationen von Gesicht und Kleidung etc. Diese treten vor allem bei Unsicherheit und Entscheidungskonflikten auf.

Auch die Umorientierung des Lachens erfolgt – der Partner wird nicht an- (und damit aus-)gelacht, sondern man dreht seinen Kopf beim Lachen vom Partner weg. Dazu kommen gleichförmige Auf- und Abwärtsbewegungen des Kopfes. Während des Lachens wird von

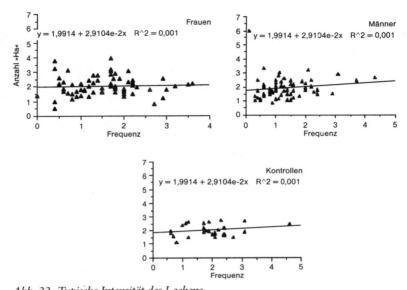

Abb. 22: Typische Intensität des Lachens
Das Kriterium der typischen Intensität verlangt, daß ein Verhalten mit zunehmender Frequenz nicht in seiner Intensität zunehmen sollte. Deshalb sind hier die Anzahl der »HA« in einer Lachepisode einer Person innerhalb von zehn Minuten aufgetragen. Die Regressionsgeraden zeigen bei beiden Geschlechtern kaum eine Steigung, deshalb erscheint dieses Kriterium erfüllt, somit kann das laute Lachen in dieser Situation als ritualisiert bezeichnet werden (nach Grammer und Eibl-Eibesfeldt, 1989).

beiden Geschlechtern zunächst einmal der Kopf gesenkt und dann gehoben.

Das Hauptergebnis findet man jedoch in der zunehmenden Gleichförmigkeit des Lachens mit zunehmendem Interesse der Frau am Mann – je höher ihr (am Ende des Versuches erfragtes) Interesse am Mann ist, um so stereotyper wird das Lachen. Das heißt also, »je gefährlicher« die Situation für die Frau wird, um so stärker ritualisiert sie ihr Lachverhalten. Als Ergebnis dieser Auswertungen kann Lachen als ritualisiertes Verhalten bezeichnet werden. Man findet tatsächlich die Regeln der Ritualisierung innerhalb des menschlichen nicht-sprachlichen Verhaltens, und wir können davon ausgehen, daß die potentielle »Gefährlichkeit« einer Situation, also ihr Risiko, den Trend zur zunehmenden Ritualisierung und Formkonstanz verstärkt. Flirt und Kontaktaufnahmen werden sich durch einen extrem hohen Grad an Ritualisierung auszeichnen, und zwar unabhängig von Form und Inhalt der Signale.

Botschaft und Triggersignal

Wenn ein Signal gesendet wird, muß zuerst die Aufmerksamkeit des Partners gebunden werden. Es erfolgt deshalb meist eine schnelle Kontrastveränderung im Sehfeld des Empfängers durch Bewegung. Solche Bewegungssignale können vom schnellen Brauenheben bis zum Haare-zurückwerfen reichen – darauf werden dann Botschaften gesendet.

Die »äußere Botschaft« wird von Signalen übertragen, die Information darüber enthalten, wie ein bestimmtes Signal entschlüsselt werden soll. Die Signale, die die Entschlüsselungsanleitung enthalten, nennen wir Triggersignale. Voraussetzung für diesen Prozeß sind, wie bereits erwähnt, genetisch festgelegte Passungen in der Wahrnehmung des Empfängers. Eine erste mögliche Informationsquelle über eine(n) Fremde(n), die als Triggersignale Verwendung finden könnten, ist: Wer ist mein Interaktionspartner und welche Beziehung könnte er/sie zu mir und ich zu ihm/ihr haben? Mit der Beantwortung dieser Frage wird dann auch festgelegt, wie bestimmte Signale zu entschlüsseln sind, wobei wir der Einfachheit halber einmal annehmen, daß Beziehungen in zwei Grunddimensionen variieren: nämlich »freundlich-feindlich« und »mir überlegen – mir unterlegen«.

Das Alter

Das Alter einer Person spielt hier mit die Hauptrolle, denn die reproduktiven Phasen des Menschen sind an sein Alter gebunden. Alter legt somit auch die Zielpersonen einer Annäherung und des Flirts fest. Als Triggersignale für die Ableitung von Alter können Körpergröße, Körperform und die relativen Körperproportionen gelten. Natürlich spielt auch die Form der sekundären Geschlechtsmerkmale eine Rolle. Diese werden wir jedoch bei der Feststellung des Partnermarktwertes besprechen, da sie nicht nur Geschlecht und Alter anzeigen, sondern auch Signale in der Werbung darstellen. Die Bedeutung der relativen Propor-

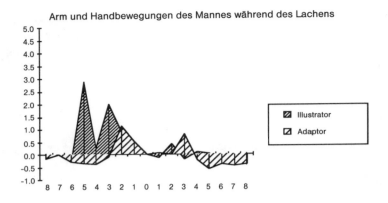

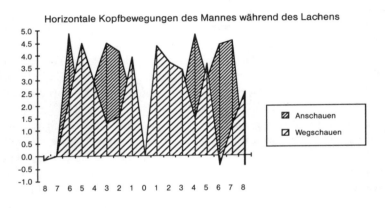

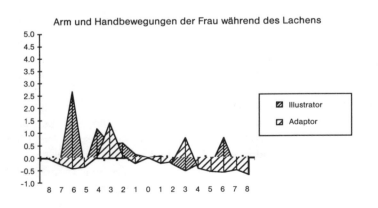

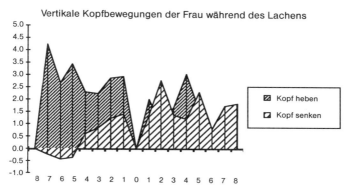

Abb. 23: Typische Bewegungssequenzen beim Lachen
Das laute Lachen wird bei Männern und Frauen von typischen Körperbewegungen begleitet. In der hier dargestellten Sequenzanalyse zeigt die Höhe des »z-scores« die Wahrscheinlichkeit an, mit der eine Bewegung an einer bestimmten Stelle in Bewegungssequenzen während des lauten Lachens vorkommt. Dabei markiert »0« das Auftreten des Lachens. In beiden Geschlechtern treten vor dem Lachen eine illustrative (gesprächs-begleitende) Handbewegung auf, gefolgt von einem Adaptor (d. h., die Person faßt sich zum Beispiel ins Gesicht). Die untere Abbildung zeigt das Prinzip der Umorientierung eines Signals und das hohe Ausmaß von Ambivalenz der Versuchspersonen: Der Partner wird nicht angelacht, d. h., der Kopf wird weggedreht, die Tendenz zum Wegdrehen und Anschauen hält sich aber die Waage, weshalb es zu typischen Pendelbewegungen des Kopfes kommt (nach Grammer und Eibl-Eibesfeldt, 1989).

tionen wird vor allem am sogenannten »Kindchenschema« deutlich. Lorenz (1943) wies darauf hin, daß wir auf bestimmte kindliche Signale mit Betreuungshandlungen ansprechen. Säuglinge haben im Verhältnis zum Rumpf relativ kurze Extremitäten und einen großen Kopf mit verhältnismäßig großen Augen. Hückstedt (1965) prüfte männliche und weibliche Versuchspersonen verschiedener Altersgruppen an Zeichnungen von Kinderköpfen, bei denen sie Stirnwölbung und Oberkopflänge variierte. Frauen bevorzugten im allgemeinen die supranormale Attrappe mit übertriebenem Oberkopf. Das Kindchenschema ist also ein Signal, das aussagt: »Ich bin ein Kind«, und angeborenermaßen Betreuung auslöst (Eibl-Eibesfeldt, 1984).

Das Kindchenschema kann auch eine beschwichtigende Funktion haben und Ärger reduzieren (Mischkulnig, 1989). Experimentell verärgerte Personen sprechen auf Fotos von Babys positiver an als auf Bilder von Erwachsenen. Zeigt man sogenannte »herzige« Babys, dann fällt diese Reaktion noch zustimmender aus als bei weniger attraktiven Babys.

Diese Wirkung ist aber sehr stark geschlechtsspezifisch. Fridlund und Loftis (1990) legten Männern und Frauen Elektroden am Gesicht an und maßen die elektrische Aktivität der Muskeln, die für das Lächeln verantwortlich zeichnen. Frauen sprechen sehr viel stärker als Männer auf diese Reize an. Man findet bei ihnen höhere elektrische Aktivität der Lächelmuskulatur als bei Männern, wenn sie ein Kindchenschema sehen.

Insgesamt zeigen diese Experimente eine weibliche Vorliebe für das Kindchenschema. Das Lächeln ist in diesem Fall eine gute Markierung für weibliche Vorlieben. Versucht man eine Erklärung dieses Phänomens, dann könnte man sagen, daß Frauen eine größere Verantwortlichkeit für elterliche Fürsorge zeigen. Deshalb werden Frauen von diesem Auslöser stärker angesprochen als Männer (Krebs und Davis, 1987). Letztlich wäre dann das Auslöseschema Kindchen dasjenige Signal, welches den Kindern erlauben würde zu überleben. Als Konsequenz davon würden solche Gene, die die Reaktion der Frau auf Kindchenschema erhöhen, innerhalb der Evolution selektiert und zum differentiellen Überleben beitragen, und zwar bei männlichem und bei weiblichem Nachwuchs.

Nun gibt es auch Erwachsene, deren Gesicht diesem Schema entspricht. Wenn es einen Prototyp Kindchenschema gibt, dann müßten auf solche Erwachsene auch kindliche Persönlichkeitsmerkmale übertragen werden. Alley (1983) zeigte, daß Personen in der Regel aussagen, daß sie Personen, deren Gesicht einem Kindchenschema entspricht, eher helfen und verteidigen würden.

Die an Kindchenschemata gebundenen Beurteilungsstereotypen gehen aber noch weiter. Brownlow und Zebrowitz (1990) untersuchten Personen, die in der Fernsehwerbung auftraten. Sie fanden in der Tat klischeehafte Übertragungen von kindlichen Persönlichkeitsmerkmalen auf Erwachsene. Personen mit kindlichem Gesicht wurden in ihren Aussagen als wenig expertenhaft, aber glaubwürdig beurteilt.

Doch was findet man nun bei erwachsenen Personen kindlich? Solche Merkmale müßten exakt denen des kindlichen Prototypen entsprechen, wenn es sich tatsächlich um eine direkte Verbindung handeln sollte. Die physische Ausprägung des Prototyps Kindchenschema bei Erwachsenen wurde von Berry und Zebrowitz (1985) untersucht. Männer mit großen, runden Augen, hoch angesetzten Augenbrauen und mit kleinem Kinn werden als kindlich bezeichnet. Solche Männer werden aber gleichzeitig als naiv, ehrlich, freundlich und gefühlsbetont gesehen. Kindergesichtige Erwachsene gelten als physisch schwächer, im sozialen Bereich unterlegen und dumm. Diese Effekte sind interessanterweise unabhängig von Alter und Attraktivität des Gesichtes.

Das Kindchenschema findet sich aber nicht nur in der äußerlichen Erscheinungsform, sondern auch in den Qualitäten der Stimme. Montepare und Zebrowitz-McArthur (1987) fanden heraus, daß die Stimmen von Erwachsenen, die Kinderstimmen sehr ähnlich klangen, auch als kindlich bezeichnet wurden. Die Leute hatten beim Hören dieser Stimmen den Eindruck, daß diese weniger dominant und freundlicher seien, daß man sich eher an sie annähern könnte als an solche Stimmen, die erwachsener klangen.

Das Kindchenschema ist deshalb ein Prototyp, dessen Auswirkun-

Abb. 24: Das Kindchenschema
Das Kindchenschema ist eines der wenigen empirisch untersuchten auslösenden Signale beim Menschen. Die obere Reihe zeigt links die normale Kopfform, rechts die übernormale. Die rechte Kopfform wird im Auswahlversuch von 10 bis 13 Mädchen und von 18 bis 21jährigen Männern bevorzugt. In der unteren Reihe wurde im linken Bild die Stirnbeinkrümmung und links die Oberkopfhöhe übertrieben dargestellt. Diese beiden Merkmale werden (wenn sie isoliert gesteigert werden) bevorzugt. Die zum Kindchenschema gehörende Augengröße wurde in diesen Bildern nicht variiert (nach Hückstedt, 1965).

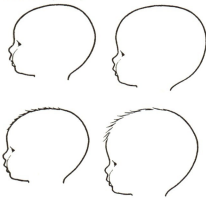

gen in die Beurteilung von Erwachsenen reichen. Deshalb stellt es auch eines der wichtigsten Triggersignale dar: Signalisiertes Kindchenschema kann die Auslegung von Signalen wesentlich beeinflussen.

Männlich-Weiblich

Weit wichtiger in der Betrachtung des Werbeverhaltens ist die Einstufung eines Körpers: Ob der Interaktionspartner männlich oder weiblich ist, wird aus der Körperform abgeleitet, die als Prototypen im Sinne von Rosch (1978) im Gehirn vorliegen. Für die Wahrnehmung solcher Schemata scheint es sogar angeborene Strukturen zu geben (Skrizpek, 1978, 1981, 1982). Bis zur Pubertät bevorzugen Jungen und Mädchen Attrappen des eigenen Geschlechts – dann aber solche des anderen Geschlechts. Variiert man das Verhältnis der Schulterbreite zu Taille und Hüften, dann kann man feststellen, daß das Verhältnis dieser Parameter zueinander für die Einschätzung einer Figur als männlich oder weiblich verantwortlich ist (Horvath, 1979). Bei Männern wird der Vergleich von Schulterbreite zu Taille (Schulterindex) und bei Frauen der Vergleich von Taille zu Hüftumfang (Kurvenindex) als Entscheidungskriterium herangezogen.

Wenn Schulterbreite nun »Männlichkeit« signalisiert, könnte sie auch ein Triggersignal für mögliche Dominanz oder Dominanzstreben sein. Männer mit großem, massigem Erscheinungsbild besitzen eine maskuline Persönlichkeit (Christiansen et al., 1987).

Die Größendifferenzen zwischen Männern und Frauen sind vielleicht die hervorstechendsten Konsequenzen der sexuellen Selektion. Männer sind im Durchschnitt um sieben Prozent größer als Frauen (Alexander et al., 1979; Gray und Wolfe, 1980). Da die Länge der Stimmbänder mit der Körpergröße zusammenhängt, haben Männer auch tiefere Stimmen.

Es ist nun die Frage, ob unsere Wahrnehmung Einzelmerkmale aufschließt oder ob auch hier Prototypen herangezogen werden. Solche Unterscheidungen wurden in erster Linie am Gesicht erforscht. Gesichter sind eine Verteilung von Abständen, die als unterschiedliche Lichtintensitäten wahrgenommen werden. Bestimmte Abstände treten in einem Gesicht unterschiedlich oft auf.

Man kann die Verteilungen der Abstände nun filtern, ein Breitbandfilter zum Beispiel würde alle Frequenzen durchlassen. Das gefilterte Gesicht hat dann Merkmalscharakter, denn alle Abstände sind sichtbar. Wendet man ein Tiefbandfilter auf die Frequenzen im Gesicht an, so bleiben nur die weiten Abstände übrig. In der Anwendung dieser Methoden auf Gesichter hat Harmon (1973) Pionierarbeit geleistet. Man kann demnach davon ausgehen, daß die hohen Frequenzen die Information enthalten, die benötigt wird, um ein Gesicht zu identifizieren. Um solche Filterungen zu erreichen, kann man unterschiedliche Methoden anwenden. Eine Methode ist, ein Bild in gleichgroße Rechtecke zu zerlegen und den Mittelwert der Graustufen innerhalb dieser Rechtecke zu errechnen. Dadurch werden die hohen räumlichen Frequenzen entfernt. Das Gesicht erscheint dann als ein Satz von Rechtecken in verschiedenen Grautönen und bekommt Konfigurationscharakter.

Sergent (1986) zeigte nun, daß Geschlechtererkennung am schnellsten bei solchen Tiefpaß-gefilterten Bildern erfolgt. Die Identität der Personen wird aber nur sehr schlecht erkannt. Deshalb kann man zu dem Schluß kommen, daß die Hochfrequenzinformation in einem Gesicht die persönlichen Merkmale enthält, während die niederfrequente Information prototypische Merkmale (wie das Geschlecht) überträgt. Die Übertragung von geschlechtstypischer Information ist

Abb. 25: Tabelle Sexualdimorphismus

Sexualmorphismus des menschlichen Phänotyps (nach Szalay und Costello, 1990)	
Generelle Fettverteilung und Muskelentwicklung	
Kopf:	Brauenwulst und Augenbrauen Abstand zwischen Augenbrauen und Augen Größe der Nase Gesichtsbehaarung Glatzenbildung

Körper:	Hautfärbung und Oberflächenbeschaffenheit
	Körperformunterschiede
	  Schulterbreite
	  Brustentwicklung
	  Körperhaarverteilung
	  Hüftentwicklung

Vokalisation:	Geschlechts- und altersbedingte Tonhöhenunterschiede

demnach besonders gut abgesichert, da Rauschen das Erkennen nicht verhindert.

Die Wahrnehmung von männlich und weiblich beschränkt sich jedoch nicht nur auf Formunterschiede im äußeren Erscheinungsbild. Auch das Ausdrucksverhalten der Geschlechter ist sehr unterschiedlich.

Birdwhistell (1970) hat eine ganze Reihe von Signalen beschrieben, die in der amerikanischen Kultur verwendet werden, um Männlichkeit oder Weiblichkeit zu signalisieren. Solche Signale zeigen zum Beispiel, daß der Winkel, mit denen die Oberschenkel beim Stehen auseinandergehalten, und der Winkel, mit denen die Arme vom Körper weggehalten werden, bei Männern und Frauen unterschiedlich ist. Ebenso ist der Winkel, mit dem das Becken entweder nach vorne oder nach hinten abgewinkelt wird, ein geschlechtstypisches Merkmal.

Ein Beobachter kann also aus dem Verhalten einer Person sehr gut ihre Geschlechtsrollenidentifikation herausfiltern. Dazu dienen bei Männern die Stimme und bei Frauen der Körper. Der Körper spielt für die Darstellung der Männlichkeit offenbar eine geringere Rolle als der Körper einer Frau bei der Darstellung von Weiblichkeit.

Abb. 26: Männliche und weibliche Körperschemata
Das Körperschema zeigt durch Pfeile diejenigen Maße an, die für die Geschlechtererkennung und für die Attraktivitätsbewertung von Attrappen ausschlaggebend sind. Beim Mann ist dies der »Verjüngungsindex« (Taille/Schultern), der die geschlechtstypische V-Form beschreibt, bei Frauen der Hüftindex (Hüfte/Taille). Beide Merkmale sind ebenfalls ausschlaggebend für die Attraktivitätseinschätzung.

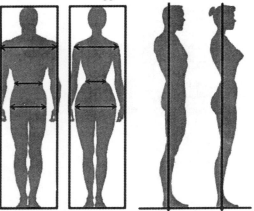

Es könnte aber unter Umständen so sein, daß nicht das, *was* getan wird, sondern die Art und Weise, *wie* es getan wird, die geschlechtsspezifische Information enthält. Die Information über das Geschlecht einer Person könnte in den Bewegungsabläufen selbst stecken. Die Methode, mit der man solche Information herausfiltern kann, wurde von Johansson (1973, 1976) entdeckt. Er befestigte kleine Lichtquellen an den Gelenken von Menschen und filmte sie bei verschiedenen Aktivitäten in einem abgedunkelten Raum.

Die so entstandenen Aufnahmen zeigen lediglich helle Punkte, die sich vor einem dunklen Hintergrund bewegen. Johansson fand heraus, daß Beobachter sehr gut feststellen konnten, welche Aktivität die Personen auf diesen Filmen ausführten. Das gilt jedoch nur, wenn die Beobachter Filme sehen. Solange die Beobachter nur Bilder sehen, sind sie unfähig, sie als Menschen oder Bewegungen zu erkennen. Sie bezeichnen sie dann als eine zufällige Verteilung von Lichtpunkten. Cutting und Proffitt (1981) haben nun gezeigt, daß sich aus den Bewegungsabläufen der Punkte das Geschlecht erkennen läßt. Dieser Versuch wurde von Berry (1991b) mit einer neuen Methode, bei der die Punkt-Licht-Darstellungen durch das Zerlegen des Bildes in kleine Farbquadrate ersetzt wurden, bestätigt. Weibliche Bewegungen sind runder und fließender, während sich männliche Bewegungen durch Eckigkeit und Ablaufverzögerungen auszeichnen (von Mersi, 1991).

Bewegungsinformation kann also relevante Aussagen über den Erzeuger dieser Bewegungsinformation zulassen. Berry (1990b) befestigte im Gesicht von Menschen etwa 100 lichtreflektierende Punkte und filmte die Bewegung dieser Punkte im Dunkeln. Zeigt man die sich bewegenden Punkte, so können Beobachter aus den Gesichtern Information über den Besitzer des Gesichtes ableiten: Sich bewegende weibliche Gesichter wurden als femininer bezeichnet als männliche Gesichter.

Unser Gehirn besitzt demnach eine ganze Reihe von Mechanismen, mit denen es das Geschlecht einer anderen Person feststellen kann. Dazu benötigt es sogar relativ wenig Information. Das läßt den Schluß zu, daß die Feststellung des Geschlechts einer anderen Person für unsere Wahrnehmung eine herausragende Rolle spielt. Die Anforderungen der Paarfindung prägen demnach sogar die Grundlagen unserer Wahrnehmung.

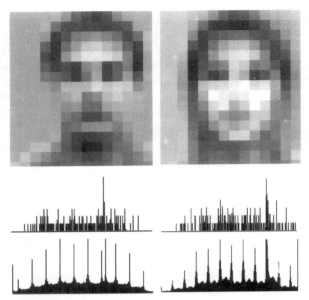

Abb. 27: Geschlechtererkennung anhand von Gesichtsprototypen
Gesichter können als Verteilung von Entfernungen aufgefaßt werden. Solche Entfernungen werden auch durch die Helligkeit der vorhandenen Bildpunkte in einem digitalisierten Gesicht dargestellt (unteres Histogramm). Filtert man die kleinen Abstände heraus, dann »verschwimmt« die Individualerkennung (oberes Histogramm und die Fotos). Die von Harmon (1973) entwickelte Methode besteht darin, daß ein Graustufenmittelwert über eine vorgegebene Fläche gebildet wird. Die Fläche erhält dann die Graustufe des Mittelwerts. Die geschlechtstypische Information Mann oder Frau bleibt jedoch erhalten. Das Geschlecht einer Person wird deshalb »prototypisch« erkannt, d. h., man benötigt keine Einzelmerkmale dazu.

Emotionen

Den Ausdruck von Emotionen im nicht-sprachlichen Verhalten kann man ebenfalls in die Reihe der Triggersignale aufnehmen. Emotionen spielen eine Hauptrolle in Interaktionen: Ihre Darstellung manipuliert andere Personen, ohne daß diese viel dagegen unternehmen könnten. Es gibt aber nur sehr wenig Übereinstimmung darüber, was nun tatsächlich als Emotion zu bezeichnen ist, und nicht alle Leute, die über Emotionen schreiben, definieren sie. Wie Emotionen sich von Reflexen, von Motiven, von Stimmungen oder Haltungen unterscheiden, ist nicht klar. Ekman (1984) hat deshalb den Versuch unternommen darzulegen, welche Bedingungen vorhanden sein müssen, damit man ein Signal als Emotion bezeichnen kann*.

Als erste Bedingung für die Definition einer Emotion kann gelten, daß es für ihre Darstellung ein in allen Kulturen übereinstimmendes Signal geben muß. Diese Bedingung entspricht der für ein Triggersignal geforderten Formkonstanz. Hinzu kommt, daß die mimischen Ereignisse, die Emotionen darstellen, phylogenetisch nachvollziehbar sein sollten. Das ist beim Menschen im Vergleich mit den Affen sehr häufig der Fall (siehe unten). Der emotionale Ausdruck kann mehrere Kanäle benutzen. Die Stimme wie auch das Gesicht sind daran beteiligt (Scherer, 1981).

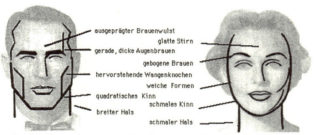

Abb. 28: Geschlechtererkennung anhand von Einzelmerkmalen
Im Gegensatz zu Theorien, die mit prototypischer Geschlechtererkennung arbeiten, stehen solche, die Erkennungsprozesse aus Einzelmerkmalen ableiten. Die Abbildung zeigt die Einzelmerkmale als Geschlechtsunterschiede auf.

---

* In der Sichtweise Ekmans gibt es ein angeborenes Affektprogramm für jede Emotion, das einmal aktiviert, Änderungen im physiologischen Status des Organismus veranlaßt. Dieses Affektprogramm gibt Instruktionen an viele Antwortsysteme weiter. Gesichtsmuskeln, Skelettmuskulatur und das autonome Nervensystem werden aktiviert. Die so erzeugten Aktivitätsmuster sind spezifisch für jede Emotion. Verhaltenspassungen und die damit in Verbindung stehenden Bewegungsprogramme werden schließlich in Gang gesetzt. Auf diese Weise erzeugt die Emotion der Wut ein Muster von spezifischen Gesichtsmuskelkontraktionen, einen hohen Skelettmuskeltonus und physiologische Veränderungen, die optimal für das Verhalten des Kampfes sind. Ähnlicherweise kann Furcht eine physiologische Unterstützung für Fliehen oder Überraschung kann Unterstützung für Aufmerksamkeit hervorrufen. Man findet also durchaus sehr verschiedenartige physiologische Reaktionen, die durch unterschiedliche Emotionen ausgelöst werden und keineswegs nur eine generelle Erhöhung der Erregung durch Emotionen, wie zum Beispiel von Cannon (1927) angenommen wird. Hinter jeder Emotion steht eine physiologische Veränderung im Körper des Senders. Emotionen sind demnach Mitteilungen über die Physiologie des Senders.

Zusätzlich gibt es Grenzen für die Dauer der Darstellung einer gefühlten Emotion. Ekman schlägt vor, daß die meisten der wirklich gefühlten Emotionen zwischen einer halben und vier Sekunden dauern. Längere Darstellungen von Gesichtsausdrücken sind eher vorgespielt. Der Zeitablauf eines Emotionsausdrucks zeigt deshalb in spezifischer Weise eine bestimmte emotionale Erfahrung an. Es gibt eine gewisse Dauer, bis das Signal auftritt, einen Anstieg in der mimischen Veränderung, einen Höhepunkt, bei dem sich das Gesicht nicht mehr verändert, und ein Abklingen der Veränderung. Diese drei Teile müssen zeitlich in einem bestimmten Zusammenhang stehen. Der Anstieg der beteiligten Muskelkontraktionen geschieht sehr schnell, der Höhepunkt wird über längere Zeit gehalten, und die Emotion verschwindet dann langsam aus dem Gesicht. Emotionen erfüllen damit alle Bedingungen für ritualisierte Signale.

Spezifisch für Emotionen ist, daß sie in verschiedenen Intensitäten vorkommen und damit jeweils eine bestimmte Stärke der emotionalen Erfahrung darstellen. Emotionaler Ausdruck kann völlig unterdrückt werden, aber lediglich, wenn die Erregung nur sehr gering ist. Damit kommen wir zum wichtigsten Punkt: Emotionaler Ausdruck kann auch in überzeugender Weise simuliert werden.

Bei Untersuchungen des Gesichtsausdrucks in verschiedenen Kulturen finden Ekman und Friesen (1978) insgesamt sieben in allen Kulturen gleiche Grundemotionen: Überraschung, Angst, Freude, Trauer, Ekel, Ärger und Verachtung zeichnen sich durch bestimmte konstante Kombinationen von Gesichtsmuskelkontraktionen aus.

Eine der Fragen, die die Wissenschaftler am meisten beschäftigt, ist: Wie und an welchen Teilen des Gesichtes werden Emotionen erkannt? Um dies herauszufinden, machten Fraser et al.(1991) folgendes Experiment: Sie nahmen vier der Grundemotionen (glücklich, wütend, traurig und überrascht) und mischten die verschiedenen Gesichtspartien miteinander, so daß zum Beispiel ein glückliches Gesicht die Augenbrauen des wütenden Gesichts erhielt. Wenn man jetzt Leuten solche Reize zeigt, dann kann man die Reaktionszeit messen, mit der sie entscheiden, um welche Emotion es sich handelt. Interessanterweise wird die Traurigkeit am schnellsten erkannt, gefolgt von der Darstellung des Glücks, der Überraschung und der Wut. Die Mundregion ist ausschlaggebend für das Erkennen einer Emotion. Interessante Aspekte ergeben sich, wird der Versuch auf Geschlechtererkennung erweitert.

Dazu verwendeten die Autoren vier Grundreize: den Umriß des Gesichtes, die Augen, die Nase und den Mund. Dabei zeigte sich, daß der Umriß des Gesichtes, in diesem Fall Haarlänge, ausschlaggebend für die Geschlechtererkennung war, gefolgt von den Augen, dem Mund und der Nase als unwichtigster Teil. Für solche Erkennungsvorgänge scheint es also Hierarchien zu geben, mit denen gewisse Teile der Stimuli abgetastet und erkannt werden.

Auch in diesem Bereich spielt die Bewegungsinformation eine wichtige Rolle. Bassili (1979) schminkte Gesichter schwarz und ließ an einigen Punkten weiße Markierungsplättchen anbringen. Er spielte Filmaufnahmen dieser Gesichter, die die Emotionen Glück, Traurigkeit, Furcht, Überraschung, Angst und Enkel vorspielten, Versuchspersonen vor. Die Versuchspersonen waren durchaus in der Lage, die Emotionen richtig zuzuordnen.

Der Empfänger eines emotionalen Signals hat deshalb zwei Informationsquellen zur Verfügung: (1) das statische Erscheinungsbild des Gesichtes und (2) die redundante Information der Bewegung.

Die Bewegungsinformation verstärkt die statische Unterschiedsinformation zu einem neutralen Gesicht. Es erscheint damit sehr wahrscheinlich, daß das Senden von redundanter Information dann von Vorteil wird, wenn das Rauschen sehr hoch ist, zum Beispiel, wenn die Beobachtungsmöglichkeiten sehr schlecht sind. Bewegungsinformation gekoppelt an statische Unterschiedsinformation kann kurze oder sehr schnell abgelaufene Ausdrucksmöglichkeiten leichter erkennbar machen. Dies geschieht dadurch, daß der Kontrast zwischen dem Erscheinungsbild des Gesichtes an zwei aufeinanderfolgenden Zeitpunkten verstärkt wird.

Abb. 29: Die Grundemotionen
Die Grundemotionen sind universell und allen Menschen eigen: Sie treten selbst bei in ewiger Nacht und Stille lebenden taubblinden Kindern auf. Die Grundemotionen lassen sich zudem durch ihnen eigene Kombinationen an Muskelkontraktionen im Gesicht identifizieren. Von links nach rechts sind dargestellt: Wut, Ekel, Angst, Trauer, Freude und Überraschung (Fotos: P. Ekman).

Interessant an diesen Grundemotionen ist jedoch, daß sie eine automatisierte Wirkung auf den Betrachter besitzen. Zeigt man Personen Bilder von Grundemotionen oder läßt man die Personen diese Grundemotionen nachspielen, dann stellt sich bei ihnen der gleiche physiologische Zustand ein, der auch die echten Grundemotionen begleitet (Ekman et al., 1983; Levenson et al., 1990).

Am wichtigsten dabei sind Veränderungen im Herzschlag, der Fingertemperatur, des Hautleitwiderstandes und der Muskelaktivität. Für jede Emotion kann man ganz bestimmte Muster physiologischer Veränderungen finden. Für das Gefühl des Glücks beispielsweise gibt es einen geringen Anstieg der Pulsfrequenz und einen geringen Anstieg der Fingertemperatur. Der Hautleitwiderstand bleibt gleich, aber die Muskelaktivität erhöht sich. Für Angst dagegen ergibt sich ein sehr hoher Anstieg des Herzschlags, ein Absinken der Fingertemperatur, ein sehr hoher Anstieg des Hautleitwertes. Die Muskelaktivität ändert sich dagegen kaum.

Sobald jetzt jemand freiwillig die entsprechenden Gesichtsmuskeln anspannt, stellen sich eben diese physiologischen Veränderungen auch in seinem Körper ein. Wie dieser Zusammenhang zwischen Darstellung der Emotionen und der physiologischen Reaktion zustandekommt, ist unbekannt. Die Möglichkeiten erstrecken sich darauf, daß zum Beispiel zum Anspannen bestimmter Gesichtsmuskeln erst der physiologische Zustand notwendig ist, der sie normalerweise verändert, oder daß es eine Rückkoppelung von der Anspannung der Muskeln auf die physiologischen Veränderungen gibt. Diese physiologischen Veränderungen im Empfänger des Signals wirken sogar dann auf ihn, wenn er es gar nicht will.

Lanzetta et al. (1991) zeigte, daß Leute physiologisch auf emotionale Signale reagieren, selbst wenn es Gesichter von Politikern im Fernsehen sind, die nur im Hintergrund von Nachrichten kurz eingeblendet werden. Es scheint so zu sein, daß der Gesichtsausdruck als Grundreiz funktioniert. Diese Grundreize haben unterschiedliche, genau abgrenzbare psychophysiologische Effekte auf den Empfänger. Die Aufnahme solcher Reize wird auch nicht durch vorher entwickelte Haltungen, in diesem Fall die politische Einstellung des Beobachters, gegenüber der Zielperson beeinflußt. Die Darstellung von Emotionen in Medien kann deshalb eine wichtige Rolle im Wahlprozeß spielen.

Die automatisierten Wirkungen der Emotionen machen diese zu

äußerst wirksamen Triggersignalen, die jedes andere Signal begleiten und seine Interpretation durch emotionale Änderungen im Empfänger verschieben können. Über diesen Automatismus würden dann Grundemotionen die entsprechenden Interpretationen von anderen nichtsprachlichen Signalen leiten.

Emotionen selbst sind auch an den prosodischen Veränderungen in der Stimme des Empfängers zu erkennen. Die Tonhöhe der Stimme ändert sich, falls Emotionen auftreten: Sie wird höher bei Angst oder Ärger, hingegen fällt sie, wenn die Person traurig ist (Ekman et al., 1976).

Die Wirksamkeit emotionaler Signale führt letztlich auch dazu, daß sie in ihrer Darstellung durch Regeln begrenzt werden müssen. Da-

Abb. 30: Emotionen und Atmen
Interessanterweise können auch die Atemfrequenz und die Atemtiefe Emotionen signalisieren. Die Abbildungen zeigen die Atemfrequenzen, ein Ausschlag nach oben bedeutet Einatmen. Diese Kurven wurden von Personen produziert, die aufgefordert wurden, sich in bestimmte Emotionen zu versenken. Die unterschiedlichen Emotionen erzeugen deutlich unterschiedliche Atemmuster, die sich ebenso von neutralem Atmen (am Anfang der Aufzeichnungen) unterscheiden. Die vertikale Linie zeigt den Punkt, an dem begonnen wurde, Emotionen wiederzugeben. Mit Punkten sind die Teile markiert, in denen die Personen anfänglich versuchten, das Muster zu erzeugen. Die durchgezogenen Linien beschreiben die Perioden, an denen Bloch ihre Messungen durchführte. Die nach unten weisenden Pfeile beschreiben den Punkt, an dem die Versuchsperson die Anweisung erhielt, aufzuhören (nach Bloch, 1991).

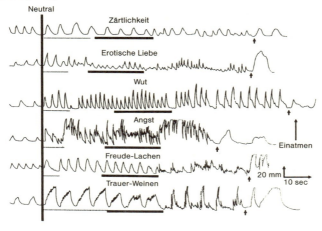

durch entstehen Unterschiede in den Häufigkeiten, mit denen emotionale Signale in verschiedenen Interaktionen auftreten, und in den kulturellen Regelungen, wer wann zu wem welche Emotion zeigen darf (Matsumoto, 1991).

Emotionen sind jedoch nicht nur am Gesicht erkennbar, sondern wir finden sogar emotionsspezifische Atemmuster (Bloch et al., 1991). Wut, Angst, Trauer, erotische Liebe und Zärtlichkeit verursachen Veränderungen in Amplitude, Frequenz und Dauer der Atempausen.

Für Trauer, Freude und Furcht herrschen eher Einatmen (inspiratorische Atmung) vor. Diese drei Emotionen sind hauptsächlich dadurch charakterisiert, daß sie sich durch kleine Atemamplituden und eine hohe Frequenz von wiederholten Atembewegungen, die den verschiedenen Phasen der Atemzyklen überlagert sind, auszeichnen.

Nach Montepare et al. (1987) ist es sogar möglich, Emotionen aus dem Gehstil einer Person abzuleiten. Eine traurige Stimmung, Wut, Glücklichsein und Stolz lassen sich an der Bewegungsinformation einer gehenden Person erkennen.

Die Darstellung von Emotionen ist demnach mehrfach abgesichert – nicht nur das Gesicht, sondern der ganze Körper drückt sie aus. Man kann sich jetzt nach dem biologischen Vorteil fragen, den die Darstellung des eigenen physiologischen Zustandes vor anderen hat. Der Vorteil scheint in der Manipulation des physiologischen Zustandes des Empfängers zu liegen. Andererseits zeigen Emotionen Verhaltensabsichten an, die dem Empfänger signalisieren, was man als nächstes tun wird.

Dominant-submissiv und freundlich-feindlich

Um zu unterscheiden, ob ein Gegenüber nun vielleicht dominant über mich sein könnte oder ob er mir unterlegen ist, können ebenfalls einfache Triggersignale herangezogen werden.

Innerhalb der nicht-menschlichen Primaten und beim Menschen wird soziale Dominanz hauptsächlich durch nicht-sprachliche Kommunikation weitergegeben. Viele dieser Dominanzsignale beim Menschen ähneln denen, die von nicht-menschlichen Primaten gezeigt werden (Keating, 1985; Lockard, 1980; Rajecki und Flanery, 1981). Man findet in Interaktionen, bei denen es um die Darstellung von Dominanz geht, bei Menschen und bei nicht-menschlichen Primaten ähnliche Gesichtsausdrücke (Camras 1980, 1982). Es scheinen in erster

Linie die Augenbrauen und die Bewegung des Mundes zu sein, die die Darstellung von Dominanz und Unterwerfung übernehmen. Nach unten gezogene Brauen werden typischerweise von dominanten oder drohenden Individuen gezeigt, gehobene Brauen dagegen durch submissive Individuen (Van Hooff, 1967). Das sogenannte »Stumme Zähne zeigen«, wurde als submissive Geste unter den höheren Primaten identifiziert und könnte damit dem menschlichen Lächeln entsprechen.

Die Darstellung von Freundlichkeit und Dominanz ist also auch an mimische Ereignisse gebunden. Diese Signale erlauben dem Empfänger eine Vorhersage über mögliche Verhaltenstendenzen des Senders. In der Tat können bereits 4- bis 7jährige Kinder den wahrscheinlichen Ausgang von Konflikten auf der Basis von Veränderungen im Gesichtsausdruck entscheiden (Keating und Bai, 1986). Erzählt man Kindern eine Geschichte der Art: »Schau dir diese beiden Leute an. Sie gehen zusammen auf eine Reise. Welche der beiden Personen könnte der Führer der Reise sein und den anderen sagen, was sie zu tun haben?« Oder: »Schau dir diese beiden Leute an, sie wollen ein Auto kaufen, der eine will ein grünes, der andere will ein gelbes Auto haben. Sie streiten deshalb. Welcher der beiden, glaubst du, zwingt den anderen dazu, nachzugeben?«. Zeigt man ihnen dazu Bilder, die die unterschiedlich-

Abb. 31: Dominanz- und Submissionsgesicht
Die Abbildung zeigt ein als dominant (rechts) einzuschätzendes und ein als submissiv (links) einzuschätzendes Gesicht. Beide Gesichter gingen durch Computermanipulation aus dem Standardgesicht in der Mitte hervor. Dem rechten Gesicht wurde lediglich der Unterkiefer verbreitert und der untere Gesichtsschädel verlängert. Im rechten Gesicht wurde das Gegenteil durchgeführt. Diese unterschiedlichen Gesichtsformen werden nach Keating et al. (1981) herangezogen, um eine Person als überlegen oder unterlegen einzustufen. Interessanterweise entsprechen diese Gesichtsmerkmale auch den Prototypen der Geschlechtsunterschiede.

sten Gesichtsausdrücke erkennen lassen, dann wählen die Kinder folgendermaßen aus: Der Gewinner hat nach Meinung der Kinder nach unten gezogene Augenbrauen, er lächelt nicht und hat den Mund leicht angespannt.

Am interessantesten ist, daß die Relationen der Gesichtsteile zueinander in Betracht gezogen werden. Breite Gesichter mit großem Kiefer und zurückgesetztem Haaransatz werden von den Kindern konstant als Gewinnergesichter bezeichnet.

Ein anderes Triggersignal für Dominanz ist das »Plus-Gesicht« (Zivin, 1977), das Kinder direkt in ihren Konflikten einsetzen. Dabei handelt es sich um eine Form des zunächst einmal ungerichteten »Imponierens«, das erst in einer späteren Interaktion Vorteile erbringt.

Die Ursprünge der von Zivin beschriebenen mimischen Konfigurationen lassen sich bereits bei nicht-menschlichen Primaten finden. Dort ist das sogenannte »Drohgesicht«, dessen wesentliche Merkmale sich beim Menschen im Plus-Gesicht wiederfinden lassen, weit verbreitet: Die Brauen sind gehoben, ebenso der Kopf, desgleichen das Kinn, und der Blick ist direkt auf den Partner ausgerichtet. Der Oberkörper wird gestreckt gehalten und der Hals aufrecht.

Als Antithese zu diesem Drohgesicht kann das Unterwerfung signalisierende »Minus-Gesicht« gelten. Beim Menschen sind die Brauen leicht gefurcht und nach unten gezogen, die Augen werden niedergeschlagen, Blickkontakt wird vermieden, der Kopf gesenkt, und die Mundwinkel werden nach unten oder nach hinten gezogen. Der Hals kann dabei nach vorne gebeugt sein, oder der Kopf wird zwischen die Schultern gezogen. Zivin (1977) zeigte, daß man aus dem Ausdruck des Gesichtes den Gewinner eines Konfliktes vorhersagen kann.

Das Plus-Gesicht entspricht dem von Keating und Bai beschriebenen Gewinnergesicht insofern, daß die dort beschriebene Konfiguration durch Anheben des Kopfes im Erscheinungsbild erreicht wird.

Die Entscheidung »überlegen-unterlegen« hängt natürlich auch von der Wahrnehmung des Alters der Person ab, denn Dominanzbeziehungen sind typischerweise altersbezogen. Zumindest unter den nicht-menschlichen Primaten gibt es Hinweise, daß altersbezogene morphologische Merkmale als Signalapparate funktionieren, die soziale Überlegenheit und Unterlegenheit signalisieren (Geist, 1971). Nach den Ergebnissen von Keating und Bai können wir davon ausge-

Abb. 32: Das Plus-Gesicht
Das Plus-Gesicht, das der Junge links im Bild zeigt, läßt die Vorhersage des Streitausganges zu: Ein Kind, das ein solches Gesicht zeigt, ist meistens der Gewinner im Konflikt mit einem anderen Kind (Foto: B. Hold).

hen, daß es Prototypen im Erscheinungsbild gibt, die den Status, das Alter oder den Grund der Überlegenheit anzeigen. Beginnende Glatzen, d. h. eine auf der Stirn zurückgezogene Haarlinie, ist ein Statusmerkmal, das mit Alter zusammenfällt. Guthrie (1976) stellte dazu die Hypothese auf, daß Glatzenbildung in der Evolution entstanden sei, um den Altersstatus anzuzeigen – wobei »alt sein« und »überlebt haben« auf optimalen Lebensstrategien beruhe. Ein breites Gesicht erweckt auch den Eindruck eines großen Körpers, der mit Dominanz assoziiert ist. Speziell wird dabei natürlich physische Entwicklung und Stärke signalisiert, denn die Größe des Unterkiefers wächst mit dem Anwachsen der Zähne.

Diese Wahrnehmungsphänomene lassen sich jedoch nicht nur an Kindern nachweisen. Keating et al. (1981) zeigten ähnliche Bilder auch Erwachsenen aus sechs Kulturen und fragten, wer nun möglicherweise der dominantere sei. Es zeigt sich, daß Erwachsene ebenso wie Kinder solche Gesichter mit dünnen Lippen, hohem Haaransatz (Glatze), relativ großem Unterkiefer und breitem Gesicht interkulturell als dominant bezeichnen.

Interessant ist aber hier die anscheinend universelle Zuordnung von geschlechtsspezifischen somatischen Unterschieden, wobei »weiblich« als submissiv und »männlich« dagegen als dominant interpretiert wird.

Genauso wichtig wie Signale der Dominanz sind solche, die entweder Dominanzverzicht oder Unterwerfung anzeigen. Eines der Signale des Dominanzverzichtes ist das Zeigen von Ambivalenz, d. h., Zuwendung und Abwendung vom Interaktionspartner wechseln einander ab (Eibl-Eibesfeldt, 1984). Interaktionen zwischen Fremden lassen diese

Ambivalenz aus Blickvermeidung und Blickkontakt besonders deutlich erkennen.

»Submissive Körperhaltungen« können tätliche Angriffe blockieren. Diese Stellungen erinnern oft an Darwins Prinzip der Antithese. Demnach vergrößern aggressiv gestimmte Tiere ihre Körperumrisse, während unterlegene Tiere sich kleiner machen. Aggressionen können auch durch Signale beschwichtigt werden, welche nicht oder nicht ursprünglich dem Verhaltensinventar der Auseinandersetzung in Konflikten zugehörig sind. Sie zeichnen sich im Gegenteil dadurch aus, daß sie an ein Verhaltenssystem appellieren, welches als unvereinbar mit dem Angriffssystem gilt. Eibl-Eibesfeldt (1970) beschreibt solche beschwichtigenden Signale: Neben dem »Sich-kleiner-machen« (Kopf senken) wirkt kindliches Verhalten als Auslöser für Brutpflegeverhalten, auch wenn es in Form von Infantilismen von Erwachsenen eingesetzt wird. Ebenso wirkt das Kindchenschema als körperliches Merkmal, und sexuelle Signale können zur Beschwichtigung präsentiert werden. Unterwürfiges Verhalten besteht nach Wickler (1967) in der Imitation weiblichen und kindlichen Verhaltens und dem Einsatz sexueller Signale.

Ein ähnlicher Effekt wird dem Kopf-Schräghalten zugesprochen (Montagner, 1978). Damit soll erreicht werden, daß die drohende Wirkung, die von den Augen ausgeht, durch Verschiebung in die Vertikale aufgehoben wird. Doch auch bei diesem Verhalten kommt eine Bewegungslosigkeit dazu. Der Körper wird stillgehalten, der Kopf wird zudem gesenkt. Ob es sich dabei tatsächlich um ein Präsentieren der empfindlichen Halsschlagader handelt, sei dahingestellt.

Signale der Unterwerfung arbeiten meist mit einer Winkelkonfiguration als Grundprinzip. Entweder wird der Kopf schräg gehalten und gesenkt, oder der Körper selbst wird abgewinkelt. Das Triggersignal in diesem Fall ist einfach »Abwinkeln« aus der senkrechten Körperlinie. Die daraus entstehende Hypothese ist so einfach wie überraschend. Stellen wir uns einen normal stehenden Körper vor. Wenn wir die

Abb. 33: Ambivalenz
Ambivalenz in der Kommunikation mit dem Mitmenschen entsteht aus sich widerstreitender Anziehung und Scheu. Ambivalenz kommuniziert jedoch auch den Verzicht darauf, den anderen dominieren zu wollen. Die junge Frau reagiert auf ein Kompliment mit einem ambivalenten Lächeln, bei dem sie die untere Gesichtshälfte verdeckt und dann den Kopf abdreht (Fotos: I. Eibl-Eibesfeldt).

Winkel an diesem Körper betrachten, dann sind sie entweder 0, 90 oder 180 Grad. Jede Änderung dieser Winkel könnte nun Unterwerfung anzeigen. Winkel können überall dort auftreten, wo Gelenke vorhanden sind. Das würde bedeuten, daß man am Maß der Verwinkelung eines Körpers dessen Verhaltenstendenzen ablesen kann. Eine Hypothese, die man empirisch überprüfen kann.

Wenn ein Signal einmal eine bestimmte Bedeutung besitzt, sei sie nun als Auslöser oder Triggersignal im Laufe der Evolution entstanden oder auch eine kulturelle eigenständige Entwicklung, dann ist dieses Signal, wie wir sehen werden, auch außerhalb seines normalen Funktionskreises als eine Art Werkzeug einsetzbar.

Bis zu diesem Punkt haben wir mögliche Triggersignale besprochen, bei denen eine direkte Verbindung zum Werbeverhalten nicht so einfach zu erkennen ist. Ihre Funktion ist jedoch, die Entschlüsselung eines beliebigen Signales in spezifischen Bereichen zu veranlassen. Wir haben festgestellt, daß der Mensch ausgefeilte Signalsysteme im Bereich des Erkennens von Alter, Geschlecht und Emotionen besitzt. Deshalb ist es notwendig, zuerst festzustellen, wie und ob solche Bereiche in der Partnerwahl überhaupt wichtig sind.

Nachdem wir wissen, wie Signale konstruiert werden, können wir eine ganze Reihe einfacher Hypothesen aufstellen. Die wichtigste der Hypothesen ist die: Wenn ein Signal einmal eine Bedeutung besitzt,

Abb. 34: Der Darwin'sche Hund
Der Darwin'sche Hund zeigt das Grundprinzip der Darstellung von Überlegenheit und Unterwürfigkeit. Im Falle der Dominanz ist die Körperlinie wenig verwinkelt, im Falle der Submission ist die Körperlinie stark verwinkelt. Obwohl, zumindest beim Hund, die Stellung der Submission vom Futterbetteln der Welpen abgeleitet werden kann, spricht nichts gegen ein allgemeines Verwinkelungsprinzip zur Darstellung von Unterwürfigkeit (nach Darwin, 1872).

Abb. 35: Körperwinkel
Eines der Prinzipien zur Bezeugung von Demut ist die Abwinkelung von Kopf und Körper aus der Senkrechten, die bedrohende, aufrechte Gestalt des Körperumrisses wird aufgehoben. Dieser Effekt der Submissionsbezeugung ist ein beliebtes Mittel in der Werbefotografie (nach Goffman, 1979).

wird es als Werkzeug eingesetzt. Demnach ist nicht zu erwarten, daß es ein Flirtrepertoire gibt – denn jedes Verhalten kann als Werkzeug auftreten, sobald es den erwünschten Erfolg verspricht.

Der Partnermarktwert: *Suchbilder*

Angebot und Nachfrage

Für eine Betrachtung der Merkmale, nach denen Partner gesucht werden und die uns Informationen darüber zu geben vermögen, welche Signale in der Paarfindung eine Rolle spielen können, stehen mehrere Annäherungsmöglichkeiten zur Verfügung. Einerseits müßten wir zumindest theoretisch fordern, daß sich die biologischen Notwendigkeiten der Partnerwahl in den Partnerwünschen niederschlagen, andererseits gibt es eine ganze Reihe von Beschränkungen in der Partnerwahl, die aus individualpsychologischen und soziologischen Faktoren entstehen. Viele Dinge beeinflussen die aktuelle Partnerwahl: die Vorlieben und Vorstellungen der Eltern, der eigene Partnermarktwert, das vorhandene Geschlechterverhältnis, die Erreichbarkeit von Partnern, die die gewünschten Qualitäten besitzen, die Art des Verheiratungssystems einer Gesellschaft und Merkmale, die in einem bestimmten Zusammenhang wichtig sein können, so zum Beispiel das Freizeitverhalten. Die biologischen Notwendigkeiten für bestimmte Merkmale sind deshalb sicher nur eine der bestimmenden Möglichkeiten des tatsächlichen Partnerwahlverhaltens.

Das Problem einer solchen Betrachtung ist jedoch: Es gibt kaum Theorien, die alle Möglichkeiten der Partnerwahlkriterien so beschreiben, daß sie sich auch in empirisch testbare Hypothesen umwandeln lassen. Viele Theorien sind für unser Vorhaben denkbar ungeeignet. In tiefpsychologischen Ansätzen soll der Ehepartner eine Art Elternersatz darstellen (Winch, 1958). Der Partner wird nach dem Elternvorbild gewählt. Tatsächlich läßt sich öfters eine Ähnlichkeit beobachten, die aber nur wenig häufiger vorkommt, als es der Zufall erlaubt (Eckland, 1968).

Ähnliche Ansätze vermuten Prägungseinflüsse, die in der frühen Kindheit stattfinden. Shaver und Hazan (1985) untersuchten, ob die Beziehung zu den Eltern in der Kindheit eine Rolle bei der Partnerwahl und für die Beziehung zum Partner spielt. Shaver und Hazan kommen aufgrund ihrer Untersuchungen zu der Schlußfolgerung, daß sich aus der Eltern-Kind-Bindung keine Partnersuchbilder vorhersagen lassen. Es gibt zu diesem Thema eine ungeheure Anzahl von Vermutungen und Überlegungen, die hier jedoch vernachlässigt werden, da sie zu weit führen würden.

Ein weiteres Problem in der Bestimmung von Partnersuchbildern liegt in einer Vermengung von Suchbildern und den tatsächlichen Resultaten der Suche. Suchbilder werden in der Regel an verheirateten Ehepaaren ermittelt (nicht an tatsächlich Partnersuchenden) und dann mit der Wirklichkeit des Ehelebens verglichen. Ein solches Vorgehen beinhaltet aber eine erhebliche Anzahl an Zirkelschlüssen – müssen doch Suchbilder nicht zwingenderweise auch mit den Merkmalen eines gefundenen Partners übereinstimmen. Schließlich wird auch die Frage nach dem idealen Partner durch das Wissen über den realen Partner beeinflußt. So kann man zu dem fehlerbehafteten Schluß kommen, daß Leute diejenigen Partner bekommen, die auch ihren Suchbildern entsprechen.

Am ehesten wird sich deshalb eine Beschreibungsmethode für Suchbilder eignen, die versucht, einen Ansatzpunkt in sehr einfachen und auch einfach beobachtbaren Partnerwahlkriterien zu finden.

Was bestimmt nun die möglichen Partnersuchbilder aus evolutionstheoretischer Sicht? Die einfachsten Ansatzvariablen sind das Alter und der soziale Status der Partnersuchenden. Für Männer ist, mehr als für Frauen, die Reproduktion durch Zugang zu reproduktiv wertvollen oder fruchtbaren Frauen geprägt. Frauen stellen zudem die begrenzende Ressource für die Männer in der Reproduktion dar (Buss, 1985). Wenn wir uns an die Trivers'schen Hypothesen (1972) erinnern, dann ist dies das Merkmal, das die Suche der Männer in erster Linie bestimmen sollte. Der reproduktive Wert kann dabei in Einheiten von zukünftig erwarteten reproduktiven Fähigkeiten definiert werden.

Bei Frauen hat der reproduktive Wert einen Höhepunkt bei etwa 15 Jahren und nimmt danach mit zunehmendem Alter ab. Die Fruchtbarkeit von Frauen dagegen hat ihren Höhepunkt in den frühen Zwanzigern und zeigt eine ähnliche Abnahme mit zunehmendem Alter. Der

Unterschied zwischen Fruchtbarkeit und reproduktivem Wert kann dadurch illustriert werden, indem man zwei Frauen, eine 13 Jahre alt, die andere 23 Jahre alt, vergleicht. Die jüngere Frau hätte einen höheren reproduktiven Wert als die ältere, weil ihre zukünftige Reproduktion erwartungsgemäß höher ist. Im Kontrast dazu hat die 23 Jahre alte Frau eine höhere Fruchtbarkeitserwartung als die 13jährige, da ihre gegenwärtige Wahrscheinlichkeit der Reproduktion höher ist. Fruchtbarkeit und reproduktiver Wert – beide sind in Kulturen unterschiedlich und werden durch Faktoren wie kulturelle Normen, empfängnisverhütende Praktiken und Unterschiede in altersspezifischer Sterblichkeit geprägt. In allen Kulturen jedoch sind weibliche Fruchtbarkeit und reproduktiver Wert sehr stark altersabhängig (Williams, 1975).

In beiden Fällen ist es das äußere Erscheinungsbild, das an Jugendlichkeit gebunden ist, wie weiche Haut, guter Muskeltonus, glänzende Haare und volle Lippen, also alles Verhaltensindikatoren für Jugend, die die Signale für hohe reproduktive Kapazität sein könnten. Männer sollten deshalb mehr als Frauen Wert darauf legen, jugendliche und physisch attraktive Partner zu finden, wenn diese beiden Charakteristika an Fruchtbarkeit und reproduktiven Wert gebunden sind.

Da jetzt der weibliche Fortpflanzungserfolg im Gegensatz zu dem der Männer nicht so sehr daran gebunden ist, daß sie fruchtbare Männer finden, sollte das äußere Erscheinungsbild der Männer für die Frauen eine geringere Rolle spielen.

Da die Frauen ihr notwendig hohes Investment in den Nachwuchs nur durch väterliche Fürsorge senken können, müßten sie vor allem Wert auf den Status des Mannes legen. Unter »Status« verstehen wir in diesem Fall die Fähigkeit des Mannes, in den Nachwuchs zu investieren und dessen Überleben zu garantieren. Status bedeutet in diesem Fall also »Fähigkeit zum Investment«. Das heißt, daß das äußerliche Erscheinungsbild von Männern für Frauen dann eine Rolle spielen wird, wenn deren Status verläßlich aus ihrem Erscheinungsbild ablesbar ist. Saddala et al. (1987) stellten, auf dieser Forderung basierend, ein Modell auf, das folgende Vorhersagen macht: Frauen werden von solchen Männern angezogen, die alle jene Charakteristika zeigen, die mit sozialer Dominanz zusammenhängen. Tatsächlich läßt sich ermitteln, daß Frauen solche Männer, die nicht-sprachliche Zeichen der Dominanz sehr häufig zeigen, als sexuell attraktiv bewerten.

Eine solche Annäherung an das Thema Partnersuche erscheint blind vereinfachend zu sein. Doch sie hat weiterreichende Folgen, denn neben den beiden primären evolutionstheoretisch begründbaren Suchkriterien wie Attraktivität und Status lassen sich aus diesem Ansatz noch weitere Bedingungen ableiten. Sobald nämlich Investment eine Rolle spielt und ein Paar mit genügend hohem väterlichem Investment mehr Nachwuchs aufziehen kann als andere, werden auch andere Kriterien wichtig. Sobald ein solcher Reproduktionsunterschied auftritt, sollten beide Geschlechter Wert auf Partner legen, die in der Lage sind, auf Grund ihrer Persönlichkeitsstruktur eine stabile, langandauernde Beziehung einzugehen. Frauen sollten dies vor allem deshalb tun, um sich das notwendige Investment des Mannes zu sichern.

Männer sollten dagegen aus anderen Gründen Wert auf Persönlichkeitscharakteristika bei Frauen legen, die eine stabile Beziehung vorhersagen. In solchen Reproduktionssystemen, in denen Männer väterliches Investment leisten, sollte die Selektion solche Männer bevorzugen, die sich so verhalten, daß ihr Investment auf ihren eigenen Nachwuchs gerichtet ist und nicht auf den Nachwuchs eines anderen Mannes. Diese Notwendigkeit führt direkt zur sexuellen Eifersucht der Männer. Sexuelle Eifersucht ist demnach eines der Mittel, mit denen Männer versuchen, ihre Vaterschaftswahrscheinlichkeit zu erhöhen (Daly et al., 1982). Eine zweite Möglichkeit ist, Keuschheit von einem potentiellen Partner zu verlangen. Keusche Frauen bevorzugende Männer könnten unter Umständen einen höheren reproduktiven Erfolg haben als jene Vertreter des männlichen Geschlechts, denen es gleichgültig ist, wie viele sexuelle Kontakte ihre Partnerin hat.

Man könnte jetzt vermuten, daß solche Annahmen für moderne Gesellschaften weniger gelten, besitzen sie doch empfängnisverhütende Mittel, und die Reproduktion spielt dort eine eher geringere Rolle. Die Möglichkeiten zur Empfängnisverhütung haben jedoch nur einen geringen Einfluß auf das Wahlverhalten. In den USA fand Forrest (1987) heraus, daß, bezogen auf 6,1 Millionen Schwangerschaften, bei amerikanischen Frauen im reproduktiven Alter sage und schreibe 1,6 Millionen Abtreibungen vorkamen und daß 1,3 Millionen Kinder in ungeplanten Schwangerschaften geboren wurden. Fast die Hälfte aller Schwangerschaften waren somit ungeplant. Diese Statistiken mögen etwas überraschend sein, bedenkt man die Alternativen der Empfängnisverhütung, die zum gegenwärtigen Zeitpunkt durchführbar sind.

Reiss et al. (1975) fanden, daß nur Verhaltenstendenzen zur freien und sorgfältigen Wahl des Sexualpartners, Selbstsicherheit und die Hingabe zu einem Partner positiv mit verläßlichem Empfängnisverhütungsverhalten korrelieren. Ähnliche Ergebnisse zeigt eine englische Studie von Breakwell (1991). Demnach sind Heranwachsende im allgemeinen der Meinung, daß sie von den Risiken, die mit ihren sexuellen Aktivitäten einhergehen, nicht getroffen werden. Das bezieht sich auf das Risiko einer Schwangerschaft (Durant und Sanders, 1989) ebenso wie auf das Risiko einer HIV-Infektion (Abrams et al., 1990; Perloff und Fetzer, 1986). Mädchen, die meinen, einen sehr hohen Grad von Kontrolle in der Wahl ihrer Sexualpartner zu haben, sind auch diejenigen, die am wahrscheinlichsten ein Kondom zur Schwangerschaftsverhütung einsetzen. Der mögliche Gebrauch von Verhütungsmitteln selbst hat wenig Einfluß auf das Wahlverhalten.

Die möglichen Folgen sexueller Aktivitäten sind mithin die gleichen in der modernen Massengesellschaft mit freizügiger Sexualität wie in unserer evolutionären Vergangenheit. Männer müßten also eine Vorliebe für keusche Frauen haben. Ein Mann, der eine solche Vorliebe nicht besitzt, würde riskieren, in sein Werbeverhalten investierte Zeit und Anstrengung zu verlieren. Zudem ginge er das Risiko ein, in Nachwuchs zu investieren, der nicht sein eigener ist. Der Zusammenhang zwischen Keuschheit und Vaterschaftswahrscheinlichkeit zeigt jedoch auch eine sexuelle Asymmetrie. Schließlich kann eine Frau sicher sein, daß die von ihr geborenen Kinder auch ihre eigenen sind, unabhängig von ihren vorhergehenden sexuellen Erfahrungen. Männer werden also Keuschheit bei einem potentiellen Partner höher bewerten als Frauen.

Ansprüche an Partner können auch durch unterschiedliche Zielvorstellungen verändert werden. Man kann davon ausgehen, daß Partnerwahlkriterien mit der Höhe des geplanten Investments schwanken. Trifft man sich nur ab und zu, dann muß keines der Geschlechter viel investieren. Trifft man sich dagegen häufig, will man eine andauernde Beziehung und schließlich eine Heirat eingehen, wird das potentielle Investment für beide Geschlechter größer. Kenrick et al. (1990) zeigen, daß die Minimalanforderungen an einen Partner tatsächlich mit den Zielvorstellungen der Beteiligten schwanken. Von gelegentlichem Treffen über Beziehungen, die sexuelles Verhalten beinhalten, bis hin zur geplanten Heirat werden die notwendigen Anforderungen an Partner ständig nach oben geschraubt. Dies gilt, geschlechtsunabhängig, für die Intelligenz des Partners, seine Freundlichkeit und sein Verständnis ebenso wie für dessen Verdienstkapazitäten und seine Attraktivität.

Obwohl dieser Zusammenhang für beide Geschlechter gilt, gibt es doch ausgeprägte Geschlechtsunterschiede. Frauen legen bei Beziehungen, in denen es auch zu sexuellen Kontakten kommen kann, höhere Maßstäbe an als Männer. Die Männer müssen für Frauen in solchen Beziehungen intelligenter sein. Die Intelligenz der Frau, mit der ein Mann eine sexuelle Beziehung eingeht, spielt für diesen eine sehr untergeordnete Rolle. Für Männer dagegen ist die Attraktivität der Frau wichtig, und zwar unabhängig vom verfolgten Ziel.

Buss (1989) sagte auf der Grundlage dieser Überlegungen drei Bereiche von Geschlechtsunterschieden in der Partnerwahl voraus. Der Partnermarktwert einer Frau wird durch ihre reproduktive Kapazität bedingt. Jugendlichkeit und physisches Erscheinungsbild sollten bevorzugt von Männern als Schlüsselreize herangezogen werden. Keuschheit sollte auch eine der Bedingungen sein, die Männer an ihre potentiellen Partnerinnen stellen, da Keuschheit die Wahrscheinlichkeit der Vaterschaft des Mannes erhöht. Der Partnermarktwert eines Mannes wird weniger durch Fruchtbarkeit und mehr durch externe Ressourcen diktiert. Charakteristika, die anzeigen, daß ein Mann in der Lage ist, Ressourcen zur Verfügung zu stellen, so wie zum Beispiel die Fähigkeit, Geld zu verdienen, Ehrgeiz und Unternehmungsgeist, sollten von Frauen bevorzugt ausgewählt werden. Für beide Geschlechter gleich ist jedoch die Anforderung an Persönlichkeitsmerkmale, die stabile Beziehungen garantieren.

Die Kombinationsmöglichkeiten für individuelle Partnersuchbilder aus diesen Wahlkriterien sind bereits so vielfältig, daß sie eine ganze Reihe von neuen Forderungen nach sich ziehen. Ein Mann mit höherem Status mag deshalb andere Ansprüche stellen können als ein Mann mit geringerem Status. Andererseits lassen sich Suchbilder gewichten – bei einer Frau mit geringerer Attraktivität könnten Männer höhere Ansprüche an solche Merkmale stellen, die einen hohen Grad an sexueller Treue garantieren.

Zur Lösung solcher Probleme bieten sich Heiratsmarkttheorien an. Sie gehen davon aus, daß sich Partnerwahlkriterien an Angebot und Nachfrage orientieren (Wilson, 1987). Angebot und Nachfrage ihrerseits bestimmen damit auch den Partnermarktwert einer Person. Dieser Partnermarktwert beschreibt, wie viele potentielle Partner eine Person haben könnte. Der Partnermarktwert hängt davon ab, wie häufig ein erwünschtes Merkmal in einer Population von bestimmten Individuen vorkommt. Je seltener ein wichtiges Merkmal ist, um so höher ist der Partnermarktwert des Merkmalbesitzers. Zusätzlich kann auch die Häufigkeit des Vorkommens eines Merkmals dessen Erwünschtheit beeinflussen.

Solche Betrachtungen führen letztlich zu der Forderung, daß Partnersuchende ihren eigenen Partnermarktwert kennen und ihn bei der Suche verrechnen. Personen sollten sich nur solche Partner suchen, die zumindest ihrem eigenen Partnermarktwert entsprechen. Das heißt, daß Personen, die in einem solchen System einen hohen Partnermarktwert besitzen, ihre Ansprüche entsprechend hochschrauben werden. Personen mit hohem Partnermarktwert werden sich nur auf bestimmte Partner, und zwar solche mit den erwünschten Merkmalen, konzentrieren. Personen, die einen geringen Partnermarktwert besitzen, müssen demnach ihren Suchbereich ausdehnen, und zwar auch auf solche Partner, die die erwünschten Suchbilder nicht besitzen. In Abhängigkeit vom Partnermarktwert kann es also zu völlig unterschiedlichen Suchstrategien in beiden Geschlechtern kommen. Solche Effekte können zumindest einen Teil der individuellen Unterschiede in Partnersuchpräferenzen erklären.

Sexy Töchter und sexy Söhne?

Obwohl die Arbeit von Buss und Barnes (1986) über Partnerwünsche oder Idealpartner an Ehepaaren durchgeführt wurde, kann man sie dazu heranziehen, die Grundmotive von Partnersuchbildern herauszuarbeiten. Dies ist vor allem deshalb möglich, weil es sich bei dieser Studie bezüglich der Testmethoden um die umfangreichste handelt.

Nach dieser Studie bevorzugten Frauen im Gegensatz zu Männern: Zuverlässigkeit, Ehrlichkeit, Rücksichtnahme, Freundlichkeit, Kinderfreundlichkeit, soziale Beachtung, guter Verdienst, Ehrgeiz und Karriereorientierung, guter familiärer Hintergrund und große Körpergröße. Männer hingegen bevorzugen Attraktivität der Frau, gute Kochkünste und Sparsamkeit.

Für die Geschlechtsunterschiede ergibt sich damit ein Trend in Richtung der evolutionstheoretischen Vorhersagen. Frauen bevorzugen unter anderem guten Verdienst, also Status, Männer hingegen Attraktivität. Beiden gemeinsam ist der Wunsch nach Zuverlässigkeit, Freundlichkeit und Verständnis, obwohl diese Wahlkriterien von Frauen erheblich höher gewichtet werden als von Männern.

Auf der Basis dieser Analyse ergeben sich folgende Wahlkriterien für Persönlichkeitsmerkmale, die in der aktuellen Wahl eine Rolle spielen:

Freundlichkeit – Rücksichtsnahme
Umgänglichkeit – Anpassungsfähigkeit
sozial aufregende Persönlichkeit
künstlerisch-intelligentes Flair
Häuslichkeit
Religiosität
konservative politische Gesinnung
Kinderwunsch

Diese Persönlichkeitsmerkmale müssen, wenn wir evolutionstheoretische Hypothesen untersuchen wollen, durch die folgenden Faktoren ergänzt werden:

sozialer Status
Attraktivität
Gesundheit

Zu erwarten wäre, daß dabei zumindest sozialer Status und Attraktivität eindeutige Geschlechtsunterschiede aufweisen. Diese Merkmale wurden deshalb in einer von uns durchgeführten Studie verwendet und durch die Begriffe: »sexy«, »dominant« und »Kinderwunsch« ergänzt.

Persönlichkeitsmerkmale: Bindungsfähigkeit

Die Ergebnisse unserer Studie über Partnerwünsche zeigen, daß beide Geschlechter die Qualitäten »Nett und Verständnisvoll«, »Verträglichkeit« und »gute Gesundheit« an die oberste Stelle der Persönlichkeitsmerkmale setzen. »Aufregende Persönlichkeit«, »Konservativität« und »Religiosität« sind die Schlußlichter auf der Liste erwünschter Eigenschaften bei beiden Geschlechtern.

Nach einer von Buss (1989) durchgeführten Studie schätzen Männer und Frauen Freundlichkeit, emotionale Reife, Intelligenz, Gesundheit, Wunsch nach Kindern und Verläßlichkeit in 37 Kulturen gleich hoch ein. Man kann also argumentieren, daß in allen Kulturen Partnersuchende in ihren Partnern solche Fähigkeiten wertschätzen.

Abb. 36: Video-Dating – eine Analyse
Im Jahr 1977 gab es in der Bundesrepublik sieben Millionen Singles, bei mehr als 24 Millionen Haushalten insgesamt. Damit hatte sich deren Anzahl seit 1950 verdoppelt. Diese Entwicklung geht weiter. Im Jahr 1989 hatten wir bereits 9,5 Millionen. Befragungen zeigen, daß drei Viertel dieser Alleinstehenden mehr oder minder unglücklich über ihren Zustand sind. Dieser Bedarf hat eine Unzahl von »Partnervermittlungen« auf den Plan gerufen, die jedoch selten Thema wissenschaftlicher Studien sind. Der Grund dafür scheint in der geringen Verläßlichkeit der meisten dieser Unternehmen zu liegen, und auch daran, daß sich die wenigsten in die Karten schauen lassen wollen.

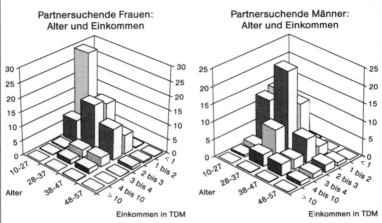

Eine der ersten Studien, die Daten aus einem Video-Dating-Unternehmen benutzte, war die von Green et al. (1984). Der Hauptgrund, den die Autoren für diesen Schritt angeben, ist der, daß es sich dabei um »echte« Partnersuchende und nicht um eine der üblicherweise in den Sozialwissenschaften untersuchten Population von Collegestudenten handelt. Daten aus kommerziellen Dating-Unternehmen haben also eine hohe Authentizität.
In Zusammenarbeit mit einem süddeutschen Unternehmen haben wir in den letzten vier Jahren einen Datensatz von Partnersuchenden erhoben, der hier analysiert werden soll. Die Methode der Datenerhebung geschieht über einen Fragebogen, der die von Buss und Barnes (1986) entwickelten Partnerprofile für den Persönlichkeitsbereich benutzt. Zusätzlich wurden ein Freizeitprofil entwickelt und demographische Daten festgehalten. Die Daten wurden für die Analyse anonymisiert.
Die Anzahl der erhobenen Datensätze wurde durch die notwendigen multivariaten Analysen bestimmt. Aus dem gesamten Datensatz wurden deshalb zufällig Datensätze ausgewählt, bis jede der Analysenzellen gefüllt war. Diese Methode läßt keinen Rückschluß auf die tatsächliche Größe des Vermittlungspools zu.
Der so gesammelte Datensatz von 1079 Frauen und 1590 Männern zeigt einige erstaunliche Besonderheiten. Obwohl das Durchschnittsalter der Frauen

31.18 Jahre (S. D. = 7.65) und der Männer 32.43 (S. D. = 7.56) Jahre beträgt, gibt es einen deutlichen Überhang von Frauen im Alter von 18 bis 27 Jahren und Männer von 28 bis 37 Jahren. Dies zeigt, daß es nicht die sogenannten »Übriggebliebenen« sind, die diesen Weg beschreiten. Diese Tatsache wirft die Frage auf, warum Frauen mit dem höchsten Partnermarktwert gerade diesen Weg beschreiten. Betrachtet man die Verteilung der Einkommen in den Altersklassen der Partnersuchenden, dann wird ein Muster deutlich: Den Hauptanteil der partnersuchenden Frauen stellen 18- bis 27jährige mit einem Nettoverdienst von 1000–2000 Mark. Die meisten der partnersuchenden Männer dagegen sind 28 bis 37 Jahre mit einem Nettoverdienst von 2000–3000 Mark. Es handelt sich dabei um ein Partnersuchsystem, in dem Frauen anscheinend versuchen, Männer mit höherem Status zu finden, und um etwas ältere Männer mit höherem Status, die eine jüngere Frau suchen.

Handelt es sich dabei nun um »echte Singles«, d. h. Personen, die noch nie verheiratet waren? Dies ist in der Tat der Fall. Den Hauptanteil in allen Altersklassen bilden »echte« Singles mit dem höchsten Anteil an Geschiedenen und Getrenntlebenden in der Altersklasse von 37 bis 48 Jahren (13 Prozent für Frauen und 7,9 Prozent für Männer). Das von uns untersuchte Video-Dating-Unternehmen scheint damit ein Mittel im Leben der Singles zu sein, das benutzt wird, um spezifische und hohe Anforderungen an eventuelle Partner zu befriedigen.

Freundlichkeit und verständnisvolles Verhalten können wichtig sein, weil sie eine Veranlagung zur Empathie und Einfühlungsvermögen anzeigen. Ein netter, verständnisvoller und verträglicher Partner ist höchstwahrscheinlich auch in der Lage, eine stabile Paarbeziehung aufzubauen. Darüber hinaus kann er wahrscheinlich verstehen, was ein Kind fühlt und braucht. Emotionale Reife und ein verläßlicher Charakter könnten elterliche Fähigkeiten signalisieren. Ein gewisser Grad an Intelligenz kann anzeigen, daß der Partner Fähigkeiten hat, Kinder richtig zu beurteilen und sich an Kinder anzupassen.

Gute Gesundheit der Eltern kann wichtig für die Gesundheit der Kinder sein. Ungesunde Eltern sind möglicherweise in ihren Fähigkeiten, elterliche Fürsorge auszuüben, behindert. Sie können unter Umständen ihre Kinder nicht so gut versorgen und beschützen. Ungesunde Eltern können auch Krankheiten auf ihre Kinder übertragen, die deren Überlebenswahrscheinlichkeit schmälern. Die Fähigkeiten, Bindungen aufzubauen und aufrechtzuerhalten, sowie eine gewisse emotionale Kapazität, die für den Umgang mit Kindern wichtig sein kann, sind demnach die Hauptanforderungen an Partner bei beiden Geschlechtern.

Alter

Die Altersverteilung in unserem Beispiel zeigt ein Durchschnittsalter der Männer von 32 Jahren, ihre Wunschpartnerin sollte jünger sein. Die Frauen sind im Durchschnitt 31, die gewünschten Männer sollten älter sein.*

Diese Ergebnisse stehen im direkten Vergleich mit denen von Buss (1989). In allen von Buss untersuchten 37 Kulturen sollte die gewünschte Partnerin jünger sein als der Mann. Zieht man die mittlere Altersdifferenz vom durchschnittlichen Heiratsalter des Mannes ab, dann kommt man auf ein Alter von 24,8 Jahren. Das gleiche Ergebnis erhalten wir in unserer Studie (25,1 Jahre). Dieses Alter ist näher an der höchsten Fertilitätszone der Frau als an ihrem höchsten reproduktiven Wert. Es scheinen also in allen Kulturen eher fertile als reproduktiv hochbewertete Frauen von Männern gesucht zu werden.

In allen von Buss untersuchten Kulturen möchten Frauen lieber ältere als jüngere Partner, im Durchschnitt etwa 3,42 Jahr älter. Dieser Wert liegt wesentlich niedriger als unser Extremwert, der bei 8,1 Jahren liegt. Diese Altersvorlieben variieren aber beträchtlich in den verschiedenen Kulturen. Nigeria und Sambia sind die beiden Länder, in denen Männer die größte Altersdifferenz zu ihren Frauen haben möchten; dort sollten sie 6,5 bzw. 7,4 Jahre jünger sein. Diese beiden Länder sind auch in der Studie die beiden einzigen Länder, die Polygynie haben (= Vielweiberei). In polygynen Heiratssystemen sind Männer, wenn sie eine Frau suchen, typischerweise älter als in monogamen Heiratssystemen.

Chisholm (1991) argumentiert, daß Männer sich nicht unbedingt jüngere Frauen aussuchen sollten, weil diese eine höhere reproduktive Kapazität hätten. Er geht davon aus, daß Männer sich eher Frauen aussuchen werden, die in der Lage sind, hochqualitativen Nachwuchs zu erzeugen: eine Überlegung, die »Menge« gegen »Qualität« stellt. Obwohl Teenager den höchsten reproduktiven Wert und Frauen Anfang Zwanzig die höchste Fruchtbarkeit haben, seien es die Frauen in ihren Mittel- bis Spätzwanzigern, die die Kinder der höchsten Qualität

---

* Das Alter der Männer liegt bei 32,4 Jahren mit einer Standardabweichung von ± 7.6 Jahren und das Durchschnittsalter der Frauen bei 31.2 ± 7.7 Jahren. Interessant sind die Alterswünsche beim Partner. Männer wollen Frauen, die im Durchschnitt −0.3 bis −7.3 Jahre jünger sind, Frauen wollen Partner die 0,3 bis 8,1 Jahre älter sind. Die Standardabweichungen schwanken hier zwischen 2,9 bis 4 Jahre; d. h., es kommen auch wesentlich extremere Wünsche vor.

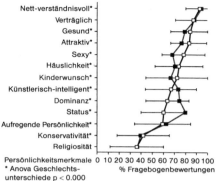

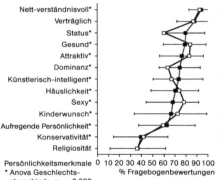

Abb. 37: Partnerwünsche
Männer und Frauen zeigen geschlechtsspezifische Partnerwünsche, wie sie evolutionstheoretische Betrachtungen aus dem asymmetrischen Investment in den Nachwuchs vorhersagen. Die x-Achse gibt den Durchschnittswert des Fragebogenbereichs an für »echte« Partnersuchende. Die Liniendarstellung wurde verwendet, um dem Leser die Interpretation der Graphiken zu erleichtern. Die durchgezogene Linie repräsentiert die Männer, die unterbrochene Linie die Frauen. Für beide Geschlechter sind Beziehungsparameter am wichtigsten. Nett-Verständnisvoll und Verträglichkeit liegen an der Spitze. Frauen wünschen sich bei Männern Status, Gesundheit, Attraktivität und Dominanz, Männer dagegen Gesundheit, Attraktivität, Sexy-Erscheinung und Häuslichkeit. Weibliche Attraktivität ist das Wahlprinzip der Männer, männliche Versorgerqualitäten das der Frau. Dieses Ergebnis ist um so erstaunlicher, da es zeigt, daß dieses traditionelle Geschlechtsrollenverständnis auch in der modernen Massengesellschaft überlebt. Die größte Varianz liegt beim Kinderwunsch vor; das zeigt an, daß dort noch weitere Faktoren eine Rolle spielen als Geschlechtsunterschiede allein.

erzeugen. Kinder von solchen Frauen haben die geringste Sterblichkeitsrate. In vielen Gesellschaften sind Teenager nicht die besten Mütter und das Risiko für ihre Kinder ist oft sehr hoch (Lancaster und Hamburg, 1986). In vielen Gesellschaften sind Frauen Anfang Zwanzig zu fruchtbar, werden zu oft und zu schnell schwanger, häufig mit verhängnisvollen Folgen für die Gesundheit ihrer Kinder und ihre eigene reproduktive Zukunft (Winikoff, 1983).

Dieser Beweisführung kann man zwar entgegenstellen, daß die meisten Mütter Verwandtschaft hätten, etwa ihre Mutter, ihre Tanten, ihre Geschwister, die ihr beim Aufziehen, Beschützen und dem Ernähren der Kinder helfen können. Wenn ein Mann nun wartet, bis eine Frau Mitte Zwanzig ist, um sie sich zu sichern, würde er wahrscheinlich solche Frauen bekommen, die andere nicht wollen, oder solche Frauen, die bereits Kinder von einem anderen Mann hätten. Beides würde schließlich seinen reproduktiven Erfolg einschränken. Obwohl Buss (1991) die Kipsigisis, einen Stamm in Ostafrika, anführt, wo Teenager einen höheren Brautpreis als Frauen Mitte bis Ende der Zwanziger erzielen (Borgerhoff-Mulder, 1988), zeigt ein in unserer Studie gefundenes Ergebnis in eine ganz andere Richtung.

Wenn wir uns an die verschiedenen Lebenszeitstrategien erinnern, so kann man davon ausgehen, daß auch beim Menschen zu unterschiedlichen Zeitpunkten seines Lebens andere Taktiken in der Partnerwahl vorherrschen. Wie wir gesehen haben, finden wir zwischen den Geschlechtern Asymmetrien im notwendigen Investment in den Nachwuchs. Wenn wir uns jetzt die Zeitspanne der möglichen Reproduktion anschauen, wird sehr schnell deutlich, daß Frauen weniger reproduktive Jahre zur Verfügung haben als Männer. Frauen können ihren reproduktiven Erfolg jedoch auch nach der Menopause durch Investment in ihre Verwandten und deren Nachwuchs erhöhen (Hamilton, 1964). Deshalb gibt es für Männer eine andere Strategie als für Frauen. Wenn der biologische Imperativ stimmt, dann wird sich ein Mann so früh wie möglich mit einer Frau zusammentun, die etwa das gleiche Alter wie er selbst hat. Nähert sich die Menopause der Frau, verläßt er sie, um sich eine jüngere Frau zu nehmen, die sich zeitlich noch in der Nähe ihrer reproduktiven Periode befindet. Eine weibliche Strategie könnte sein, sich auf Lebenszeit mit einem Mann zusammenzutun, der gewisse Ressourcen besitzt und der ihr hilft, ihren Nachwuchs bis zum reproduktiven Alter aufzuziehen. Die Frau könnte dann diese Ressourcen einsetzen, um ihrem Nachwuchs bei dessen eigener Reproduktion zu helfen.

Lockard und Adams (1981) versuchten herauszufinden, ob sich diese Strategien in tatsächlichen Zahlen niederschlagen. Sie beobachteten Paare in Shopping-Centern und fanden, daß Männer über 39 immer mit etwa sechs Jahre jüngeren Frauen gesehen wurden. Jüngere Männer

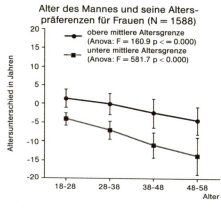

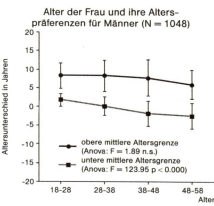

Abb. 38: Alterspräferenzen von Männern und Frauen
Bei Männern hängt das Alter des Wunschpartners vom eigenen Alter ab. Hier sind die Altersunterschiede zum Wunschpartner dargestellt (größer 0: der Wunschpartner sollte älter sein; kleiner 0: der Wunschpartner sollte jünger sein). Je älter die Männer werden, um so jünger sollte die Partnerin sein. Dieser Zusammenhang gilt nicht für Frauen. Ihr Partner sollte immer älter als sie selbst sein. Dieses Ergebnis könnte eine Lebenszyklusabhängige Strategie repräsentieren, bei der Männer versuchen, einen zweiten Reproduktionszyklus mit einer jüngeren Frau zu erreichen.

dagegen mit gleichaltrigen. Eine Betrachtung der Scheidungsraten weist in eine ähnliche Richtung. Männer im Alter von 29 Jahren werden häufig von gleichaltrigen Frauen geschieden und heiraten dann Frauen, die drei bis fünf Jahre jünger sind als sie selbst.

Diese Arbeit wurde von Kenrick und Keefe (1992) bestätigt, und zwar mit aktuellen Altersdaten aus verschiedenen Kulturen und mit historischen Daten vom Anfang dieses Jahrhunderts. Damit erhalten wir einen »harten« wissenschaftlichen Fakt, da unsere Daten ebenfalls in die gleiche Richtung deuten: Je älter der Mann wird, um so jünger sollte die Frau sein. Dies gilt nicht für Frauen.

Dieses Ergebnis allein (ausgenommen die Tatsache, daß die Scheidungsraten sich mit einem gewissen Alter erhöhen) beweist natürlich noch nicht die Existenz einer altersabhängigen Lebensstrategie in der Partnerwahl der Männer. Denn die Suche nach jüngeren Frauen könnte unabhängig vom Alter des Mannes eine allgemeine Tendenz der Männer sein, sich eine reproduktiv wertvolle Frau zu sichern. Der Beweis dafür kann nur geführt werden, wenn Männer, die ein zweites Mal heiraten, eine wesentlich jüngere Frau heiraten und sich mit ihr auch reproduzieren.

An diesem Punkt müssen wir klar zwischen unmittelbaren und reproduktionsbiologischen Erklärungsprinzipien trennen. Gehen wir davon aus, daß ein gehöriges Maß an Wettbewerb um jüngere Frauen auftreten wird, wenn alle Männer jüngere Frauen suchen. Das heißt, die Suche wird mit Kosten (Wettbewerb) und hohem Nutzen (Reproduktion) verbunden sein. Auf der unmittelbaren Ebene sind jetzt die Wahlmöglichkeiten für einen jüngeren Mann begrenzt, weil die Anzahl der Frauen, die jünger als er und im reproduktiven Stadium sind, gering ist. Gleichzeitig werden alle anderen Männer sich auch Frauen im gleichen Alter suchen. Deshalb hat er größere Chancen, wenn er seine Suchkriterien nach oben ausweitet. Reproduktionsbiologisch betrachtet ist sein Verhalten äußerst angepaßt, denn der Mann vermeidet damit Wettbewerb und erhält erfahrene Frauen, die sein Investment nicht so gefährden wie eine junge unerfahrene Frau. Wenn dann aber, wie wir noch sehen werden, Frauen sich eher Männer von hohem Status suchen, warum sollte sich dann eine Frau für einen jungen Mann von möglicherweise geringerem Status entscheiden?

Ihre aktuelle Wahl hängt in der Regel von der tatsächlichen Verteilung des Status von Männern in der Population ab. Die Frau könnte einen Vergleich durchführen, wie lange ein Mann möglicherweise investiert und wieviel er investieren kann, und dies mit dem tatsächlich notwendigen Investment vergleichen. Diese Erwartung gegenüber Männern nimmt aber bei deren zunehmendem Alter ab und arbeitet gegen den Statusvorteil älterer Männer, den letztere ohne Zweifel besitzen. Verdienst nimmt bei Männern mit dem Alter zu. Je älter die Männer unserer Studie sind, um so mehr verdienen sie. Gleichzeitig nimmt der Partnermarktwert der Frau mit dem Alter ab und ihr reproduktives Potential wird geringer. Ihre Alterswünsche werden deshalb in Richtung gleichaltriger Männer optimiert (Grammer, 1992).

Der Mann befindet sich damit in einer zwar vergleichbaren, doch unterschiedlichen Situation. Je älter die Männer sind, um so jünger ist ihre Wunschpartnerin. Das ist nicht so für Frauen – bei ihnen erhöht sich mit zunehmendem Alter lediglich die Varianz der Altersspanne, in der sie wählen.

Bleibt ein Problem: Ist die Präfernz der Männer nun status- oder altersabhängig? Wir sehen, daß wir mit zunehmendem Status der Männer ähnliche Effekte erhalten. Männer mit hohem Status wollen in der Regel jüngere Frauen heiraten als Männer mit niedrigerem Status.

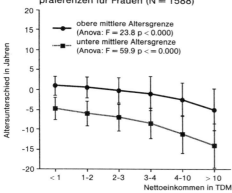

Abb. 39: Alterpräferenzen und Status

Hier sind die Abhängigkeiten der Alterswünsche bei Partnern in Abhängigkeit vom Nettoeinkommen dargestellt. Ganz im Sinne einer Heiratsmarkttheorie »verkaufen« sich Männer mit hohem Status teurer, da sie jüngere Partnerinnen suchen. Dies gilt, wie in der unteren Abbildung zu sehen ist, nicht für Frauen.

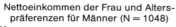
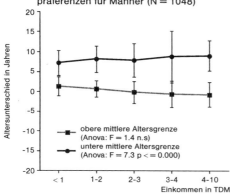

Je höher der Nettoverdienst des Mannes, um so jünger sollte seine Partnerin sein. Diesen Effekt finden wir wiederum nicht bei Frauen.

Wir erkennen diesen Effekt aber noch ausgeprägter bei geschiedenen Männern. Dort sollte die zweite Frau im Durchschnitt sogar um zehn Jahre jünger sein. Eine multivariate Statistik zeigt, daß es eine Interaktion mit dem Familienstand gibt. Geschiedene Männer wollen signifikant häufiger eine jüngere Frau als Männer, die ihre erste Frau suchen. Je höher das Einkommen des geschiedenen Mannes ist, um so weniger tolerant werden geschiedene Männer gegenüber gleichaltrigen oder älteren Frauen (Grammer, 1992).

Dieses Ergebnis zeigt, daß geschiedene Männer zu verschiedenen Zeitpunkten ihres Lebens tatsächlich zwei Wahltaktiken verfolgen. Die Ursache scheint in einem erhöhten Wunsch nach Sexualität zu liegen, erhöht sich doch bei geschiedenen Männern der Wunsch nach einem »sexy« Partner linear mit dem Einkommen. Dies ist bei noch nie verheirateten partnersuchenden Männern nicht der Fall. Geschiedene Männer werden, altersunabhängig, mit zunehmendem Einkommen sex-orientierter. Status scheint bei der Partnerwahl also eine herausragende Rolle zu spielen und von Männern sogar auf den Partnermarktwert hin verrechnet zu werden. Ist dies der Fall, dann erhöht zunehmendes Einkommen eines Mannes seinen Partnermarktwert – da er sich jüngere, reproduktiv wertvolle Frauen aussuchen kann. Status spielt in der Partnerwahl also eine herausragende Rolle.

Sozialer Status als Wahlkriterium

Safilios-Rothschild (1976) wies darauf hin, daß der gesellschaftliche Strukturwandel auch zu einer anderen Stellung der Frau und einer sich vergrößernden Unabhängigkeit der Frau vom Mann führt, was impliziert, daß der sozioökonomische Status des Mannes eigentlich für die Frau nicht mehr dieselbe große Rolle spielt wie früher. Unsere Ergebnisse belehren uns eines besseren. Wir finden den Status des Partners bei Frauen an dritter Stelle ihrer Wahlkriterien und beim Mann den Status der Frau erst an zehnter Stelle. Zusätzlich ergibt sich zwischen beiden ein Unterschied dahingehend, daß Frauen den Status des Partners höher schätzen als Männer den Status einer möglichen Partnerin.

In dieser Untersuchung zeigt sich außerdem, daß die Frauen ihren eigenen Status in der Partnersuche mit verrechnen. Je höher ihr Status wird, um so höher muß der des zukünftigen männlichen Partners sein. Dies gilt nicht für Männer; der Status ihrer Wunschfrau variiert nicht mit ihrem Einkommen.

Was ist in unserer modernen Massengesellschaft nun eigentlich »Status«? Für Kleingruppen ist der Begriff relativ leicht zu klären, sobald persönliches Ansehen als Maß hergenommen werden kann (Grammer, 1988). Wenn sich aber die Suche nach Status außerhalb von

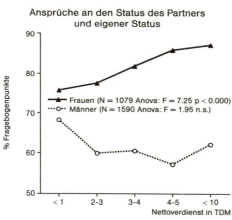

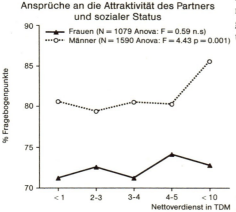

Abb. 40: Heiratsmarkttheorie Partneransprüche sollten nach den Vorhersagen der Heiratsmarkttheorie mit den geschlechtsspezifischen Wünschen variieren. Wenn Frauen Männer mit hohem Status suchen und Männer physisch attraktive Frauen, dann sollten Männer mit hohem Status höhere Ansprüche an Attraktivität stellen und Frauen mit hohem Status höhere Ansprüche an den Status des Mannes. Frauen, die einen hohen Status haben, wollen einen Mann mit höherem Status; für Männer spielt dies keine Rolle (oben). Männer mit hohem Status wollen dagegen eine attraktive Frau (unten).

Kleingruppen bewegt, scheinen andere Gesetze zu gelten (Congleton, 1989). Eines der möglichen Maße für Status ist die Fähigkeit einer Person, sogenannte Statusgüter zu erwerben, um ihren Status zu demonstrieren. Die Suche nach Status in der anonymen Massengesellschaft erstreckt sich daher auf die Anschaffung und den Erwerb von Gütern, die in einer Verbraucherhierarchie weit oben liegen. Hirsch (1976) und Frank (1985a, 1985b) argumentieren damit, daß die Suche nach sozialen Positionen ein wichtiges Argument in der Lebensführung von Individuen ist. Da Status bekannterweise ein seltenes Gut ist, ist die Möglichkeit, den sozialen Rang zu erhöhen, stark limitiert. Individuen überinvestieren in der Regel deshalb in Güter, die hohen Status signalisieren.

In seiner Studie (1989) findet Buss in 36 von 37 Kulturen, daß die Verdienstmöglichkeiten des Mannes, sein Ehrgeiz und seine Unternehmungslust von Frauen als Partnerwahlkriterien wichtiger beurteilt werden als von Männern. Die Ausnahme ist Spanien. Interessanterweise liegen die höchsten Angaben in Ländern der Dritten Welt oder Ländern, die sehr schlechte Verdienstmöglichkeiten zeigen, wie Nigeria, Zulu, China, Taiwan, Estland, Palästina, Kolumbien und Venezuela. Die Daten aus den westlichen Ländern, aus den sogenannten Wohlstandsländern, zeigen die geringsten Werte – Niederlande, Großbritannien, Westdeutschland (vor der »Wiedervereinigung«) und Finnland. Nach Buss (1991) sind Präferenzen der Frauen für Männer mit hohem Einkommen und Ressourcenzugang universell verbreitet. Diese Vorlieben gelten für verschiedene Kulturen, für unterschiedliche ethnische Gruppen, für Frauen aus unterschiedlichen politischen Systemen wie Kapitalismus, Kommunismus, Sozialismus, und sie gelten für Frauen aus den verschiedenen Einkommensschichten. Die Ergebnisse konnten für Länder auf sechs Kontinenten, für verschiedene Gesellschaftsarten wie agrarische Stammesgesellschaften bis hin zu industriellen Gesellschaften, für polygyne und nichtpolygyne Verheiratungssysteme und über eine weite ökologische und geographische Spanne repliziert werden. Ebenso ließen sie sich in den unterschiedlichsten sozioökonomischen Bedingungen nachweisen. Religion, Ausbildung, Alter, Familienstatus, Herkunft aus Land oder Stadt variieren nur das Ausmaß, nicht aber der Geschlechtsunterschied.

Es ist natürlich klar, daß die Vorlieben von Frauen für bestimmte Partner nur im Mittelwert existieren, und daß die aktuelle Wahl von

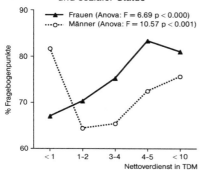

Ansprüche an die Intelligenz des Partners und sozialer Status

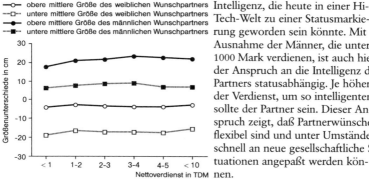

Ansprüche an die Körpergröße des Partners und sozialer Status

Abb. 41: Körpergröße und Intelligenz
Auf den ersten Blick eine ungewöhnliche Kombination. Die grundlegende Theorie ist, daß Körpergröße in Populationen mit kritischer Unterversorgung an Nahrung ein Partnerwahlkriterium für Status und Reproduktionsfähigkeit sein kann. Dies gilt in unserer westlichen Gesellschaft nicht mehr (Seidler und Neubert, 1988). Die untere Graphik zeigt bezüglich der Partnerwünsche lediglich, daß sich Frauen größere Männer wünschen (0 gibt die eigene Größe an) und Männer kleinere Frauen. Dies ist anders bei den Ansprüchen an die Intelligenz, die heute in einer Hi-Tech-Welt zu einer Statusmarkierung geworden sein könnte. Mit Ausnahme der Männer, die unter 1000 Mark verdienen, ist auch hier der Anspruch an die Intelligenz des Partners statusabhängig. Je höher der Verdienst, um so intelligenter sollte der Partner sein. Dieser Anspruch zeigt, daß Partnerwünsche flexibel sind und unter Umständen schnell an neue gesellschaftliche Situationen angepaßt werden können.

einer Reihe von anderen Kriterien abhängt. Nicht alle Frauen sind in der Lage, ihre Vorlieben zu realisieren und sich Männer mit hohen Ressourcen zu sichern. Nicht alle Männer besitzen Ressourcen, und einige von ihnen investieren sie nicht in Frauen und deren Kinder. Buss und Schmitt (1991) zeigten, daß Frauen in Kurzzeitbeziehungen keinen direkten Zugang zu Ressourcen wünschen, aber daß sie darauf Wert legen, daß ein Mann in der Zukunft Ressourcen erwerben kann, wenn sie eine längere Beziehung planen. Der zeitliche Kontext einer Beziehung ist sicher eine der wichtigsten Variablen in den Mechanismen der Partnerwahl.

Man kann davon ausgehen, daß in der Evolution lediglich die Ressourcen, über die der Mann verfügt, ausschlaggebend für den weiblichen Reproduktionserfolg waren. Notwendig bleibt die Fähigkeit, sich durch Partnerwahl solche Ressourcen zu sichern. Diese Fähigkeit gab in der menschlichen Evolutionsgeschichte diesen Frauen einen reproduktiven Vorteil über andere, die das nicht konnten.

Daß es ein tatsächliches, dieser weiblichen Suchstrategie entsprechendes männliches Verhalten gibt, zeigt Phelps (1988). Demnach besteht ein Zusammenhang zwischen väterlichem Investment in den Nachwuchs und einer Tendenz, in Geschäftssituationen nach Macht zu streben. Es zeigt sich, daß ein Familienoberhaupt mit Kindern eifriger versucht, sein Familieneinkommen zu maximieren, und dieses Einkommen für die Aufzucht seiner Kinder verwendet. Die Motivation für dieses Verhalten erhält er aus einer engen Bindung und einer stabilen Beziehung zu seiner Frau.

Frauen sollten demnach – mehr als Männer – Merkmale im Partner wertschätzen wie Ehrgeiz, Unternehmensfreudigkeit und Verdienstkapazitäten, die den Besitz oder die Wahrscheinlichkeit des Erwerbs von Ressourcen darstellen. Dies gilt aber nur für solche sozioökologischen Bedingungen, unter denen Ressourcen erworben, monopolisiert und verteidigt werden können, und wo Männer dazu tendieren, derartige Ressourcen zu kontrollieren, und die Varianz der Männer im Erwerb von Ressourcen genügend hoch ist (Alexander und Noonan, 1979). Kurz gesagt: Sind alle Männer gesellschaftlich gleich, erübrigt sich dieses Wahlkriterium.

Das Statuswahlprinzip der Frauen schafft aber eine ganze Reihe von Problemen, denn ein solches Wahlprinzip sollte Wettbewerb unter Frauen schaffen und eine ganze Reihe von Alternativstrategien notwendig machen.

Orians (1969) stellte zur Erklärung dieser Strategien sein sogenanntes Polygynie-Schwellenmodell vor. Die Idee wurde entwickelt, um Verpaarungssysteme bei verschiedenen Vogelarten zu erklären. Orians ging davon aus, daß Männchen fast immer Polygynie (Vielweiberei) vorziehen, weil mehr weibliche Partner zu haben auch mehr Nachkommen bedeutet. Warum ist dann, fragte er sich, Polygynie nicht universell? Die Antwort ist, daß Verheiratungssysteme aus der dynamischen Spannung zwischen weiblichen und männlichen Interessen entstehen. Polygynie kann nur entstehen, weil Weibchen Polygynie unter bestimmten ökonomischen Umständen bevorzugen. Wenn

Männchen Ressourcen für die Aufzucht von Nachwuchs zur Verfügung stellen, dann sollten Weibchen jene Männchen bevorzugen, die die besten Ressourcen zur Verfügung stellen, weil sie auf diese Weise den höchsten Reproduktionserfolg erreichen.

Diese Einsicht führt zu klaren Vorhersagen über die Verteilung von Monogamie und Polygynie über die Arten. Wenn alle Männchen ähnliche Ressourcen anbieten, dann wird kein Männchen attraktiver als andere. Deshalb ist bei einer Gleichverteilung der Ressourcen die optimale weibliche Strategie, sich mit einem unverheirateten Männchen zusammenzutun und dadurch exklusiven Zugang zu seinen Ressourcen zu finden. Jedes Weibchen, das ein Männchen mit anderen Weibchen teilte, würde weniger Ressourcen bekommen und hätte damit einen geringeren reproduktiven Erfolg.

Ungleiche Ressourcenverteilungen bei Männchen führen damit zwangsläufig zur Polygynie. Denn in einem solchen System sind die reicheren Männchen die attraktiveren potentiellen Partner, weil ihre überlegenen Ressourcen in mehr Nachwuchs übersetzt werden können. Unter diesen Bedingungen sollte sich ein Weibchen mit dem reichsten Männchen verpaaren. Das nächste Weibchen, das sich verpaart, wird sich den zweitreichsten suchen usw. An irgendeinem Punkt ist die Polygynieschwelle erreicht: Dann wird es interessanter, sich einen Mann zu teilen, weil er trotz des Teilens noch mehr Ressourcen zu bieten hat als der ärmere unverpaarte Mann.

Das Ergebnis dieses Prozesses ist, daß das Weibchen das Beste aus ihrer Wahl macht. Wir nennen das die ideale freie Polygynie (Fredwell und Lukas, 1969). Unter idealen freien Polygyniebedingungen gibt es eine perfekte positive Korrelation zwischen dem Reichtum eines Mannes und die Anzahl seiner weiblichen Partner.

Ein Effekt der idealen freien Polygynie ist, daß sie die Attraktivitätsunterschiede in bezug auf Ressourcen zwischen den Männchen ausgleicht. Wenn – wie das Modell annimmt – ein Mann, der fünfmal reicher ist als der Durchschnitt, fünfmal so viele Frauen hat wie der Durchschnitt, und ein Mann, der viermal reicher ist wie der Durchschnitt, viermal so viele Frauen hat als der Durchschnitt usw., dann erreichen alle Frauen den gleichen Anteil an Ressourcen, unabhängig davon, wie viele oder wie wenige Nebenfrauen sie haben.

Der Vorteil, der durch die Wahl eines reichen Mannes entsteht, wird durch die Wahl anderer Frauen aufgehoben, und zwar in direkter

Proportion zum Reichtum des Mannes. Deshalb wird innerhalb jeder lokalen Population der reproduktive Erfolg des Mannes sich mit der Anzahl seiner Frauen erhöhen, während die Frauen erwartungsgemäß ungefähr den gleichen Reproduktionserfolg haben. Dies ist unabhängig davon, ob sie monogam oder polygam verheiratet sind.

Wenn Mäner im wesentlichen die gleichen Ressourcen kontrollieren, dürften sich die Frauen auf alle Männer verteilen. Wenn Männer ungleiche Ressourcen kontrollieren, werden die Frauen sich auf die reichen Männer stürzen. In keinem der Fälle wird es signifikante Unterschiede zwischen den Frauen im Ressourcenteilen ergeben. Deshalb sollte es keine ressourcenbezogenen Unterschiede im weiblichen Reproduktionserfolg geben und keine ressourcenbezogenen Gründe, sich um bestimmte Männer zu streiten.

Es gibt aber in den menschlichen Gesellschaften genügend Ausnahmen zum Polygynieschwellenmodell (Alexander, 1974), obwohl 83,5 Prozent aller Gesellschaften Polygynie gestatten (Murdock, 1967). Die Erklärung für die Existenz solcher Ausnahmen wäre, daß es sich dabei um sozial aufgezwungene Monogamien handelt. Jedoch bleibt mehr oder weniger unklar, warum sich solche kulturellen Anpassungen entwickelt haben. In monogamen Gesellschaften gibt es einen großen Unterschied im Reichtum der Männer. Dieser Reichtum wird in diesen Gesellschaften nicht durch den Erwerb von weiteren Frauen aufgebraucht wie in polygynen Gesellschaften. Jede Frau, die einen reichen Mann monogam heiratet, kann erwarten, daß sie seine ganzen Ressourcen für ihren Nachwuchs zur Verfügung hat. Sie kann sich dabei einen größeren reproduktiven Erfolg verschaffen im Vergleich zu den Frauen, die nicht so gut verheiratet sind. Als Resultat entsteht zwingend Wettbewerb unter Frauen um Männer. Dieser Wettbewerb führt aber letztlich dazu, sich so teuer wie möglich verkaufen zu müssen.

Körpergröße und Intelligenz

Geschichtlich gesehen war Körpergröße einmal ein Anzeichen für sozialen Status. In der Sozialanthropologie gibt es seit langem den bekannten Fakt, daß es zwischen sozialen Schichten - so zum Beispiel zwischen Land und Stadt - unterschiedliche Ausprägung von körperlichen Merkmalen gibt. Diese Merkmkale betreffen vor allem die Körpergröße. Dabei konnte an vielen Populationen gezeigt werden, daß sowohl die Angehörigen sozialer Oberschichten als auch Stadtbevölkerungen durchgehend hochwüchsiger waren als die sozialen Unterschichten bzw. Landbevölkerungen. So sicher diese Befunde sind, so umstritten ist bis heute ihre Interpretation. Die genetische Hypothese bezieht sich primär auf Siebungsprozesse und ist wohl am umfangreichsten von Schwidetzky (1950) diskutiert worden. Die Hypothese wird neuerdings für den Großstadtbereich durch Schuhmacher und Knußmann (1977) am Beispiel der sozialen Aufsteiger begründet. Die peristatische Hypothese dagegen geht von früher unterschiedlichen Lebensbedingungen zwischen den sozialen Schichten aus. Körpergröße würde in diesem Fall den Ernährungszustand in der Kindheit widerspiegeln. Harris (pers. Mitteilung) konnte feststellen, daß im England des letzten Jahrhunderts absolute Körpergröße tatsächlich für Partnerwahl mit entscheidend war.

Seidler und Neubert (1988) finden anhand von Musterungsdaten des Geburtsjahres 1964 aus Österreich einen Trend dahin, daß zwar die Unterschiede in der Körperhöhe zwischen den sozialen Schichten geringer werden, daß aber dafür die Bedeutung des intellektuellen Leistungsvermögens als Differenzierungsparameter zwischen den Schichten zunimmt. Aus den Ergebnissen ihrer Studie schließen Seidler und Neubert, daß die Körperhöhenunterschiede zwischen den sozialen Schichten durch die Verbesserung allgemeiner Umweltbedingungen geringer werden. Gleichzeitig nimmt aber die Bedeutung des intellektuellen Leistungspotentials als Differenzierungsfaktor zwischen den Schichten zu.

Wenn dem so ist, dann sollten Frauen ihr Wahlprinzip absolute Körpergröße durch ein Wahlprinzip Intelligenz ablösen. Frauen sollten sich intelligente Männer wünschen, und zwar abhängig von ihrem eigenen Status.

Absolute Körpergröße spielt in unseren Daten tatsächlich nur eine geringe Rolle. Wie bereits von Graziano et al. (1978) aufgezeigt wurde, bevorzugen Frauen Männer mittlerer Größe.* Es scheint also zumindest eine Tendenz von Frauen und Männern in Richtung Partner, die größer sind als der Durchschnitt, zu geben.

* Die im im Durchschnitt 166,7 cm (StD=7,8) großen Frauen wünschen im Durchschnitt 181,3 cm (StD=7,6) große Männer, die im Durchschnitt selbst etwa nur 178,2 cm (StD=6,6) groß sind. Männer wünschen im Durchschnitt Frauen, die im Mittelwert 168,0 cm groß sind (StD=4.9).

Ein endgültiger Beweis dafür wäre, wenn Frauen mit zunehmendem Status auch ihre Ansprüche an Größenunterschiede ändern würden. Dies scheint jedoch nicht der Fall zu sein. Frauen mit höherem Status erheben keinen Anspruch auf größere Männer.

Man kann jedoch eine allgemeine Norm finden: Frauen bevorzugen Männer, die größer sind als sie selbst, und Männer wünschen sich Frauen, die kleiner sind als sie selbst. Es scheint eine »Mann-muß-größer-sein-als-die-Frau« Norm zu geben (Gillis und Avis, 1980).

Es ist jedoch eine Tendenz beim Menschen vorhanden, daß größeren Menschen ein höherer Status zugeschrieben wird. Eines der am häufigsten in diesem Bereich zitierten Experimente ist das von Wilson (1968). Er führte einen »Mr. England« in verschiedenen Vorlesungen in Australien ein. Einer Gruppe von Studenten wurde Mr. England als Student aus Cambridge vorgestellt, einer anderen Gruppe wurde er als Professor England aus Cambridge präsentiert. Nachdem der vorgebliche Mr. England die Klasse verlassen hatte, mußten die Studenten seine Körpergröße einschätzen. Wilson fand, daß der Professor von den Studenten um volle zehn Zentimeter größer eingeschätzt wurde.

Wenn solche Wahrnehmungsphänomene existieren, werden sie vielleicht nur als Beziehungsphänomene interpretiert, und großen Menschen wird vielleicht nicht höherer Status, sondern allgemein ein Streben nach Dominanz zugeschrieben. Wenn es diese Verbindung gibt, dann müßten Frauen eine Vorliebe für dominante Männer entwickeln und Männer eine für ihnen unterlegene Frauen. Diese Unterscheidung scheint in unseren Partnerwünschen auch tatsächlich der Fall zu sein. Somit könnte die Norm »Mann größer als Frau« der Wahrnehmung eines erwünschten Dominanzgefälles in Beziehungen entsprechen.

Haben die Frauen sich aber nun umorientiert, indem sie neuerdings auf das Merkmal Intelligenz als eventuelles Zeichen für Status wechseln? Stimmte diese Hypothese, dann müßten sich Frauen in Abhängigkeit von ihrem eigenen Status intelligentere Männer wünschen. Dies ist tatsächlich der Fall. Je höher das Einkommen der Frau ist, um so intelligenter ist ihr Wunschpartner. Dies ist aber auch für Männer so, wobei jedoch Männer wesentlich weniger Wert auf eine intelligente Partnerin legen als Frauen. Eine unerklärbare Ausnahme bilden Männer mit sehr geringem finanziellen Status, die sich eine hochintelligente Partnerin wünschen.

Keuschheit, Sex und Kinderwunsch

Keuschheit der Frau spielt nach der Studie von Buss (1989) für die Partnerwünsche der Männer nur in den Daten aus China, Indien, Indonesien, Iran, Taiwan und Israel eine Rolle. Am anderen Extrem stehen die Ergebnisse aus Schweden, Norwegen, Finnland, den Niederlanden, Westdeutschland und Frankreich. Die Befragten der letztgenannten Länder geben an, daß vorherige sexuelle Erfahrungen unwichtig bei einem potentiellen Partner seien. Einige wenige Männer gaben sogar an, daß Keuschheit ein unerwünschtes Charakteristikum bei einer potentiellen Partnerin wäre.

Keuschheit wird also nicht wie vorher gesagt behandelt. Im Gegensatz zu den anderen Partnerwahlfaktoren kann Keuschheit auch nicht durch äußerliche Zeichen erkannt werden. Sogar physische Tests für weibliche Keuschheit sind unzuverlässig. Die sexuelle Selektion kann nur Schlüsselreize hervorbringen, die auch direkt beobachtbar sind und die zuverlässig arbeiten können.

Eine neuere Studie von Sprecher et al. (1991), die 750 Studenten von drei Universitäten nach dem Einfluß des sexuellen Vorlebens eines möglichen Heiratspartners befragten, kommt zu anderen Ergebnissen als Buss. In dieser Befragung zeigt es sich, daß eine Partnerin, die eine geringe sexuelle Aktivität hat, in einer Beziehung als Freundin und Heiratspartnerin am häufigsten erwünscht war. Frauen mit höherer sexueller Aktivität waren als Heiratspartner unerwünscht, wurden aber als Ausgehpartner favorisiert. Wir finden einen Doppelstandard. Es geht hier wahrscheinlich auch um die Tatsache der Exklusivität von Beziehungen. Personen, die einen hohen Grad an sexueller Aktivität zeigen, scheinen – in den Augen von Partnersuchenden – auch wenig verläßliche Partner zu sein.

Nach unserer Studie finden wir für die Frage, wie sexy der Partner sein sollte, einen eindeutigen Geschlechtsunterschied – Frauen sollten in den Wunschaugen der Männer möglichst sexy sein, für Frauen spielt dies in ihren Wünschen offenbar eine geringere Rolle. Die Frage, die sich nun erhebt, ist die, ob Sexualität an den Kinderwunsch gekoppelt ist oder nicht.

Für den Kinderwunsch ergeben sich Geschlechtsunterschiede. Männer, die eine Frau suchen, wünschen sich eine Frau, die Kinder haben will – für Frauen gilt dies weniger. Der Kinderwunsch beim Partner läßt

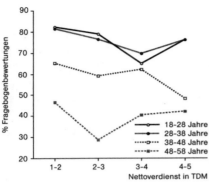

Kinderwunsch, Alter und Nettoverdienst bei Männern

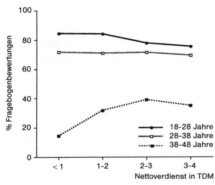

Kinderwunsch, Alter und Nettoverdienst bei Frauen

Abb. 42: Kinderwunsch und Status
Bei Männern und Frauen ist der Kinderwunsch, wie zu erwarten ist, altersabhängig. Je jünger die Geschlechter sind, um so höher ist der Kinderwunsch. Die Aufschlüsselung nach Status zeigt widersprüchliche Effekte. Männer mit niedrigem Status haben altersunabhängig den höchsten Kinderwunsch, und mit Ausnahme der 38 bis 48jährigen Männer nimmt der Kinderwunsch mit hohem Status wieder zu. Nur bei Frauen zwischen 38 bis 48 Jahren nimmt der Kinderwunsch mit zunehmendem Status zu. Inwieweit dies unterschiedliche Lebenszyklusstrategien reflektiert, ist nicht untersucht. Es könnte aber sein, daß zum Beispiel versucht wird, einen mittleren Einkommensstandard zu halten und diesen nicht durch Ausgaben für Kinder zu gefährden. Ein Kinderwunsch kommt demnach nur vor, wenn entweder der Status so gering oder so hoch ist, daß die finanzielle Mehrbelastung keine Rolle spielt.

sich bei beiden Geschlechtern nicht am Status festmachen, wohl aber am Alter. Je jünger beide Geschlechter sind, um so mehr legen sie Wert auf den Kinderwunsch beim Partner.

Attraktivität

Für die Attraktivität ergeben sich klare Geschlechtsunterschiede – sie spielt im Wunschdenken der Männer eine größere Rolle als bei Frauen.

Männer verrechnen ihren Status: Je mehr sie verdienen, um so attraktiver muß die gewünschte Partnerin sein.

Dies repliziert wiederum ein von Buss (1989) in 37 Kulturen gefundenes Resultat. In allen 37 Kulturen zeigen sich Geschlechtsunterschiede in der vorhergesagten Richtung. Männer bevorzugen attraktive Frauen, während die Attraktivität der Männer für Frauen keine Rolle spielt.

Suchbilder nach Attraktivität sind nicht auf das männliche Geschlecht beschränkt, sie sind dort nur verstärkt ausgeprägt. Coombs und Kenkel (1966) führten eines der ersten Experimente mit von Computern ausgewählten Partnern durch. Sie brachten Paare auf Übereinstimmung in der Beantwortung von Fragebögen auf einer Tanzveranstaltung zusammen. Schaut man sich zunächst die Wünsche an, dann findet man zwischen 1966 und heute keinen Unterschied. Mädchen haben durchgehend höhere Ansprüche an potentielle Partner als Jungen. Mädchen wollen einen Partner, der ein guter Student ist, ein guter Tänzer ist, einen, der populär ist, der ein Mitglied in einer Studentenvereinigung ist und der modische Kleidung trägt. Darüber hinaus soll der Traumpartner der gleichen Rasse und der gleichen Religion angehören wie sie selbst. Der einzige Faktor, der von Frauen nicht höher eingeschätzt wurde, war die physische Attraktivität des Mannes. Männer dagegen wollen viel häufiger eine gutaussehende Partnerin.

Es gibt zwar eine generelle Tendenz, die physisch attraktiveren Personen in zwischengeschlechtlichen Beziehungen vorzuziehen, doch hat die eigene Attraktivität einen dämpfenden Einfluß auf diesen Effekt. Wenn man sich jemanden auswählt, um sich mit ihm zu treffen, dann nehmen sowohl Frauen als auch Männer Personen, deren Attraktivität in etwa der eigenen entspricht. Stroebe et al. (1971) fanden, daß Männer und Frauen, die sich selbst für unattraktiv hielten, sich eher Leute in einem Partnerservice aussuchten, die auch von anderen als wenig attraktiv beurteilt wurden. Leute hingegen, die glaubten, sie seien sehr attraktiv, suchten sich eher die attraktivsten Personen aus. Die Selbsteinschätzung hinsichtlich der körperlicher Attraktivität wird hier also von beiden Geschlechtern mitverrechnet.

Attraktivität ist also ein wichtiges Wahlkriterium, das eher für Männer gilt als für Frauen. Männer wählen eindeutig, unabhängig von Kultur und Zeit, ihre Partnerinnen nach deren Attraktivität aus. Die männliche Wahl nach Attraktivität hat sogar eine Entsprechung in der Wahrnehmung und Beurteilung von Männern. Sigall und Landy (1973) zeigten, daß Männer gar nach der Attraktivität ihrer weiblichen Begleitung beurteilt werden. Ein Mann wird positiv und als beruflich erfolgreich beurteilt, wenn er sich in Begleitung einer attraktiven Frau befindet. Er wird als Versager angesehen, wenn er sich in Begleitung einer unattraktiven Frau befindet.

Heiratsmarkttheorie

Obwohl wir nur eine kleine Anzahl von Wahlparametern betrachtet haben, lassen sich zwei grundlegende Aussagen machen. Die evolutionstheoretisch zu fordernden Geschlechtsunterschiede prägen das Wahlverhalten von Männern und Frauen auch in der Massengesellschaft. Die Ansprüche an mögliche Partner werden aber im Sinne einer Heiratsmarkttheorie modifiziert. Die Einschätzung des eigenen Partnermarktwertes spielt dafür die Hauptrolle. Das gilt für die Wahrnehmung von Status durch Frauen ebenso wie für die Wahrnehmung von Attraktivität durch Männer. Männer modifizieren den Wunsch nach attraktiven Partnern durch ihren eigenen Status.

Durchschnittlich haben »sexy« Männer in den Augen der Frauen folgende Qualitäten: Sie sind emotional warm, haben einen hohen Status, sie sind gesund und dominant. Anders stellen sich »sexy« Frauen in den Augen der Männer dar: Sie sind emotional warm, attraktiv und sexy, gesund und häuslich.

Beide Geschlechter modifizieren dieses Portrait jedoch mit ihrem eigenen Satus. Für Männer mit hohem Einkommen spielen emotionale Wärme, Gesundheit, Häuslichkeit und Kinderwunsch eine eher geringe Rolle. Die Wunschpartnerin sollte attraktiv, sexy, submissiv, eine aufregende Persönlichkeit und, überraschenderweise, konservativ sein. Männer mit geringem Status favorisieren emotionale Wärme, Häuslichkeit, Kinderwunsch und Dominanz. Männer verrechnen also von ihrem Status ausgehend ihre Wünsche – die der Männer mit hohem Status stellen die Obergrenze der Anforderungen dar –, für sie scheinen Frauen eher Spielzeug zu sein.

Bei Frauen lassen sich ähnliche Effekte finden. Frauen mit hohem Nettoeinkommen favorisieren Männer mit hohem Status, auch künst-

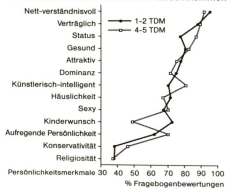

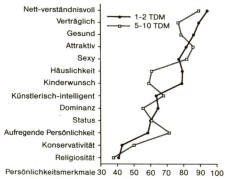

Abb. 43: *Partnerwunsch und Heiratsmarkttheorie*
Abhängig vom Einkommen ergeben sich bei Männern und Frauen unterschiedliche Partnerwunschprofile, die hier für gering verdienende (unterbrochene Linie) und hochverdienende (durchgezogene Linie) dargestellt sind. Ein Mann mit hohem Status legt wenig Wert auf Nettigkeit, Verträglichkeit, Gesundheit, Häuslichkeit und Kinderwunsch. Seine Wunschpartnerin sollte attraktiv, sexy, submissiv, eine aufregende Persönlichkeit und konservativ sein. Männer mit geringem Status favorisieren Nettigkeit, Verträglichkeit, Gesundheit, Häuslichkeit und Kinderwunsch. Auch sind sie eher dominanten Frauen zugeneigt. Männer mit hohem Status suchen sogenannte »Fun-Partner«, während Männer mit geringem Status eher Wert auf Beziehungsfaktoren legen. Ähnliche Verhältnisse finden wir in den Wünschen der Frauen. Frauen mit hohem Status suchen Männer, die auch einen hohen Status besitzen, künstlerisch-intelligent sind, keinen Kinderwunsch haben, eine aufregende Persönlichkeit darstellen und eher politisch konservativ sind. Umgekehrt favorisieren Frauen mit niedrigem Status den Kinderwunsch bei Männern und deren Nettigkeit.

lerisch-intelligent, eine aufregende Persönlichkeit sollen sie sein, einen hohen Grad an Konservativität sollen sie besitzen. Frauen mit geringem Status machen Abstriche am Status der Männer, er sollte eher attraktiv, kinderlieb und dominant sein, aber seine Intelligenz spielt keine Rolle. Insoweit beeinflußt also der Partnermarktwert auch die Wünsche.

Die so entstehenden Wunschbilder entsprechen den Stereotypen, die man allgemein kennt, und sind daher nicht überraschend. Überraschend ist jedoch, daß sich trotz andauernder kultureller Veränderung – auch im Verhältnis von Männern zu Frauen – diese Stereotypen als erstaunlich widerstandsfähig gegen Veränderungen erweisen. Die hohe Stabilität spricht zumindest für Tendenzen, die auf der Grundlage evolutionärer Veränderungen, sprich »Passungen«, entstanden sind. Der Mensch als Kulturwesen scheint nur einen relativ geringen Einfluß darauf zu haben. Denn selbst Unterschiede zwischen Individuen lassen sich auf biologische Prinzipien zurückführen. Nachdem wir jetzt die Partnerwünsche kennen, ist der Weg offen, nach den Signalen zu fragen, mit denen die Geschlechter entsprechend den Wünschen des anderen Geschlechts signalisieren. Im Vordergrund steht dabei die Frage: Wie wird Status in Erscheinung verschlüsselt und welche Signale signalisieren reproduktiven Wert?

Spieglein, Spieglein:
Schönheit und erotische Ausstrahlung

Darwin (1874) war von den Unterschieden in den Vorlieben der einzelnen Kulturen für Schönheit beeindruckt: »Es ist gewiß nicht wahr, daß es im Geiste der Menschheit irgendeinen allgemeinen Maßstab der Schönheit im Bezug auf den menschlichen Körper giebt« (S. 660). Diese Auffassung ist auch noch heute weit verbreitet. Doch zeichnet sich der Begriff »Schönheit« in unserer westlichen Kultur dadurch aus, daß er sehr konstant durch Beobachter beurteilt wird. Betrachtet man den Schönheitsbegriff anderer Kulturen, könnte man Darwin durchaus recht geben. In anderen Kulturen versuchen die auf Schönheit bedachten Menschen oft, ihren Körper durch Halsringe, Schmucknarben usw. zu verzieren, die unserem Schönheitsideal nicht entsprechen.

Physische Attraktivität beruht nun auf sichtbaren Merkmalen und ist, wie wir gezeigt haben, ein bestimmender Faktor in der Partnerwahl. Wie wir aussehen, ist mit ein Ergebnis »geschlechtlicher Zuchtwahl«. Ein Körper, egal, ob der eines Mannes oder der einer Frau, muß einige grundlegende Funktionen erfüllen. Er mußte im Laufe der Evolution der Reproduktion dienlich sein, er sollte wenig Energie verbrauchen und eine optimale Bewegungsphysik besitzen. Darüber hinaus sollte er bestimmten ökologischen Nischen genügen und im Wettbewerb mit anderen gut funktionieren. Er sollte sich aber auch als Kommunikationsinstrument gebrauchen lassen. Unser Aussehen ist mit ein Produkt der weiblichen Wahl. Unser Schönheitsbegriff müßte demnach ein direkter Abkömmling der sexuellen Selektion und damit auch der Evolution sein. Auf Grund dieser Tatsache scheint es durchaus sinnvoll, nach funktionalen Erklärungen für den Begriff Schönheit zu suchen.

Der englische Anthropologe Polhemus (1988) geht davon aus, daß »das Konzept vom idealen Körper« gelernt wird, und zwar durch eine symbolische Repräsentation der Werte, die in einer bestimmten Gesellschaft vorliegen. Das Teilen dieser Werte bindet die Leute in einer Gesellschaft zusammen. Gemäß dieser Theorie sind Änderungen am äußeren Erscheinungsbild Merkmale sozialer Schichten und stehen für Gruppenidentität und Anpassung an eine gemeinsame Gesellschaft. Ein solcher Ansatz impliziert, daß es weitreichende Unterschiede in der Form des idealen Körpers in verschiedenen Kulturen gibt. Polhemus nimmt an, daß die psychosoziale Struktur des Selbst so aufgebaut ist, daß wir unseren Körper mit dem eines normativen Ideals vergleichen und dann versuchen, auch mit Hilfe von Schmuck oder Änderungen der Körperform durch Kleidung, Dekoration bzw. andauernde Körperveränderungen durch Schönheitsoperationen und dem Anbringen von Narben usw. an ein solches vorgegebenes Bild anzugleichen.

Kulturell unterschiedliche Formen des äußeren Erscheinungsbildes dienen demnach dem Gruppenzusammenhalt. Ein gemeinsames Schönheitsideal dient der Abgrenzung gegenüber anderen Gruppen.

Die Evolutionsbiologie geht davon aus, daß physische Merkmale, die innerhalb einer bestimmten Population sehr geschätzt werden, durch sexuelle Selektion entstanden sind und auslösende Reize darstellen. Die so entstandenen Signale sollten dazu dienen, das andere Geschlecht anzuziehen. Die biologische Funktion der Körpersignale liegt darin, daß sie unseren möglichen Partnern mitteilen, ob und wieweit wir in der Lage sind, deren inklusive Fitneß zu vergrößern.

Bei der Analyse der Partnerwünsche haben wir gesehen, daß die physische Attraktivität des Partners vor allem für Männer eine Rolle spielt. Das fast ausschließlich männliche Interesse an stimulierenden Erotika und Pornographie ist wohlbekannt, wenngleich auch Frauen bei Laborexperimenten sowohl physiologische als auch subjektive Erregung zeigen, wenn sie explizit sexuelles Bildmaterial sehen. Elias und Elias (1979) zeigten an einer großen Population amerikanischer Frauen, daß über 60 Prozent die Darstellungen männlicher Nacktfotografie als erregend empfanden. Frauen verschaffen sich aber selten aktiv solche Stimuli.

Demnach müssen es die Männer sein, die für die Definition eines innerhalb der sexuellen Selektion entstandenen Schönheitsbegriffes verantwortlich zeichnen. Die Soziobiologie der Schönheit und der

Geschlechtsunterschiede ist jedoch keine sexistische Projektion einer patriarchalischen Grundhaltung in die biologische Natur (Vine, 1989). Eine solche Auffassung ist das Ergebnis der Tatsache, daß die bisher in der Soziobiologie identifizierten Grundprinzipien (Trivers, 1972; Daly und Wilson, 1983; Symons, 1979) oft nur teilweise und übervereinfacht in der sogenannten »Pop-Ethologie« dargestellt werden.

Unglücklicherweise ist die Forschung in diesem Bereich bisher nur sehr einseitig ausgerichtet. Kulturvergleiche auf der Basis ethnographischer Fehlstudien, die empirische Daten über den Schönheitsbegriff in anderen Kulturen liefern könnten, wurden bislang kaum durchgeführt. Ethnographische Berichte beziehen sich in der Regel nur auf einige wenige Anekdoten und sind deshalb aus der Sicht einer empirisch-quantitativ orientierten Wissenschaft nicht sonderlich ernst zu nehmen. Diskussionen über den Schönheitsbegriff enden häufig mit der Feststellung: »Ja, aber die Venus von Willendorf war das Schönheitsideal der Steinzeit, und die hat eine ganz andere Körperform als die

Abb. 44: Die Venus von Willendorf
Diese steinzeitliche Figur ist mit Sicherheit kein Schönheitsideal (Biedermann, 1989), sondern eine Idolfigur, die Kultcharakter hat. Sie stammt aus der Zeit 35 000 bis 10 000 Jahre vor heute und wurde in Willendorf in Österreich gefunden. Man kennt aus dieser Epoche weit über hundert solcher Statuetten. Interessant ist die Haardekoration, die in kleine Zöpfchen gelegt scheint. Die Dekoration von Körpern ist demnach bereits sehr früh in der Menschheitsgeschichte aufgetreten. Ob man deshalb auch von einer »Dekorationslust« sprechen kann, erscheint trotzdem fraglich (Foto: R. Ginner).

moderne Frau«. Die Antwort darauf muß korrekterweise lauten: »Wenn Sie mir eine genügend hohe Anzahl von Steinzeitmännern zur Beurteilung der Venus von Willendorf heranschaffen und diese die Venus als ihr Schönheitsideal bezeichnen, gebe ich Ihnen recht«.

Im Gegensatz zu anderen Kulturen ist das Schönheitsideal unserer westlichen Massengesellschaft sehr gut erforscht. Doch auch diese Forschung läßt einige wesentliche Punkte offen. Die meisten Studien unterscheiden nicht zwischen sexuellem Interesse, Anziehung und Attraktivität oder bloßer Erregung. Es ist ungeklärt, was den Attraktivitätsbegriff nun eigentlich ausmacht.

Diese Tatsache führt zu der dringenden Notwendigkeit der Definition des Attraktivitätsbegriffes.

Wer schön ist, ist auch gut

Zu einer Klärung des Attraktivitätsbegriffs müssen zwei Voraussetzungen gegeben sein: (1) Der Inhalt des Begriffs müßte zumindest in einer Population von allen Mitgliedern geteilt werden und (2) sollte die Wahrnehmung von Attraktivität dann an spezifischen Merkmalseigenschaften seiner Träger gebunden sein.

Der Stereotyp: Wer ist der/die Schönste im ganzen Land?

Eine der ersten Untersuchungen über die Homogenität des Attraktivitätsbegriffes wurde von Iliffe (1960) durchgeführt. Er ließ 12 Bilder von jungen Frauen durch die Leser einer englischen Zeitschrift beurteilen. Iliffe legte großen Wert darauf, die Fotografien vergleichbar zu machen und schloß störende Faktoren weitgehend aus. So erhielt er 4355 Antworten und fand, daß die gleiche Frau in den verschiedenen Teilen des Landes und von den verschiedenen Berufsgruppen als die schönste beurteilt wurde. In allen Landesteilen, durch alle Berufsgruppen und über alle Altersstufen hinweg wurden dieselben Gesichter als hübscher als die anderen bezeichnet. Es gibt also eine gemeinsame Basis des Schönheitsempfindens, zumindest was Gesichter betrifft. Die Existenz eines solchen allgemeinen Schönheitsbegriffes wurde von Henss (1987, 1988) bestätigt.

Die Unterschiedlichkeit in der Urteilsbildung ist am geringsten, wenn es gilt, Personen des anderen Geschlechts zu beurteilen. Dieses

Ergebnis ist für unsere Argumentation sehr wichtig, denn sobald physische Attraktivität in der Paarfindung eine Rolle spielt, kommen die Gesetze des Heiratsmarktes zum Tragen. Um seinen eigenen Partnermarktwert zu kennen, den der Partnersuchende für eine Suche zu taxieren hat, muß er seine Einschätzung durch andere kennen. Dies ist nur möglich, wenn es innerhalb einer Population einen von allen Mitgliedern geteilten Attraktivitätsstandard gibt. Die unter Männern vorgefundene hohe Übereinstimmung bei der Beurteilung von Frauen läßt sich damit erklären, daß Männer sich an diesem Wahlkriterium gemeinhin orientieren und im Wettbewerb um Frauen stehen.

Henss teilte die Beurteilungen nach drei Kriterien ein und ermittelte, daß Männer und Frauen bei der Beurteilung von Schönheit, sexueller Anziehung und Sympathie jeweils die gleichen Standards verwenden. Unabhängig vom Geschlecht der Betrachter und von dem der beurteilten Personen führt der Vergleich dieser verschiedenen Beurteilungskonzepte zu folgendem Resultat:

Attraktivität = Schönheit = sexuelle Anziehung.

Diejenigen Personen, die als attraktiv beurteilt werden, sind auch diejenigen, die als schön und als sexuell attraktiv gelten.

Sympathie hingegen wird anders beurteilt. Nach Henss (1991) bestätigen diese Befunde den gängigen Attraktivitätsstereotyp. Wer sehr schön ist (sehr attraktiv, sexuell sehr anziehend), gilt auch als sympathisch, und wer dagegen häßlich, sehr unattraktiv, sexuell sehr wenig ansehnlich empfunden wird, ist unsympathisch. Eine der wenigen kulturvergleichenden Untersuchungen bestätigt dieses Ergebnis. Morse et al. (1978) ließen Attraktivitätsbeurteilungen in USA und Südafrika durchführen. Beide untersuchten Kulturen zeigen eine hohe Übereinstimmung in der Bewertung der physischen Attraktivität von Personen. Offenbar benutzen Männer und Frauen interkulturell die gleichen Standards, um physische Attraktivität zu beschreiben.

Ganz im Einklang mit der Heiratsmarkttheorie wird von attraktiven Leuten angenommen, daß sie schneller akzeptablere Partner finden würden als für unattraktiv gehaltene Leute (Dion et al., 1972). Als einzige Ausnahme bei diesen Vorurteilen gilt die Annahme, daß man nicht annimmt, die attraktiven Personen wären auch die besseren Eltern.

Doch damit sind der Vorurteile nicht genug. In der Tat kann man zeigen, daß es noch andere Dimensionen von Persönlichkeitsmerkmalen gibt, die den attraktiven Menschen zugeschrieben werden. Bassili (1981) zeigte seinen Versuchspersonen das Foto einer attraktiven Frau und einer unattraktiven Frau. Zusätzlich gab er ihnen schriftliche Information über das Verhalten der Personen. In einer Geschichte wurde die Person auf dem Foto negativ beschrieben, in der anderen Geschichte wurde die Person positiv dargestellt. Was sich ergab, war erstaunlich. Man kann zeigen, daß Attraktivität nicht nur mit guten, positiven Persönlichkeitszügen zusammengeht, sondern daß ein sogenannter »Glamour-Effekt« entsteht, der die Beschreibungen der Personen überdeckt. Negatives Verhalten attraktiver Personen wird toleriert.

Solchen Auffassungen steht aber ein deutlich dokumentierter Eifersuchtseffekt gegenüber, der die Attraktivität des Beurteilers berücksichtigt (Dermer und Thiel, 1975). Für unattraktiv gehaltene Personen schreiben attraktiven Personen gerne negative Eigenschaften zu. Demnach gelten schöne Frauen als sozial wünschenswert, sie sind die besseren Ehe- und Sexualpartner, und sie heiraten die reicheren Männer. Schöne Frauen sind aber die schlechteren Mütter, sie sind egoistisch, und man traut ihnen eher außereheliche Affären zu. Doch dabei bleibt es nicht: Materialismus und Snobismus sind Eigenschaften, die ihnen ihre unattraktiven Geschlechtsgenossinnen zuschreiben.

Neben der eigenen Attraktivität wird schließlich zudem die vorhergehende Erfahrung in Beurteilungen mitverrechnet. Kenrick und Gutierres (1980) konnten nachweisen, daß sich bei der Beurteilung von Schönheit auch Kontrasteffekte herausbilden. Die Beurteilung eines Gesichts hängt davon ab, wie attraktiv das Gesicht war, dem der Beurteiler unmittelbar vorher ausgesetzt war. Studenten, die eine amerikanische Fernsehshow (Drei Engel für Charlie) gesehen hatten, wurde nach der Show das Bild einer Studentin von durchschnittlicher Attraktivität vorgelegt. Sie sollten dann das Bild danach beurteilen, ob die Studentin vom Aussehen her als Freundin für einen Kommilitonen in Frage käme. Die Studenten, die vorher die attraktiveren Schauspielerinnen der Serie vor sich gesehen hatten, beurteilten die Studentin als wesentlich schlechter aussehend als solche Studenten, die vorher die Sendung nicht gesehen hatten.

In der Einschätzung von Attraktivität gibt es somit auch einen Medieneffekt, den man als »Farrah-Faktor« (nach Farrah Fawcett-Majors, einer der Schauspielerinnen der Fernsehshow) bezeichnete. Unser erster Eindruck von potentiellen Partnern kann negativ beeinflußt werden, wenn wir kurz zuvor entweder Poster, Magazine, Fernsehsendungen oder Filme betrachtet haben, die hochattraktive Individuen abbildeten.

Dies ist ein erster Hinweis darauf, daß Attraktivitätsstereotypen als Protoypen gebildet werden. Eine Prototypisierung (auf dem Weg einer Mittelwertbildung) von Gesichtern könnte all die Durchschnittswerte der Gesichter umfassen, die ein Mensch gesehen hat. Liegen solche Prototypen als Mittel vor, dann verschiebt das Betrachten derartig effektiver Stimuli diese Prototypen. Ein normales Gesicht wird dann, weil es unter dem Mittelwert liegt, als weniger attraktiv beurteilt. In der Tat ist es so, daß Personen anscheinend Mittelwerte über lang andauernde Reize bilden und den Reiz prototypisieren. Wenn dann jemand dauernd optimalen Reizen ausgesetzt ist, könnte er unter Umständen unrealistisch hohe Standards für Schönheit entwickeln. Die dauernde Berieselung durch Schönheit in den Medien kann damit letztlich auch für hohe Partneransprüche von Singles verantwortlich sein – die Versingelung unserer Gesellschaft als Medieneffekt.

Wir finden einerseits stereotype Beurteilungen, die zwar mit Übereinstimmung wiederholt werden können, andererseits gibt es eine Reihe von Verrechnungseffekten und Wirkungen, die auf der direkten persönlichen Erfahrung beruhen.

Daher stellt sich die Frage: Weshalb haben attraktive Leute in den Augen anderer so viele Vorteile? Haben sie diese wirklich, und sind das nur Vorurteile?

Schön, blond und dumm: Vorurteile

Ob und wie Vorurteile im Laufe der Individualentwicklung entstehen, ist zur Gänze unbekannt. Adams (1977) schlug vor, daß objektiv attraktive und unattraktive Menschen eine unterschiedliche Erziehung erfahren. Das objektiv unattraktive Kind wird so behandelt, als wäre es weniger erwünscht, aggressiver und weniger liebenswert. Auf der Grundlage dieser Erfahrung beginnt das Kind dann, diese widerfahrene Behandlung in sein Verhalten einzubauen. Attraktive Kinder werden aber positiv behandelt.

Wie wirkt sich nun diese positive Wahrnehmung durch andere, die attraktive Personen erfahren, in deren alltäglichem Leben aus? Der erste Eindruck, den man von einer Person erhält, ergibt einen soge-

Abb. 45: Der Farrah-Effekt
Obwohl es innerhalb von Populationen eine hohe Übereinstimmung in der Beurteilung von Schönheit und Attraktivität gibt, zeigt der Farrah-Effekt, benannt nach der amerikanischen Schauspielerin Farrah Fawcett-Majors, wie leicht unsere Schönheitsideale und Standards durch Lernvorgänge verschoben werden können. Je attraktiver die Stimuli sind, denen eine Person in ihrer Umgebung ausgesetzt ist, um so höher ist ihr Anspruch an die Attraktivität möglicher Partner. Durch solche Stimuli wird das Schönheitsideal an die vorhandene Umgebung angepaßt, und es wird dadurch erreicht, daß immer optimal attraktive Partner vorgezogen werden. Bei diesem Vorgang scheinen Wahrnehmungsdurchschnitte verschoben zu werden. Die Beurteilung von Attraktivität hängt demnach mit davon ab, welchen Stimuli eine Person in ihrer nächsten Umgebung ausgesetzt ist (Foto: Kobal).

nannten »Haloeffekt« für die Beurteilung. Attraktive Personen erhalten dabei einen Interaktionsbonus (Anderson und Nida, 1977). Man steht ihnen aufgeschlossener gegenüber. In den Beurteilungen zeigt sich nun ein sehr starker Einfluß des Geschlechts der zu beurteilenden Person. Sehr attraktive Personen des anderen Geschlechts erhalten diesen Bonus – bei der Beurteilung von Personen des gleichen Geschlechts erhalten sie einen Malus. Damit ist natürlich auch abzusehen, daß sich Attraktivität unmittelbar auf die Häufigkeit von Interaktionen mit anderen Personen auswirken kann.

Reis et al. (1982) gaben Studenten eines amerikanischen Colleges für 14 Tage einen Fragebogen mit nach Hause, in dem sie für jeden Tag eintragen mußten, mit wem sie zusammen waren. Dann ließen sie die Attraktivität der Studenten durch andere beurteilen. Überraschenderweise spielte die physische Attraktivität im täglichen Umgang mit anderen für Männer eine größere Rolle als für Frauen. Je attraktiver ein Mann war, um so häufiger hatte er sich in diesen 14 Tagen mit Frauen und um so seltener hatte er sich mit Männern getroffen. Für Frauen gilt dies nicht. Es ist demnach nicht so, daß eine attraktivere Frau auch mehr Sozialkontakte hat. Auch die Qualität der Interaktionen hängt von der Attraktivität ab. Je attraktiver der Mann war, um so intimere Interaktionen hatte er mit anderen.

Dieses Ergebnis ist um so erstaunlicher, da man ja eigentlich annehmen sollte, daß vor allem die Sozialkontakte von Frauen durch deren Attraktivität beeinflußt würden. Attraktive Frauen waren aber mit ihren Interaktionen zufriedener. Sie fanden sie angenehmer, freundlicher und intimer. In diesen Interaktionen gaben sie auch mehr Information über sich selbst preis. Ähnliche Ergebnisse finden sich für attraktive Männer; diese waren selbstzufriedener und hatten weniger Angst, von Frauen zurückgewiesen zu werden.

Warum ist jetzt die Häufigkeit der Interaktionen bei Frauen nicht an deren Attraktivität gebunden? Im Gegensatz zu attraktiveren Männern sind attraktivere Frauen weniger selbstsicher. Solche Männer haben weniger Angst vor Frauen und nähern sich deshalb diesen viel bereitwilliger an. Ein attraktiver Mann kann eher »ankommen«, und das weiß er auch.

Interessanterweise werden attraktive Männer auch häufiger von Frauen angesprochen. Bei Frauen wirkt Attraktivität eher hemmend, weil sich Männer verunsichert fühlen. In diesem Fall wird Schönheit zum sozialen Problem, obwohl bei Interaktionen für Frauen durchaus Vorteile vorhanden sind. Männer erlauben einer attraktiven Frau eher, Macht und soziale Kontrolle über sie auszuüben, als unattraktiven Frauen (Mills und Aronsohn, 1965).

Attraktiv empfundene Frauen haben aber im Umgang mit ihren Geschlechtsgenossinnen durchaus Vorteile. Weisfeld et al. (1984) fanden heraus, daß Mädchen untereinander Dominanzhierarchien aufbauen, die über ein kultiviertes äußeres Erscheinungsbild funktionieren. Der soziale Erfolg der Mädchen wird durch ihr äußeres Erscheinungsbild stärker beeinflußt als durch andere Fähigkeiten. Hier wird Schönheit zur Macht über andere.

Attraktivität erscheint im sozialen Umgang als ein zweischneidiges Schwert, und das Vorurteil »Wer schön ist, ist auch gut« ist als solches nicht unbedingt haltbar. Körperliche Attraktivität hat für Männer durchaus positive Folgen. Für Frauen kann Attraktivität zum sozialen Problem werden, da die Vorurteile, auf die schöne Frauen stoßen, belastend wirken können.

Worin besteht nun aber der Prototyp der attraktiven Frau und des attraktiven Mannes? Leider ist, wie wir sehen werden, der Mann aus dieser Analyse fast völlig ausgeschlossen – obwohl Attraktivität für Männer im täglichen sozialen Umgang eine herausragende Rolle spielt.

Ist Schönheit Durchschnitt?

Im Prinzip gibt es zwei mögliche Wege der Annäherung an das Problem, wie Schönheit oder Attraktivität durch die Betrachter definiert wird. Einer der Zugänge setzt Schönheit mit Durchschnitt gleich, der andere versucht, Einzelmerkmale zu analysieren. Diese Annäherung ist aber nicht neu. Bereits Darwin (1874) schreibt: »Die Menschen einer jeden Rasse ziehen das vor, was sie zu sehen gewohnt sind, sie können keine Veränderung ertragen, aber sie lieben Abwechslung und bewundern es, wenn ein charakteristischer Punkt bis zu einem mäßigen Extrem geführt wird« (S. 661). Ähnliche Aussagen finden wir natürlich in der philosophischen Ästhetik, etwa bei Kant (1796): »Das Mittelmaß scheint das Grundmaß und die Basis der Schönheit, aber noch lange nicht die Schönheit selbst zu sein, weil zu dieser etwas Charakteristisches erfordert wird« (S. 243).

Bei der Beurteilung von Schönheit gibt es also ein Spannungsfeld, das sich zwischen Durchschnitt und extremen Merkmalen andererseits bewegt.

Beide Möglichkeiten, nämlich die Orientierung am Extremmerkmal oder am Durchschnitt, basieren auf ganz unterschiedlichen Annahmen, wie die geschlechtliche Auswahl in der Partnerschaft Schönheit und Attraktivität erzeugt haben könnte. Dabei sind die beiden Begriffe »stabilisierende Selektion« und »direktionale Selektion« von zentraler Bedeutung. Die stabilisierende Selektion sorgt dafür, daß in einer Population keine schädigenden genetischen Mutanten auftauchen, die extreme Merkmale besitzen. Aus diesem Grund sollten durchschnittliche Individuen häufiger durch ihre Artgenossen als Partner ausgesucht werden (Symons, 1979). Das heißt *Durchschnitt*: sollte in der Partnerwahl attraktiv sein. Die gerichtete Selektion dagegen erzeugt Extremmerkmale, die in einer Population Vorteile erbringen. Es gibt Hinweise, die auf die Existenz einer gerichteten Selektion schließen lassen. Denn Personen, die seltene Merkmale besitzen, sind für beide Geschlechter besonders attraktive Partner. Thelen (1983) geht davon aus, daß die Wahrscheinlichkeit, mit der jemand als Partner ausgesucht wird, sich umgekehrt zu der Häufigkeit verhält, mit welcher der Partnertyp in der Population vorkommt.

Im allgemeinen scheint es so zu sein, daß ein Vorteil für seltene Phänotypen vor allem bei solchen Arten zu finden ist, in denen ein verlängertes Werbeverhalten vorkommt (Childress und MacDonald, 1973). Da zudem ein hoher Grad an Selektivität dort von hohem evolutivem Wert ist, wo elterliches Investment eine große Rolle spielt, dürften solche Phänomene auch beim Menschen auftreten. Männer tendieren dazu, Fotos von Frauen mit jener Haarfarbe als potentielle Partner zu wählen, die selten in einer vorgegebenen Auswahl vorkommen. Die seltene Haarfarbe könnte sich aber als Merkmal genetisch nicht festsetzen, denn wenn auf einmal alle Frauen blond sind, verliert Blond seinen Seltenheitsvorteil, und schwarzhaarige Frauen werden wieder für die Männer interssant (Thelen, 1983).

Die meisten Versuche, Schönheit zu definieren, haben einen Merkmalsmeßansatz benutzt (Cunningham, 1986) und nach Extremen in allen Richtungen gesucht. Es hat zwar beim Identifizieren derjenigen Maße des Gesichts, die Attraktivität vorhersagen können, einigen Fortschritt gegeben, aber die Ergebnisse sind nicht selten widersprüchlich.

Doch wie wirken sich nun Durchschnittsmerkmale oder Extremmerkmale in der tatsächlichen Beurteilung aus?

Schöne Gesichter
Kleine Nasen, große Münder und Fremdgehen
Rensch (1963) zeigte seinen Versuchspersonen unterschiedliche Gesichtsattrappen, um festzustellen, was als »anziehend« bezeichnet wird. Die Urteile der männlichen und weiblichen Versuchspersonen stimmten weitgehend überein. Bei den meisten Merkmalen wurde ein Typ bevorzugt, der einem – nach Rensch – keineswegs häufig verwirklichten Idealtyp entspricht. Jugendmerkmale wie Schlankheit, Fettlosigkeit des Gesichts, Bartlosigkeit, weibliche Stupsnase wurden als attraktiv bewertet. Zu breite Lippen bei Frauen gefallen weniger als zu schmale

Lippen. Ähnliche Verhältnisse gelten für das Nasenprofil. Stärker und etwas winklig gebogene Nasen werden bei beiden Geschlechtern viel weniger geschätzt als gerade Nasen. Die jugendliche, etwas konkave Stupsnase im weiblichen Gesicht wird von männlichen und weiblichen Beurteilern bevorzugt. Rensch untersuchte auch Disharmonien, d. h. Kombinationen von Merkmalen in verschiedenen Größen. Die am negativsten beurteilte Disharmonie ist die Kombination von zu kleinen Augen mit großen Lippen im männlichen Gesicht.

Diese Versuche zeigen deutlich, daß es eine Tendenz gibt, die extreme Ausbildung von Einzelmerkmalen als wenig attraktiv zu schätzen.

Einen anderen Ansatz zur Messung von Einzelmerkmalen verfolgte Cunningham (1986), indem er die physischen Merkmale in Gesichtern von Frauen vermaß und dann diese Gesichter zur Bewertung unter anderem den Juroren einer internationalen Schönheitskonferenz vorlegte.

Er sagte voraus, daß attraktivere Frauen eine größere Stirn, größere Augen, weiter auseinandergesetzte Augen, eine kleinere Nase, ein schmäleres Kinn und größere Lippen hätten. Diese Merkmale entsprächen dem Prototyp Kindchenschema. Ein zweites Konzept sollten Erwachsenenmerkmale sein. Darunter versteht man höher angesetzte, breitere Backenknochen und schmälere Backen. Eine andere Kategorie sind die sogenannten expressiven Merkmale, die sehr effektiv beim Signalisieren positiver Emotionen sind: Lächeln, aber auch höher gesetzte Augenbrauen. Man könnte dabei die andauernde Tendenz, einen »Augengruß« zu signalisieren, in ein solches Gesicht interpretieren. Vergrößerte Pupillen gehören ebenfalls in die Klasse der attraktiven expressiven Merkmale, jedenfalls nach der Beschreibung von Hess et al. (1965).

In der Tat interpretieren Männer Frauengesichter, die Einzelmerkmale aus kindlichen Gesichtern besitzen – große Augen, eine kleine Nasenregion, ein kleines Kinn und weit auseinandergesetzte Augen –, als attraktiv. Die für das Kindchenschema charakteristische hohe Stirn ist jedoch nicht attraktiv. Im Gegensatz zu Rensch (1963) ist die absolute Größe der Lippen kein Faktor für die Beurteilung von Attraktivität.

Ganz gemäß den Vorhersagen fühlen sich Männer ebenso zu Frauen hingezogen, die die typischen Erwachsenenmerkmale der weit hervortretenden Backenknochen und einfallenden Wangen aufweisen. Diese

Merkmale können sogar durch Entfernung der Backenzähne künstlich hervorgerufen werden. Die Schauspielerin Marlene Dietrich soll sich einer solchen Operation unterworfen haben. Ebenso werden die expressiven Merkmale der hoch angesetzten Augenbrauen, weite Pupillen und ein breites Lächeln bevorzugt.

Bei Untersuchungen von Bewerberinnen für die Miss Universum fand Cunningham (1986) heraus, daß diese genau jene ermittelten Attraktivitätsmerkmale besitzen. Obwohl die Bewerberinnen durch nationale Komitees in ihrem jeweiligen Heimatland ausgewählt wurden, haben sie die Gesichtsmerkmale, die auch in unserer westlichen Kultur als attraktiv gelten. Das ließe sich darauf zurückführen, daß es sich bei der Wahl der Miss Universum um einen westlichen Wettbewerb handelt und die nationalen Komitees natürlich diejenigen Frauen aussuchen, von denen sie glauben, daß sie eine Chance haben.

Der weitaus interessantere Teil der Studie liegt aber in der Persönlichkeitsbeurteilung der Frauen. Man stellte fest, daß physisch attraktive Frauen häufiger Hilfe bekommen (Benson et al., 1976; West und Brown, 1975). Attraktivität ist in den Augen der Beobachter an die Fähigkeit, sozial zu handeln und auf andere einzugehen, gebunden. Frauen, die große Augen haben und lächeln, werden diese Eigenschaften zugesprochen. Intelligenz wird angesichts großer Pupillen und kleiner Nase unterstellt. Fruchtbarkeit wird mit breitem Lächeln und weit geöffnete Pupillen assoziiert. Die geringe Wahrscheinlichkeit, eine außereheliche Affäre zu haben, wird mit kleinen Augen verknüpft.

Theoretisch müßten sich dann aus dem Gesicht Verhaltenstendenzen vorhersagen lassen. Das Hauptproblem dieses Ansatzes ist jedoch, wie der Zusammenhang »weite Pupillen und Fruchtbarkeit« zustande kommt. Es ist wohl nicht anzunehmen, daß es über Fruchtbarkeit einen Selektionsdruck auf weite Pupillen gab. Das Signal müßte aber über selektive Vorgänge an einen Vorteil gebunden worden sein, sollte es einen Signalcharakter erhalten haben.

Solche Vorhersagen sind aber nicht überprüft. Erinnern wir uns daran, wie einfach sich Persönlichkeitsmerkmale an bestimmte Merkmale in Gesichtern durch Lernen knüpfen lassen, dann wird uns auch die Funktion solcher Einzelmerkmale und der daran gebundenen Lerninhalte klar. Es entstehen Vorurteile in der Wahrnehmung. Der Vorteil scheint mir nicht beim Aufsuchen bestimmter positiver Eigenschaften zu liegen, sondern im Vermeidungsverhalten. Wenn man eine Person trifft, die eine bestimmte negative Eigenschaft besitzt, werden deren physische Merkmale mit Sicherheit zukünftiges Meiden auslösen. Am Durchschnittswert lassen sich solche Vermeidungen nicht anknüpfen, da der Durchschnitt, der ja die Hauptmasse aller möglichen erreichbaren Partner darstellt, nicht vermieden werden kann.

Wenn wir diese Einzelmerkmale beiseite lassen, sind wir wiederum bei zwei prototypisierbaren Merkmalskombinationen gelandet: Die Kombination von Erwachsenen- und Kindchenschemamerkmalen könnte Jugendlichkeit signalisieren. Frauen mit Kindchenschema könnten, wie die Kinder, einen Verweis auf Hilflosigkeit senden und damit Betreuung auslösen. Zudem könnte ein Kindchenschema einen Verzicht auf Dominanz darlegen und Unterwürfigkeit signalisieren. Diese Überlegungen führen dazu, daß angenommen wird, ein Kindchenschema müßte sexuell attraktiv sein (Tramitz, 1991). Der »Lolita-Komplex« der Männer wäre mit solchen Mechanismen durchaus erklärbar.

Wenn wir den tatsächlichen Ergebnissen aus der Forschung nachgehen, wird sehr schnell deutlich, daß diese Theorie empirisch nicht haltbar ist.

Zuckerman und Driver (1989) haben gezeigt, daß es auch einen Prototyp für die stimmliche Attraktivität gibt, bei dem das Kindchenschema eine Rolle spielt. Leute können verläßlich Stimmen unterscheiden und beurteilen übereinstimmend deren Attraktivität. Bestimmten Stimmen werden jeweils die entsprechenden persönlichen Charakteristika zugeschrieben. Berry (1990a) untersuchte die Attraktivität von Stimmen und Kindchenschema. Man findet, daß die stimmliche Attraktivität und das Kindchenschema in der Stimme voneinander unabhängig sind. Gesteigerte stimmliche Attraktivität geht danach Hand in Hand mit hoch bewerteter physischer Stärke, Behauptungsfähigkeit, Unverletzlichkeit und Dominanz in der männlichen Stimme. Keinen solchen Zusammenhang gibt es in der Beurteilung weiblicher Stimmen. Bei weiblichen Stimmen gelten Wärme, Ehrlichkeit und Freundlichkeit als attraktiv. Attraktivität und Kindchenschema in der Stimme hängen also bei der Beurteilung von Frauen nicht wie bei den Gesichtern zusammen. Jedoch korreliert männliche Attraktivität der Stimme negativ mit dem Kindchenschema, d. h., das Kindchenschema in der Stimme wird bei Männern eher als unattraktiv beurteilt.

In einer weiteren Arbeit ließ Berry (1991a) Gesichter beurteilen und unabhängig davon auch die Stimmen derselben Personen. Weder das Kindchenschema noch die Attraktivität des Gesichtes hängen in der Beurteilung zusammen. Männer und Frauen werden nicht attraktiv beurteilt, wenn sie das Kindchenschema aufweisen.

Dies wird durch einen Merkmalsmeßansatz von Hirschberg et al. (1978) bestätigt. Diese Arbeit zeigt auch, daß das Kindchenschema unvereinbar mit der Beurteilung eines Gesichts als dominant ist. Personen mit einem Kindchenschemagesicht werden eher als emotional warm beurteilt. Die Attraktivität eines männlichen Gesichts verhält sich dagegen positiv zum Selbstbehauptungswillen und der Dominanzeinschätzung der Männer. Umgekehrt ist es mit dem Kindchenschema. Männer, die ein Kindchenschemagesicht besitzen, werden als unaggressiv eingestuft. Das Kindchenschema ist also für Männer eher ein Negativsignal.

Riedl (1989, 1990) dagegen ließ mit Hilfe eines Fahndungscomputers der Polizei Gesichter von Idealpartnern konstruieren. Sie konnte dabei aber kein einheitliches Partnerleitbild feststellen. Auch zeigte es sich, daß das Idealbild mit dem des tatsächlich vorhandenen Partners nicht übereinstimmt. Um dieses Normgesicht zu erstellen, wurden Personen beiderlei Geschlechts gebeten, auf einem Fahndungscomputer Gesichter zu verfertigen, die sie als besonders attraktiv empfanden. Das Normgesicht stellt dann die am häufigsten gewählten Merkmale zusammen.

Das Kindchenschema spielt in der Konstruktion solcher Gesichter, zumindest vom visuellen Eindruck her, eine herausragende Rolle. Männer bevorzugen kindlichere Gesichtsformen bei Frauen, Frauen dagegen ziehen bei Männern erwachsenere Merkmalskomplexe vor.

Diese Ergebnisse sind widersprüchlich – manchmal finden wir Effekte für das Kindchenschema, manchmal nicht. Die Theorie vom »Lolita-Komplex« steht deshalb auf tönernen Füßen. Aus diesem Grund sind wir diesen Zusammenhängen nachgegangen (Grammer und Atzwanger, 1993).

Frauen, die ein Kindchenschema besitzen, sollten also für Männer sexuell attraktiv sein. Dies muß man zunächst an Hand der männlichen Partnerwünsche überprüfen.

In allen von Buss (1978) untersuchten 37 Kulturen soll die gewünschte Partnerin jünger sein als der Mann. Zieht man die mittlere Altersdifferenz vom durchschnittlichen Heiratsalter des Mannes ab,

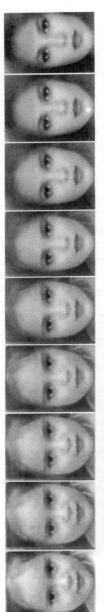

Abb. 46 (links): Schönheit aus dem Fahndungscomputer
Diese Abbildung veranschaulicht eine der möglichen Arten der Annäherung an den Gesichtsprototyp. Die Darstellung zeigt Gesichter, deren Merkmalskomplexe von Männern und Frauen auf einem Fahndungscomputer erstellt wurden. Der jeweils am häufigsten ausgewählte Merkmalskomplex wurde für Gesichtsschnitt, Haar, Augenbrauen, Augen, Mund und Nase des weiblichen und männlichen Idealgesichtes (auf der linken Seite abgebildet) sowie des weiblichen und männlichen Realgesichtes (auf der rechten Seite) ausgewählt. Das attraktive weibliche Gesicht hat große Augen und volle Lippen, während beim Mann hervortretende Backenknochen und schmale Lippen als attraktiv eingeschätzt wurden (nach Riedl, 1989).

Abb. 47 (oben): Kindchenschema – Der Lolitakomplex
In Abstufungen von jeweils 12,5 Prozent wird ein Kindergesicht in das Gesicht einer Erwachsenen überführt – von rechts nach links müßte das Gesicht attraktiver werden. Dies ist aber nicht der Fall, die Frau wird lediglich jünger. Inwieweit das Kindchenschema für die sexuelle Attraktivität eine Rolle spielt, ist fraglich.

dann kommt man auf ein Alter von 24,83 Jahren. Dieses Alter ist aber näher an der höchsten Fertilitätszone der Frau als am höchsten reproduktiven Wert der Frau. Jugendlichkeit und kindliche Merkmale sind demnach bei Partnerinnen unerwünscht – eine Partnerin sollte durch Signale anzeigen, daß sie in der Lage ist, effektiv zu reproduzieren und Kinder aufzuziehen. Kindliche Merkmale würden einer solchen Tendenz widersprechen.

Cunningham (1986) findet, daß in Frauengesichtern eine Mischung aus Reife und Kindchenschema attraktiv wirkt. Unsere Studie findet keinen solchen Zusammenhang. Weit auseinanderstehende Augen bei Frauen – wie im Kindchenschema – werden in unserer Studie eher als negativ empfunden. Das Ideal der Männer besteht in breiten hervorstehenden Wangenknochen mit konkaven Wangen. Dieses Merkmal steht im krassen Gegensatz zu den pausbäckigen konvexen Wangen des Kindchenschemas.

Auf die Attraktivität von Männern scheint ein Kindchenschema einen eher negativen Effekt zu haben. Männer, die als »kindlich« bezeichnet werden, gelten unseren Bewertern nach gleichzeitig als unmännlich. Eine Faktorenanalyse aller Attraktivitätsbewertungen zeigt außerdem, daß »kindlich« in beiden Geschlechtern nicht mit »attraktiv« und »sexy« zusammengestellt wird. Vermißt man die Gesichter, dann zeigt es sich, daß weder Augengröße, Nasenbreite, Nasenlänge, Mundbreite und Kinnhöhe mit der beurteilten Attraktivität oder einer Beschreibung als »kindlich« variieren. Nur beim Augenabstand, von Cunningham als Kindchenmerkmal bezeichnet, werden weite Abstände eher negativ und unweiblich empfunden (Grammer und Thornhill, 1993).

Man könnte jetzt annehmen, daß der Beobachter das Kindchenschema unter dem Begriff »weiblich« subsummiert, aber auch dort findet man keinen Zusammenhang zwischen bewerteter Weiblichkeit und den gemessenen Merkmalen.

Eine zweite Möglichkeit wäre, daß dieser fehlende Zusammenhang durch die Auswahl unserer Gesichter zustande kommt. Deshalb wurde ein zweiter Gesichtersatz mit 16 Gesichtern von sogenannten »Centerfolds« eines »Männermagazins« untersucht. Diese Frauen werden vorselektiert, und zwar so, daß die Gesichter und die Figur insgesamt den Ansprüchen der Käufer des Magazins entsprechen. In der Tat werden solche Gesichter als attraktiver, erotischer und kindlicher eingestuft als unsere Normalpopulation. In dieser Population läßt sich der Effekt der

Abb. 48: Ist Schönheit Durchschnitt? Ein Experiment
Die Verarbeitung von Information über Gesichter scheint im Gehirn größtenteils über sogenannte »Prototypen« zu laufen. Prototypen sind idealisierte Vorstellungen, die unter anderem den »Durchschnittstyp« einer bestimmten Klasse von Objekten darstellen. Solche Prototypen entstehen auch in der Wahrnehmung von Gesichtern. In der Bewertung empfinden viele Menschen Prototypen als sehr attraktiv. Um diese Behauptung zu überprüfen, wurde folgendes Experiment durchgeführt.

Der erste Schritt ist die Herstellung von Durchschnittsgesichtern: Um dieses Ziel zu erreichen, kann man sich fototechnischer Tricks bedienen, bei denen eine größere Anzahl von Bildern einfach aufeinanderkopiert werden. Die Herstellung von solchen Überlagerungsbildern ist eine sehr alte Technik. Bereits im Jahr 1880 stellte der englische Forscher Sir Francis Galton mit Hilfe von fototechnischen Methoden Überlagerungen aus verschiedensten Gesichtern her.

Diese fototechnischen Methoden haben aber Nachteile – die Überlagerungen liefern selten scharfe Bilder, da die Gesichter nur sehr schwer so justiert werden können, daß die Einzelteile des Gesichts zu einer genauen Deckung kommen. Außerdem sind die Gesichter natürlich nicht alle gleich groß, so variieren Kinnlängen oder die Entfernung zwischen den Augen beträchtlich.

Die moderne Computertechnik erlaubt es aber, Bilder so zu manipulieren, daß exakte Überlagerungen und somit hochqualitative Bilder entstehen. Die Durchschnitte werden wie folgt hergestellt:

Mit einer Fernsehkamera werden Gesichter unter gleichen Lichtbedingungen genau in einem Achsenkreuz aufgenommen und digitalisiert. Die Gesichter werden dabei in einem Achsenkreuz fixiert und mit Hilfe dieses Achsenkreuzes später übereinander gelegt.

Digitalisierte Bilder bestehen aus einzelnen Bildpunkten, die verschiedene Grauwerte besitzen. Die Grauwertkomponenten dieser Bildpunkte werden als Zahlenwerte in einem Rot-Grün-Blau-Komponentenfeld angegeben, das Werte zwischen 0 und 65.535 annehmen kann. Weiß zum Beispiel würde dann durch jeweils 65.535 Anteile Rot, Grün und Blau entstehen. Komponenten dazwischen repräsentieren die einzelnen Helligkeitsstufen.

Die Überblendung der einzelnen Bildpunkte geschieht dann nach der Formel:

Neuer Bildpunkt =
Bildpunkt 1x Gewichtung/65.536 + Bildpunkt 2x (1-Gewichtung/65.536)

Die Abbildung zeigt den Herstellungsvorgang. Die beiden zentrierten Ausgangsbilder (links und Mitte) werden elektronisch überlagert (rechts) und angeglichen. Das Endbild wurde hier nicht verrauscht, um die überstehenden Linien zu zeigen.

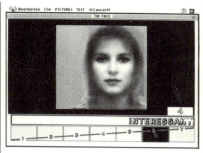

Wird die Gewichtung auf 50 Prozent Grau gesetzt, dann erhält der neue Bildpunkt genau den Mittelwert der Grautöne der Ursprungsbildpunkte. Diese Methode erzeugt jedoch keine »echten« Durchschnitte, da globale Formunterschiede nicht als arithmetisches Mittel aus Entfernungen, sondern eben nur als Graustufenmittelwerte repräsentiert werden. Außerdem verzerrt die Justierung der Gesichter in einem Achsenkreuz Größenunterschiede zwischen flächigen und eher kleinen Köpfen. Die Methode ist daher nur als Annäherung an die Herstellung von »Gesichtsprototypen« tauglich. Das Erzeugen von Prototypen geschieht dann aus programmtechnischen Gründen immer in einzelnen Schritten, in denen jeweils zwei Bilder übereinandergelegt werden. So entstanden aus den digitalisierten Bildern von Mitarbeitern Zweier-, Vierer-, Achter-Kombinationen und schließlich das Endbild aus zwei Achter-Kombinationen. Über das Endbild wurde dann ein Filter gelegt, der im Radius von drei Bildpunkten Rauschen einfügte, um überstehende Linien zu verdecken. Die Grauwerte des neuen Bildes wurden dann an die der Originale angeglichen. Das gleiche Verfahren wurde auf die Anfangsbilder angewandt, damit sie an die Prototypen von der Bildqualität her angeglichen wurden.

Diese Bilder wurden dann zusammen mit den Ursprungsbildern den Probanden (52 Frauen, 54 Männer) in zufällig wechselnder Reihenfolge von einem Computer auf dem Bildschirm vorgelegt. In ebenfalls wechselnder Reihenfolge wurden dann Adjektive eingeblendet. Der Proband mußte durch Tastatureingabe auf einer Skala von 1 bis 7 bestimmen, ob die Beschreibung auf das Bild zutrifft oder nicht. Die nebenstehende Abbildung zeigt einen solchen Bewertungsbildschirm. Es ist das zu bewertende Bild zu sehen, am unteren Bildrand befindet sich die Bewertungsleiste mit dem eingeblendeten Adjektiv. In diesem Fall war das Adjektiv »Interessant« und es erfolgte eine Bewertung mit 6 von maximal 7 möglichen Punkten. Der Vorteil dieses von uns entwickelten Programmes liegt vor allem darin, daß die Bilder beliebig austauschbar sind und daß der Computer mit dem Probanden den Test interaktiv »übt«, bis der Proband den Ablauf des Testes und die Aufgabe verstanden hat.

konkaven Wangen und der hervortretenden Backenknochen replizieren. Mit Ausnahme der Nasenlänge – lange Nasen sind wenig attraktiv und unweiblich – variiert keine der gemessenen Variablen systematisch mit Attraktivität, Weiblichkeit oder einer Beschreibung als kindlich.

Man könnte jetzt davon ausgehen, daß sich das Kindchenschema nicht in absoluten Maßen ausdrückt, sondern daß es dabei um relative

Abb. 49: Männliche Prototypen: Markiert Schönheit Extremmerkmale?
Mit der gleichen Methode wie in Abb. 50 gebildetes männliches Durchschnittsgesicht.

Proportionen geht. Bezieht man die gemessenen Maße auf die Größe des Gesichts, erreicht man keine weiteren neuen signifikanten Ergebnisse.

Interessanterweise lassen sich jedoch die Signaleffekte der sozialen Dominanz replizieren – Frauen mit breitem, großem Kinn, also einem großen Untergesicht im Verhältnis zur gesamten Gesichtsfläche, werden genauso dominant beurteilt, wie wenn diese Merkmale bei Männern vorkommen (Grammer und Thornhill, 1993).

Die Centerfolds sind insgesamt attraktiver – sie haben signifikant weiter auseinanderstehende Augen und breitere Münder, letztere sind wiederum kein Bestandteil des Kindchenschemas. Ebenso haben sie stärker hervortretende, höher angesetzte Backenknochen, auch kein Bestandteil des Kindchenschemas. Dieses Merkmal aber korreliert als einziges mit einer Beurteilung als attraktiv. Schließlich haben die Centerfolds im Verhältnis zur Gesichtshöhe breitere Gesichter, diese Merkmale werden dann mit einem im Verhältnis zum Gesamtgesicht kleinen Kinn gepaart. Wie von Cunningham vorhergesagt, zeichnet sich weibliche Attraktivität durch Zeichen der Reife aus, die sich in hoch angesetzten, breiten Wangenknochen ausdrückt. Dies erscheint aber als ein neues Gesamtschema, das in seiner Merkmalskonfiguration nicht mit einem Kindchenschema identisch ist.

Es ist demnach die Frage, wieviel vom Kindchenschema selbst übrigbleibt und ob es sich bei attraktiven Erwachsenengesichtern nicht um völlig neue Signalqualitäten handelt. Die Interpretation der sexuellen Attraktivität des Kindchenschemas können wir metrisch nicht nachweisen – sie beruht zudem auf einem Denkfehler. Ein Schema oder Prototyp zeichnet sich durch eine komplette Merkmalskonfiguration aus. Gerade beim Kindchenschema ist eines der wichtigsten Merkmale die Pausbäckigkeit, und gerade diese ist überhaupt nicht sexuell attraktiv. Wenn nur Teile eines Schemas vorhanden sind, dann ist eben auch das Schema selbst nicht vorhanden – hier handelt es sich um einen völlig neuen Prototyp, der unabhängig vom Kindchenschema ist. Deshalb nennen wir dieses Schema »Sexyschema«. Machen wir uns auf die Suche nach ihm.

Durchschnitt: eine entscheidende Verbesserung

Der englische Anthropologe Sir Francis Galton hatte bereits 1879 vor den Mitgliedern der Royal Institution von einem Verfahren berichtet, das »as a matter of fact ... enables us to obtain with mechanical precision a generalized picture; one that represents no man in particular, but portraits an imaginary figure possessing the average features of any given group of man« (S. 341). Austin (in Galton, 1883) führte dieses Verfahren weiter und beobachtete, daß die Vereinigung von individuellen Bildern »in case of some ladies portraits ... a decided improvement in beauty« bewirke (S. 345). Das Verfahren ist so einfach wie intelligent: Auf fototechnischem Wege wurden die individuellen Bilder verschiedener Personen aufeinanderkopiert. Von solchen Bildern wird angenommen, daß sie den Durchschnitt aller aufeinander kopierter Personen repräsentieren.

Gehen wir von den Effekten der stabilisierenden Selektion aus, dann wäre die Aussage: »Durchschnitt attraktiv« mit evolutionären und auch mit kognitiven Theorien im Einklang. Denn unsere Verarbeitungsmechanismen im Gehirn beruhen hauptsächlich auf Prototypisierungsvorgängen. Dabei hat man den Eindruck, daß der so erzeugte Prototyp immer »attraktiver« ist als die einzelnen Gesichter, aus denen er besteht.

Diese Hypothese wurde als erstes von Kalkofen et al. (1990) quantitativ überprüft. Sie fertigten Durchschnittsbilder an, die sie auf einem Computer übereinanderlegten, und anschließend bewerten ließen. Das Durchschnittsbild wird bei beiden Geschlechtern attraktiver als die Einzelbilder beurteilt.

Langlois und Roggman (1990) untersuchten ebenfalls von einem Computer durch Überlagerung erstellte Durchschnittsbilder. In dieser Arbeit wurden die Gesichter aufeinandergelegt und der Durchschnitt über die jeweiligen Graustufen eines Bildpunktes gebildet. In der Bewertungsanalyse zeigt sich jetzt, daß die Durchschnittsgesichter, egal ob männlich oder weiblich, attraktiver als das Einzelgesicht beurteilt werden. Es gibt jedoch Einzelgesichter, die immer attraktiver beurteilt werden als das Durchschnittsgesicht. Diese Ausnahmen geben zu denken. Handelt es sich dabei um Extremgesichter?

Andere Ergebnisse zeigt unser Bewertungsexperiment mit Durchschnittsgesichtern. Dort ergibt sich für die beiden Geschlechter ein fast identisches Bild: Ein Gesicht ist um so attraktiver, je geschlechtstypischer es ist. Je männlicher oder weiblicher es eingestuft wird, um so höher wird seine Attraktivität für den Betrachter.

Obwohl es attraktivere Einzelbilder gibt, werden die Durchschnitts-

Abb. 50: Weibliche Prototypen: Ist Schönheit Durchschnitt?
Diese Abbildung zeigt einen durch Überlagerung von 16 Bildern auf einem Computer entstandenen weiblichen »Gesichtsprototyp«. Die Überlagerungstechnik verwischt die individuellen Unterschiede, und ein Prototyp entsteht. Der Prototyp wird dann attraktiver als die meisten der Ursprungsgesichter. Es ist jedoch ungeklärt, ob das Gehirn in seiner Analyse und Speicherungstechnik ebenso vorgeht.

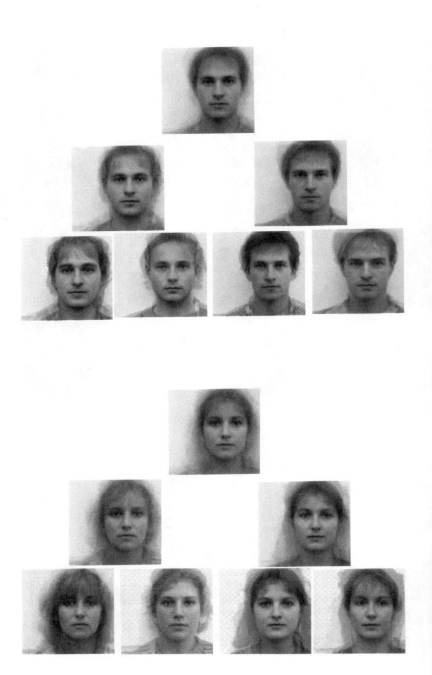

Abb. 51 und 52: Prototypen: Binäre Bäume
Die Abbildungen zeigen männliche und weibliche Durchschnittsgesichter als binären Baum. Die Gesichter wurden mit einem Programm erzeugt, das vorgegebene Koordinaten miteinander in einer Mittelwertbildung verrechnet. Die so entstehenden Gesichter sind echte Durchschnitte. Jedes der Gesichter der untersten Reihe enthält zwei Durchschnittsgesichter, die jeweils wiederum zwei Normalgesichter enthalten. Jeweils zwei Gesichter der untersten Reihe werden dann zu einem Gesicht verschmolzen, das dann acht Normalgesichter enthält. Auf diesem Weg entsteht das oberste Gesicht, das 16 Normalgesichter beinhaltet. Diese Durchschnittsgesichter sind bei Frauen attraktiver als die Einzelgesichter, nicht so bei Männern.

Abb. 53: Prototyp ist nicht gleich Prototyp
Das Aussehen von Durchschnittsgesichtern hängt davon ab, welche Normalgesichter in den Durchschnitt eingehen. Hier ist ein Durchschnittsgesicht aus 16 Normalgesichtern eines Männermagazins. Wenn Menschen also als Schönheitsideal nur den Durchschnitt benutzten, müßte eigentlich jeder, da er ja unterschiedliche Personen gesehen hat, ein anderes Schönheitsideal besitzen. Da aber die Übereinstimmungen in Bewertungsversuchen sehr hoch ist, muß es Konstanten in der Bewertung geben.

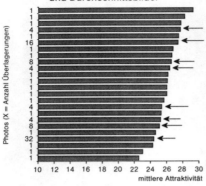

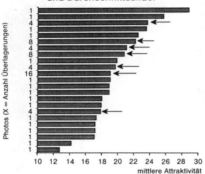

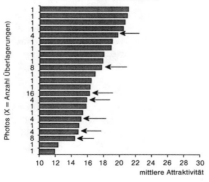

Abb. 54: Bewertung der Durchschnittsgesichter
Auf der x-Achse ist die mittlere Attraktivität der Bewertung für alle Gesichter, Normal- und Durchschnittsgesichter aufgetragen. Auf der y-Achse sind die Gesichter nach mittlerer Attraktivität geordnet. Pfeile markieren die prototypischen Gesichter; die Zahl gibt die Anzahl der Einzelgesichter an, die überlagert wurden. Nur bei der Bewertung der Normalgesichter und Durchschnittsgesichter der Frauen finden wir einen Effekt dahingehend, daß Durchschnittsgesichter eher als attraktiv bewertet werden. Solche Effekte finden wir für die auf Schönheit vorselektierten Frauengesichter aus einem Männermagazin und für die Männer nicht. Interessant ist, daß es anscheinend einen Grad gibt, über den hinaus Schönheit nicht erhöht werden kann. Bei den Männergesichtern könnte es so sein, daß das Durchschnittsgesicht eher unattraktiv ist, da Frauen wahrscheinlich Männer eher nach Extremmerkmalen – wie zum Beispiel einem Dominanzgesicht – auswählen.

bilder der Frauen signifikant attraktiver eingestuft als die Einzelbilder. Dies gilt aber nicht für die Männer (Grammer und Thornhill, 1993).

Die Einstufung der Bilder hängt demnach auch von der Population ab, aus der sie stammen. Bei den Männern scheint Durchschnittsbildung eher negative Auswirkungen zu haben, da typisch männliche Gesichtszüge (wie z. B. ein breites Kinn) verwischt werden. Durchschnittlichkeit bei Männern ist ein unerwünschtes Attribut – sie müssen Extremmerkmale besitzen, um für Frauen attraktiv zu sein. Ein breites Kinn und ein im Vergleich zur Länge des Gesichts breites Untergesicht zeichnen den attraktiven Mann aus.

Es könnte aber auch sein, daß es zwei geschlechtsspezifische Tendenzen gibt: Einerseits werden Frauen nach »Schönheit ist gleich Durchschnitt« bewertet, andererseits werden Männer nach Einzelmerkmalen, also Kriterien der Individualität beurteilt. In der Tat steht ein solcher geschlechtsspezifischer Schönheitsbegriff im Einklang mit weiblichen und männlichen Partnerwahlpräferenzen. Männer wählen ihre Frauen in erster Linie nach Attraktivität und damit auch nach deren Kapazität, erfolgversprechenden Nachwuchs zu erzeugen. Männer dagegen werden von Frauen nach deren Tendenzen zur sozialen Dominanz gewählt – ein Kriterium dafür ist vielleicht ein breites Kinn. Mazur et al. (1984) haben gezeigt, daß der militärische Rang, den Kadetten der amerikanischen Militärakademie Westpoint in ihrer Karriere erreichen, aus der Breite ihres Kinnes beim Eintritt in die Akademie vorhergesagt werden kann. Die biologische Selektion wäre dann geschlechtsspezifisch unterschiedlich vorgegangen – stabilisierende Selektion bei Frauen, direktionale Selektion auf Extremmerkmale bei Männern.

Extremmerkmale, die sekundäre Geschlechtsmerkmale darstellen, entstehen unter dem Einfluß von Geschlechtshormonen. Geschlechtshormone, speziellerweise Testosteron, wirken sich aber negativ auf das Immunsystem aus (Fölstadt und Karter, 1992). Wenn jetzt Testosteron für die Größe der männlichen sekundären Geschlechtsmerkmale verantwortlich ist, dann können sich nur sehr gesunde Individuen mit einem guten Immunsystem große sekundäre Geschlechtsmerkmale »leisten«. Ein großes Kinn wird durch Testosteron beeinflußt – sexuelle Attraktivität des breiten Kinnes zeigt also nicht nur eine Tendenz zur sozialen Dominanz an, sondern ist gleichzeitig ein Hinweis auf die Güte des Immunsystems seines Trägers (Thornhill und Gangestad, 1993).

Langlois und Roggman (1990) gehen davon aus, daß es einen Selektionsdruck daraufhin gegeben haben muß, eingebaute Referenzen für Durchschnittsgesichter zu besitzen. Die Autoren geben aber auch zu, daß eine Auswahl von Filmstars wahrscheinlich als attraktiver als ihre zusammengesetzten Durchschnittsbilder bewertet werden würde. Diese Annahme stimmt tatsächlich. Die von uns zusammengestellten Centerfolds werden als attraktiver als die Normalfrauen und deren Durchschnitte eingestuft. Nur vier von 23 der Frauenbilder (darunter ein Durchschnittsbild) erreichen Werte im Bereich der Centerfolds.

Wie wir eingangs demonstriert haben, zeigt die Forschung, daß einige Merkmale des Gesichtes mit eher atypischen Dimensionen attraktiver sein können als die gleichen Merkmale mit Durchschnittsdimensionen. Durchschnittsgesichter schauen gut aus, sind aber nicht ideal attraktiv. Aber warum schauen Durchschnittsgesichter besser aus? Abbildungen von Durchschnittsgesichtern haben durch die Methode, mit der sie hergestellt werden, oft keine Hautverunreinigungen mehr. Gesichtsirregularitäten verschwinden in den Durchschnittsgesichtern. Das könnte die Attraktivität der Durchschnittsgesichter erhöhen. Durchschnittsgesichter, wenn sie dem Mittelwert einer Population entsprechen, sehen sehr bekannt und vertraut aus. Der Bekanntheitsgrad kann die Attraktivitätsbeurteilung in Gesichtern erhöhen (Morland und Zajonc, 1982). Die Durchschnittsgesichter sind Prototypen, und Prototypen sind uns allen bekannt, obwohl wir sie wahrscheinlich noch nie vorher gesehen haben (Solso und McCarthy, 1981).

Shepherd und Ellis (1973) fanden heraus, daß man Gesichter von sehr hoher Attraktivität und solche von sehr geringer Attraktivität sehr gut wiedererkennt. Dagegen werden Gesichter von einer durchschnittlichen Attraktivität am schlechtesten wiedererkannt. Eine mögliche Erklärung dafür wäre, daß sehr attraktive oder sehr unattraktive Gesichter Merkmale besitzen, an die man sich besser erinnern kann als an durchschnittliche Gesichter. Eine andere Erklärungsmöglichkeit wäre, daß sehr attraktive und sehr unattraktive Gesichter zu einer höheren Erregung führen als neutrale Gesichter. Wenn solche unterschiedliche Erregungsniveaus für Gesichter auftreten, dann ist es natürlich, daß man sich sehr attraktive und sehr unattraktive Gesichter leichter merken kann und sie sich länger im Gedächtnis einprägen.

Auf dieser Basis postuliert Müller (1993) eine »Neuroästhetik«. Müller geht davon aus, daß ein Prototyp Optimalitätseigenschaften besitzt,

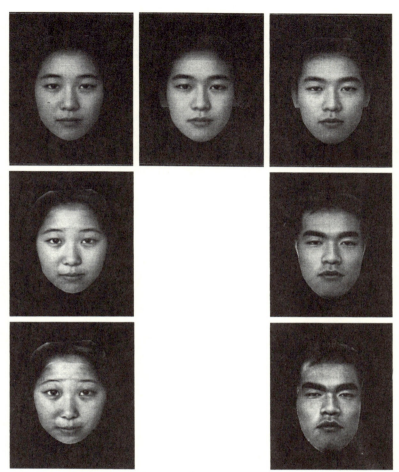

Abb. 55: Japanische Durchschnittsgesichter
Aus jeweils 26 Männern und Frauen fertigte Hirukawa (1993) diese Durchschnittsbilder an. Links und rechts oben ist jeweils das Durchschnittsgesicht, in der Mitte oben ist Durchschnitt aus Mann und Frau zu sehen. Nach unten wurden jeweils Hyper-Gesichter konstruiert, bei denen die Unterschiede zwischen männlich und weiblich verstärkt wurden. Japanische Männer finden das einfache Durchschnittsgesicht am attraktivsten, japanische Frauen das geschlechtslose Gesicht.

und zwar so, daß er einen Schlüssel darstellt, der auch unter Deformationen ein Maximum an Passung in das Schloß erreicht und damit auch leichter verarbeitet wird. Die leichtere Verarbeitung führt dann zu einer Bewertung als »schön« oder »ästhetisch«. Durchschnittsbilder zeichnen sich demnach durch eine durchschnittliche Größe von Merkmalen aus, durch eine schnelle Approximation an eine Normalverteilung, dem Verschwinden von lokalen Unebenheiten und durch hohe Symmetrie. All diese Eigenschaften sollten eine Verarbeitung des Reizes auf frühen Stufen begünstigen. Der Zusammenhang zwischen diesem Ansatz und der Partnerwahl wird durch Symons (1979) hergestellt, der sogenannte »Schönheitsdetektoren«, die sich als Anpassung an die Partnerwahl entwickelt haben, postuliert. Diese Detektoren würden dann auf durchschnittliche Merkmale schneller und besser ansprechen. Durchschnittsbilder hätten dann einfach einen Verarbeitungsvorteil.

Es gibt ein Ergebnis von Light et al. (1981), das die Aussage »Schönheit ist Durchschnitt« wahrscheinlicher macht. Man kann sich nämlich an attraktive Gesichter schlechter erinnern als an weniger attraktive. Attraktive Gesichter werden in dieser Studie auch als »typisch« bezeichnet. Je stärker ein Gesicht vom Durchschnitt abweicht, um so besser wird es erkannt. Eine Möglichkeit ist, daß ein Prototyp von Gesichtern gebildet wird und dann lediglich die Abweichungen von diesem Prototyp abgespeichert werden.

Demnach scheint Schönheit, zumindest was die Beurteilung von Frauen betrifft, wirklich Durchschnitt zu sein.

Schönheit: ein Fenster auf das Immunsystem?
Die Hypothese (Symons, 1979), daß es eine Vorliebe für den Durchschnitt gibt, kann nach dem, was wir bis jetzt wissen, nur für die Frauen akzeptiert werden. Dabei kann es sich, wie bereits ausgeführt, um eine psychologische Anpassung daran handeln, daß man Partner vermeidet, die Gesichtsmerkmale besitzen, die zu sehr vom Mittelwert abweichen. Möglicherweise wäre ja anzunehmen, daß solche aus dem Rahmen der Population fallende Individuen gefährliche oder nachteilige Mutationen besäßen, die die Anpassungsfähigkeit behindern würden. Thornhill und Gagestad (1993) erweiterten diese Hypothese dahingehend, daß durchschnittliche Gesichtsmerkmale in erster Linie »echte« Gesundheitsmerkmale sein könnten.

Um dieser Hypothese nachzugehen, muß man jedoch etwas weiter ausholen und biologische Informationen heranziehen. Parasiten sind sehr weit verbreitet und rufen oft eine hohe Sterblichkeitsrate hervor. Jeder Organismus hat viele Arten von Parasiten, die seinen Körper benutzen und dessen Vorratsstoffe ausplündern. Wirte entwickeln deshalb Verteidigungsanpassungen. Aus diesem Grund bauen viele Tierarten komplexe Immunsysteme auf. Die Parasiten dagegen entwickeln Mittel, um das Verteidigungssystem der Wirte zu umgehen. Deshalb gibt es weder für den Wirt noch für den Parasiten eine Langzeitlösung. Verbesserungen auf jeder Seite sind nur zeitlich begrenzte Lösungen. Die Wirte können den Kampf gegen die Parasiten auf evolutivem Wege deshalb nie völlig gewinnen (Hamilton und Zuk, 1982). Allgemeine Parasitenresistenz wird aus diesem Grund gerade in der Partnerwahl immer eine herausragende Rolle spielen, weil sie die Überlebenschance des Nachwuchses entscheidend beeinflussen kann.

Abb. 56: Hollywood-Heldinnen
Die Abbildung zeigt Durchschnittsgesichter von Hollywood-Schauspielerinnen – Schönheit kann durchaus ein Zeitphänomen sein. Links die zwanziger Jahre (Billie Dove, Clara Kimhall-Young, Ethel Clayton, Fay Wray, Lila Lee, Mae Murray, Mary Philbin und Theda Bara); in der Mitte die fünfziger Jahre (Ava Gardner, Grace Kelly, Heddy Lamarr, Joan Fontaine, Maureen O'Hara, Patricia Neal, Rita Hayworth und Simone Signoret); rechts die achtziger Jahre (Brigitte Fossey, Fanny Ardent, Helen Mirren, Jamie Lee-Curtis, Judy Davis, Kim Basinger, Meryl Streep und Sigourney Weaver). Mit Sicherheit hat sich auch die Schminktechnik verändert, die Betonung der Lippen und Augen nimmt ab. Heute scheinen mehr »natürliche« Gesichter und keine Kunstgeschöpfe von den Filmgängern bevorzugt zu werden. Insgesamt haben sich auch die Gesichtsformen und die dargestellten Persönlichkeiten verändert. In den zwanziger Jahren scheint ein »kindlicherer« Typ bevorzugt worden zu sein – in den ersten Filmen spielten Frauen die Rolle der jugendlichen Naiven. In den vierziger Jahren kommt ein neuer Typ auf: die feminine, männerkontrollierende Superfrau. In den siebziger Jahren mit wachsender Emanzipation wird dann die Frau im Film vermä licht und dominant gemacht.

Tooby und Cosmides (1990) stellten die Hypothese auf, daß die Proteine des Wirtes, von denen der Parasit lebt, eine ökologische Nische für die Parasiten darstellen. Der Parasit wird sich deshalb an die häufigsten Proteine anpassen und biochemische Mechanismen aufbauen, die es ihm erlauben, in der Wirtspopulation zu überleben und deren Proteine maximal auszunützen. Die Form von Proteinen wird durch entsprechende Genorte festgelegt. Information, die die entsprechenden Genorte auf homologen Chromosomen besetzt, nennt man Allele. Solche Allele können einander völlig entsprechen, sie können aber auch voneinander abweichen. Die Form von Proteinen kann deshalb zwischen zwei Individuen auch sehr unterschiedlich sein. Der Parasit kann aber nur dann am besten überleben, wenn er die häufigsten Produkte der Wirtspopulation zur Nahrungsgrundlage hat, da er nicht weiß, auf welchen Typ von Wirt er treffen wird.

Eine Partnersuche in der weiteren Umgebung und das mehrfache Verpaaren mit verschiedenen Partnern führt zu Nachwuchs, der sehr unterschiedliche Allelkombinationen (Mischerbigkeit) aufweisen kann. Mischerbigkeit kann dazu führen, daß, gemessen an allen vorhandenen Allelen, ein Individuum genetisch einzigartig sein kann und somit auch seltene Proteine produziert. Mischerbigkeit im Nachwuchs von sich sexuell vermehrenden Eltern schafft eine feindliche Umgebung für Parasiten, weil dieser Nachwuchs den Parasiten wenig verbreitete Proteine als Umwelt anbietet. Eine möglichst hohe genetische Variabilität des Nachwuchses macht den Parasiten ihr Leben schwer.

Ein vererbbares Merkmal, das in seiner Ausprägung eine kontinuierliche Verteilung aufweist, ist bei Individuen mit hoher Mischerbigkeit durchschnittlich ausgeprägt. Solche Individuen zeigen keine Extremmerkmale. Man kann jetzt spekulieren, daß die Durchschnittlichkeit eines Erscheinungsbildes hohe Mischerbigkeit bei einem Individuum anzeigt.

Thornhill und Gangestad (1993) stellten, aus diesen allgemeinen Erkenntnissen folgernd, die Hypothese auf, daß die Selektion ein sexuelles Interesse an durchschnittlichen Gesichtszügen geschaffen hat. Der Grund dafür liegt darin, daß durchschnittliche Gesichtszüge mit hoher individueller Proteinmischerbigkeit korrelieren können. Durchschnittliche Gesichtszüge würden demnach das Vorhandensein seltener Allele und damit auch seltener Proteine und so letztlich eine erhöhte Widerstandskraft gegen Parasiten anzeigen. In der Tat werden in unserer Studie die Durchschnittsbilder der Normalfrauen signifikant als erotischer und attraktiver bewertet (Grammer und Thornhill, 1993).

Mischerbigkeit kann sich jedoch nicht nur in Durchschnittlichkeit ausdrücken. Thornhill und Gangestad (1993) stellen zu diesem Komplex eine weitere Hypothese auf, die auf elegante Weise zwei Einzelhypothesen kombiniert. Grundlage der ersten Hypothese ist die Tatsache, daß sogenannte zufällig verteilte Asymmetrien des Erscheinungsbildes ebenfalls mit individueller Mischerbigkeit zusammenhängen. Bei reinerbigen Individuen treten zufällige Abweichungen von bilateraler Symmetrie häufiger auf (Mitton und Grant, 1984). Je symmetrischer ein Organismus aufgebaut ist, um so mischerbiger ist demnach sein Genom. Bringt man die beiden Hypothesen zusammen, dann sollte auch die Attraktivität eines Gesichts von Männern und Frauen positiv mit Mischerbigkeit und bilateraler Symmetrie der einzelnen Gesichtsmerkmale korrelieren.

Es gibt einige Hinweise darauf, daß Mischerbigkeit und zufällig verteilte Asymmetrie (= fluktuierende A.) beim Menschen zusammenhängen. Je mischerbiger ein Mensch ist, um so symmetrischer ist sein Körper aufgebaut (Mitton, 1992). Mischerbigkeit, Gesundheit und bilaterale Symmetrie in den Gesichtern von Männern und Frauen könnten indirekt auch möglichen reproduktiven Erfolg anzeigen: je mischerbiger, desto gesünder und desto symmetrischer.

Bei der Betrachtung von Gesichtsasymmetrien muß man deutlich zwischen zwei sehr unterschiedlichen Phänomenen trennen: Lateralität und fluktuierende Asymmetrie. Lateralität bedeutet, daß rechte und linke Gesichthälfte unterschiedlich ausgebildet sind. Welchen Ursprung die Lateralität und ob sie überhaupt eine Funktion hat, ist unklar. Fluktuierende Asymmetrie drückt sich dagegen darin aus, daß nur manche Teile gegeneinander verschoben sein können, wenn zum Beispiel ein Auge schräger steht als das andere. Fluktuierende Asymmetrie rührt daher, daß es sehr schwierig ist, bilateralsymmetrische Körper zu produzieren. Innerhalb des Wachstums können bei den Zellteilungen Fehler vorkommen, so daß ein Teil des Körpers stärker oder weniger stark entwickelt wird. Fluktuierende Asymmetrie könnte deshalb innerhalb der Partnerwahl als Signal für die »Güte« eines Partners benutzt werden. Zudem wäre ein solches Signal ein »ehrliches« Signal und nicht fälschbar. Dies ist um so wichtiger, da andere Signale der Attraktivität durchaus gefälscht werden können.

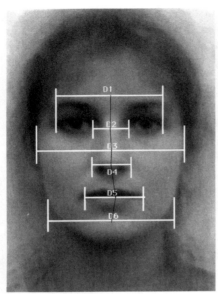

Abb. 57: Gesichtssymmetrie und Parasitenresistenz
Diese Abbildung verdeutlicht die im Text angesprochene Vermessungsmethode zur Symmetriebestimmung in einem Gesicht, bei der für sechs Meßstrecken der Mittelpunkt errechnet und anschließend festgestellt wird, ob diese sechs Mittelpunkte auf einer Geraden liegen. Es zeigt sich, daß Gesichtssymmetrie einen direkten Einfluß auf die Bewertung als attraktiv hat: Je symmetrischer die Gesichter, um so attraktiver werden sie bewertet.

In den Gesichtern aus unserer Studie finden wir diesen Zusammenhang.* Ein Gesicht wird umso stärker als »sexy« und attraktiver bezeichnet, je symmetrischer es ist. Dies gilt für beide Geschlechter. Die Durchschnittsbilder, also unsere Prototypen, sind sogar symmetrischer als die Einzelaufnahmen. Man kann zeigen, daß der Effekt der Symmetrie höher ist als der der Durchschnittsbildung. Symmetrie ist demnach ein wichtiger Faktor in der Schönheitsbewertung. Interessant ist, daß keines der horizontalen Maße außer der Mundgröße einen unmittelbaren Zusammenhang mit der Attraktivitätsbewertung besitzt. Weder Augengröße noch Nasengröße zeigen einen Zusammenhang mit der

---

* Die Bestimmung der Gesichtssymmetrie beim Menschen ist ein schwieriges Unterfangen. Ein Ansatz, Symmetrie in Gesichtern zu messen, ist der, bestimmte Meßstrecken festzulegen, die bilateralsymmetrische Punkte verbinden, wie zum Beispiel der äußere und der innere Augenwinkel, die Mundwinkel, die Nasenflügel an ihrer breitesten Stelle, die beiden Wangenknochen und die Wangenbreite in Höhe der Mundwinkel. Ist nun das Gesicht idealsymmetrisch, dann erhält man keine Unterschiede in den Symmetrieachsen dieser sechs Meßstrecken. Man kann jetzt ein Maß für die Asymmetrie erhalten, indem man die Beträge der Differenzen zwischen den Symmetrieachsen bildet und diese aufaddiert. Um die einzelnen Gesichter vergleichbar zu machen, muß man diese Beträge schließlich auf die Gesichtsbreite beziehen.

Bewertung als attraktiv oder sexy. Lediglich große Münder werden als wenig sexy empfunden. Eine Tatsache, die allein auf die Bedeutung der Prototypentheorie hinweist.

Demnach dürfte auch Partnerwahl auf der Grundlage von Gesichtsattraktivität, Gesundheit und bilateraler Symmetrie in beiden Geschlechtern getroffen werden. Diese Tatsache könnte sich schließlich auch in der Symmetrie der sekundären Geschlechtsmerkmale und damit der gesamten Körperform ausdrücken.

Es mag Unbehagen verursachen, daß in dieser Theorie Schönheit und genetische Ausstattung verquickt werden. Dies wird um so schwerwiegender vor dem Hintergrund des Rassenwahns des Dritten Reichs und ähnlicher sich neuerdings wieder verbreitender Gedanken empfunden. Davon ist nicht nur der deutsche Sprachraum betroffen, sondern ganz Europa. Diese neue Theorie führt aber den Reinerbigkeitsgedanken und damit auch den Rassenwahn ad absurdum: Das Gegenteil von Reinerbigkeit wird als schön empfunden.

Bärte, Zähne und Vieräugigkeit
Gesichter werden auch dekoriert. In der Literatur über Attraktivitätsforschung wurden häufig die Funktion von Bärten und der Einfluß von Brillen auf Bewertungsphänomene untersucht. Freedman (1969) befragte eine Gruppe von Studenten, wie sie über die Bärtigkeit dächten. Der Großteil der Männer und Frauen, nämlich etwa 56 Prozent, benutzten Bezeichnungen wie Jugendlichkeit, um Personen ohne Bart zu beschreiben. 22 Prozent der Befragten hielten die Bartträger für unabhängige Persönlichkeiten und 20 Prozent beschrieben sie als extravertiert. Frauen halten bärtige Männer für maskulin, intelligent und reif. Freedman (1969) schließt daraus, daß Bärte Männer für Frauen anziehender machen. Bärte geben Männern mehr Status in den Augen anderer Männer und erhöhen die soziale Distanz zwischen ihnen. Addison (1989) kam zu ähnlichen Ergebnissen: Bartträger gelten demnach als maskuliner, aggressiver, dominanter und körperlich stärker. Dabei hat aber der Bart als solcher wiederum keine zu große Bedeutung für die Gesamtattraktivität des Mannes. Addison (1989) folgerte deshalb, daß der geringe Einfluß des Bartes auf die Attraktivität des Mannes von der relativen Attraktivität des gleichen Gesichts ohne Bart abhängt. Es scheint so zu sein, daß das Tragen eines Bartes einen positiven Einfluß für die Beurteilungen von Männern hat, die weniger

attraktiv eingestuft werden, hingegen einen negativen Effekt auf die attraktiv eingeschätzten Männer.

Ähnliche Effekte erhielten Kenny und Fletcher (1973). Die Hypothese dieser Forscher war, daß Männer mit Bart als weniger attraktiv beurteilt werden als sauber rasierte Männer. Sie fanden jedoch das Gegenteil: Bärtige Männer wurden attraktiver als bartlose Männer beurteilt. Sie wurden als enthusiastischer, ernster, generöser, extravertierter, maskuliner und körperlich stärker beschrieben. Lediglich in einer Hinsicht schnitten sie schlechter ab: Sie wurden als schmutziger beurteilt.

Eine neuere Arbeit relativiert diese Ergebnisse. Wogalter und Hosie (1991) fanden, daß sauber rasierte Männer in der Regel positiver bewertet wurden als Bartträger. Sauber rasierte Männer galten als jünger, attraktiver und mit hohem sozialen Ansehen versehen. Das widerspricht natürlich dem, was Freedman (1969) in seinen frühen Arbeiten gefunden hat. Wir sehen hier ein sehr schönes Beispiel kultureller Veränderung. In den sechziger Jahren, als Freedman seine Arbeit durchführte, also im Hippie-Zeitalter, waren Bärte schick, heute sind sie eher von Nachteil für ihren Träger. Freilich scheint es vom Gesicht abzuhängen – ein wenig attraktiver Mann kann seine geringe Attraktivität hinter einem Bart verstecken.

Ähnliche Ergebnisse erhalten wir für Glatzenbildung. Wogalter und Hosie (1991) beschreiben, daß die Alterseinschätzung vom Ausmaß des noch vorhandenen Haupthaares abhängt. Glatzenträger werden in der Regel älter eingeschätzt als Leute, die keine Glatze haben. Die Ergebnisse dieser Untersuchung zeigen aber, daß Männer mit Glatze als intelligenter eingestuft werden.

Die Tatsache, daß Männer eine Menge Geld, Anstrengung und Zeit aufwenden, um gegen den Verlust ihres Haupthaares anzukämpfen, widerspricht zumindest teilweise den Ergebnissen dieser Untersuchung. Anscheinend ist die negative Selbsteinschätzung der Männer beim Verlust des Haupthaares ausschlaggebender. Dieser Verlust an Selbsteinschätzung wird aber in der Regel durch die Aufwertung des Intelligenzimages ausgeglichen.

Noch höhere Summen werden für Zahnkorrekturen ausgegeben. Kobarik (1981) führte dazu ein interessantes Experiment durch. Er untersuchte die Beurteilung von Mädchen vor und nach einer Zahnbehandlung. Die Zahnbehandlung dauerte in der Regel zwei Jahre. Eine

Zahnkorrektur hat direkte Auswirkungen für die Einschätzung eines Gesichtes. Alle Mädchen wurden nach der Zahnbehandlung als attraktiver beurteilt als vorher. Zahnbehandlung hat immerhin einen direkten Effekt auf die statische Struktur des Gebisses, aber sie hat auch subtile Effekte auf das Erscheinungsbild des Gesichtes. Es ist wohl möglich, daß sich auch die Psyche der behandelten Mädchen ändert. Die Mädchen könnten sich nach der Zahnbehandlung eher positiver einschätzen.

Stereotypen über Brillenträger sind weit verbreitet. Generell werden Brillenträger als intelligent und intensiv lebend bezeichnet. Fotografien von brillentragenden Frauen werden im Vergleich mit Fotos, auf denen sie keine Brille tragen, von Männern als weiblich, sexy und attraktiv bewertet. Befragt man die Brillenträgerinnen selbst, so denken diese genau das Gegenteil. Ähnliche Effekte gibt es für Männer: Brillentragende Männer werden oft als maskuliner bewertet als Nichtbrillenträger. Dabei muß man jedoch anmerken, daß der graduelle Unterschied relativ gering ist. Die Größe des Effekts, zum Beispiel, um wieviel mehr Intelligenz einer Person zugesprochen wird, hängt von der Person ab, die eine Brille trägt (Harris, 1991). Thornton (1944) zog für seine Befragungen Fotografien von Leuten mit Brille und ohne Brille heran. Er fand heraus, daß Leute, sobald sie eine Brille trugen, als intelligenter beurteilt wurden, als wenn sie keine Brille trugen. Dieser Effekt verschwand hingegen, wenn die Betrachter die gleiche Person länger, nämlich in einem Fünf-Minuten-Film beurteilen konnten. Die Autoren zeigten, daß die Brillenträger in der Tat dann als weniger intelligent beurteilt wurden, wenn sie auf dem Video eingehender beobachtet werden konnten.

Damit haben wir bereits drei Zusatzkriterien gefunden, die allgemeine Attraktivitätsbeurteilungen verändern können. Es ist deshalb anzunehmen, daß Attraktivitätsbeurteilungen leicht durch Lernvorgänge modifizierbar sind, da ja nicht anzunehmen ist, daß es für die Einschätzung von Brillen ein angeborenes Suchbild gibt.

Schöne Körper

Ford und Beach (1951) finden bei der Untersuchung von 190 Kulturen sehr große Unterschiede in den Ansichten über menschliche Schönheit. Die Faktoren reichen von Betrachtungen des generellen Körperbaus, über die Form der Hüften, des Oberkörpers und der Brüste bis hin zur

Länge der Beine. Ein genereller Trend jedoch war 1951 zu verzeichnen: Damals fanden die meisten Gesellschaften eher mollige Frauen attraktiv als schlanke und bevorzugten eher breite als schmale Hüften.

Dadurch entstehen natürlich Zweifel an der Möglichkeit einer biologischen Interpretation von Schönheitsidealen, scheint es doch keine universalen Körperideale zu geben. Zwei mögliche Gegenargumente: In unserer pluralistischen Gesellschaft müßten sich erstens eher mehr Unterschiede in Schönheitsidealen finden, wenn es kein biologisches Signalsystem für Schönheit und sexuelle Attraktivität geben würde. Das zweite Argument geht darauf hinaus, daß kulturelle Unterschiede eher die Form von Körperregionen betreffen, aber nicht die Körperregionen selbst, die bei Schönheitsbetrachtungen herangezogen werden. Demnach müßte es interkulturell gleiche »Hot-Spots« geben.

Dummerweise gibt es nicht nur Unterschiede zwischen verschiedenen Kulturen, sondern auch noch historische Veränderungen in der gleichen Kultur. So wurden anscheinend in den zwanziger Jahren dieses Jahrhunderts breite Hüften und fehlende Taillen als Schönheitsideal bewertet. In den dreißiger Jahren deuten sich dann bereits Taillen an, und in den frühen fünfziger Jahren treten dann, glaubt man den Darstellungen der Modezeitschriften, die extremen Wespentaillen auf. Heute ist Schlankheit das dominante Ideal in unserer Gesellschaft.

Wie bereits erwähnt, beschreibt Polhemus (1988) Schönheitsideale als Gruppenidentifikationsmerkmale. Die Funktion der Schönheit wäre das Zementieren von Solidarität, wenn eine ganze Gesellschaft in Wettbewerb um ein perfektes Körperideal tritt. Das Universale an der Schönheit ist ihre Wertschätzung in allen Gesellschaften, und nicht unbedingt ihre physische Erscheinungsform. Davon ausgehend glaubt Vine (1989), daß das Schönheitsideal auch ökologische Passungen widerspiegelt. Das Schönheitsideal könnte so variabel gestaltet sein, daß es Anpassungen an bestimmte Umwelten – von den Wüsten Afrikas bis zur Arktis – erlaubt.

Symons (1979) nimmt einen anderen Standpunkt ein. Nach ihm gibt es einen generellen Standard der physischen Attraktivität, der nicht so variabel und gegensätzlich ist, wie wir ihn sehen. Er geht davon aus, daß in erster Linie Zeichen von Gesundheit und Jugendlichkeit wichtig für den reproduktiven Erfolg in einer Paarbindung sind. Deshalb sollten Schönheitsideale auf dieser Grundlage mehr oder weniger angeborenerweise vorhanden sein.

Abb. 58: Schönheitsideale im kulturellen Wandel: Die Jahrhundertwende
Der Wandel in der Frauendarstellung der erotischen Fotografie wird oft als Beispiel für die Wandelbarkeit von Schönheitsidealen angesehen. Vine (1989) geht jedoch davon aus, daß es »ökologische« Schönheitsdefinitionen gibt. So sollte Plumpheit (nicht existierende Taillen, rechts) die Fähigkeit anzeigen, in Zeiten der Nahrungsknappheit durch vorhandene Fettreserven den Nachwuchs optimal zu versorgen, eine Tatsache, die für die Jahrhundertwende durchaus zutreffen dürfte. Diese Theorie wird durch Ford und Beach (1951) unterstrichen, die ähnliche Signalwirkungen für die meisten Kulturen finden. Kritiker biologischer Theorien übersehen oft die Tatsache, daß solche Theorien keine fixen, unveränderbaren Schönheitsideale vorschlagen, sondern daß Schönheitsideale auch Signale sind, die entsprechend den Umweltbedingungen ihren Signalcharakter der Angepaßtheit an die vorhandene Umwelt verändern können. Aus der gleichen Zeit stammt die spanische Dirnenschönheit (links) und der englische Athlet Lionel Strongforth (Mitte). Angepaßtheit ist nicht starre Unveränderlichkeit, sondern Flexibilität im Signalcharakter (Fotos: rechts und Mitte Fuchs, links Museum der Stadt Wien).

In der Tat findet man bei Ford und Beach (1951), daß es in den verschiedenen Kulturen durchaus Erwartungshaltungen für Schönheit und sexuelle Attraktivität gibt. »Häßlichkeit« wird in allen Kulturen mit körperlichen Entstellungen und Abweichungen zusammengebracht. Unproportionierte Körper (wenn die Einzelteile nicht in Relation zueinander stehen), Mundgeruch, schmutzige Haut sind diejenigen Parameter, die sexuelles Interesse verhindern können. An Gesundheit gebunden sind auch andere Merkmkale wie starker Muskeltonus, gesunde Zähne, glänzendes Haar ebenso wie klare Augen.

Die Hauptvariation in den Idealen für Körpermaße scheint darin zu liegen, daß Fettablagerungen an unterschiedlichen Körperteilen Formveränderungen verursachen, die dann der Bevorzugung unterliegen. Das ist, wie wir zeigen werden, der Hauptgrund für kulturell unterschiedliche Schönheitsideale, die aus Gründen der Gruppenidentifikation, der ökologischen Anpassung und aus genetisch fixierten »Hot-Spots« bestehen. Welche Formen in diese Prototypen gezwängt werden, ist dann letztlich fast egal.

Sexuelle Signale: Körperformen
Studien, die untersuchen, welche Körpersignale wirklich sexuell erregend wirken oder als schön empfunden werden, sind leider nur spärlich vorhanden. Sie arbeiten oft mit einem völlig ungenügenden Stimulusmaterial, das den Körper als einfache Strichzeichnung darstellt. Damit wird aber dreidimensionale Erscheinung in zwei Dimensionen gedrängt – Interaktionseffekte zwischen verschiedenen Körperteilen können deshalb anders als erwartet auftreten, da dem Betrachter einfach die Zusammenhänge fehlen. In der Beurteilung wird vom Betrachter ein relativ hohes Abstraktionsvermögen verlangt, was dazu führt, daß oft die Abstraktionsfähigkeit der Personen in bezug auf Körperform und nicht die eigentlichen Körperformen getestet werden.

Es gibt Anzeichen dafür, daß zumindest in den amerikanischen Populationen, die untersucht wurden, Frauen einen ultraschlanken Körper idealisieren und versuchen, ein solches Aussehen zu erreichen. Dieses Bestreben wird eher durch ästhetische Anforderungen getrieben als durch Faktoren, die an Gesundheit gebunden sind. Silverstein et al. (1986) zeigten, daß sich der kulturelle Standard der weiblichen sexuellen Attraktivität seit den dreißiger Jahren auf einen »Schlankheitswahn« hin verschoben hat.

Auskunft über Schönheitsideale kann aber auch das Körperbewußtsein einer Person geben. Nach Erikson (1968) unterscheiden sich Männer und Frauen in ihrer Haltung gegenüber dem eigenen Körper. Zumindest hypothetisch sollte die Frau ihren Körper dann als ideal betrachten, wenn er für die Partnerwahl die optimalen Signale besitzt, also wenn ihr viele Männer nachpfeifen. Im Gegensatz dazu sollten Männer ihren Körper ideal finden, wenn seine Form Erfolg beim Wettbewerb um Frauen verspricht.

Je häufiger und je besser ein Mann seinen Körper einsetzen kann, um seine individuelle Effektivität im Wettbewerb mit anderen Männern zu zeigen, um so mehr Frauen wird er wahrscheinlich anziehen können. Umgekehrt wird der Körper von Frauen dann effektiver, wenn er bessere Signale als der von anderen Frauen besitzt, um sie für Männer attraktiv zu machen. Das wäre immerhin ein Ausgangspunkt für Betrachtungen.

Lerner et al. (1976) ließen Männer und Frauen einen Fragebogen ausfüllen, in dem ihre einzelnen Körperregionen von ihnen selbst bewertet wurden. Für beide Geschlechter gibt es eine starke Beziehung zwischen dem, was man/frau als attraktiv und effektiv betrachtet. Frauen empfinden Gesicht, Hüften, Brustumfang, Zähne und Mund als diejenigen Teile ihres Körpers, die Attraktivität ausmachen. Als effektiv bezeichnen sie nur ihr Körpergewicht. Männer sahen ihre Hüften und ihr Gesichtsprofil als Attraktivitätskriterien. Effektiv dagegen sind ein guter Gesichtsschnitt, ein größeres Kinn, volle Haare, die Körpergröße und die Ausbildung der Muskeln, ebenso wie schmale Hüften und breite Schultern.

Diese Ergebnisse lassen den Schluß zu, daß das Selbstkonzept, das Frauen über ihren Körper besitzen, mehr an physische Attraktivität als an physische Effektivität gebunden ist. Im Gegensatz dazu haben Männer ein Selbstkonzept über ihren Körper, das sich hauptsächlich mit physischer Effektivität auseinandersetzt.

Das Körperbewußtsein wäre demnach im Hinblick auf die Funktion des Körpers bei Männern ausgeprägter, während Frauen sich eher mit solchen Körperregionen auseinandersetzen, die die physische Attraktivität der Frau betonen.

Nachdem in den vergangenen Jahrhunderten Frauen durch sozialen Druck eher gezwungen wurden, sich kulturellen Schönheitsnormen anzupassen, haben sich die Bedingungen für beide Geschlechter geändert. Frauen wollen Gewicht verlieren und schlank aussehen. Männer wollen Gewicht verlieren und ihren Muskelanteil vergrößern – im Bestreben, effektiv zu sein (Davis, 1991).

Schlankheit scheint ein kulturelles Normativ zu sein, das in unserer Kultur dazu führt, daß Frauen einen enormen Zeitaufwand und viel Engagement aufbringen, um ihre Nahrungsgewohnheiten zu ändern.

Wie wird Schlankheit nun aber von Betrachtern tatsächlich bewertet? Hankins et al. (1979) untersuchten den Schlankheitsgrad und dessen Einschätzung durch Dritte. Bei Einstellungsgesprächen findet

Abb. 59: Schönheitsideale im kulturellen Wandel: Die dreißiger Jahre
Der Rassenwahn des Dritten Reiches rief ein neues Schönheitsideal hervor, dessen Betonung sportlicher Körper bis in unsere Tage fortwirkt. Die damaligen Vorstellungen von Attraktivität basierten auf völlig falschen genetischen Annahmen. Nicht Reinerbigkeit, sondern eher Mischerbigkeit, also der Durchschnitt einer Population, wird als attraktiv empfunden. Damit führen sich die auch heute wieder in diese Richtung aufkeimenden Gedanken selbst ad absurdum (Fotos: D. Riebecke).

Abb. 60: Schönheitsideale im kulturellen Wandel: Die fünfziger Jahre
Zwanzig Jahre später kann sich eine moderne Massengesellschaft eine Homage an die Form erlauben. Die westliche Massengesellschaft hat keine Nahrungsprobleme mehr, so können sich auch die Schönheitsideale ändern. Sexuelle Auslöser treten in den Vordergrund, hier in einem Extrembeispiel dargestellt. Das Bild zeigt Ernie Phillips und Betty Weider und erschien im Young Mr. America 1965.

man, daß ein schlanker Bewerber besser beurteilt wird als ein dickerer. Schlanke Jobsuchende werden als behauptungsfähiger und als bessere Manager eingeschätzt. Zusätzlich werden sie schneller von ihren Kollegen akzeptiert.

Beurteilungsstudien dessen, was nun als attraktiv zu gelten hat, leiden unter einer ganzen Reihe von möglichen Störvariablen. Ein »Farrah-Effekt« ist mit Sicherheit vorhanden, aber nicht nachgewiesen. Dazu kommt, daß auch das Verhalten einer Person in die Bewertung mit einfließen kann. Schönheit könnte demnach nicht nur aus dem statischen äußeren Erscheinungsbild entstehen. In vielen Artikeln wird beschrieben, daß der Einfluß der Attraktivität auf zwischengeschlechtliche Beziehungen durch andere Faktoren eliminiert werden kann. Unter anderem ist dies auch der Haupteinwand gegen Arbeiten, die statische, also unbewegte Stimuli zur Bewertung benutzen. Thornton und Linnstaedter (1980) gingen dieser Frage nach. Eine weibliche Stimulusperson wurde in dieser Studie entweder attraktiv oder sehr unattraktiv hergerichtet. Zusätzlich dazu machte sie in einem Fall eher männlich orientierte Aussagen, das andere Mal identifizierte sie sich mit ihrer Geschlechterrolle. Es zeigte sich, daß ihre sprachlichen Aussagen keinen Einfluß auf die Einschätzung durch Dritte hatten. Attraktivitätsbeurteilungen sind deshalb zunächst einmal unabhängig vom Inhalt des sprachlichen Verhaltens.

Ein zweites Problem für Beurteilungsstudien ist häufig die Realität der Stimuli. Inwieweit orientieren sich die vorgelegten Stimuli am Erscheinungsbild einer Population? In Recherchen ließen sich nur wenige Hinweise auf Durchschnittsmaße finden, so wie sie tatsächlich in der Bevölkerung vorkommen.

In der Öffentlichkeit wird seit langem dargestellt, daß die deutsche Frau sich in ihrer Figur mehr und mehr an den Mann angleichen würde. Doch dafür liegen keine empirischen Beweise vor. Nach den Messungen des Verbandes der Damenoberbekleidungsindustrie (DOB) (Schmid und Binser, 1983) wurde die deutsche Frau im Alter zwischen 14 und 25 Jahren zwischen 1970 und 1982 um 2,5 cm größer. Der Brustumfang nahm um 1,8 cm ab, der Hüftumfang um 2,7 cm. Solche Änderungen können ausschließlich ernährungsbedingt sein – die deutsche Durchschnittsfrau ist lediglich schlanker geworden. Ihre Figur gleicht sich nicht an die des Mannes an.

Genaue Reihenmessungen führten Salusso-Deonier et al. (1991)

durch, die über 1000 Fotos von Frauen im Alter von 18 bis 40 Jahren auswerteten.

Sie untersuchten in den Fotografien die Körpervariation und finden, daß in den meisten Betrachtungen der weiblichen und auch der männlichen Figur nur die Körperform in Profilen und seitlichen Ansichten dargestellt wird. Von Belang ist aber auch die Körperhaltung. Als Schlüsselkomponente der Körperhaltung gilt der sogenannte »pelvic tilt«, der Abknickungsgrad des Kreuzbeines. Darunter versteht man die Abbiegung des Rückgrates in der Höhe des Promontoriums zum Kreuzbein hin. Das Becken dient als Balancepunkt für die Körperhaltung, deshalb ändert ein solcher Winkel die komplette Spannung der Muskulatur. Diese Abbiegung zwischen Becken und Rückgrat wird zwar als Veranlagung vererbt, aber natürlich im Lauf der Individualentwicklung durch Körperhaltung und Muskelentwicklung verändert.

Interessanterweise beeinflußt dieser »pelvic tilt« offenbar auch die Kurvatur in der unteren Hälfte der Figur. Darunter ist das Verhältnis von Hüftbreite zu Taillenbreite zu verstehen. Ein mittlerer »pelvic tilt« erzeugt eine mittlere untere Kurvatur und ein leicht gerundetes Gesäß. Ein voller »pelvic tilt« bringt eine hohe Kurvatur und einen voll gerundeten Hintern. In der Tat hat Douty (1969) festgestellt, daß die Körperhaltung eine der Hauptmodifikatoren des Körpertyps und des visuellen Effektes ist. Die Herstellung von Kurvatur zur Manipulation des

Abb. 60a: Die deutsche Durchschnittsfrau
Diese Durchschnittsfrau wurde nach Reihenmessungen der DOB in der Altersklasse 14–25 Jahre maßstabsgerecht von einem Computer konstruiert. Sie ist 166,2 cm groß und hat die Maße 88,4–77,2–92,5.

»pelvic tilt« scheint deshalb auch eine der Hauptmöglichkeiten, Kurven als Signale zur Geltung zu bringen.

Salusso-Deonier et al. (1991) machten auch Angaben zur relativen Fettablagerung in den Körpern. Bei den Männern wird Fett typischerweise über der Gürtellinie angelagert. Ein sogenannter »Schwimmgürtel« entsteht. Die typische Fettanlagerung bei den Frauen verstärkt die Fettablagerungen von Bauch und Gesäß abwärts bis zu den Knien. Sekundäre Fettdeposite findet man auch am Oberkörper (Garn, 1957).

Ein sehr häufig beobachtetes Körperbaumuster bei Frauen ist die genetisch determinierte Ungleichheit im Verhältnis der Beckenproportionen zu den Schulter- und Rumpfabmessungen (Garn, 1955). Eine solche Ungleichheit ergibt eine Rahmengrößendifferenz zwischen den oberen und den unteren Körperproportionen. Ein Körpertyp kann zum Beispiel relativ breite Schultern mit schmalen Hüften und einem mittleren bis vollen »pelvic tilt« haben. Interessanterweise variiert bei diesen Frauen die Brustentwicklung von sehr kleinen Brüsten bis zu einer Brustentwicklung, die breite Schultern für einen visuellen Focus entstehen ließ.

Ein anderer Körpertyp, der durch Ungleichheit von oberen und unteren Körperpartien auffällt, sind relativ schmale Schultern gepaart mit breiten Hüften. Die Fettablagerungen im unteren Körperbereich sind stärker ausgebildet als jene im oberen Körperbereich. Dieser Körpertyp tendiert zu kleinen Brüsten und zu einem durchschnittlichen bis vollen »pelvic tilt«. Von Salusso-Deonier et al. (1991) wurden die Brustgröße nicht als Klassifikationsfaktor mit aufgenommen, da die Brustentwicklung sehr stark über die Körpertypen hinweg variiert. Die Entwicklung der Brust ist also von den übrigen Fettablagerungen des Körpers relativ unabhängig.

Der stereotype starke Muskelmann mit breiten Schultern und schmalem Gesäß wird oft als der ideale männliche Körper in unserer Kultur bezeichnet. Nach einer Studie durch Lavrakas (1975) scheint es, daß eben dieser stereotype Muskelmann wenig attraktiv für Frauen ist. Die männliche V-Form wird vor allem von solchen Frauen bevorzugt, die sich selbst als traditionell weiblich einschätzen. Natürlich spielt auch die Präsentation der Stimuli eine Rolle. Ob Männer von vorne oder von der Seite gezeigt werden, ist für die Beurteilung ausschlaggebend. Generell wählen Frauen eine männliche Silhouette von etwa mittlerer Größe. Der Idealmann ist nach diese Studie durchschnittlich schlank

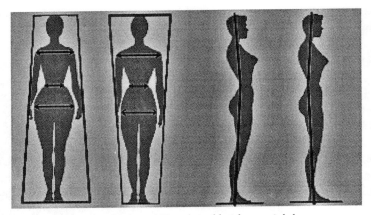

Abb. 61: Rahmenunterschiede und Kreuzbeinabknickungswinkel: unglaubliche Schönheitskriterien
Die beiden Normfiguren links in der Frontalansicht wurden so verändert, daß sie die beiden häufigsten Rahmenunterschiede bei Frauen anzeigen: schmale Schultern mit breiten Hüften und breite Schultern mit schmalen Hüften. Beide Formen sind sehr häufig und sollen genetisch bedingt sein – entsprechen aber nicht männlichen Schönheitsidealen. Die Ansichten von der Seite rechts zeigen ebenfalls zwei nur teilweise genetisch bedingte Figurunterschiede, hier spielt auch die Ausbildung der Muskulatur, also Training, mit eine Rolle. Links ist ein positiver Kreuzbeinabknikkungswinkel eingetragen – die ganze Figur wird gestrafft. Rechts im Bild ist ein negativer Winkel – die Figur erscheint zusammengefallen. Das linke Bild entspricht dem Ideal der Männer.

mit einem kleinen Hintern und hat eine durchschnittliche Silhouette in der Körperform mit einem etwas größeren Brustkasten. In Interviews mit 100 Frauen fand Smith (1975), daß Frauen zu 39 Prozent den Hintern des Mannes sexuell erregend und erotisch attraktiv fanden, 15 Prozent bewerteten die Schlankheit des Mannes als attraktiv und nur 1 Prozent sagte, daß sie durch muskulöse Schultern und Brustkästen sexuell erregt würden.

Diese Forschungsergebnisse unterstützen somit nur teilweise die populäre Annahme, daß Frauen große Brustkästen bei Männern lieben, die den bodybuilding-gestählten Atlastypen gleichen.

Die charakteristische V-Form des männlichen Körpers enthält geschlechtstypische Informationen. In einer Studie von Horvath (1979, 1981) zeigt sich, daß die Schulterbreite der Männer sehr stark mit Attraktivität korreliert. Es gibt hier aber keinen Umkehrpunkt wie bei der Beurteilung weiblicher Hüften. Sehr breite Schultern werden nicht als unattraktiv eingeschätzt. Diese Aussagen lassen den Schluß zu, daß Schulter und Hüftbreite eine wichtige Information für die Geschlechtererkennung liefern. Bei Frauen sind breite Hüften und bei Männern schmale Hüften geschlechtsstereotyp, dazu kommen bei Frauen schmale Schultern und bei Männern breite Schultern (Barclay et al., 1978).

Die Ergebnisse für die Gruppe als Ganzes unterstützen die im Volksmund oft gehörten Ansichten nicht, daß Männer mit muskelgestählten Figuren oder Atlasfiguren bevorzugt werden. Die V-Form des männlichen Körpers wird nur dann bevorzugt, wenn auch ein kleiner Hintern dazukommt. Ähnliche Ergebnisse zeigen neuere Studien (Woll und McFall, 1977). In den Attraktivitätsbewertungen von Männern und Frauen ergaben die höchste Aufmerksamkeit das Gesicht, gefolgt von Körperbau und Körperhaltung des Mannes. Kaum Einfluß scheint das Vorhandensein von Körperbehaarung, Muskularität, Sonnenbräune oder die Persönlichkeit zu nehmen. Das Gesicht gilt demnach als die herausragende Bewertungszone beim Mann.

Wenden wir uns der Einschätzung der weiblichen Figur zu. Es gibt wesentlich mehr Studien, die die Formen der Frauen durch Männeraugen betrachten. Innerhalb der psychologischen Literatur hat die Diskussion über somatische Vorlieben von Männern entweder als Teil von Fallgeschichten gedient oder dazu, eine theoretische Position zu verstärken. Tridon (1949) zeigte zum Beispiel, daß brustgestillte Männer später eine Vorliebe für Frauen mit gutentwickelten Brüsten besaßen. Andererseits hat Gorer (1948) festgestellt, daß Füttern nach Plan und orale Frustration zur späteren Vorliebe für gut entwickelte Brüste führten. Männer entwickeln zwar bestimmte Vorlieben für weibliche Körperformen, aber man weiß nicht, warum.

Immerhin wurden einige Attrappenversuche durchgeführt. Rensch (1963) zum Beispiel legte Probanden Attrappen von verschiedenen Schlankheitsgraden vor. Die Beurteilungen der Attrappen durch Männer und Frauen liefen dabei weitgehend parallel. Von weiblichen Körpern gefielen der jugendliche Typus, d. h. der schlankste Typ am meisten. Von den männlichen Körpern dagegen wurde ein mittelschlanker Typ bevorzugt.

Wesentlich genauere Ergebnisse liefern die Arbeiten von Horvath (1979, 1981). Er konstruierte Standardfiguren aus Maßdimensionen

Abb. 62: Männerkörper: Extreme oder Durchschnitt?
Obwohl in der Partnerwahl das Wahlkriterium der physischen Attraktivität hauptsächlich für Frauen gilt, versucht eine ganze Industrie, den Männern Idealkörper zu verkaufen. Frauen bevorzugen in ihrer Wahl aber nur Extreme, die leicht über dem Durchschnitt liegen. Der V-förmige Oberkörper des Atlastyps ist weniger gefragt. Hier scheint weniger die intersexuelle Selektion zu greifen, sondern die intrasexuelle, d. h. Männer im Wettbewerb mit anderen Männern. Die Frage ist dann aber, welche Bedeutung ein solcher Wettbewerb in unserer modernen Massengesellschaft hat, in der nicht mehr körperliche Kraft, sondern Intelligenz eine Rolle spielt.

amerikanischer Durchschnittswerte. Horvath findet wie Rensch, daß bei Frauen Schlankheit eine große Rolle spielt. Schlankheit wird hier als das Produkt von Hüfte mal Taillenweite definiert und ist somit ein umgekehrter Index zur gesamten Schlankheit des Körpers. Ebenso spielt die Kurvatur der weiblichen Figur eine Rolle für die Beurteilung. Kurvatur wird als das Verhältnis von Hüfte zu Taille berechnet und stellt damit den Winkel zwischen Taille und Hüfte dar. Zunehmende Hüft- und Taillenweite führen zur Ablehnung ebenso wie sehr schmale Hüften bei Frauen. Diese Ergebnisse werden durch die Arbeit von

Wiggins et al. (1968) bestätigt; demnach bevorzugten Männer eine weibliche Figur, die durchschnittlich große Brüste hat.

Männer scheinen extreme weibliche Formen abzulehnen – die Kurvatur wird am günstigsten bei Mittelwerten beurteilt. Das gleiche gilt für die Oberweite. Doch Beurteilungen von Brustgrößen an Hand von Silhouetten oder wie in diesem Fall durch einfache Veränderungen der Oberkörperbreite, könnten eine zu starke Vereinfachung darstellen. Brustgröße kann auch durch Vergrößerung nach unten, nach den Seiten über die Körperlinie hinaus und durch Rotation der Brustachse dargestellt werden.

Im Gegensatz zu den Männern steht, daß Frauen anscheinend häufig mit ihrer Oberweite unzufrieden sind (Jourard und Secord, 1955). Die meisten befragten Frauen hätten gern mehr davon gehabt. Dies kann nun durchaus ein Zeitphänomen sein, wurde doch die Studie in den fünfziger Jahren durchgeführt. Neuere Studien zeigen aber den gleichen Gegensatz. In einer Beurteilungsstudie ließen Kleinke und Staneski (1980) Fotos von Studentinnen, bei denen die Oberweite mit Hilfe von Schaumstoff systematisch manipuliert worden war, durch Männer und Frauen beurteilen. Frauen mit großer Oberweite (94,4 cm im Durchschnitt) werden als relativ unintelligent, inkompetent, unmoralisch und leichtlebig bewertet. Frauen mit kleinen Brüsten (87,7 cm) wurden am besten beurteilt – und zwar als intelligent, höflich, kompetent in Sachfragen und moralisch. Die ideale Oberweite für eine möglichst positive Bewertung lag dabei bei 89,2 cm Brustumfang – also wiederum ein Mittelwert.

Geschlechtsrollenidentifikation schlägt sich eindeutig auf die Attraktivität durch. Männer, die enge Kleidung tragen und natürliche Bewegungsabläufe haben, werden als männlich und attraktiver bewertet. Frauen, die gut gekleidet sind, Make-up tragen und anmutige Körperbewegungen zeigen, werden als weiblich und damit attraktiver eingestuft (Brown et al., 1986). Interessanterweise führt freizügige sexy Kleidung nicht zu einer besseren Bewertung der Frauen.

Für Frauen gilt: möglichst geschlechtstypisch – möglichst wenig extrem – möglichst wenig Fett an falschen Stellen. Bei Männern werden etwas abgemilderte Extreme bevorzugt. Damit heißt »sexuell attraktiv« möglichst prototypisch in jenen Merkmalen zu sein, die die Geschlechter unterscheiden.

Attraktivität wird durch Sexsignale im spezifischen Sinne angezeigt.

Wir wissen aus der Staufer und Frost-Untersuchung (1976), daß Männer mehr als Frauen von nackten Körpern des anderen Geschlechts erregt werden. Eine Diskussion darüber, ob es sich wirklich um Signale handelt, ist deshalb müßig. Wir können davon ausgehen, daß wir in den geschlechtsprototypischen Signalen diejenigen Triggersignale vorfinden, die unter Umständen die Bedeutung jedes anderen Signals variieren und damit auch zum »Flirtsignal« machen können.

Zumindest die sichtbaren sekundären Geschlechtsmerkmale und die geschlechtsprototypischeren Figurunterschiede sind damit Triggersignale. Diese Art von Triggersignalen erlaubt es nun relativ schnell, sehr wichtige Entscheidungen und Vorhersagen zu treffen. In erster Linie dienen sie jedoch dazu, andere Signale und deren Bedeutung zu erschließen: Sie bilden den Dekodierungsrahmen von Bedeutungen innerhalb einer zwischengeschlechtlichen Interaktion.

Die Soziobiologie der Schönheit
Wir sehen, daß es in unserer westlichen Kultur Körperregionen gibt, die eindeutig mit Attraktivität assoziiert werden. Für Frauen spielt die körperliche Attraktivität des Mannes eine geringere Rolle. Frauen legen eher Wert auf den Status des Mannes und variieren deshalb ihre Ansprüche an dessen körperliche Erscheinung.

Physische Attraktivität von Frauen spielt für Männer eine größere Rolle als umgekehrt: Was signalisieren dann Brüste und Hintern wirklich, und wie könnte eine solche Signalfunktion innerhalb der Evolution entstanden sein?

Die Frage nach der evolutiven Entwicklung der weiblichen Geschlechtsmerkmale ist wohl eine der umstrittensten Fragen innerhalb der Evolutionsbiologie. Wenn überhaupt, welchen Signalwert haben die weiblichen Sexualsignale? Die Frage wird in der Regel danach abgehandelt, daß die weiblichen Sexualmerkmale den reproduktiven Wert der Frau, zusammengefaßt aus der zukünftig erwarteten Reproduktion und aus dem gegenwärtigen reproduktiven Status, anzeigen. Das Argument von Low et al. (1987) zum Beispiel bezieht sich darauf, daß Brüste, Hüfte und Hintern sich als sexuelle Signale auf dem Weg der sexuellen Selektion entwickelt hätten. Die Frauen hätten demnach im Wettbewerb um Männer solche Signale entwickelt, um die Aufmerksamkeit und das väterliche Investment von Männern auf sich zu ziehen.

Körperform als physiologischer Indikator
Frisch (1975) untersuchte das Gewicht von 181 Mädchen in einer Längsschnittstudie von der Geburt bis zum 18. Lebensjahr und fand heraus, daß solche Mädchen, die früh in die Menarche und jene, die spät in die Menarche eintraten, das gleiche Gewicht (47 kg) hatten. Das heißt, das Körpergewicht spielt für den Eintritt in das fruchtbare Alter eine wesentliche Rolle. Wenn das Körpergewicht eine gewisse Grenze überschreitet, wird eine Frau fruchtbar.

Versucht man, den relativen Fettanteil im Körper zu bestimmen, zeigt sich, daß ein Verhältnis von Körpermasse (inklusive Körperwasser) zu Fett von 3 zu 1 vorhanden sein muß, damit die Menarche eintritt. Das entspricht etwa im Durchschnitt 24 Prozent des Gewichts.

Diese Schwellenvergleiche im weiblichen Körper sind auch für das Verschwinden eines regelmäßigen Zyklus verantwortlich. Ein Mädchen im Alter von 18 Jahren und bei einer Größe von 165 cm muß mindestens 49 kg wiegen, bevor ihr Zyklus einsetzt. Wenn sie sehr viel Sport treibt, hungert und Fett verliert, setzt ihr Zyklus automatisch aus, ein Vorgang, der nach Frisch bei vielen Extremsportlerinnen zu beobachten ist. Die Rolle, die Fett in dieser Geschichte spielt, ist die der Speicherung von Sexualhormonen. Zusätzlich wandelt das Fettgewebe Androgene, also männliche Hormone, in weibliche Hormone, also Östrogen, um. Dieser Umwandlungsprozeß bringt etwa ein Drittel des Östrogens hervor, das im Blut einer fruchtbaren Frau zirkuliert (Frisch 1980). Große Brüste zeigen damit auch den Hormonzustand und die Fähigkeit zur Ovulation einer Frau an. Fett könnte damit eine ausgleichende Funktion haben und tatsächlich für den Einsatz und die Aufrechterhaltung der Ovulation verantwortlich sein.

Cant (1980) stellte die Hypothese auf, daß sich Brüste und Hintern deshalb entwickelt hätten, um den Ernährungsstatus der Frau gegenüber Männern zu signalisieren. Ein solches Signalsystem könnte die weiblichen Wahlmöglichkeiten für Männer erhöhen.

Fett kann ein Signal sein, da es Reproduktionsfähigkeit anzeigt. Folglich liegt es im Interesse der Frauen, Fettreserven zu signalisieren. Brüste und Hintern sind hochsichtbare Konzentrationen von Fett. Die Konzentration von Fett an bestimmten Körperstellen ist weniger zweideutig als ein dickes Fettpolster über den gesamten Körper. Dicke Bäuche zum Beispiel können auch durch Schwangerschaft oder durch schlechte Ernährung entstehen. Es gibt auch biomechanische Gründe, warum verdickte Gelenke oder dicke Bäuche eine schlechte Lösung wären. Man kann schlechter gehen und sich bewegen. Dick sein macht unbeweglich. Es macht für ein aufrecht gehendes Wesen demnach Sinn, Fett deutlich sichtbar dorsal und ventral anzulagern.

Gallup (1982) hat deshalb die These aufgestellt, daß sich Brustgröße und Form innerhalb der Evolution entwickelt haben, um die Fähigkeit zur Ovulation anzuzeigen. Brustgröße und -form würden zusätzlich Alter und Ernährungsstatus signalisieren. Die maximal mögliche Brustgröße wird durch Effekte, die die Größe auf die Form hat, begrenzt. »Hängebusen« gelten als wenig attraktiv – weil sie nicht mehr jugendlich sind. Die Brustform varriert zudem mit Schwangerschaft, Menstruation und Alter. Deshalb ist anzunehmen, daß die Brustform eine Signalwirkung hat.

Solche Erklärungen fordern aber einen direkten funktionalen Zusammenhang zwischen dem Anteil der Fettablagerungen und der Reproduktionsrate. Caro und Sellen (1989) glauben, daß Körperfett tatsächlich direkte Effekte auf die Reproduktionsfähigkeit von Frauen hat. Die bisher vorhandenen Daten legen nahe, daß der Zugang zu Ressourcen, sozioökonomischer Status und Körperfett zu einer ganzen Reihe von Komponenten des Reproduktionserfolges in direkter Beziehung stehen. Dazu gehört vor allem auch die Größe des überlebenden Nachwuchses. Fett hat positive Effekte auf den reproduktiven Erfolg, der sich über Generationen fortsetzten kann. Töchter von dickeren Müttern erreichen die Menarche früher als die dünneren Töchter von dünneren Müttern (Garn et al., 1983). Die dickeren Töchter bleiben ihr ganzes Leben fetter und gebären in jedem Alter größere Kinder. Es gibt auch eine Anzahl von Hinweisen aus den verschiedensten Kulturkreisen, die die Aussage zulassen, daß das Alter, mit dem das erste Kind geboren wird, mit dem Alter zum Zeitpunkt der Menarche korreliert. Somit hat die Beleibtheit der Mutter positive Effekte auf das Wachstum, das Überleben und die Reproduktion des Nachwuchses und der Enkel.

Diese Hinweise lassen vermuten, daß es positive Einflüsse von Hüft- und Brustfett auf weibliche individuelle Fitneß gibt, denn nur Frauen im reproduktiven Alter lagern Fett an den Brüsten, der Schamregion und den Hüften ab. Die Brustgröße hängt nun tatsächlich vom Fettgehalt des Körpers ab (Katch et al., 1980).

Betrachtet man andere Kulturen und deren Schönheitsideale, dann

Abb. 63: Fett oder Form?
Obwohl dicke Frauen einen Reproduktionsvorteil genießen, ist die rechts dargestellte mit Sicherheit nicht das Idealbild der Männer. Sie könnte es nur sein, gäbe es eine Run-Away-Selektion in Richtung auf Fett und die damit verbundenen Reproduktionsvorteile. Es gibt jedoch begrenzende Faktoren, wie zum Beispiel die Beweglichkeit. Ein Ausweg aus diesem Dilemma ist der Aufbau von Form mit Hilfe von Fett, oder, wie heute weit verbreitet, Silikon (Foto: F. Spooner/Gamma).

finden wir im Standard-Interkulturellen-Datensatz von Murdock und White (1980), daß von den 62 dort vorhandenen Kulturen immerhin fast die Hälfte dicke Frauen bevorzugen. Unser westliches Schlankheitsideal ist also eher die Ausnahme. Diese Bevorzugungen lassen sich an der ökologischen und klimatischen Situation dieser Ethnien festmachen (Anderson et al., 1992). Dicke Frauen werden in Gesellschaften bevorzugt, in denen die Nahrungsversorgung nicht stabil ist und in denen es keine ausgeprägten Speichermöglichkeiten für Nahrung gibt. Fett ist also in diesem Fall ein Zeichen von »Überlebensfähigkeit«. Eine fast ebenso große Rolle spielt der Breitengrad, auf dem eine Ethnie lebt – das Schönheitsideal für Frauen wird um so dicker, je weiter nördlich die Kultur angesiedelt ist. Fett dient demnach auch zur Körperisolation. Kulturen mit stabiler Nahrungsversorgung in warmen Klimata bevorzugen dünne Frauen.

Diese Theorien erklären keineswegs, warum es gerade Brüste und Hintern als Fettdeposite gibt. Daß diese Fettdeposite Reproduktionsstatus anzeigen, steht allerdings außer Zweifel. Für die Evolutionstheorie tun sich damit einige Probleme auf, denn ein solcher Zusammenhang müßte zu einer Run-Away-Selektion führen, bei der große Brüste und Hintern bevorzugt werden. Für Männer ist aber gerade der Durchschnitt attraktiv.

Körperform als Täuschung
Low et al. (1987) vertreten eine ganz andere Hypothese. Sie gehen davon aus, daß große Brüste den Männern die Fähigkeit der Frau signalisieren, einen hohen Anteil von hochqualitativer Milch ununterbrochen über Jahre hinweg hervorzubringen. Außerdem sollen in dieser Sichtweise breite Hüften die Fähigkeit, ein Kind auszutragen und es relativ leicht zu gebären, widerspiegeln. Wenn jetzt die Vergrößerung von Hüften und Brüsten hauptsächlich aus der Ablagerung von Fett besteht, dann seien die sexuellen Signale der Frau Täuschungsmanöver, um Männer durch vorgetäuschte Qualitäten zu überlisten.

Um die Hypothese zu untermauern, stellen Low et al. (1986) eine ganze Reihe von Überlegungen an. Die Voraussetzung wäre, daß die Variationen in Brust, Hüfte, Gesäßgröße und -form tatsächlich an mütterliche Fitneß oder reproduktiven Wert gebunden sind. Fett an Brüsten und Gesäß wären demnach ein Täuschungsmanöver, das andere Signale mit hohen reproduktiven Wert nachahmt. Ein solcher

Ansatz setzt voraus, daß die Brustform Informationen über den reproduktiven Wert und den reproduktiven Status einer Frau enthält. Erst dann werden Männer dazu tendieren, hoch angesetzte, gerundete Brüste egal welcher Größe zu bevorzugen. Zusätzlich sollte dazu eine durchschnittliche bis blasse Färbung der Warzenhöfe und Brustwarzen kommen, die typischerweise die Brust nichtschwangerer junger Frauen auszeichnen.

Ähnliche Überlegungen gelten für die Hüftweite. Wenn sie mit der Fähigkeit, leichter zu gebären, korreliert, dann ist Fett an diesen Körperstellen ein Täuschungsmanöver. Es sollte deshalb unproportional häufiger an den Seiten der Hüften abgelegt werden und damit eine – wenn auch nur augenfällige – Weite der Hüften betonen. Die Gegenhypothese wäre die, daß Brustgröße, Hüftweite und Gesäßgröße und -form nicht an mütterliche Fitneß und reproduktiven Wert gebunden sind.

Die Obergrenze der Anlagerung wird in dieser Hypothese nicht durch die natürliche Selektion, d. h. Bewegungsprobleme, geschaffen. Eine Obergrenze der Anlagerung entsteht dadurch, daß übertriebene Brustgröße oder übertriebene Hüftbreite die Attraktivität einer Frau verringern könnte, weil der Signalempfänger Täuschung vermuten wird.

Wenn Fettanlagerung ein Täuschungssignal ist, dann sollte Fett nur an spezifischen Stellen angelagert werden und der Rest des Körpers als möglichst schlank übertrieben werden, um die Fettanlagerungen als »Fett« zu verbergen. Häufig hat eine schmale Taille, wie in der Kleidung oft modisch angestrebt, die Aufgabe zu zeigen, daß die Frau nicht fett ist, während der Hüftumfang gleichzeitig übertrieben wird. In ähnlicher Weise sagen eine schmale Taille und schlanke Arme und Beine aus, daß die großen Brüste nicht fett und damit Täuschung sein können. Wenn man schlank ist und große Brüste hat, dann kann es kein Fett sein, weil das Fett ja auch sonst nicht am Körper vorkommt.

Brüste und Gesäße als Täuschungsmanöver zu bezeichnen, ist in der Forschung heftig umstritten. Caro und Sellen (1989) zum Beispiel bringen eine ganze Reihe von möglichen Gegenargumenten. Falls tatsächlich Täuschung in diesem Bereich vorkommt, dann muß diese frequenzabhängig sein. Wenn die Anzahl der Täuschungen in einer Population zunimmt, verschwindet der Effekt der Verknüpfung von Körpercharakteristika, Stillfähigkeit und komplikationsloser Geburt.

Dadurch mindert sich natürlich auch der Selektionsdruck auf Männer, sich großbrüstige Frauen mit breiten Hüften als Partnerinnen zu suchen. Low (1988) entgegnet dem Argument, daß die Täuschung aufgeweicht würde, wenn zu viele Frauen zu große Brüste produzieren, mit einer Kosten-Nutzen-Rechnung der Männer. Sind die Kosten des Mannes, einer Täuschung zu erliegen, geringer als der Nutzen der Frau aus dem Täuschungsmanöver, dann kann sich Täuschung tatsächlich evolutionär stabil entwickeln.

Hier wurden die Theoretiker von der Praxis überholt. In den USA sind Silikonimplantate vor allem bei Darstellerinnen in pornographischen Filmen anscheinend sehr weit verbreitet. Da es sich bei der Sexindustrie um kommerzielle Unternehmen handelt, läßt sich an deren Verbreitung die Wirksamkeit der künstlich erhöhten Signale ablesen: Die Frequenz der »echten« Täuschungen wurde immer höher. Neuerdings aber werben amerikanische Pornoproduzenten mit der Tatsache, in ihren Filmen würden nur »echte«, normal große Brüste vorkommen. Es muß also darüber hinaus auch andere Mechanismen geben, die Brüste auf »Normalgröße« zwingen.

Die Probleme, die durch die Frequenzabhängigkeit von Täuschungsmanövern entstehen, sind nicht die einzigen, der sich eine solche Theorie stellen muß. Die Tatsache, daß es sich hier nicht um Extremwerte handelt, die attraktiv sind, wurde von Low et al. (1987) völlig übersehen. Ein Selektionsdruck auf Männer, großbrüstige Frauen zu wählen, würde zu einer typischen Run-Away-Selektion führen: Männer würden Frauen mit großen Brüsten und breiten Hintern wählen – dann hätten noch größere Brüste und noch breitere Hintern einen Vorteil und so weiter. Damit wird es schwer, irgendwelche Vorhersagen darüber zu machen, welche Größen oder Formen von Brüsten und Hüften favorisiert werden.

Fett als Täuschungsmanöver einzusetzen, funktioniert nur unter einer Voraussetzung, nämlich wenn Brustgröße und Hüftweite tatsächlich an direkte Funktionen wie Nahrungsversorgung der Kinder und Gebärfähigkeit gebunden sind. Dieser Zusammenhang ist jedoch weithin umstritten.

Obwohl das Brustvolumen während der Schwangerschaft zunimmt, und diese Zunahme mit der Stillfähigkeit sehr stark korreliert (Hytten, 1954), gibt es keine Studien, die bisher einen direkten Zusammenhang gezeigt hätten. Das im vierten Schwangerschaftsmonat gemessene

Abb. 64: Kein neues Thema: ein schöner Busen
Beide Abbildungen zeigen Anzeigen zum Thema Brustvergrößerung – in den zwanziger Jahren mit Hilfe dubioser Mittelchen (Fuchs, 1912), heute mit Hilfe von einfachen Klebestreifen in einer deutschen Frauenzeitschrift. Ein Markt, der sich von seiner Kaufkraft her wahrscheinlich wenig verändert hat, nur die Mittel sind andere geworden (Fotos: Fuchs, Petra).

Brustvolumen von erstgebärenden Müttern korreliert nicht positiv mit der Milch, die am siebten Tag nach der Geburt produziert wurde. Die Milchsekretionsrate scheint allein unter der Kontrolle des Hormons Prolaktin zu stehen, das während des Fütterns als Ergebnis der Brustwarzenstimulation abgesondert wird (McNeilly, 1977). Die Frequenz und die Stärke des Saugens des Kindes bestimmt die Milchsekretion (Prentice, 1983). Einen weiteren Einfluß hat die Nahrungsversorgung der Mutter (Loudun et al., 1983). Brustgröße ist somit kein guter Vorhersagefaktor für laktationale Fähigkeit.

Ein guter Vorhersagefaktor ist die Symmetrie der Brüste. Neifert et al. (1985) stellten fest, daß Frauen mit ungenügender Ausbildung des Milchdrüsengewebes zu asymmetrischen Brüsten neigen. Wenn Männer also nach Zeichen erfolgreicher Laktation schauen, dann müßten sie durch symmetrische Brüste jeder Größe angezogen werden. Und zwar von Brüsten mit klar über die Warzenhöfe hervortretenden Warzen, weil nämlich auch invertierte Brustwarzen anzeigen, daß es Schwierigkeiten beim Stillen eines Kindes geben könnte. Erinnern wir uns an die Bedeutung der Gesichtssymmetrie für die Attraktivität, dann könnte sich hier ein allgemeines Prinzip andeuten.

Ähnliche Überlegungen gelten für die Hüftweite. Zwar fanden Page et al. (1976) und Llewellyn-Jones (1977), daß Frauen mit schmalen Hüften bei einer Geburt eher Schwierigkeiten erleben als Frauen, die weite Hüften besitzen. Hier können aber auch andere Faktoren eine Rolle spielen.

Es gibt eine ganze Reihe von Hinweisen darauf, daß die Hüftbreite nichts mit der Fähigkeit, leicht zu gebären, zu tun hat (Stewart, 1984). Es ist eine Tatsache, daß die Größe des Neugeborenen durch die mütterliche Physiologie bestimmt wird. Kleinere Frauen (mit kleineren Geburtskanälen) gebären in der Regel kleinere Kinder, die durch reduzierte Plazentagewichte erzeugt werden (Frisancho et al., 1977). Die Größe des Vaters spielt keine Rolle für die Größe des Neugeborenen. Singh (1992) dagegen glaubt, daß der untere Kurvaturindex, den er als Taillen-Hüft-Verhältnis bezeichnet, das einzige sichtbare körperliche Merkmal sei, das an reproduktiven Status und die Gesundheit der Frau gebunden ist. Frauen im gebärfähigen Alter zeigen für das Taillen-Hüft-Verhältnis Werte von 0,65–0,8. Durchschnittliche Werte gehen mit einer geringeren Anfälligkeit für Herzleiden, Typ-II Diabetes, Gallenleiden, weibliche Karzinome und einem optimalen Geschlechterhormonprofil einher. Frauen mit durchschnittlichem Taillen-Hüft-Verhältnis haben geringe Werte an freiem Testosteron (dem männlichen Geschlechtshormon) und hohe Werte von Östrogen (dem weiblichen Geschlechtshormon). Figuren mit normalem Körpergewicht und einem Taillen-Hüft-Verhältnis von 0,7 werden von Männern bevorzugt, extreme werden abgelehnt. Dies könnte einen Zustand zwischen optimaler Fitness und Taillen-Hüft-Verhältnis darstellen.

Damit erscheint es etwas unglaubhaft, ein Täuschungsmanöver für leichtes Gebären durch Einlagerung von Fett an den Hüften signalhaft zu vermuten. Jedoch bleibt immer noch die Annahme bestehen, daß Fett als solches durch Anlagerung an spezifischen Stellen den reproduktiven Wert signalisiert. Durch Proportionierung, wie zum Beispiel die Verbindung von Fettanlagerung an Brüsten und Hintern eines schlanken Körpers, wird das Signal im Sinne einer Kontrastbetonung hervorgehoben, und man kann mit weniger Fett mehr Wirkung erreichen.

Körperform und aufrechter Gang
Szalay und Costello (1991) kritisieren die direkte Anwendung von sexueller Selektion auf Hypothesen über die Entstehung des mensch-

Abb. 65: Taillen-Hüft-Verhältnis: ein Signal für den reproduktiven Wert?
Das Taillen-Hüft-Verhältnis (THV) ist ein relationaler Wert zur Beschreibung weiblicher Schönheit. In dieser Abbildung sind die von Singh (1992) verwendeten Attrappen von links nach rechts entsprechend der beurteilten Attraktivität dargestellt. Insgesamt wird die etwas vollere Figur vor der dünneren bevorzugt. Der THV wurde durch die Weite der Taille manipuliert – in diesem Versuch wird die kurvenreichste Frau von den Männern bevorzugt (ganz links).
Abb. 66: Taillen-Hüft-Verhältnis – bei Männern
Von links nach rechts sind Männer-Figuren nach ihrer beurteilten Attraktivität aufgetragen. Die Figuren wurden in drei Gewichtsklassen und drei Klassen von Taillen-Hüft-Verhältnissen eingeteilt. Die mittlere Gewichtsklasse mit einem THV von 0,9 (ganz links) wird von Frauen am attraktivsten empfunden. Insgesamt finden sich die THV von 0,9 aus allen drei Gewichtsklassen unter den ersten sechs in der Attraktivitätsbewertung. Dies verifiziert die Ergebnisse von Horvath (1981), der geschlechtstypisches Aussehen als Attraktivitätsmerkmal bezeichnet – männliche V-Form und weibliche Kurven.

Abb. 67: Die Evolution der sexuellen Signale
Diese Theorie geht davon aus, daß das aufrechte Gehen der ausschlaggebende Anlaß für die Entwicklung des sexuellen Signalsystems war. Sexuelle Empfänglichkeit anzeigende Signale wie haarlose Schwellungen der Vulva müssen auf dem Weg zum Aufrechtgehen umgebaut werden, da sie der Beweglichkeit im Wege stehen, und können dann als permanente Signale wirksam bleiben. Brüste sollten sich nach dieser Theorie als Automimikry der Schwellungen entwickelt haben. Vielleicht ist aber die Symmetriedarstellung solcher Signale wichtiger, da Symmetrie an Parasitenresistenz gekoppelt ist (nach Szalay und Costello, 1991).

lichen Signalapparates. Der Vorschlag, den sie machen, ist folgender: Die Richtung der Evolution im Bereich des menschlichen Signalapparates wird durch spezifische Anpassungen im lokomotorischen Bereich vorgezeichnet und bestimmt. Die sekundären Geschlechtsmerkmale der Frau werden in dieser Sichtweise als Darstellungen andauernder Östrussignale, die sexuelle Willigkeit und Empfängnisbereitschaft signalisieren, gedeutet.

Viele dieser Unterschiede im Erscheinungsbild der Geschlechter können vielleicht auf die Entwicklung des aufrechten Gehens zurückgeführt werden. Der aufrechte Gang bietet andere Ansatzpunkte für die sexuelle Selektion als eine vierfüßige Körperbauweise. Die Bipedalität wurde wahrscheinlich deshalb selektiv gefördert, weil sie die Hände freimacht. Freie Hände können ganz neue Aufgaben erfüllen. Sobald aber ein vorteilhafter Trend in Richtung Bipedalität entsteht, mußte auch das sexuelle Signalsystem unserer Vorfahren »modernisiert« werden.

Beim vierfüßigen Gehen unserer Vorfahren könnte die Empfängnisbereitschaft der Weibchen (ähnlich wie bei Schimpansen) aus der perinealen Schwellung und einer auf die Vulva fokussierte Attraktivität abgelesen worden sein.

Eine perineale Schwellung bringt für ein aufrecht gehendes Wesen mechanische Probleme mit sich und verursacht hohe Bewegungskosten. Beim Schimpansen zum Beispiel findet man eine haarlose, weiche Haut im Bereich der Schwellung, die während der empfängnisbereiten Zeit auftritt. Die Proportionen der Schwellung richten die Aufmerksamkeit der Männchen auf die hinteren Körperregionen des Weibchens. Wenn unsere Vorfahren ähnliche Zeichen für Empfängnisbereitschaft zeigten und wenn sie solche haarlose Schwellungen besaßen, dann wäre diese die Basis für eine morphologische Transformation des Signals »Schwellung«. Die Entwicklung haarloser Fettdeposite (sprich Gesäße), die den geschwollenen Schamlippen einer sich im Östrus befindlichen Vorfahrin ähnlich waren, wären vielleicht die Folge. Szalay und Costello (1991) bezeichnen diesen Vorgang als Automimikry, d. h. die Nachahmung eines Signals beim gleichen Individuum durch andere Strukturen. Im weiteren Verlauf der Selektion hätte sich dann der Anteil der Haarlosigkeit und der hormonal bedingten Fettansammlungen vergrößert.

Dadurch, daß das Signal von einem echten Schwellungssignal auf selektive Fettablagerung und Haarlosigkeit umfunktioniert wurde, konnte es schließlich vom Hormonzyklus abgekoppelt werden. Damit wird das Signal, nun unabhängig von monatlichen hormonellen Veränderungen, zu einem andauernd vorhandenen sexuellen Auslöser. Damit würden Gesäße eine fortwährende sexuelle Empfängnisbereitschaft signalisieren.

Ist einmal teilweise Haarlosigkeit vorhanden, kann sie sich im Verlauf der sexuellen Selektion auf den ganzen Körper ausweiten. Vorausgesetzt, Frauen wählen haarlose Männer und Männer haarlose Frauen. Männer haben auch dieses Attribut der Haarlosigkeit – wahrscheinlich

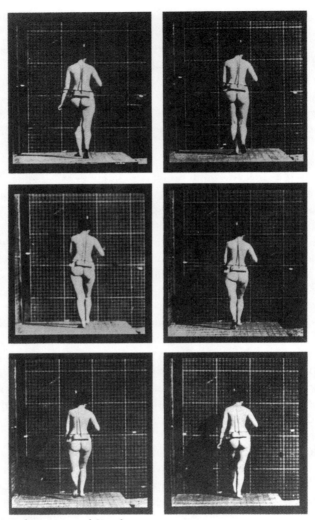

Abb. 68: Lokomotion und Signale
Sobald ein geschlechtstypischer Unterschied vorhanden ist, wie zum Beispiel der im Bewegungsapparat, kann er zum Signal ausgebaut werden. Die zweibeinige Fortbewegung führt auch dazu, daß das Gesäß der Frau zum Signal wird. Die Bilder zeigen eine Serie des amerikanischen Fotografen Edward Mubridge, der am Gesäß der Frau eine Leiste anbrachte, die mit einem Zeigerstab versehen war. Der weiße Punkt am Ende des Zeigerstabes zeigt die Auslenkung an. Diese Auslenkung ist im Gehen von Männern kaum vorhanden.

als mütterliches Erbe –, ihnen fehlen jedoch die spezifischen signalwirksamen Fettdeposite.

In dieser Theorie hat die weibliche Körperform in erster Linie die Signalfunktion der andauernden Empfängnisbereitschaft und ist nicht einfach nur durch die Anlagerung von einfachen Fettreserven entstanden.

Eine ähnliche Argumentation läßt sich auf die Entwicklung der weiblichen Brust innerhalb der Evolution anwenden. Die Brustkontur entsteht durch die Einlagerung von Fett und nur zum geringen Teil durch die Entwicklung von milchproduzierendem Gewebe, wie wir bereits gezeigt haben.

Szalay und Costello (1991) spekulieren, daß auch bei unseren Vorfahren während des zeitweiligen Östrus Brustschwellungen vorkamen. Permanente Brustvergrößerungen signalisieren damit auch falsche Empfängnisbereitschaft.

Die Macht der immer vorhandenen weiblichen sexuellen Signale liegt in der Auslösung von Langzeitaufmerksamkeit von Männern und deren Überlebenskonsequenzen. Fettdeposite erleichtern natürlich das Überleben und garantieren als Hormonspeicher einen regelmäßigen Zyklus. Damit signalisieren die Fettdeposite auch den reproduktiven Wert ihrer Trägerin. Die Problematik der hier angeführten Theorien ist aber eindeutig: Alle sind »So-ist-es-Geschichten«, deren empirische Überprüfbarkeit kaum gegeben ist, denn Kulturen verändern solche Signale, betonen sie oder schwächen sie ab. Die »Mode« als kultureller Signalgeber kommt ins Spiel.

Das menschliche Chamäleon: Kleidung und Status

So kompliziert diese Annäherung an Schönheit und sexuelle Attraktion auch erscheinen mag, sie läßt sich noch mehr verwirren, wenn wir vom Menschen selbst angebrachte Änderungen am Körper mit in ihre Betrachtung einschließen. »Kaum irgendein Teil des Körpers, welcher in unnatürlicher Weise modificiert werden kann, ist verschont geblieben...« schreibt Darwin (1874, S. 652). Körperornamente sind universell verbreitet und reichen vom Anbringen von Farbe und Tätowierungen bis zu Extremen wie Giraffenhälsen oder Lippenpflöcken.

Die Dekoration des menschlichen Körpers reicht weit zurück in unserer Geschichte. Die Venus von Willendorf, eine kleine, etwa 11 cm hohe Statuette, die auf die frühe Steinzeit datiert wird, ist bereits dekoriert, ihr Haar scheint in kleine Zöpfchen gelegt zu sein.

Es scheint eine allgemein menschliche Tendenz zur Körperornamentation zu geben. Auch Kleidung ist Körperschmuck. Kleidung bietet nicht nur Schutz, sondern sie kann ein Mittel zur zeitweiligen Veränderung des Körpers sein. Der Vorteil von Kleidung ist, daß sie jederzeit verändert werden kann. Kleidung ermöglicht es nach Goffmans Doktrin der »Selbstdarstellung« zu handeln (1959). Demnach versuchen Individuen andauernd den Eindruck, den sie auf andere machen, zu

Abb. 69: Lippenpflöcke und Giraffenhälse: die Dekoration des Körpers
Die Dekoration des Körpers unterscheidet in erster Linie verschiedene ethnische oder auch soziale Gruppierungen. Dekoration wird zum Zugehörigkeitsmerkmal. Die Lippenpflöcke der Yanomami-Frau (Oberer Orinoko, Venezuela) und die Schmuckketten der Turkana-Frau (Kenia, Ostafrika), die den Hals nach oben strecken, sind keineswegs Extrembeispiele. Die eigene Interpretation zum Beispiel der Yanomami-Frau ist die, daß damit Geister davon abgehalten werden, in die Körperöffnungen einzudringen (H. Herzog, pers. Mitt.). Eine biologische Interpretation wäre, daß derjenige, der sich schmücken kann, einen Handikap-Vorteil hat. Wer Zeit und Mittel für Schmuckaufgaben aufbringen kann, muß einfach körperliche Vorteile besitzen, da er anscheinend überflüssige Energie investieren kann. Darüber hinaus wird es durch Dekoration möglich, auch die Körpersymmetrie zu erhöhen (Fotos: I. Eibl-Eibesfeldt).

manipulieren. In diesen »quasi-theatralischen« Vorstellungen spielt das »Eindrucksmanagement« durch die Veränderung der äußeren Erscheinung die Hauptrolle.

»Eindrucksmanagement« ist deshalb ein taktisches Mittel, das auch direkten materiellen Gewinn verspricht: nicht nur im Flirt, sondern auch vor allem in Vorstellungsgesprächen, Behördenangelegenheiten und sogar Verkaufsgesprächen. Der Eindruck spielt immer dann eine Rolle, wenn schnelle Einschätzungsprozesse vorkommen. So fanden zum Beispiel Cash und Cash (1982), daß sich überbetonte Kosmetik, lockige Frisuren und Schmuck bei Einstellungsgesprächen von Frauen im gehobenen Management negativ auswirken können.

Das Messen oder die Klassifikation eines äußeren Erscheinungsbildes wurde nach Argyle (1988) noch nie systematisch versucht. Es wäre auch kaum möglich, dies in objektivierten Begriffen wie Farbe, Rocklänge etc. durchzuführen, da sich die soziale Bedeutung solcher Varianten jederzeit ändern kann. Heute ist ein Minirock provokativ sexy, morgen vielleicht langweilig und altmodisch. Es gibt also wenig mögliche direkte Aussagen über die Wirkung von Kleidung. Wir wissen aber zumindest einiges über die Wirkung des äußeren Erscheinungsbildes auf andere.

Jedes Jahr gibt die Industrie riesige Summen dafür aus, um die Konsumenten davon zu überzeugen, daß angenehmer Körperduft einen wirklichen Vorteil im Leben bringt. Anzeigen für Parfüme, Shampoos, Seifen und viele andere Produkte implizieren, daß angenehm zu riechen der Schlüssel zu Liebe und persönlichem Glück ist. Schaut man sich die Verkaufszahlen solcher Produkte an, werden in der Tat Millionen von Personen durch diese Botschaft überredet (Brady, 1978). Aber in Wirklichkeit gibt es kaum empirische Untersuchungen, die diese Annahmen belegen. Baron (1981) stellte zwei Frauen unter verschiedenen Bedingungen Männern vor. Einmal trugen die beiden Frauen kein Parfüm oder dann Parfüm (Jungle Gardenia), das sie in einer abgemessenen Menge auftragen mußten. Da Geruch auch durch das äußerliche Erscheinungsbild »übertönt« werden kann, mußten die beiden Frauen einmal einen Rock, eine Bluse und Strümpfe tragen, im anderen Fall trugen sie Jeans und ein Sweatshirt. Nur die Attraktivität der informell gekleideten Frau wird durch die Anwendung von Parfüm gehoben. Ist die Kleidung hübsch und sexy, dann reduziert Parfüm die Attraktivität der Trägerin. Es gibt eine ganze Reihe von sozialpsychologischen

Studien, die versucht haben, das äußere Erscheinungsbild durch Kosmetika zu verändern. Die Kleidung und der Körper sind wohl wichtig für die Beurteilung von Attraktivität, aber das Gesicht scheint die Hauptrolle zu spielen, denn wir wissen, daß etwa 80 Prozent unserer Interaktionen über das Gesicht laufen (Graham und Jouhar, 1980). Somit ergibt sich auch eine wichtige Rolle für die Anwendung von Kosmetik. Kosmetik kann zwar die Physiognomie, d. h. das Erscheinungsbild des Gesichts, nur wenig verändern, aber sie hat doch sichtbare Effekte für die Darstellung eines Gesichts.

Cash und Cash (1982) untersuchten College-Studentinnen an der Ostküste der USA und fanden, daß der Einsatz von Kosmetik sehr stark von der Selbsteinschätzung abhängt. Die Zufriedenheit mit dem eigenen Körper steht dabei im Vordergrund. Frauen, die mit ihrem Körper unzufrieden sind und ihn selbst nicht akzeptieren, tendieren dazu, Kosmetika verstärkt anzuwenden. Eine Ausnahme macht dabei die Zufriedenheit mit den Brüsten. Frauen, die in den Fragebögen angeben, daß sie mit ihrer Brust sehr zufrieden seien, gaben an, daß sie mehr Produkte benutzen und daß sie erst kürzlich die Anzahl der Produkte erhöht haben.

Es gibt also zwei sehr unterschiedliche Frauentypen, die Kosmetika einsetzen. Die einen benutzen Kosmetik, um mit ihrem Körper, mit dem sie unzufrieden sind, in Einklang zu kommen. Die anderen benutzen Kosmetika, um ihre bereits vorhandene Wirkung auf Männer und ihre Zufriedenheit zu verstärken. Wenn die Frauen nun einschätzen sollen, wie sie sich fühlen, wenn sie Kosmetik anwenden, kommt heraus, daß Frauen ein höheres Selbstvertrauen in Situationen besitzen, in denen sie geschminkt sind. Damit wird Kosmetik zu einem Werkzeug der Selbstdarstellung und des Eindrucksmanagements.

Alle Studien auf diesem Gebiet finden natürlich, daß Kosmetik die physische Attraktivität erhöht. Sigall und Aronson (1969) ließen eine attraktive brünette Frau unter zwei Bedingungen beurteilen. Im ersten Fall paßte alles an ihr zusammen – Haarfarbe, Kleidungsstil usw. In der unattraktiven Variante trug die gleiche Frau kein Make-up und eine blonde Perücke. Das herausstechende blonde Haar wurde als unattraktiv beurteilt.

Eine Person mit einer unreinen Haut wird in solchen Beurteilungsstudien auch als unsensibel, unrein oder rauh beurteilt. Dunkelt man Fotos von hellen Gesichtern ab, so erhält man Beurteilungen wie

Abb. 70: Selbstdarstellung und Erscheinungsbild: Experiment

Das äußere Erscheinungsbild spielt eine herausragende Rolle für die Beurteilung einer Person. Die wichtigste Theorie zu diesem Thema ist Goffmans Doktrin der »Selbst-Darstellung« (1959). Demnach versuchen Individuen andauernd den Eindruck, den sie auf andere machen, zu manipulieren. In diesen »quasi-theatralischen« Vorstellungen spielt das »Eindrucksmanagement« durch die Manipulation der äußeren Erscheinung eine Hauptrolle. Kleidung, Frisuren und Make-up werden zwar dazu benutzt, Aufmerksamkeit auf sich zu ziehen, aber die Dekoration des Körpers wird auch als Teil der Selbstdarstellung eingesetzt. Diejenigen Leute, die ein ausgeprägtes Selbstbild besitzen, glauben, daß Kleidung ihnen hilft, ihr Selbstbild anderen Personen mitzuteilen (Davis und Lennon, 1985). Argyle (1988) findet jedoch, daß es in diesem Bereich eine Lücke in unserem Wissen gibt. Wir wissen wenig darüber, wie Selbstbild oder Persönlichkeit in das Erscheinungsbild übertragen werden. Diese Situation war Anlaß zu einem Experiment, das den Einfluß von Dekoration auf die Persönlichkeitsbeurteilung untersuchen sollte. Prinzipiell stehen dabei zwei Fragen im Vordergrund. Erstens, inwieweit überhaupt veränderte Dekoration eine Änderung der Persönlichkeitsbeurteilung hervorruft, und zweitens, wenn der Effekt vorhanden ist, wie stark er sich auswirkt.

Als Stimulusmaterial dienten Schwarzweißfotos der Schaufensterpuppe »Angie« der Fa. Hindsgaul mit neutralem Gesichtsausdruck, die in der gleichen Kopfstellung mit verschiedenen Perücken vorlagen. Dadurch wurde eine standardisierte Versuchssituation möglich, in der sich die Stimulusfotos nur durch eine Variable unterschieden.

Diese Stimulusfotos wurden 57 Studentinnen (Durchschnittsalter 20,24, S. D. = 2,19) und 43 Studenten (Durchschnittsalter 21,25, S. D. = 2,32) in zufälliger Reihenfolge zur Beurteilung vorgelegt. Zwischen den einzelnen Bildern wurde jeweils eine längere Pause eingelegt, um Reihenfolgeeffekte zu minimieren. Die Bewertung erfolgte auf einer Bewertungsskala von 1 bis 7 mit einem von Sweat und Zentner (1985) entwickelten Profil. Dieses Profil wurde ursprünglich für die Beurteilung von Kleidungsstilen verwendet. Nach der Bewertung wurden die Probanden gebeten aufzuschreiben, ob ihnen etwas besonderes aufgefallen sei. Nur etwa 4,5 Prozent erkannten, daß es sich um jeweils dasselbe Modell gehandelt hatte.

Raffiniert
Unnahbar
Dramatisch

Attraktiv

Normal
Intelligent

Unterwürfig
Romantisch

Abb. 71: Ornamentation und Persönlichkeitsbewertung
Die identischen Gesichter, aber mit unterschiedlichen Frisuren und Schmuck, wurden Studenten zur Bewertung vorgelegt (Bild A). Man erhält zwar einen generellen Bewertungstrend in Richtung dramatisch, unnahbar und raffiniert, jedoch unterscheiden sich die einzelnen Frisuren signifikant (Graphik B). Für jedes Foto läßt sich eine generelle Aussage festhalten. Dieses Ergebnis deutet darauf hin, daß für bestimmte Dekorationen auch definierte Persönlichkeitsprototypen vorliegen – durch Dekoration kann man – innerhalb bestimmter Grenzen – auch ein bestimmtes Bild von sich kommunizieren. Dekoration ist damit auch Selbstdarstellung (Fotos: Hindsgaul).

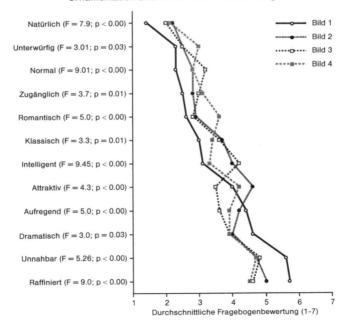

feindlich, unehrlich und unfreundlich (Graham und Jouhar, 1980). Zusätzlich werden einige der Ableitungen von Persönlichkeitsmerkmalen ausgehend von der Größe und der Form der Lippen und der Benutzung von Lippenstift gemacht. Vorurteile scheinen in diesem Bereich sehr schnell zu entstehen. Dünne, zusammengepreßte Lippen werden als Zug der Redseligkeit angesehen. Ähnlich wird eine Frau mit einem vollen Mund als sensitiv betrachtet.

Lippenstift und andere Artefakte im Gesicht stehen wahrscheinlich mit anderen Teilen des Erscheinungsbildes wie Kleidung, Gesichtsausdruck, körperlichen und sprachlichen Gegebenheiten in Wechselbeziehung. Es gibt einen sogenannten prototypischen gemeinsamen Ausdruck dieser Einzelstimuli. Diese Auffassung wird durch ein Experiment von McKeachie (1952) unterstrichen. Männer beurteilten Frauen nach einem zehnminütigen Interview. Die Mädchen verhielten sich auf ähnliche Weise, aber einige trugen Lippenstift. Die Männer empfanden jene Mädchen, die Lippenstift trugen, als frivoler, freundlicher und selbstbewußter, aber weniger redselig und weniger interessiert am anderen Geschlecht. Lippenstift ist aber zu verschiedenen Epochen unterschiedlich beurteilt worden. Während in den fünfziger Jahren ein Gesichtspuder und ein roter Lippenstift den Mittelpunkt einer modebewußten Frau ausmachten, lag die Betonung in den späten siebziger Jahren mehr auf dem Augenmake-up und möglicherweise auf der Frisur.

Neben Make-up kann sogar die Augenfarbe eine Rolle für die Beurteilung einer Person durch Dritte spielen. Jones und Moyel (zitiert in Graham und Jouhar, 1980) fanden, daß eine Person um so wohlwollender beurteilt wurde, je heller die Augen waren. Die Pupillengröße spielte bei der Beurteilung keine Rolle. Man muß also helle Kontaktlinsen tragen, wenn man als freundlich beurteilt werden will. Feinman und Gill (zitiert in Graham und Jouhar, 1980) untersuchten ebenfalls den Einfluß der Augenfarbe auf die Wahrnehmung durch andere Personen. Sie fanden, daß Männer in der Regel bei Frauen helle Augen bevorzugten und daß Frauen eine größere Vorliebe für dunklere Augenfarben bei Männern hatten. Dies ist in der Schönheitsindustrie ein bekannter Effekt – heute werden Kontaktlinsen in den verschiedensten Farben angeboten.

Ein Großteil der Veränderungen unseres Erscheinungsbildes ist der Wirkung von Frisuren auf andere gewidmet. Secord und Muthard

(1955) zeigten, daß die Übereinstimmung des Haares mit der richtigen Anwendung von Kosmetik die Einschätzung als sexuell attraktiv bei Männern auslöst. Die Haarfarbe scheint hierbei den wichtigsten Einfluß zu haben. Lawson (zitiert in Graham und Jouhar, 1980) konnte zeigen, wie sehr Persönlichkeitsstereotypen mit der Haarfarbe zusammenhängen. Er fand, daß dunkelhaarige Männer Brünette bevorzugten. Blonde Männer bevorzugten in gleicher Weise Blonde und Brünette. Blonde, brünette und rothaarige Frauen bevorzugten dunkelhaarige Männer, und künstliche (gefärbte) Blondinen bevorzugten dunkelhaarige und blonde Männer in ähnlicher Weise. Man könnte aus diesen Ergebnissen zunächst einmal schließen, daß es alles in allem sehr viel bringt, Zeit und Schwierigkeiten in Kauf zu nehmen, um das eigene Aussehen und die physische Attraktivität zu verbessern. Das Benutzen von Kosmetika kann aber durch eine ganze Reihe von anderen Faktoren übertönt werden. Es scheint einen prototypischen Gesamteindruck zu geben, in dem alle Teile des Gesichts in der Beurteilung berücksichtigt werden.

In einer Studie finden wir, daß durchaus unterschiedliche Beurteilungen vorkommen. Ändert man die Frisur und die Haarfarbe, so bewegen sich diese Änderungen aber innerhalb eines Gesamturteils. Obwohl man in allen untersuchten Bewertungskritierien Unterschiede finden kann, ist für alle vier bewerteten Frisuren und Haarfarben ein Gesamteindruck in Richtung dramatisch, unnahbar und raffiniert vorhanden. Innerhalb dieses Gesamteindrucks variieren die einzelnen Bewertungskriterien. Man könnte nun spekulieren, daß hier auch Frequenzeffekte auftreten. Die Helligkeit der vorgestellten Haarfarben variiert von blond bis schwarz. Eine Zufallsstichprobe, die von Riedl (1990) mit Hilfe einer Haarfarbentabelle in derselben Population, aus der auch unsere Beurteiler/innen stammen, erhoben wurde, zeigt, daß braunschwarze und braune Haare dort am häufigsten sind. Diese beiden Haarfarben erhielten auch in unserer Studie die positivsten Bewertungen.

Blond wird nicht immer unbedingt mit attraktiv gleichgesetzt. Haarfarbe, Frisur und Gesichter stehen in Wechselwirkung und schaffen so die Möglichkeit, das eigene Erscheinungsbild den unterschiedlichsten Selbstbewertungen innerhalb von Grenzen anzupassen.

Die Daten von Riedl (1990) zeigen, daß blonde Frauen und Männer in Wien selten sind, daß aber blond bei Frauen häufiger ist. Weshalb ändern sich dann Schauspielerinnen häufig von braun nach blond,

Abb. 72: Mode und Persönlichkeit
Mode verändert das äußere Erscheinungsbild, und wir versuchen, uns so darzustellen, wie andere uns sehen sollen. Die Grenzen der möglichen Änderungen sind aber eng gesteckt – so wie wir allgemein eingeschätzt werden, läßt sich nur wenig ändern. Diese Abbildung zeigt die gleiche Schaufensterpuppe in vier verschiedenen Aufmachungen – jede der vier Aufmachungen signalisiert einen anderen Persönlichkeitstyp (Foto: Hindsgaul).

wenn die entsprechenden Mittelwerte einer Population als am attraktivsten beurteilt werden? Die Lösung dieses Problems liegt im Handikap-Prinzip. Blond signalisiert nicht nur »Ich bin ein seltenes Exemplar«, sondern auch »Ich kann es mir leisten, das Handikap blond zu tragen« und so vom Durchschnitt der Population abzuweichen.

Ähnliche Überlegungen wie für Kosmetika gelten auch für Kleidung, die in drei wichtigen Dimensionen variiert: Form, Farbe (Ornamentik) und Symmetrie. Mode wird in der Regel dazu benutzt, Aufmerksamkeit auf sich zu ziehen. Kleidung wird als Teil der Selbstdarstellung eingesetzt, und jene Leute, die sich selbst beäugen, glauben, daß Kleidung ihnen dabei hilft, anderen ihr Selbstbild mitzuteilen (Davis und Lennon, 1985).

Über die genauen Auswirkungen der Rolle von Farbe in diesem Prozeß ist relativ wenig Zahlenmaterial bekannt. Farbe erlaubt, Kontraste zum Hintergrund zu bilden und damit entweder Form oder

Bewegung zu verstärken. Wenn Wert auf die Kommunikation von Form (vor allem Körperumrissen) gelegt wird, sollte schwarz bevorzugt werden. Wenn Wert auf die Kommunikation von Bewegung gelegt wird, dann sollte weiß bevorzugt werden. In der Tat zeigt sich bei vielen Vogelarten, daß solche, die mit statischen Körperhaltungen balzen, schwarz gefärbt sind, solche, die mit Bewegungen balzen, sind dagegen weiß gefärbt (Zahavi, 1987). Betrachtet man unsere Kleidung näher, findet man solche Mechanismen auch in der westlichen Kultur. Für statische Empfänge, wie zum Beispiel Cocktails, empfehlen Etikettebücher (z. B. Graudenz und Pappritz, 1969) Frauen das kleine Schwarze. Auf Bällen und Tanzveranstaltungen sollten die Kleider dagegen hell oder weiß sein.

Welchen direkten Einfluß hat nun Kleidung auf die Beurteilung ihrer Träger? Nach Sweat und Zentner (1985) läßt sich Kleidung unabhängig von gängigen Modeströmungen in vier Dimensionen beschreiben. »Dramatisch« ist ein extrem modebewußter und durch kühne Designlinien ausgezeichneter Stil. »Natürlich« ist ein informeller und bequemer Stil mit minimaler Ornamentierung. »Romantischer Stil« zeigt

Abb. 73: Verteilung der Haarfarben
Am häufigsten sind in der von Riedl (1989) untersuchten Population dunkle Haarfarben, blonde sind seltener und kommen vermehrt bei Frauen vor. Künstliche Färbungen wurden in dieser Untersuchung ausgeschlossen. Seltenere Formen haben nach Thelen (1983) einen Vorteil bei der Partnerwahl (nach Riedl, 1989).

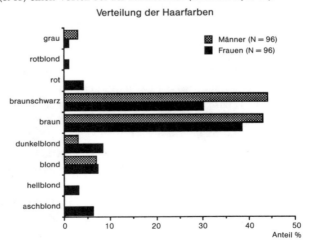

Abb. 74: Von Braun nach blond
Zwei im Laufe ihrer Karriere erblondete Schauspielerinnen: Marilyn Monroe und Brigitte Bardot benutzten den frequenzabhängigen Partnerwahleffekt für Haarfarben, um ihre Attraktivität zu erhöhen. Ein neueres Beispiel wäre Madonna. (Fotos oben und unten links: Gamma, unten rechts: Stills).

| DRAMATISCH | NATÜRLICH | ROMANTISCH | KLASSISCH |

Abb. 75: Kleidung als Prototypen
Diese Abbildung zeigt die von Sweat und Zentner (1985) benutzten Attrappen für Persönlichkeitsbewertungen in Abhängigkeit von der Kleidung. Allen vier Attrappen werden unterschiedliche Persönlichkeitsmerkmale konstant zugeschrieben (siehe Text). Wir kommunizieren mit unserer Kleidung, wie wir von anderen als Persönlichkeit gesehen werden wollen – und andere interpretieren dies richtig.

Silhouetten mit leichten Linien und ist sehr feminin. Der »Klassische Stil« zeichnet sich durch einfache konservative Linien aus.

Die Ergebnisse der Bewertung von Schemazeichnungen in den verschiedenen Stilarten sind überraschend. Der dramatische Stil wird als der ausgefallenste aller vier Stile bezeichnet. An eine Frau, die so etwas trägt, kann man sich leicht annähern, sie wird als intelligent und dominant bezeichnet. Der natürliche Stil wird als der konventionellste aller Stile beschrieben. Dieses Erscheinungsbild unterliegt keinen Extrembewertungen. Frauen, die solche Kleidung tragen, werden keine bestimmten Persönlichkeitsmerkmale zugeschrieben. Einer so gekleideten Frau kann man sich vielleicht etwas annähern, sie ist weniger intelligent und nur wenig dominant. Von allen Stilarten hat der romantische Stil die höchste Quote in der Beurteilung, wie unnahbar die Frau ist, und auch die höchste Rate im Bereich der Unterwürfigkeit. Der romantische Stil wird auch als unkonventionell und intelligent bezeichnet. Der klassische Stil projiziert ein sehr konventionelles, intelligentes und überlegenes Bild. Intelligenz und Dominanzbezeichnungen des klassischen Stils waren extremer als in allen anderen Stilen.

Diese Ergebnisse zeigen, daß die Gesamterscheinung einer Figur benutzt wird, um Information über andere Leute zu gewinnen. Es gibt

Stereotypen, die bestimmten Kleidungsstilen entsprechen und die von den Signalempfängern in gleicher Weise beurteilt werden.

Diese Stereotypen wirken sich in der Partnerwahl aus. Wir scheinen in unserer Gesellschaft zu lernen, welche Kleidungstypen welchem Persönlichkeitsstil entsprechen. Dieser Vorgang scheint auch relativ verläßlich zu sein.

Hill et al. (1987) variierten die Kleidung von Versuchspersonen und legten die unterschiedlichen Fotos der gleichen Personen, aber in unterschiedlicher Aufmachung, anderen zum Bewerten vor. Die Dimensionen, in denen die Kleidung variiert wurde, waren die Körperbetontheit der Kleidung und der Status, den die Kleidung signalisieren sollte. Die Körperbetonung wurde durch eng anliegende Kleidung vs. weite Kleidung und das Ausmaß an sichtbar unbedeckter Haut verändert. Der Status der Versuchspersonen wurde mit Poloshirts, Khakihosen, Designerlabels, Goldketten oder teuren Juwelen frisiert. Bei Männern wurden Jeans mit Anzügen verglichen, bei Frauen Jeans ohne Schmuck mit formaler Kleidung, Blazern, Blusen usw.

Es zeigte sich, daß die Attraktivität der Versuchspersonen, egal ob Mann oder Frau, höher beurteilt wurde, wenn sie Statuskleidung tragen. Der Status aber kann die Attraktivität am stärksten beeinflussen, wenn die Körperform nicht betont ist. Daraus wird deutlich, daß Körperform und Status zwei unterschiedliche Bewertungsprinzipien sind.

Die Geschlechtsunterschiede in den Beurteilungen sind klar. Männliche Versuchspersonen beurteilten die körperbetonten Modelle als attraktiver. Fragt man die Männer jedoch, ob sie sie heiraten oder nur als Sexpartner haben wollen, dann stellt sich heraus, daß die körperbetonten Modelle nicht als attraktive Heiratspartner erscheinen. Für Frauen war die Attraktivität der männlichen Modelle erhöht, wenn diese Statuskleidung trugen und die Kleidung nicht körperbetont war.

Kleidung und Ornamentation des Körpers sind eine Form des freiwilligen Zurschaustellens von Status und Form, die die wahrgenommene Attraktivität beeinflußt. Männer lieben die körperbetonte Kleidung bei Frauen als sexuelles Signal. Sie reagieren auf den durch Kleidung signalisierten Status der Frau kaum. Frauen andererseits favorisieren weite Kleidung bei Männern über alle anderen Indikatoren. Hoher Status in der Kleidung erhöht die Attraktivität eines wenig körperbetont gekleideten Mannes.

Die männliche Ornamentierung besteht aus der Übertreibung von

Merkmalen, die potentielle Möglichkeiten für väterliches Investment und sexuelle Fitneß anzeigen. Für Frauen findet man Ornamentierungen, die mütterliche Fitneß, sexuelle Empfänglichkeit und sexuelle Erreichbarkeit demonstrieren. Männer und Frauen antworteten aber unterschiedlich auf Ornamentierung.

Die unterschiedliche Beurteilung der Frauen durch die Männer in Abhängigkeit von den Zielen der Männer läßt sich auf männliche sexuelle Eifersucht zurückführen. Eine Frau, die ihren Körper als Signal einsetzt, signalisiert sexuelle Erreichbarkeit für andere. Die Angst der Männer vor Hahnreischaft spielt dabei die Hauptrolle. Frauen, die zu sehr Bereitschaft zeigen, sind in den Augen des Beobachters auch für andere Männer leicht erreichbar. Dies könnte einer der Mechanismen sein, der zu dieser Bewertung führt. Daß es Prototypen der Bewertung von »Haut« in der Kleidung gibt, erscheint trivial.

Eine andere Erklärung wäre die, daß Frauen, die optimale Signale zeigen, viel Einsatz und Aufwand in der Werbung erfordern, weil sie unter Männern Wettbewerb hervorrufen. In der Tat wählen Männer, wenn man sie mögliche Rendezvouspartner aus einer Reihe von Fotos aussuchen läßt, zunächst einmal die attraktivsten Frauen aus. Sagt man den Männern dann aber, daß es nicht so sicher wäre, ob diese attraktiven Partnerinnen auch erreichbar sind, dann tendieren sie eher dazu, solche von mittlerer Attraktivität auszuwählen. Männer versuchen also, Wettbewerb zu vermeiden (Huston, 1973).

Hautzeigen hat für Männer Signalwirkung und wird von den Frauen auch als Signal eingesetzt. Dittami und Grammer (1993) untersuchten die Körperbetontheit von Kleidung und den Anteil der zur Schau gestellten Haut in Abhängigkeit von Kontext und physiologischen Parametern. Auf digitalisierten Fotografien läßt sich die Körperoberfläche vermessen und die unbedeckten, sichtbaren Stellen davon abziehen. Enge Kleidung kann leicht bewertet werden.

Die 42 an der Universität nach einer Vorlesung fotografierten Frauen (Durchschnittsalter 23,3 Jahre) zeigten im Durchschnitt 16 % Haut. Abends in einer Disko zeigten 30 Frauen (Durchschnittsalter 23,2 Jahre) dagegen bereits 31 % Haut. Haut zeigen ist also abhängig davon, wo man hingeht. Ein solches Ergebnis war zu erwarten, weitaus interessanter war jedoch, daß alle Frauen, die ihre Kleidung sexy und attraktiv einschätzten, auch signifikant engere Kleidung trugen und auch mehr Haut zeigten als die, die sie bequem und unauffällig einschätzten.

Frauen wissen zumindest, wie ihre Kleidung auf andere wirkt. Körperbetontheit und Hautzeigen wiegen sich aber nicht auf – wer viel Haut zeigt, trägt auch enge Kleidung.

Die Untersuchung der physiologischen Parameter förderte schließlich überraschende Ergebnisse an den Tag. Östradiol ist ein Hormon, das einen sehr engen Zusammenhang mit dem Zyklus der Frau hat. Es steigt kurz vor der Ovulation sprunghaft an und pendelt sich dann auf einem niedrigeren Wert ein. Nach der Menstruation sinkt es wieder ab. Die Körperbetontheit der Kleidung zeigt keinen Zusammenhang mit dem Spiegel dieses Hormons im Speichel von Frauen, die keine hormonellen Verhütungsmittel nehmen. Ganz anders verhält sich die zur Schau gestellte Haut: je höher der Östradiolwert, um so mehr Haut wird in der Disko gezeigt ($r = 0.6$). Entfernt man den Effekt der Körperbetontheit aus den Daten, dann stellt sich das gleiche Ergebnis auch für die Universität ein ($r = 0.4$). Diese Daten legen nahe, daß Frauen den Zeitpunkt ihrer Empfängnisbereitschaft durch nackte Haut signalisieren. Das Ausmaß des Signalisierens ist kontextabhängig. Relative Nacktheit ist also nicht nur kontext-, sondern im übertragenen Sinne auch »stimmungsabhängig«.

Männerkleidung ist selten Gegenstand von wissenschaftlichen Untersuchungen. Forsythe et al. (1985) variierten die Kleidung von Männern von etwas gerundeten Formen zu eckigen Formen. Auch die Muster des Anzugs, den der Mann trug, wurden geändert. Diese Kleidung trugen junge Männer, deren Videos dann Personalchefs von großen Firmen vorgespielt wurden. Bewerber mit der Kleidung, die eckige Muster und eine etwas eckigere Gesamtdarstellung hatten, wurden eher eingestellt. Auch wurden die eckigeren Muster als eher kraftvoll, dynamisch, selbstbewußt, aggressiv und entscheidungsfreudig bezeichnet. Uher (1990) zeigt für die Wahrnehmung elementarer Formen wie Zickzack und Welle, daß Zickzack-Muster als aggressiver beurteilt werden. Damit läßt sich auch die aggressive Interpretation der Zickzack-Musteranzüge erklären. Durch Kleidungsmuster lassen sich damit auch Tendenzen zur Aggression mitteilen.

Neben Status und Betonung von Körperformen kann Kleidung auch Gruppenidentität kommunizieren. Eine Studie von Roach und Eicher (1965) fand heraus, daß die Ähnlichkeiten der Kleidung zwischen zwei Personen dazu führte, daß der ähnlichere eher gemocht wurde und daß man mit ihm lieber arbeiten würde. Rucker (1985) ließ Personen und deren Kleidung in mehreren Persönlichkeitsdimensionen bewerten und fand heraus, daß Ähnlichkeit der Kleidung der Stimulusperson mit der des Bewerters und zusammen mit der passenden sprachlichen Aussage als positive Attribute wahrgenommen werden. Solche Ähnlichkeit führt auch zu einer positiven Einstellung der Versuchspersonen zueinander.

Kleidung bei Männern und Frauen verrät also dem Beobachter Informationen über seine(n) Träger(in) und ist die erste Informationsquelle über potentielle Verhaltenstendenzen. Sie hat aber, genauso wie die Anwendung von Kosmetika und Frisur, nur relativen Einfluß auf die Beurteilung durch Mitmenschen. Kleidung wird eingesetzt, um Überlegenheit gegenüber anderen zu demonstrieren; sie kommuniziert Attraktivität und Status. Wenn Kleidung durch andere imitiert wird, verliert sie diesen Wert. Das wiederum wird eine neue Änderung in der Mode verlangen. Deshalb ist die Frage, wie modisch Kleidung ist, einer der herausragendsten Faktoren in der Kommunikation von sozialem Status.

Damit wird aus einer einfachen Kommunikationsangelegenheit ein komplizierter Prozeß: Mode. Nach Sproles (1985) kann der Modeprozeß in verschiedene Abläufe eingeteilt werden. Er beginnt mit der Erfindung und Einführung eines neuen Modeobjektes innerhalb einer Gesellschaft. Ein Modedesigner, ein Unternehmer oder ein Verbraucher schafft ein Objekt, das sich von bereits existierenden Objekten unterscheidet.

Ein kleiner Teil der Bevölkerung, nämlich die Modebewußten, nehmen diese Mode auf und führen sie in die Öffentlichkeit. Damit kommt es zu einer zunehmenden Sichtbarkeit dieser Mode in der Öffentlichkeit. Die neue Mode bekommt eine zunehmende Anhängerschaft unter anderen modebewußten Verbrauchern und wird in einer größeren Reihe von sozialen Gruppen und Lebensstilen sichtbar. Modisches erreicht dann eine soziale Rechtfertigung, und die Kräfte der Konformität, der Kommunikation und des Massenmarketings führen zu einer weitgehenden Annahme der neuen Mode.

Dann beginnt die Phase der sozialen Sättigung. Die Mode wird eine tägliche Erscheinung im Leben von vielen, wird übernutzt und übertragen; damit beginnt der Anfang ihres Endes. Der letzte Teil des Prozesses ist das Verschwinden der Mode. Neue Moden werden eingeführt und ersetzen die gesellschaftlich überlebte Mode.

Um solche Prozesse zu erklären, gibt es eine ganze Reihe von Modellen, die sich damit auseinandersetzen, wie Moden verschwinden und wieder aufkommen. Die wohl bekannteste Theorie dazu ist die »Trickle-Down«-Theorie von Simmel (1904). Er meint, daß die oberen sozialen Klassen neue Formen der menschlichen Ausdrucksmöglichkeiten wie Moden zunächst einmal annehmen und etablieren. Sobald ein neues Objekt von der Oberklasse angenommen wird, wird die Oberklasse durch alle darunter nachfolgenden niedrigeren sozialen Schichten imitiert. Diese Nachahmung wird so lange durchgeführt, bis die Mode die unterste soziale Schicht erreicht hat. Wenn die Oberklasse erkennt, daß alle Klassen sogenannte Nachfolger geworden sind, dann wenden sich ihre Angehörigen neuen Moden zu, um ihren Status aufrechtzuerhalten. Diese Theorie, obwohl sehr häufig angegriffen, kann viele der Modezyklen erklären.

Die Trickle-Down-Theorie ist nichts anderes als ein frühes Beispiel für Kulturrevolution, die mit einem Kosten-Nutzen-Faktor arbeitet. Dawkins (1976) beschreibt solche Abläufe ausführlich. Wenn wir Mode als Information betrachten, dann ist es möglich, diese Abläufe auch in evolutionären Begriffen zu interpretieren. Nach Dawkins sind Meme die kulturelle Analogie zu den Genen. Es sind elementare »Ideen«, die sich im Bewußtsein der Menschen, und im Falle der Mode in ihrem äußeren Erscheinungsbild, replizieren. Das Mem »Mode« entsteht im Wettbewerb der Modemacher um Aufmerksamkeit und Verkaufszahlen. Meme pflanzen sich fort, indem sie Gehirne »befallen«; sie gedeihen und sterben gemäß ihrer Nützlichkeit für ihren Träger. Meme, und in unserem Fall Moden, müssen Auswirkungen auf die Fitneß ihrer Nachfolger haben, sonst haben sie keine Chance, sich durchzusetzen.

Die einzige quantitative Analyse in dieser Richtung wurde von Lowe und Lowe (1985) an Hand der Rocklänge durchgeführt. In mehreren amerikanischen Zeitschriften (Vogue, Harpers Bazaar) wurden jeweils die Rocklängen der Bilder ausgemessen. Im Durchschnitt erhielten sie so zweiundzwanzig Bilder pro Jahrgang. Sie fanden, daß über die letzten hundert Jahre, von 1880 bis 1980, die Änderungsraten innerhalb der Mode nicht schneller geworden sind. Es zeigt sich also, daß sich die Moden nicht rascher ändern, sondern immer noch mit der gleichen Geschwindigkeit wie vor über hundert Jahren ablaufen. Änderungen kommen tatsächlich auch kreisläufig vor. Dieses Auf und Ab der Röcke ist mit ein Hinweis auf die Richtigkeit der Trickle-Down-Theorie. Man kann aber auch überraschende Resultate finden: Wenn die Röcke weit werden, werden immer die Taillen eng.

Ähnlich wie die Rocklänge läßt sich aber auch die Zurschaustellung von Haut analysieren. Wenn es alle Frauen tun, dann wird es für die einzelne Frau als Werbemittel unwirksam. Flügel (1966) schuf dazu die Theorie der sich verschiebenden erogenen Zonen. Er nimmt an, daß der wirkliche Grund für die Existenz von Mode der ist, daß es einen Wettbewerb zwischen sozialen und sexuellen Kräften gibt. Demnach liegen Keuschheit und sexuelle Provokation in dauerndem Wettstreit. Die Mode bietet dafür eine sozial akzeptable Lösung. Obwohl der weibliche Körper an vielen Stellen sexuell attraktiv erscheint, verhindert Keuschheit die totale Zurschaustellung dieser erogenen Zonen. In dieser Theorie stellt die Mode nur jeweils eine erogene Zone auf einmal dar. Wenn die Betrachter von dieser Fläche dann gelangweilt werden, nutzt die Mode neue Teile des Körpers oder der Anatomie, um die Aufmerksamkeit der Leute auf etwas anderes zu lenken.

Lowe und Lowe konnten diese Theorie 1985 bestätigen: Wenn die Röcke sehr kurz sind und die Betonung auf den Beinen liegt, dann ist das Dekolleté weder großzügig noch tief ausgeschnitten. Als diese Autoren ihren Artikel 1984 schrieben, haben sie mit Sicherheit noch nicht an die heutige Mode gedacht, in der Haut und Körperbetonung als Superstimuli eingesetzt werden (Dittami und Grammer, 1993). Damit haben sich die Modemacher mit Hilfe der Trickle-Down-Theorie selbst ins Abseits gefahren. Superstimuli können nicht durch neue Signalträger abgelöst werden.

Neben dem Signalisieren von Status und Attraktivität könnte Mode aber auch noch ganz andere Funktionen haben. Low (1979) geht davon aus, daß Ornamentation in der Kleidung die Parasitenresistenz ihrer Träger widerspiegelt. Wie wir bereits gesehen haben, sollte Parasitenresistenz in der Partnerwahl eine herausragende Rolle spielen. Je häufiger Parasiten in einer Population vorkommen und um so gefährlicher sie sind, um so deutlicher müßte Parasitenresistenz signalisiert werden. Low (1979) untersucht die Parasitenbelastung in 93 Kulturen und die Ornamentierung der Kleidung. Es ergibt sich ein Zusammenhang zwischen ausgeprägterem Signalisieren von sexuellem Status in der Kleidung und Parasitenbelastung der Population. Die mögliche Aussage ist damit folgende: Wer Zeit und überschüssige Energie hat, sich dem Schmücken zu widmen, hat mit Sicherheit keine Gesundheitsprobleme mit Parasiten.

Mode kann aber auch Verhalten direkt beeinflussen. Die Parade benutzt den im vorherigen Kapitel besprochenen attraktiven »pelvic tilt«. Dieser kann durch Anheben der Fersen verstärkt werden. Exakt dies tun Schuhe mit hohen Absätzen. Denn um beim Tragen dieser Schuhe das Gleichgewicht zu halten, muß der Abknickungswinkel des Kreuzbeins zur Wirbelsäule hin vergrößert werden. Dies ist deshalb notwendig, weil die Schwerpunktverlagerung nicht allein durch die Erhöhung des Winkels zwischen Rist und Schienbein ausgeglichen werden kann. Der Oberkörper muß nach hinten verlagert werden. Der Stöckelschuh als mechanisches Hilfsmittel schafft den permanenten Auslöser der Parade (siehe Abbildung 89).

Mode erlaubt, frequenzabhängige Wahlphänomene auszunützen, indem sie im Gegensatz zu dauerhaften Körperveränderungen Austauschbarkeit erlaubt. Man kann seinen Seltenheitswert durchaus durch modische Veränderungen betonen. Auf Grund dieser Tatsachen ist Mode ebenso Ergebnis wie Handlanger der sexuellen Selektion und damit auch allgemeine Theorie der »Schönheit«.

Prototypentheorie der Schönheit

Als erstaunlichste Tatsache bei der Untersuchung des Schönheitsbegriffes erscheint nicht, daß unsere Bewertungskriterien Geschlechtsprototypen hinterherlaufen, sondern wie leicht wir in der Lage sind, unsere Bewertungskriterien durch das Erlernen von neuen Prototypen zu ändern. Angesichts der Vielfalt der individuellen Prototypen entsteht der Eindruck, daß Schönheitsphänomene rein kulturell bedingt sind. Diese Lernfähigkeit hat jedoch ihren Ausgang darin, daß wir in der Lage sein müssen, Entscheidungen sehr schnell zu treffen. Die Geschwindigkeit, mit der eine Entscheidung getroffen wird, kann einem Individuum unter Umständen einen entscheidenden Vorteil über andere verschaffen.

Symons (1979) schlägt vor, daß die Selektion dazu tendiert, Extreme an jedem Ende eines Kontinuums für Brustgröße, Größe des Hinterns usw. auszuschalten. Im Fall der erregenden Stimuli nimmt Symons aber eine eher unspezifische genetische Kanalisation eines Lernvorgangs an. Durch eine Art angeborenen Lehrmeister (Lorenz, 1978) werden Präferenzen auf bestimmte Körperregionen formunabhängig auf ein Modell geprägt. Dieses Modell sollte – wie beim Gesicht – demnach das echte Durchschnittsmodell einer Kultur sein. Also wiederum ein Prototyp, der als Suchbild vorhanden ist, dessen Inhalt aber durch Lernerfahrung gebildet wurde.

Diese Überlegung ist nicht neu. Vine (1989) geht davon aus, daß es eine Universalität der Schönheit gibt, die von einer formal strukturellen Art ist. Demnach kann man mit einigen Einschränkungen sagen:

a) Männer und Frauen erwerben unterschiedliche Ideale von physischer Attraktivität für ihr eigenes und das andere Geschlecht.
b) Die männlichen Ideale weiblicher Schönheit bestimmen die sexuelle Attraktivität und die Auswahl von Sexualpartnern. Damit haben sie eine herausragende Bedeutung für die Fortpflanzung.
c) Die Merkmale der Schönheitsstimuli können von ihrem Inhalt her kultur- oder subkulturabhängig sein. Die Ideale werden wahrscheinlich als persönliche Prototypen abgespeichert und rufen Erregung hervor.

Der Inhalt der Ideale für weibliche und männliche Schönheit läßt sich auf mehrere Merkmale des weiblichen und männlichen Erscheinungsbildes zurückführen. Dabei könnte man annehmen, daß unterschiedliche Bedingungen der Partnerwahl sich in verschiedenen Prototypen spiegeln, so daß letztlich auch der Eindruck entsteht, es handle sich dabei um Einzelmerkmale. Daß Gesichter als Abweichungen von Prototypen gespeichert werden, steht außer Frage. Offen ist jedoch, wie Prototypen hardwaremäßig im Gehirn entstehen.

In erster Linie sind Schönheitsideale geschlechtsprototypisch. Der typische Mann und die typische Frau sind am attraktivsten – wobei es aber Geschlechtsunterschiede geben kann. Prototypen von Frauen scheinen eher auf Durchschnitt hin ausgebildet zu werden, wie die verschiedensten Arbeiten zeigen (Krebs und Adinolfi, 1975). Extremmerkmale werden im Erscheinungsbild beider Geschlechter abgelehnt. Männer werden aber im Gegensatz zu Frauen noch eher auf leichte Extremmerkmale hin ausgewählt – Durchschnittlichkeit spielt für sie eine geringere Rolle.

Gesundheit, Reife, Dominanz, sexuelle Auslöser bilden die unveränderlichen Bedingungen für die Prototypengeneration. Dem steht ein ganzer Satz von möglichen variablen Prototypen gegenüber.

Die interindividuell variablen Bedingungen sind kulturelle Definitionen. Doch auch dafür gibt es mögliche Regeln. Brace und Montague

(1977) argumentieren, daß die Länge der Zeit, in der eine bestimmte Population in einer gegebenen Umgebung lebt, ethnische und geographische Variationen im Erscheinungsbild erklärt. Dies gilt auch in spezifischer Weise für die Rumpfregionen des Körpers und die Fettdeposite. Die Existenz solcher Fettdeposite ist an Nahrungsgewohnheiten gebunden. Absolute Formkriterien, die Anpassungen an verschiedene ökologische Umgebungen sind, werden von Männern vorgezogen, wenn sie eine möglichst fitte Partnerin finden wollen. Das heißt, der Wahlstandard der Männer müßte interkulturell relativ sein. Das bedeutet auch, daß Schönheit, vor allem in der Körper-Rumpf-Region, als Signal der Fruchtbarkeit und der möglichen physischen Versorgungskapazitäten von Nachwuchs angesehen werden muß.

Eine Bindung der Wahrnehmung an nur wenige Einzelkriterien kann negative Auswirkungen haben. So zum Beispiel ein Partnersuchender: »Ich möchte nur Frauen treffen, die schlanke, lange Finger haben, da solche Frauen sportlich sind.« Ein Zusammenhang, der physiologisch mit Sicherheit so nicht besteht. Aber das Beispiel zeigt, daß wir in der Lage sind, ziemlich schnell und einfach neue Prototypen zu erzeugen und Persönlichkeitsmerkmale daran zu binden. Diese Fähigkeit ist eine der Hauptvoraussetzungen der Partnerwahl, da über die Zuschreibung von Persönlichkeitsmerkmalen an bestimmte physische Erscheinungsbilder Wahlphänomene vereinfacht werden und die notwendigen Rechenzeiten in den Entscheidungen verkürzt werden können.

Andererseits gibt es in pluralistischen Gesellschaften eine gewisse Bereitschaft, unterschiedliche und variierende Schönheitsideale für sich selbst und andere zu tolerieren. Diese Rahmenbedingungen haben zur Folge, daß Männer und vielleicht auch Frauen flexible Schönheitsideale haben müssen, um sie an gegebene ökologische Bedingungen anpassen zu können und um sie benutzen zu können, um zum Beispiel Abgrenzungsphänomene in Gruppen sichtbar zu machen.

Um diesen Ansatz zu verdeutlichen, haben wir je einen männlichen und weiblichen Prototypen konstruiert. Dabei gehen wir davon aus, daß es variable Prototypen gibt, die kulturell und durch Lernvorgänge definiert werden, wie soziale Schönheitsdefinitionen, Gruppenidentitätsmarkierungen, Dekoration, ökologische Merkmale und ideosynkratische Definitionen. Daneben gibt es Prototypen, wie Dominanzgesicht, Sexyschema, Reife, Gesundheit und sexuelle Auslöser, die durch angeborene Suchbilder repräsentiert werden.

Diese Phänomene dürften vor allem durch Körperdekoration unterstützt werden. Denn wenn eine Population ein bestimmtes Wissen über bestimmte Dekorationen teilt, kann der/die Dekorierende die Rolle oder den Prototyp heraussuchen, nach dem er sich schmückt. Damit teilt er anderen mit: »So bin ich, und so will ich gesehen werden.« Dekoration ist damit nichts anderes als eine Erweiterung von Signalen, die zwar gelernt werden, aber immer noch der Paarfindung dienen. Ornamentation im Gesicht wie auch Kosmetika sind multifunktional. Sie erhöhen vielleicht den Symmetrieeindruck, genauso wie Kleidung. Asymmetrien sind die Ausnahme und werden mit Extravaganz gleichgesetzt. Die Handikap-Theorie würde die Existenz von Asymmetrien vorhersagen, und zwar nur unter bestimmten Bedingungen: Ihre Träger müßten es sich leisten können. Diese Aussage bleibt zu überprüfen. Somit ist der Einsatz der Handikap-Theorie in diesem Bereich keine »Ersatztheorie« für die Ausnahmen, sondern hat Vorhersagequalität.

Mode stellt deshalb auch eine Erweiterung der Signale dar, die Parasitenresistenz anzeigen. Mode ist Informationsträger für soziale Herkunft, Verdienstmöglichkeiten, Gruppenzugehörigkeit und für den reproduktiven Status. Aber vielleicht noch wichtiger ist, daß sie über Prototypenbildung, wie Sweat und Zentner (1985) demonstrieren, erlaubt, Informationen über Verhaltenstendenzen zu übermitteln. Mode ist demnach eine Ausarbeitung der in der sexuellen Selektion wichtigen Signale – Status und reproduktiver Zustand werden betont und kommuniziert. Sie variiert deshalb zyklisch, weil sich nur dadurch der Vorteil erhalten läßt. Durch Moden werden auf der Basis der »hotspots« neue Triggersignale ausgearbeitet, die sogar auf Verhaltenstendenzen wie Erreichbarkeit und sexuelle Orientation sowie Persönlichkeitsparameter schließen lassen.

Dieses Ergebnis führt zu einer provokativen Hypothese: »Die sexuelle Selektion ist der Ursprung der Mode.« Mode entsteht exakt im Spannungsfeld der Partnerwahl. Sie signalisiert reproduktiven Wert, indem sie Körperformen betont und Signale der sexuellen Erreichbarkeit sendet. Sie signalisiert außerdem Status, eines der hauptsächlichen Wahlkriterien von Frauen.

Mode erlaubt es, Prototypen über Persönlichkeiten zu bilden, indem ein bestimmtes Outfit durch Verallgemeinerung an bestimmte Persönlichkeitsparameter gebunden wird. Dies vereinfacht jeden Kommunikationsprozeß erheblich. Wahlvorgänge in der Partnerwahl sind auf solche Ähnlichkeitsphänomene ausgerichtet: Wer angezogen ist wie ich, dessen Persönlichkeit muß der meinen ähnlich sein, da ich mich so anziehe, wie ich mich selbst als Persönlichkeit darstellen will.

Der Vorteil der Mode ist offenbar der, daß sie Ornamentation vom Körper abkoppelt und damit erlaubt, frequenzabhängige Phänomene einzuführen. Etwas seltener als der Durchschnitt zu sein, verschafft Vorteile.

Eine fast notwendige Voraussetzung für Schönheit ist wahrscheinlich Körpersymmetrie. Bilateral angelegte Brüste und Hintern sind äußerst auffällige Symmetrieanzeiger. Je größer sie werden, um so schwieriger könnte es sein, Symmetrie einzuhalten. Bilateralsymmetrie könnte sich als echter physiologischer Indikator erweisen, da die Körpersymmetrie Hinweise auf Parasitenresistenz geben könnte. Große Brüste sagen nichts über die Laktationsfähigkeit aus, genausowenig wie breite Hüften etwas über eine leichtere Geburt aussagen. Aber in Gesellschaften, die häufig kritischem Nahrungsmangel unterworfen sind, können große Brüste, große Gesäße und plumpe Hüften signalisieren, daß die mit solchen Zeichen ausgestattete Person größere Fettablagerungen hat und damit schlechte Zeiten besser überstehen dürfte. Ob es sich bei spezifisch konzentrierten Fettablagerungen an Brüsten und Hintern nun um Täuschungsmanöver oder echte Signale handelt, ist wohl schwer zu entscheiden. Der aufrechte Gang zieht mit Sicherheit eine Änderung des Signalapparates nach sich. Voraussetzung zur Funktion der Signale ist, daß sie zumindest teilweise den physiologischen Status ihrer Trägerin signalisieren, d. h. den Besitz des notwendigen Fettanteils zur Reproduktion. Dies kann, muß aber nicht in Täuschung ausarten. In der westlichen Gesellschaft, in der sich solche Probleme der unvorhersagbar auftauchenden Nahrungsressourcen nicht mehr stellen, können wir es uns leisten, in unseren Schönheitsidealen auf die reine Form zu gehen. Die reine Form ist also ein Luxusgut der Überflußgesellschaft.

Man kann jetzt mehrere grundlegende Annahmen machen. Eine Annahme wäre, daß das Schönheitsideal für den weiblichen Körper in keiner Weise zufällig verteilt ist. Man kann mehrere Merkmale und deren Ausbildung sowie die Orte, an denen diese Merkmale am Körper auftreten, festlegen. Körperregionen, an denen Fettdeposite vorkommen, müssen die visuelle Aufmerksamkeit erregen.

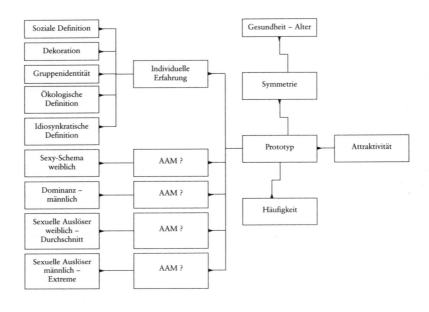

Abb. 76: Die Prototypentheorie der Schönheit
Die Prototypentheorie der Schönheit geht davon aus, daß sexuelle Attraktivität aus Einzelkomponenten entsteht, die einerseits durch variante Merkmale bestimmt und vom Individuum erlernt werden. Dazu kommen invariante Merkmale, die vielleicht als angeborene Suchbilder vorliegen. Grundvoraussetzung ist jedoch, daß das zu bewertende Gesicht möglichst geschlechtstypisch ist. Diese einzelnen Prototypen bilden den Basisprototyp, der Beschränkungen wie Symmetrie und Häufigkeit seines Vorkommens unterliegt.

Abb. 77: Schönheit aus dem Computer
Nach der Prototypentheorie im Computer entwickelte Gesichter. Hier handelt es sich nicht einfach um Überlagerungen, sondern es wurden nur die Gesichter aufeinandergelegt, die in der hier vorgestellten Bewertungsstudie die höchsten Werte für die jeweiligen Prototypen erhielten. Rechts wurde eine symmetrische Version durch Überblenden des eigenen Spiegelbildes erzeugt.

Darwin (1874) und auch Polhemus (1988) haben nicht ganz recht. In der Tat werden in verschiedenen Kulturen zu unterschiedlichen Zeitpunkten in deren Geschichte auch unterschiedliche Schönheitsideale bevorzugt, aber in allen Kulturen gibt es Schönheitsideale. Sie werden durch kulturelle und ökologische Bedingungen geformt. Die Körperstellen, von denen sie abgelesen werden, sind überall gleich. Zusätzlich treten Beschränkungen auf, über die sich die kulturelle Evolution nicht hinwegsetzen kann: Symmetrie und Durchschnitt. Erweitert wird ein solches System durch die Einführung frequenzabhängiger Systeme wie Mode oder Handikap-Prinzipien.

Schönheit und Partnerwahl

Damit bleibt lediglich übrig, diese Theorie der Schönheit an die Partnerwahl zu knüpfen. Wir haben bereits gesehen, daß ein Schönheitsbegriff bei Befragungen von Männern in der Partnerwahl eine wichtige, biologisch fundierte Rolle spielt. Auch können wir in der Wahrnehmung Schönheit und sexuelle Anziehung gleichsetzen, wenngleich hier Abstriche gemacht werden müssen. Wie die Studien zur Ästhetik von Kleidung zeigen, ist die allzu offene Darstellung sexueller Reize von Männern unerwünscht und impliziert allzu leicht sexuelle Erreichbarkeit.

Nach unserer Heiratsmarkttheorie würde sich eine Wahl nach Gesichtspunkten der Attraktivität wie folgt darstellen: Würden Individuen ausschließlich auf der Basis der sozialen und physischen Attraktivität Paare bilden, dann müßte jeder Bewerber die attraktivsten Partner auswählen. Nach einer gewissen Zeit wären die besten Partner ausgewählt und vom Heiratsmarkt verschwunden. Nun sollte eine Wahl nach Gleichheit einsetzen, vor allem dann, wenn ein Individuum feststellt, daß die Zeit knapp wird. Das heißt, er wird sich in diesem Falle mit einer Person mittlerer Attraktivität begnügen müssen. Berscheid et al. (1971) überprüften diese Hypothese. Männer und Frauen wurden nach dem Zufallsprinzip ausgewählt, um an einer Tanzveranstaltung teilzunehmen. Als die Personen ihre Eintrittskarten abholten, wurde ihre Attraktivität durch Studenten beurteilt. Zusätzlich mußten sie einen Fragebogen ausfüllen. Dann wurde den Leuten eine Möglichkeit geboten, sich einen Partner für die Tanzveranstaltung auszuwählen. Sie wurden zunächst einmal in eine Situation gebracht, die Risikobereitschaft erfordert, und dann in eine, die scheinbar nur ein geringes Risiko darstellt. Das Risiko bestand in einer möglichen Ablehnung durch einen Partner. In der ersten Bedingung wurde ihnen gesagt, daß etwa 50 Prozent der Personen bereits eine Verabredung abgelehnt hätten. Es zeigte sich, daß sich die Versuchspersonen allgemein nach der Passungshypothese verhalten. Je attraktiver eine Versuchsperson war, um so höher waren ihre Ansprüche an den Partner, und zwar unabhängig davon, ob die Möglichkeit der Zurückweisung verkleinert oder erhöht wurde. Attraktive Versuchspersonen wählten attraktivere Partner aus.

In einem zweiten Experiment wurden den Studenten dann Fotos vorgelegt. Jetzt wurden die Männer in verschiedene Risikobedingungen gebracht. Einmal wurde ihnen gesagt, daß die Verabredung nur zustande käme, wenn die ausgewählte Person auch sie erwählen würde. Bei der anderen Bedingung wurde den Männern eine Verabredung mit der ausgesuchten Partnerin garantiert. In der ersten Bedingung verhalten sich die Männer nach dem Homogamieprinzip. Die Männer wählen Partnerinnen aus, die von einer mittleren physischen Attraktivität sind. In der anderen Bedingung, d. h., wenn alle Partnerinnen erreichbar sind, wählen sie sich solche Personen aus, die die höchste Attraktivität besitzen.

Die physische Attraktivität ist sozusagen der Türhüter für Interaktionen mit Mitgliedern des anderen Geschlechts. Der Heiratsmarkt mit seinen Wahlgesetzen erzwingt eine Tendenz zur Homogamie oder zur Passung für Attraktivität. Physisch attraktiv zu sein, ergibt Vorteile für den Heiratsmarkt; solche Leute haben mehr Verabredungen.

Physische Attraktivität und die an Prototypen gebundene Information ist das erste Wahl- und Entscheidungsprinzip. Der männliche Wettbewerb zwingt die Männer dazu, untereinander ein maximales Partnerbild zu teilen. Männer müssen aus Wettbewerbsgründen wissen, was andere Männer wollen. Bar-Tal und Saxe (1976) ermittelten, daß die Einstufung einer Person von ihrem Partner abhängt. Frauen werden unabhängig von der Attraktivität ihres Mannes bewertet. Die Beurteilung der Männer wird jedoch durch den Grad der weiblichen Attraktivität beeinflußt. Ein unattraktiver Mann, der mit einer attraktiven Frau verheiratet ist, erhält eine positive Beurteilung. Eine wenig attraktive, mit einem attraktiven Mann verheiratete Frau gewinnt nicht durch die Attraktivität ihres Mannes. Hat ein unattraktiver Mann eine attraktive Frau, wird er für einen Mann von hohem Status gehalten. Der Mann gilt dann plötzlich auch als intelligent und gebildet. Männer wissen demnach um den Partnermarktwert einer Frau und schreiben den »Besitzern« alles Positive zu.

Das heißt, daß die soziale Einschätzung durch Dritte die Wahlproblematik des Heiratsmarktes widerspiegelt. Hudson und Henze (1969) geben einen Überblick über die Partnerwahl auf vier Colleges, die in unterschiedlichen geographischen Regionen der USA liegen. In allen vier Colleges legten die Männer einen größeren Wert auf das äußere Erscheinungsbild der Partnerin als Frauen. In gleiche Richtung weisen Ergebnisse von Hewitt (1958). Er ermittelte, daß Männer physische Attraktivität als wichtigen Faktor bei der Auswahl einer Verabredung heranziehen. Frauen sind sich dieser Vorlieben der Männer bewußt. Von den Frauen, die an den Experimenten teilnahmen, glaubten 76 Prozent, daß Männer körperlich attraktive Partnerinnen wünschen.

Attraktivität ist also das Hauptwahlprinzip in der Partnersuche aus der Sicht der Männer. Sie wissen darum und verrechnen ihre Anforderungen mit ihrem eigenen Aussehen, vor allem, um Wettbewerb zu vermeiden.

Sexuelle Attraktivität und die Sexökonomie

Wir haben gesehen, daß die körperliche Attraktivität für Männer in der Wahl eine größere Rolle spielt als für Frauen, und wir haben Hinweise gefunden darauf, daß Männer – freilich unbewußt – tatsächlich in Richtung der »guten Gene« (Trivers, 1972) wählen. Parasitenresistenz, reproduktives Potential und vielleicht auch weibliche Versorgerqualitäten sind die Wahlkriterien. Wir konnten zudem deutlich machen, daß kulturelle Phänomene nichts anderes als die »Handlanger« der sexuellen Partnerwahl sind. Damit erfüllt sich die getroffene Vorhersage für die Existenz eines biologischen Imperativs für die Partnerwahl.

Aus der Anwesenheit von Wahlkriterien, die von allen Männern geteilt werden, ergibt sich im Zusammenspiel mit Heiratsmarkttheorien auch die Möglichkeit, männliches und weibliches Verhalten bei der aktuellen Partnerwahl vorherzusagen.

Symons (1979) stellt dazu ein stark vereinfachtes Modell vor, das gleichwohl beeindruckende Aussagemöglichkeiten bietet.

Es sind jedoch einige Vorbemerkungen nötig. Die Sprache des Modells ist der Ökonomie entlehnt; deshalb erscheint das Modell sehr pragmatisch und berechnend. Solche Pragmatik und Berechnung findet man aber in der realen Welt der zwischengeschlechtlichen Begegnungen selten. Ein weiteres Problem betrifft die Kosten-Nutzen-Termini. Ob diese sich auch so leicht in psychologische Faktoren umsetzen lassen oder ob sie psychische Entsprechungen besitzen, ist fraglich. Nicht jede Entscheidung in zwischengeschlechtlichen Beziehungen wird auf Grund einer ökonomischen Pragmatik gefällt. Das Modell bietet aber Möglichkeiten, generelle Unterschiede zwischen den Geschlechtern aufzuzeigen.

Die Attraktivität von Männern für Frauen kann sich, wie wir gesehen haben, aus einer ganzen Reihe von Faktoren zusammensetzen. Der soziale, der ökonomische, der politische Status (Einfluß) und die physische Attraktivität des Mannes beeinflußt die Wahl durch Frauen. Männer weisen eine größere Varianz der Qualität und damit auch der Attraktivität für Frauen auf. Umgekehrt ist dies nicht der Fall. Die höhere Varianz in diesen Faktoren bei Männern ist jedoch nicht durch Daten bewiesen und muß deshalb zunächst einmal Hypothese bleiben. Die Attraktivität der Frauen für Männer beschränkt sich in der Regel auf ein Charakteristikum, nämlich die physische Attraktivität. Nach unseren obigen Ausführungen über Attraktivität können wir schließlich folgern, daß beide Geschlechter ähnliche Standards teilen.

Gehen wir nunmehr davon aus, daß die meisten Männer Frauen sexuell attraktiv finden. Umgekehrt halten Frauen die meisten Männer sexuell eben nicht unbedingt für attraktiv. Für eine hypothetische Population von gleich viel Frauen und Männern gibt es demnach ein Maximum an sexueller Anziehung, in dem sich die Verteilungen der sexuellen Attraktivität für beide Geschlechter treffen.

Die Varianz der sexuellen Attraktivität der Frauen ist geringer und der Mittelwert liegt insgesamt höher als jener der Männer, da – nach unserer Hypothese – alle Männer ja Frauen sexuell attraktiver finden als umgekehrt. Frauen wären damit diejenigen, die im Geschlechtervergleich immer die höhere sexuelle Attraktivität besitzen.

Aus den Daten einer unserer Studien läßt sich diese Verteilung nachvollziehen. Dabei handelt es sich um reale Einschätzungen, da die Männer und Frauen sich vor dem Experiment nicht kannten und sich dann nach zehn Minuten einer ersten Interaktion einschätzen mußten. Im Gegensatz zu den meisten Beurteilungsversuchen hatten die Personen also Zeit, sich gegenseitig auszutesten. Die realen Einschätzungen

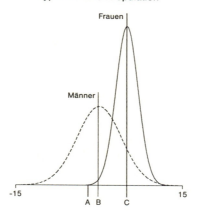

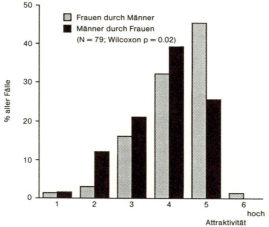

Abb. 78: Sexökonomie: Die Grundlage der zwischengeschlechtlichen Strategien
Die beiden Abbildungen zeigen den Ausgangspunkt der Hypothesenbildung der Sexökonomie nach Symons (1979). Theoretisch sollte die sexuelle Attraktivität der Männer stärker variieren und insgesamt geringer sein als die der Frauen. Die Fragebogendaten aus der »Fremder trifft Fremde«- Studie zeigen, daß diese hypothetische Verteilung eine reale Entsprechung hat. Frauen werden von Männern durchaus attraktiver eingeschätzt als umgekehrt Männer durch Frauen.

entsprechen der hypothetischen Verteilung von Symons (1979) weitgehend, obwohl die Unterschiede nicht so extrem sind (siehe Abb. 78). Trotzdem kann man annehmen, daß sich die von Symons aufgestellte Hypothese auf realem Boden bewegt.

Alle Männer und alle Frauen dürften nunmehr versuchen, jeweils den Partner des anderen Geschlechts mit der höchsten Attraktivität zu bekommen. Wir sehen aber auch, daß das Interesse von Frauen an Männern sehr viel schneller abfallen muß als umgekehrt. Nach unserer Heiratsmarkttheorie würden wir dann vorhersagen, daß ein Individuum nur dann Interesse an einem anderen entwickelt, wenn diese Person einen höheren oder wenigstens den gleichen Partnermarktwert (oder auch sexuelle Attraktivität) besitzt wie der Partnersuchende selbst.

Symons (1979) kommt zu dem Schluß: Falls ein Individuum mit einem Individuum kopuliert, das unterhalb der eigenen sexuellen Attraktivität liegt, würde dieses Individuum dem anderen sozusagen einen »Gefallen« erweisen. Folglich müßte es theoretisch nur Kopulationen zwischen sexuell gleich attraktiven Individuen geben. Dasselbe gilt natürlich nicht nur für Kopulationen, sondern auch für den Heiratsmarkt allgemein.

Aus diesem Ansatz läßt sich ableiten, daß der durchschnittliche Mann B glauben muß, daß ihm die durchschnittliche Frau C einen Gefallen erweist, wenn sie mit ihm kopuliert, da sie ja eine höhere sexuelle Attraktivität hat als er. Es gibt einen Punkt, an dem dann keine Frau mehr einen Vorteil aus der Kopulation mit einem Mann der entsprechenden sexuellen Attraktivität ziehen kann.

Diese Männer müßten dann theoretisch eine Vorleistung für die Kopulation erbringen oder zur Vergewaltigung greifen. Das Problem wird hier zwar allzu sehr vereinfacht, es zeigt sich aber, daß die einfache Anzahl der zur Verfügung stehenden Partner eine kritische Schwelle für die Entwicklung von Verhaltensstrategien darstellen kann.

Wenngleich eine direkte Bezahlung wohl kaum einen Mann für eine Frau sexuell attraktiv macht, so hat eine Bezahlung in der Währung »emotionale Zugeständnisse« oft den gleichen Effekt. Die durchschnittliche Frau C muß Vorleistungen vom durchschnittlichen Mann B verlangen, um ihre Kosten auszugleichen. Der an Kopulation gebundene »Spaß« ist deshalb kein Entscheidungsfaktor in der Sexökonomie. Als Faktor zählt ausschließlich der Wertvergleich und die zu erbringenden

Vorleistungen. Dieser Vergleich ist rein ökonomisch; er schließt nicht aus, daß natürlich auch Liebe dabei eine Rolle spielen kann, was die Aussagekraft des Modells jedoch in keiner Weise schmälert.

Dieses Modell läßt sich jedoch ohne weiteres auf Partnerwahl ausdehnen. Offenkundig gibt es eine geringe Anzahl von begehrten Männern, die relativ schnell vergeben sein werden. Der Rest der Männer liegt weit unter dem Partnermarktwert der Frauen. Um die Differenz im Partnermarktwert auszugleichen, müssen diese Männer Vorleistungen oder höhere Leistungen erbringen als andere.

Wer von wem als »Sexobjekt« betrachtet wird, hängt in erster Linie von dessen eigener Stellung in der Verteilung der sexuellen Attraktivität ab. Die meisten Frauen sind bis zu einem gewissen Grad Sexobjekte für die meisten Männer. Aber nur einige wenige Männer sind Sexobjekte für die meisten Frauen. Dieser Zusammenhang wird in Diskussionen meist unterschlagen, weil eben Frauen insgesamt häufiger als Sexobjekte auftreten, und weil die Frau als Sexobjekt in der Männerwelt leichter mit physischen Merkmalen zu verbinden ist als der Mann.

Nicholson (1972) schreibt, daß es in den Frauenmagazinen derzeit keinen Markt für Fotos von nackten Männern gebe und daß man sicher sein könne, wenn auch nur die Andeutung eines solchen Marktes existierte, würde ein Unternehmer darauf mit einem Produkt einsteigen: »But the market simply doesn't exist« (S. 12).

Weiblicher Sex dagegen wird in der Werbung unverblümt eingesetzt – und Sex ist der Hauptmotor für Verkaufszahlen –, erinnern wir uns nur an die Werbung einer Fluggesellschaft, die eine Stewardeß mit der Unterschrift darstellte »Hallo, ich bin Linda – Flieg mich«. Ein lernpsychologisch orientierter Feminismus geht davon aus, daß Männer in einer patriarchalischen Gesellschaft zur Gewalt gegen Frauen erzogen werden. Pornographie und die Darstellung von weiblicher Nacktheit soll dabei einer der auslösenden Momente sein. Pornographie in Zusammenhang mit Gewalt gegen Frauen zu bringen ist etwa so, wie einen Zusammenhang zwischen Geburtenrückgang und dem Verschwinden der Störche aufzuzeigen. Pornographie hat in unserer Kultur und in den Mittelmeerkulturen eine lange Geschichte – sie ist Teil dieser Kulturen. Gewalt gegen Frauen und männliche Aggression hat nichts mit Pornographiekonsum zu tun, sondern ist ein Anzeichen für den Verlust der sozialen Kontrolle in unserer Gesellschaft. Also genau das Gegenteil von dem, was feministische Theorien behaupten.

Abb. 79: Die vermarktete Frau: Analyse

Kinsey et al. (1953) stellten fest, daß es eine enorme Anzahl von Magazinen gibt, die spärlich bekleidete oder ganz nackte weibliche Frauen darstellen. Die Zielgruppe solcher Darstellungen sind heterosexuelle Männer. Die Zielgruppe für die Darstellung nackter Männer sind in der Regel homosexuelle Männer und keine Frauen. Staufer und Frost (1976) untersuchten die Reaktionen von 50 männlichen und 50 weiblichen Studenten im Alter von 19 bis 23 Jahren auf Bilder aus den Magazinen Playboy (nackte Frauen) und Playgirl (nackte Männer). 88 Prozent der Männer und 46 Prozent der Frauen gaben an, daß das Centerfold (Ausklappmädchen bzw. Ausklappjunge) und die Bildergeschichten mit nackten Figuren sie interessierten. Kein Mann bewertete das Feature »Ausklappmädchen« als von geringem Interesse, während 14 Prozent der Frauen nackte Männer ablehnten. Auf einer Zehn-Punkte-Skala, auf der angegeben werden mußte, wie stark sie von dem Bild sexuell erregt würden, antworteten 74 Prozent der Frauen auf der unteren Hälfte und 75 Prozent der Männer auf der oberen Hälfte der Skala. 84 Prozent der Männer gaben an, sich ein weiteres Heft kaufen zu wollen, im Gegensatz zu den Frauen, von denen 80 Prozent keine weitere Ausgabe von Playgirl kaufen wollten. Obwohl neuere Studien zeigen, daß Männer und Frauen in gleicher Weise auf erotische Stimuli ansprechen (Heiman, 1975), so scheinen sie es aber aus ganz anderen Gründen zu tun. Money und Erhardt (1972) schlagen vor, daß die Darstellung einer nackten Frau für einen Mann ein Sexualobjekt ist; er stellt sich vor, daß sie aus dem Bild tritt und er mit ihr kopuliert. Eine Frau wird von dem gleichen Bild erregt, weil sie sich in ihrer Vorstellung mit dem Sexobjekt selbst identifiziert. Die Darstellung von Nacktheit und damit die der sexuellen Auslöser von Frauen ist also eher Männersache. Der Wunsch von Männern, sich weibliche Genitalien anzuschauen, vor allem solche, die sie zuvor noch nie gesehen haben, ist ein Teil des motivationalen Prozesses, der die männlichen Reproduktionsmöglichkeiten maximiert.

Andererseits gibt es keinen entsprechenden biologischen Nutzen dafür, daß Frauen den Wunsch haben sollten, sich männliche Genitalien anzuschauen, da die Selektion eine solche Motivation nicht gefördert haben kann. Wenn Frauen von der Darstellung männlicher Sexualität erregt würden, dann würden Männer versuchen, mit genitalen Darstellungen Frauen zu erregen. Würden Frauen darauf mit Erregung antworten, würde eine solche Erregung Zufallspaarungen Vorschub leisten, und sie würden damit ihren Fortpflanzungserfolg gefährden (Symons, 1979).

Da Männerzeitschriften im Konkurrenzkampf ihren Verkaufserfolg nur durch eine Optimierung der sexuellen Auslöser garantieren können, haben wir drei Männerzeitschriften in Japan, Deutschland und USA untersucht. Dieser Vorgang sollte die weiblichen sexuellen Auslöser maximieren, da die Zeitschriften ja in Konkurrenz zu anderen Zeitschriften stehen. In der Analyse lassen sich dann kulturelle Dimensionen und zeitabhängige Verschiebungen untersuchen. Da diese Zeitschriften die Maße der Ausklappmädchen angeben, lassen sich direkte Vergleiche anstellen. Insgesamt wurden im japanischen Sample aus dem Jahr 1991 (n = 199, Durchschnittsalter 21,2 Jahre), in der deutschen Auswahl aus den letzten 7 Jahren (n = 47, Durchschnittsalter 20,9 Jahre) und aus dem amerikanischen Sample im gleichen Zeitraum (n = 32, Durchschnittsalter 22,2 Jahre) sogenannte Centerfolds zufällig ausgewählt. Als Kontrolle für die Untersuchung dienten Schaufensterfiguren der beiden weltgrößten Hersteller. Diese sind deshalb als Kontrolle möglich, da sie in der Werbung nicht für Männer gemacht sind, sondern Kleidung an Frauen verkaufen sollen.

Die Darstellung der Frau ist aber nicht zeitkonstant und unverblümte sexuelle Werbung auch nicht neu. Bereits um die letzte Jahrhundertwende wurde mit weiblicher Nacktheit für Fahrräder geworben (siehe Gabor, 1972).

Die Darstellung der traditionellen Geschlechterrollen in der Werbung läßt Rückschlüsse darauf zu, wie Leute die Geschlechterrollen tatsächlich wahrnehmen, und vor allen Dingen, wie sie sie gern wahrnehmen würden (Umiker-Seboek, 1981). Werbung soll den Effekt haben, ein Produkt zu verkaufen, und Produkte lassen sich nur dann verkaufen, wenn sich der Leser einer Werbung mit dem Produkt und den darin dargestellten Personen identifizieren kann. Millum (1975) fand heraus, daß Frauen in britischen Frauenmagazinen so dargestellt waren, als hätten sie zwei grundlegende unterschiedliche Wege zur Verfügung, Erfolg zu haben. Ein Weg, der der Weiblichkeit in der Werbung dafür zur Verfügung steht, geht über Glamour und Welterfahrenheit, der andere Weg geht über Häuslichkeit oder einfach darüber, das Mädchen von nebenan zu sein. Flick (1977) stellte diesbezüglich heraus, daß in niederländischen Magazinen die Frau entweder als jung, schön und in erster Linie als selbstinteressiert dargestellt wird, oder aber die Frau ist eine ältere, glückliche Hausfrau, die sich in erster Linie um ihre Familie kümmert.

Die Darstellung in den Magazinen kombiniert in erster Linie zwei sich widersprechende Typen sozialer Symbole. Die Frauen nehmen dort eher männliche Haltungen ein, wenn sie zum Beispiel mit den Fäusten in

Abb. 80: Werbung spielt mit Prototypen
In der Werbeindustrie werden Triggersignale eingesetzt. Entgegen der Annahme, Werbung wirke über den »Kontext« der dargestellten Situationen oder über das Produkt selbst, sind es die Triggersignale, mit deren Hilfe die Bedeutung eines Produktes dekodiert wird.
Eines der besten Beispiele dieser Art von Werbung ist hier dargestellt. Die als sexuell aggressiv einzustufende Werbedarstellung wird durch Winkelkonfiguration der Submission entschärft und provoziert gleichzeitig. Einzelne Signale verstärken sich dabei in ihrer Kombination. (Foto: Palmers).

die Hüften gestemmt dastehen, die Ellbogen rechtwinklig herausgestellt, mit hochgehaltenem Kinn direkt in die Kamera schauen und eher eckige Gesichtszüge haben. Dazu kommt eine sehr hohe Körpergröße, die durch Schuhe mit hohen Absätzen akzentuiert wird; oder die Frauen tragen Schneideranzüge, die ähnlich denen der Männer sind (Umiker-Seboek, 1981). Solche aggressiven Merkmale werden in der Regel mit Signalen der Submission kombiniert, wie beispielsweise Verringerung der Körpergröße durch Knien oder Sitzen, beschwichtigendes Lächeln oder Kopfschräghalten. Die Frau wird dabei meist in eine Position der Instabilität gebracht, indem sie sich gegen jemand oder etwas lehnt.

Generell wird in der Werbung der Mann so dargestellt, daß er die Frau sexuell dominiert. Männer zeigen ein sexuelles Eigentumsverhalten, und zwar dadurch, daß sie stereotype Gesten, etwa indem sie die Frau umarmen oder am Arm halten, ausführen (Goffman 1979). Es berührt immer der Mann die Frau, selten umgekehrt. Traditionelle Geschlechterrollendarstellungen benutzen demnach gezielt nicht-sprachliches Verhalten. Das funktioniert nur, weil uns allen diese Signale unbewußt verständlich sind. Diese manipulative Potenz benutzt ferner die Darstellung unverblümter Erotik.

Gabor (1972) zeigt in seiner Geschichte des Pin-ups, daß bereits mit dem Ende der viktorianischen Ära Fotos und vor allem Zeichnungen von Schauspielerinnen in gewagten Posen, an- oder ausgezogen, auftauchten. Epochemachend war jedoch der Beginn der eigentlichen Pin-ups in Amerika mit dem Gibson-Girl in der Zeitschrift Life 1887.

Obwohl das Gibson-Girl extreme Kurven besitzt, strahlt es doch eine eigene Eleganz und Selbstsicherheit aus. »Das erste Mal in der Evolution des Pin-ups wurde eine Frau um ihrer selbst willen außerhalb des Theaters, des Tanzes, der Burleske oder der Werbung dargestellt« (Gabor, 1972). Das Gibson-Girl zeigte den Frauen, wie sie stehen, gehen, sitzen, essen und was sie tragen sollten. In den dreißiger und

Abb. 81: Das Gibson-Girl
Das erste Pin-up Girl der Zeitschrift Esquire machte um die Jahrhundertwende Furore und zog eine ganze Gibson-Girl-Produktpalette nach sich. Die ursprüngliche Version wurde von Charles Dana Gibson nach Lady Astor kreiert: extrem schlanke Taille und »Mono-Busen«. Diese Version stammt von M. Greiner aus dem Jahre 1908. Das Photo zeigt Camille Clifford, die englische Reinkarnation. Fotografien ihrer S-förmigen Figur in schwarzem Samt gehörten zu den beliebtesten Postkarten der Jahrhundertwende (Foto: Mander & Mitchenson).

Abb. 82: Die Pullover-Mädchen
Die direkten Nachfolgerinnen des Gibson-Girls des amerikanischen Malers Varga geben sich wie ein Farbfoto, freilich anatomisch unglaubwürdig, und erreichten in Kalenderform von Esquire bereits 1942 Auflagen in Millionenhöhe. Mit aufkommenden besseren Reproduktionsmethoden wurden diese Bilder aber von der Wirklichkeit schnell überholt. Ein bekanntes Pin-up der fünfziger Jahre war am Anfang ihrer Karriere Marylin Monroe. (Foto: Gamma).

vierziger Jahren erscheint dann das Vargas-Girl in der Zeitschrift Esquire, dem ersten »Männermagazin«. Erst 1953, als der Esquire auf anspruchsvolle Themen umstellte und mehr und mehr die Pin-ups eliminierte, kam Playboy in dieser Lücke auf den Markt.

Die kulturelle Evolution der Pin-ups stellt sich als Prozeß dar, der mit der Darstellung sexuell erreichbarer Frauen beginnt und bei der Pornographie endet, die keine Darstellungsthemen, Geschichten oder Produkte mehr zum Verbergen ihrer Absichten braucht.

Daneben bietet die Vermarktung des Sex die Beobachtung einer Art »natürlichen Experiments«, das durchaus evolutiven Charakter hat. Dabei ist der Käufer des Magazins die selektive Kraft, der das Magazin ausgesetzt ist. Der Käufer erwirbt das Magazin wegen seines Inhalts: der expliziten Darstellung weiblicher Geschlechtsmerkmale. Durch sein Kaufverhalten optimiert der Käufer in seinem Sinne den Inhalt und damit das Dargestellte. Der Inhalt muß deshalb dem entsprechen, was ein großer Durchschnitt von Männern als sexuell optimale Auslöser versteht.

So lassen sich zum einen am Inhalt der Magazine die optimalen Auslöser feststellen (angenommen, die physischen Maße sind angegeben), zum anderen ist es möglich festzustellen, ob tatsächlich Zeitphänomene vorliegen, da solche Magazine oft über einen Zeitraum von Dekaden publiziert werden und in verschiedenen Kulturen erscheinen. Damit lassen sich letztlich sogar Kulturvergleiche durchführen.

Und es lassen sich Kontrollgruppen einführen. In Kunststoff gegossen, haben Schaufensterpuppen eine andere Aufgabe als die vermarktete Frau in Hochglanzmagazinen. Schaufensterpuppen sollen Kleider an Frauen verkaufen, ihre Erscheinung wird an der Selbstwahrnehmung der Frauen optimiert.

Der Vergleich dreier Kulturen, nämlich den USA, Japans und Deutschlands erbrachte aufschlußreiche Ergebnisse. Die Schaufensterpuppen sind im Durchschnitt wesentlich größer als die Ausklappmädchen und haben ganz andere Kurven. In japanischen Hochglanzmagazinen finden wir geringere Kurvaturen, in den amerikanischen die höchsten. Die Schaufensterpuppen weisen die geringsten Verhältnisse von Oberweite zu Taille bzw. von Hüftweite zu Taille auf. Dieser Ansatz ent-

Abb. 83: Kurven und Kultur
Pin-up-Girls haben durch das Käuferverhalten der Männer auf Kurven hin optimierte Sexsignale, wobei in den USA die höchsten Werte vorliegen. Die Daten stammen aus Maßen von Männermagazinen. Die Kontrollen, hier Schaufensterpuppen, die im Kleidungsverkauf durch Frauen optimiert werden, zeigen diese Sexsignale weniger. Die obere Kurve zeigt die Körpergröße, darunter der obere Kurvenindex, der das Verhältnis von Oberweite zu Taille beschreibt, gefolgt vom unteren Kurvenindex, der das Verhältnis von Hüftweite zu Taille angibt. Je höher dieser Wert ist, um so größer ist der Brechungswinkel zur Taille hin.

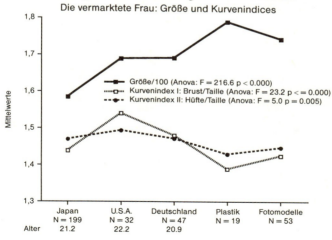

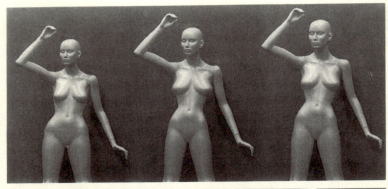

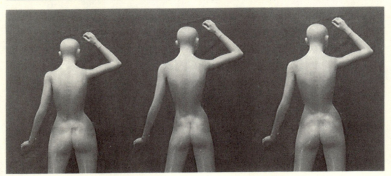

Abb. 84: Kurven aus dem Computer
Diese Abbildung zeigt die Visualisierung der in Abbildung 83 dargestellten Ergebnisse (links Japan, Mitte USA, rechts Deutschland). Die Bilder wurden durch Manipulation der Bildkoordinaten maßstabsgerecht in die entsprechenden Maße verzerrt und sollen als realistische Attrappen für Bewertungsversuche dienen (Foto: K. Grammer).

spricht also tatsächlich den oben getroffenen Annahmen über die kulturelle Evolution der »Ausklappmädchen« in Männerzeitschriften durch männliche Selektion, da die durch Frauen optimierten Schaufensterpuppen in allen untersuchten Maßen signifikant unter denen der Pin-ups liegen.

Bemerkenswert ist, daß es durchaus kulturelle Unterschiede gibt. Japanische Männer bevorzugen breite Hüften mit schmalen Taillen und kleinere Oberweiten, amerikanische Männer eher umgekehrte Relationen, nämlich schmale Hüften, schmale Taillen und große Oberweiten. Bei den deutschen Männern ist die Bevorzugung von Kurvatur ausgeglichen. Keines der untersuchten Magazine scheint eine »evolu-

Abb. 85: Kurven und »Zeitgeist«
Der kulturelle Einfluß auf die Bevorzugung weiblicher Körperumrisse wird in diesem Beispiel deutlich. Die Graphik zeigt den Mittelwert der Kurvenindices von Titelmädchen eines Jahres aus einem sogenannten Herrenmagazin, das 1972 zum erstenmal in Deutschland erschien. Bei diesen Bildern kann man davon ausgehen, daß ihre Auswahl durch den Verkaufserfolg optimiert wird: Von 1979 bis 1991 nehmen der obere Kurvenindex (Brustumfang/Taille) und der untere Kurvenindex (Hüftumfang/Taille) laufend zu; die Körpersilhouetten werden kurvenreicher. Ein Beispiel für ein natürliches Experiment der kulturellen Evolution. Anscheinend ist jetzt jedoch ein Maximalwert erreicht und die Optimierung abgeschlossen. Also müßten diese Maße wieder sinken, da ein Kontrast aufgebaut werden muß. Dies ist tatsächlich der Fall: 1992 lag KI wieder bei 1.45 und KII bei 1.41.

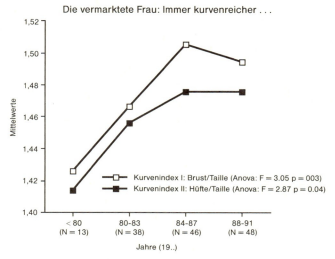

tive« Tendenz in Richtung von Extremmaßen aufzuweisen. Damit läßt sich feststellen, daß die kulturelle Evolution ein Magazin dahingehend optimiert, daß die dort dargestellten Signale meist dem entsprechen, was auch in anderen Studien als optimaler Auslöser betrachtet wird.

Garner et al. (1980) fanden heraus, daß die Playboy-Mädchen von 1980 signifikant schmalere Brüste und Gesäße und auffällig weitere Taillen, also kleinere Kurvenindices, als in den frühen Sechzigern hatten. In den deutschen Samples scheint dieser Trend aufgehoben zu sein. Von 1980 bis heute nahmen die Kurvenindices merklich zu und scheinen jetzt einen gewissen »Sättigungswert« erreicht zu haben. Es ist jedoch nicht möglich, eine Art von Zeitgeschmack aus dieser Entwicklung abzuleiten, da wir nicht wissen, ob sich der Zeitgeschmack in diesen zehn Jahren änderte oder ob die Signale der »Ausklappmädchen« durch das Kaufverhalten der Leser optimiert wurden. Gleichwohl läßt sich eine interessante Abhängigkeit von »Geschmacksbildung« durch Medien einerseits, d. h. dem »Farrah-Effekt«, und der Optimierung von Signalen durch die Leser der Zeitschriften vermuten. Die Analyse zeigt aber auch, daß die Ausklappmädchen in den Oberweiten durchaus durchschnittlich sind. Der Unterschied zu deutschen Mittelwerten beträgt nur 0,4 cm. Sie sind aber um 2,9 cm größer, haben schmalere Taillen (um 7,2 cm!) und Hüften (um 4,2 cm!). Dies führt zu extremen Unterschieden in den Kurvaturindices. Kurven werden demnach nicht durch Oberweiten generiert, sondern durch schmale Taillen. Schlankheit schafft optimale Signale.

Diese Analyse zeigt, daß die vermarktete Frau kein Zeitphänomen ist, stellt doch schon in der Vergangenheit die Vermarktung von Produkten mit Hilfe von Sex einen Wirtschaftsfaktor dar, der nicht zu unterschätzen ist. Der Grund dafür liegt in einer Grundkomponente des sexuellen Triggersignalsystems: Männer wurden in der Evolution dahingehend selektiert, solche Signale aktiv und oft aufzusuchen.

Kommunikation ist »Manipulation«:
Lügen, Täuschen und Betrügen

Es geht nun im weiteren bei der Werbung darum, möglichst zu vermeiden, daß der Partner »Verhaltensblockaden« schafft, die den Weg zum Ziel verstellen. Der Interaktionspartner muß im Sinne des Handelnden manipuliert werden. Ein Handelnder muß folglich vorausschauend versuchen, mögliche Verhaltenshemmnisse zu erkennen und sie bereits im Vorfeld beseitigen. Das Risiko einer möglichen Ablehnung oder einer Verhaltensblockade gefährdet schließlich nicht nur das »Gesicht« des jeweiligen Handelnden, sondern auch dessen bereits betätigte Investitionen.

Wenn es ein festgelegtes System von Dekodierungsanweisungen für Signale gibt, die die erforderliche Entzifferungsanleitung beinhalten, so entsteht automatisch ein Problem: Festgelegte Bedeutungen lassen sich leicht zur Manipulation von anderen mit Hilfe von Signalen benutzen. Triggersignale, Körperformen, Ornamentierungen sind manipulierbar und werden damit zum Werkzeug des Partnersuchenden. Doch damit nicht genug. Sobald sich die Ansprüche an Partner geschlechtsspezifisch auf bestimmte Themen einpendeln, werden diese Themen auch zu Betrugsmöglichkeiten. Denn nur an dieser Stelle lassen sich schnell und sicher »Gewinne« erreichen. Ein instrumenteller Einsatz von Verhaltensweisen wird möglich, mit deren Hilfe vorhersagbare Verhaltensänderungen beim Partner hervorgerufen werden können. Damit ist aber auch der Manipulation von anderen Personen durch Signale Tür und Tor geöffnet: Sobald der Einsatz eines Signals, auch wenn es nicht in den akuten Zielbereich gehört, einen Vorteil für die Zielerreichung erbringt, wird dieses Signal einsetzbar.

Täuschungsmanöver

Vom instrumentellen Einsatz nicht-sprachlichen Verhaltens zu noch wirksameren Täuschungsmanövern (bei denen der Interaktionspartner über die tatsächlichen Ziele des Handelnden entweder im unklaren gelassen wird oder ihm andere als die tatsächlich verfolgten Ziele vorgespielt werden) ist es nur ein kleiner Schritt.

An Täuschungsmanövern kennen wir folgende Grundtypen:
(1) das absichtliche (d. h. an Ziele gebundene) Versorgen mit Falschinformation und
(2) das Zurückhalten von Informationen.

Nach Dawkins und Krebs (1978) sind Täuschungsmanöver Strategien, die sich im intraindividuellen Wettbewerb auszahlen. Aber Täuschungsmanöver werden dadurch eingeschränkt, daß man unter Umständen die Richtigkeit seiner Täuschung beweisen muß, weil der Signalempfänger versuchen wird, die Richtigkeit des Signals zu überprüfen. Dieses Paradoxon führt dazu, daß Signale nur selten Informationen über die Absichten des Senders beinhalten, da der Sender immer lügen könnte. Es führt aber auch dazu, daß immer angenommen wird, ein Signal selbst sei »wahr«. Der Grund dafür liegt darin, daß manche Signale so wichtig sind, daß sie einfach nicht hinterfragt werden dürfen. Wenn Sie vor einem herabfallenden Ziegel gewarnt werden, reagieren Sie automatisch, auch wenn man Sie mit diesem Spiel schon mehrfach hereingelegt hat. Der Empfänger kann den Wahrheitsgehalt des Signals zunächst nicht anzweifeln.

Die Wirksamkeit von Täuschungsmanövern hängt in erster Linie davon ab, daß sie nicht zu häufig auftreten (Wallace, 1973). Ebenso einschränkend wirkt die Fähigkeit des Empfängers, zwischen Lüge und Wahrheit zu unterscheiden.

Harper (1992) nimmt deshalb im Bereich der Signale eine sogenannte Bates'sche Mimikry an. Diese Signalmimikry besteht in erster Linie aus dem Senden von qualitativ falscher Information und wurde ursprünglich in der Evolution für die Nachahmung gefährlicher Arten durch ungefährliche entwickelt.

Sobald nun Täuschung vorkommen kann, ergibt sich als Konsequenz: Die Empfänger werden mißtrauisch, und eine Selektion auf Mißtrauen tritt ein, da derjenige, der Täuschung besser entlarven kann, auch Vorteile vor anderen Wettbewerbern bekommt.

Was kann nun der Empfänger tun, um zu verhindern, daß er Nachteile aus geglückten Täuschungen hinnehmen muß? Er sollte das Signal ignorieren, wenn nicht zwischen Echtheit und Täuschung unterschieden werden kann. Das Ignorieren des Signals sollte vor allem dann vorkommen, wenn die Formel m>B/(B+C) für ein Signal zutrifft. Sie beschreibt nach Harper (1992) die Kosten-Nutzen-Verhältnisse, in Täuschungsmanövern. In dieser Formel ist m gleich dem proportionalen Anteil an Täuschungen in einer Population, B ist der Nutzen, der normalerweise aus der Antwort auf das echte Signal gewonnen wird, und C repräsentiert die aus der Antwort auf das mimetische Signal entstehenden Kosten.

Damit erhalten wir drei Bedingungen für die Entstehung von Täuschung:

a. Täuschung muß selten sein, also m sollte klein bleiben,

b. Täuschung darf dem Empfänger keine zu großen Kosten verursachen, d. h., auch die Kosten C haben klein zu bleiben,

c. das echte Signal, das als Täuschung geschickt wird, muß sehr wichtig sein, also der Nutzen für B sollte hoch sein.

Nur unter diesen Bedingungen kann sich Täuschung entwickeln und für denjenigen, der Täuschung einsetzt, auszahlen. Ignorieren kann der Empfänger jedoch nicht immer, da der Nutzen aus dem Signal, wenn es ernst gemeint ist, sehr hoch sein kann. Es bleibt ihm nur übrig, das Signal selbst abzuwerten. Ein solches Vorgehen schafft »Kosten« für den Sender, der mehr Energie zum Senden aufwenden muß. Das wird der Sender aber nur so lange tun, bis die neuen Kosten aus dem Senden den Gewinn aus dem falschen Signal aufheben. Als Resultat erhalten wir einen generellen Kommunikationsfaktor, der durch die Möglichkeiten zur Täuschung erzwungen wird. Dem mit hohen Kosten signalisierenden Sender stehen eher unbeteiligte Empfänger gegenüber. Dies ist eines der kommunikativen Grundprinzipien auch im Werbeverhalten, das zu weiteren Kontrollmöglichkeiten führt: Der Sender muß getestet werden, oder Dritte müssen befragt oder beobachtet werden.

Täuschung und Werbeverhalten

Täuschungsmanöver sind im menschlichen Werbeverhalten tatsächlich weit verbreitet. Da die reproduktiven Interessen von Männern und Frauen unterschiedlich sind, ist es wahrscheinlich anzunehmen, daß Männer und Frauen Strategien der Täuschung in der Partnerwahl anwenden. Solche Strategien entsprechen dem tatsächlichen Interessenskonflikt. Man darf annehmen, daß Männer bei Befragungen häufiger und effektiver den Einsatz von Täuschungsmanövern bei der Verwendung von intersexuellen Signalen beschreiben. Die Täuschungsmanöver der Männer sind an Ressourcen und emotionale Hingabe, wie zum Beispiel Ehrlichkeit und Vertrauenswürdigkeit, gebunden. All dies sind Partnermerkmale, nach denen Frauen suchen. Andererseits könnte man vorhersagen, daß Frauen mehr von Täuschungsinformationen durch das Hervorheben ihrer physischen Erscheinung, die ja reproduktiven Erfolg signalisieren soll, berichten.

Getäuscht werden jedoch nicht nur potentielle Partner, sondern auch die gleichgeschlechtlichen Mitbewerber. Im intrasexuellen Kontext ist es wahrscheinlich, daß Männer solche Täuschungsmanöver einsetzen, die andere Männer davon überzeugen, daß sie im Wettbewerb mit ihnen leistungsfähiger sind, d. h., daß sie mehr Zugang zu Ressourcen haben als jene. Man kann vorhersagen, daß männliche intrasexuelle Täuschung sich auf den Zugang zu Ressourcen, sexuelle Kühnheit und die Häufigkeit von sexuellen Abenteuern und Promiskuität bezieht (Symons, 1979).

Tooke und Camire (1991) befragten Studentinnen und Studenten der State University of New York zu diesem Thema. Männer geben häufiger als Frauen in der intersexuellen Täuschung den Gebrauch von Aussagen zu, die sich auf falsche Dominanz und falsche Ressourcen beziehen. Sie übertreiben ihren Ernst, ihre Vertrauenswürdigkeit und ihre Freundlichkeit. Frauen berichten häufiger, daß sie solche Täuschungsmanöver benutzen, die sich auf ihre physische Erscheinung beziehen. Männer täuschen also häufiger als Frauen und präsentieren sich dabei als Besitzer vieler Ressourcen. Interessanterweise entsprechen die Täuschungsmanöver perfekt den männlichen und weiblichen Partnerwahlkriterien. Mit anderen Worten: Es scheint, daß Männer und Frauen bemüht sind zu zeigen, daß sie mehr von dem besitzen, was ein potentieller Partner von ihnen haben will.

In einer zweiten Studie untersuchten Tooke und Camire (1991) die Effizienz der Täuschung. Männer geben an, daß Täuschungsmanöver, die auf Indifferenz, sexueller Popularität und Promiskuität beruhen, gegenüber potentiellen Mitwettbewerbern am effektivsten sind. Intersexuell finden Männer jene Täuschungsmanöver am effektivsten, die Ernstheit, Vertrauenswürdigkeit und Freundlichkeit, Dominanz und Zugang zu Ressourcen beinhalten. Frauen glauben, daß solche Täuschungsmanöver effektiv sind, die sich mit der Änderung ihrer körperlichen Erscheinung beschäftigen. Von den Täuschungsmanövern, die am häufigsten angewendet werden, wird auch von beiden Geschlechtern geglaubt, sie seien die wirksamsten. Die Selbstdarstellung der Männer in Gegenwart anderer Männer projiziert das genau umgekehrte Bild. Sie präsentieren sich Männern als sexuell promiskuitiv und populärer, als sie wirklich sind. Männer müssen sich unter Männern so produzieren, weil es eine Interessenkollision zwischen ihnen gibt, müssen sie doch unter Umständen um die gleiche Partnerin Wettbewerb treiben.

In der Tat verwenden Männer sehr viel häufiger sogenannte »weiße Lügen« (Mathews und Cooper, 1976). Darunter versteht man Lügen, die zugunsten des Partners vorgetragen werden. Wenn der Partner etwa unrecht hat, wird ihm gesagt, daß er recht habe. Männer benutzen solche Lügen viel öfter als Frauen, und Frauen sind häufiger die Zielperson solcher weißen Lügen. Männer lügen Frauen häufiger an als andere Männer.

Natürlich wird die Täuschung, wenn sie nachgewiesen werden kann, von Nachteil sein. Dasjenige Geschlecht, das die höheren Kosten hat, muß in der Lage sein, aktiv Täuschungen aufzudecken. Das sollte in diesem Fall eine der Hauptbeschäftigungen der Frauen sein.

Damit können wir zwei notwendige Tendenzen im Werbeverhalten festhalten: erstens eine Tendenz, den Partner zu manipulieren, und zweitens eine Absicht, den Partner zu täuschen. Beide Tendenzen sollten demnach zum Vorteil desjenigen, der sie ausübt, gereichen.

Grundsätzlich liegen natürlich alle Möglichkeiten, Signale zur Täuschung einzusetzen, offen. Am erfolgversprechendsten erscheinen aber diejenigen, die sich direkt der Triggersignale bedienen, da diese am wenigsten zweideutig sind. Damit bieten sich als Signale solche der Dominanz bzw. der Submission, der Emotionen und natürlich sexuelle Signale an. Ein kurzer Rundblick wird extreme Manipulationsvorgänge darstellen, wie sie uns täglich begegnen.

Triggersignal und Täuschung: Signale als Werkzeuge

Ein System von brauchbaren, direkt einsetzbaren und wirksamen Triggersignalen führt neben der kommerziellen Ausbeutung natürlich auch zur Ausbeutung durch ihre Sender. Damit kommen wir zu der von Sabini und Silver (1982) getroffenen Feststellung zurück, daß Flirt auch ein Mittel zum Zweck sein kann. Wenn sexuelle Signale einen Erfolg versprechen, werden sie auch außerhalb des sexuellen Bereichs genutzt. Darüber hinaus ist es verständlich, daß eine ganze Reihe von Signalen, egal welchen Ursprungs, auch unabhängig von ihrem Ziel zur Manipulation eingesetzt werden kann. Eben die Abkoppelung einer Handlung von ihrem Ziel haben wir als eine der herausragendsten kognitiven Leistungen besprochen.

Diese Art des instrumentellen Einsatzes von nicht-sprachlichem Verhalten wurde vor allem von Salter (1989) dokumentiert. Interaktionen von Männern und Frauen mit Türstehern einer Diskothek, die unter Umständen den Eintritt verwehren. Die Situation zeichnet sich durch zwei besondere Aspekte aus: (1) die Entscheidung des Türstehers ist unwiderruflich und unanfechtbar; (2) es gibt Zuschauer, die eventuell den Gesichtsverlust des Abgewiesenen bemerken. Alles in allem stellt dies eine Situation dar, die bereits im Vorfeld eine Manipulation des Türstehers verlangt. In dieser Situation setzen Frauen Verhaltensweisen und Triggersignale aus dem sexuellen Bereich ein, um damit den Türsteher zu »überreden«. Die sexuelle Präsentation und damit nicht-sprachliches »Flirtverhalten« sind offensichtlich. Zunächst einmal zeigen die Frauen sehr häufig Signale der Submission – sie schauen den Türsteher nicht direkt an, nähern sich und ziehen sich zurück. Weibliches Verhalten mischt hier in der Tat freundliche und unterwürfige Signale, wozu häufig sexuelle Triggersignale (wie Brüste, Körperform etc.) präsentiert werden. Männer dagegen zeigen freundliche Verhaltensweisen, gemischt mit denen der Dominanz.

Salter beobachtete wiederholt, daß die oben erwähnten sexuellen Triggersignale besonders betont wurden. Arm- und Handbewegungen, zusammen mit Körperorientierung erschienen als regelrechte Präsentationssignale. Die Bewegungen, die in dieser Situation ausgeführt wurden, wie zum Beispiel über die Haare oder über die Brüste streichen, waren verlangsamt, wurden rhythmisch wiederholt. Am maximalen Flexionspunkt wurde jeweils eine Pause eingelegt (3.5–

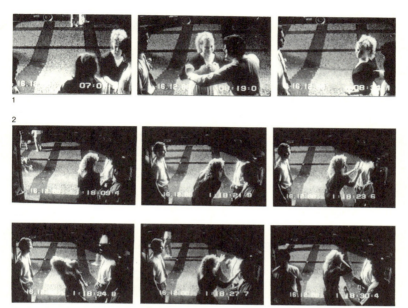

Abb. 86: Signale als »soziale Werkzeuge«
Nicht-sprachliche Zeichen werden im Umgang mit dem Mitmenschen auch als Werkzeuge eingesetzt; sie sollen die Verhaltenstendenzen der Zielperson manipulieren. Die abgebildeten Videosequenzen wurden von Salter (1989) vor einer Diskothek mit einem Türsteher, der den gefilmten Frauen den Eintritt verwehrt hatte, gefilmt. Die Bilder zeigen sexuelles Präsentieren der Körperlinie in beiden Sequenzen. In diesem Fall wirkte der Werkzeugeinsatz von Signalen außerhalb ihres eigentlichen Funktionskreises. Die Signale wurden sozusagen zu einem Dietrich, der die Tür zur Diskothek öffnete.

4.5 sek.), so daß sie tatsächlich als Signale und nicht als zufällige Selbstberührungen oder Unsicherheit gedeutet werden können. Vor allem die Darstellung der Brüste wird übertrieben: Die Kleider werden vorne glatt gezogen, die Hände können sogar die Brüste umfassen. Die Aufmerksamkeit des Mannes wird somit direkt auf die Triggersignale gelenkt. Scheflen (1965) spricht in einem solchen Fall, in dem Zeichen sexueller Präsentation außerhalb des Bereichs »Flirt oder Werbung« eingesetzt werden, von »Quasi-Werbeverhalten«. In der Tat handelt es sich dabei um den Einsatz eines Werkzeugs, eines sprichwörtlichen »Universalschlüssels«, der das Tor zur Diskothek öffnen soll (und es auch tat).

Signale der Dominanz, sexuelle Präsentation und Zeichen der Submission sind demnach manipulativ.

Lügen haben kurze Beine

Ein Übersichtsartikel von Hall (1980) zeigt, daß im Vergleich zu Männern Frauen die genaueren Sender und Leser nicht-sprachlicher Zeichen sind. Dies würde vermuten lassen, daß Frauen auch Täuschungen besser erkennen und besser durchführen als Männer. Doch auf diesem Gebiet angestellte Untersuchungen zeigen sehr unterschiedliche Ergebnisse.

Die Arbeiten von De Paulo et al. (1985) sprechen Frauen die Tendenz zu, nicht-sprachliche Botschaften so zu interpretieren, wie es den Absichten des Senders entspricht. Das spricht natürlich zunächst für den Erfolg der Täuschung als männliche Taktik. In einem nicht-sprachlichen Täuschungsmanöver lassen sich vom »Lügner« nicht alle Kommunikationskanäle so kontrollieren, daß die Täuschung perfekt wird: Lecks entstehen. Nach Ekman (1986) werden bei Täuschungsmanövern eher Gesicht und Sprache kontrolliert – die Zonen, auf die sich der Hörer konzentriert. Stimme und Körper dagegen sprechen oft noch die Wahrheit, vor allem wenn es darum geht, Emotionen zu verbergen. Littlepage und Pineault (1979) ließen deshalb Beobachter beurteilen, ob eine Person auf einem Video die Wahrheit sagte oder ob sie log. Nach der Theorie von Ekman und Friesen (1969) werden Personen, die andere hereinzulegen versuchen, sich damit beschäftigen, ihr Gesicht zu kontrollieren. Deshalb sollte der Gesichtsausdruck nur eine geringe Rolle spielen, wenn man versucht, Lügen zu erkennen. Da sich jetzt die Leute weniger der Signalwirkung ihres Körpers bewußt sind, sollte der Körper und die Körperhaltung diejenigen Anzeichen aussenden, an denen man Lügen erkennen kann. Auf den Videotapes war einmal nur das Gesicht zu sehen, das andere mal nur der Körper. Tatsächlich wurde, wenn nur der Körper zu sehen war, der Lügner häufiger ertappt.

Fugita (1980) zeigt, daß Leute durchaus in der Lage sind, ihr Gesicht sehr gut zu kontrollieren, wenn sie versuchen, andere zu täuschen. Aber die Wahrnehmung des Beobachters darüber, ob und wie erfolgreich sie damit waren, ist nicht sehr genau. Mit anderen Worten: Wenn die »Täuscher« glaubten, daß ihnen das Täuschungsmanöver gelungen war, dann hatte der Beobachter eine größere Chance, den Täuscher zu finden. Wenn man also meint, sehr gut zu täuschen, dann ist auch die Chance für denjenigen, der getäuscht werden soll, sehr groß, die Täuschung aufzudecken. Interessanterweise geht die Person, wenn sie sich nicht sicher ist, ob eine Täuschung vorliegt oder nicht, eher dazu über, eine Täuschung zu vermuten.

Der Grund für die häufige Entlarvung von Lügnern liegt mit darin, daß es beim Ablauf von Täuschungsmanövern häufig dazu kommt, daß die Anzahl der Illustratoren, d. h. der sprachbegleitenden Hand- und Armbewegungen, abnimmt. Die Verminderung der Illustratoren kommt vor allem dadurch zustande, daß das gefühlsmäßige Investment bei Täuschungsmanövern fehlt oder unterdrückt werden muß. Gewöhnlich illustrieren Leute weniger, wenn sie nicht engagiert, traurig, gelangweilt oder einfach uninteressiert sind. Lippa (1977) stellt folgende Voraussetzung an: Wenn Leute versuchen, ihr Verhalten zu kontrollieren, werden die Körperbewegungen weniger kontrolliert als das Gesicht oder die prosodischen Anteile der Sprache. Menschen, die versuchen, einen Eindruck der Extravertiertheit zu erwecken, legen Wert auf die Kontrolle des Gesichtsausdrucks und der sprachlichen Anteile der Botschaft. Sie kontrollieren jedoch weniger den Körper.

Täuschungsmanöver sind durchaus manchmal im Gesicht zu erkennen. Der Zeitverlauf, die Asymmetrie bei beginnenden Bewegungen und das Auftauchen von bestimmten Gesichtsmuskelbewegungen an der »falschen« Stelle in einer ablaufenden Unterhaltung können Hinweise dafür sein. Da willentliche Gesichtsmuskelbewegungen im Gegensatz zur Darstellung echter Emotionen direkt vom Großhirn kontrolliert werden, wird die Kontraktion bei einem Rechtshänder auf der linken Gesichtshälfte stärker ausgeprägt sein. Tritt eine Gesichtsmuskelkontraktion also verstärkt auf der linken Seite auf, dann ist die Kontraktion höchstwahrscheinlich willentlich, also nicht echt (Ekman und Friesen, 1982). Ebenso spielt die Dauer, mit der die Emotion auf dem Gesicht auftritt, eine Rolle. Wenn die Darstellung der Emotion länger als 5 sec. dauert, ist sie gewöhnlich gespielt. Doch kann es sich dann dabei entweder um ein »Sich lustig machen«, ein Emblem (d. h., die Person bezieht sich auf ihre Emotion) oder ein Täuschungsmanöver handeln.

Ekman (1986) beschreibt diese Mechanismen vor allem am Lächeln.

Demnach gibt es eine ganze Reihe unterschiedlicher Formen des Lächelns. An erster Stelle steht das echte Lächeln. Dabei wird nur der Musculus zygomaticus major kontrahiert, dazu können die sogenannten Krähenfüßchen um die Augen kommen. Kraut und Johnston (1979) zeigen in ihrer Arbeit, daß Lächeln nicht unbedingt auch von einer Emotion des Glücklichseins getragen werden muß. Leute lächeln auch, ohne die Emotion des Glücks zu durchleben. Lächeln wird demnach als Mittel eingesetzt, um zielstrebig andere Leute in eine positive Stimmung zu bringen. Ähnliche Ergebnisse finden wir bei Walsh und Hewitt (1985). Demnach wird das Lächeln (vor allem im gemischtgeschlechtlichen Kontext) als ein freundliches Zeichen zur Annäherung und Gesprächsaufforderung verstanden. Ein verächtliches Lächeln dagegen teilt mit echtem Lächeln nur die nach oben gezogenen Mundwinkel und die entstehenden Grübchen, doch werden zusätzlich die Winkel der Lippen kontrahiert. Unechtes Lächeln zeichnet sich durch einen hohen Grad an Asymmetrie, das Fehlen der Krähenfüßchen und ein abruptes Erscheinen oder Verschwinden aus.

Für das Erkennen von Lügen gibt es demnach mehrere Mechanismen (De Paulo und Rosenthal, 1979), die auf die unterschiedlichen Arten des Lügens ausgerichtet sind. Es scheint eine Fähigkeit zu geben, verborgene Information zu entdecken, zum Beispiel, wenn eine Emotion durch eine andere vorgespielte Emotion verborgen werden soll. Und es scheint die Fähigkeit einsetzbar, mit der festgestellt wird, ob überhaupt eine Lüge vorkommt oder nicht. Um das zu ermitteln, verlangte man von Versuchspersonen etwas über ihre Bekannten zu erzählen, und zwar mit der Vorgabe, jene Bekannten, die sie eigentlich mochten, negativ zu beschreiben, jedoch das andere Mal Leute, die sie nicht mochten, positiv zu würdigen. Am häufigsten werden Lügner am Übertreiben erkannt, denn Lügen werden oft so vorgebracht, daß die tatsächliche Aussage stärker betont wird, als wenn man die gleiche Aussage ohne zu lügen machen würde. Die Genauigkeit, mit der eine Lüge entlarvt werden kann, ist sehr viel größer als die Möglichkeit, eine wirkliche verborgene Emotion zu finden. Es ist jedoch so, daß die Fähigkeit zu lügen nicht mit der Fähigkeit, andere beim Lügen zu ertappen, im Zusammenhang steht. Was sind nun die genauen Merkmale in der Sprache eines Lügners?

De Paulo et al. (1982) wiederholten dazu den bereits vorher erwähnten Versuch. Die Hinweise, die die Lüge verraten, sind die Flüssigkeit der Sprache, die Häufigkeit von »Hms« und »Ums« und »Ähs« und die Sprechgeschwindigkeit. Wenn man vorgibt, jemanden nicht zu mögen, spielt die Sprachflüssigkeit die größte Rolle. Dann wird die Sprache stockend. Dieses »Signal« benutzt auch der Hörer, um herauszufinden, ob eine Lüge vorliegt oder nicht. Der Empfänger zieht zudem die Sprechgeschwindigkeit heran, d. h., Schnellsprecher werden weniger oft als Lügner beurteilt als solche, die langsam sprechen. Bemerkenswerterweise gibt es für die Sprechgeschwindigkeit ein Optimum. Leute, die zu langsam, und solche, die zu schnell sprachen, wurden von den Zuhörern öfter der Lüge bezichtigt. Anzeichen, die eine Lüge beim Sprecher vermuten lassen, sind solche der Nervosität und der Angst. Sprecher, die als sehr nervös bezeichnet werden, werden auch sehr häufig als Lügner bezeichnet (Kraut und Poe, 1980).

Frauen lügen auf einigen Gebieten anders als Männer. Frauen geben beim Lügen häufiger als Männer Kommentare ab, die weniger extrem und neutraler sind als jene der Männer. Einige Studien über Geschlechtsunterschiede in der Fähigkeit, Täuschungsmanöver zu erkennen, weisen darauf hin, daß die Täuschungsmanöver der Frauen leichter zu erkennen sind, daß sie aber auch besser im Aufspüren von Täuschungen sind (Zuckermann et al., 1981). Diese Ergebnisse legen nahe, daß Frauen – obwohl sie häufig hereingelegt werden – zumindest einen begrenzten Erfolg darin haben, die Täuschungsmanöver in der Annäherung von Männern zu erkennen. Frauen sind tatsächlich erfolgreicher darin, Täuschungsmanöver bei Männern zu erkennen, wie Rosenthal et al. (1979) nachgewiesen haben.

Wer versucht, einen anderen zu täuschen, hat jedoch große Chancen, damit unerkannt durchzukommen, falls zum Beispiel der Empfänger von der Lüge einen Vorteil hat. Dieser Nutzen verkleinert das Schuldgefühl des Lügners und bringt den Empfänger dazu, eventuelle Anzeichen einer Lüge zu ignorieren. Der Unwahrhaftige hat jedoch schlechte Erfolgsaussichten, sobald Emotionen in die Lüge verwickelt sind, es sei denn, er ist ein routinierter Schauspieler. Vorgespielte Emotionen sind relativ leicht zu erkennen (Ekman, 1986). Täuschungsmanöver werden schwierig, wenn sich Sender und Empfänger kennen. Wenn sich Fremde treffen, ist deshalb höchstwahrscheinlich mit Täuschungen zu rechnen.

Aus diesen Betrachtungen wird deutlich, daß für die Evolution eines stimmungsübertragenden Systems besondere Regeln gelten. Es ist

Abb. 87: Emotionen als »soziale Werkzeuge«
Werbefilme bedienen sich virtuos der menschlichen Triggersignale. Hier wird Freude, gemischt mit Trauer (Weinen vor Glück) gezeigt. Der Eindruck auf den Betrachter des Werbefilms ist überwältigend, da ja die Wahrnehmung von Emotionen beim Betrachter dieselben physiologischen Veränderungen hervorruft, die auch der Sender hat. Emotionen sind deshalb die Signale mit dem wirksamsten manipulativen Potential (Fotos: Pepsi-Cola).

einsichtig, daß die Fähigkeit, andere zu manipulieren, falls echte oder auch gespielte Emotionen gesendet werden, einem Individuum einen direkten Vorteil vor anderen verschafft. Der Nutzen ist also der direkte Vorteil eines Individuums, den es durch die Manipulation anderer Individuen erhält. Gleichzeitig entstehen aber Kosten daraus, daß das Individuum selbst durch andere manipuliert werden kann. Der mögliche Nutzen, den ein Individuum daraus ziehen kann, ist damit frequenzabhängig. Je mehr Individuen das Lügensystem einsetzen, um so geringer wird der Nettonutzen, da ja die Kosten durch das »Manipuliertwerden« mit zunehmender Häufigkeit der Lügen steigen. Ein emotionales Beeinflussungssystem kann sich somit nur entwickeln, wenn gleichzeitig ein Druck hin zum seltenen Einsatz solcher Signale eingebaut wird. Eine zu untersuchende Hypothese wäre demnach, ob für die einzelnen Basisemotionen unterschiedliche Kosten-Nutzen-Vergleiche vorliegen und ob sich diese auf die Frequenz des Auftretens der Basisemotionen auswirken.

Mögliche Mechanismen für die Einschränkung der Manipulierbarkeit durch Emotionen finden wir in der Ritualisierung und den damit verbundenen Darstellungsregeln. Das Wann, Wie und Wo des Zeigens von Emotionen wird festgelegt, die freie Verfügbarkeit wird eingeschränkt. Landreth (1941) hat dies etwa für das Weinen in Konflikten unter Kindergartenkindern gezeigt. Häufiges Weinen führt dazu, daß ein Kind weniger Hilfe bekommt, seltenes Weinen erhöht fast immer die Aussichten, durch Dritte unterstützt zu werden (Grammer, 1988).

Es sind aber nun nicht nur Männer, die Täuschung und Manipulation effizient einsetzen können, und die Frauen damit die Betrogenen. Der Einsatz von Triggersignalen, die eine bestimmte Entschlüsselung der Bedeutung von Handlungen veranlassen, ist schließlich in allen Bereichen auch außerhalb des Werbeverhaltens erfolgversprechend. Der Möglichkeit des Betrugs seitens der Männer wird die Manipulation eben dieser durch sexuelle Signale entgegengesetzt.

O'Sullivan et al. untersuchten die Beurteilung verschiedener Kombinationen von Kommunikationskanälen bei Frauen (1985). Beobachter verwenden demnach nicht vorrangig einen Kanal zum Informationsgewinn. Die Auswahl des Kanals hängt vom Inhalt der Botschaft ab. Sobald im Beobachter Verdacht aufkommt, daß der Sender eventuell täuschen könnte, verläßt sich der Beobachter auf die Körperhaltung und die Körpersprache des Senders. Wenn Frauen bei diesem Versuch ihre Gefühle ehrlich beschreiben, wurden die Beurteilungen über den nicht-sprachlichen Kanal gemacht, wobei jedoch der Sprachinhalt für die Beurteilung keine Rolle spielte. Falls diese Frauen über ihre negativen Emotionen logen, hatte ihr nicht-sprachliches Verhalten weniger Einfluß. In diesem Fall wurde die Beurteilung über den Sprachinhalt gemacht.

Es ist nun anzunehmen, daß sich diese Fähigkeiten zur Täuschung und zum Erkennen von Täuschungsmanövern in einer Art Koevolution von Täuschung und Aufspüren der Täuschung entwickelt haben. Die Strategien der Männer und Frauen im Werbeverhalten müßten deshalb spezifischen psychischen Mechanismen unterliegen, die sich durch erhöhte Sensitivität der Wahrnehmung im affektiven Bereich und der Gewichtung der informationsverarbeitenden Komponenten der Täuschung auszeichnen. Wenn Männer durch gezielte Selbstdarstellung und Täuschung im Laufe der Evolution mehr Erfolg beim anderen Geschlecht, d. h. Kopulationen hatten, dann ist anzunehmen, daß dieser Strategie die Fähigkeit der Frauen, subtilere sprachliche und nicht-sprachliche Zeichen, die mit männlicher Täuschung vorkamen, zu erkennen, entgegengesetzt wurde. Frauen, die besser im Aufspüren von Täuschern sind, müßten demnach erfolgreicher sein, gerade diejenigen Zeichen zu entschlüsseln, die an betrügerische Intentionen im männlichen Beitrag zu den Ressourcen und dem väterlichen Investment gekoppelt sind. Andererseits erhalten jene Männer, die die talentierteren Täuscher sind, mehr Kopulationen im Verhältnis zu den weniger talentierten Täuschern, aber auch im Vergleich zu Männern, die keine Täuschungsmanöver anwenden.

Die intrasexuelle Täuschung hat eine ganze Reihe von Auswirkungen auf unser Sozialgefüge. Nach Tooke und Camire (1991) wäre es eine mögliche männliche intrasexuelle Täuschungsstrategie, sich als relativ asexuell oder sogar homosexuell darzustellen, um von anderen Männern weniger als Bedrohung wahrgenommen zu werden. Das hätte sogar den Nebeneffekt, daß man sich dabei nicht die möglichen

Abb. 88: Dominanz und Submission: Geschlechtsrollenstereotypen?
So stellt sich die Werbung einen ersten Kontakt vor: Eingesetzt werden Dominanzgesicht beim Jungen und Winkelpositionen der Submission beim Mädchen. Geschlechtsrollenstereotypen werden demnach auch von den Medien benutzt, weil sie eben wirksam sind. Damit ist es nicht so, daß uns die Medien einreden wollen, was geschlechtsrollentypisch ist – die Medien benutzen sie, weil sie wie die Emotionen durch ihre Triggersignalwirkung einfach und mit hoher Sicherheit dekodierbar sind (Fotos: Pepsi-Cola).

Abb. 89: Stöckelschuhe sind Hilfsmittel der Täuschung
Schuhen mit hohen Absätzen wird erotische Wirkung zugeschrieben, weil sie die Beine verlängern. Leider aber sind »lange Beine« ein eher männliches Merkmal (Koch, 1991), und wenn es diesen Effekt erreichen sollte, als Täuschung leicht erkennbar. Die Wirkung liegt darin, daß die Standfläche des Fußes verkleinert wird und sich deshalb, um einen sicheren Stand zu erreichen, auch der Schwerpunkt verlagern muß. Dies wird durch einen »positiven Kreuzbeinabknickungswinkel« erreicht (*pelvic tilt*), der in subtiler Weise die gesamte Figur verändert. Ein positiver »pelvic tilt« wird von Männern als sehr attraktiv eingeschätzt (Foto: D. A. Sparks).

Aggressionen der anderen Männer, die auf ihre Frauen aufpassen, zuzieht. Eine zweite Strategie wäre, sich durch Täuschung als sexuell potent und promiskuitiv darzustellen. Somit würden die anderen Männer glauben, daß der Betrüger einen relativ großen Teil der erreichbaren Ressourcen kontrolliert, weil ihn eben die Frauen lieben. Solch ein Mann wäre in einer besseren Position, wenn es darum geht, sich Hilfe und freundliches Verhalten anderer Männer in seiner Gruppe zu sichern.

Bei nicht-sprachlichen Signalen handelt es sich nicht um ein einfaches Reiz-Antwort-Wirkungsgefüge, sondern um ein vielschichtiges System, das die verschiedensten Ebenen benutzt und deshalb mit hoher Übertragungssicherheit auch komplexe soziale Situationen bewältigen kann. Dies wird vor allem daran deutlich, daß sich Signale wie Werkzeuge einsetzen lassen, die dann analog zum Werkzeuggebrauch den Wirkungsgrad des vorhandenen Verhaltenrepertoires erhöhen.

Die Anatomie des Flirts

Nach soviel Theorie sind wir schließlich beim Werbeverhalten angekommen. Wie läuft nun ein Flirt oder eine Kontaktaufnahme wirklich ab?

Das Grundprinzip scheint sehr einfach zu sein: Indirekte, eskalierbare Strategien bringen aufgrund der in der Risikotheorie gemachten Grundannahmen den höchsten Erfolg. Männer werben dabei mit dem, was Frauen suchen und umgekehrt. So einfach sich dieses Prinzip anhört, so kompliziert ist es.

Auf dem Weg zum Flirt werden viele »Störvariablen« wirksam, die, betrachtet man sie zusammen, eine »chaotische« Situation verursachen. Es scheint erstaunlich, daß Flirts überhaupt passieren, und es ist um so verwunderlicher, daß sie letztendlich sogar noch zur Paarbildung führen können. Es muß also »Attraktoren« geben, die letztlich die Interaktionen immer wieder zum selben Thema zurückführen. Da der Flirt das Prinzip der Zweideutigkeit benutzt, sind diese Attraktoren mit Sicherheit in den Triggersignalen zu suchen – diese Signale sind aber kein spezifisches Verhaltensrepertoire, sondern legen nur eine Interpretation von Verhalten nahe.

Während in den ersten Phasen Selbstdarstellung und Signalisieren der Partnerqualitäten vorkommen, zeichnet sich die dann folgende Wahrnehmungsphase durch Unsicherheit und Ambivalenz aus. Dazwischen liegen, wie vereinzelte Lichtpunkte, deutliche, oft sexuell betonte Signale, die die Aufmerksamkeit des Partners auf bestimmte Körperregionen lenken. Der Vorteil dieses Vorgehens liegt darin, daß solche Signale ohne weiteres widerrufen werden können.

Die Wahrnehmungsphase

Diese Phase ist einer der kritischen Punkte im Werbeverhalten, denn hier handelt es sich um eine echte Entscheidungsphase.

Angenommen, die Frau wurde auf den werbenden Mann aufmerksam, so wird sie seine Aktivitäten nun verstärken oder abblocken. Während dieser Phase kommen auch die Faktoren Dominanz und Submission zum Tragen. Unterwürfigkeit soll nach Darwin (1872) dem Partner die Annäherung erleichtern.

Eine Erstbegegnung wird somit folgendermaßen gekennzeichnet sein: Es kommt zum Aufforderungsverhalten oder zur Ablehnung. Aufforderungsverhalten wurde bisher nur an Frauen genauer beobachtet. Von der Theorie ausgehend, daß Frauen die aktive weibliche Wahl betreiben, beobachtete Moore (1985) in Bars und Cafés, auf welche Weise eine Frau mittels nicht-sprachlicher Signale einen Mann dazu aufforderte, mit ihr in Kontakt zu treten.

Am Anfang steht der Blick, der eine ganze Situation umfaßt und nirgendwo hängenbleibt, während der folgende »kurze Blick« bereits als Aufforderungsverhalten verstanden werden kann. Die Frau blickt dabei den Mann ganz kurz an und wendet die Augen dann sehr schnell wieder ab. Dies alles in einer Zeitspanne von drei Sekunden. Im Kontrast dazu beschreibt die Autorin den »längeren Blick«, der etwas länger als drei Sekunden dauert und bereits Blickkontakt herstellt.

Ebenso wird von ihr das schnelle Brauenheben als Aufforderungsverhalten beschrieben. Dieses Signal hat nach Grammer et al. (1988) die Funktion eines Ausrufezeichens. Es scheint zu bedeuten: »Paß auf, was ich jetzt mache, ist wichtig«. Im zwischengeschlechtlichen Bereich scheint diese Verhaltensweise tatsächlich die Funktion eines Aufforderungssignals zu besitzen. Das Signal selber kommt fast nie im gleichgeschlechtlichen Bereich vor. Männer waren in drei von uns untersuchten Kulturen kaum Sender, sondern eher Empfänger. Wichtig ist also hier, wer und zu wem er es sendet. Die Triggersignale »Geschlecht« und »Alter« sind dann diejenigen, die seine Dekodierung als Aufforderungssignal im Empfänger nahelegen.

Ein anderes, sehr häufig auftretendes Muster ist der »head-toss«, der oft mit einem sogenannten »hair-flip« kombiniert wird. Ein »head-toss« beginnt mit einer schnellen Aufwärtsbewegung des Kopfes nach hinten, so daß das Gesicht nach oben schaut. Die Bewegung dauert kürzer als fünf Sekunden. Danach wird der Kopf wieder in seine Ausgangslage zurückgeführt. Ein hair-flip besteht darin, daß die Frau eine Hand hebt und mit den Fingern durch ihr Haar fährt.

Dazu kann Präsentation kommen. Darunter ist eine seitwärts abgewinkelte Kopfhaltung in einem Winkel von ca. 45° zu verstehen, bei dem die offene Halsseite dem Betrachter zugewendet wird.

Ein weiteres Verhalten, das als Aufforderungsverhalten beschrieben wird, ist das Präsentieren der Handflächen. In diesem Verhalten werden die Handflächen kurz in Blickrichtung des Beobachters nach oben gedreht. Moore (1985) beobachtete aber auch Automanipulationen. Eines der auffälligsten dieser automanipulativen Muster ist das Richten der Kleider bzw. das Glätten. Eindeutigeres Aufforderungsverhalten beobachtete sie unter dem Begriff »skirthike«. Dabei wird der Rocksaum angehoben, so daß mehr Bein zu sehen ist. Sah aber ein anderer Mann als der Auserwählte zu, wurde der Rock sofort wieder nach unten gezogen.

Interesse kann auch durch so einfache und unverfängliche Verhaltensweisen wie die Aufnahme von Nähe kommuniziert werden (Symons, 1972). Mit einfacher Nähe lassen sich Männer bereits durch Frauen manipulieren. Tritt eine Frau einfach in die Nähe eines fremden Mannes – beschleunigt sich bereits dessen Herzschlag (Holfeld, 1984). Das gilt nicht, wenn sich eine Frau an eine Frau annähert. Allein Nähe scheinen Männer bereits als Signal zu interpretieren. Damit kennen wir auch die Funktion dieser Verhaltensweisen – sie sollen möglichst unverfänglich, aber eindeutig Interesse mitteilen. Diese schwierige Aufgabe kann nur durch den Einsatz von sexuellen Triggersignalen gelöst werden.

Der Grund dafür ist, daß die ersten wirklichen Entscheidungen mit ihren Konsequenzen notwendig werden. An diesem Punkt muß sich der/die Werbende auf ein hohes Risiko einlassen. Deshalb werden wir versuchen, diese entscheidenden Sekunden unter zwei Gesichtspunkten genauer zu betrachten. Zunächst stellt sich die Frage, wer nun eigentlich den Flirt und damit die Interaktionsphase beginnt. Dazu werden wir ein einfaches Modell heranziehen. Der zweite Punkt ist der, wie sich eine solche Entscheidung in den gesamten Werbeprozeß einordnen läßt und welche biologischen Grundlagen solche Entscheidungen haben können.

Der Flirtgenerator

Perper (1985) versteht Werbeverhalten als selbstregulatorischen Prozeß, bei dem Intimität geregelt wird. Dieser Vorgang beginnt damit, daß eine Person A ein Signal sendet. Dieses erste Signal löst eine Antwort bei B aus, das Antwortsignal wiederum hat ein Signal bei A zur Folge usw. Die so ausgetauschten Signale werden wie bei einem Spiegel im Verhalten des anderen wiedergegeben. Im Werbeverhalten intensivieren sich diese Signale mit der Zeit, es entsteht Intimität. Die Grundsequenz des Werbeverhaltens fängt nach Perper (1985) mit »Erkennen der Annäherung« an, gefolgt von »Reden«, »Zuwenden«, »Berühren« und schließlich »Synchronisation des Verhaltens«.

Interesse am anderen muß gezeigt werden; so könnte zum Beispiel ein Vorwärtslehnen und die genaue und wiederholte Betrachtung des Körpers des anderen ein solches Signal sein. Die regulatorische Funktion des Verhaltens besteht nun darin, den Regelwert »Intimität« dauernd nach oben zu verschieben. Nach Perper (1985) hängen die jeweiligen Antworten nicht vom Interesse am anderen ab, sondern lediglich von der Signalintensität und dem Interesse des Signalempfängers.

Grundsätzlich gibt es dafür zwei extreme Möglichkeiten. Die erste ist die, daß zum Beispiel die Frau intensive Signale vorzieht und dann gleichfalls mit intensiven Signalen antwortet. Der Grund für so ein Verhalten wäre nach Perper zum Beispiel der, daß sie schüchtern ist und direkte Zeichen der freundlichen Annäherung benötigt, um in ein Gespräch eintreten zu können. Die zweite Möglichkeit wäre die, daß sie auf direkte Annäherungen sehr kühl reagiert und eher indirekte Annäherungen bevorzugt. Wenn er sie zum Beispiel berühren würde, könnte sie mit Ablehnung antworten, auf ein Lächeln vielleicht mit Berührung. Mit dieser Überlegung erhält Perper verschiedene Kennkurven für mögliche Antworten auf Signale bei Männern und Frauen. Aus Gründen der Darstellbarkeit des Modells (siehe Abb. 90 und 92) müssen aber einige Vereinfachungen vorgenommen werden.

Der Trick des Modells liegt in der Koppelung der männlichen und weiblichen Kennlinien. Damit kann das Modell, zumindest in Grenzen, erklären, warum eine Interaktion an einem Punkt einfriert, oder warum sie zum heißen Flirt eskaliert.

Die Abbildung 93 zeigt ein solches Modell mit negativer weiblicher Kennlinie (Desinteresse) und positiver männlicher Kennlinie (Interesse). Der Mann sendet Signale zur Frau an der y-Achse entlang, die

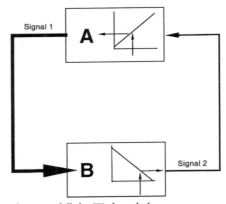

Abb. 90: Rückkopplungsmodell des Werbeverhaltens
Das Grundprinzip des Perper-Modells (1985) ist die Kopplung zweier sich gegenseitig beeinflussender Signalsysteme. Person A sendet Signal 1 und Person B sendet Signal 2. Die Signalstärke wird intern über Kennlinien verrechnet. Dieses Modell macht zwar eine ganze Reihe von Vereinfachungen, die die Intensität von Verhalten betreffen. Dies ist natürlich nicht in einer Form wie z. B. Druck als pond pro cm^2 meßbar. Intensität oder Interesse existiert in diesem Modell lediglich als subjektiv empfundener Faktor in der Wahrnehmung der Interagierenden. Antworten auf Signale werden in diesem System nicht einfach gespiegelt, sondern nach der Intensität des ankommenden Signals und nach der Steigung einer Antwortkurve generiert. Eine weitere Vereinfachung ist die, daß auf jedes Signal eine in ihrer Intensität direkt linear abhängige Antwort gegeben wird. Das muß nicht unbedingt in der Wirklichkeit auch so sein. Antwortprozesse können auch kurvilinear sein. Im einfachsten Fall wird demnach: Intensität der Antwort = a × Intensität des gesendeten Signals. a ist ein Verstärkungsfaktor, wenn a größer 0 ist, und ein Dämpfungsfaktor, wenn a kleiner 0 ist. Im ersten Fall wird die Steigung der Kennlinie positiv, im zweiten Fall wird sie negativ.
Eine dritte Vereinfachung betrifft die Notwendigkeit von Aktion und Reaktion – beide sind im tatsächlichen Verhalten selten als solche erkennbar.

Frau an der x-Achse. Seine direkte Eröffnung (1) führt zu (2), einer für den Mann relativ kühlen Antwort, nämlich einem distanzierten »Hallo«. Diese scheinbar uninteressierte Antwort kühlt ihn ab, und er antwortet in (3) »Oh, Hallo«. Darauf reagiert die Frau in (4) wieder freundlicher usw. Der Dialog würde sich nach Perper wie folgt abspielen (vom Autor frei übersetzt):

(1) Er (breites Lächeln, schaut ihr in die Augen): »Hallo!«
(2) Sie (lächelt nicht, schaut ihn nur an): »Hallo.«

(3) Er (enttäuscht): »Oh, Hallo, was trinkst du denn da?«
(4) Sie (nachdem er weniger direkt ist, etwas freundlicher): »Nur ein Glas Mineralwasser, ich mag Alkohol nicht sehr.«
(5) Er (schaut ihr wieder in die Augen, rückt näher und streckt seine Hand in ihre Richtung aus): »Oh, ich auch nicht. Alkohol läßt mich manchmal Dinge tun, die ich dann bereue.« (Er lächelt wieder, verlagert sein Körpergewicht in ihre Richtung und schiebt sein Glas näher zu ihr hin)
(6) Sie (denn er wird wieder zu direkt, deshalb etwas kälter): »Oh, wirklich, das wollen wir aber nicht, daß das passiert.« Sie schaut ihn kurz an und dreht sich weg. Ihre Antwort war freundlicher als an Punkt 2, aber weniger freundlich als an Punkt 4.
(7) Er (etwas enttäuscht, schaut weg, macht eine kurze Redepause): »Nebenbei, ich heiße Jim. Und wie heißt du?«

Das Prinzip dieser Interaktion ist »heiß und kalt«. Eine solche Interaktion wird sich immer mehr zur Mitte hin bewegen und sich auch dort festfahren. Denn immer, wenn er direkter wird, kühlt sie ab, daraufhin wird er indirekter und sie etwas freundlicher, worauf er wieder direkter wird und sie reservierter usw.

Er versteht nicht, weshalb sie einmal kühl zu ihm ist und dann wieder freundlich, und wird glauben, sie sei einfach irrational. Sie dagegen glaubt, daß er insgesamt zu direkt sei.

In einem weiteren Beispiel lassen sich nun zwei positive Kennlinien kombinieren (siehe Abb. 94). Im ersten Beispiel verläuft die weibliche Kennlinie steiler als die des Mannes. Sie hat also mehr Interesse.

(Vorgeschichte) Er beobachtet sie (unterhält sich mit anderen, lacht laut, zeigt lebendiges Verhalten, als sie sein Interesse bemerkt). Sie steht auf und geht in seine Richtung.
(1) Er (hat sie schon über längere Zeit angeschaut und von Kopf bis Fuß gemustert und spricht sie jetzt an): »Entschuldigung, ich hoffe, es macht Ihnen nichts aus. Aber Sie sind eine sehr schöne Frau.«
(2) Sie (hält inne und dreht sich zu ihm hin): »Danke. Es gefällt mir, wenn andere Leute mich schön finden.« (schaut ihn an, leichtes Lächeln)
(3) Er (starrt auf ihr Haar und ihr Gesicht): »Hübsche Ohrringe, die Sie da anhaben. Wo haben Sie sie her? Ich bin Bob, wie heißen Sie?« (Dreht sich näher zu ihr hin, schaut weiter auf ihr Haar und Gesicht)
(5) Sie (dreht ihren Körper zu ihm hin, hält den Kopf schräg, so daß ihr Haar über die Schulter fällt und schaut ihm in die Augen): »Ich bin Elisabeth. Warum raten sie nicht?« (Sie berührt kurz einen Ohrring und streicht ihre Haare aus dem Gesicht)
(6) Er (schaut sie immer noch gebannt an, stellt sein Glas auf die Bar und wendet sich ihr zu): »Ich bin mir nicht sicher – hat die Ohrringe ein befreundeter Künstler gemacht?«
(7) Sie (lächelt leicht, sieht ihn immer noch an): »Nein, noch mal raten.«
(8) Er (sie haben die Oberkörper ganz einander zugedreht und schauen sich gegenseitig direkt an): »Ich gebe auf.«

Abb. 91: Fremder trifft Fremden II: ein Experiment in Japan

Ein oft geäußerter Einwand gegen die Interpretation menschlichen Verhaltens in einem evolutionären Rahmen ist der des kulturellen Relativismus. In anderen Kulturen seien die von uns beobachteten Ergebnisse so nicht beobachtbar. Deshalb habe ich zusammen mit Tatsu Hirukawa und seinen Kollegen das zu meinem deutschen Pendant identische Experiment: »Fremder trifft Fremde« in Japan durchgeführt. Dabei wurde darauf geachtet, daß das Experiment genau wie das Experiment in Deutschland durchgeführt wurde.

Insgesamt wurden bis heute n = 58 Paare mit einem Durchschnittsalter der Frauen von 19,51 und einem Durchschnittsalter der Männer von 19,91 Jahren untersucht. Die Versuchspersonen waren Studenten, die auf dem Universitätscampus angesprochen wurden, ob sie an einem Bewertungsversuch teilnehmen würden. Die Einrichtung des Versuchsraums und die Anordnung der Möbel (zwei im 90° Winkel aufgestellte Sofas, eine Konstellation, die nach von uns ausgeführten Vorversuchen mit verschiedenen Möblierungen die einfachste Kontaktaufnahme erlaubt) waren fast identisch. Die Übersetzung des Fragebogens wurde direkt durchgeführt. Mit Ausnahme einer Frage, die aus der Analyse gestrichen wurde, waren alle Fragen übersetzbar.

Der einzige Unterschied zum deutschen Experiment besteht darin, daß die Frau zuerst in den Raum geführt wurde, während in Deutschland beide Probanden gleichzeitig den Raum betraten. Die deutschen Probanden hatten deshalb die Möglichkeit, sich vorher, wenn auch kurz, zu mustern und einzuschätzen. Im japanischen Experiment wurden die beiden Probanden auch durch den Experimentator einander vorgestellt, da die japanische Höflichkeitsetikette dies erfordert.

Das Experiment in Japan erlaubt interessante Vergleiche. In Japan handelt es sich um eine wirtschaftlich und im äußeren Erscheinungsbild, wie zum Beispiel der

Mode, mit der unseren fast identischen Kultur. Gleichwohl kommen weitgreifende Unterschiede vor. Das Verhältnis zwischen den Geschlechtern wird durch eine fast vollständige Dominanz der Männer bestimmt (H. Shibasaka, pers. Mitteilung). Die Rolle der Frau, obwohl sie vermehrt ins Berufsleben tritt, beschränkt sich weitgehend auf Unterordnung.

Die Abbildung zeigt den Anfang eines Experiments. Die Frau wartet zunächst allein im Raum, der Mann wird durch den Experimentator, der die Seriosität des Experiments durch das Tragen eines weißen Labormantels garantiert, hereingeführt. Diese Maßnahme war notwendig, da man in Japan einen Mann und eine ihm fremde Frau nicht einfach so zusammenführen und allein lassen kann. Nach der Vorstellung erklärt der Experimentator den angeblichen Versuch, wird dann aber ans Telefon gerufen. Die beiden bleiben allein und werden durch den Einwegspiegel gefilmt.

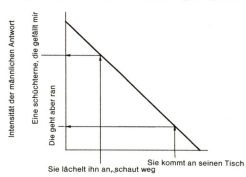

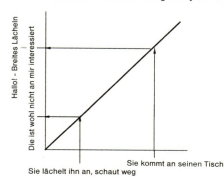

Abb. 92: Positive und negative Kennlinien eines männlichen Signalsystems

Die interne Verrechnung von Signalen erfolgt über Kennlinien, die eine positive und negative Steigung haben können. Die Steigung der Kennlinien hängt vom Interesse am Partner ab. Bei einer positiven Steigung der Kennlinien (positives Interesse) werden in diesem Fall weibliche Signale, die auf der x-Achse einfallen, mit Signalen hoher Intensität beantwortet. Im Fall einer negativen Steigung der Kennlinie – geringes Interesse, dreht es sich um. Signale, die mit hoher Intensität beim Empfänger ankommen, werden mit Signalen geringer Intensität beantwortet und umgekehrt. Die gleiche Abbildung läßt sich natürlich auch für weibliche Signalsysteme durchführen.

(9) Sie (lächelt): »Ich hab sie (die Ohrringe) selbst gemacht, wie haben Sie erraten, daß ich Künstlerin bin?«

Wie aus Abbildung 94 deutlich wird, bestimmt die Steigung der Kennlinie, ob Eskalation auftritt oder nicht. Die Signale verstärken sich gegenseitig. Eskalation ist aber nur möglich, wenn beide eine positive Kennlinie, also Interesse besitzen. Werbeverhalten muß also, wenn es erfolgreich sein soll, auf Gegenseitigkeit beruhen.

Ein erstaunliches Ergebnis des Modells liegt darin, daß es vorhersagt, unter welchen Bedingungen ein erfolgreicher Flirt entsteht. Nach dem Modell muß immer derjenige den Flirt beginnen, der das geringere Interesse hat, damit es bei positiven Kennlinien zur Eskalation kommt.

Beim »Ohrring-Beispiel« würde das Gegenbeispiel, nämlich höheres Interesse des Mannes als der Frau und seine Initiative, anders aussehen.

(Vorgeschichte) Die Frau ist in diesem Fall zwar aufgestanden und wie zufällig an ihm vorbeigegangen, nachdem er sein Interesse dadurch gezeigt hat, daß er sie längere Zeit betrachtet hat. Es gibt aber keine Rückkopplung durch ihr ungerichtetes Aufforderungsverhalten.

(1) Er (hat sie schon über längere Zeit angeschaut und von Kopf bis Fuß gemustert und spricht sie jetzt an): »Entschuldigung, ich hoffe es macht Ihnen nichts aus. Aber Sie sind eine sehr schöne Frau.«

(2) Sie (stoppt, schaut ihn überrascht an. Sie wundert sich darüber, wer das ist, der sie so lange so intensiv angeschaut hat): »Bitte?«

(3) Er: »Oh, Entschuldigung. Ich habe Sie nur angeschaut – Ich meine, ich hoffe, es macht Ihnen nichts aus?«

(4) Sie: »Das geht in Ordnung. Solche Sachen kommen vor.« (lächelt höflich) »Entschuldigen Sie mich.« (geht)

Dieses Beispiel zeigt zweierlei. Erstens, wie schwierig es ist, aufgrund des nicht-bindenden nicht-sprachlichen Verhaltens eine Initiatorrolle vorherzusagen, macht doch die zweideutige Natur des Flirts wenig klar, wer nun angefangen oder aufgefordert hat. Doch müssen wir voraussetzen, daß es einen Initiator gibt, denn sonst würde es nie Flirts geben. Zweitens wird damit auch die Schwäche solcher formalisierten Modelle klar. Sie benötigen einen klaren Tatsachenverhalt, um funktionieren zu können, wobei den Modellen eben dieser klare Tatsachenverhalt durch die eigentliche zweideutige Natur des Flirts vorenthalten wird.

Wo setzt man aber den Beginn der Interaktion wirklich an, und ist dies überhaupt möglich? Bisher stehen zu diesem Punkt keine sehr verläßlichen Daten zur Verfügung.

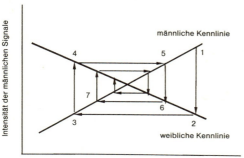

Positive männliche Kennlinie und
negative weibliche Kennlinie:
Homeostatische Interaktion

Abb. 93: Homeostatische Interaktion
Paart man eine Kennlinie mit positiver Steigung und eine mit negativer Steigung, dann kommt es zum Signalgleichgewicht.

Nach Doermer (1989) beeinflußt die Frau im Gegensatz zum Mann mit ihrer Blickinitiative den Ablauf der ersten dreißig Sekunden positiv. Oftmaliges Initiieren des Blickkontaktes durch die Frau steht im positiven Zusammenhang mit einer geringen Pausenanzahl während der ersten dreißig Sekunden. Wenn die Frau also die Interaktion initiiert, kommt es mit großer Wahrscheinlichkeit zum Flirt.

Blickkontakt allein genügt aber nicht, um eine Initiatorrolle festzulegen. Zudem ist es nicht möglich vorherzusagen, ob tatsächlich die Person, die das höhere Interesse hat, auch häufiger die Blickinitiative ergreift. Die Initiative beim Blick ist deshalb in diesem Fall wahrscheinlich eher eine Informationssammelstrategie, die bei hohem Interesse und Attraktivität des Partners eingesetzt wird. So gesehen wäre das »Mustern« des Mannes in der Ohrring-Episode nicht als Initiative zu sehen, obwohl – immer entsprechend der Zweideutigkeit des Flirts – Blickinitiative auch Interesse zeigen kann. Man kann jedoch nicht wissen, ob er/sie anschaut, weil er/sie so attraktiv oder so häßlich ist.

Für die Initiative beim Flirt würde das Perper-Modell eine reine Risikoabhängigkeit vorschlagen, die an die Interessenverhältnisse in der beginnenden Interaktion gebunden ist. Givens (1978) und Perper (1985) beschreiben die beobachtbaren Handlungen des Mannes, der letzten Endes die Kontaktaufnahme aktiv verwirklicht. In diesem Fall, betrachtet man das offensichtliche Geschehen, ist der Mann der aktive Teil der Kommunikation.

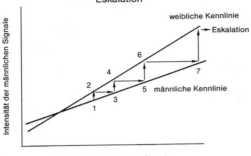

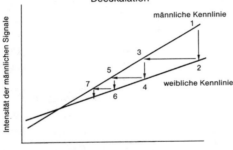

Abb. 94: Kennlinien Eskalation – Deeskalation
Bei positiver Steigung beider Kennlinien kommt es dann zur Eskalation (oben). Beginnt die Person, die das höhere Interesse hat, setzt Deeskalation ein, bis ein Signalgleichgewicht erreicht ist (unten). In beiden Graphiken wurde angenommen, daß der Mann (entgegen unseren sonstigen Ergebnissen) die Interaktion beginnt. Beide Graphiken lassen sich aber ohne weiteres vertauschen.

Stützt man sich jedoch auf die vorangegangenen versteckteren Signale, die die Frau vor der Kontaktaufnahme des Mannes gesendet hatte und die den Mann ermuntert haben, sich ihr zu nähern, so kann man die Frau als die »aktive« ansehen.

Hatkoff und Luswell (1977) beschreiben tatsächlich, daß Frauen traditionell mehr Kontrolle in der Auswahl von Männern hätten, und zwar indem sie in der Lage seien, sexuelle Signale zu senden und damit den Verlauf der Kontaktaufnahme zu bestimmen.

Hierbei spielen die nicht-sprachlichen Signale eine außergewöhnliche Rolle, helfen sie doch, dies möglichst ein- und zweideutig zur gleichen Zeit durchzuführen. Die Festlegung der Initiatorrolle ist also problematisch und läßt sich, wie wir sehen werden, nur durch entsprechende »Tricks« herausfiltern.

Eine weitere Vorhersage, die das Perper-Modell macht, wäre die, daß eine minimale Intensität der Signale notwendig ist. Die Intensität der Signale muß über dem eventuell vorhandenen Schnittpunkt liegen, sonst kommt Eskalation nicht in Gang.

Interesse und Risiko

Im Prinzip haben jetzt beide an der Interaktion Beteiligte das Problem, daß sie Informationen benötigen, bevor sie überhaupt mit der Interaktion beginnen, um herauszufinden, wie die beiden Kennlinien zueinander liegen. Blickinitiative könnte, wie oben gezeigt, eine dieser Vorinformationen sein. Oder sie müssen versuchen, den Verlauf der Kennlinien des anderen jeweils so schnell wie möglich zu manipulieren.

Ein weiteres Problem ist, daß auch jetzt bereits Entscheidungen nötig werden. Man kann sich vorstellen, daß an diesem Punkt Kosten-Nutzen-Überlegungen angestellt werden. Einiges ist über den anderen schon bekannt, aber nicht alles. Mit dieser fragmentarischen Information ausgestattet, müssen Denkstrukturen versuchen, Ordnung in die Merkmale zu bringen – das Ergebnis heißt Interesse. Interesse am anderen entsteht, und Interesse muß schließlich auch mitgeteilt werden.

Frauen scheinen durchschnittlich ein geringeres Interesse an Männern zu haben als umgekehrt, wie die biologischen Theorien es vorhersagen. Folglich hängt es allein von ihrem Interesse ab, ob es zur Eskalation kommt. Allein das Interesse der Frau kann einen Flirt in Gang bringen. Ein Kulturenvergleich zwischen unserem deutschen und dem japanischen Experiment zeigt, daß dies tatsächlich der Fall ist. Die Geschlechtsdifferenzen treten in beiden Kulturen auf. Wir finden innerhalb der Geschlechter jedoch kulturelle Unterschiede: Japanische Männer zeigen geringeres Interesse als deutsche Männer. Bei den deutschen Frauen findet man eine etwaige Gleichverteilung, alle Interessensgrade kommen vor; in Japan herrscht eher Indifferenz. Obwohl diese Unterschiede auftreten, finden wir aber, daß die biologischen Vorhersagen sich auch zwischen den Kulturen bestätigen (Hirukawa, Grammer und Matsutani, 1993).

In erster Linie beeinflußt die gegenseitige subjektive Einschätzung der Attraktivität bei beiden Geschlechtern das Interesse am Partner.

Dies gilt jedoch nur für die Männer. Das Interesse der Männer an den Frauen hängt in erster Linie von der Attraktivität der Frauen ab. Je höher das Interesse ist, um so größer ist aber auch das vermutete Risiko der Ablehnung. Die Männer sind sich somit der Gefährlichkeit der Situation bewußt.

Interessanterweise scheint die Tatsache, ob ein ständiger Partner vorhanden ist, bei beiden Geschlechtern keinen direkten Einfluß auf das Interesse am anderen Geschlecht zu haben. Dies gilt in Japan ebenso wie in Deutschland.

Die Selbsteinschätzung – und wie attraktiv man sich findet – wird verrechnet und schlägt sich im Verhalten nieder. Man kann die Flirtenden in einem Experiment so wie Andersen und Bem (1981) mit Falschinformationen versorgen. Die Autoren ließen Studenten, die sich nicht kannten, in ein Labor kommen und einen biographischen Fragebogen ausfüllen. Danach wurden die beiden Probanden über Telefon mit-

Abb. 95: Gegenseitiges Interesse
Dieses Diagramm zeigt die Grundlagen unserer Verhaltensanalysen, und zwar die durch Fragebögen erhobene subjektive Evidenz für Werbeverhalten. Dargestellt sind ein deutsches und ein japanisches Experiment. Der Geschlechtsunterschied bleibt für beide Kulturen erhalten. Die Fragebogenpunkte entstanden durch die Beantwortung der Fragen: »Würdest du deinem Partner (deiner Partnerin) deine Telefonnummer geben?« und »Würdest du mit ihr (ihm) ins Kino gehen?« (je 7 Punkte). Die Verteilungen der Antworten legen nahe, daß die Männer im Versuch eine höhere durchschnittliche Bereitschaft zeigen, die jedoch von der Attraktivität der Partnerin und der Selbsteinschätzung des Mannes abhängt. Dies gilt nicht für Frauen – die Form der Verteilung legt nahe, daß Frauen in beiden Kulturen selektiver in der Auswahl ihrer möglichen Partner sind; sie reagieren eher ablehnend. Interessanterweise gibt es quantitative Unterschiede zwischen den Kulturen – in Japan zeigen Männer und Frauen signifikant geringeres Interesse.

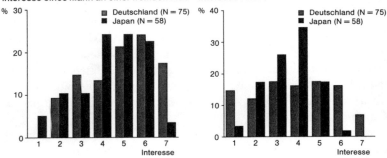

einander verbunden. Einer der Probanden erhielt ein echtes Polaroidbild und die Biographie des anderen, der andere erhielt die echte Biographie des anderen, aber ein Bild, das vorher hergestellt worden war und das entweder einen attraktiven oder einen unattraktiven Partner zeigte.

Bei der Bewertung des ersten Eindrucks zeigt sich in diesem Experiment der schon mehrfach erwähnte Schönheitsstereotyp. Physische Attraktivität ruft Bewertungen wie sozial verständnisvoll, sexuell attraktiv, interessant, sexuell permissiv, hohe Bereitschaft zum Ausgehen, humorvoll, warm und sozial angepaßt hervor.

Wie stark dieser erste Eindruck anhält, erweist sich darin, daß die Versuchsperson, die das falsche Bild der attraktiven Person gesehen hatte, vom anderen beeindruckt ist oder diese(n) gerne sehen würde.

Der Inhalt der Unterhaltung selbst spielt eine untergeordnete Rolle, was aber nur für Frauen gilt, die sich mit ihrer Geschlechterrolle identifizieren und sich selbst als sehr weiblich fühlen. Androgyne Frauen fühlen sich dagegen besser nach dem Gespräch und mögen den Partner mehr, wenn sie glauben, daß ihr Partner unattraktiv war. Dies ist ein klassisches Beispiel dafür, wie sich die Partnermarktwerttheorien auf den ersten Eindruck auswirken.

Das Geschlechsrollenverständnis der Person ist für die Bewertung eines ersten Eindrucks bedeutsam und schlägt sich in der Einschätzung des eigenen Partnermarktwertes nieder. Einschätzungsphänomene laufen zwar sehr schnell ab, sind aber äußerst variant und hängen nicht nur von der vorhandenen Entscheidungszeit, sondern zusätzlich von der Selbsteinschätzung ab.

Stroebe (1977) geht davon aus, daß eine hohe Attraktivität das Risiko der Ablehnung durch andere vermindert und so die Chancen erhöht werden. Tatsächlich beziehen die japanischen und deutschen Versuchspersonen ihre eigene Attraktivität in die Verrechnung eines eventuellen Risikos der Ablehnung mit ein.

Die Selbsteinschätzung beeinflußt den Umgang mit anderen Menschen entscheidend. So steht beispielsweise die Angst eines Mannes, von einer Frau abgewiesen zu werden (Risikowahrnehmung), nicht nur in Abhängigkeit von ihrer Attraktivität, sondern auch von seiner Selbsteinschätzung. Ähnliches dürfte auch für die Frau gelten.

Die Selbsteinschätzung einer Person hängt in der Regel auch damit zusammen, ob sie empfänglich für Kontakte anderer Personen ist oder

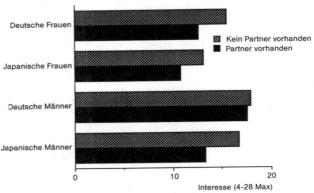

Abb. 96: Interesse an einer fremden Person und Partnerstatus
Die Abbildung zeigt das Interesse an einer fremden Person abhängig davon, ob bereits ein Partner vorhanden ist oder nicht. Man sieht, daß in beiden Kulturen nur ein geringer Einfluß vorhanden ist. Es gibt eine leichte Tendenz dahingehend, daß eine ständige Partnerin bei Männern das Interesse an fremden Frauen weniger beeinflußt als umgekehrt.

nicht (Jacobs et al., 1971). Es zeigt sich, daß Personen mit geringer Selbsteinschätzung ungewöhnlich offen für Annäherung sind, wenn sie erkennen, daß die Annäherung aus freien Stücken angeboten wird. Es ist jedoch oft schwierig für sie zu erkennen, ob überhaupt Annäherungen und Angebote vorliegen.

Das Risiko, von einer attraktiven Frau zurückgewiesen zu werden, gehen nur Männer mit einer genügend hohen Selbsteinschätzung ein. Grube et al. (1982) haben festgestellt, daß Männer mit geringer Selbsteinschätzung eher eine gewöhnlichere (traditionelle) als eine ungewöhnliche (nicht-traditionelle) Frau bevorzugen. Anders verhält es sich bei Männern mit einer hohen Selbsteinschätzung: Sie bevorzugen eher eine außergewöhnliche Frau. Begründet wird dieses Phänomen von den Autoren unter anderem mit der Furcht der unsicheren Männer vor unkonventionellen, nicht traditionsgebundenen Frauen.

Obwohl der »Flirtgenerator« ein vereinfachtes, mechanistisches Modell ist, erlaubt er doch, einige Vorhersagen zu treffen. Interesse könnte in Rückkopplungsprozessen entweder Verhalten verstärken oder abschwächen. Wie vorhergesagt, ist Interesse in beiden von uns untersuchten Kulturen geschlechtsabhängig. Interesse des Mannes wird in erster Linie durch die Attraktivität der Frau bestimmt – das Interesse der Frau am Manne nur teilweise.

Ebenso sind Selbsteinschätzungsphänomene bei der Kontaktaufnahme mit zu berücksichtigen – sie gelten wiederum stärker für Männer. Im Sinne der vorgestellten Risikotheorie wird also tatsächlich Risiko wahrgenommen und mit den realen Parametern verrechnet. Dies muß sich letztlich dann auch im gezeigten Verhalten ausdrücken.

Verquicken wir diese Information mit der Information aus dem Perper-Modell, dann läßt sich entscheiden, wer initiieren sollte. Frauen müßten allgemein, aus biologischen Gründen, im Durchschnitt das geringere Interesse haben. Dies trifft zu. Nun ergibt sich ein weitreichender Geschlechterkonflikt: Nur wenn der Partner mit dem höheren Interesse den Flirt beginnt, kann etwas daraus werden. Männer müßten also alles daransetzen, das Interesse der Frau zu erkunden. Dieser

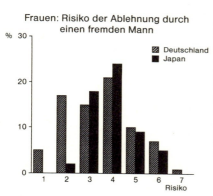

Abb. 97: Das Risiko der Ablehnung
Ein kultureller Unterschied zwischen Deutschland und Japan besteht darin, daß Männer und Frauen in Japan ein höheres Risiko der möglichen Ablehnung durch eine fremde Person des anderen Geschlechts wahrnehmen. Dies erklärt sich auch durchaus damit, daß in Japan striktere Normen für Geschlechterbeziehungen gelten.

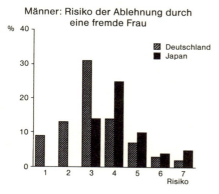

Interessenkonflikt führt letztlich dazu, daß die Frau automatisch zum Initiator des Flirts wird.

Das erste Lächeln

Damit ist die Grenze der ungezielten Werbephase erreicht. Nun heißt es, aktiv werden. Das Verhalten muß jetzt auf die Zielperson ausgerichtet werden. Die Blickkontaktaufnahme ist der wichtigste erste Entscheidungspunkt im Verhalten – ist doch hier ein Punkt erreicht, an dem bereits eine Entscheidung fallen kann. So betrachtet, ist die notwendige Blickkontaktaufnahme ein ultimativer Schritt zur Frage: Antwortet er/sie oder nicht? Damit muß man an dieser Stelle auch die Entscheidung aus der Hand geben.

Eine der wenigen direkten Beobachtungen zu diesem Punkt wurde von Symons (1972) auf Partnertauschparties in Kalifornien durchgeführt. Sie beschreibt in ihrem Bericht folgende Taktik der Kontaktaufnahme: Dem ersten Blickkontakt folgt sofortiges Blicksenken oder Abwenden des Kopfes. Der zweite Blickkontakt ist schon deutlicher. Man schaut nicht mehr weg und beginnt oft sogar, gemeinsam im Takt zu atmen. Sobald man sich davon überzeugt hat, daß der andere den Kontakt bemerkt hat, wandern die Augen über den Körper des anderen.

Anblicken ist also ein erster Test, ob das Interesse bemerkt wird oder nicht. Welche Funktionen und Konsequenzen hat nun das Anblicken? Menschen, die andere Leute sehr viel häufiger anschauen, werden attraktiver bewertet als solche, die Blickkontakt vermeiden. Für Frauen gilt diese Beurteilung stärker: Frauen, die Männer oder auch andere Frauen sehr häufig anschauen, werden als attraktiver bezeichnet (Knackstett und Kleinke, 1990).

Einander anschauen hat auch Auswirkungen auf die Physiologie. Blickkontakt kann zu erhöhten physiologischen Erregungszuständen führen. Nichols und Champness (1971) und Strom und Buck (1979) zeigten erhöhte Hautleitwerte bei Versuchspersonen, wenn diese direkt vom Experimentator angeschaut wurden.

Der erste Blickkontakt kann demnach wie Nähe bereits zu physiologischen Reaktionen führen. Der erste Blickkontakt mag sich aber auch noch völlig auf der Ebene der Zweideutigkeiten bewegen. Wenn Blickkontakt auftritt, kann er sich nämlich noch rein zufällig ereignet haben. Dies kann dadurch geschehen, daß eine Person umherschaut und in dieser Blickveränderung mehr oder weniger zufällig mit seinem Blick beim Partner hängenbleibt. Oder eine Person kann etwas gehört haben. Eine Frau hat sich eine Zigarette angezündet, der Mann hat das Reibrad des Feuerzeugs gehört und mehr oder weniger automatisch in die Richtung geschaut, aus der der Ton kam. Dies wäre eine Reaktion auf ein zufälliges Geräusch. Daraus ist ersichtlich, daß der erste Blickkontakt zweideutig sein kann, weiß man doch nie, aus welchen Gründen er aufgenommen wurde.

Im ersten Fall ist das Verhalten zueinander rein zufällig und nicht mit dem Ziel der Blickkontaktaufnahme verbunden. Im zweiten Fall führte eine Aktion des Partners darauf hin, obwohl der mögliche Partner in diesem Fall nicht das Ziel sein muß. Der wichtigste Punkt dabei ist, daß der Partner nicht weiß, welche dieser zwei Möglichkeiten den Blickkontakt verursacht hat.

Dieses Beispiel läßt sich leicht auf andere Verhaltensweisen ausdehnen. Im allgemeinen weiß der Handelnde genau, wenn er etwas zielgerichtet tut, daß der Effekt auch durch Zufall passieren könnte. Dies ist die Essenz des Flirts (Sabini und Silver, 1982). Weil es gerade ein Zufall sein könnte, ist die Absicht verschleiert und verborgen. Wäre es nicht so, würde die Handlung ihre Nützlichkeit für den Flirt verlieren. Der Großteil der Zweideutigkeiten im Flirt liegt zwischen Zufall und zielgerichteter Handlung.

Der Trick ist nun, Absichten so zu verpacken, als wären sie Reaktionen. Was passiert dann? Jemand, der flirtet, hat ein Interesse daran, seinem Partner eine Grundlage für Vorhersagen zu geben, ohne sich selbst an seine Aussagen zu binden. Initiativen können durchgeführt und Ermutigungen angeboten werden, ohne daß die Furcht, zurückgewiesen zu werden, die Handlungen bestimmt.

Wie zufällige Reaktionen können auch absichtliche Handlungen zweideutig sein. Nehmen wir an, eine Frau schaut einen Mann absichtlich an, eben weil sie Interesse an ihm hat. Von der Seite des Mannes aus gesehen, läßt dies aber sehr viele unterschiedliche Interpretationen zu. Meint sie mit ihrem Anschauen nun, daß der Mann vielleicht eine Krawatte trägt, die zehn Jahre zu alt ist, oder ist es eine Aufforderung? Auf ihrer Seite kann sie sich vielleicht darüber wundern, warum er jetzt so nah bei ihr steht. Vielleicht deshalb, weil er jemandem ausweichen mußte, oder steht er so nah, weil er so besser die Musik hören kann? Es ist also möglich, eine absichtliche Handlung so auszuführen, daß der andere die Absicht nicht erkennen kann. Die Strategie des Flirts und der ersten Blickkontaktaufnahme besteht aus Taktiken, die zwar Interesse signalisieren, es aber offenlassen, ob es sich dabei tatsächlich um wahres persönliches Interesse handelt. Dabei sind natürlich verschiedene Abstufungen der Direktheit möglich.

Verhalten auf diese Art zu verpacken, nutzt die Tendenz des Signalempfängers aus, dem Sender immer eine Absicht zuzuschreiben. Walsh und Hewitt (1985) untersuchten mit der Hilfe von weiblichen »Lockvögeln« Blickkontaktaufnahme mit Männern in einer Bar. Nachdem Kontakt hergestellt war, lächelte der Lockvogel oder senkte den Blick. Danach wurde gemessen, ob sich die Männer, mit denen Blickkontakt aufgenommen wurde, der Frau annäherten. Die höchste Annäherungsrate wurde dann beobachtet, wenn wiederholter Blickkontakt aufgenommen und dabei gelächelt wurde.

Wenn Blickkontakt nur einmal oder Blicksenken vorkam, wurde die weibliche Versuchsperson weniger häufig vom Mann angesprochen. Nur noch fünf von hundert Männer trauten sich die Annäherung zu, wenn sie ohne Lächeln nur ein einziges Mal angeblickt wurden. Kein einziger Mann versuchte die Kontaktaufnahme, wenn die Frau überhaupt keine Signale sendete. Dieses Ergebnis legt nahe, daß zur Kontaktaufnahme zu einer fremden weiblichen Person durch Männer tatsächlich eine Aufforderung durch die Frau nötig ist. Eine solche Aufforderung ist effektiver, wenn sie wiederholt und durch mehrere nicht-sprachliche Kanäle gleichzeitig gesendet wird.

Dieses Ergebnis bestätigt die Annahme, daß Männer zur Annäherung an eine Frau zunächst einer Aufforderung bedürfen – je direkter anscheinend, um so besser für die Männer.

In ihren Beobachtungen beschreibt Moore (1985) als erstes Lächeln das sogenannte »verlegene, aufreizende Lächeln«. Das ist ein Lächeln mit der Aufnahme von Blickkontakt, der dann sofort wieder abgebrochen wird.

Warum spielt in dieser Situation gerade Lächeln eine so herausragende Rolle? Bei der Besprechung der Triggersignale sind wir davon ausgegangen, daß Lächeln ein formkonstantes, universelles Signal ist. Es scheint zumindest in seiner äußeren Form an die Emotion »Freude« gebunden. Damit legt sich eine Interpretation des Signals als »Ich freue mich, dich zu sehen« nahe. Wir haben aber auch bemerkt, daß Lächeln dasjenige Signal ist, das mit Sicherheit häufig zur Manipulation eingesetzt wird. Dies wird der Empfänger natürlich wissen. Das »Ich freue mich, dich zu sehen« wird er unter Umständen eher als versuchte Manipulation wahrnehmen. Damit würde dieser Botschaft natürlich ihre Wirkung genommen. Und deshalb ist es angebracht, die Funktion des ersten Lächelns etwas genauer zu untersuchen.

Ein Vorteil des Lächelns ist: Es trägt am weitesten und ist deshalb das Fernsignal unter den emotional gefärbten Signalen. In der Frühzeit der Erforschung nicht-sprachlicher Signale war man der Auffassung, daß die im Gesicht entstehenden Signale nur in Interaktionen, in denen sich die handelnden Personen in direkter räumlicher Nähe befinden, genutzt werden können, da der Übertragungsweg sonst zu lang wäre. Hager und Ekman (1979) zeigten aber, daß bis zu einer Entfernung von fünfundvierzig Metern ein Gesichtsausdruck noch korrekt interpretiert werden kann, obwohl natürlich die Zuverlässigkeit der Dekodierung mit zunehmender Entfernung abnimmt. Bei beiden Geschlechtern wird das Lächeln über große Distanz erkannt. Lächeln ist also das Distanzsignal unter den Emotionen.

Das Lächeln hat allerdings eine weitere Eigenheit: Es wirkt ansteckend. Hinsz und Tomhave (1992) versuchten herauszufinden, ob überhaupt, und wenn ja, welche Antwort das Anlächeln einer völlig fremden Person auslöst.

Die entstehenden Effekte sind geschlechtstypisch. Insgesamt findet man zwar eine relativ hohe Antwort auf ein Lächeln unter Fremden (52,6 Prozent). Ein Stirnrunzeln wird nur sehr selten erwidert (7,4 Prozent). War der Sender des Signales ein Mann und der Empfänger des Signales eine Frau, so lächelte sie in einem Drittel aller Fälle zurück. Frauen scheinen auf Lächeln als Signal eher anzusprechen als Männer, und zwar unabhängig vom Sender. Die Antwort der Männer dagegen ist direkt vom Geschlecht des Senders abhängig. Lächeln kann also abhängig vom Geschlecht des Senders oder Empfängers unterschiedliche Bedeutungen annehmen.

Doch das Lächeln wirkt sich bereits auf die Physiologie des Empfängers aus. Wir haben gesehen, daß die Beurteilung von Personen durch so einfache Faktoren wie die gegenwärtige Stimmung einer Person beeinflußt werden kann. Forgas und Moylan (1991) weisen darauf hin, daß nicht nur die Art und Weise der Informationsverarbeitung über fremde Personen, sondern auch die Urteilsbildung über Personen davon abhängt, in welcher Stimmung sich der Beurteiler befindet. Je ungewöhnlicher die zu beurteilende Person aussieht, um so größer ist der Einfluß der gegenwärtigen Stimmung. Eine traurige Stimmung führt zu negativeren Bewertungen als eine glückliche Stimmung. Bei der Beurteilung von außergewöhnlichen Personen scheint eine höhere Genauigkeit der Dekodierung notwendig zu sein; dadurch wird auch der Einfluß der Emotionen stärker.

Diesen Effekt nutzt ein Signal: das Lächeln. Lächeln, das oft als Aufforderungssignal beschrieben wird, hat in der Eröffnungsphase der Kontaktaufnahme eine ganz andere Funktion. Es benutzt den Manipulationsweg über die Stimmungsübertragung, um eine positivere Beurteilung der eigenen Person zu erreichen. Der- oder diejenige, der bzw. die angelächelt wird, soll in einen positiven emotionalen Zustand versetzt werden, aus dem heraus er die Persönlichkeit des Gegenübers positiv, unter Umständen sogar weniger genau einschätzt. Der Aufforderungscharakter eines solchen Signals ist demnach nur sekundär, da er zunächst lediglich eine Aufforderung zur positiven Einschätzung beinhaltet.

Zusätzlich wird die Wirkung des Lächelns nicht durch Rauschen, das auf dem Übertragungsweg auftreten kann, beeinflußt, weil es sicher über weite Wege signalisiert. Mit der Blickkontaktaufnahme und dem ersten Lächeln sind aber die notwendigen Entscheidungsvorgänge nicht beendet. Noch fehlen die biologischen Grundlagen der Entscheidungsfindung – spielt doch nicht nur die Attraktivität der Zielperson eine Rolle, sondern auch die Attraktivität aller anderen möglichen Zielpersonen. Dies gilt vor allem für jenes Geschlecht, das, wie wir gesehen haben, anscheinend die Entscheidungen trifft: die Frau.

Der/die nächste könnte besser sein: Entscheidungspunkte und Konflikte

In seiner Theorie über Sexökonomie kommt Symons (1979) zu dem Schluß, daß für das männliche Entscheidungsverhalten der »Coolidge-Effekt« gilt: »Immer wenn man etwas nicht will, dann kriegt man es, und zwar genau dann, wenn man es nicht brauchen kann«. In bezug auf Reproduktionsverhalten gilt für Männer, daß es relativ schwer ist, das zu kriegen, was sie wollen, aber relativ einfach, das zu erhalten, was sie nicht wollen.

Die Schwierigkeit, das zu kriegen was man will, hat in der Evolution bei Männern zur Selektion auf »Wollen« geführt. Ähnliche Überlegungen kommen von einer ganz anderen Seite, nämlich von Perper (1985), der in seinem Modell zeigt, daß derjenige, der weniger »will«, den Flirt beginnen muß, damit es zu einer Eskalation kommt.

Das Ergebnis ist, daß Männer oft Geschlechtsverkehr mit vielen Frauen wollen, ohne irgendeine Form von nicht-sexuellem Nutzen für die Frau zu bieten. Freilich es ist für sie schwierig, dies zu erlangen. Viele Frauen könnten Geschlechtsverkehr mit vielen Männern haben, aber sie wollen nicht, weil die Selektion Frauen nicht gefördert hat, die solchen Geschlechtsverkehr sexuell befriedigend finden. Der Grund dafür ist, daß Frauen durch Promiskuität ihren Fortpflanzungserfolg eher gefährden als fördern.

Dieser Geschlechtsunterschied hat einigen Einfluß auf die Wahltaktiken in der Partnerwahl. Partnerwahl ist kein so einfacher Prozeß, wie man annimmt, in dem lediglich eine Wahl vorkommt. Sie muß ganze Serien von taktischen Auswahlkriterien enthalten, die während eines Informationssammel- und Entscheidungsprozesses durchzuführen sind. Einen Partner zu wählen, bedeutet, Informationen über ihn oder über mehrere potentielle Partner zu sammeln, bevor irgendeine Wahl getroffen wird.

Die Strategien oder Taktiken des Informationssammelns und die Entscheidungsprozesse, die in der Partnerwahl ablaufen müssen, wurden aus diesem Blickwinkel bisher nur von Wittenberger beschrieben (1983).

Bis heute wurden häufig lediglich die Kriterien für die Wahl vermerkt, und nicht der Weg, auf dem man zur Wahl kommt. Da die Frau wohl aktive weibliche Wahl betreibt, werden wir den Wahlvorgang aus ihrer Sicht betrachten.

Die Frauen sammeln zuerst Informationen über einen möglichen Partner. Dann treffen sie eine Entscheidung über die so erhaltene Information. Schließlich wiederholen sie diese Prozedur mit einem neuen, möglichen Partner. Dieser Vorgang läuft so lange, bis ein Partner gewählt wird.

Wittenberger (1983) schlägt drei Typen von Entscheidungen vor, die bei jedem Wahlversuch gemacht werden müssen. Das Beispiel ist aus dem Tierreich, deshalb werde ich hier die Termini »Weibchen« und »Männchen« gebrauchen. Ein Weibchen kann den männlichen Partner als unpassend abweisen, es kann das Männchen als Partner akzeptieren oder eine Entscheidung aufschieben, bis Informationen über weitere Männchen vorhanden sind. Insgesamt gibt es dann mehrere Möglichkeiten, solche Wahlversuche durchzuführen.

Die erste Taktik wäre die Schwellentaktik. Dies ist die einfachste Entscheidungsprozedur, nach der ein Weibchen vorgehen kann. Das Weibchen würde dasjenige Männchen auswählen, dessen Qualitäten bestimmten Minimal- oder Grundanforderungen genügen. Diese Grundbedingungen können aber sehr unterschiedlich sein, zum Beispiel die Identität des Männchens, seine physiologische Bereitschaft, sich zu paaren, oder sein Verpaarungsstatus. Die Schwellentaktik sollte dann ausgeführt werden, wenn die Kosten des Vergleichs von mehreren Partnern sehr hoch sind und/oder der Nutzen des Wählens zwischen verschiedenen möglichen Partnern relativ gering ist. Wählen lohnt sich nur dann, wenn die Männchen sehr unterschiedlich und leicht erreichbar sind.

Eine etwas verfeinerte Version der Schwellentaktik kann auftreten, wenn nicht nur ein oder zwei Standards für die Partnerwahl gelten, sondern mehrere Standards herangezogen werden. Wenn neben der männlichen Paarungsbereitschaft und seinem Verpaarungsstatus ein Weibchen noch fordert, daß das Männchen gesund und nicht deformiert oder verletzt ist, oder wenn das Männchen älter sein sollte als ein bestimmtes Alter, daß es ein besonders intensives Werbeverhalten zeigt usw.

Unter bestimmten Umständen kann auch eine sequentielle Vergleichstaktik angewandt werden, und zwar vor allem dann, wenn männliche Brutfürsorge mit ins Spiel kommt. Denn dann ist es höchst wahrscheinlich, daß die Männchen sehr stark in ihrer Qualität variieren. Und damit entsteht ein relativ hoher Nutzen für eine Vergleichstaktik (Janetos, 1980). Eine solche sequentielle Vergleichstaktik könnte wie folgt durchgeführt werden: Ein Weibchen schaut sich die Männchen an und benutzt bestimmte Regeln, mit denen es die Qualität der Männchen erfaßt. Das Weibchen sammelt so lange Informationen über Männchen, bis das letzte Männchen besser ist als das vorletzte Männchen. An diesem Punkt angelangt, wählt das Weibchen entweder das letzte oder das vorletzte Männchen. Das letzte Männchen sollte gewählt werden, wenn das vorletzte Männchen zuletzt in der Nähe war und erst vor kurzem beurteilt werden konnte, da das Weibchen natürlich noch die Möglichkeit braucht, ohne großes Risiko zu ihm zurückkehren zu können.

Eine ganz andere mögliche Taktik ist die Poolvergleichstaktik. Diese Taktik ist eine Alternative zur Sequenzvergleichstaktik. Dabei wird eine Zeit festgesetzt, in der so viele potentielle Partner wie möglich gleichzeitig begutachtet werden. Oder man kann sich auch vorstellen, daß eine zahlenmäßige Obergrenze für die Anzahl der Partner vorhanden ist, die angeschaut werden sollten. Sobald in dieser Wahltaktik die Informationssammelphase beendet ist, wird das beste Männchen aus dem Pool der Kandidaten ausgewählt. Die Poolvergleichstaktik unterscheidet sich von der Sequenzvergleichstaktik dadurch, daß alle notwendigen Informationen über die potentiellen Partner gesammelt werden, bevor eine Entscheidung getroffen wird.

Und nun von den Vergleichstaktiken zu den wirklichen Entscheidungsmechanismen. Die erste Möglichkeit wäre ein Prioritätensystem: Weibchen verengen ihre Optionen auf hierarchische Art und Weise. Die Kriterien, die von den Weibchen benutzt werden, um eine Partnerwahl zu treffen, werden nach ihrer Wichtigkeit für das Weibchen von diesem in eine Rangordnung gebracht.

Die zweite Möglichkeit wäre, ein Gewichtungssystem anzuwenden. Das könnte dadurch geschehen, daß man den Männchen eine Art von Index zudiktiert, um sie in eine Rangfolge zu bringen. Das ist natürlich nicht unbedingt bewußt nötig, aber man kann – wie wir gesehen haben – bestimmte Kombinationen von Merkmalen in Prototypen zusammenfassen und diese Merkmale in eine Reihenfolge bringen. Solch eine Art der Entscheidungsfindung, die auf der Gewichtung männlicher Merkmale beruht, ist dann angebracht, wenn mehrere quantitative Merkmale beschrieben werden müssen.

Dieses letztere System wäre aus kognitiver Sicht das teuerste System – es erfordert hohe kognitive Leistungsfähigkeit, da sehr viele Parameter zu verrechnen sind. Ein Prioritätensystem ist kognitv wesentlich billiger, da es sich mit lexikalisch abgespeicherter Information versorgen läßt. Das heißt, daß unterschiedliche Wahlsysteme auch unterschiedliche kognitive Systeme (und vielleicht umgekehrt) bedingen.

Wir können jetzt davon ausgehen, daß der Mensch, der beide Fähigkeiten besitzt – nämlich schnelle Entscheidungen auf Grund lexikalischer Information zu treffen und autonom Situationen zu verrechnen –, beide Vergleichssysteme benutzen kann.

Unsere Ergebnisse aus dem Video-Dating-Service lassen dazu einige bemerkenswerte Aussagen zu. Aus den Anforderungen für Partnervorschläge können Rückschlüsse auf das Wahlverhalten und die Suchtaktiken von Männern und Frauen gezogen werden.

Die Schwellenwerttaktik mag sich ausschließen lassen, da der Nutzen durch Wählen relativ groß sein wird, weil die Varianz im Status der Männer in der von uns beobachteten Population sehr hoch ist.

In der Wahl sind multiple quantitative Charakteristika zu beschreiben. Neben Status, also der Fähigkeit zum Investment, sind auch emotionale Faktoren wichtig, wie »nett« und »verständnisvoll«, d. h. die Fähigkeit, langfristige Beziehungen einzugehen.

In der Partnerwahl, so wie sie beim Video-Dating-Service stattfindet, gibt es zwei mögliche Meßkriterien für die Entscheidungsfindung. Erstens, wie lange ein Partner getestet wird, bis ein Neuer an die Reihe kommt, und zweitens, wieviel »Überhang« es gibt, d. h., wie viele Partner nach dem tatsächlichen Heiratspartner noch angefordert werden.

Bei einer sequentiellen Vergleichstaktik müßte ein höherer Überhang entstehen, d. h., Frauen sollten sich mit einem Mann zusammentun, dann aber noch wenige weitere Männer begutachten. Dabei sollten die Zeiten zwischen den einzelnen Partneranforderungen hoch sein – wenn das Überprüfen Zeit erfordert.

Wird eine Poolvergleichstaktik angewandt, so müßten die beobachteten Anforderungszeiten zwischen den einzelnen Partnern sehr kurz sein, und es sollte ein höherer Überhang als bei der sequentiellen Vergleichstaktik entstehen, da ja nicht notwendigerweise der letzte oder der vorletzte der beste Partner war.

Insgesamt zeigt es sich, daß Frauen kürzere Testzeiten und einen höheren Überhang als Männer haben. Dies spricht insgesamt eher für die Annahme einer Poolvergleichstaktik durch die Frauen.

Differenziert man nach dem Status der Frauen, so findet man, daß Frauen mit niedrigem Status kurze Testzeiten und einen hohen Überhang haben, während Frauen mit hohem Status lange Testzeiten und einen kleineren Überhang aufweisen.

Der hohe Überhang zeigt zunächst einmal, daß Frauen zumindest keine einfache Schwellenwerttaktik benutzen, denn Frauen testen noch weitere Männer aus, auch wenn sie sich bereits entschieden haben. Es könnte ja noch ein besserer kommen. Diese Taktik wenden vor allem Frauen mit hohem Status an. Frauen mit geringerem Status verwenden

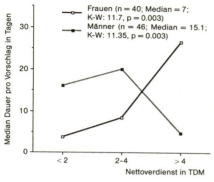

Partnertestzeiten von Vorschlag zu Vorschlag
(Geschlechtsunterschied K-W, 9.8, p = 0.001)

Frauen (n = 40; Median = 7; K-W: 11.7, p = 0.003)
Männer (n = 46; Median = 15.1; K-W: 11.35, p = 0.003)

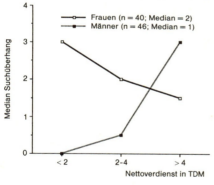

Sequentielle Partnersuche:
Anzahl der Vorschläge nach Heiratspartner
(Geschlechtsunterschied K-W, 9.8, p = 0.001)

Frauen (n = 40; Median = 2)
Männer (n = 46; Median = 1)

Abb. 98: Sequentielle Partnersuche und Partnertestzeiten
In einem Video-Dating-Service lassen sich aus den Anforderungen neuer Partner die Suchstrategien von Männern und Frauen ablesen. Die Ergebnisse zeigen, daß sowohl die Testzeiten für einzelne Partner, als auch ein entstehender Überhang an Partnern geschlechts- und statusabhängig sind. Ein Überhang an Partnern entsteht aus der Tatsache, daß weitere Vorschläge angefordert werden, aber nicht der letzte, sondern ein Partner davor geheiratet wird. Die obere Graphik zeigt, daß Frauen mit niedrigerem Verdienst Partner sehr schnell anfordern und anscheinend zwischen vielen Partnern vergleichen. Frauen mit höherem Status lassen sich dagegen Zeit zum Austesten einzelner Partner. Diese Situation ist für Männer genau umgekehrt.

eine Poolvergleichstaktik: Sie testen viele Männer gleichzeitig und entscheiden sich dann für einen von ihnen.

Warum ist dies so? Anscheinend werden verschiedene ökonomische Bedingungen wirksam, die gleichzeitig unterschiedlich teure Entscheidungssysteme verlangen.

Hoher Status der Frau – höhere Ansprüche an den Mann – mehr Testzeit. Es ist eine teure kognitive Lösung notwendig, die direkt zur sequentiellen Vergleichstaktik führt. Wenn wir die nach Status aufgeschlüsselten Partnerwünsche der Frauen betrachten, dann sehen wir, daß die Unterschiede hauptsächlich in solchen Bereichen liegen, in denen Testzeiten erforderlich sind. Für eine Frau mit hohem Status ist der Status des Mannes, seine Intelligenz und seine Persönlichkeit wichtig. Für Frauen mit geringerem Status überragt nur der Kinderwunsch deutlich die Wünsche von Frauen mit höherem Status.

Dagegen steht also: geringerer Status der Frau – einfach austestbarer Kinderwunsch – weniger Testzeit notwendig. Damit wird für Frauen mit niedrigerem Status die kognitiv »billige« Poolvergleichstaktik zum Standard.

Unerfreulicherweise wird das ganze System noch durch die Verhaltenstendenzen der Männer durcheinandergeschüttelt. Denn Männer variieren ihre Verhaltens- und Investmenttendenzen in Abhängigkeit vom Status. Männer mit niedrigem Status suchen Heiratspartnerinnen und wollen Kinder; Männer mit hohem Status suchen aufregende Sexpartnerinnen.

Die Überlegungen zur Wahltaktik der Männer sind mit denen von Frauen vergleichbar. Männer, die sich nur einfach entscheiden müssen: Sexualpartnerin = Attraktivität, können die kognitiv billigeren Methoden der Poolvergleichstaktik anwenden. In der Tat zeigen Männer mit hohem Status kurze Anforderungszeiten mit hohem Überhang. Also benutzen sie eine Poolvergleichstaktik. Männer mit geringerem Status zeigen geringen Überhang und hohe Testzeiten, also eine Sequenzvergleichstaktik, die aber ebensogut eine Schwellenwerttaktik sein könnte. Männer mit geringem Status nehmen die erstbeste, die ihren Anforderungen genügt. Auf Grund ihres geringen Partnermarktwertes lohnt sich hier Vergleichen nicht, da sie ja sowieso nur geringe Chancen haben.

Hier werden Geschlechtsunterschiede deutlich, die aufgrund unterschiedlicher Partnermarktwertbedingungen und Wahlkriterien entstehen.

Wie viele Partner braucht man zu einer Entscheidung, d. h., wie oft muß man die bis jetzt so kompliziert erscheinende Prozedur der Annäherung und der Kontaktaufnahme durchführen? In unserer Studie brauchen Frauen im Durchschnitt elf Vorschläge und Männer acht, bis sie einen Partner finden. Gehen wir von diesen Zahlen und der Vorauswahl durch den Computer aus, so wird die Größe der notwendigen Auswahl in die Tausende gehen.

Von wesentlich größerer Bedeutung als die Größe der notwendigen Auswahl ist der entstehende zwischengeschlechtliche Interessenkonflikt. Die Zeit, die beide Geschlechter für eine Entscheidung benötigen, ist unterschiedlich: Männer werden unter dem Druck des Wettbewerbs auf schnelle Entscheidungen drängen. Sie können sich schnell entscheiden, da sie ihre Partnerwahlkriterien relativ einfach automatisch abrufen und als Prototypen abgespeichert haben. Frauen dagegen sind unter dem Druck möglicher Betrüger und hoher Varianz der Männer dazu gezwungen, Verhaltenstendenzen und Status auszutesten. Damit bestimmen Partnerwahlkriterien und biologische Notwendigkeiten das Entscheidungsverhalten im Flirt.

In Interaktionen mit Männern sollten Frauen vorsichtig sein und sich Zeit dazu nehmen, die Verhaltenstendenzen und seine Fähigkeit zum Investment genau auszutesten. Da männlicher Status leicht vorgetäuscht werden kann und der Mann alles tun wird, um die Frau von seinen Qualitäten zu überzeugen, wird die Frau natürlich mißtrauisch sein. Die Männer bewegen sich dabei oft auf des Messers Schneide nahe dem Betrug. Frauen sind deshalb gezwungen, Männer strategisch zu behandeln.

Im Gegensatz dazu sollten sich Männer in Interaktionen mit Frauen schnell entscheiden, da der Dämon des männlichen Wettbewerbers immer im Hintergrund lauert. Diese Tendenz des Mannes zu schnellen Entscheidungen wird durch die männlichen Partnerwahlkritierien verstärkt. Physische Attraktivität läßt sich zwar betonen, aber nicht völlig vortäuschen.

Ein weiteres Problem für Entscheidungen ist, wieviel Zeit zur Verfügung steht. Auf der Grundlage eines Songs von Micky Gilley mit dem Titel »Don't the girls all get prettier at closing time?« stellten Pennebaker et al. (1979) die Hypothese auf, Männer in einer Bar würden, wenn die Bar schließt, ihre Erwartungen bezüglich der notwendigen Attraktivität von Frauen herabsetzen, könnte doch sonst eine einsame Nacht drohen.

Lindner und Crane (1970) ließen die Attraktivität von Frauen durch Männer bewerten und gaben ihnen dazu unterschiedliche Zeitvorgaben. Wenn den Männern nur wenig Zeit zur Verfügung stand, schätzten sie selbst eine unattraktive Frau als attraktiv ein. Pennebaker ließ die Attraktivität von Frauen in einer Bar einschätzen, und zwar zu drei verschiedenen Zeitpunkten: 21 Uhr, 22.30 Uhr und um Mitternacht. Es zeigte sich, daß Männer die Attraktivität von Frauen um so höher einschätzen, je später der Abend wird. Läßt man sie andere Männer einschätzen, findet man diesen Effekt nicht. Begrenzt man die Entscheidungsfreiheit und die Dauer, mit der die Entscheidung zu treffen war, dann werden auch die Erwartungen herabgesetzt. Der Partnersuchende wird in seinen Ansprüchen genügsamer.

Unter Zeitdruck sollten deshalb auch beide Versuchspersonen unseres Versuchs die erwähnten »Nachschlagwerke« benutzen, um ihre Entscheidungen zu treffen. Dies heißt: den Partner einordnen, ihn mit bestehenden Prototypen abgleichen und dann eine schnelle Entscheidung treffen. Das Entscheidungskriterium ist hier das äußere Erscheinungsbild. In dieser Situation sollte demnach automatisches Denken vorherrschen.

Sobald kein Zeitdruck mehr vorhanden ist, sollten die Frauen versuchen, mögliche versteckte Täuschungsmanöver des Mannes zu enttarnen. Für die Männer existiert praktisch kein Grund, ihre Entscheidung zu revidieren.

Es gibt also einen Entscheidungskonflikt, der sich aus biologischen Theorien vorhersagen läßt. Für Frauen ist es ratsam, sich Zeit zu lassen bei der Musterung der Männer – die wiederum können sich rasch entscheiden.

In unserem Experiment wissen die Beteiligten anfangs nicht, wie lange das Experiment noch dauern wird. Der Zeitdruck ist somit sehr hoch. Der Experimentator könnte jederzeit zurückkommen. Dies können wir als Unsicherheitsphase bezeichnen. In der dritten Minute wurde den beiden gesagt, daß die Abwesenheit des Experimentators noch etwa fünf Minuten dauern wird. Daraus können beide schließen, daß sie noch Zeit haben, mit dem anderen allein zu sein. Der Zeitdruck wird dabei wenigstens teilweise gemindert. Wir können diesen zweiten Teil als Sicherheitsphase bezeichnen.

Wie mißt man nun aber Entscheidungen? Wir gehen davon aus, daß Verhalten in erster Linie Bewegung ist und daß Bewegung als solche auch Signalcharakter hat. Zunächst einmal ist es belanglos, welchen Signalcharakter wir darunter verstehen.

Nur die Frauen bewegen sich mit zunehmendem Interesse häufiger – dieser Zusammenhang wird um so stärker, je länger das Experiment dauert. Man kann deshalb sagen, daß die Frauen mit zunehmendem Interesse mehr Signale senden, und daß dieser Zusammenhang verstärkt am Ende des Experiments besteht (Kruck, 1989, Grammer und Kruck, 1991).

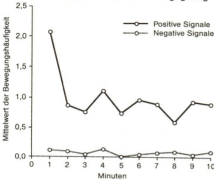
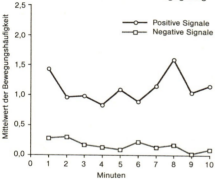

Abb. 99: *Positive und negative Signale im Verlauf einer Begegnung*
Das Signalverhalten von Männern und Frauen in einer ersten Begegnung unterscheidet sich wesentlich. Beide Geschlechter senden aus »sozialer Höflichkeit« mehr positive als negative Signale. In der Unsicherheitsphase (1. bis 3. Minute) senden beide Geschlechter eine hohe Anzahl positiver Signale. In der Sicherheitsphase (4. bis 10. Minute) beginnen Frauen erneut zu signalisieren, Männer nicht. Männer scheinen demnach ihre Entscheidungen sehr schnell zu treffen, Frauen scheinen sie zu überdenken. Dieses Ergebnis deutet auf einen Geschlechterkonflikt in den Entscheidungen hin.

Betrachtet man »positive« und »negative« Signale, dann verdeutlicht sich dieses Bild. Positive Signale lassen sich einfach feststellen, es sind diejenigen, die nur bei hohem Interesse am anderen gezeigt werden (Grammer und Kruck, 1991). Das gleiche gilt für negative Signale. Es zeigt sich, daß Frauen und Männer insgesamt sehr viel mehr positive als negative Signale benutzen. Ablehnung wird anscheinend nicht direkt signalisiert.

Männer entscheiden sich sehr schnell – sie senden fast nur positive Signale am Beginn der Interaktion, und zwar unabhängig davon, ob sie großes oder nur geringes Interesse haben. Männer scheinen relativ unselektiv zu sein, wie schon ihr hohes Interesse an Frauen allgemein bezeugt. Frauen entscheiden sich unter Zeitdruck ebenfalls schnell, wenngleich nicht so rapide wie Männer, können aber unter Umständen, falls ihnen mehr Zeit zur Verfügung steht, ihre Entscheidung überdenken und nach etwa fünf bis acht Minuten eine neue positive Signalphase erreichen.

Man sieht also, daß die grundlegende Konstruktion des Denkapparates, d. h. seine Fähigkeiten, automatisch oder autonom zu entscheiden, zusammen mit reproduktionsbiologischen Notwendigkeiten zu ganz spezifischem geschlechtstypischem Entscheidungsverhalten führt. Männer scheinen lexikalische Information (Prototypen) zu benutzen und ihre Entscheidung aufgrund dieser Vorinformation bereits vollständig festzumachen, im Unterschied zu Frauen, die offenbar die Männer taktischer auf ihre Eignung als Partner hin untersuchen.

Bezüglich des Sendens negativer Signale ergibt sich für Frauen ein interessanter Aspekt. Gefällt ihnen ihr Partner nicht, senden beide Geschlechter nicht nur negative Signale, sondern mischen sie mit positiven. Bei Frauen ist dieser Effekt besonders ausgeprägt. Sie senden im Falle von Ablehnung ein Gemisch aus 60 Prozent positiven Signalen und 40 Prozent negativen Signalen. Ablehnung wird demnach von Frauen in Zustimmung verborgen. Man sagt jemandem nicht direkt, daß man ihn nicht mag. Solch ein Verhalten kann zu Mißverständnissen führen.

Zu ganz ähnlichen Ergebnissen kommen Clore et al. (1975a, b). Sie führten ihren Versuchspersonen einen Film über eine Unterhaltung zwischen einem Jungen und einem Mädchen vor. Den Versuchspersonen wurde gesagt, diese Leute träfen sich zum ersten Mal in einem Computer-Dating-Service. Nur die Frau verhielt sich im Film unterschiedlich: entweder zuerst warm und vertraut und dann kalt und abweisend – oder umgekehrt: zuerst abweisend und dann vertraut mit dem Mann.

Die Beurteiler schätzen nun die vermutliche Attraktivität der Frau für den Mann. Verhielt sich die Frau zuerst kalt und taute dann anscheinend auf, war ihre Attraktivität für die Beurteiler am höchsten. Am geringsten war sie, wenn sie sich zuerst freundlich und dann abweisend verhielt. Abweisen gefolgt von vertrautem, freundlichen Verhalten scheint in den Augen von Beurteilern die Attraktivität einer Frau zu erhöhen. Sich spröde zu verhalten, d. h. vom Mann anscheinend überredet zu werden, steigert die Attraktivität einer Frau. Damit werden aber auch

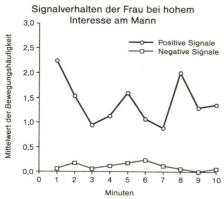

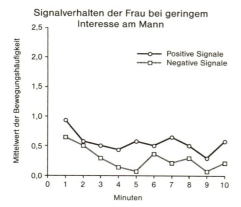

Abb. 100: Signalverhalten der Frau und Interesse am Mann
Frauen zeigen spezifisches Signalverhalten in Abhängigkeit von ihrem Interesse am Mann. Bei geringem Interesse mischen sie positive und negative Signale etwa 6 : 4. Bei hohem Interesse erhöht sich ihre Signalfrequenz in der Sicherheitsphase signifikant (siehe Text).

solche Mischungen aus positiven und negativen Signalen durch Frauen strategisch einsetzbar. Das gezeigte Interesse sollte aber exklusiv sein (Walster et al., 1973).

Wenn aus sozialer Höflichkeit Ablehnung in Zustimmung verborgen wird, kann es Probleme geben. Es ist eine nicht ungefährliche Strategie, wenn der Signalempfänger die negativen Signale einfach schluckt und zu insistieren beginnt. Direkte, brüske Ablehnung ist deshalb das einzige Mittel, um einen unerwünschten Flirt zu verhindern. Vor allem, da wie wir gesehen haben, daß Männer allgemein die schlechteren Leser von nicht-sprachlichen Signalen sind.

Aufgrund ihrer schnellen Entscheidung »verlieben« sich deshalb Männer schneller und auch heftiger als Frauen. Sie benutzen unter

Zeitdruck Nachschlagewerke und wissen sofort, ob sie Interesse entwickeln können oder nicht. Erst wenn hinlänglich Zeit zur Verfügung steht, wird vor allem durch Frauen Planen und autonomes Denken eingeschaltet. Die Liebe auf den ersten Blick hat offenbar schlechte Karten – zumindest aus reproduktionsbiologischer Sicht.

Immerhin scheinen sich aber viele Interaktionen zwischen den Geschlechtern sehr rasch zu entscheiden. Doermer (1989) versuchte herauszufinden, wie sich die Gespräche in unserem Experiment entwickeln und warum sich überhaupt welche entwickeln. Überraschendes Ergebnis einer Analyse der Pausenlängen ist, daß sich Gespräche sehr selten langsam entwickeln. Sind die Gesprächspausen am Anfang groß, dann bleiben sie dies für die restlichen acht Minuten. Es scheint zwischen Fremden also bereits am Anfang entschieden zu werden, ob sich ein Gespräch mit dem jeweiligen Partner überhaupt lohnt oder nicht.

Bereits die Anzahl der Sekunden bis zum ersten Blick ist für die gegenseitige Attraktivitätsbeurteilung und das Interesse aufschlußreich. Je kürzer die Stille ist, nachdem der Experimentator den Raum verlassen hat – im Durchschnitt dauert sie 1,2 sec. –, desto positiver ist die Attraktivitätsbeurteilung und desto größer das Interesse bei beiden Geschlechtern (Doermer, 1989). Schnelle Entscheidungen scheinen also bei einer genauen Passung der gegenseitigen Suchbilder vorzukommen.

Soweit ließe sich annehmen, daß die Entscheidungen, ob auf ein Gespräch eingegangen wird, sehr schnell fielen – dies betrifft jedoch nur eine Minderheit der Fälle. Zusätzlich variieren die Pausenlängen innerhalb der Gespräche und der gesamten zehn Minuten stark – und sind nicht einwandfrei dem geäußerten Interesse oder der wahrgenommenen Attraktivität zuzuordnen. Man kann das Problem aber in den Griff bekommen. Es gibt »Vielredner« und »Schweiger«. Die »Vielredner« stellen die Mehrheit. Bei der Hälfte der »Vielredner« sind die Frauen hochinteressiert, die andere Hälfte besteht aus Paaren, in denen der Mann hochinteressiert ist, die Frau aber geringes Interesse zeigt (Möllhoff, 1989). Diesen drei unterschiedlichen Gruppen kann man drei Möglichkeiten der Gesprächsentwicklung gegenüberstellen.

Eine Gruppe spricht in den zwei Minuten etwa die Hälfte der Zeit und schweigt die andere Hälfte. Dieses Verhalten ändert sich kaum, denn auch in den restlichen acht Minuten kommt es zu keiner nennenswerten Entwicklung. Diese Gruppe umfaßt 22 Prozent aller Paare.

Die zweite Gruppe ist schweigsamer – hier stirbt bereits das wenn auch zögernd begonnene Gespräch weiter ab. Diese Gruppe umfaßt 10 Prozent aller Paare.

Die dritte Gruppe der »Vielredner« stellt mit 68 Prozent die Mehrheit – denn sie schweigen am Anfang nur 12 Prozent der Zeit und verringern diesen Wert im Verlauf der 10 Minuten auf 5 Prozent.

Wie schaut es nun mit der »Liebe auf den ersten Blick« bei einem solchen Treffen tatsächlich aus? Obwohl wir einige Hinweise darauf besitzen, daß Frauen romantischer sind als Männer, zeigen die von den Coombs und Kenkel (1966) vorgelegten Daten, daß Männer nach einem ersten Treffen sehr viel häufiger als Frauen eine romantische Anziehung verspüren. Männer äußern sich oft enthusiastischer in bezug auf ihre Partnerin als Frauen. Sie waren mit ihrer Persönlichkeit und mit ihrer physischen Erscheinung zufrieden und hielten es für möglich, mit der Person, die sie dort trafen, verheiratet zu sein. Sehr viel häufiger als die betreffenden Frauen selbst, wollten sie auch die Frau noch weiter treffen.

Nach sechs Monaten wurde eine Nachstudie gemacht, bei der sich herausstellte, daß beide Geschlechter ihren Enthusiasmus für die Computerpartner verloren hatten. Der Verlust an Enthusiasmus war aber weit stärker bei den Frauen. Jetzt kann man natürlich davon ausgehen, daß Frauen in der Regel höhere Ansprüche an Partner haben als Männer und sie deshalb auch sehr viel weniger häufig mit ihnen zufrieden sind.

Frauen scheinen bei einem ersten Treffen den Mann sehr genau zu begutachten und rigoros seine Erscheinung und seinen Status entsprechend ihrer eigenen Ansprüche zu bewerten, wie es die biologischen Theorien verlangen. Genauso häufig versuchen Frauen, reservierter zu sein und keine emotionalen Zugeständnisse gegenüber ihren Partnern zu machen. Falls es also die »Liebe auf den ersten Blick« gibt, wird sie eher Männer treffen als Frauen. Dies erscheint aus zwei Gründen sinnvoll. Sich schnell und unselektiv zu verlieben, stellt den Reproduktionserfolg der Frauen in Frage; der Mann könnte ein Betrüger sein. Anders die Männer, für sie gilt, sich schnell zu verlieben und zu investieren, um im möglichen Wettbewerb mit anderen Männern vorne zu liegen. Das führt in der Konsequenz dazu, daß Männer, um dieses

Investment nicht zu verlieren, schneller und auf extremere Art und Weise eifersüchtig werden als Frauen.

Die Interaktionsphase

Schwache Sprüche und starke Gesten

Ist erst die Schwelle zur Blickkontaktaufnahme überwunden, folgt die nächste, wohl wichtigste, denn jetzt ist es an der Zeit, etwas zu sagen. Diese erste Äußerung, egal, von wem sie kommt, kann ein kritischer Entscheidungspunkt werden.

Sind sich beide Partner einig, daß sie miteinander zu tun haben wollen, so stellt sich heraus, daß es weniger von Bedeutung ist, worüber sie sprechen. Während des Gesprächs ist das Verhalten nach wie vor von Erregung und Submission gekennzeichnet. Unsicherheit und Angst wirken sich auf die Sprechweise aus: Das Sprechtempo ist erhöht, die Stimmlage verändert sich; man tendiert dazu, weicher zu sprechen. Die Gesprächsteilnehmer reagieren schnell aufeinander, übertriebenes Nicken und extrem lautes Lachen läßt sich beobachten.

Es stellt sich dann eine gewisse Synchronizität bei den Körperbewegungen ein. Die Dauer des Blickkontakts beginnt sich zu verlängern.

Obwohl Sprechen eine erste Bezugnahme auf den möglichen Partner ist, hat man dennoch Taktiken der Zweideutigkeit zur Verfügung. Sprechen reduziert zwar Zweideutigkeit: Wir reden nicht aus Zufall, aber Komplimente können nun einmal zweideutig sein. Jemand anderen zu necken, ist ebenso zweideutig. Komplimente können aus Höflichkeit gegeben werden, oder sie können Bewunderung ausdrücken. Wenn man versucht, jemanden herabzusetzen, kann man dies nur spielerisch tun oder ernst meinen.

Für die sprachliche Kontaktaufnahme gibt es ein weiteres Hemmnis: nämlich die Selbsteinschätzung der an der Interaktion beteiligten Personen.

Hürden: Schüchternheit

Individuelle Schüchternheit könnte an dieser Stelle ein Problem für die weitere Analyse darstellen. Nach Zimbardo (1986) stört Schüchternheit als ein individuelles Problem die Kontaktaufnahme zu anderen Menschen und das Schließen von Freundschaften. Sie schränkt zudem die eigene Erlebnisfähigkeit ein. Schüchternheit wird von negativen Gefühlen wie Niedergeschlagenheit, Isolierung und Einsamkeit begleitet. Dem Schüchternen fällt es schwer, der jeweiligen Situation entsprechend bestimmt aufzutreten, Meinungen und Werturteile abzugeben. Der Schüchterne verwirrt auch andere; erschwert er es doch anderen Menschen, seine wirklichen Fähigkeiten zu erkennen. Die mangelhafte Selbstdarstellung einer schüchternen Person führt ebenso zu völlig falschen Einschätzungen durch andere.

Ein gehemmter Mensch kann aufgrund seiner Kontaktprobleme von anderen als überheblich, gelangweilt, unfreundlich oder schwach angesehen werden. Schüchternheit reduziert das Vermögen, in Gegenwart anderer klar zu denken und wirksam zu kommunizieren. Der Schüchterne beschäftigt sich hauptsächlich mit seinen eigenen Verhaltensweisen und Reaktionen. Schüchternheit drückt sich aber am ehesten in einer Überbewertung möglichen sozialen Risikos aus.

Erröten wird oft als Ausdruck von »Schüchternheit« angesehen. Seit den Arbeiten von Charles Darwin (1872) hat es kaum exaktere und bessere Beschreibungen gegeben. Darwin betrachtete das Erröten als den menschlichsten aller emotionalen Ausdrücke. Er ging davon aus, daß das Gesicht die wichtigste Körperregion für Kommunikation ist und dem Erröten deshalb auch eine kommunikative Rolle zukommt.

Unter jungen Erwachsenen berichtet fast die Hälfte, daß sie in Situationen, in denen sie ängstlich überrascht waren, erröten (Edelmann und Netto, 1989). Das typische Erröten erscheint sehr schnell. Viele Personen schätzten, daß es etwa zwei Sekunden nach der Reizsituation auftritt (Shields et al., 1990). Die geschätzte Dauer des Errötens geht bis zu fünfzehn Minuten mit einer mittleren Dauer von zwanzig Sekunden.

Reizsituationen, die Erröten auslösen, sind immer sozialer Natur. Wenn andere Leute eine Aussage machen, die beim Empfänger ängstliche Überraschung hervorruft, kommt es zum Erröten. Ebenso passiert es, wenn man einen Fauxpas begeht, vor einer Zuhörerschaft sprechen muß oder jemandem vorgestellt wird. Befragt man Personen, ob sie jemals freiwillig ein Erröten herbeigeführt hätten, antworteten nur 4 der 65 befragten Personen positiv (Shields et al., 1990). Nur eine Person sagte aus, daß der Versuch erfolgreich war. Da Erröten nur sehr schwer freiwillig herbeigeführt werden kann, muß es als wenig fälschbares Signal angesehen werden. Welche Funktion könnte es haben, anderen

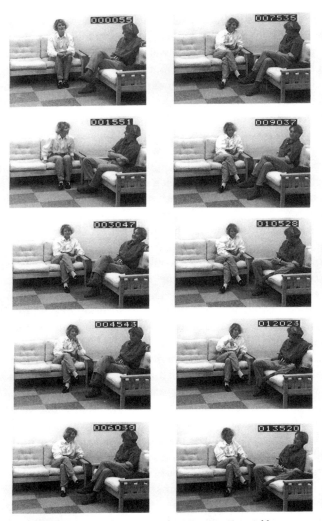

Abb. 101: Signalverhalten in den ersten zehn Minuten: Entwicklung
Hier wurden aus einem zehnminütigen Treffen zweier Unbekannter durch einen Computer im Abstand von 60 Sekunden zufällig Bilder herausgenommen. Diese Methode zeigt Entwicklungsphänomene auf. Bei Bild 55 sitzen beide in geschlossenen Positionen. Es kommt eine Unterhaltung in Gang. Sie lehnt sich in seine Richtung und schlägt die Beine übereinander (4544). Letztlich nimmt er eine völlig offene Position (Arme und Beine) ein (12024). Trotz schneller Entscheidungen lassen sich demnach auch spezifische Veränderungen im Signalverhalten feststellen.

unfreiwillig mitzuteilen, daß man unangenehm überrascht ist? Dieses Problem ist noch immer ungelöst.

Garcia et al. (1991) führten ein Experiment durch, das direkt mit dem unseren vergleichbar ist. Sie brachten Männer und nach dem Zufallsprinzip ausgewählte Frauen aus einer Universität in einen Raum zusammen, ließen sie dort allein und filmten sie. Ziel war unter anderem auch, die Schüchternheit beider Personen im Experiment zu untersuchen. Je schüchterner der Mann war, um so weniger wurde geredet, um so weniger Fragen wurden von beiden gestellt, um so weniger nicht-sprachliches Verhalten wurde gezeigt und um so weniger schauten sich die beiden direkt an.

Schüchternheit der Frau hatte wesentlich weniger Einfluß auf das Verhalten der beiden Probanden. Sie schauten sich nur seltener direkt an. Daraus kann man schließen, daß die Schüchternheit des Mannes und nicht die der Frau eine vorrangige Rolle für den Beginn und den Ablauf von Interaktionen spielt. Ist die Schüchternheit des Mannes groß, dann initiiert er wesentlich weniger Blickkontakt und beendet den Blickkontakt häufiger. Er wagt es nicht, die Frau anzusehen. Auch zeigt er weniger häufig expressive Gesten und offene Körperhaltungen.

Schüchternheit scheint also vor allem die Risikowahrnehmung zu beeinflussen, und dies wird vor allem bei Männern der Fall sein. Diese Variable kann also Annäherungen verhindern, und zwar unabhängig von den situativen Parametern. Sie wird sich deshalb auch in den sprachlichen »Anmachstrategien« niederschlagen. Schüchternheit ist jedoch schwer systematisch zu erfassen. Interessanterweise kann man trotz des unterschiedlichen Grads von Schüchternheit unter Männern nur eine kleine Zahl von sprachlichen »Anmachtaktiken« beobachten.

Anmachstrategien: Hallo, mein Name ist Ed, und wie heißt du?

Nach unserem bisherigen Wissen können wir davon ausgehen, daß Frauen weniger bereitwillig auf ein Gespräch eingehen als Männer. Clark und Hatfield (1981) zeigen in ihrer College-Campus-Studie, daß Frauen in der Regel ein offenes sexuelles Angebot eher ablehnen als Männer. Dies ist nicht weiter verwunderlich. Aber wenn eine Frau ein solches Angebot macht (»Willst du mit mir schlafen?«) fallen Männer aus allen Wolken: »Willst du dich lustig machen?« war die häufigste Antwort, die Frauen in solchen Situationen bekamen.

Sprachliche »Anmachtaktiken« sind nur sehr schwer in ungestellten Interaktionen untersuchbar. Amerikanische Forscher haben wenigstens eine Chance: Dort ist die »Singlesbar« ein häufig benutztes Forschungsfeld.

In Deutschland finden wir nur wenig vergleichbare Einrichtungen. Man geht in Amerika in eine solche Bar, um dort explizit einen Partner zu suchen. Dadurch wird natürlich die Risikoschwelle heruntergesetzt.

Glenwick et al. (1978) näherten sich an Frauen in Singlesbars an und benutzten die Anmache »Hi, having a good time?« Die Forscher berichten, daß 63 Prozent der Frauen, die so angesprochen wurden, positiv reagierten. Aber diese Forscher testeten keine Alternativen. Jedoch wird bereits ein Prinzip angesprochen: die Bezugnahme auf den anderen, gekoppelt an eine direkte Gesprächsaufforderung. Diese Art der Kontaktaufnahme ist eigentlich ein ultimativer Schritt und damit ein schlechter Spielzug. Die Ansprechtaktik überläßt es nämlich dem anderen, ob er antworten will oder nicht. Der Sprecher baut in diesem Moment bereits einige strategische Tricks ein. Er verläßt sich darauf, daß sich der andere aus sozialer Höflichkeit zur Antwort verpflichtet fühlt. Sich ansprechen lassen ist aber die beste Taktik, die häufiger von Frauen benützt wird als von Männern.

Kleinke et al. (1986) ließen Studenten Anmachtaktiken aus verschiedenen Situationen beurteilen. Eine Faktorenanalyse der Beurteilungen zeigte, daß es mindestens drei Grundtypen gibt.

Der erste Typ von Taktiken besteht in einer direkten Annäherung, bei der eine offene Aussage darüber gemacht wird, daß man Interesse am anderen hat. Diese Aussage wird mit einer Selbstenthüllung oder einer emotionalen Aussage kombiniert: »Es ist mir sehr peinlich, aber ich würde mich gern mit ihnen unterhalten.«

Die zweite Taktik löst Unterhaltungen durch die Äußerung von Banalitäten aus: »Wie geht's?« Nichts sagen, aber etwas sagen ist das Grundprinzip der phatischen Kommunikation (Malinowski, 1936), die aber mehr Information enthält, als man annimmt. Dabei geht es darum, die Stimme »klingen« zu lassen. Denn aus dem Tonfall und Sprechrhythmus kann der Empfänger schon eine ganze Menge an Information ableiten. Zusätzlich ist diese Art von Kommunikation ungefährlich – sie schafft eine Bühne, auf der man sich begegnen und unterhalten kann.

Eine dritte mögliche Anmachtaktik könnte man eigentlich die hu-

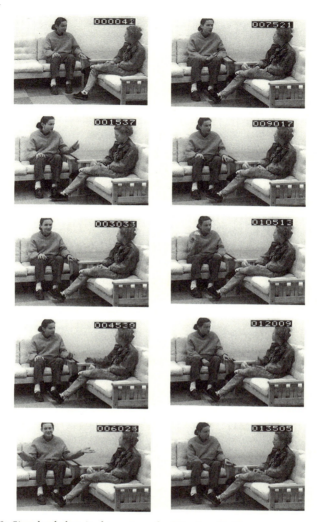

Abb. 102: Signalverhalten in den ersten zehn Minuten: Statik
Die Methode ist die gleiche wie in Abbildung 101. Mit Ausnahme einer erhöhten Gestik des Mannes finden wir hier eine fast statische, für zehn Minuten fast unveränderte Sitzposition. Ein Beispiel für schnelle Entscheidung.

morvolle, ausgeflippte nennen: »Ich wette, daß ich dich unter den Tisch trinke«.

Kleinke et al. (1986) zeigten dann, daß direkte und indirekte Annäherungen in den Anmachtaktiken, die von Studenten bevorzugt werden, etwa gleich verteilt sind. Am seltensten wurden die humorvollen eingesetzt. Daneben gibt es bei Frauen die Tendenz, die humorvollen Annäherungen abzulehnen. Frauen bevorzugen es, indirekt angesprochen zu werden. Entgegen der Annahme von Männern kommen ausgeflippte Anmachtaktiken nicht an. Die wohl banalste Anmachtaktik »Hi, mein Name ist Ed, und wie heißt du?« war bei Frauen am erfolgreichsten.

Cunningham (1989) trainierte einen großen Studenten von durchschnittlicher Attraktivität auf sechs unterschiedliche Anmachtaktiken, nämlich die häufigsten aus Kleinkes Repertoire: die direkte Anmache, die indirekte Anmache und die humorvolle.

Im Gegensatz zu den Ergebnissen von Kleinke waren die direkten Strategien mit emotionalem Bezug die erfolgreichsten. Dies scheint an der Umgebung der Singlesbar zu liegen, da dort ein von allen Besuchern geteiltes »Anmachfeld« vorliegt, ist auch das Risiko einer Ablehnung geringer. Aus diesem Grund können von den Männern dort direktere Strategien eingesetzt werden. Die zweiterfolgreichste war die indirekte Anmache. Den geringsten Erfolg zeigte die humorvolle, ausgeflippte Taktik.

In einem zweiten Experiment kombinierte Cunningham (1989) die sprachliche Anmachtaktik mit nicht-sprachlichen Elementen. Der Student setzte nun zusätzlich Berührungen ein. Er berührte die Frau leicht mit den Fingerspitzen am Unterarm. Frauen, die mit »Hi . . .« angesprochen und berührt wurden, zeigten die positivste Antwort. Berührung führt aber zu einem höheren Ablehnungsgrad. Die geringste Effizienz hat wiederum die humorvolle Anmachstrategie mit physischem Kontakt.

Damit wird klar, daß Berührung eigentlich eine zu direkte Taktik ist und nur unter bestimmten Umständen möglich wird. Entsprechend unserer Risikotheorie dürfte sie nur dann angebracht sein, wenn das Risiko sehr gering ist.

Cunningham vertauschte im Experiment nun die Seiten: Er ließ Frauen Männer anmachen. Aufschlußreich war, daß die Rate der positiven Antworten, die Frauen erhalten, etwa doppelt so hoch ist, als die, die Männer erhalten. Das ist nicht weiter verwunderlich – denn in diesem Fall wird den Männern das hohe Risiko abgenommen und der Wettbewerb ausgeschaltet.

Fragt man Personen danach, inwieweit sie selbst auf diese Anmachstrategien antworten würden und welche Persönlichkeit der »Anmacher« hat, zeigt sich Überraschendes. Die meisten Frauen würden auf das einfache »Hi« am häufigsten eingehen.

Erwünschte Persönlichkeitszüge bei Männern, von denen Frauen sich am meisten angemacht fühlten, ist die Freundlichkeit der Männer und deren Intelligenz. Wie sexy die Männer sind und wie dominant sie sich geben, hat keinen Einfluß auf die Bereitschaft der Frau, sich in ein Gespräch mit einem Mann einzulassen. Machos sind zwar nicht unerwünscht, aber werden eher neutral behandelt.

Wenn eine Frau einen Mann »anmacht«, dann läßt der sich am ehesten auf ein Gespräch ein, wenn sie freundlich und sexy ist. Die Persönlichkeitseinschätzungen von Männern und Frauen – gemessen an den Anmachtaktiken – bringen keine konsistenten Zusammenhänge. Persönlichkeit wird, wie wir bereits gesehen haben, aus anderen Faktoren erschlossen.

Die Studie zeigt, daß die Beurteilung, ob jemand »sexy« sei, eher für die Männer ein Grund ist, sich auf Gespräche einzulassen, aber nicht für die Frauen. Frauen zeigen also auch in den Anmachtaktiken eine hohe Selektivität und sind generell kritischer gegenüber der Intelligenz des vor ihnen stehenden Mannes.

Frauen haben gewöhnlich die Männer zurückgewiesen, die die humorvollen, flippigen Anmachstrategien anwendeten. Solchen Männern scheinen sie negative Persönlichkeitszüge zuzuschreiben. Die humorvoll-flippigen Taktiken werden von Frauen mit Dominanz in Zusammenhang gebracht: Frauen vermuten, daß sie durch diese Art der Anmache dominiert werden sollen. Frauen mögen Tendenzen zur Dominanz bei Männern nicht, wenn diese Dominanz auf sie ausgerichtet ist.

Frauen zeigen insgesamt eine größere Selektivität bei der Auswahl von Partnern, die sie ansprechen. Sie sind viel weniger bereit, mit einem Fremden, der sich an sie annähert, zu sprechen. Sie scheinen ihre Entscheidungen aus der Anwesenheit oder Abwesenheit von wichtigen persönlichen Qualitäten wie Intelligenz und Freundlichkeit abzuleiten. Zusätzlich gibt es einen engen Zusammenhang zwischen ihren Persönlichkeitszuschreibungen und ihrem Annäherungs- oder Ablehnungsverhalten einem potentiellen Partner gegenüber.

In unserem Experiment lassen sich zwei unterschiedliche sprachliche Eröffnungsstrategien unterscheiden: die Annäherung durch den Aufbau eines gemeinsamen Bezugssystems und die Annäherung durch Selbstdarstellung (Doermer, 1989).

Männer neigen nach unserem Wissen eher dazu, sich der zweiten Strategie zu bedienen, während sich die Frauen bevorzugt durch die erste »anmachen« lassen. In der Verwendung der Strategien erweisen sich Männer also als schlechte Taktiker.

Die Errichtung eines gemeinsamen Bezugssystems würde wie folgt aussehen: Man kann beispielsweise die momentane Situation ansprechen, in der man sich mit dem anderen befindet. Man mag dies nun direkt tun oder man fordert den anderen mittels einer Frage zu einem Gespräch auf. Der indirektere Weg wäre der, einen ganz einfachen Kommentar zur gegenwärtigen Situation abzugeben, wobei sich der andere nicht unbedingt angesprochen fühlen muß.

Eine ganz andere Strategie ist die, bereits in die ersten Äußerungen eine positive Selbstdarstellung einfließen zu lassen, indem man sich als äußerst kompetent darstellt, und zeigt, daß man über der »Sache«, d. h. auf das in unserem Versuch zu erwartende Experiment, steht.

Die Art der männlichen Selbstdarstellung bei der Gesprächseröffnung war bei unserem Versuch vollkommen anders als die der Frauen. Als das »starke Geschlecht« neigten die Männer eher dazu, die unvorhergesehene Situation kritisch zu beurteilen oder gar abzuwerten. Viele Männer gaben sich von Anfang an betont gelangweilt-lässig, ja beinahe schon genervt.

Männer tendierten eher zur Selbstdarstellung als Frauen, die wiederum neigten eher dazu, über sich selber zu sprechen, und wenn sie die momentane Situation ansprachen, so taten sie dies bis auf ein paar Ausnahmen weniger wertend.

Zumindest theoretisch müßten sich diese Arten der direkten und indirekten Gesprächseröffnungen auch mit Interesse und Risiko in Zusammenhang bringen lassen. Wir finden tatsächlich, daß Männer, wenn sie hohes Risiko vermuten, es den Frauen überlassen, das Gespräch zu beginnen. Die Risikowahrnehmung der Frau wirkt sich in keiner Weise auf deren Gesprächseröffnung aus. Ihre Gesprächseröffnung steht lediglich in Abhängigkeit von ihrem Interesse am Mann.

Die Männer eröffnen das Gespräch, wenn ihre Risikowahrnehmung gering ist, die Frauen dagegen, wenn ihre Bereitschaft groß ist. Wenn Männer zum ersten Mal mit einer attraktiven Frau interagieren, versuchen sie, ihre Partnerin in eine Konversation zu verwickeln, aber sie streben genauso danach, die kognitive Perspektive ihrer Partnerin anzunehmen. Damit versuchen die Männer, ihre Erfolgsaussichten zu maximieren (Garcia et al., 1991). Dieses Prinzip der Übernahme des Standpunktes von anderen entspricht im weitesten Sinne der Schaffung eines gemeinsamen Bezugsrahmens. Dabei handelt es sich auch um einen taktischen Trick. Der Inhalt dessen, was gesagt wird, ist eher zweitrangig. Als allgemeines Prinzip kann Indirektheit gelten, bei dem keine Verpflichtungen eingegangen werden. Zweideutigkeit und Zurückhaltung bei der Kommunikation sind demnach auch hier die Grundprinzipien. Symons (1972) beschreibt in ihrer Beobachtung von Gruppensexparties: »I am willing to generalize, that with the male propositioner the directness of the proposition is positively correlated with his perception of the chances of acceptance.« (S. 138). Risiko ist demnach die Grunddimension, aus der sich Sprachproduktion in dieser Situation ableiten läßt.

Nicht-sprachliche Signale: Vieldeutigkeit

Sprechen, ohne gleichzeitig nicht-sprachliche Zeichen zu senden, ist eigentlich unmöglich. Der Flirt macht sich hier ein Mißverhältnis zunutze: Sprachlich neutrale Aussagen werden oft mit nicht-sprachlichem Interesse kombiniert. Nicht-sprachliche Aussagen sind aber nicht bindend und können, wie wir gesehen haben, auch als nicht zielgerichtet dargestellt werden, obwohl sie dies in hohem Grad sind. Nicht-sprachliche Aussagen sind schwerer zu fälschen und Fälschungen dabei vielleicht leichter zu entdecken. Wir verlassen uns in unserer Wahrnehmung deshalb auch eher auf sie.

Wenn sich sprachliche und nicht-sprachliche Botschaften widersprechen, messen Beobachter fast immer den nicht-sprachlichen Kanälen eine größere Bedeutung zu als dem verbalen Ausdruck. Bei solchen sich widersprechenden Botschaften verlassen sich Informationsempfänger eher auf die Botschaft, die das Gesicht sendet. Dem visuellen Kanal scheint daher eine Priorität zuzukommen. Mehrabian (1972) konnte zeigen, daß sich die Wirkung einer Botschaft zu ca. 7 Prozent aus ihrem sprachlichen Inhalt ergibt, aber zu 38 Prozent aus der vokalen und zu 55 Prozent aus der visuellen Information, hier dem mimischen

Ausdruck. Der mimische Ausdruck dominiert also den Inhalt des gesprochenen Wortes.

Neuere Arbeiten zeigen jedoch, daß es nicht einfach sich aufaddierende Effekte sind, sondern daß es zu Interaktionen zwischen den verschiedenen Kanälen kommt, wenn Unstimmigkeiten in der Botschaft vorliegen (Domangue, 1978). Solche Unstimmigkeiten in der Information entstehen vor allem dann, wenn jemand sprachlich positive Gefühle oder Botschaften sendet und sie mit negativen nichtsprachlichen Signalen begleitet und umgekehrt. Wenn solche Unstimmigkeiten vorliegen, dann haben die nicht-sprachlichen Zeichen den größeren Effekt für das Entziffern der gesamten Botschaft.

Nach Walbott (1990) benutzen Beurteiler, die mit widersprüchlichen Kombinationen von Person- und Kontextinformation konfrontiert werden, zuerst für jede dieser Teilinformationen »Emotionslisten« und leiten daraus Vorhersagen für die wahrscheinlichste Emotion des Sprechers ab. Diese Vorhersagen werden jedoch durch das Geschlecht des Senders und die Art der empfangenen Emotion gewichtet. Positive Emotionen erhalten dabei ein größeres Gewicht als negative Emotionen. Emotionen stellen also tatsächlich eine Art von »Triggersignalen« dar, die die Entschlüsselungsanweisungen für jede Art von Botschaften innerhalb von Interaktionen enthalten und bestimmte Interpretationen nahelegen, aber nicht unbedingt zwingend machen.

Das beste Beispiel für eine mögliche Signalanalyse, die versucht, zwischen den verschiedenen Kanälen zu trennen und dadurch auch verschiedene Funktionen aufzudecken, ist die des Lächelns und Lachens.

Diesem Vorhaben steht wiederum die Zweideutigkeit entgegen. Wenn die Partnerin eines Mannes auf einer Party lacht, kann das Lachen natürlich spontane Reaktion sein. Aber was ist die Reaktion nun wirklich? Lacht sie über den Scherz, lacht sie über seine Augen, lacht sie über den komischen »Typen«, der so einen Witz gemacht hat, oder über die Geschmacklosigkeit des Jacketts, das er trägt? Freut sie sich, weil ihr Partner ein guter Zuhörer ist, weil er so witzig ist, weil sein Job sie fasziniert? Lacht sie vielleicht, weil sie Tabletten genommen hat, weil sie im Urlaub ist, weil sie zuwenig geschlafen hat?

Für das laute Lachen werden in der Wissenschaft eine ganze Reihe von Funktionen diskutiert. VanHooff (1967, 1972) beschreibt es als eines der ältesten Primatenmuster. Es hat zumindest zwei mögliche

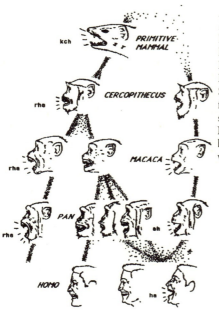

Abb. 103: Die Phylogenese des Lachens (nach VanHooff, 1972)
Die Abbildung zeigt den vermeintlichen Ursprung des menschlichen Lachens und des Lächelns. Das Lächeln entwickelt sich aus einem Signal der Furcht (links) in ein freundliches Signal, das Lachen entsteht aus dem Spielgesicht (rechts). Nach VanHooff (1972) werden beide Signale zu einem Kontinuum vermischt.

Wurzeln. Zuerst wäre da das »Zähne zeigen«, bei dem Lippen und Mundwinkel zurückgezogen sind und der Mund geöffnet ist. Das Signal kommt meistens dann vor, wenn die Tiere bedroht werden. Dieses Signal entwickelt sich dann in ein generelles Signal der Frustration und der Erregung. Bis zum Menschen verbreitet sich die Bedeutung, und das »Zähne zeigen« wandelt sich allmählich zum Signal der Submission und Freundlichkeit – zum Lächeln.

Man nimmt jedoch an, daß im Gegensatz zum Lächeln das laute Lachen selbst seine Wurzeln im sogenannten »entspannten offenen Mund-Gesicht« hat, einem weit verbreiteten Muster, das von fast allen Primaten während des Spiels gezeigt wird, und auch dort von typischen Lautäußerungen begleitet wird. Damit wird es zum metakommunikativen Signal, das aussagt: »Paß auf, das, was ich tue, ist Spiel«.

Nach VanHooff (1972) werden beim Menschen beide Muster gemischt; Lächeln und Lachen repräsentieren zwei Extremfälle eines Kontinuums zwischen Lächeln und dem metakommunikativen Signal »Spiel«.

Wir haben bereits die manipulative Funktion des ersten Lächelns besprochen, nämlich das der Kontaktaufnahme. Es gibt aber auch noch andere mögliche Funktionen. Goldenthal et al. (1981) brachten Leute in für sie unangenehme Situationen, in denen sie glaubten, sie hätten einen Fehler begangen und müßten sich jetzt entschuldigen. Leute in einer solchen Situation lächeln sehr häufig, d. h., Lächeln scheint auch eine Botschaft der Beschwichtigung oder der Entschuldigung zu beinhalten. Leute in solchen Situationen reden nicht mehr, sondern lächeln nur häufiger. Das Problem solcher Studien liegt aber darin, daß sie den sonstigen Signalkontext nicht beachten. Man kann gewiß davon ausgehen, daß es sich um ganz verschiedene Arten des Lächelns handeln kann. Denn ein Lächeln steht selten allein, es werden gleichzeitig auch andere Gesichtsmuskeln kontrahiert und zusätzlich sprachliche und auch nicht-sprachliche Signale aus anderen Körperregionen mitgesendet.

In einem ausgezeichneten Vergleich des Lächelns in zwei Kulturen zeigt Wojtenek (1992), daß es eigentlich unnütz ist, die verschiedenen Formen des Lächelns als einzelne Gestalten zu beschreiben. In der Untersuchung stellt sich heraus, daß es ein formkonstantes Signal ist. Die Kontraktion der Lächelmuskeln und die häufig parallel auftretende Kontraktion des Wangenhebers stellen ein Verhaltensmuster des Lächelns dar. Alle anderen möglichen Muskelkontraktionen gehen nicht in konstante Muster ein. Dies legt nahe, daß die Funktion des Lächelns erst durch parallel gesendete Signale entzifferbar wird. Dies ist eine Tatsache, der die bisherige Forschung nicht Rechnung getragen hat. Denn es gibt Arten des Lächelns, die auch ablehnende Funktionen haben. Erinnern wir uns daran, daß Ekel eine Grundemotion ist. Ekel wird durch die Kontraktion eines Muskels kommuniziert, der typische Längs- und Querfalten im Nasenwurzelbereich und an den Flanken der Nase erzeugt. Wir finden diese Kontraktion auch oft parallel zum Lächeln – es gleicht dann dem »Zähne zeigen«, das VanHooff (1972) als Ursprung des Lächelns beschreibt. Dieses ablehnende Signal gibt es also heute noch, es wurde nicht zu einem freundlichen Signal umgebaut. Deshalb gibt es auch keinen fließenden Übergang von Lächeln und Lachen. Es gibt das »echte« Lächeln mit seiner ablehnenden Wirkung, und es gibt verschiedene Intensitätsstufen des Lachens.

Die Entzifferungsanleitung für das Lächeln liegt in den gleichzeitig gesendeten Körperhaltungen. Kleinke und Taylor (1991) zeigten, daß ein Versuchsleiter von einer Versuchsperson positiver eingeschätzt wird, wenn er Blickkontakt mit ihr aufnimmt und lächelt.

Der eigentliche Clou dieser Untersuchung erweist sich in den auftretenden Geschlechtsunterschieden. Männer schätzen Frauen am positivsten ein, die lächeln und sich zu ihnen hinbeugen, wogegen Frauen solche Männer am positivsten einschätzen, die weniger Blickkontakt zeigen, lächeln, aber sich nicht zu ihnen hinbeugen. Parallel gesendete Signale, d. h. in diesem Fall Geschlecht und Körperhaltung, sind also die Bedeutungsträger.

Gehen wir den Weg weiter, vom komplizierten Lächeln zum lauten Lachen. Eibl-Eibesfeldt (1984) schreibt dem von ihm als aggressiv bewerteten lauten Lachen eine bindende Funktion zu: Es verbindet die, die zusammen über einen Dritten lachen. Bollwig (1964) hingegen vermutet eine aggressive Funktion, Freud (1912) glaubte mehr an ein Signal der sexuellen Erregbarkeit.

In der Tat konnten Grammer und Eibl-Eibesfeldt (1989) nachweisen, daß all diese Funktionen für Lachen vorliegen – und daß die jeweilige Bedeutung durch die Anwesenheit bestimmter Triggersignale entsteht.

Beim Betrachten der Versuchsreihen aus unserem »Fremde(r)-trifft-

Abb. 104: Das »echte« Lächeln
Im Gegensatz zu VanHooff (1972) gehen wir davon aus, daß Lachen und Lächeln sich eben nicht zu einem Kontinuum vermischen. Das »echte« Lächeln blieb als solches erhalten, da es in der Kombination mit dem M. levator labii superioris alaeque nasi vorkommt. Dieser Muskel sorgt dafür, daß die Oberlippe leicht gehoben wird und Längsfalten auf der Nase entstehen. Die Signalwirkung ist auch konträr zum Lächeln. Was wir im allgemeinen als Lächeln bezeichnen, wäre demnach nur eine Form des Lachens in geringer Intensität (Fotos: J. Feierman).

Fremde(n)«-Experiment, fallen als erstes die hohen Frequenzen des »lauten Lachens« auf. Die Durchschnittswerte liegen bei 12mal für die Frauen und 10mal für die Männer pro zehn Minuten.

Frauen lachen intensiver und häufiger, wenn es sich um einen von ihnen als attraktiv oder attraktiver als sie selbst eingeschätzten Mann handelt. Das Umgekehrte gilt für den Mann. Bei ihm wird die Anzahl der Lautäußerungen und die Intensität des lauten Lachens durch die Anwesenheit einer von ihm selbst als attraktiv eingeschätzten Frau unterdrückt.

Das gemeinsame Lachen scheint eine herausragende Rolle zu spielen, wenn man das Interesse beider Geschlechter aneinander betrachtet. Männer haben Interesse an Frauen, mit denen sie häufig zusammen gelacht haben. Sie lehnen aber diejenigen Frauen ab, die oft tonlos lachen.

Oftmaliges Lachen wird von Moore (1985) als eines der Zeichen weiblicher Bereitschaft beschrieben. Duncan und Fiske (1977) stellten bei einem dem unseren vergleichbaren Experiment fest, daß solche Frauen vermehrt lachten, die auch bei der Beantwortung eines Fragebogens hohe sexuelle Erregbarkeit aufwiesen. Diese Funktionen lassen sich nur durch die Natur der Begleitsignale nachweisen. Gelacht wird immer, egal, welches Interesse am Partner vorliegt. Die Begleitsignale sind aber unterschiedlich (Grammer, 1990).

Die Analyse unserer Daten rückte eine ganze Reihe von nichtsprachlichen Körperhaltungen ins Blickfeld, die in diesem Stadium eine Rolle spielen. Das »Einfrieren« des Körpers wird immer deutlicher: Die Partner sitzen aufrecht und schauen geradeaus. Vor diesem Hintergrund laufen dann eine ganze Reihe von Bewegungen und abweichende Körperhaltungen ab, die zusammen mit dem Lachen Interesse oder Ablehnung signalisieren. Hier wird das Prinzip der Kontrasterzeugung deutlich – vor dem Hintergrund der »Stille« wirkt jede Bewegung doppelt so stark.

Die Männer bewegen jetzt oft ihren Kopf, sie schauen die Frau an und wenden den Blick wieder von ihr ab. Diese Pendelbewegungen könnten die Ambivalenz zwischen Anziehung und Angst vor der Frau darstellen (Eibl-Eibesfeldt, 1984). Das Ausmaß des Interesses wird jedoch erst in Kombinationen von verschiedenen Körperhaltungen deutlich. Bei hohem Interesse hat der Mann eine offene Körperhaltung und seinen Körper der Frau zugedreht, d. h., er verschränkt weder

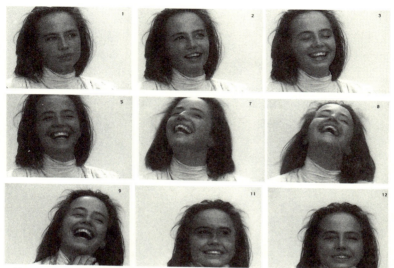

Abb. 105: Typische Bewegungssequenz beim Lachen
Die junge Dame befindet sich im Gespräch mit einem Mann und lacht über ein Kompliment, das ihr gemacht wird. Das Lachen beginnt in Bild 2, darauf folgt ein Lidschluß (3), der Kopf wird gehoben (5 bis 8) und gleichzeitig seitlich abgewinkelt (8 bis 9). Daraufhin kehrt der Kopf in seine Ausgangsposition zurück (12), während ein Lächeln zurückbleibt. Dieser Bewegungsablauf ist stereotyp, kommt aber nur bei Lachen in hoher Intensität vor (Fotos: W. Wojtenek).

Arme noch Beine, und die Beine sind in Scherenstellung geöffnet. Die Partnerin hingegen schaut ihn nicht an, hat aber den Kopf von ihm abgewinkelt und präsentiert so den Nacken. Der gesamte Körper der Frau ist in dieser Situation vom Mann weggedreht. Damit wird die Körperlinie der Frau deutlich für den Mann sichtbar. Zusätzlich sind die Beine und die Arme der Frau, wie beim Mann, geöffnet. Diese Körperhaltungen der Bereitschaft sind additiv: Je mehr davon in einem Gesamtbild zusammen vorkommen, um so höher ist das Interesse am anderen.

Bei geringem Interesse hingegen verschwinden die offenen Körperhaltungen. Der Blickkontakt wird von beiden abgebrochen, und die Frau hat den Kopf nun zum Mann hin abgewinkelt. Falls sie ihn doch anschaut, tut sie das »schräg von oben«. Eine Frau, die geringes Interesse an einem Mann hat, kann aber durchaus auch Signale zeigen, die

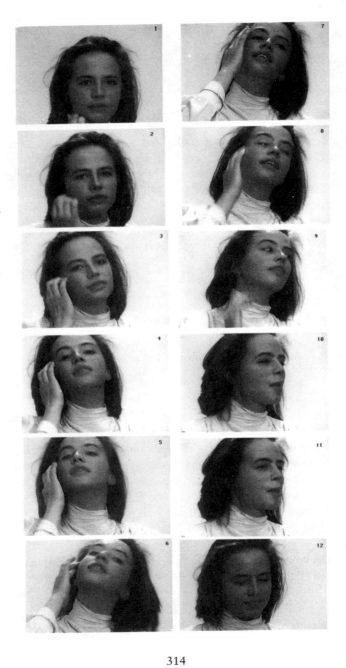

das weibliche Geschlecht normalerweise nur bei hoher Bereitschaft zeigt; sie tut dies aber nur, wenn der Mann sie nicht anblickt. Die Signale der Ablehnung verschwinden, wenn das Gegenüber sie nicht sieht – das weist darauf hin, daß es sich tatsächlich um Signale handelt. Ein weiterer Punkt, der die Signalwirkung der Körperhaltung unterstreicht, ist die Tatsache, daß diese Haltungen ebenfalls additiv sind, d. h., die Bereitschaft sinkt mit der Anzahl der in einer Körperhaltung vorhandenen Teilhaltungen geringen Interesses geradlinig an.

Bezüglich der Körperhaltungen im Flirt kann man nun folgende Schlüsse ziehen: Bei hohem Interesse orientiert der Mann seinen Körper zur Frau hin, während die Frau ihren Körper dem Mann präsentiert. Das Öffnen und Schließen der Beine ist das zweite wichtige Signal. Alle diese Signale können als Abweichungen von der Neutralstellung – »dem Einfrieren« – diskutiert werden. Wiederum tritt auch hier das Phänomen auf, dem wir schon mehrfach begegnet sind: Zeigt die Frau hohes Interesse – dann reagiert der Mann eher mit Ablehnung. In der Tat werden Frauen, die viel in der Gegenwart eines attraktiven Mannes lachen, von unabhängigen Bewertern als unattraktiv eingestuft. Deshalb kann man Signale der sexuellen Präsentation durchaus als »instrumentell eingesetzt« bezeichnen. Männer lehnen also Frauen ab, die sich als erreichbar darstellen.

Insgesamt zeigen »offene Positionen« – wie Arme öffnen oder Beine öffnen – bei der Frau vermehrtes Interesse an.

Es sind jedoch nicht nur Körperhaltungen, die eine Rolle spielen, sondern diese bilden nur den Hintergrund für auftretende Bewegungen. Frauen bewegen sich im allgemeinen mehr als Männer, jedoch hängt die Anzahl der auftretenden Bewegungen während des Lachens nicht unmittelbar mit dem Interesse der Frau am Mann zusammen.

Abb. 106: Hair-flip und Zunge zeigen
Die gleiche junge Dame wie in Abbildung 105 zeigt im Interview einen hair-flip: Heben des Kopfes und Abwinkeln nach links (Bild 2 bis 5), die Hand streicht dabei die Haare zurück. Am Maximum der Hebebewegung wird nach rechts abgewinkelt (6). Und der Kopf kehrt in seine Ausgangslage, aber vom Mann abgewandt zurück. In Bild 10 ist ein Zunge-Zeigen zu sehen, das als Ablehnungssignal interpretiert wird (Smith et al., 1974). Züngeln als Aufforderungssignal wird durch horizontale Bewegung der Zunge erzeugt (Eibl-Eibesfeldt, 1984). Dieses Bild zeigt damit eine ambivalente Haltung: einerseits Hair-flip als Aufforderungssignal, andererseits Zunge zeigen als ablehnendes Signal (Fotos: W. Wojtenek).

Abb. 107: Triggersignale und Lachen
Diese Bilder wurden von einem unabhängigen Beobachter, der weder den theoretischen Ansatz der Untersuchung noch das Kodierschema kannte, an Hand eines Verhaltenskatalogs nachgestellt. Die Abbildungen zeigen jeweils auf der rechten Seite die Frau und auf der linken Seite den Mann. Die vertikale und die horizontale Achse des Kopfes sind durch weiße Streifen markiert, damit ist die Blickrichtung leichter erkennbar.
Die Kombinationen der Körperhaltungen sind durch getrennte Clusteranalysen von Kopf-, Körper-, Arm- und Beinbereich entstanden. Die Variable, nach der die hierarchische Clusteranalyse durchgeführt wurde, ist das am Ende des zehnminütigen Versuches erfragte Interesse am anderen.
Die Körperhaltung, die eine Person einnimmt, die lacht, kann entscheidend zur Dekodierung der Bedeutung des Signals »lautes Lachen« beitragen. Das obere Bild zeigt die durchschnittliche Sitzposition, das Bild darunter die Cluster, die entstehen, wenn beide hohes Interesse aneinander zeigen (weibliche Figur links: sexuelle Präsentation; männliche Figur rechts: Dominanz). Bei geringem Interesse nehmen sie die unten dargestellten Körperhaltungen ein (weibliche Figur: Dominanz; männliche Figur: Aversion). Die Bedeutung des Lachens wird also durch Körperhaltungen modifiziert. Interessant dabei ist, daß die Anzahl der einzelnen Positionen für Kopf-Arme-Beine und Rumpf additiv ist: Je mehr Einzelkombinationen in einer wirklichen Sitzposition vorkommen, um so höher respektive geringer ist das Interesse.

Das »Über-die-Haare-streichen« und das »Kleiderrichten« ebenso wie das »Kopfsenken«, Aktivitäten, die von Givens (1978) als Zeichen der Submission gedeutet werden, stellten sich in unserer Studie nicht als Muster der hohen Bereitschaft heraus. Jedoch sind es bei Frauen alle Bewegungen der Schultern wie: »Schultern-zurück« (oder Brustpräsentieren), »Schultern-nach-oben-ziehen« und »Schultern-nach-vorne«, die hohes Interesse signalisieren.

Hohes Interesse zeigt auch das »Axillapräsentieren« der Frau an, wenn es als Bewegung während des Lachens durchgeführt wird. Wir nennen diese Bewegung deshalb so, weil sie die Achselhöhlen öffnet – und so vielleicht Duftstoffe freisetzt. Über diese Funktion läßt sich streiten, vielleicht wird wiederum nur das Kontrastprinzip ausgenutzt. Diese Bewegung ist die einzige, die eine Person um sehr viel »größer« machen kann. Der Unterschied im Körperumriß ist dabei eklatant und erregt mit Sicherheit hohe Aufmerksamkeit. Bei dieser Bewegung werden die Hände hinter dem Kopf verschränkt und die Arme in einen Winkel von etwa 90° seitlich zum Körper gebracht. Diese Bewegung und Position kann geschlechtsspezifisch unterschiedlich interpretiert werden. Nach Scheflen (1972) zeigt sie bei Männern Dominanz an, die vor allem dann vorkommt, wenn sie reden. Nach Goffman (1979) signalisiert sie bei einer Frau: »Mein Körper ist wunderbar«. Darüber hinaus scheint das Axillapräsentieren die Interpretation von Interesse noch zu modulieren; wenn sie als Position schon vor dem Lachen da ist, erscheint sie als ablehnende Geste – wenn sie erst während des Lachens eingenommen wird, zeigt sie Interesse an.

Ebenso zeigen alle Bewegungen des Unterkörpers, der Beine und der Hüften weibliche Bereitschaft an. Das Interesse der Frau wird also einerseits durch Präsentieren des Oberkörpers und durch Bewegungen des Unterkörpers sichtbar.

Männliches Interesse an der Frau wird jedoch nicht durch die Zurschaustellung sexueller Signale der Frau geweckt. Zeigt eine Frau hohes Interesse, reagieren Männer mit eher geringem. Hohes Interesse des Mannes kommt aber dann häufiger vor, sobald die Frau vermehrt Zeichen der Unsicherheit zeigt: »Über-die-Haare-streichen«, »Anpassungsbewegungen« (wie das Berühren des eigenen Gesichts) und das »Heben-der-Schultern« sind Bewegungen, die bereits bei Kindern in Entscheidungskonflikten auftreten. Neben Unsicherheit der Frau löst auch nicht-sprachliche Zustimmung, d. h. häufiges Nicken, hohe Bereitschaft beim Mann aus. Das ausgeprägteste Interesse bei Männern entsteht bei einer Kombination von Axillapräsentieren, Kopfschütteln und Schultern vor-zurück-bewegen.

Weibliches Präsentieren hat also wenig Wirkung auf Männer – Männer verlassen sich vielmehr darauf, wie unsicher die Frau in ihrer Gegenwart ist. Der Mann ermißt seine Wirkung auf die Frau aus der Unsicherheit, die er bei ihr auslöst.

Die Bewegungen des Mannes sehen ganz anders aus. Männer senken unterwürfig den Kopf, blicken die Frau wiederholt an und wenden den Blick wieder ab. Sie lehnen den Oberkörper zur Frau hin und wieder zurück. Bei hohem Interesse zeigen Männer also Ambivalenz, sie scheinen wie magnetisch von der Frau angezogen zu werden und wieder abgestoßen. Den Körper zur Frau neigen zeigt Interesse, ebenso wie das unterwürfige Kopfschräghalten. Die Wirkung auf Frauen bleibt nicht aus.

Für diese Bewegungen beim Lachen gilt somit ebenso wie für die Körperhaltungen, daß sie offenbar in einem linearen Zusammenhang mit Interesse stehen: Je mehr Bewegungen hoher Bereitschaft in einer Bewegungskette vorkommen, um so höher ist das signalisierte Interesse.

Eine der möglichen Stellungen der menschlichen Figur ist für alle Körperteile »neutral«. Die Haltung des Kopfes schaut dabei so aus, daß er – verglichen zum Körper – nicht gedreht oder schräg gehalten, gehoben oder gesenkt wird. Für die Position des Rumpfes wäre aufrechtes Sitzen ohne Drehung des Körpers, Vorlehnen oder Abwinkeln die »neutrale« Position. Die Beine sind dabei geschlossen und nicht gekreuzt, die Arme seitlich am Körper. Für das Ausmaß, mit dem solche neutralen Positionen vorkommen, gibt es Geschlechtsunterschiede: Frauen nehmen sie zwei Sekunden vor dem Lachen häufiger ein. Frauen sitzen also öfter neutral und damit »eingefroren« als Männer.

Dies bildet den Kontrast zu den nun folgenden wahren »Bewegungsstürmen«, die Frauen während des Lachens durchleben, während die Männer eher unbewegt sitzen bleiben. Frauen bewegen sich mehr, nehmen aber auch mehr neutrale Positionen ein, während Männer eher Positionen einnehmen und diese dann auch beibehalten. Männer »posieren« also, während Frauen vor dem Hintergrund neutraler Haltungen ein größeres Bewegungsrepertoire zeigen.

Abb. 108: Moduliertes Interesse und Desinteresse
Interesse und Desinteresse werden nicht konstant signalisiert. Links ein Ablauf mit Desinteresse; rechts aus dem gleichen Versuch Interesse. Dabei wird das »Axillapräsentieren« dazu eingesetzt, um Aufmerksamkeit zu erregen. Er macht sich so groß, daß er einfach nicht zu übersehen ist. Die Verwendung unterschiedlicher Signale in ein und derselben Interaktion läßt eine Feinabstimmung in der Interaktion zu (Fotos: K. Grammer).

Abb. 109: Gegenseitiges Interesse in Japan
Eine erste Inspektion des japanischen Datenmaterials deutet extreme quantitative Unterschiede im nicht-sprachlichen Verhalten an. Japanische Frauen zeigen zwar die gleichen Bewegungsmuster wie die deutschen, aber sehr viel weniger ausgeprägt und deutlich. Interessant sind die offenen Sitzhaltungen der japanischen Männer – hier als Antwort auf ihr lautes Lachen (Bild 2–3). Danach führt er eine Axillapräsentation aus (4–9). (Fotos: T. Hirukawa)

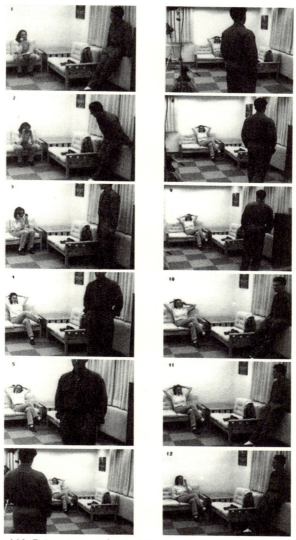

Abbildung 110: Präsentieren und männliche Dominanz
Sie nimmt sein Weggehen und seine dominante Überlegenheitshaltung als Gelegenheit wahr, eine Axillapräsentation durchzuführen (Bild 4 und 5). Der Präsentationscharakter der Geste ist hier eindeutig. Er findet diesen Anblick so interessant, daß er zurückkehrt (7 bis 9). Damit hat sich auch die Präsentationsgeste erledigt (12). (Fotos: K. Grammer)

In einer zusätzlichen Sequenzanalyse wurde dann gezeigt, daß für Männer und Frauen die gleichen »typischen Bewegungsmuster« vorliegen und daß sogar das Signal selbst umdirigiert wird. Männer und Frauen wenden fast immer kurz vor oder während des Lachens den Blick vom Partner ab.

Die Signalfunktion des Lachens wird durch Triggersignale bestimmt. Diese Signale sind zum einen in der Körperhaltung, die die/der Lachende einnimmt, zu finden. Offene Körperhaltungen werden von Männern und (vor allem) von Frauen eingenommen, die hohes Interesse am jeweiligen Partner zeigen. Geschlossene Körperhaltungen dagegen zeigen Ablehnung an. Die Signalfunktion des Lachens wird jedoch durch die metakommunikative Funktion, die es einnehmen kann, kompliziert, indem es die parallel ablaufenden Handlungen als »Spielmodus« definiert. Bei Männern sind die Signalregionen die Hände, der Kopf und solche Bewegungen, die mit unterwürfigen Signalen kombiniert werden. Bei Frauen erscheinen als Signalregionen, die Interesse signalisieren, die Schultern, Beinpositionen und deren Bewegungen.

Das Signal »Lachen« signalisiert nun in einem Fall herablassende Dominanz oder Unsicherheit, im anderen Fall und dann im »Spielmodus« sexuelle Herausforderung. Damit erleichtert Lachen auch die Kommunikation in einer potentiell gefährlichen Situation.

Lachen ist also ein festgelegtes Signal, das im wesentlichen zwei Funktionen erfüllt: Erstens schafft es eine »Spielatmosphäre« und verhindert damit Gesichtsverlust, macht gleichzeitig aber auch Selbstdarstellung wirksamer. Zweitens wird mit dem Lachen über Dritte eine beginnende Paarbindung geschaffen. Man versteht sich und stimmt in seiner Meinung überein. Diese Ausführungen über das Lachen stellen die ganze Komplexität nicht-sprachlichen Verhaltens dar. Wenn bereits das Lachen allein solch komplexen Entzifferungsregeln folgt, wie kann dann erst der Rest der nicht-sprachlichen Signale entziffert werden? Prinzipiell gibt es dazu zwei Möglichkeiten. Eine wäre die, daß lediglich »Bewegungen« und deren Häufigkeit als Signale herangezogen werden, die zweite finden wir vielleicht bei der Beschreibung »weiblicher Manierismen« (Feierman und Feierman, 1992). Betrachtet man Partnersendungen im Fernsehen, vor allem solche in den USA, dann findet man ausgeprägte Geschlechtsunterschiede im Verhalten. Hier handelt es sich um Sendungen, in denen über Selbstdarstellung Partner gefunden werden sollen. Deshalb kann man auch von Werbeverhalten sprechen.

Abb. 111: Axillapräsentation
Das »Axilläpräsentieren« ist ein häufig zu beobachtendes Signal, dessen Bedeutung aber durch sogenannte »Triggersignale« modifiziert wird. Männer versuchen damit Dominanz und Überlegenheit zu signalisieren, bei Frauen kann es ein sexuelles Signal sein. Interessant ist jedoch, daß für Frauen beide Bedeutungen offenstehen, die durch Körperhaltungen moduliert werden (Fotos: Scheflen, 1972 links; Goffmann, 1979 rechts).

Man kann in diesen Sendungen eine ganze Reihe von Verhaltensweisen finden, die sich bei Männern und Frauen unterscheiden. Männlichkeit wird in diesen Sendungen anders demonstriert als Weiblichkeit; sie zeichnet sich dadurch aus, daß Männer keine weiblichen Manierismen zeigen. Feierman und Feierman (1992) gehen davon aus, daß Frauen Verhaltensweisen besitzen, die direkt und unmißverständlich als Aufforderungsverhalten durch den Mann interpretiert werden können. Durch das Senden dieser Signale wird dem Mann unmißverständlich klargemacht, daß er seine Werbung eskalieren darf. Weibliche Manierismen würden demnach Einverständnis anzeigen. Feierman und Feierman (1992) beschreiben Lächeln, Hals-Präsentation, Nicken, das Präsentieren der Handflächen, das schnelle Brauenheben und das Abwinkeln des Kopfes als solche Signale. Seltener kommen das Berühren der Haare, das echte Lächeln und das Vor- und Zurücknehmen der Schultern vor. All diese Verhaltensweisen werden von Männern in den untersuchten Sendungen seltener als von Frauen ausgeführt. Gleichzeitig haben wir herausgefunden, daß es eben diese Bewegungen und Positionen sind, die für die Interpretation des Lachens eine Rolle spielen. Wo kommen also diese Manierismen her? Diese Frage muß leider unbeantwortet bleiben.

Die Analyse zeigt dennoch deutlich, daß es in Wirklichkeit kein »Flirtrepertoire« von nicht-sprachlichen Signalen gibt. Vielleicht gibt es ein Aufforderungsverhalten. Eine Person kann aber nicht versuchen, Interesse und Bereitschaft bei einer anderen Person mit der einfachen Gleichung »Er-Sie zeigt Signal X und hat deshalb das Interesse Y« feststellen. Eine solche Interpretation liegt lediglich im Interesse von kommerziellen Flirtratgebern (s. a. Elsner, 1982; Lyle, 1990) und populären Büchern über nicht-sprachliches Verhalten (s. a. Molcho, 1983). Nicht-sprachliche Signale werden erst in der Kombination wirksam, und ihre Entzifferung erfolgt über äußerst komplexe Prozesse.

Weibliche Kontrolle und Macht

Nach Moore (1985) gibt es eine häufig beobachtbare Aufforderung zum Tanz – bei dem eine Frau einfach in Richtung Tanzfläche nickt –, und ebensooft kommt das Auffordern von Hilfe beim Nachfüllen von Drinks, Anzünden von Zigaretten usw. vor. Betrachtet man solche weiblichen Initiativen, dann stehen sie in direktem Gegensatz zu der weit verbreiteten Meinung, die Männer seien diejenigen, die im Verlauf des Werbeverhaltens die Initiative ergriffen und dann auch entsprechend aggressiv und fordernd vorgingen.

Die Frage, wer die Kontrolle in solchen Begegnungen ausführt und wer den anderen wie beeinflußt, ist deshalb für die Interpretationen von Verhalten in der Werbung zentral. Die biologischen Theorien würden hier vorschlagen, daß aktive weibliche Wahl auch weibliches Aufforderungsverhalten beinhaltet. Aufforderung bedeutet jedoch nur teilweise eine Übernahme von Kontrolle.

Kontrolle ist ein direkter Abkömmling von Macht und Dominanz, also dem Potential, andere zu beeinflussen und sie zu dem zu zwingen, was man selbst will (McCormick und Esser, 1983). Die effektivste Strategie im Werbeverhalten muß deshalb so aufgebaut sein, daß sie spitzfindig genug ist, um einen Partner zu überzeugen, daß er oder sie selbst eben das wollte, was im Moment passierte. Diese subtile Form der Macht steht im Gegensatz zur Macht, die durch Gewalt demonstriert wird.

Im achtzehnten Jahrhundert war das Werbeverhalten ein streng geregelter Prozeß mit dem Endziel einer Heirat. Das Verhalten von unverheirateten Personen war streng geregelt mit genauen Angaben darüber, welches Verhalten angebracht oder unangebracht war. Diese Entwicklung hat sich bis in die fünfziger Jahre unseres Jahrhunderts fortgesetzt. Schlägt man Bücher nach, die Verhaltensregeln entwickeln, wie zum Beispiel Etikettebücher, dann kann man feststellen, welch strenge Verhaltensmaßstäbe für Werbung angesetzt wurden.

Nach McCormick und Esser (1983) gestatten von Männern dominierte Gesellschaften den Männern, ihre Macht zu benutzen, um Sex zu bekommen, den Frauen aber nur, Macht zu benutzen, um Sex mit einem ungeeigneten Partner zu vermeiden. Heute gibt es neue Ziele im Werbeverhalten, die mit Heirat nichts mehr zu tun haben: Man will eine angenehme Zeit verbringen, man will sexuelles Vergnügen finden oder sich nur bestätigen und durch einen Partner seinen Status vor den anderen verbessern.

Eine Arbeit von Falbo und Peplau (1980) unterstreicht diese zunächst eher theoretische Aussage. Die Autoren untersuchten Strategien der Macht in verschiedenen Dimensionen.

Abb. 112: Funktionen des Lachens
Das laute Lachen kann die verschiedensten Signalfunktionen haben. Die Bedeutung des Signals wird durch die Anwesenheit oder die Abwesenheit sogenannter »Triggersignale« moduliert (siehe Abbildung 107). Dabei ist interessant, daß das Lachen wiederum selbst ein Triggersignal für sprachliche Äußerungen, Körperhaltungen und Bewegungen darstellen kann. Hier treffen wir auf eine komplexe Hierarchie von Triggersignalen. Die Bedeutungen wurden durch Analyse von Triggersignalen und Auswirkungen des Lachens auf einen Interaktionspartner erschlossen (nach Grammer und Eibl-Eibesfeldt, 1989).

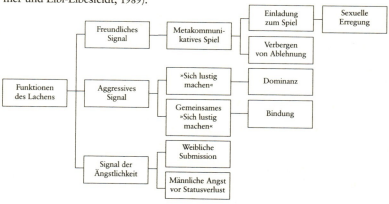

Die erste Dimension von Machtstrategien ist die der Direktheit. Betrachtet man solche Strategien als Kontinuum, dann finden wir einen nahtlosen Übergang von direkten Strategien, wie Fragen und mit dem Partner über das erwünschte Ziel reden, bis hin zu indirekten Strategien, wie Hinweise geben oder nur zu versuchen, die Zielperson in eine gute Stimmung zu versetzen.

Die zweite Dimension, die der Bilateralität, reicht von Strategien wie Überredung und das zu tun, was man sowieso schon will. Auch diese Dimension ist an Befriedigung in Beziehungen gebunden. Je bilateraler solche Strategien sind, also je mehr Überredung vorkommt, um so höher ist die Befriedigung.

Männer setzen häufiger bilaterale und direkte Strategien ein. Im Gegensatz dazu verwenden Frauen sehr viel häufiger unilaterale und indirekte Strategien.

Männer nehmen sich also selbst als diejenigen wahr, die ihre Partnerin aus einer Position der relativen Stärke zu beeinflussen versuchen. Frauen wollen im Gegensatz dazu ihren Partner aus einer schwächeren oder submissiven Position heraus beeinflussen. Dazu muß man freilich sagen, daß solche bilateralen und direkten Strategien nicht nur durch Männer verwendet werden, sondern auch durch Frauen, die glauben, sie besäßen mehr Macht in der Beziehung als ihre Männer.

Es scheint also so zu sein, daß Männer von sich selbst sagen, sie steuerten ihre Beziehungen und seien auch diejenigen, die die Kontrolle ausübten. Bevor wir der Frage weiter nachgehen, müssen wir aber klären, wie Interaktionen durch Dominanz tatsächlich gesteuert werden. Was passiert, wenn Dominanz von Frauen gezeigt wird? Frauen werden dann als kalt und abstoßend eingestuft, Männer als emotional und warm. Es hängt also vom Geschlecht des Senders ab, wie Dominanz vom Empfänger wahrgenommen wird. Frauen, die Dominanz zeigen, werden allgemein negativ beurteilt (Sever, 1992).

Wenden wir uns subtileren Mitteln der Kontrolle zu. Bänninger-Huber et al. (1990) und Steiner (1990) beschäftigten sich mit den sogenannten »prototypischen Mikrosequenzen«. In einem Experiment wurden Paare von ihnen durch Vorgabe einer Instruktion aufgefordert, Themen zu finden, die in ihrer Beziehung nicht erledigt sind und die in einem oder in beiden Partnern Ärger ausgelöst haben. In solchen Interaktionen zeigen sich dann die prototypischen affektiven Mikrosequenzen. Unter diesen Verhaltensmustern sind kurzfristige Abläufe der affektiven Beziehungsregulierung im Bereich von fünf bis dreißig Sekunden zu verstehen. Banal gesagt, es werden Emotionen eingesetzt, um den anderen zu manipulieren.

Die prototypischen affektiven Mikrosequenzen funktionieren so, daß im Gegenüber spezifische Emotionen, Phantasien und Handlungstendenzen eingeleitet werden. Dies ist eine typische Form der Manipulation durch den Gebrauch emotionaler Signale in Beziehungen. Lächeln, submissives Verhalten durch Kopfsenken, Von-unten-schauen, Kopfschräghalten usw. sind die eingesetzten Werkzeuge.

Diese Muster treten sehr häufig auf und sind mit dem bloßen Auge nicht zu erkennen. Deshalb handelt es sich hierbei um eine der ausgeklügeltesten Arten der Einflußnahme auf andere. Man könnte glauben, daß man fast nichts dagegen unternehmen kann. Steiner (1990) findet in einer 23minütigen Unterhaltung zwischen einem Ehepaar fünfundvierzig solcher Mikrosequenzen, die identisch sind. Aber gerade die Tatsache, daß sie gleich sind, macht sie auch unter Umständen erkennbar. Hier macht der Sender einen Fehler – ist er einmal erfolgreich, wendet er sie immer wieder an. Diese Mikrosequenzen können für einen Fall wie folgt beschrieben werden: Die Frau macht eine Aussage. Sie spricht normal, ernst oder manchmal sogar leicht aggressiv. Am Ende ihrer Aussage dreht sie sich mit dem Oberkörper in Richtung zu ihrem Ehemann und lächelt. Dieses Lächeln ist warm und manchmal sogar verführerisch. Ihr Ehemann hat sie die ganze Zeit angeschaut, nimmt das Lächeln auf, lächelt mit ihr, beginnt aber eine halbe Sekunde später, seinen Kopf wegzudrehen bzw. zurückzuwerfen. Sobald er den Kopf weggedreht hat, bringt er seinen Kopf wieder in eine aufrechte Position und nickt einige Male. Während dieser Periode lächelt oder lacht er sogar, abhängig vom vorherigen Verhalten seiner Frau. Bevor er seinen Kopf dreht, schließt er gewöhnlich seine Augen oder schaut weg. Schließlich hört er zu lächeln auf, meist dreht er seinen Kopf in die Richtung seiner Frau zurück.

Bemerkenswerterweise werden solche Mikrosequenzen fast nur von Frauen eingeleitet: Die Frauen übernehmen die nicht-sprachliche Kontrolle und Manipulation.

Daten über direkte Kontrolle in Flirtsituationen sind rar. So versuchte zum Beispiel Doermer (1989) mit einer einfachen Korrelation von weiblicher Blickinitiative und der Sprache des Mannes in den ersten dreißig Sekunden einen Zusammenhang zwischen Kontrollfunktion des Blicks und männlicher Sprachproduktion nachzuweisen. In der Tat findet sie, daß, je häufiger die Frau den Mann ansieht, dieser um so mehr Masse an Sprache, also einfach gezählte Worte, produziert. Man weiß aber nicht, ob sie ihn ansieht, weil er spricht, oder ob er spricht, weil sie ihn ansieht. Dieses Ergebnis ist also kein Beleg für weibliches Kontrollverhalten.

Hinde (1979) schlug vor, solche Probleme durch die Anwendung von Kreuzkorrelationen zu lösen. An Hand des Datenmaterials von Kruck (1989) aus unserem Experiment mit den sich fremden Schülern läßt sich die Vorgehensweise relativ einfach aufzeigen.

Wenn wir ein verhältnismäßig einfaches Verhalten wie »Nicken« hernehmen und dies mit der reinen Sprechzeit vergleichen, ergeben sich interessante Einblicke. »Nicken« ist ein Signal der Zustimmung, wenn der andere spricht. Zustimmung zu signalisieren, kann den Sprecher zu noch mehr Aussagen bringen. Demnach muß diese Verbindung durch eine einfache Beziehung zwischen der Häufigkeit des Nickens und der reinen Sprechzeit des anderen Partners darstellbar sein. Man kann jetzt die Sprechzeit des Mannes mit dem Nicken der Frau zu verschiedenen Zeitpunkten korrelieren.

Man findet, daß das Nicken der Frau in den ersten drei Minuten mit seiner Sprechzeit in der Restzeit zusammenhängt. Je häufiger sie in den ersten drei Minuten nickt, desto eifriger spricht er in der Restzeit. Während der ersten drei Minuten ist dieser Zusammenhang nicht belegbar – die Sprechzeit des Mannes hängt am Anfang nicht mit dem Nicken der Frau zusammen.

Den umgekehrten Zusammenhang findet man nicht – das Sprechen des Mannes in den ersten drei Minuten ruft bei der Frau nicht Nicken in der Restzeit hervor. Das heißt ganz einfach, aus ihrem Nicken in den ersten drei Minuten läßt sich sein Sprechen vorhersagen. Die Frau scheint durch ihr frühes Nicken späteres Sprechen beim Mann hervorzurufen. Sie kontrolliert damit durch nicht-sprachliche Signale die Sprachproduktion des Mannes.

So weit, so gut – aber es könnte sich durchaus noch um ein einfaches Rückkoppelungsphänomen handeln, denn auch sein zustimmendes Nicken mag ein Ansporn für die Frau sein zu sprechen. Wenn sie ihn kontrolliert, dürfte das aber nicht der Fall sein. Dies ist in der Tat so, wiederum kontrolliert sie: Ihr häufiges Sprechen in den ersten drei Minuten verursacht bei ihm Nicken in der Restzeit.

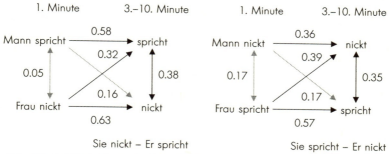

Abb. 113: Weibliche Kontrolle: Sie nickt-Er spricht
Weibliche Kontrolle kennzeichnet die ersten Phasen des Werbeverhaltens. Diese Abbildung zeigt Kreuzkorrelationen aus den ersten drei Minuten mit den restlichen acht Minuten des Experiments. Ihr nicht-sprachliches Verhalten kann teilweise sein sprachliches Verhalten (in diesem Fall seine Sprechzeit in Sekunden) vorhersagen. Ihr Nicken in den ersten drei Minuten korreliert mit seinem Sprechen in den letzten acht Minuten (oben). Wenn es sich dabei um ein reines Verstärkungssignal handeln würde, müßte sein Nicken auch ihr Sprechen vorhersagen (unten). Es ist aber umgekehrt: Ihr Sprechen in den ersten drei Minuten führt zu einem erhöhten Nicken beim Mann in den letzten acht Minuten. Ein deutlicher Hinweis, daß sie mit ihrem Verhalten das des Mannes kontrolliert (Grammer und Kruck, 1989).

Dieses Ergebnis würde bedeuten, daß die Frau ihr männliches Gegenüber aktiv durch den Einsatz von nicht-sprachlichem Verhalten zu einem Gespräch auffordert. In seinen Forschungen zeigte Pearson (1985), daß Männer eine größere positive Verstärkung als Frauen benötigen. Frauen benutzen diesen Punkt, um Männer zu manipulieren.

Die Tendenz zur Machtentfaltung scheint daher in gemischtgeschlechtlichen Interaktionen nicht gleich verteilt zu sein, weil wir davon ausgehen müssen, daß zumindest zum Beginn des Flirts ein gehöriger Grad an weiblicher Kontrolle vorkommt. Diese Kontrolle scheint auf nicht-sprachlichem Gebiet zu liegen und passiert deshalb auf einer Ebene der subtilen Manipulation. Dies entspricht exakt der biologischen Forderung nach aktiver weiblicher Wahl.

Im Gegensatz zum volkstümlichen Mythos ist der Mann nicht der sexuelle Aggressor, sondern die Frau macht häufig den ersten Zug. Dieser erste Schritt aber ist subtil, meist nicht mehr, als in der Nähe zur Zielperson stehen. So ist es dann verständlich, daß der Mann irrtümlicherweise glaubt, er hätte die Interaktion gestartet. Männer sind, was

Flirtverhalten betrifft, relativ ignorant, wissen sie doch oft nicht, wie und warum sie Frauen anziehen und was während des Flirts abläuft. Beide Geschlechter steuern durch ihr Verhalten den Ablauf einer Interaktion, und keines von beiden hat an den verschiedenen Entscheidungspunkten der Interaktion eine größere Macht. Flirt hängt davon ab, ob die Zielperson auf jeder Stufe die Signale gibt, die als Versuche der Beeinflussung willkommen sind. Männer sind keine Experten, wenn es um Flirt geht. Wenn Wissen Macht ist, dann liegt die Macht bei den Frauen, denn sie signalisieren, wen sie kennenlernen wollen.

Männliche Selbstdarstellung: Total, echt super und so

Wir haben jetzt gesehen, daß Frauen Männer durch nicht-sprachliche Zeichen kontrollieren und Männer daraufhin »Sprache« produzieren. Dies ist der Punkt, an dem Männer ihren Partnermarktwert mit sprachlichen Mitteln zu erhöhen versuchen. Mögliche Kriterien der Beschreibung sind hier die Stimmlage, die Intimität des Gesagten, Enthüllungen, Art und Weise der Selbstdarstellung und der Zeitpunkt des Preisgebens von Information und deren Inhalt.

Wenn Männer nun effektive Selbstdarstellung treiben, müßten sie das von sich geben, was Frauen hören wollen. Was wollen Frauen nun wirklich hören? Nach McMahan (1991) gibt es in der Verarbeitung von Sprachinformationen grundlegende Geschlechtsunterschiede. Frauen hören stärker auf Details der sprachlichen Information und lassen keine Teile der Information aus. Männer ignorieren Details dagegen und hören mehr ganzheitlich (Pearson 1985). Diese weiblichen Fähigkeiten dürften sich auch im Werbeverhalten als der Punkt erweisen, der männliche Sprache formt. Männer sollten jetzt mit dem werben, was Frauen suchen. Wenn Frauen langfristige Versorger und Männer mit hohem Status suchen, führt dies automatisch zur entsprechenden Selbstdarstellung der Männer. Aber Sprache ist geduldig, und Selbstdarstellung ist ein schwieriges Unterfangen. Hier kommt das Problem des »Betrugs« zum Tragen. Deshalb werden Frauen vor allem auch auf nicht-sprachliche Elemente der Sprache achten müssen, um möglichen Betrug zu entdecken, um ihm beizeiten aus dem Weg zu gehen. Der Mann findet sich jetzt auf dem Prüfstand der Frau. Berk (1977) zeigte, daß Männer versuchen, dadurch einen positiven Eindruck zu erwecken, daß sie scheinbar »cool« bleiben. Männer reden darüber, welch interessantes Leben sie führen und was für einen tollen Beruf sie haben.

Offenbar ist dabei auch von Vorteil, wenn ein Dritter, üblicherweise ein Freund, diese Aussage bestätigt. Die Bestätigung durch Dritte schafft Vertrauen in den Mann. Kirkendall (1965) zeigt, daß die Männer aus seiner Studie versuchten, die Frauen durch die Anzahl ihrer Freunde und ihrer Fähigkeiten zu beeindrucken. Viele Männer entwickeln ausgeklügelte Überredungsstrategien. Indirektheit und Zweideutigkeiten, Aussagen über Liebe und Beziehungen, Intelligenz und Fairneß scheinen diejenigen Punkte, die am meisten Erfolg versprechen.

Selbstenthüllung ist eine andere Strategie, die wie die »Traurige-Geschichten-Taktik« erfolgversprechend ist (Berk, 1977). Darunter versteht man vor allem Appelle an das Mitleid der Frau. Es werden traurige Geschichten aus dem eigenen Leben erzählt, die ihre Wirkung selten verfehlen.

Im weiteren Verlauf der männlichen Selbstdarstellung nimmt dann diese argumentative-persuasive Art der Beeinflussung ab, und die Männer beginnen, an die Fähigkeiten der Frau zu appellieren. Man(n) stellt sich jetzt als vorhersagbar und verläßlich dar, man(n) schätzt die Frau hoch. An diesem Punkt beginnt die Frau bereits, den Mann in die Richtung einer Beziehung zu drängen. Macht sie das zu offensichtlich, fühlt sich der Mann bedroht und springt ab (Kirkendall, 1965).

Was der Mann an diesem Punkt unternimmt, sind Versuche, sein Risiko der Nichtakzeptanz zu senken. Er wendet dazu die Taktik der Selbstdarstellung an. Dies tritt vor allem in den Bereichen der Demonstration von Anzahl und Ausmaß sozialer Beziehungen, seiner psychischen und physischen Fähigkeiten, der ihm zur Verfügung stehenden Objektwelt und dessen, was er sonst sagt und tut. Diese Dimensionen der Selbstdarstellung werden durch Über- und Untertreibung erreicht. Erstere Taktik wird man als »Imponieren« und letztere als »Einschmeicheln« bezeichnen können. Selbstdarstellung ist freilich um so wirksamer, je indirekter sie ist (Figley, 1979). Ein zweites Problem ist die Überprüfbarkeit – Selbstdarstellung, die nicht direkt überprüfbar ist, wird wirkungslos; deshalb erhöhen Dritte deren Wirkung.

Wenn man Leute dazu auffordert, andere zu überreden, dann hängen die Aussagen und der verwendete Tonfall von ihrer Selbsteinschätzung ab (Bugental et al., 1976). Leute, die sich als machtlos und unterlegen sehen, nehmen direktere Taktiken auf der sprachlichen Seite in Anspruch als andere. Sie benutzen jedoch auch einen weniger bestimmten Tonfall.

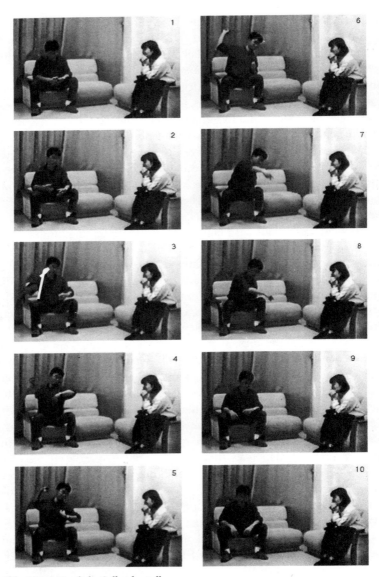

Abb. 114: Männliche Selbstdarstellung
Die Demonstration eines Karatekampfes vor einer amüsierten Zuhörerin. Auch japanische Männer versuchen, ihre Partnerinnen durch ihre Leistungen zu beeindrucken (Fotos: T. Hirukawa).

Die Stimmlage spielt bei dem, was gesagt wird, eine entscheidende Rolle. Ein Experiment von Hall (1980) untersuchte die Effekte von Stimmqualität bei Überredungsversuchen. Die Überredungskunst mit Hilfe von Stimmlage hängt davon ab, wie gut der Hörer im Entschlüsseln von nicht-sprachlichen Zeichen ist. Überredungsversuche durch Stimmlage treffen in der Regel auch bei guten Lesern von Signalen positiv ein. Bei schlechten Lesern von nicht-sprachlichen Zeichen erhöhen sie eher einen negativen Eindruck. In diesem Fall signalisieren tiefe Stimmen große Körper und damit auch Dominanz, da ja die Länge der Stimmbänder mit der Körpergröße zusammenhängt. Der Einsatz der Stimme bei Überredungskünsten ist also ein zweischneidiges Schwert – es kann klappen oder auch nicht, weil man ja nicht weiß, auf welchen Empfänger man gestoßen ist.

Da wir im letzten Kapitel ausführlich auf das Lachen eingegangen sind, wollen wir jetzt versuchen herauszufinden, über welche Äußerungen gelacht wird.

Am Anfang der Episoden stehen Gesprächsthemen, welche die unmittelbare Situation betreffen, während die zweite Hälfte von Themen wie Leistung und Aktivitäten beherrscht wird. Es wird also mit unverfänglichen Themen begonnen, die einen gemeinsamen Gesprächsrahmen bilden, und dann zu intimeren Themen, wie zum Beispiel Leistung, übergegangen. Je mehr der Mann an der Frau interessiert ist, um so stärker versucht er, Gemeinsamkeit herzustellen, indem er über die gegenwärtige Situation redet.

Die Aussagen, über die gelacht wird, sind selten neutral; häufig werden qualifizierende Satzglieder verwendet. Einen Geschlechtsunterschied findet man darin, daß Männer eine größere Anzahl qualifizierender Satzglieder pro Aussage benutzen. Klassifiziert man diese Satzglieder nach Helbig und Buscha (1985), so zeigt sich, daß Männer häufiger solche der Dimensionen »positiv« und »erhöhend« benutzen, während Frauen negative oder keine qualifizierenden Satzglieder in ihren Aussagen haben. Männer qualifizieren mithin ihre Aussagen stärker als Frauen. Dies ist ein erster Hinweis auf die sprachliche Selbstdarstellung der Männer, die alles »total, echt super und so...« finden.

Das Gros der männlichen Lacher bezieht sich auf direkte Aussagen, egal, ob sie von ihnen selbst oder von der Frau gemacht wurden. Männer scheinen sehr direkt vorzugehen.

Oft wird über Dritte geredet (von Frauen häufiger) und das inklusive

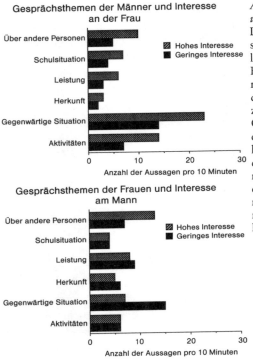

Abb. 115: *Gesprächsthemen und Interesse*
Die Gesprächsthemen unterscheiden sich nicht wesentlich in beiden Geschlechtern. Bei hohem Interesse tendieren beide Geschlechter mehr dazu, über andere Personen zu reden. Ein interessanter Geschlechtsunterschied liegt darin, daß Männer bei hohem Interesse häufiger über die gegenwärtige Situation reden und so versuchen, einen gemeinsamen Bezugsrahmen zu schaffen – Frauen reden bei hohem Interesse lieber über Dritte.

»wir« benutzt. Diese Art der Gesprächstaktik schafft auch den sogenannten »Exklusivitätseffekt« (Clark und Mills, 1979; Garcia et al., 1991). Der Exklusivitätseffekt, d. h. das Ausschließen von anderen unter Bezugnahme auf das Paar, wurde bereits mehrfach in der Konversationsanalyse beschrieben. In der gegenwärtigen Studie zeigt sich auch, daß Männer versuchen, die kognitive Perspektive der attraktiven Frau einzunehmen; sie versuchen wiederholt, sie in Unterhaltungen zu verwickeln. Dieses Verhalten zeigen Männer, weil die attraktiven Frauen anscheinend sehr vorsichtig in frühen Interaktionen sind. Sie unterbrechen den Blickkontakt und ermuntern die Männer nicht zu ausführlichen Unterhaltungen.

Unsere Analyse des Bezugs der gesprochenen Sätze zeigt, daß alle Sprecher – unabhängig vom Geschlecht – in erster Linie über sich selbst sprechen und daß das qualifizierende Satzglied sich auch auf den Sprecher selbst bezieht. Je höher das Interesse des Mannes und die

Attraktivität der Frau, um so häufiger benutzt der Mann das Personalpronomen »ICH«. Ein weiterer Hinweis auf den selbstdarstellerischen Inhalt der Aussagen, über die gelacht wird.

Dieses Ergebnis entspricht dem von Garcia et al. (1991), die fanden, daß die Attraktivität der Frau damit korreliert, wie häufig der Mann über sich redet, ob er glaubt, die Frau verstanden zu haben, und wie sehr die Offenheit seiner Körperhaltung zum Kontakt einlädt.

Die Attraktivität des Mannes hat sehr viel mit der Zufriedenheit bei der Interaktion zu tun. Je attraktiver der Mann ist, um so seltener redet er in der ersten Person Einzahl (Garcia et al., 1991). Je attraktiver die Frau bei diesem Experiment war, um so mehr übernahmen die Männer die kognitive Perspektive der Frau und versuchten, sich die Interaktionen durch ihre Augen anzuschauen.

Außerdem hat die Attraktivität des Mannes einen positiven Effekt auf die Dauer der nicht-sprachlichen Verhaltensweisen, und zwar der positiven. Die Attraktivität der Frauen beeinflußt fast alle untersuchten Variablen positiv: Wie sehr der Mann sie mag, wieviel geredet wird, nach der Anzahl der Wörter und Sprechdauer, wie viele Fragen gestellt werden, wie viele Unterhaltungssequenzen initiiert werden und wie oft das Gegenüber angeschaut wurde. Ist die Frau sehr attraktiv, so blicken sich auch beide sehr viel länger an.

Wenn die Frau sehr attraktiv ist, verwendet sie eine Menge sprachlicher Verstärker wie »Ja, hm, hm« usw. und fällt dadurch auf, daß sie häufig den Blickkontakt abbricht. Garcia et al. (1991) erklären dies damit, daß die attraktive Frau ihre Partner so sieht, als würden sie versuchen, sich an sie anzunähern. Um diese Annäherung zu unterbinden, hat sie eine Tendenz, den Blickkontakt zu unterbrechen, und erlaubt damit, daß die Unterhaltungssequenzen absterben, indem sie die Männer aussprechen läßt, ohne selbst zu sprechen.

Diese Erklärung gilt auch für die Reaktion der Männer auf die Attraktivität ihrer Partnerin. Die männlichen Partner attraktiver Frauen versuchen wiederholt, aber ohne viel Erfolg, sie in eine länger dauernde Unterhaltung zu verwickeln. Faßt man diese Anstrengungen ins Auge, dann überrascht es nicht, daß die Männer hochmotiviert waren, die kognitive Perspektive der Frau zu übernehmen.

Ein beachtenswertes Ergebnis: Je attraktiver der Mann war, um so häufiger brach er den gegenseitigen Blickkontakt ab, während ihn die Frau weiter anschaute. Garcia et al. haben dafür die Erklärung, daß die

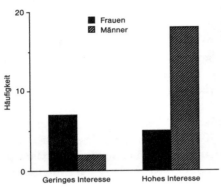

Abb. 116: Anzahl der »ICH« in den Aussagen
Je höher das Interesse des Mannes ist, um so mehr verwendet er das Personalpronomen in der ersten Person Singular – »Ich« wird zu seinem Hauptthema – ein Hinweis auf die ausgeprägten Selbstdarstellungstendenzen der Männer.

Frauen versuchen, dadurch den Mann mehr in Richtung einer Beziehung zu drängen.

Der Mann redet aber nicht nur über sich selbst, sondern er benutzt auch, wie in unserer Studie deutlich wurde (Grammer, 1989a) um so mehr qualifizierende Satzglieder, je höher sein Interesse ist.

Die Direktheit der Männer bei unserem Experiment hängt in der Tat mit der Bereitschaft der Frau zusammen, sich einem Mann anzuschließen. Waren die Männer (in bezug auf den Sprecher selbst) indirekt, ist die Bereitschaft der Frau hoch; sie ist dagegen gering, falls die Männer direkt waren.

Direktheit hängt aber auch von der Attraktivität der Partnerin ab. Bei einer als hochattraktiv eingeschätzten Frau sind die Männer eher indirekt. Das gleiche gilt für unattraktive Frauen, während Direktheit vermehrt bei gleichattraktiven Frauen eingesetzt wird. Erweitert man diese Analyse darauf, wie direkt oder indirekt der Bezug zwischen qualifizierendem Satzglied und der Person oder einem Objekt hergestellt wird, ergibt sich ein interessanter Aspekt: Die Direktheit der Qualifikation einer Aussage beeinflußt die Bereitschaft der Frau, sich dem Mann anzuschließen. Bei hoher Bereitschaft war dieser Bezug eher indirekt im Gegensatz zu mittlerer oder geringer Bereitschaft.

Interesse moduliert die Direktheit der Männer in Abhängigkeit von Attraktivität. Je höher sein Interesse, um so direkter geht er vor. Frauen tun dies nicht.

Zusammenfassend gesagt: Männer verwenden häufiger als Frauen

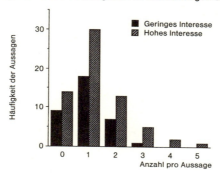

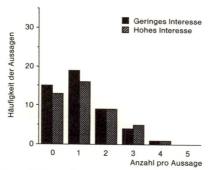

Abb. 117: Anzahl der qualifizierenden Satzglieder bei Frauen und Männer
Je höher das Interesse des Mannes an der Frau, um so mehr qualifizierende Satzglieder benutzt er. Nicht so Frauen. Damit wertet der Mann bei hohem Interesse seine Aussagen wesentlich stärker als Frauen.

qualifizierende Satzglieder; sie verpacken diese Aussagen aber risikoabhängig – sie sind indirekt, ist der Partner attraktiv; direkt, falls er gleiche Attraktivität besitzt; indirekt, falls der Partner weniger attraktiv ist. Dies ist wohl ein Hinweis darauf, daß der Effekt des Grades der Direktheit mit der Höhe des Risikos variiert: Bei geringem Risiko, also bei unattraktiven Frauen, wird versucht, durch Indirektheit soziale Distanz zu schaffen; bei hohem Risiko, also in Gegenwart attraktiver Frauen, strebt man danach, soziale Distanz zu verringern.

Der Effekt scheint dieser Hypothese recht zu geben: Frauen schlie-

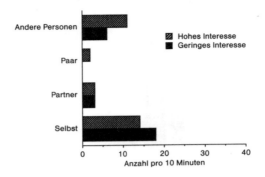

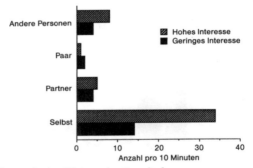

Abb. 118: Referenz des qualifizierenden Satzgliedes
Wenn es sich tatsächlich um Aussagen der Selbstdarstellung handelt, müßten die Männer in ihren Aussagen die Wertungen direkt auf sich selber beziehen: das ist tatsächlich der Fall. Eigene Bewertung kennzeichnet die männliche Selbstdarstellung.

ßen sich bereitwilliger Männern an, deren Aussagen eher indirekt als direkt waren, wobei der Erfolg aber nicht an die Verwendung von qualifizierenden Satzgliedern geknüpft ist. Diese Zusammenhänge sind bei den Aussagen der Frauen, über die sie selbst lachen, nicht so ausgeprägt. Falls eine Frau sich attraktiver einschätzt als den Mann, ist sie eher direkt, im umgekehrten Fall eher indirekt. Beide Geschlechter benutzen die gleichen sprachlichen Mittel, aber mit unterschiedlicher Intensität. Die verbalen Äußerungen der Männer hängen aber stärker vom Risiko der Nichtakzeptanz ab.

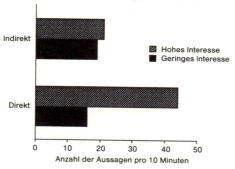

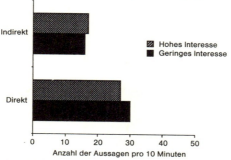

Abb. 119: Direktheit in den Aussagen von Männern und Frauen
Zunehmendes Interesse führt zu höherer Direktheit in den Aussagen der Männer – sie fangen an zu drängeln. Dabei führt Indirektheit in den Aussagen eher zu weiblichem Interesse. Männer sind deshalb im Durchschnitt eigentlich eher schlechte Taktiker.

Erwecken nun eigentlich auch die Aussagen der Männer Interesse bei den Frauen? Insgesamt ist es so, daß die Frauen auf direkte Selbstdarstellung mit Ablehnung reagieren. Sie ziehen es vor, wenn der Mann über sie redet, sogar wenn dies zunächst negativ aufgefaßt werden könnte. Diese negative Bewertung faßt die Frau aber nicht als beziehungsdistanzierend auf, sondern sie stimmt in sein darauffolgendes Lachen voll mit ein.

Im Kontext einer fortlaufenden Interaktion, speziell in einer sonst angenehmen Interaktion kann das Ärgern des anderen eine nicht sehr ernste Angelegenheit sein. Doch wenn es kein Mittel ist, um jemanden

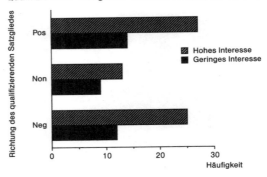

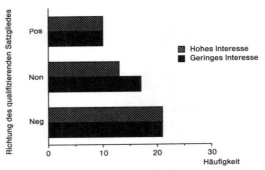

Abb. 120: Richtung der qualifizierenden Satzglieder
Bei hohem Interesse verwenden Männer mehr und mehr positive Qualifikationen in ihren Aussagen. Frauen qualifizieren sich seltener, und wenn, dann eher negativ.

zu beleidigen, weshalb dann den anderen ärgern? Ärgern zeigt Interesse. Das ist der springende Punkt. Jemanden zu ärgern, hat auch eine kulturelle Lizenz in einer Beziehung. Es drückt aus oder beansprucht zumindest einigen Grad an Intimität: »Was sich liebt, das neckt sich«.

Deshalb bietet gerade auch Sprache, obwohl sie zielgerichtet benutzt wird und man weiß, daß sie so eingesetzt wird, genügend Raum für Zweideutigkeiten.

Allerdings erweist sich die Mehrheit der Männer als schlechte Taktiker. Sie folgen den »ultimaten« Bedingungen: viel Selbstdarstellung in Gegenwart der Frauen zu betreiben, um sich als gute Partner darzustellen und die Frau zu beeindrucken. »Einschmeicheln«, also über die Frau reden und sie zu qualifizieren, bringt das bessere Resultat. Selbstdarstellung ist wirklich um so effektiver, je weniger deutlich sie ist. Frauen werden also leichter »Opfer« von Umwegen. Der männliche Sprecher impliziert nur seine Selbstdarstellung in Aussagen über andere, oder er schmeichelt sich bei der Frau selbst ein. Analysiert man weibliche Äußerungen, so findet man solche Unterschiede nicht.

Damit kommen wir auf einen Hauptunterschied im Werbeverhalten: Die sprachlichen Signale der Männer korrelieren mit der Bereitschaft der Frau; die nicht-sprachlichen Signale der Frau korrelieren mit der Sprache des Mannes und ihrer Bereitschaft.

Die Wirkungsweise der positiven, direkten Selbstdarstellung wird aber um eine oft übersehene Nuance bereichert. Selbstdarstellung ist nämlich gleichzeitig Selbstenthüllung. Die Preisgabe von Information, die man sonst nicht weitergibt, wird damit auch zu einem taktischen Mittel im Werbeverhalten. Dieser Preisgabe von Information, vor allem emotionaler, wird eine hohe manipulative Wirkung nachgesagt.

Viele Studien, wie zum Beispiel von Worthy et al. (1960), fanden heraus, daß der Selbstenthüller mehr gemocht wird, wenn Selbstenthüllung bereits am Anfang von Beziehungen vorkommt. Petty und Mirels (1981) untersuchten diese Vorgabe und fanden tatsächlich, daß mit zunehmender Selbstenthüllung auch die Wahrscheinlichkeit zunimmt, daß der andere ein positives Gefühl gegenüber dem Selbstenthüller entwickelt. Dies gilt jedoch nur, wenn Fremde aufeinandertreffen. Es entsteht sogar ein Reziprozitätseffekt. Je mehr Selbstenthüllung einer betreibt, um so mehr enthüllt sich auch der andere.

Welche Art von Enthüllungen sind nun aber am wirksamsten – und wann? Jones und Gordon (1972) finden – wenn eine negative Erfahrung enthüllt wird –, daß der Zeitpunkt der Enthüllung ebenso wie die Verantwortlichkeit der Person für das Ereignis eine große Rolle spielt. Die verantwortliche Person, die ein negatives Ereignis sehr früh enthüllt, wird attraktiver eingeschätzt als der späte Enthüller.

Interessanterweise hat bei der Bloßlegung positiver Ereignisse der Zeitpunkt der Preisgabe der Information keinen Einfluß auf die Bewertung durch andere. Jedoch zeigt sich ein Trend dahingehend, daß positive Ereignisse eher später enthüllt werden sollten, um positive Bewertungen zu erreichen.

Spielt also Selbstenthüllung eine Rolle für die Einschätzung, dann hat das Fragen, das Selbstenthüllung auslöst, eine ebenso wichtige taktische Funktion. Möllhoff (1989) untersuchte Fragephänomene an unseren Experimenten. Als ersten Fragetyp beschreibt sie die Namensfrage: »Wie heißt du?« die sehr selten bei diesen Studien vorkam.

Das »Vorstellen« ist ein bestätigender Austausch, genauer ein Zugänglichkeitsritual. Das Zugänglichkeitsritual des Vorstellens bleibt aber offensichtlich auf bestimmte Kontexte und möglicherweise auch nur auf eine bestimmte soziale Gruppe beschränkt. In den Gesprächen zwischen Fremden war Vorstellen unüblich. Auch die Frage nach dem Namen des anderen – nicht zu verwechseln mit dem Vorstellen – blieb eine Ausnahme.

Wenn die Namensfrage vorkommt, wird häufig ein »Trick« angewandt, um die Frage »Wie heißt Du?« im Gespräch zu legitimieren. Sie beruft sich mit der Äußerung »Da muß man sich aber noch fragen, wie man heißt. So was gehört dazu« auf vermeintlich bestehende gesellschaftliche Normen, nach denen diese Frage nicht nur rechtens, sondern erwartbar ist. Dies erklärt, daß die Namensfrage – wird sie ausnahmsweise gestellt – erst legitimiert oder neutralisiert werden muß. Diese These bestätigte Möllhoff (1989) durch eine Befragung von Informanten. Viele gaben dabei an, sie empfänden die Namensfrage »sehr intim«. Die Namensfrage scheint in unserer Gesellschaft, im Gegensatz zu den USA, eine engere Neudefinition der Beziehung anzustreben.

Es scheint aber ein übereinstimmendes Wissen der handelnden Personen zu geben, welche »persönlichen« Fragen im Rahmen dieser Situation angemessen, statthaft und üblich sind (z. B. »Wie geht's«, »Was machst Du?«). Diese Fragen bezeichnet Möllhoff (1989) als Jokerfragen.

Mit solchen Fragen läßt sich ohne Verpflichtung ein Interesse am anderen signalisieren. Darüber hinaus erleichtern sie eine Unterhaltung wesentlich, weil sie eine ritualisierte Möglichkeit zu interagieren darstellen: Es kann dabei etwas gesagt werden, ohne daß darüber nachgedacht werden muß. Sie dienen auch dazu, ein gemeinsames Gesprächsthema zu finden, und schaffen so eine gemeinsame Bezugsebene. Sie sind flexible Werkzeuge, die den Gesprächsfluß sichern. Jokerfragen kamen vor allem bei Paaren mit geringem Interesse vor; obwohl dort insgesamt weniger geredet wird, sind dort Jokerfragen häufiger.

Von den Jokerfragen kann man die Trumpffragen unterscheiden.

Eine Trumpffrage wäre zum Beispiel die nach dem Namen, nach Familie, Alter, Wohnort, Freunden etc.

Diese Fragen werden als »Trumpffragen« bezeichnet, weil sie strategisch eingesetzt werden können. Neben den nicht beziehungsmodifizierenden Jokerfragen, werden die »Trümpfe« dann ausgespielt, wenn der Kontakt angenehm und interessant erscheint. Trumpffragen müssen direkt gestellt werden und signalisieren demnach schon Interesse am andern. Das ist vermutlich auch der Grund, weshalb Namensfragen nicht geäußert werden. Sie wurden in unserem Versuch nur gestellt, wenn hohes Interesse vorhanden ist.

Soweit läßt sich ablesen, daß eine Annäherung aus dem Vergleich der notwendigen Kosten (des Überredungsaufwandes), einem wahrgenommenen Risiko und dem möglichen Nutzen entsteht. Ebenso wichtig ist ein kontrollierendes Zeitlimit, das die Auswahl der zur Verfügung stehenden Taktiken einschränkt. Die Entscheidung, sich anzunähern, hängt demnach vom Vergleich des Risikos mit den zur Verfügung stehenden Mitteln ab. Attraktivitätseinschätzungen spielen dabei die Hauptrolle. Die Höhe des wahrgenommenen Risikos kontrolliert auch das Aufforderungsverhalten der Frau und bestimmt die Direktheit der Kontaktaufnahme. Die im Werbeverhalten eingesetzten Taktiken folgen mit Sicherheit dem Prinzip der »guten und schlechten Spielzüge«. Männer und Frauen verhalten sich risikoadäquat. Wenn notwendig, gehen sie Umwege, um an ihr Ziel zu gelangen. Der Inhalt der Selbstdarstellung wird durch ultimative Bedingungen diktiert, ihre Direktheit durch das Risiko. Weibliche Selbstdarstellung findet überwiegend nicht-sprachlich statt. Männer hingegen reden, so wie es die weiblichen Partnerwahlkriterien verlangen. Die Intensität der männlichen Selbstdarstellung wird freilich durch das weibliche Aufforderungsverhalten bestimmt – die Frau kontrolliert den Mann. Es gibt aber auch unerwartete Ergebnisse – denn der letzte Punkt, die Synchronisation, bietet einige Überraschungen. Jetzt erreichen wir die Ebene des Flirts. Nach Möllhoff (1989) lebt er von kleinen Unverschämtheiten, Frechheiten und Dreistigkeiten. In der Sprache werden dann die Gebote der Höflichkeit übertreten. »Sei unhöflich und frech zum anderen« – damit werden jetzt die ersten Beziehungsparameter ausgehandelt und Grenzen abgesteckt.

Rückkopplungsphänomene: der Werbetanz

Die Verhaltenssynchronisation hat in der Verhaltensforschung neben der Anlockung des Partners und der Aggressionshemmung eine der Hauptfunktionen im tierischen Werbeverhalten (Etkin, 1964). Ein Paar, das in der Lage ist, seine Verhaltensweisen aufeinander abzustimmen, ist mit Sicherheit erfolgreicher bei der Aufzucht von Nachwuchs als ein Paar, das dies nicht kann. Die Koordination von Verhalten hat die Funktion, die Zusammenarbeit bei der Verteidigung eines Territoriums zu erleichtern, die Kopulation und damit die Befruchtung zu ermöglichen (Barash, 1977). Givens beschreibt ebenfalls die Synchronisation als eine der notwendigen Phasen des menschlichen Werbeverhaltens (1978). Ausgehend davon, daß die Synchronisation eine der Funktionen des Werbeverhaltens ist, wäre zu erwarten, daß Verhaltensabstimmung vor allem bei Paaren vorkommt, die Interesse aneinander haben. Bei Paaren mit niedrigem gegenseitigen Interesse dürfte es demzufolge zu keiner Synchronisierung kommen.

Synchronisation kann nur vorkommen, wenn man sich bewegt. Jedes unserer Paare beginnt mit relativ vielen Bewegungen in der ersten Minute. Ab der zweiten Minute nähert sich die Häufigkeit einem Wert zwischen sechs bis acht Bewegungen pro Minute an. Einen ähnlichen Verlauf fanden Pitcairn und Schleidt bei der Untersuchung des Tanim Hed, eines Werbetanzes der Medlpa auf Papua-Neuguinea (Pitcairn und Schleidt, 1976). In beiden Untersuchungen bewegen sich die Paare zunächst schnell und viel, nähern sich dann aber einem dem Paar gemeinsamen Basiswert. Damit wird vorausgesetzt, daß anfangs viele Bewegungen vorkommen und dann ein gemeinsamer Rhythmus gefunden wird.

Die Männer erstarren jedoch angesichts einer Frau. Sie sind insgesamt gehemmter, unterlassen eher Bewegungen und werden auch nicht durch eigenes Interesse dazu motiviert, sich häufiger zu bewegen. Frauen agieren mehr, die Häufigkeit ihrer Bewegungen nimmt mit ihrem Interesse am Mann zu. Das weibliche Geschlecht zeigt sein Interesse am Mann durch vermehrte Bewegungen an und teilt seine Sympathie durch viele Gesten, Positionswechsel und Handbewegungen mit. Sie korrigieren häufiger den Sitz ihrer Kleidung, machen gesprächsbegleitende Handbewegungen und wechseln die Sitzposition, indem sie die Oberarme leicht vom Körper abspreizen, die Unterschenkel ausstrecken und wieder anziehen. Sind die Frauen dagegen uninteressiert, »frieren« ihre Bewegungen zu statischen Positionen ein.

Feyereisen (1982) fand für die Verteilung von Gesten in den ersten 100 Sekunden einer Begegnung zwischen zwei Personen, die sich nicht kannten, heraus, daß am Anfang wesentlich weniger Gesten vorkommen als später. Die Gesten entwickeln sich also innerhalb einer Beziehung. Das hängt klar damit zusammen, daß Gesten häufig Illustratoren sind, die das Gesagte unterstreichen.

Da der Begriff Synchronisation vielfältig gebraucht wird, ist eine Definition angezeigt: Gemeint ist hier vor allem die zeitliche Abstimmung zwischen zwei verschiedenen Verhaltensvorgängen. Synchronisation kann als Durchschnitt gleichzeitiger Bewegung, ähnlichem Tempo, Koordination (Davis und Weitz, 1981) bezeichnet werden. Wenn wir von Synchronisation sprechen, bedeutet das freilich immer Gleichtakt im zeitlichen Mittel, da eine mathematisch exakte Synchronisation nur in den seltensten Fällen festzustellen ist (Kneutgen, 1964).

Prinzipiell können wir drei sehr unterschiedliche Synchronisationsphänomene beschreiben: Bewegungssynchronisation, Verhaltensspiegelungen, zyklisch redundante Abstimmungsphänomene.

Bewegungssynchronisation bezieht sich auf die zeitlichen Aspekte der Bewegungen innerhalb einer Interaktion. Darunter versteht man

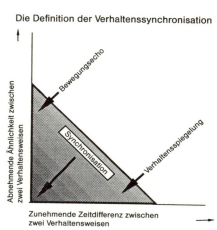

Abb. 121: Synchronisationsdefinition
Synchron – sich zur gleichen Zeit bewegen – soll eine der herausragenden Qualitäten im Werbeverhalten sein. Es gibt aber unterschiedliche Phänomene, die sich durch unterschiedliche Zeit und Ähnlichkeitsbedingungen zwischen den Verhaltensweisen kennzeichnen lassen. Geringer zeitlicher Abstand und hohe Ähnlichkeit zwischen zwei Verhaltensweisen kennzeichnen Synchronisation. Geringe Ähnlichkeit und geringe Zeitdifferenz kennzeichnen Bewegungsecho, hohe Ähnlichkeit und hohe Zeitdifferenz kennzeichnen Verhaltensspiegelung.

die zeitliche Abstimmung von Bewegung zwischen zwei Personen, wobei die Ähnlichkeit der Bewegungen irrelevant ist. Die Funktion dieser Abstimmung ist die Aufrechterhaltung oder Errichtung von Beziehungen (Kendon, 1970).

Im Kontrast zur Bewegungssynchronisation steht die *Verhaltensspiegelung*. Nach ihr nehmen zwei Personen kurz aufeinander dieselbe Körperhaltung ein. In diesem Prozeß spielt die Zeit eine geringere Rolle; die Ähnlichkeit der ausgeführten Verhaltensweisen ist wichtig.

Die beiden Prozesse hängen zwar zusammen, können jedoch als unterschiedliche Verhaltensabläufe betrachtet werden und reflektieren unter Umständen vielleicht sogar sehr unterschiedliche interaktionale Vorgänge.

Die Verhaltensspiegelung wird von den verschiedensten Autoren als Kennzeichen und als Bestandteil der Synchronisation in der Werbephase beschrieben. Im Falle von Interesse zwischen den beiden Geschlechtern sollte es, wie es die Ablaufphasen des Werbeverhaltens fordern, über kurz oder lang zu Synchronisationsphänomenen kommen.

Die Analysen zeigten, daß weder das Vorkommen von Bewegungsecho noch die Verhaltensspielung von Körper bzw. Sitzpositionen durch die Höhe des Interesses beeinflußt wird (Kruck, 1989).

Beide Phänomene sind also auf dieser Analysenebene nicht nachweisbar. Das gleiche gilt für die von zahlreichen Autoren (Condon und Ogston, 1969; Kendon, 1970; Argyle, 1972) als interaktionale Synchronisation beschriebenen Vorgänge im Gespräch. Der Zuhörer soll dabei durch Nachahmen von Gesten und Sitzpositionen dem Sprecher seine Zustimmung übermitteln. Ebensowenig finden wir die in der Werbephase vorkommenden Vorgänge, die als »Mirror-imaged-relationship« (Scheflen, 1965; Givens, 1978) oder bei Perper (1985) als »full-body-synchronisation« beschrieben werden. In den Untersuchungen der ersten zehn Minuten einer Begegnung spielten diese Phänomene keine Rolle.

Es ist aber durchaus möglich, daß die Verhaltensspiegelung und das Echo in einer späteren Phase der beginnenden Paarbildung die Bedeutung gewinnt, die bei der ersten Begegnung zweier Fremder innerhalb der ersten zehn Minuten noch nicht vorhanden ist.

Die Analyse und der Nachweis der Verhaltenssynchronisation, die sich mit herkömmlichen Methoden als undurchführbar erwiesen, wurde dann von K. Kruck mit Hilfe des von Magnus S. Magnusson entwickelten Programms »THEME« durchgeführt. Dieses Computerprogramm ist in der Lage, aus beliebigen Zeitreihen sich wiederholende Verhaltensmuster herauszufiltern. Die Muster, die man findet, sind Kombinationen von fast beliebigen Bewegungen, wie Kopfheben des Mannes, in immer gleichem Abstand gefolgt vom Beine-Ausstrekken der Frau. Die Muster sind höchst idiosynkratisch – jedes Paar macht seine eigenen Muster. Die Anzahl der gefundenen Muster hängt jedoch nicht mit dem gegenseitigen Interesse von Mann und Frau zusammen. Lediglich hinsichtlich der Wiederholung der Muster unterscheiden sich die Paare. Besonders häufig treten die Wiederholungen bei Paaren auf, wo die Frauen vermehrtes Interesse zeigen. Damit ist die Wiederholung der Muster eine Variable des Werbeverhaltens, die durch die Höhe des Interesses modifiziert wird.

Mit zunehmendem Interesse ändert sich zudem die Qualität der Muster. Das Vorkommen von längeren Musterfolgen ist mit männlichem und weiblichem Interesse gekoppelt. Die Paare, deren männlicher oder weiblicher Partner an dem/der Versuchspartner/in Interesse hat, produzieren Muster, die aus einer großen Anzahl an Bewegungen zusammengesetzt sind und sich dann häufiger wiederholen. Paare, deren weiblicher Teil hohes Interesse zeigt, produzieren Muster, die eine sehr komplexe Organisation zeigen. Frauen, die am Mann Desinteresse zeigen, erzeugen zusammen mit ihren Versuchspartnern eher kürzere und wenig komplexe Muster.

Hohes Interesse zeigt sich demnach nicht darin, wie schnell, wie lange oder wie oft ein Paar synchrone Bewegungen macht, sondern welche Form die Synchronisationsfolgen haben. Auf Grund der stärkeren Abhängigkeit der durchschnittlichen Musterlänge vom weiblichen Interesse ist anzunehmen, daß der Mann als »Oszillator« fungiert, indem er einen dominanten Rhythmus aussendet, dessen »Leerstellen« die Frau um so dichter ausfüllt, je höher ihr Interesse ist.

Der Verlauf der Begegnung zweier sich fremder Personen sieht dann wahrscheinlich so aus: Am Anfang bewegen sich alle Paare sehr häufig. In der ersten Minute ist die Anzahl an Bewegungen am größten. Die Häufigkeit der Bewegungen sind notwendig, um den anderen kennenzulernen, sein Interesse zu demonstrieren und seinen eigenen Bewegungsrhythmus darzustellen. Durch die größere Anzahl der Bewegungen wird die Wahrscheinlichkeit erhöht, daß sich die freilaufenden Rhythmen der Personen zur Synchronisation der Bewegungen des

Paares entwickeln. Indem nämlich beide Partner irgendwelche Verhaltensweisen zeigen und bemerken, welcher Aktion eine Reaktion folgt, können sie Muster unbewußt wahrnehmen und diese Synchronisationsfolgen dann später wiederholen. In der dritten Minute bewegen sich die Paare zwar durchschnittlich seltener als in der ersten, sie produzieren dafür aber sehr viel mehr gemeinsame Muster. Durch Überprüfen bzw. Wiederholung schaffen die beiden eine nicht-sprachliche Übereinstimmung. Sie tauschen Signale aus, um die Aufmerksamkeit des anderen zu erregen, und wiederholen die Musterfolgen, die wie Sätze zusammengesetzt sind, indem mal der eine ein Wort (= Verhaltensweise), dann wieder der andere einen Satzteil (= Muster) hinzufügt. Je mehr Zeit vergeht und die Vertrautheit wächst, um so mehr nehmen auch die Sicherheit und das Wissen zu, wie der andere reagieren wird. Die Abfolge von Bewegungen, die mindestens dreimal vorkommen, enden in der neunten Minute, obwohl die Personen nicht wissen, daß das Versuchsende naht. Mit zunehmender Vertrautheit ist wahrscheinlich eine so häufige Wiederholung nicht mehr notwendig, und die Muster, die mindestens dreimal wiederholt werden, verschwinden. Die Paare sind dann ohnehin in der Lage, ihren »Werbetanz« weiterzuführen.

Paare, die Interesse aneinander zeigen, sind so durch Aktion und Reaktion verbunden, daß sie fähig sind, Muster aus vielen Verhaltensweisen zu produzieren. Da die Anzahl der Bewegungen und die Mustereigenschaften wie Musterlänge und Musterverknüpfung stärker vom Interesse der Frau abhängt, muß man annehmen, daß die Frauen den »Werbetanz« hauptsächlich gestalten, indem sie auf Aktionen des Mannes reagieren. Die Männer nehmen Positionen ein, die sie dann beibehalten. Die Frauen produzieren gewissermaßen »Zwischenschritte« zwischen dem – durch die unbeeinflußten Bewegungen des Mannes vorgegebenem – Rhythmus des Mannes und synchronisieren sich auf diese Weise mit ihm.

All diese Eigenschaften haben starke Ähnlichkeit mit dem Tanz, der in allen Kulturen vorkommt und nicht nur ausschließlicher Bestandteil des Werberituals ist, sondern auch als Synchronisationsritual bei Begegnungen (Eibl-Eibesfeldt 1972, 1973) beschrieben wird.

Es liegt deshalb nahe zu vermuten, daß der Tanz die ritualisierte Form der Synchronisationserscheinung zwischen Fremden und Freunden ist. Ist es nicht auch beim Tanz notwendig, Aktion und Reaktion zu

Abbildung 122: Zyklische Synchronisation und Musterbildung
Die Abbildungen zeigen ein mit THEME entdecktes zyklisches Verhaltensmuster, das dreimal bei diesem Paar vorkommt. Er lehnt sich zurück, sie faßt sich in die Haare und dann ins Gesicht. Die Muster sind relativ zeitkonstant – ihre Produktion ist rein vom Interesse der Frau abhängig. Die Muster treten nämlich nur dann auf, wenn sie hohes Interesse am Mann hat. Dadurch wird die Interaktion subjektiv, aber nicht artikulierbar, als angenehm empfunden. So gesehen ein völlig verdecktes Manipulationsmittel zur Mitteilung von Interesse (Fotos: J. Keeser).

testen, ehe man mit dem Partner aufwendige Drehungen und Wendungen aufs Parkett legt? Auch hier sind Wiederholungen am Anfang notwendig, um den anderen kennenzulernen, damit man mit zunehmender Sicherheit immer wieder neue Schritte erschaffen kann, deren Wiederholung dann nicht mehr notwendig ist. Ein synchronisiertes, aufeinander eingespieltes Paar weiß, wie der eine Partner auf den anderen reagiert. Sie werden Figuren kaum oder nur in Abwandlungen wiederholen. Wenn sich der Verlauf der Synchronisierung auch in anderen Synchronisationsritualen nachweisen ließe, wäre der Ursprung dieser Rituale geklärt. Die Tatsache, daß die Synchronisation nur mit dem Interesse der Frau korreliert, deutet darauf hin, daß dieser Verhaltensmodus eine Art »Kompatibilitätstest« darstellt, bei dem der Mann von der Frau auf seine Passung hin überprüft wird.

Viele Studien gehen davon aus, daß Rhythmik in Interaktionen starke Vorhersagen darüber zuläßt, ob die Leute bei Begegnungen sich mögen und ob sie die Interaktion angenehm empfinden.

Es gibt eine allgemein geteilte Annahme, daß Rhythmus ein fundamentales Organisationsprinzip sozialen Verhaltens ist. Eine typische Theorie ist die von Chapple (1970), wonach Individuen ihre eigenen Aktivitätstempi und einen eigenen Rhythmus in ihren Aktivitäten haben.

Individuen versuchen, ihre Aktivitätsrhythmen mit denen von anderen in Einklang zu bringen. Und sie finden es angenehm, wenn sie bei sozialen Interaktionen in ihrem eigenen Tempo agieren können.

Wenn Partner ähnliche oder komplementäre Aktivitätszyklen haben, können sie ihre Rhythmen sehr leicht koordinieren; die Interaktion wird angenehm und fließend, mit wenigen Unterbrechungen oder gegenseitig zugemuteten Pausen.

Wenn Partner sehr unterschiedliche Eigenrhythmen besitzen, ist es für sie schwierig, ihre Aktivitätsrhythmen zu koordinieren. Die Konsequenz ist eine schwache Koppelung zwischen ihren Aktivitätsrhythmen oder ein Zusammenbruch der Rhythmik. Die häufigen Unterbrechungen und/oder die gegenseitigen Pausen werden als stressig und unangenehm empfunden. Warner et al. (1987) finden, daß eine mittlere Rhythmik am besten beurteilt wird. Hochrhythmische oder völlig asynchrone Interaktionen werden dagegen als negativ beurteilt.

Synchronisationsphänomene kommen somit tatsächlich im Werbeverhalten vor. Sie treten aber nicht so auf, wie wir sie uns vorstellen, sondern als hochkomplexe Einheiten zyklischer Verhaltensmuster, weit entfernt von einer rationalen Wahrnehmung. Es kann damit sein, daß unter der Schwelle der Artikulierbarkeit in diesem Fall Verhaltensmechanismen ablaufen, die sich auch zur extremen Manipulation eignen. Diese Möglichkeiten sind Forschungsneuland. Bislang können wir jedoch festhalten, daß es eine empirisch begründbare Unterlage für die in vielen Vermutungen geäußerten »good vibrations« gibt.

Die sexuelle Erregungsphase

Die vierte Phase des Werbeverhaltens bezeichnet Givens (1978) als die sexuelle Erregungsphase. Die dazu notwendige Körperkontaktaufnahme stellt wohl die größte Hürde im ganzen Werbeverhalten dar.

Man vermeidet zunächst, sich zu berühren (Andersen et al., 1987). In einer sehr weit gestreuten Untersuchung an vierzig amerikanischen Universitäten fanden die Autoren heraus, daß Frauen sehr viel öfter Berührung vermeiden als Männer. Leute jedoch, die sehr offen anderen gegenüber sind, neigen dazu, sehr viel häufiger Personen des anderen Geschlechtes zu berühren. Damit offenbart sich ein grundlegender Geschlechtsunterschied: Männer suchen den Körperkontakt mit Frauen, Frauen versuchen ihn zu vermeiden.

Die Botschaft, die durch Berührung mitgeteilt wird, hängt von einer ganzen Reihe von Variablen ab: wie lange die Berührung dauert, wie intensiv die Berührung ist, wo sie erfolgt, ob sie absichtlich geschieht usw.

Eine der ersten Beobachtungsstudien über gegenseitige Berührungen unter Erwachsenen wurde von Henley (1973) durchgeführt und von Major und Williams (1980) wiederholt. In dieser Arbeit beobachtete man Interaktionen, in denen gezielte Berührungen mit der Hand vorkamen und in denen die Absicht der Berührung klar beobachtet werden konnte. Es ergaben sich eindeutige Geschlechtsunterschiede in den Mustern der Berührungen. Am häufigsten wurden Berührungen von Männern bei Frauen beobachtet. Sind sie noch in der Werbephase, dann geht die Initiative zur Berührung vom Mann aus, sind sie bereits verheiratet, initiiert die Frau die meisten Berührungen (Willis und Briggs, 1992).

Man kann aus diesen Untersuchungen schließen, daß es durchgängige Geschlechtsunterschiede bei Berührungen gibt. Männer sind häufiger diejenigen, von denen die Berührungen ausgehen, Frauen sind häufiger die Empfängerinnen von Berührungen.

Derjenige, der den anderen berührt, wird von Beobachtern als dominant betrachtet (Summerhayes und Suchner, 1978). Dieser Dominanzunterschied bei Berührungen geht aber auch über die Geschlechter hinweg. Touhey (1974) gab Männern die Information, sie sollten ihre weiblichen Partner physisch dominieren. Wenn diese Männer eine Frau berührten, waren sie den Frauen sympathischer als diejenigen Männer, denen man gesagt hatte, sie nur sprachlich zu dominieren.

Damit wären auch die bestehenden Geschlechtsunterschiede erklärt, da sich Männer in der Regel Frauen gegenüber dominant wähnen. Hier deutet sich bereits ein neues Problem an – das der Dominanz und Aggression.

Wo nun wird berührt? Nguyen et al. (1975, 1976) führten eine der ersten Studien zu diesem Thema durch. Sie präsentierten unverheirateten College-Studenten ein Körperumrißschema, auf dem die Leute ankreuzen sollten, wo sie schon einmal von wem berührt wurden. Darüber hinaus sollten die Studenten angeben, welche Bedeutung sie diesen Berührungen zuschrieben. Es ergab sich, daß der Ort und die Art der Berührung deren Bedeutung hervorruft. Hier kommt wiederum ein Geschlechtsunterschied zum Tragen, der weitreichende Konsequenzen hat: Mehr Männer als Frauen beschrieben Berührungen als sexuell getönt. Von Männern werden sexuelle Berührungen als erfreulich und liebevoll charakterisiert. Frauen beschreiben solche Berührungen als sexuell, die von ihnen als weniger spielerisch, liebevoll, freundlich und angenehm erlebt wurden. Die Geschlechter nehmen Berührungen demnach unterschiedlich ernst.

Wie reagiert nun der Berührte auf die Berührung? Je häufiger Männer durch eine Frau berührt werden, um so weniger begehrenswert fanden sie diese als Ausgeh- oder Heiratspartner (Silverthorn et al., 1976). Die Frau, die sie nie berührte, mochten sie am liebsten.

Die genauesten Beobachtungen über Berührungen im direkten Kontext des Werbeverhaltens sind bei Moores Diskothekbeobachtungen (1985) zu finden. Unter den Körperkontakthaltungen finden sich Verhaltensmuster wie das »Lehnen«, das sehr weit verbreitet ist. Normalerweise wird dies beim Sitzen durchgeführt. Die Frau bewegt dabei den Oberkörper nach vorne und gerät damit in größere Nähe zum Mann. Dieser Bewegung folgt oft ein sogenanntes »Streifen«. Die Frau streicht dabei, wie unabsichtlich, mit der Vorderseite ihres Oberkörpers am Mann vorbei, so daß die Brüste den Mann berühren. Dieser Kontakt ist in der Regel nur sehr kurz (weniger als 5 sec.), aber Moore beobachtete es mehrmals, daß solche Positionen für mehrere Minuten eingenommen wurden.

Berührungen werden auch beim Sitzen mit den Hüften initiiert. Ebenso können Beine und Füße eingesetzt werden. Ein Fuß wird scheinbar unabsichtlich auf den Fuß der anderen Person gestellt. Gewöhnlich wird dies von Frauen durchgeführt. Ebenso kommen absichtliche Aufforderungen zur Berührung vor. Die Frau nimmt die Hand des Mannes und legt sie auf ihren Körper. Umarmungen sind gleichfalls häufig. Umarmungen reichen vom Hand-um-die-Schulterlegen bis zum Umarmen mit beiden Armen, was üblicherweise dann sehr kurz dauert. Der sogenannte laterale Körperkontakt entsteht, wenn man mit der Seite des Körpers gegen den anderen lehnt. Ebenso gibt es den frontalen Körperkontakt.

Symons (1972) geht in ihren Beobachtungen davon aus, daß diese ersten Berührungen immer so ausschauen, als wären sie zufällig.

Demnach gilt für die erste Berührung wiederum das Flirtprinzip der unentschlüsselbaren Zweideutigkeit. Eine solch zufällige Berührung läßt sich wiederholen und kann dann, wenn die Berührung geduldet wird, eindeutiger gemacht werden. Vor allem an dieser Stelle wird das Umwegeprinzip am deutlichsten. Berührungen im zwischengeschlechtlichen Bereich sind eskalierbar und beginnen in der Regel auf der niedersten Stufe.

Welche Berührungen zwischen zwei Personen möglich sind, hängt

Abb. 123: Die Intimität von Berührungen
In dieser Abbildung wurden Daten aus Johnson und Edwards (1991) neu dargestellt. Dabei zeigt es sich, daß Frauen in der Regel eine intensivere Beziehung mit größerer Hingabe und mehr Berührungen benötigen als Männer. In diesem Stadium der Werbephase versuchen die Männer die Kontrolle an sich zu reißen, um die Frau in Richtung Sexualität zu drängen.

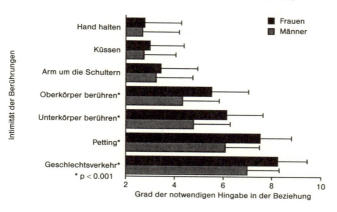

von ihrer Beziehung ab. Je intimer die Beziehung wird, um so höher werden die Wahrscheinlichkeiten der Berührung. Interessant ist aber ein Geschlechtsunterschied. Für Handhalten, Küssen, den Arm-um-die-Schultern-legen, Oberkörper-berühren, Unterkörper-berühren, Geschlechtsteile-berühren und Geschlechtsverkehr setzen Frauen höhere notwendige Intimitätsgrade von Beziehungen als Männer voraus. Männer sind in sich entwickelnden Beziehungen früher bereit, die Frau intimer zu berühren (Johnson und Edwards, 1991). Eine neuere Untersuchung von Darling et al. (1992) über den ersten Geschlechtsverkehr unterstreicht diese Problematik. Dabei berichtet mehr als ein Drittel der Frauen, daß sie dazu von ihrem Partner überredet wurde. Über 60 Prozent der Frauen in dieser Studie stimmten der Aussage »Kein Geschlechtsverkehr ohne Liebe« zu. Dies tun weniger als ein Drittel der Männer. Männer haben ihre ersten Erfahrungen zudem sehr viel häufiger mit flüchtigen Bekannten oder Frauen, die sie gerade eben erst getroffen haben – Frauen legen eher Wert auf eine Beziehung, bevor sie sich mit einem Mann einlassen.

Ist der Körperkontakt einmal hergestellt, kommt es zu einer seltsamen Rollenumkehrung: Bisher hatte die Frau die Kontrolle, jetzt drängt der Mann danach, die Frau zu kontrollieren. Eine solche Umkehrung kann zwar auch früher auftreten – doch dies scheint der späteste Zeitpunkt zu sein.

Kendon (1975) analysierte die Filmaufnahme eines Paares auf einer Parkbank, das sich mit Küssen beschäftigte, und fand heraus, daß die Häufigkeit des Küssens durch das Verhalten der Frau kontrolliert wurde. Der Mann küßte die Frau nur, wenn sie bestimmte Gesichtsmimik zeigte. Er küßte sie dann nicht, wenn sie beim Lächeln die Zähne zeigte, und er küßte sie, wenn sie dies nicht tat. Wenn eine Beziehung etabliert ist, versucht der Mann, die Frau sexuell zu erregen. Wie oft und wie intensiv er das tut, hängt normalerweise von den Reaktionen der Frau ab.

Das Gesicht der Frau funktioniert in diesem Fall als »feedback-device«, der das Verhalten des Mannes reguliert. Das Schräghalten des Kopfes kommt bei gemischtgeschlechtlichen Paaren sehr häufig vor (Lockard et al., 1982). Schauen sich die Partner an, dann tendiert die Frau dazu, ihren Kopf schräg zu halten. Obwohl auch Männer den Kopf schräg halten, zeigen sie im Gegensatz zu den Frauen keine klare Seitenpräferenz. Frauen halten in der Regel ihren Kopf stets nach links schräg. Die Frau hat damit die delikate Aufgabe des Ermutigens und Entmutigens. Die Ermutigung muß in allen Fällen zum Stadium der Beziehung passen. Entmutigungen dürfen nicht zu weit gehen, damit der Mann das Interesse nicht verliert.

Der weitere Fortgang der Berührungen läßt sich nach dem 10-Stufen-Modell der sexuellen Erregung von Morris (1972) wie folgt beschreiben:

(1) AUGE-KÖRPER
(2) AUGE-AUGE
(3) HAND-HAND: getarnt als Führungsgeste, Hilfestellung
(4) ARM-SCHULTER: getarnt als Hilfestellung
(5) ARM-TAILLE: bringt Hände in die Nähe der sexuellen Körperregionen
(6) MUND-MUND: Beginn der Erregung, Ausscheidung von Vaginalsekret und Erektion
(7) HAND-KOPF
(8) HAND-KÖRPER: Erregung wird größer
(9) MUND-BRUST: sexuelle Stimulation
(10) HAND-GESCHLECHTSORGAN: Erregungsplateau ist erreicht
(11) GESCHLECHTSORGAN-GESCHLECHTSORGAN: genitaler Kontakt

In diesem Modell hat, wie wir gezeigt haben, der Mann die Rolle des Initiators, die Frau hingegen die Rolle der Kontrolle. Kirkendall (1965) schließt aus Interviews mit Collegestudenten, daß die jungen Männer entsprechend dem Widerstand des Mädchens entscheiden, wie weit sie gehen. Sie benützen dazu nicht-sprachliche Merkmale, die aber nicht immer artikulierbar sind. Die Männer sagten aber aus, die Frau erwarte, daß in vielen Fällen der Mann den ersten Zug machen müsse.

An diesem Punkt angelangt, kommen auch paradox erscheinende Phänomene zum Vorschein. Merkwürdigerweise wurden fast nur bei Männern hormonelle Änderungen bei sexueller Erregung untersucht. Hellhammer (1985) untersuchte Änderungen im Speicheltestosteron nach erotischer Stimulation. Speicheltestosteron stellt den freien und biologisch aktiven Steroidanteil dar, der für die Zellgewebe wichtig ist. Es gibt eine direkte Korrelation zwischen freiem Serumtestosteron und Speicheltestosteron (Wang et al., 1981; Schürmeyer et al., 1984). Speicheltestosteron und das freie Testosteron im Blut korrelieren positiv mit Sexualverhalten, wie sexuelle Erregung und Aggression (Rubin et al., 1981).

Der Anteil an Testosteron nimmt jedoch unter Streßbedingungen ab (Kreuz et al., 1972). Pirke et al. (1974) zeigten, daß Plasmatestosteron

Abb. 124: Sexuelle Erregung und weibliche Kontrolle
Die Bilder (fortlaufend von oben nach unten – linke, dann rechte Reihe) zeigen männliches sexuelles Drängen und die Reaktion der Frau. Er beginnt an ihrem Bikinioberteil herumzuspielen, worauf sie seine Hand erst festhält und dann entfernt. Sie küßt ihn dann aber (Fotos: I. Eibl-Eibesfeldt).

zunimmt, wenn man Männern einen explizit-sexuellen Film zeigt. Hellhammer (1985) zeigte deshalb den Männern Szenen aus »Bilitis«, um erotische Stimulation hervorzurufen. Um sexuelle Erregung zu produzieren, wurde ein Sexfilm gezeigt. Ebenso wurde versucht, bei den Individuen Aggressionen hervorzurufen, indem ihnen Szenen aus »Death Wish« gezeigt wurde. In der erotischen Situation entstehen die höchsten Werte von Speicheltestosteron. In der sexuellen Erregungssituation liegen in der Regel niedrigere Testosteronwerte vor. Streß verhindert demnach die Ausschüttung von Testosteron. Unter diesen Umständen enthält der Speichel wesentlich weniger Steroide. Diese Änderung des Testosteronspiegels geschieht sehr schnell, etwa 15 Minuten nach dem Einsetzen des sexuellen Stimulus. Man findet aber auch einen unterscheidbaren zweiten und stärkeren Anstieg, der etwa 90 bis 120 Minuten nach dem Beginn der sexuellen Stimulation auftritt. Speicheltestosteron scheint sich also sehr schnell, reversibel und sensitiv auf verschiedene sexuelle Stimulation hin zu ändern. Das Paradoxe dabei ist, daß ein und derselbe Typ von Hormonen mit Sexualität und Aggressionen gekoppelt ist.

Die Tatsache, daß unter Umständen sexuelle Stimulation hohe Hormonspiegel generiert, die gleichzeitig für aggressives Verhalten verantwortlich sein können, führt uns zu einem heiklen Thema: Männer werden vielleicht unter sexueller Stimulation auch gewaltbereiter.

Nach Feltey et al. (1992) neigen Männer eher dazu, Sex mit Gewalt zu erzwingen als Frauen – dies hängt unter anderem davon ab, ob sich eine Frau in eine Situation bringen läßt, in der für den Mann Sex denkbar ist.

Das Risiko: Gewalt

Das Thema Gewalt und Sexualität ist aus den verschiedensten Gründen besonders heikel. Allein schon deshalb, weil es in den letzten Jahren zu einem emotionsgeladenen Medienthema geworden ist. Hierfür sind in erster Linie spektakuläre Prozesse in Amerika, die als Medienspektakel inszeniert worden sind, verantwortlich. Denn es gibt in der Wirklichkeit zumindest in Deutschland eine seit Jahren rücklaufende Tendenz solcher Fälle (Statistik des Bundeskriminalamtes, 1990), die einsetzte, bevor das Thema in das Licht der Öffentlichkeit gerückt wurde.

Das Thema als solches wird aber durch eine ganze Reihe von

Problemen kompliziert. Eines davon ist der Vergewaltigungsmythos der Männer, den wir hier näher betrachten wollen. Das zweite Problem ist die Tatsache, daß die meisten Vergewaltigungen nicht unter Fremden vorkommen, sondern innerhalb von Bekanntschaften und Beziehungen und vor allem in flüchtigen Begegnungen.

Nun sind Männer nicht einfach Opfer ihrer Physiologie – sie sind – wie Frauen – auf Grund ihrer kognitiven Leistungsfähigkeit auch in der Lage, moralische Entscheidungen zu treffen. Falls es physiologische und biologisch determinierte Mechanismen gibt, sind diese natürlich *kein* Entschuldigungsgrund für gewalttätiges Verhalten. Die Evolution hat keine Wertungen in Verhalten eingeführt, sie hat in erster Linie den Menschen in die Lage versetzt, Herr seiner eigenen Entscheidungen zu sein (Grammer, 1989b). Biologische und physiologische Mechanismen als Entschuldigungsgrund für Vergewaltigungen heranzuziehen, wäre deshalb gänzlich unangebracht.

Nach Masters und Johnson (1983) kennen sich in 80 Prozent aller Fälle Täter und Opfer nicht. Diese Feststellung gilt heute als falsch, was durchaus damit im Zusammenhang stehen könnte, daß in der heutigen Zeit mehr Fälle gemeldet werden. Ganz stimmt dies aber nicht. Masters und Johnson (1983) haben eine ganze Reihe von Ergebnissen, die damals schon bekannt waren, einfach unterschlagen.

»Verabredungsvergewaltigungen«, also Vergewaltigungen, die nach einem gemeinsam verbrachten Abend vorkommen, sind häufiger, als man denkt. Sack et al. (1982) untersuchten die Aussagen von Universitätsstudenten und ermittelten, daß zumindest einer von vier Studenten entweder ein Opfer von Gewalt geworden war oder sich selbst in einer Verabredungssituation gewalttätig verhalten hatte. Shotland (1992) untersuchte Veröffentlichungen aus diesem Bereich und kommt zu dem Schluß, daß ein Prozentsatz von zwanzig von hundert durchaus realistisch ist. Der Prozentsatz ist jedoch in den USA regional stark unterschiedlich.

Wer Gewalt anwendet, wird auch selbst oft ein Opfer von Gewalt. Schaut man die Altersverteilungen von Tätern und Opfern an, findet man, daß die Anwendung von Gewalt zwischen 19 und 23 Jahren am höchsten ist. Die Art der Gewaltanwendung erstreckt sich allerdings auf Argumentation, Überredungsversuche oder verbale Aggression; körperliche Gewalt tritt äußerst selten auf. Das Problem dabei ist, was als Gewalt bezeichnet wird. Das Ansteigen der Fälle in den USA Mitte der achtziger Jahre hat natürlich auch damit zu tun, daß die Schwelle für das, was als »Gewalt gegen Frauen« bezeichnet wird, wesentlich nach unten verschoben wurde. Ob Argumentation und Überredungsversuche als Gewalt bezeichnet werden sollten, ist eine Definitionsfrage.

Struckman-Johnson und Struckman-Johnson (1991) fanden fünf Strategien der Gewalt in verschiedensten Formen: von unerwünschter sexueller Stimulation über sprachlichen Zwang, Intoxikation durch Alkohol oder Drogen, Sich-lustig-machen bis hin zur Anwendung physischer Gewalt.

Christopher (1988) wies nach, daß in etwa der Hälfte aller berichteten Fälle von unerwünschter Sexualität »Begrapschen« die Hauptform war. Ähnliche Zahlen deckte Mühlenhard (1988) auf. Für alle fünf Formen liegen Berichte von Männern *und* Frauen vor. Mühlenhard zeigte, daß immerhin die Anwendung von Gewalt in beiden Geschlechtern um die sechs Prozent liegt (gewöhnlich mit Waffen oder Androhung von Verletzungen).

Unter den Faktoren, die Gewalt bei Männern provozieren, sind vor allem monetäres Investment, gefolgt von Ablehnung (Johnson und Jackson, 1988) zu nennen.

Abb. 125: Vergewaltigungen und Täter-Opfer-Beziehung
Im Gegensatz zur allgemeinen Annahme findet die Mehrheit der vollzogenen Vergewaltigungen nicht durch fremde, der Frau unbekannte Männer statt, sondern durch Männer, die sie schon kennt (Quelle: Bundeskriminalamt, 1990). »Date-rape« ist ein Phänomen, das in der Vergewaltigungsdiskussion kaum auftaucht.

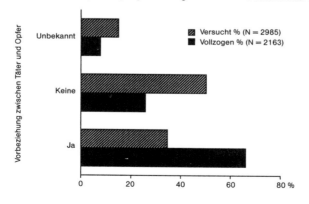

Fragt man nach der Akzeptanz solcher Taktiken (Struckman-Johnson und Struckman-Johnson, 1991), dann werden sie natürlich von beiden Geschlechtern, von Frauen stärker, abgelehnt. Männer dagegen akzeptieren solche Strategien, wenn sie von Frauen ausgehen, und verstehen sie als neue sexuelle Erfahrung. Männer sind demnach die Initiatoren und Frauen die »Türhüter« des Sex. Bei einer Verabredung besteht also die durchschnittliche Wahrscheinlichkeit von 1:4, in eine gewalttätige Episode verwickelt zu werden. Dieser Prozentsatz ist sehr hoch und entspricht den Meinungen, die Geschlechter voneinander haben.

Nach Edmonds et al. (1991) gibt es ausgeprägte Vorurteile über die Meinungen des anderen Geschlechts. Man befragte Studenten nach ihrer Meinung, was das andere Geschlecht wohl über Sexualität, sexuellen Konservatismus, die Akzeptanz von zwischenmenschlicher Gewalt und dem Vergewaltigungsmythos denke. In allen Vergleichen waren die Meinungen der Männer und Frauen nicht signifikant unterschiedlich. Männer und Frauen haben also ungefähr die gleichen Normen und Werte für zwischengeschlechtliche Phänomene. Interessant ist, daß die Frauen vorhersagten, die Männer seien negativer als sie, d. h., Männer glauben eher an Sexrollen, halten an sexuellem Konservatismus fest, akzeptieren eher Gewalt in Beziehungen und favorisieren den Vergewaltigungsmythos. Frauen haben also ein Vorurteil gegenüber Männern, während dies umgekehrt nicht so der Fall ist.

Haben die Frauen nun recht? Thompson (1991) versuchte aufzuzeigen, daß die Gewalt beim Rendezvous tatsächlich »männlich« ist. Im allgemeinen nimmt man an, daß Männer diejenigen sind, die – wenn sie auf eine Frau treffen – auch häufig Gewalt ausüben. Thompson kann diese stereotype Annahme in seiner Arbeit nicht bestätigen. In einer Befragung von 336 Studenten stellte er fest, daß es keine Geschlechtsunterschiede in der Häufigkeit gab, wie Gewalt im Rendezvous angewendet und wer Opfer der Gewalt wird. 24,6 Prozent der Männer und ähnlich 28,4 Prozent der Frauen erzählten, daß sie in den letzten zwei Jahren einmal physische Aggression in einer Konfliktsituation mit einem Rendezvouspartner angewandt hatten. 27 Prozent der Männer und 29 Prozent der Frauen sagten aus, daß sie das Ziel physischer Gewalt durch einen Partner gewesen wären. Versucht man die Art der Gewalt näher zu beschreiben, dann ergibt sich kein Geschlechtsunterschied.

Es zeigt sich jetzt im weiteren, daß die Identifikation mit der Geschlechterrolle eine wesentliche Rolle dafür spielt, ob jemand dazu tendiert, Gewalt anzuwenden oder nicht. Männer, die sich sehr maskulin einschätzen, sind eher dazu bereit, Gewalt anzuwenden. Ähnliches gilt für Frauen. Spence et al. (1991) zeigten, daß sehr impulsive Männer häufiger gewaltsam vorgehen. Frauen mit einem eher konventionellen Geschlechtsrollenverständnis, die sich nicht selbst behaupten können und unterwürfig sind, werden häufiger das Ziel von Gewalt.

Die Akzeptanz des Vergewaltigungsmythos ist stark schichtabhängig. Dieser Mythos sagt zunächst einmal aus, daß Frauen Vergewaltigungen selbst herbeiführten (Burt, 1980). Männer ziehen zur Stützung dieser Behauptung Thesen heran, daß spärliche Kleidung einen Einladungseffekt besitze, Frauen »dominierende Männer« unwiderstehlich fänden, Frauen Vergewaltigungsphantasien hätten, die sie im wirklichen Leben nie ausleben würden etc. Je größer die Geschlechtsrollenidentifikation eines Mannes und je höher die allgemeine Akzeptanz von zwischenmenschlicher Gewalt, desto höher ist die Akzeptanz des Vergewaltigungsmythos. Dagegen steht: Je jünger ein Mann und je besser gebildet er ist, um so geringer die Akzeptanz.

Abb. 126: Vergewaltigung: ein Großstadtphänomen?
Vergewaltigungen finden zum Großteil in der hochverdichteten anonymen urbanen Umwelt statt, in der soziale Kontrolle fast unmöglich ist und die »Kosten« für den Täter relativ gering sind (siehe Text).

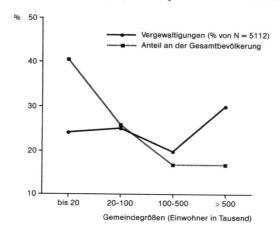

Es geht also um ein »Bild« der Wünsche und Verhaltensweisen des anderen Geschlechts, die mit der Wirklichkeit nicht übereinstimmen müssen. Bridges und McGrail (1989) untersuchten deshalb auch Schuldzuweisungen bei Gewalt im Rendezvous. Demnach scheinen amerikanische Studenten die Auffassung zu teilen: Wenn Vergewaltigung vorkommt, ist sie zum großen Teil auf die Tatsache zurückzuführen, daß die Frau nicht genügend sexuelle Kontrolle ausübt. Diese Studenten glaubten, daß Frauen ihr eigentliches sexuelles Interesse verstecken (Clark und Lewis, 1977) und daß diese Tendenz von den Männern mißverstanden wird. Dies ist anders in der Beurteilung von Vergewaltigungen durch Fremde. Dort wird immer der Mann verantwortlich gemacht.

Ein ähnlicher Mythos rankt sich um die Kleidung der weiblichen Opfer (Edmonds und Cahoon, 1986). Nach den Ansichten von Beurteilern besteht ein sehr starker Zusammenhang zwischen Freizügigkeit der Kleidung und der Möglichkeit, vergewaltigt zu werden. Beobachter, zumindest in Amerika, stimmen darin überein, daß eine Frau, die sexuell aufreizende Kleidung trägt, eher überfallen und vergewaltigt wird, also daß sie eher einen solchen Angriff provoziert und auch eher für diesen Angriff verantwortlich zu machen ist. Weiter wurden Vergewaltiger dann als weniger für ihr Verbrechen verantwortlich gehalten, wenn die Frau sexy Kleider trug. Trägt die Frau sexuell konservative Kleidung, wird dieser Zusammenhang nicht hergestellt. Diese Beziehung zwischen sexy Kleidung und Vergewaltigung unterstützt die Annahme, daß die Männer in unseren Kulturen Frauen, die sich sexuell attraktiv geben, als mögliche Objekte für männliche Aggression ansehen. Shotland und Goodstein (1983) zeigten ihren Probanden einen Videofilm, in denen sexuelle Gewalt angewendet wurde. Gewalt wird als Vergewaltigung erfahren, wenn die Frau erst spät und nur wenig zu protestieren beginnt. Der Mann wird verantwortlich gemacht, wenn es zu frühem Protest kommt und mehr Gewalt angewandt wird.

Soviel kann man festhalten: Es gibt eine »gewisse« gesellschaftliche Akzeptanz von Gewalt bei Verabredungen, die aber nicht für Vergewaltigungen durch Fremde gilt. Männer teilen eindeutig einen Mythos: »Frauen, die vergewaltigt werden, haben die Tat provoziert und damit auch verdient.« Sexuelle Gewalt ist zwar eine eindeutige Domäne der Männer, kommt aber, wenngleich seltener, auch durch Frauen vor. Wir müssen aber davon ausgehen, daß es zumindest in der Wahrnehmung gewisse gesellschaftliche Spielregeln gibt, die sich auf die Art des zwischengeschlechtlichen Umgangs beziehen.

Männer und Frauen nehmen Männer als diejenigen wahr, die ein größeres sexuelles Interesse haben – sie haben unterschiedliche Schwellenwerte für die Wahrnehmung sexuellen Interesses. Beide Geschlechter machen häufig Fehlinterpretationen, abhängig von ihrer Wahrnehmungsschwelle und der Emotionalität der Beteiligten. Beide Geschlechter können jedoch gut zwischen Verhaltensweisen des sexuellen Interesses und lediglich freundlichem Verhalten unterscheiden (Shotland und Craig, 1988). Sie identifizieren auch eindeutige Regeln, zum Beispiel, wie und wann Protest vorkommen muß, um von Vergewaltigung sprechen zu können.

Ein Faktor für die Eskalation zur Gewalt ist die in der Flirtphase typische Zweideutigkeit. Zwischen instrumentellem Gebrauch von Erreichbarkeitssignalen und männlichen Tendenzen zu Dominanz und Aggression scheint eine Grauzone des Verhaltens zu liegen, die nicht so einfach zu erhellen ist. Aggressionskontrolle ist demnach auch eines der wichtigsten Mittel des Flirts. Ein interessanter Punkt dabei ist, daß unsere moderne Massengesellschaft wohl mit zu den hohen Vergewaltigungsraten beiträgt. Der Verlust der sozialen Kontrolle in unseren Großstädten ist ein Faktor, der solchen Phänomenen ihre Existenz erleichtert.

Bei Vergewaltigungen gab es in Deutschland für 1990 eine Aufklärungsquote von 70 Prozent. Die durchschnittliche Aufklärungsquote in den 31 deutschen Städten über 200 000 Einwohner liegt dagegen nur bei 66 Prozent. Das Bindeglied zwischen Anonymität und geringen Wiederholungsraten von Interaktionen liefern Young und Thiessen (1991). Befragt man Männer, ob sie Gewalt gegenüber einer fremden Frau anwenden würden, so findet man eine direkte Abhängigkeit von der Wahrscheinlichkeit, dabei gefaßt zu werden. Wäre die Wahrscheinlichkeit, gefaßt zu werden, null, dann sagen immerhin fast 30 Prozent von 261 Männern aus, sie würden es tun. Bei einer sechzigprozentigen Chance, gefaßt zu werden, die den Aufklärungswahrscheinlichkeiten der Großstädte entspricht, sind es immerhin noch über 10 Prozent.

Nancy und Albert Thornhill (1983) versuchten eine evolutionäre Analyse der Vergewaltigung. Wenn Vergewaltigung auch wohl eines der am meisten verabscheuten Verbrechen in den meisten Kulturen ist, so soll uns das natürlich nicht davon abhalten, dies unter evolutionären Gesichtspunkten zu untersuchen. Ausgangspunkt dieser Untersuchungen sind Betrachtungen über alternative Handlungsstrategien, die der Mensch besitzt.

West-Eberhardt (1979) hat gezeigt, daß bei Strategien typischerweise ein situationsabhängiges Umschalten von einer Alternative auf eine andere vorkommt, sobald eine Alternative existiert, die in Reproduktionsbegriffen profitabler ist als andere.

Bei Menschen ist sozialer Status und das damit korrelierte Einkommen eine der wichtigsten Determinanten für fakultatives Umschalten zwischen Strategien im Bereich des Sexualverhaltens (Weinreich, 1977). Es ist eine direkte Abhängigkeit der Vergewaltigungshäufigkeiten vom sozialen Status der Täter zu erwarten, wenn Vergewaltigung und die Suche nach reproduktivem Einverständnis fakultative Reproduktionsstrategien sind.

Wenn es sich um eine fakultative Reproduktionsstrategie handelt, dann müßten Frauen im sogenannten maximalen oder optimalen Reproduktionsalter am häufigsten vergewaltigt werden (Thornhill und Thornhill, 1992). Das ist zumindest für die vorliegenden Daten aus den USA der Fall. Am häufigsten werden Frauen zwischen 18 und 28 Jahren vergewaltigt. Das heißt: Vergewaltigungen kommen dann vor, wenn die Fruchtbarkeit der Frau am höchsten ist.

Die zweite Vorhersage, die Thornhill und Thornhill machen, ist die, daß Männer am häufigsten dann eine Frau vergewaltigen, wenn sie selbst in dem Alter sind, in dem der Wettbewerb um Frauen am intensivsten ist. Das ist normalerweise im Alter vor der ersten Heirat. Männer werden sich solcher Verhaltenstaktiken häufiger bedienen als Frauen, da sie auch in einem schärferen Wettbewerb um Partner stehen.

Das Alter vor dem Eintritt in die Reproduktionsphase wird das Alter mit maximalem Wettbewerb für Männer sein. Das bedeutet aber auch, Männer werden versuchen, das Beste aus ihrer Situation zu machen, um sich zu reproduzieren. Wenn das nicht gelingt, werden sie bereitwilliger andere Taktiken annehmen als Frauen. In der Tat zeigen die Altersverteilungen unter den Vergewaltigern eine Überrepräsentation der Männer im Alter zwischen 18 und 30 Jahren.

Betrachten wir den sozialen Status des Vergewaltigers, dann zeigt sich eindeutig, daß der Täter von geringerem sozialen Status ist. Männer, die Schwierigkeiten haben, in der sozialen Leiter aufzusteigen, sind sehr viel häufiger Vergewaltiger als Männer, die sich im Wettbewerb des täglichen Lebens erfolgreicher durchsetzen können. Hier sehen wir auch den Beginn eines Paradoxons: Männer mit geringerem Status werden auf Grund ihres geringen Partnermarktwertes zu höheren Vorleistungen gezwungen. Aus Vorleistungen wird jedoch auch häufig ein »Recht« auf Sex abgeleitet (Shotland, 1992). Es ist demnach nicht nur eine Alternativstrategie – Vergewaltigung entsteht vielmehr direkt aus den Bedingungen des Werbeverhaltens. Die Konstruktion des Werbens um Partner ist so angelegt, daß es in manchen Fällen zur Vergewaltigung kommen muß.

Frauen mit geringerem Status laufen eine um 25mal höhere Gefahr, vergewaltigt zu werden, als Frauen mit hohem Status. Weiter ist es so, daß Vergewaltigungen in der Regel in der näheren Wohnumgebung des Vergewaltigers stattfinden.

Bemerkenswerterweise wissen Vergewaltiger um ihren geringen sozialen Status und darüber, daß sie im sozialen Wettkampf verloren haben, sehr gut Bescheid. Die Literatur zeigt, daß Vergewaltiger geringes Selbstvertrauen und wenige, schlecht ausgebildete soziale Beziehungen haben, daß sie weniger wettbewerbsorientiert, unabhängig und selbstmotiviert, weniger selbstsicher und dominant sind als Nichtvergewaltiger (Groth und Birnbaum, 1979). Das Täterprofil ist demnach eindeutig und entspricht der Vorhersage. Ob es sich tatsächlich um eine fakultative Reproduktionsstrategie handelt, erscheint fraglich.

Viel wichtiger ist die Frage: Was passiert nun wirklich mit dem Opfer? Die umfangreichste Studie wurde von McCahill et al. (1979) durchgeführt. Interessant ist, daß der Vergewaltiger von seinem Tun abgehalten wird, wenn die Kosten für ihn hoch gemacht werden. Starke physische Reaktionen, d. h. Zurückschlagen gegen den Vergewaltiger, bringt diesen in der Regel von seinem Tun ab. Hurs und Selkin (1974) fanden, daß in 79 Prozent von 165 beobachteten Vergewaltigungen das Opfer durch Schreien, Kämpfen und Rennen entkam. In den verbleibenden 35 Fällen wurde das Verbrechen in 16 Fällen durch Argumentieren mit dem Vergewaltiger verhindert.

Die Wahrscheinlichkeit, bei einer Vergewaltigung ermordet zu werden, ist gering. Insgesamt kann man feststellen, daß in etwa 18 Prozent der Fälle (Amir, 1971) Widerstand gegen Vergewaltiger geleistet wird. Nur 0,1 Prozent der Opfer werden auch ermordet (Holmstrom und Burgess, 1978).

Vergewaltigung ist auch ein Akt des brutalen Geschlechtsverkehrs.

In 83,4 Prozent der Fälle dringt der Vergewaltiger in sein Opfer ein. Eine sehr vorsichtige Schätzung von Schiff (1979) kommt zu dem Schluß, daß es bei etwa 50 Prozent zur Ejakulation in der Vagina des Opfers kommt. Die Annahme, daß es sich bei Vergewaltigungen um eine fakultative Reproduktionsstrategie handelt, wird damit etwas wahrscheinlicher. Wie bereits gesagt, kann dies aber nie eine Entschuldigung oder Rechtfertigungsstrategie sein.

An diesem Punkt im Reproduktionsprozeß liegt eine eindeutige Diskrepanz zwischen den Geschlechtern vor, die eklatanter ist als die im »Kampf der Geschlechter« beschriebenen Verhaltenstendenzen.

Ebenso wie Männer stärker und leichter bereits durch visuelle Stimulation erregbar sind, haben sie auch eine höhere Empfänglichkeit gegenüber Vergewaltigungsszenen (Malamuth et al., 1990a, b). Die hier durchgeführten Experimente zeigen, daß männliche Sexualität im Gegensatz zur weiblichen Sexualität eine durchaus erkennbare Gewaltkomponente enthält.

In dieser Untersuchung wurde gemessen, ob Vergewaltigungsszenen Männer und Frauen gleichermaßen erregten. Es ergab sich, daß Männer und Frauen von Vergewaltigungsszenen in Filmen weniger erregt werden als von Filmszenen, bei denen beide Partner mit dem Geschlechtsverkehr einverstanden waren. Sobald jedoch das Vergewaltigungsopfer, wenn auch unfreiwillig, Anzeichen von Orgasmus zeigte, wurden diese Gewaltszenen genauso erregend beurteilt wie die Szenen mit Sex aus beiderseitigem Einverständnis.

Erstaunlicherweise konnten Malamuth et al. (1990a, b) belegen, daß weibliche Versuchspersonen am meisten erregt wurden, wenn das Vergewaltigungsopfer einen Orgasmus erlebte und keinen Schmerz, daß Männer dagegen am stärksten erregt wurden, wenn das Vergewaltigungsopfer einen Orgasmus und zugleich Schmerz erlebte. Männer und Frauen produzieren also an Vergewaltigung gekoppelte Erregungsphantasien. Zwischen Sexualität und Gewalt steht also nur eine sehr dünne Wand.

Shields und Shields (1983) verfolgen ähnliche Ideen wie Thornhill und Thornhill (1992). Sie gehen davon aus, daß es verschiedene Reproduktionsstrategien gibt, die aus ehrlichem Werbeverhalten, Verführung, Täuschung und Vergewaltigung bestehen. Jede dieser Möglichkeiten hat Kosten und Nutzen, die sich in bezug auf inklusive Fitneß messen lassen. Diese Autoren schlagen vor, daß im Prinzip jeder Mann vergewaltigen wird, wenn der Nutzen aus der Vergewaltigung höher ist als die Kosten. Das geschieht, obwohl Vergewaltigung nur sehr geringen Nutzen und sehr hohe Kosten hat, vergleicht man sie mit anderen Alternativen.

Diese Ergebnisse müssen nachdenklich stimmen. Sexualität und Gewalt scheinen eine enge Koppelung einzugehen. Das rechtfertigt natürlich Gewalt in keiner Weise. Eibl-Eibesfeldt (1990) könnte damit recht haben, daß Dominanz und Sexualität sehr stark gekoppelt sind und bereits vor der Fähigkeit zur Liebe entwickelt wurden.

Wie wir aus diesen Ergebnissen sehen können, existiert eine Tendenz zur Gewalt, wenn:

(1) in der Aushandlung der tatsächlichen Beziehung zwischen den beiden Partnern Fehler unterlaufen, wobei bezüglich der Fehlerproduktion im Signalbereich und in der Wahrnehmung keines der beiden Geschlechter direkt auszuschließen ist. Die tatsächlichen Intentionen werden nicht klargemacht, und die Kontaktaufnahme verläßt die Ebene der Zweideutigkeit nicht. Männer sind aber eher diejenigen, die Gewalt als Mittel einsetzen. Gewalt in sexuellen Beziehungen ist deshalb ein männliches Phänomen;
(2) auf Grund sexökonomischer Bedingungen Vorleistungen erbracht werden;
(3) sexuelle Signale falsch eingesetzt werden und Intentionen implizieren, die nicht vorhanden sind;
(4) hinreichende soziale Kontrolle fehlt, die sich auch in der Sozialisation der am Ereignis Beteiligten bemerkbar machen kann;
(5) direkte Anonymität garantiert scheint, d. h. der Vergewaltiger mit relativ geringem Risiko rechnen muß. Dies ist ein direktes Ergebnis der hochverdichteten Massengesellschaft in urbanen Ballungsräumen;
(6) wenn inhärente Systementscheidungen des Menschen eine Rolle spielen. Strategien werden fakultativ nach deren Kosten und Nutzen ausgewählt – wenn die Kosten gering sind und der Nutzen hoch ist, schalten Männer auf Grund ihrer Dispositionen eher auf Gewaltstrategien um.

Die Problematik des »date-rape« ist deshalb bereits in den Strategien der Kontaktaufnahme angelegt, doch sind diese Ursachen keinesfalls eine Entschuldigungsmöglichkeit. Vergewaltigungen auf dieser Ebene können nur verhindert werden, wenn sich beide Partner explizit verhalten und ihre Zustimmung oder Ablehnung direkt kommunizieren. Eindeutiges Signalisieren wird aber durch kulturelle Regeln beschränkt – denn man drückt Ablehnung nicht direkt aus. An der Entstehung von Situationen, in denen es zur Vergewaltigung kommen kann, sind oft beide Geschlechter beteiligt. Die asymmetrische Verteilung des Partnermarktwertes, das von den Männern Vorleistungsverhalten erzwingt, tut ihr übriges. Flirts und Kontaktaufnahmen sind auf Grund des dabei vorhandenen Risikos zweideutig. Notwendig scheint also eine direkte kulturelle Regelung des Geschehens. Im Angesicht des Zweideutigkeitsphänomens des Flirts scheint dies eine fast unlösbare Aufgabe, die letztlich direkt von der Durchsetzbarkeit von sozialen Normen in einer Massengesellschaft abhängt. Die Problematik der Vergewaltigung durch Fremde hat andere Wurzeln – es ist nicht so, daß eine von Männern und Frauen diese Rollen und Verhaltensweisen anerzieht. Es ist eher so, daß wir langsam aber sicher die soziale Kontrolle verlieren.

Die Bindungsphase: Liebe

In der fünften und letzten Phase wird schließlich die Kopulation vollzogen. Hiernach ist eine starke Veränderung innerhalb der Beziehung zu verzeichnen; es kommt nach der Kopulation zu einer sozialen Distanzierung. Die für das Werbeverhalten typischen Verhaltensweisen verringern sich schlagartig.

Das Werbeverhalten scheint sich demnach lediglich in dem Zeitraum zwischen dem ersten Kontakt und der Kopulation zu ereignen. An diesem Punkt werden andere Phänomene wichtig: Bindung, gegenseitiges Verständnis und Kooperation sind für die erfolgreiche Aufzucht des Nachwuchses nötig.

Das Phänomen »Liebe, Anziehungskraft« wurde lange Zeit weitgehend beschreibend behandelt, wie etwa die Fragestellung, welche Kriterien innerhalb einer Partnerschaft für den Grad der Intimität zuständig sind. Eine Beziehung sollte auch hinsichtlich der Umstände ihres Beginns betrachtet werden, was natürlich auch Probleme aufwirft: Vergangenes läßt sich wesentlich schwerer erfassen als das gegenwärtige Geschehen.

Waller (1937) war der erste, der die Partnerwahl unter dem Blickwinkel eines zwischenmenschlichen Prozesses beschrieb. Nach Waller tendieren die Partner dazu, sich während der Werbephase gegenseitig zu idealisieren und sich damit von der Realität zu entfernen. Die Beziehung wird durch Idealisierung vertieft und eher von rein individuellen Bedürfnissen heraus beeinflußt, als von globalen Bedürfnissen, die man Männern und Frauen allgemein unterstellt. Diese Auffassung widerspricht weitgehend biologischen Forderungen. Es müssen globale Bedürfnisse vorhanden sein, und zwar solche, die eine erfolgreiche Aufzucht des Nachwuchses gewährleisten.

Beschreibbar sind nun sehr spezifische Wege zur Liebe. Huston et al. (1981) entwerfen aus den Aussagen von Männern und Frauen eine Typologie des Werbeverhaltens, und zwar davon ausgehend, wie sie die Entwicklung ihrer Beziehung sahen, angefangen vom ersten Treffen bis hin zur Hochzeit.

Während der ersten Phase der Entwicklung empfanden die Männer mehr Liebe für ihre Partnerinnen als umgekehrt. Darüber hinaus strebten sie wesentlich schneller die Phase des »ernsten Treffens« an. Der Interessenkonflikt zwischen Männern und Frauen, der während des Werbens vorhanden ist, kommt auch in den Gefühlsunterschieden zwischen den Geschlechtern zum Ausdruck. Männer binden sich noch immer schneller als Frauen.

Später geht es dann aber in der Beziehung mehr um ihre Aufrechterhaltung. In unseren biologischen Theorien erscheint dies an dieser Stelle durchaus sinnvoll, da jeder Investment geleistet hat. Davon sollten vor allem die Frauen betroffen sein, da jetzt auch alle anderen gewählt haben und die Männer, die noch auf dem Markt sind, wesentlich geringere Qualitäten besitzen können. Dies kann sogar so weit führen, daß Gefühle keine Rolle mehr spielen. In der Tat versuchen Frauen nun oft, die Beziehung um jeden Preis aufrechtzuerhalten. Das Bemühen zur Aufrechterhaltung der Beziehung steht insgesamt mehr an deren Anfang, verbunden mit dem Grad der Zuneigung.

Des weiteren wurde deutlich, daß zwar eine Idealisierung des Partners während der ersten Zeit der Werbephase stattfindet; man konnte jedoch auch darauf hinweisen, daß die Frau während dieser Zeit in der Regel skeptischer und abwartender als der Mann ist. Man kann hier einen Bogen zu den biologischen Theorien über die Werbephase schlagen. Skeptik und abwartendes Verhalten ist eine Testphase für das Verhalten der Männer – deren Tendenzen müssen klar zu erkennen sein. Denn im Hintergrund lauert noch immer der Dämon des möglichen Betrugs – welcher der Frau die Investmentkapazitäten des Mannes entziehen kann.

Kommt es dann zur Bindung, dann stellt sich die Frage, wodurch sich »Liebe« auszeichnet und wie sie sich von anderen Beziehungsformen unterscheidet. Huston und Burgess (1979) versuchten zu klären, durch welche charakteristischen Merkmale sich oberflächliche Freundschaften von intimeren Beziehungen unterscheiden.

Es besteht kein Zweifel, daß die meisten engeren Beziehungen von gleichen Interessen und Austausch geprägt sind. So ist ein Kennzeichen von Liebe nach Cunningham und Antill (1981), daß sowohl Freude als auch Leid mit dem anderen geteilt werden.

Als Konsequenz ist anzuführen, daß die Partner sich gegenseitig gleichrangig setzen müssen. Aus diesem Grund dürfte die anfängliche Interaktion unter dem Blickwinkel gesehen werden, daß die Interaktionspartner nach einer Bestätigung einer etwaigen Gleichheit suchen. Dieses Gefühl der Einigkeit, der Solidarität oder Identifikation mit dem anderen ist somit ein maßgebliches Kriterium für die Definition von Liebe.

Lee (1974) unterscheidet sechs verschiedene Formen von Liebe:
1. Agape (Anziehungskraft auf Grund von Charaktereigenschaften),
2. Eros (erotische Liebe),
3. Ludus (Liebe als Spiel, bei dem es gilt, möglichst viele Hindernisse beiseite zu räumen),
4. Mania – (ist die krankhaft besitzergreifende Form der Liebe),
5. Pragma – (ist die »sensible« Liebe, deren oberstes Ziel die ausgeglichene Beziehung beinhaltet),
6. Storge – (partnerschaftliche Form der Liebe).

Romantische Liebe wurde erfragt durch Stellungnahmen zu einer Reihe von Fragen wie etwa: »Liebende sind es sich schuldig, auch gegen den Wunsch der Eltern zu heiraten.« Dieser »Romeo und Julia-Effekt« ist auch heute noch weit verbreitet. Driscoll et al. (1972) zeigten, daß Paare sich noch stärker verlieben, wenn die Eltern darauf drängen, daß das Paar sich trennt.

Obwohl elterliche Einmischung die romantische Liebe zwischen einem Paar verstärkt, korreliert die elterliche Einmischung mit abnehmendem Vertrauen, erhöhter kritischer Betrachtung des Partners und einer erhöhten Frequenz von negativem Verhalten gegenüber dem Partner. Das heißt: Obwohl es zu einer stärkeren Bindung kommt, wird das Verhältnis gegenüber dem Partner kritischer.

Auffälligerweise tendieren Männer mehr zur Romantisierung der Liebe als die Frauen (Cunningham und Antill, 1981). Im weiteren Verlauf der Beziehung ändert sich dies. Bei Ehepaaren verhält sich diese Tendenz genau entgegengesetzt. Diesen beiden Tendenzen wollen wir weiter folgen, da sich hier wiederum die geschlechtsspezifischen, biologisch begründbaren Verhaltenstendenzen und Konflikte abzeichnen.

Frauen sehen die Liebe also anscheinend weniger romantisch als Männer. Das kann laut Kanin et al. (1970) daran liegen, daß Männer sich vom anderen Geschlecht mehr angezogen fühlen, sich häufiger verlieben und das Verliebtsein zudem als eher ausschlaggebenden Grund für den Beginn einer Beziehung bewerten (Hill et al., 1976). Männer müssen sich schnell binden, wenn sie sich einmal entschlossen haben zu investieren, denn nur so können sie auch ihren Anspruch durchsetzen, der einzige zu sein. Eine emotionale Bindung hilft dabei, zum Beispiel Bewachungsverhalten zu erzeugen und immer in der Nähe des »Liebesobjekts« zu bleiben.

Frauen verlieben sich aber nicht nur schwerer als Männer, sie beenden die Beziehung auch eher (Cunningham und Antill, 1981). Sind Frauen aber einmal verliebt, tendieren sie mehr zur Offenbarung ihrer Gefühle als Männer (Rubin, 1970), haben größere Konzentrationsschwierigkeiten und sind euphorischer, kurz: sie zeigen sich engagierter.

Diese Tatsache führt die Frauen wiederum in eine Zwickmühle. McCornack und Parks (1986) stellten die Hypothese auf, daß sich in entwickelnden Beziehungen romantisch verliebter Paare mit der Zeit bei den Partnern Vertrauen in den anderen entwickelt. Es wird angenommen, der andere »lüge« nicht. Dieses Wahrheitsvorurteil hat negative Konsequenzen für die Fähigkeit, Täuschung zu entdecken. Levine und McCornack (1991) testeten dies an romantisch verliebten Paaren und fanden tatsächlich solche Effekte. Liebe schafft Vertrauen und erleichtert gleichzeitig Betrug. Sabatelli et al. (1980) zeigten, daß auch Paare, die häufiger zusammen sind, ihre gegenseitigen nicht-sprachlichen Zeichen nicht besser lesen können als andere. Das einzige, was man findet, ist, daß Frauen die besseren Sender nicht-sprachlicher Zeichen sind als Männer. Wenn man das Engagement bei den hier untersuchten Paaren vergleicht, so erkennt man, daß Männer angeben, sie würden ihre Partnerinnen mehr lieben als sie, und daß sie eher ihre Partnerin heiraten würden als umgekehrt. Obwohl Rubin (1970) angibt, daß verliebte Paare mehr Zeit verbringen, einander ins Gesicht zu schauen, ist es wohl nicht so, daß sie gleichzeitig eine bessere Fähigkeit erlangen, die nicht-sprachlichen Zeichen ihres Partners zu entschlüsseln. Liebe hat deshalb bereits von Anfang an eine Möglichkeit zum Betrug mit eingebaut. Liebe macht blind.

Zusammenfassend läßt sich sagen, daß alleinstehende Männer die Liebe mehr unter dem romantischen Aspekt sehen als alleinstehende

Frauen, daß sich jedoch im Laufe der Ehe das Ganze wendet. Ein Grund hierfür ist die Tatsache, daß die Frau, insbesondere bei bestehendem Kinderwunsch, auf die Zuverlässigkeit und den ökonomischen Status des Mannes angewiesen ist und in dem Moment der Abhängigkeit ihre Liebe idealisiert.

Faßt man diese Erkenntnisse zusammen, so gelangt man zu der Auffassung, daß Frauen bezüglich ihrer Partnerwahl abwartender, realistischer einschätzend und kritischer sind. Bereits die Grundeinstellung zum Beginn einer Liebesbeziehung birgt einen deutlichen Geschlechtsunterschied in sich. Dieser Geschlechtsunterschied entspricht der biologischen Forderung, daß Frauen kritischer bei der Wahl ihrer Partner sein müssen als Männer.

Den meist etwas wirren Annäherungen an das Thema Liebe stehen die pragmatisch-biologischen Theorien gegenüber. Wir wissen, daß Männer und Frauen unterschiedliche, asymmetrische Partnerwahlstrategien besitzen. Buss (1988) geht davon aus, daß, wenn sich Liebe entwickelt hat, um den Aufgaben der Reproduktion zu genügen, ihre Effekte auch im Beziehungsverhalten wiederzufinden sein müssen. Diese Effekte sind das Darstellen von Ressourcen und relativer Beziehungsexklusivität, zum Beispiel bindendes Verhalten in Beziehungen, sexuelle Intimität, Reproduktion, Ressourcenteilung und elterliches Investment. Viele dieser Sequenzen von Verhalten können Geschlechtsunterschiede beinhalten, weil es in den Reproduktionsstrategien unterschiedliche Geschlechterpräferenzen gibt. Die mehr ludische, spielerische Haltung der jungen Männer sollte im Durchschnitt zu mehr sexuellen Verbindungen der Männer führen und dadurch ihren reproduktiven Erfolg erhöhen. Eine mehr pragmatische Orientierung zur Liebe durch junge Mädchen sollte im Durchnitt ihren reproduktiven Erfolg erhöhen, weil sie dadurch wählerisch werden und sich den besten Partner aussuchen.

In einer Untersuchung von unverheirateten Studenten, die den von Hendrick und Hendrick (1991) entwickelten Fragebogen beantworteten, fand man heraus, daß Frauen tatsächlich eher Nähe und Praktikabilität bevorzugten als Männer.

Beschreibungen allein genügen jedoch nicht. Hendrick und Hendrick versuchten herauszufinden, welche dieser Grundhaltungen in Liebesdingen auch Vorhersagen für die Zufriedenheit in Beziehungen machen konnten. Leidenschaft und Nähe sind die besten Parameter.

Menschen, die eine Liebesorientierung in Richtung Leidenschaft und Nähe besitzen, führen in der Regel bessere Beziehungen als Menschen, die diese nicht besitzen. Die Studie konnte auch zeigen, daß die Dauer einer Beziehung sich wesentlich auf die Liebeseinstellungen auswirkt. Untersuchungspersonen, die bereits länger als ein Jahr verliebt waren, waren am leidenschaftlichsten.

Schwierigkeiten in Beziehungen treten auf, wenn einer der Partner eine manische Liebeshaltung entwickelt. Hendrick und Hendrick (1991) gehen deshalb davon aus, daß die Liebe eine adaptive evolutionäre Funktion besitzt. Geschlechtsunterschiede in den Liebeshaltungen, Zufriedenheit in der Beziehung und der Zusammenhang mit mehreren biographischen Faktoren in Beziehungen waren alle konsistent mit dem, was evolutionäre Thesen voraussagen. Ein differentielles elterliches Investmentmodell, wie wir es hier vorgestellt haben, sagt unterschiedliche Reproduktionsstrategien für Männer und Frauen vorher. Frauen müssen notwendigerweise ihre Aufmerksamkeit auf eine relativ kleine Anzahl von Nachwuchs begrenzen. Männer können ihre Gene weiter in die Zukunft schieben, indem sie eine große Anzahl von Frauen befruchten. Bevor man einen andauernden Partner gefunden hat, müssen unterschiedliche Werbeverhaltensstrategien für Männer und Frauen auftreten. Wenn das Verliebtsein der erste bindende »Leim« einer Beziehung ist, dann sollten sich junge Männer häufiger verlieben als junge Mädchen. Das findet man tatsächlich. Nur 19 Prozent der Mädchen waren mehr als zwei- oder dreimal verliebt, aber 30 Prozent aller jungen Männer waren in dieser Kategorie. Noch direkter: Obwohl die Mehrheit der beiden Geschlechter sexuelle Erfahrung besaß (79 Prozent aller Frauen, 91 Prozent aller Männer), gaben 18 Prozent der Männer, aber nur 9 Prozent der Frauen an, daß sie vier oder mehr vorherige sexuelle Beziehungen zu einem Partner gehabt hätten. Junge Männer bewegen sich also in Richtung sexueller Erfahrung mit einer größeren Varianz, und zwar häufiger, als das Frauen tun, genauso, wie es das differentielle Investment-Modell vorhersagt.

Man kann auch aufzeigen, wie sich Liebesbeziehungen entwickeln. Die ursprüngliche Entwicklung einer Liebesbeziehung wird durch Leidenschaft und Nähe angetrieben. Dabei tut sich die Mania im Hintergrund als »verrückter Spieler« wichtig. Wenn die Beziehung aufgebaut wird, muß sich das Paar binden, um die Klippen des Aufziehens des Nachwuchses sicher umschiffen zu können. Nach der Reproduktion müßte sich die Praktikabilität durchsetzen, da sie hilft, die Beziehung zusammenzukitten. Starke Leidenschaft kann für Sozialbeziehungen schädlich sein. Deshalb sollte eine gereifte Beziehung einen geringeren Anteil an Leidenschaft haben, was letztlich eine Voraussetzung wäre für die Lösung gemeinsamer Beziehungsaufgaben. Dies gilt aber nur, wenn Leidenschaft blind macht. Aber Leidenschaft ist auch ein bindender Mechanismus. Deshalb muß eine optimale Beziehung bis zu einem gewissen Grad leidenschaftlich sein.

Wie entsteht nun Liebe? Walster (1971) und Berscheid und Walster (1974b) entwarfen eine Zwei-Faktoren-Theorie, um die Entwicklung von leidenschaftlicher Liebe oder intensiver sexuell romantischer Anziehung zu einer anderen Person zu erklären. Sie argumentierten, daß hohe Erregung unabhängig von ihrer Ursache leidenschaftliche Liebe produzieren kann, solange diese Erregung einer Leidenschaft zugeschrieben wird.

Im Einklang mit der Zwei-Faktoren-Theorie der Emotionen wird leidenschaftliche Liebe als eine Kombination von Erregung und einer Zuschreibung dieser Erregung gesehen. Wenn situative Merkmale vorhanden sind, die eine Erregung der sexuellen Leidenschaft zuschreiben lassen, wird die resultierende Emotion der Person Leidenschaft. Es kann an dieser Stelle unter Umständen auch zu einer falschen Zuschreibung kommen. Dutton und Aron (1974) zeigten in drei Studien, in denen Erregung entweder natürlich oder experimentell hervorgerufen wurde (durch die Höhe von Fußgängerbrücken oder den Grad eines erhaltenen elektrischen Schocks), daß Zuschreibungen durch die Anwesenheit oder Abwesenheit einer attraktiven Frau manipuliert werden können.

Unspezifisch erregte männliche Versuchspersonen zeigten in Gegenwart einer Frau stärkere sexuelle Vorstellungen und fanden eine ihnen »zufällig« vorgestellte Frau attraktiver als nicht erregte Versuchspersonen.

Kenrick und Cialdini (1977) stellten allerdings klar, daß diese Studien eine ganze Reihe von methodologischen Schwächen aufweisen. Die Replikationsrate der Studien ist äußerst gering.

In einer Studie von White et al. (1981) wurde die Erregung der männlichen Versuchspersonen durch körperliche Übungen angehoben. Sie mußten auf einem Laufband für 120 Sekunden rennen. Auf diese Art erregte Versuchspersonen mochten eine attraktive Frau mehr und eine unattraktive Frau weniger als die »Kontrollpersonen«.

Es ist anscheinend völlig egal, woher die Erregung kommt. Zeigt man den Versuchspersonen ein humorvolles Videoband, dann hat dies die gleiche Wirkung wie körperliche Bewegung.

Erregung also, gleich wie sie erzeugt wird, führt dazu, daß eine Frau von Männern stärker begehrt wird. Die Männer schreiben jede Art von Erregung der Wirkung der Frau zu. Interessanterweise erhöht Erregung in diesen Experimenten auch den Grad der Aufmerksamkeit, mit der die Zielperson betrachtet wird. Erregte Männer, unabhängig von der Art der Erregung oder vom Grad der Attraktivität der ihnen vorgestellten Frau, sagten aus, daß sie mehr über das persönliche Erscheinungsbild der Partnerin und über das, was sie sagte und tat, nachgedacht hätten.

Durch Erregung modifizierte Attraktivitätswahrnehmung (auch durch visuelle Stimuli) ist damit der erste Schritt zur romantischen Liebe. Wie wir gesehen haben, gibt es genügend Hinweise auf einen starken Zusammenhang zwischen physischer Attraktivität und Einschätzungsphänomenen beim ersten Treffen. Man weiß aber nicht, inwieweit physische Attraktivität eine wichtige Determinante in länger dauernden Beziehungen ist. In einem Modell über die Rolle der Attraktivität in der Partnerwahl gilt vor allem, wie wir gezeigt haben, die sogenannte Gleichheitshypothese. Man findet jedoch einen etwas paradoxen Zustand, den die Sexökonomie durchaus vorhersagt: (a) Individuen suchen sich Partner bzw. ziehen Partner vor, die etwa den gleichen sozialen »Wert« besitzen, und (b) Individuen versuchen gleichzeitig Partner zu finden, die etwas wünschenswerter und attraktiver sind als sie selber.

Deshalb ist es natürlich klar, daß die Auswahl eines Partners ein delikater Kompromiß zwischen der Selbstwahrnehmung ist – d. h., was man kriegen kann oder was man verdient – und der Suche nach dem Idealpartner. Folglich dürfte ein absolutes Maß an Attraktivität die »Liebe« nicht beeinflussen.

Die Untersuchung von Critelli und Waid (1980) zeigt, daß Attraktivität tatsächlich keine Voraussetzung für romantische Liebe ist. Bei 123 Paaren spielte die Attraktivität des Partners für die Beurteilung des Verliebtseins keine Rolle. Es war aber so, daß Leute, die ihre Partner für attraktiver als sie selbst einschätzten, ihre Partner mehr liebten, daß sie gleichzeitig unterwürfiger waren und dem attraktiveren Partner eine dominantere Rolle zuerkannten.

Für die sich entwickelnde Beziehung scheint also die Tatsache der Attraktivitätsunterschiede eine größere Rolle zu spielen als der tatsächliche Grad der Attraktivität. Physisch attraktivere Leute lieben ihre Partner nicht mehr und nicht weniger als physisch unattraktive Leute. Deshalb, obwohl Attraktivität eine wichtige Rolle in der Partnerwahl und ursprünglicher Anziehung spielt, scheint sie für die Fortdauer einer Beziehung eine geringere Bedeutung zu haben.

In sehr spekulativen Theorien hat Liebowitz (1983) das Phänomen »Liebe« mit hirnchemischen Vorgängen in Zusammenhang gebracht. Er geht davon aus, daß zunächst eine unspezifische Erregung durch amphetaminähnliche Stoffe erzeugt wird. Im Verdacht, solche Erregungszustände hervorzurufen, steht PEA (Phenyläthylamin, ein dem Adrenalin ähnlicher Stoff). Nach dieser Hypothese wird unser Körper mit Dopamin und Norepinephrin überflutet, sobald wir jemanden sehen, der unserem »Ideal« entspricht. Erst später wandelt sich diese unspezifische Erregung in eine dauernde Bindung, in der durch körpereigene Morphine (Endorphine) Abhängigkeit erzeugt werden soll.

Ein Beispiel aus der Physiologie, um dies zu verdeutlichen: Meerschweinchen, denen narkotische Blocker gegeben werden, wodurch die Möglichkeiten der hirneigenen Morphine, sich an ihre Rezeptoren anzudocken, eingeschränkt werden, weinen mehr und zeigen höhere Trennungsangst als Kontrolltiere, die von ihrer Mutter oder ihren Geschwistern getrennt werden.

Solche hochspekulativen Vermutungen werden durch die physischen Symptome des Liebeskummers untermauert.

»Süchtig nach Liebe« könnte das Hauptthema des Liebeskummers sein, eine Erfahrung, die wohl jeder gemacht hat. Tennov (1979) zeigt in ihren Analysen des »amour fou«, von ihr »limerence« genannt, Erstaunliches auf. Limerence tritt auf, wenn eine Person auf einmal glaubt, nur eine bestimmte andere Person könnte ihren leidenschaftlichen Wunsch nach Liebe erfüllen, dieses Bedürfnis aber nicht erfüllt wird. Die begehrte Person wird dann im weiteren positiv überstilisiert, und das unerfüllte Verlangen nach ihr führt letztlich zu einer ganzen Reihe von physiologischen und sozialen Konsequenzen. Die Konsequenzen reichen von sozialer Apathie bis zur Hyperaktivität, von Nahrungsverweigerung bis zur übermäßigen Nahrungsaufnahme. Sogar die Kaufschwellen für Kosmetika und andere Konsumgüter werden herabgesetzt. Prinzipiell kommt dies bei beiden Geschlechtern unabhängig vom Alter vor. Ein Hauptgeschlechtsunterschied liegt jedoch darin, daß Männer sexuelle Anziehung und Limerence trennen, Frauen hingegen dies nicht tun. Frauen verbinden beide Gefühle.

Eine einfache Erklärung dieses Phänomens wäre, daß durch den visuellen Reiz (der Anwesenheit des Partners) Erregung erzeugt wird – fehlende Erregung setzt dann Suchtverhalten in Gang. Dies wird durch physiologische Mechanismen so gesteuert, daß sich die Wahrnehmungsprozesse völlig auf die Zielperson einengen. Unspezifische Erregung verstärkt diesen Effekt. Investment soll nicht verloren gehen.

Inwieweit lassen nun erste Begegnungen Aussagen über die weitere Entwicklung zu? Berg und McQuinn (1986) zeigten, daß Nähe, Ähnlichkeit und Attraktivität eine stabile liebevolle Beziehung garantieren.

Die proximate Funktion der Liebe ist demnach die Aufrechterhaltung von Nähe und damit auch die Kontrolle des Partners. Die physische Attraktivität verliert ihre Bedeutung und scheint nur anfänglich eine Rolle zu spielen, indem sie den Partnermarktwert bestimmt und gleichzeitig einen visuellen Reiz bildet, der unspezifische Erregung hervorruft, die dann in »Liebe« umgesetzt werden kann. Das ultimate Erklärungsprinzip liegt im Erfolg der Bindung für den Nachwuchs.

Partnerwahl: Wunsch und Wirklichkeit

Mit dem bis zu diesem Punkt vermittelten Wissen werden auch die Prinzipien der Partnerwahl verständlich: Frauen sollten Partner wählen, die bereit sind, in den Nachwuchs zu investieren, und dies auch können. Männer sollten bestrebt sein, Partnerinnen zu wählen, die »guten« Nachwuchs versprechen.

»Gleich zu gleich gesellt sich gern« ist das Wahlprinzip. Gleichheit in möglichst vielen Faktoren (positives assortatives Wahlprinzip) garantiert anscheinend langdauernde, stabile und glückliche Beziehungen. Das Problem ist aber zweischneidig: Besteht die Gleichheit bereits vor der Paarfindung oder entsteht sie erst nachher? Das heißt, eine der Fähigkeiten, die in der Partnerwahl eine Rolle spielen könnte, wäre die Anpassungsfähigkeit aneinander. Craddock (1991) liefert dazu einen wichtigen Hinweis. Auch für die Anpassungsfähigkeit an andere Personen spielt Gleichheit eine Rolle. Paare, die sich in der Anpassungsfähigkeit an ihren Partner entsprachen, waren zufriedener in allen untersuchten Dimensionen. Wer sehr ähnlich in der Anpassungsfähigkeit ist, kann auf Gleichheit verzichten – denn er kann sie sich schaffen.

»Gleich zu gleich gesellt sich gern«

Die beiden häufigsten Formen der nicht-zufälligen Partnerwahl im Tierreich sind positives und negatives Verpaaren. Positive assortative Wahl ist eine Partnerwahl, die auf Merkmalsähnlichkeit basiert, während negative assortative Partnerwahl auf der Gegensätzlichkeit der Merkmale beruht. Homogamie ist ein anderer Begriff, der für positive assortative Partnerwahl benutzt wird. Heterogamie entspricht der Tendenz, sich möglichst unähnliche Partner zu suchen.

Seit Beginn der Partnerwahlforschung zeigt es sich, daß das positive assortative Wahlprinzip auch beim Menschen gilt. Die charakterspezifische Auswahl kann positiv (homogam) oder negativ (heterogam) ausfallen, erstere überwiegt jedoch beim Menschen (Eckland, 1968; Thiessen und Gregg, 1980). Abgesehen vom Geschlecht gibt es keine replizierbare Ausnahme vom positiven Gleichheitsgrundsatz im Wahlprinzip (Buss und Barnes, 1986). Burgess und Wallin stellten bereits 1949 fest, daß es keine statistisch belegten Hinweise für ein negatives assortatives Verpaaren (»Gegensätze ziehen sich an«) gibt.

Bei der Partnerwahl gibt es aber ein Entwicklungsprinzip. Obwohl, wie wir gesehen haben, Leute sich relativ schnell entscheiden können, ist der Weg bis zur endgültigen Verpaarung lang – dieses Ergebnis spricht für einen Anpassungsprozeß, in dem Homogamie erst ausgehandelt wird. Surra (1985) fand vier unterschiedliche Typen des Werbeverhaltens: Paare, die sehr schnell heiraten, und Paare, bei denen dies länger dauert. Das Kriterium zur Unterscheidung ist die Dauer bis zur Heirat. Beim Typ (1) kommt es schnell zur Heirat, und zwar innerhalb von etwa 13,4 Monaten. Der Typ (2) braucht etwas länger (13,6 Monate), zeichnet sich aber durch eine Pause in der Entwicklung aus. Der Typ (3) ist von mittlerer Dauer (28 Monate), und der länger andauernde Typ (4) braucht am längsten (64 Monate), bis die Partner sich verheiraten (Surra, 1985). Vergleicht man die verschiedenen Typen in ihrem Werbeverhalten, so findet man heraus, daß die Partner sich miteinander im Laufe der Zeit immer stärker aus ihren sozialen Netzen zurückziehen. Dabei wird deutlich, daß die Paare der beiden beschleunigten Formen des Werbeverhaltens stärker voneinander abhängig sind als die beiden anderen Formen.

Die beiden beschleunigten Formen zeichnen sich zudem dadurch aus, daß beide Partner sehr oft stereotype weibliche Aktivitäten zusammen durchführen. Für die beiden verlängerten Formen des Werbeverhaltens ist typisch, daß dort sehr oft stereotype männliche Aktivitäten vom Mann allein durchgeführt werden.

Der Grad an Hingabe und das Eingehen auf den anderen bestimmt die Geschwindigkeit der Entwicklung.

Versuche, Belege für sich bei den Partnern ergänzende Merkmale zu finden, gibt es immer wieder. Pilkington et al. (1991) untersuchen

Beziehungen auf Gleichheit und Ergänzung von Persönlichkeits- und Leistungsmerkmalen. Resultat war, wie bei anderen Analysen zuvor, eine hohe Ähnlichkeit in der Relevanz bestimmter Aktivitäten. Und: Je höher diese Ähnlichkeit war, um so stärker waren die beiden Partner ineinander verliebt. Gleich zu gleich gesellt sich gern, scheint in der Tat ein herausragendes und stabiles Prinzip zu sein.

Zu überprüfen wäre also, inwieweit Homogamie durch aktive Wahl erzeugt wird, oder ob Gleichheit durch Anpassungsprozesse entsteht. Diese Erklärungsmöglichkeiten betreffen nur Persönlichkeitsmerkmale – körperliche Merkmale lassen sich nur schwer angleichen.

Wenn Homogamie durch aktive Wahl entsteht, gibt es zwei Möglichkeiten. Einmal können auf unmittelbarer Ebene Heiratsmarktgesetze und Sexökonomie für assortatives Verpaaren verantwortlich sein, deren adaptive Funktion durch maximale Anpassungen an den Reproduktionserfolg gegeben ist. Andererseits könnte es auf unmittelbarer Ebene aktive Suchstrategien geben, die durch die Möglichkeiten, die inklusive Fitneß zu erhöhen, entstehen. Solche aktiven Suchprozesse, die auf Gleichheit ausgerichtet sind, haben wir bei der Analyse der Partnerwahlkriterien jedoch nicht gefunden.

Das Ähnlichkeitsprinzip

Herkunft und räumliche Nähe

Clarke (1952) hielt nach einer Studie in Columbus (Ohio, USA) fest, daß über die Hälfte der Erwachsenen, die in dieser Stadt verheiratet waren, zum Zeitpunkt ihres ersten Zusammentreffens innerhalb derselben sechzehn Straßenblöcke wohnten.

Geringe räumliche Entfernung scheint den Aufbau einer Beziehung zu erleichtern. Der Aufbau einer Beziehung könnte einerseits durch räumliche Nähe und Interaktionshäufigkeit erleichtert werden, andererseits durch Ähnlichkeit in der sozialen Herkunft. Normalerweise leben die gleichen sozialen Schichten in Nachbarschaft (Eckland, 1968).

Neuere Arbeiten zum Beispiel von Peach und Mitchell (1988) bestätigen den Effekt der Nähe auf die Paarbildung für San Francisco. Nähe scheint bei der Verpaarung die Hauptrolle zu spielen; eine genauere Betrachtung der sozialen und ethnischen Herkunft der Eheleute zeigt, daß diese Herkunft von geringerer Bedeutung für die Verheiratung ist. Bei räumlicher Nähe heiraten Personen durchaus über soziale Schichten hinweg.

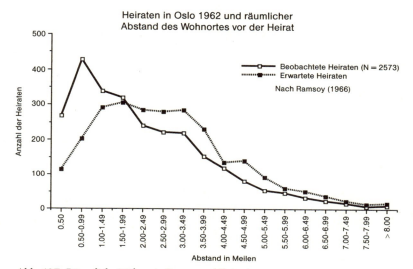

Abb. 127: Räumliche Nähe: ein Partnerwahlkriterium
Die Abbildung zeigt in Meilen den Abstand zwischen den Wohnorten von Hochzeitspaaren aus Oslo im Jahr 1962. Dabei wird deutlich, daß unerwarteterweise am häufigsten in der näheren Umgebung geheiratet wird, und zwar innerhalb einer Meile des Wohnortes (1,34 km). Dafür könnten drei Tendenzen verantwortlich sein: Erstens impliziert Nähe genetische Ähnlichkeit (Endogamie), zweitens wohnen ähnliche soziale Schichten beieinander und drittens spielt die Häufigkeit, mit der man sich sehen kann, eine große Rolle beim Aufbau von Beziehungen. Es ist anzunehmen, daß die Häufigkeit, mit der man sich sehen kann, direkt proportional zum Abstand des Wohnortes ist. Nah beieinander wohnende Partner lassen sich zudem besser kontrollieren.

Auch die Zufriedenheit in der Ehe erhöht sich durch Nähe des Wohnortes vor der Heirat. Rusbult (1980) wies nach, daß große räumliche Distanz einen äußerst hemmenden Einfluß auf die Zufriedenheit der Partner mit ihrer Beziehung ausübte.

So kommt es zu relativ hohen Endogamie-Raten (Heirat in der Nähe), deren Gründe aber keineswegs deutlich sind. Für bäuerliche Kleingesellschaften könnte Endogamie zum Beispiel sozioökonomische Vorteile bieten, wenn Güter (wie Höfe und Ländereien) erheiratet werden. In anderen Gebieten können sich ethnische Gruppierungen durch Endogamie ihre Identität bewahren. Es ist aber erstaunlich, daß solche Muster auch in den Stadtgesellschaften des 20. Jahrhunderts vorkommen. So bieten sich auch einige Verhaltenstendenzen als Erklärung an: Größere Nähe erlaubt häufigere Interaktion in der kritischen Phase der Werbung. Ein zusätzlicher Effekt könnte dadurch entstehen, daß ein näher wohnender Partner in dieser Phase natürlich auch besser kontrolliert werden kann; dies dürfte vor allem für Männer eine Rolle spielen.

Physische Ähnlichkeit
Spuhler (1968) faßt die Korrelation von insgesamt 105 physischen Merkmalen zusammen, die bei insgesamt vierzig untersuchten Stichproben eine statistisch abgesicherte Gleichheit bei Ehepartnern aufwiesen. Der Grad der Ähnlichkeit bezüglich der physischen Merkmale variiert aber innerhalb der ökonomischen und sozialen Klassen sowie innerhalb verschiedener ethnischer Gruppen. Die Ähnlichkeit von physischen Merkmalen wird in der Literatur häufig beschrieben. Harrison et al. (1976) fanden einen hohen Grad an positiven Passungen für Körperstatur, Gewicht, Fußlänge, obere Armlänge, Handlänge und den Umfang des Oberarms. Man kann davon ausgehen, daß sich Menschen Partner suchen, die einen ähnlichen Körper wie sie selbst besitzen. Stegemann und Knussmann (1984) stellten ebenfalls eine sehr hohe Übereinstimmung von Körpermerkmalen bei verheirateten Paaren fest. Die Paare in dieser Untersuchung waren entweder gleich schlank oder gleich korpulent. Dabei handelt es sich um Korrelationen – die Geschlechtsunterschiede in den physischen Merkmalen bleiben erhalten: Männer mit für Männer großen Händen heiraten Frauen mit mit für Frauen großen Händen.

Besonders für die Körpergröße scheinen sehr strikte Regeln zu gelten. Insgesamt gibt es mehr als zwei Dutzend Studien, in denen ein hoher Grad von assortativer Partnerwahl für Größe gezeigt werden. Ehepartner sind in der Regel ähnlich groß.

Eine andere Sache ist dagegen die relative Größe, d. h. Männer sind immer größer als Frauen. Gillis und Avis (1980) fanden heraus, daß die Männer im Durchschnitt 175 cm groß waren und die Frauen 160 cm.

Diese tatsächlichen physischen Ähnlichkeiten stimmen sogar mit Einschätzungsphänomenen überein. Berscheid und Walster (1974a) ließen unabhängige Bewerter Paare auf einer 5-Punkteskala für Attraktivität beurteilen. Die Ergebnisse liefern einen deutlichen Hinweis auf assortative Partnerwahl in bezug auf Attraktivität. Mehr als die Hälfte der Paare differierten nur einen halben Punkt auf der Attraktivitätsskala. Kein Paar zeigte eine Abweichung in der Attraktivität von mehr als 2.5 Punkten. Bemerkenswerterweise jedoch waren die Paare, die sehr ähnlich in der Attraktivität waren, als sie beobachtet wurden, auch in mehr intime Kontakte engagiert, wie Hand-Halten und Arm-in-Arm-Gehen. Solche Verhaltensweisen zeigten nur 22 Prozent der Paare von geringerer Attraktivitätsähnlichkeit.

Das positive assortative Wahlprinzip für Attraktivität wurde mehrfach dargestellt. Price und Vandenberg (1979) zum Beispiel untersuchten verheiratete Paare auf dem Festland der Vereinigten Staaten und auf Hawaii. Sie ließen die Attraktivität der Paare beurteilen. In beiden Populationen findet sich wiederum der gleiche Zusammenhang – Paare werden in ihrer Attraktivität gleich beurteilt. Ähnliche Ergebnisse kennen wir von Schooley (1936), Kirkpatrick und Cotton (1951), Cavior und Boblett (1972) und Murstein und Christy (1976). Attraktivitätsgleichheit gilt für ältere Paare wie für jüngere und erst sehr kurz verheiratete Paare. Darüber hinaus läßt sich dieses Phänomen über eine Altersspanne von 40 Jahren nachweisen.

Für »echte« Paare, also Hochzeitspaare, die wir untersuchten, gelten ähnliche Regeln. Von uns untersuchte Hochzeitspaare werden in ihrer Attraktivität ähnlich eingestuft – je attraktiver ein Partner ist, um so attraktiver ist auch der andere und umgekehrt. Interessant dabei ist auch, daß der Attraktivitätsunterschied immer kleiner ist als der erwartete, der aus zufälliger Bewertung entstehen würde. Positives Ordnen nach Attraktivität bei Paaren ist also ein stabiler Effekt. In den Bewertungen gibt es eine Korrelation von 0,54 für die Attraktivität der Partner.

Es scheint demnach einen Prototyp in der Wahrnehmung der Bevölkerung zu geben, welche Individuen als erotisches Paar zusammenpassen und welche nicht.

In einer Studie gaben Langthaler et al. (1991) Versuchspersonen Einzelbilder von Eheleuten, die zu Paaren geordnet werden sollten. Dabei handelte es sich um Ganzkörperfotos, auf denen einmal die Leute ihre normale Alltagskleidung trugen und in einem zweiten Versuch enganliegende Trikots anhatten.

Bei diesen Versuchen wurde ermittelt, daß unter beiden Bedingungen eine unwahrscheinlich treffsichere Paarzuordnung durch Versuchspersonen erfolgt. Die Beurteiler ziehen jedoch unterschiedliche Informationen heran. Personen, die einen festen Partner besitzen, ordnen

Abb. 128: Video-Computer Paare: Analyse
Der von einem Video-Dating-Unternehmen übernommene Datensatz erlaubt die Untersuchung, wie Partnerschaften zustande kommen. Damit können wir eine Reihe von Fragen, die mit Partnersuchstrategien beginnen und bei verheirateten Paaren enden, beantworten. Dieser Fall ist in der Untersuchung von Partnersuchverhalten einmalig.

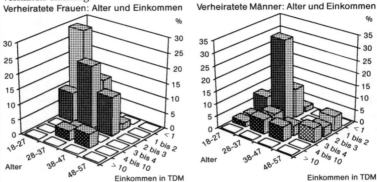

Meistens werden bereits länger verheiratete Paare untersucht, wobei impliziert wird, daß die Wünsche konstant geblieben sind. Das heißt, man hat in der Regel keine Information über die Partnerwünsche vor der Ehe. Dieser Datensatz erlaubt es, Wunsch und Wirklichkeit in der Partnersuche gegenüberzustellen.

Die Partnervermittlung des Unternehmens wird mit Hilfe eines von mir entwickelten Computer-Algorithmus durchgeführt, der versucht, den geschlechtsspezifischen Partnerwünschen in den soziodemographischen Daten gerecht zu werden und Homogamie in Persönlichkeitsvariablen und im Freizeitverhalten herzustellen. Verarbeitet werden dabei die von Buss (1986) als für die Partnerfindung am wichtigsten bezeichneten Persönlichkeitsvariablen, ein Freizeitprofil und ein Verhaltensprofil. Danach erfolgt ein Abgleich der Attraktivität nach dem Homogamieprinzip.

Für diese Analyse wurden 100 Paare zufällig ausgewählt. Ein Paar gilt als vermittelt, wenn dem Unternehmen eine schriftliche Meldung mit Heiratsurkunde vorliegt. Für n = 65 dieser Paare lag der komplette Partnersuchweg vor und am Zustandekommen dieser 65 Paare waren insgesamt n = 1304 Personen beteiligt. Das Durchschnittsalter der Frauen betrug 30,6 Jahre (S. D. = 6,54) und das der Männer 34,89 (S. D. = 7,99).

Die vermittelten Frauen sind also jünger als der Pooldurchschnitt und die Männer älter. Dabei zeigt sich deutlich, daß jüngere Frauen und Männer mit hohem Status die höchsten Partnerchancen besitzen.

Die statistische Analyse der Daten bereitet einige Schwierigkeiten, da der Weg zur Partnerschaft für die einzelnen Paare unterschiedlich lang ist. Theoretisch müßten die Einzelpersonen diejenigen Partner aus dem Pool bevorzugen, zu denen die Homogamie am höchsten ist. Deshalb wurde die Verteilung der Passungen der jeweiligen Partnervorschläge in fünf Perzentile eingeteilt, die damit jeweils

> 20 Prozent der Fälle beinhalten, und überprüft, in welches Perzentil der tatsächliche Partner fällt. Dieses Vorgehen macht es außerdem notwendig, daß mindestens fünf Vorschläge vorliegen.
> Betrachtet man die Verteilungen in den verschiedenen Alters- und Einkommensklassen, dann wird augenfällig, daß die Verteilung der Frauen, die einen Partner gefunden haben, in etwa der Gesamtverteilung entspricht. Dies sind vor allem jüngere Frauen mit geringerem Status. Bei den Männern ändert sich das Bild. Eine Partnerin finden vor allem solche Männer, die einen etwas höheren Status haben und 28 bis 37 Jahre alt sind. Ausgesprochen schlechte Chancen haben jüngere Männer mit geringem Status.

anscheinend häufiger anhand von sozialen Stimuli – wie Kleidung – die Partner zu. Personen, die keinen festen Partner besitzen, scheinen die Körperinformation zu benutzen.

Wir haben bereits erläutert, daß Männer eher attraktive Frauen wählen, wenn sie sich mit ihnen treffen wollen (Berscheid und Walster, 1974). Legt man den Männern jedoch bestimmte soziale Aufgaben auf, zum Beispiel, daß sie die Frauen anrufen müßten oder daß es nicht ganz sicher sei, dann suchen sie sich solche Frauen aus, die ihnen selbst an Attraktivität ebenbürtig sind. Das heißt, sozialer Wettbewerb führt zum assortativen Verheiraten in bezug auf Attraktivität.

Man findet also, daß es einen sehr hohen Grad an assortativer Partnerwahl in bezug auf physische Attraktivität gibt (Thiessen und Gregg, 1980). Die Frage, die daraus entsteht, ist die, ob Zuordnung ein Ergebnis des Partnermarktwertes ist – und damit auf der Grundlage der Heiratsmarkttheorien erklärt werden kann – oder ein Ergebnis der Suche nach »ähnlichen« Genen.

Wenn Attraktivität in gewisser Weise an »gute« Gene gebunden ist, die zum Beispiel Parasitenresistenz und positive Persönlichkeitsmerkmale widerspiegeln, dann müßte ein Organismus versuchen, als Partner das Maximum an erreichbarer Attraktivität zu erlangen. Gelten jedoch Heiratsmarkttheorien und die Theorie der Sexökonomie, dann kommt es automatisch zum assortativen Verpaaren, weil ein Partnersuchender immer exakt nur das erhalten kann, was er selber an Partnermarktwert darstellt. Dieser Effekt arbeitet, oberflächlich betrachtet, gegen die Notwendigkeit, einen möglichst andersartigen Partner zu finden, so daß Mischerbigkeit entsteht.

Wenn es eine allgemeine Strategie ist, möglichst ähnliche Partner zu suchen, dann ist diese Strategie für einen Partner mit geringem Markt-

Abb. 129: Gleichheit der Attraktivität bei Hochzeitspaaren: Experiment
Die Gleichheit der Attraktivität bei Paaren ist zwar ein akzeptierter wissenschaftlicher Fakt, darüber werden aber oft die auftretenden hohen Varianzen in solchen Bewertungen vergessen (Henss, 1988). Das Hauptproblem dabei ist, daß die Paare oft nicht verheiratet sind, d. h. für die Paarstabilität nicht kontrolliert wurden, und daß die verwendeten Fotos durchaus unterschiedlich ausfallen, da sie allein für den Zweck der Studie angefertigt werden. Hochzeitsfotos von Paaren eignen sich ausnehmend gut für ein solches Experiment. Da das Paar geheiratet hat, muß es relativ stabil sein, und da die Paare das Foto als Selbstdarstellung an Freunde und Verwandte verschicken (als offizielles Dankeschön), findet sich das Paar darauf gut getroffen und ist mit der Art der Selbstdarstellung einverstanden. Im weiteren wurde dann folgendes Experiment durchgeführt.

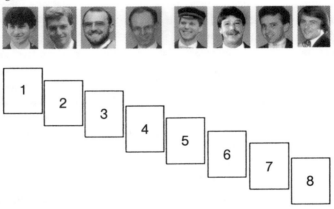

Fotos von Hochzeitspaaren aus dem erweiterten Bekanntenkreis meiner Mitarbeiter wurden zunächst digitalisiert und auf ihre Graustufenwerte aneinander angepaßt. Danach wurden die Fotos zusätzlich mit Rauschen versehen und an die Qualität des schlechtesten Fotos angepaßt. Ebenso wurde der Hintergrund entfernt und durch eine gleichmäßige Grautönung ersetzt. Abschließend wurden die Paare zerschnitten, so daß Einzelbilder entstanden. Auf diese Art läßt sich an den Einzelfotos selbst nicht erkennen, welches Paar zusammengehört.
Da zudem die Blickrichtung der Person auf den Fotos in den Bewertungen mit eine Rolle spielen kann, wurden alle Fotos auf eine Richtung gespiegelt, so daß die Einzelpersonen nach links schauen. Bei unserer Auswahl von Fotos handelt es sich sicher nicht um eine für unsere Population repräsentative Auswahl. Aus diesem Grund wurde ein Rangordnungsverfahren angewandt, das die Versuchsperson zwingt, Attraktivitätsunterschiede selbst zu erzeugen. Bei einfachen Bewertungsverfahren dagegen retten sich Versuchspersonen oft auf einen unverbindlichen Mittelwert. Das Ergebnis gilt auch keinesfalls für eine gesamte Population; es sagt nur etwas über die Personen in unserer Stichprobe aus.

Diese Fotos wurden in zufälliger Anordnung (durch Mischen der Karten) den Versuchspersonen vorgelegt, und zwar alle Frauen oder alle Männer jeweils gemeinsam in zufälliger Abfolge. Die Abbildung oben zeigt die Versuchsanordnung. Danach wurden die Versuchspersonen gebeten, die Fotos in eine Reihenfolge ihrer Attraktivität zu bringen und zwar von 1 bis 8, wobei 1 das attraktivste und 8 das unattraktivste Foto sein sollte.

Insgesamt wurden n = 44 Frauen (Durchschnittsalter 22,68 Jahre, S. D. = 1,99) und n = 29 Männer (Durchschnittsalter 24,89 Jahre, S. D. = 3,14), allesamt Studenten an der Universität Wien, befragt.

wert fatal. Der Nachwuchs aus dieser Verheiratung hätte nämlich genau den gleichen geringen Partnermarktwert. Eine solche Strategie allein kann sich folglich nicht durchsetzen. Der Bewerber mit geringem Partnermarktwert – in bezug auf die Hauptwahlkriterien Attraktivität und Status – kann nämlich den Reproduktionserfolg seines Nachwuchses nur durch Verheiratung mit einem Partner mit höherem Partnermarktwert in diesen Bereichen steigern.

Abb. 130: Gleich zu gleich gesellt sich gern: Attraktivität
Hochzeitspaare stellen sich auf ihren offiziellen Fotos selbst dar. Läßt man diese Fotos von Versuchspersonen bewerten, dann zeigt es sich, daß für alle Paare der Unterschied in der bewerteten Attraktivität kleiner ist, als die durch Zufall zu erwartenden 4.5 Ränge (es sind nur acht von neun Paaren dargestellt). Paare sind sich also in der Attraktivität ähnlich.

Alter, Religion und sozialer Status
Rubin stellte fest (1970), daß sich die Paare, die zusammenbleiben, im Alter ähnlich sind, während die Paare, die sich trennen, im Alter eher unterschiedlich sind. Kenrick und Keefe (1992) zeigten, daß zwar eine starke Homogamie für das Alter besteht – Paare heiraten häufig im gleichen Alter, aber Männer heiraten in der Regel jüngere Frauen. Dieser Altersabstand zu den Frauen nimmt mit zunehmendem Alter der Männer zu.

Dieses Ergebnis können wir mit den Daten aus dem Video-Dating-Service replizieren. Zwischen dem Alter der Heiratspartner besteht in unserer Studie eine Korrelation von 0,78. Männer heiraten aber mit zunehmendem Alter jüngere Frauen. Dieser Unterschied erreicht im Alter von 38 bis 48 Jahren einen Wert von 4,12 Jahren. Dies gilt nicht für Frauen, die in der Regel einen drei bis vier Jahre älteren Mann heiraten.

Kriegt man aber auch, was man will? In den beiden jüngeren Gruppen, also im Alter von 18 bis 38 Jahren, bekommen Männer und Frauen tatsächlich, was sie suchen. Erst im Alter über 38 Jahren müssen sie Abstriche machen. Das durchschnittliche Heiratsalter nähert sich der oberen Wunschgrenze an.

Damit erweist sich die Annahme als gerechtfertigt, Männer würden häufig zwei Reproduktionsphasen, abhängig von einer Lebensphasenzyklusstrategie, durchlaufen.

Ein interessanter Aspekt ergibt sich für Religionszugehörigkeit. Das Teilen gleicher Werte scheint ein wichtiger Faktor für die Zufriedenheit zu sein. Paare unterschiedlicher Konfessionszugehörigkeit weisen eher Differenzen bei ihrer Familienplanung auf als Paare gleicher Konfession (Jaco und Shepard, 1975).

Hinsichtlich der Beurteilung, welche Bedeutung die gemeinsame Konfession aufweist, gibt es bei Mann und Frau keinen Unterschied. Sie rangiert auf dem letzten Platz in der Bedeutungsrangfolge der Auswahlkriterien bei der Partnerwahl (Buss 1985), zeigt aber erstaunlicherweise auch noch heute einen sehr hohen Grad an Homogamie. So zeigt Craddock (1991) anhand von 100 verheirateten Paaren in Australien, daß Gleichheit in bezug auf Religiosität an eine höhere Zufriedenheit bei den Partnern gekoppelt ist.

Erstaunlicherweise zeigt Religiosität auch in unseren Daten den höchsten Grad an Homogamie – darunter ist aber auch negative Religiosität, d. h. Ablehnung der Kirche, subsumiert.

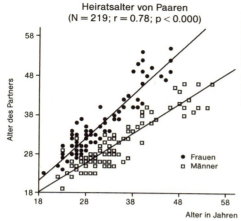

Abb. 131: *Alter von Hochzeitspaaren*
Männer und Frauen heiraten ihre Partner in ähnlichem Alter. Frauen heiraten in der Regel aber etwas ältere Männer und Männer heiraten etwas jüngere Frauen.

Neben Attraktivität, Alter und Religiosität gilt Status als eines der wenigen Merkmale, die nicht einem Anpassungsprozeß in der Ehe unterliegen können. Elder (1969) stellte in einer Langzeitstudie fest, daß attraktive Frauen dazu tendieren, einen Mann zu heiraten, der ihren eigenen Ausbildungsstand übersteigt. Dies gilt auch in unserer Studie für den Nettoverdienst. Frauen hatten in der Regel einen geringeren Verdienst als die Männer, die sie heirateten. Es kommt auch hier zur assortativen Verpaarung.

Jones (1929) war der erste, der die Ähnlichkeit von Ehepartner hinsichtlich der Intelligenz untersuchte. Seine Ergebnisse widersprachen der Ansicht, die Partnerwahl ergäbe sich in erster Linie aus der gegenseitigen physischen Attraktion und »that the smartest men marry the stupidest blondes« (Garrison et al., 1968).

Ebenso weisen Zonderman et al. (1977) auf eine sehr hohe assortative Verheiratung für kognitive Fähigkeiten in Paaren hin. Dabei zeigt es sich, daß das nicht auf eine Angleichung der Ehepaare über die Jahre hinweg zurückzuführen ist. Ehepaare besitzen ein ähnlich großes sprachliches Vokabular, haben ein ähnliches Erinnerungsvermögen und ein ähnliches räumliches Vorstellungsvermögen. Sogar bei visuellen Gedächtnisleistungen, in der sozialen Wahrnehmung und in ihren sprachlichen Fähigkeiten gleichen sich Ehepaare. Snyder (1966) stellte bei der Untersuchung von Paaren vor der Hochzeit fest, daß Homogamie für solche Fähigkeiten bereits vorhanden ist. Reed und Reed (1965) unter-

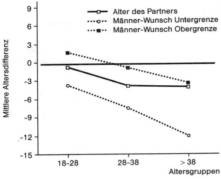

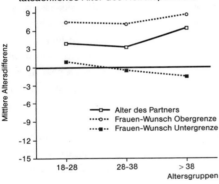

Abb. 132: Alter des Partners – Wunsch und Wirklichkeit
Hier sehen wir die Altersdifferenzen zum Wunschpartner (gestrichelte Linien), während die durchgezogenen Linien das Alter des tatsächlichen Heiratspartners angeben. Bei Männern und Frauen zeigt sich das gleiche Phänomen. Das Alter des Partners liegt in der Mitte zwischen den Wunschaltersgrenzen – ausgenommen, wenn der Partnersuchende älter wird, dann muß er sich mit Partnern an der Wunschobergrenze zufrieden geben.

suchten insgesamt 1866 Ehepaare, deren Intelligenzquotient bereits während deren Schulzeit gemessen worden war. Erstaunlicherweise unterschieden sich insgesamt 47 Prozent der Paare schon zum damaligen Zeitpunkt nur durch 10 Punkte und 60 Prozent durch 15 und weniger Punkte von ihrem Partner. Homogamie in den kognitiven Fähigkeiten ist also mit Sicherheit kein Angleichungsprozeß, sondern eine echte assortative Wahl.

Soziales Verhalten

Meist wird die Tatsache übersehen, daß Partner sich schließlich auch in anderen sozialen – zum Teil unerwünschten – Charakteristika gleichen. Diese Charakteristika sind Kriminalität, Alkoholismus, psychiatrische Leiden und auch eine ganze Reihe von anderen negativen psychischen Merkmalen (Rushton, 1987).

Aus unseren Daten der Video-Dating-Studie lassen sich auch Passungen bei Paaren errechnen. Diese Daten haben gegenüber den aus allen anderen Studien den Vorteil, daß die Paare sich bei der Erhebung der Fragebögen noch nicht kannten. Da wir davon ausgehen müssen, daß Anpassungsprozesse in Beziehungen sehr schnell ablaufen, werden Ehepaare immer einen hohen Grad an Homogamie in Persönlichkeitsmerkmalen zeigen. Es ist durchaus möglich, daß die meisten der früheren Arbeiten und die dort aufgefundenen Homogamiekoeffizienten im Persönlichkeitsbereich Ergebnisse solcher Anpassungen sind.

Aus unseren Daten finden wir nur Kinderwunsch, Einstellung zur Sexualität, Religiosität, Status und Konservativität als Homogamien. Die höchsten Passungen liegen für Status (0.37) und Religiosität (0.42) vor. Dominanz zeigt eine negative Passung, ebenso wie Nettigkeit und Gesundheit; diese erreichen aber die Signifikanzgrenze nicht. Die Passung der anderen Variablen scheinen für die Paarfindung unbedeutend zu sein.

Eine Ausnahme bildet die Dominanz- bzw. Submissionstendenz der Partner (Buss, 1985). Hier kann man sogar negative Korrelationen feststellen. Dieses Ergebnis läßt sich so interpretieren, daß beidseitiger Führungsanspruch Konflikte in Beziehungen schafft. Einige Autoren berichten, daß manche Partner ihre eigene Machtposition zugunsten der Machtposition ihres Ehepartners verringern (Turk und Bell, 1972).

Das Thema, wer die Führungsrolle in einer Partnerschaft übernimmt, ist jedoch vielschichtig. Dagostino und Day (1991) gingen der Frage nach, ob im Bereich der Androgynität, d. h. der Geschlechtsrollenorientierung und der Führungseigenschaften innerhalb von Beziehungen, eher eine Ähnlichkeit besteht oder ob die Auswahl komplementär geschieht. Die erste Möglichkeit drückt sich darin aus, daß ein sehr männlicher Mann sich eine weibliche Frau sucht, die zweite darin, daß sich eine sehr männliche Frau einen eher weiblichen Mann auswählt. Die Antwort auf diese Frage ist anscheinend sehr schwierig. Es scheint so zu sein, daß in dieser Hinsicht am ehesten undifferenzierte Personen, d. h. Leute, die sich weder besonders männlich noch weiblichen fühlen, eine komplementäre Beziehung suchen, während männlich orientierte Personen eher ähnlich männliche suchen. Grundsätzlich widerspricht dieses Ergebnis der oben getroffenen Annahme einer negativen assortativen Verpaarung für Dominanz.

Andere Arbeiten behaupten das Gegenteil. Frauen scheinen oftmals sogar Wert auf festgelegte Dominanzpositionen zu legen, wobei sie eher den submissiveren Part übernehmen. So ziehen die Frauen einen Partner vor, zu dem ein bestimmtes Abhängigkeitsverhältnis besteht und den sie respektieren können (Reiss, 1960; Hatkoff und Luswell, 1977). Neuere Arbeiten widersprechen jedoch diesen Thesen.

Passungen im Freizeit- und Aktivitätslevel sind selten Gegenstand von Untersuchungen. In unserer Untersuchung zeigen sich positive Homogamiekoeffizienten für gemeinsames Ausgehen (0,2), Theaterbesuche (0,2), klassische Musik (0,23) und Volksmusik (0,32). Bei den generellen Aktivitätslevels zeigt sich nur das Interesse an »Kultur« (Bücher, Theater etc.) mit 0,3 als positive Homogamie. Negative Pas-

Abb. 133: Wer heiratet wen: Statusunterschiede
Frauen heiraten in der Regel Männer mit höherem Status, die mehr verdienen, während Männer selten Frauen heiraten, die mehr verdienen als sie selbst. Frauen verschaffen sich durch die Heirat, wie aus ihren Partnerwahlkriterien zu erwarten, ökonomische Vorteile.

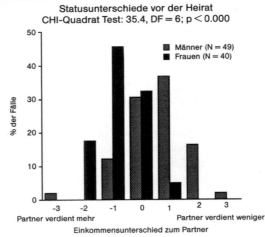

sungen (wie »er mag Fußball, sie nicht«) sind in diesem Bereich aber nicht zu finden.

Bei den Aktivitäten zeigt sich zudem, daß davon ein großer Bereich angeglichen und toleriert werden kann – mit Ausnahme anscheinend von Grundtendenzen, die unter Umständen auch an Statusunterschiede zwischen Partnern gebunden sind.

Schlüsselt man die Passungen nach dem Status der Paare vor der Heirat auf, dann ergibt sich Überraschendes. Frauen und Männer mit höherem Status haben besser passende Partner. Es ist zwar in der Regel so, daß Frauen fast ausschließlich »nach oben« heiraten. Der Partnermarktwert scheint aber auch durch den eigenen Status bestimmt zu werden: Je höher der Partnermarktwert, um so besser passendere Partner bekommt man. Dies spricht eindeutig für die von uns angenommene Hypothese, daß Verpaarung meist nach einem sozioökonomischen Prinzip durchgeführt wird, bei dem zunächst das Ergebnis der Wahl maximiert und dann auf Passung optimiert wird.

Falls das Homogamieprinzip tatsächlich vorherrscht, müßte es als Wahlprinzip in unseren Daten nachzuweisen sein. Da wir aber bereits nach Passungen vorsortieren, werden solche Effekte natürlich abgeschwächt – alle vom Video-Dating-Service dem Partnersuchenden vorgeschlagenen Partner passen hier bereits besser als der Durchschnitt. Falls der Nachweis gelingt, daß aus diesem Bereich der bereits gut passenden Partner die am besten passenden ausgewählt werden, spricht dies eindeutig für ein Wahlprinzip der Homogamie.

Verglichen wurden insgesamt drei Bereiche: Persönlichkeitsvariablen, Freizeit- und Aktivitätsprofil und deren Durchschnitt. In allen drei Bereichen kommt die Mehrheit der Ehepartner aus dem oberen Passungsbereich, d. h., 40 Prozent aller Vorschläge haben schlechter gepaßt und nur 20 Prozent besser. In allen Fällen werden die Partner am seltensten aus dem Bereich der 20 Prozent schlechtesten Passungen gewählt.

Darüber, wie bestimmte Persönlichkeitsvariablen und andere Partnerwahlkriterien miteinander verrechnet werden, wissen wir kaum etwas. Wenn eine Person als intelligent und eine andere Person als anpassungsfähig beschrieben wird, würde zum Beispiel jemand, der sich eine der Personen auswählen soll, wahrscheinlich die intelligente der anpassungsfähigen Person vorziehen. Aber was passiert, wenn verschiedene Variablen zusammenkommen, wie Intelligenz und Freund-

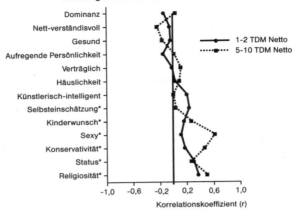

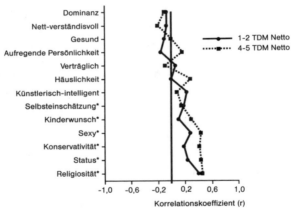

Abb. 134: Passungen im Persönlichkeitsbereich von Hochzeitspaaren
Die Abbildung zeigt die Korrelationskoeffizienten in verschiedenen Persönlichkeitsbereichen. Die signifikanten Koeffizienten von 100 Paaren sind durch Sternchen gekennzeichnet. Je höher der Korrelationskoeffizient, desto besser die positive Passung. Die höchste Passung wird bei Status und Religiosität erreicht. Doch Passung ist auch statusabhängig – dies wird besonders evident aus den hohen Passungen der Männer mit hohem Status im Bereich »SEXY«. Die Abbildung legt zudem nahe, daß hoher Status bei Männern und Frauen auch mit besseren Passungen verbunden ist. Wer einen hohen Status hat, scheint bessere Auswahlmöglichkeiten zu haben. Ein Hinweis auf die tatsächliche Wirkungsweise der Heiratsmarkttheorie.

lichkeit auf der einen Seite oder Anpassungsfähigkeit und Attraktivität auf der anderen? Dieses Problem entsteht, sobald ein Partner gleichzeitig nach mehreren Kriterien ausgewählt werden soll. Schmidt und Levin (1972) schlagen ein Mittelwertmodell vor. Sie ließen Personen andere als mögliche Partner auswählen, gaben aber verschiedene Möglichkeiten der Personenbeschreibung vor. Die Möglichkeiten wären ein Summenmodell, in dem alle Merkmale einer Person aufaddiert wurden. Der endgültige Wert dieser Addition gibt dann den Grad der tatsächlichen Bevorzugung an. Dieses Modell trifft jedoch nicht zu. Es scheint aber ein Durchschnittsmodell bei der Auswahl zu gelten. Die einzelnen Persönlichkeitszüge der Person werden aufaddiert und im Durchschnitt betrachtet. Dabei können einige der Persönlichkeitsmerkmale durch individuelle Erfahrungen gewichtet werden. Für die endgültige Auswahl scheinen die Durchschnitte der Personen voneinander abgezogen zu werden. Das und Duffy (1985) zeigten, daß es für diese Passungshypothesen aber auch Kompensationseffekte gibt. Sie zeigten, daß Reichtum, aber nicht die Ausbildung fehlende Attraktivität kompensieren kann.

Zufriedene Ehen: Stabilität und Gleichheit

Der Beweis für die Wirksamkeit des Homogamie-Prinzips kann nur erbracht werden, wenn besser passende Paare länger zusammenleben und glücklicher sind und wenn letzten Endes die besser passenden Verpaarungen auch zu höherer Reproduktion führen.

Hill et al. (1976) befaßten sich mit Partnern, die sich nach einiger Zeit trennten, ohne geheiratet zu haben, und untersuchten, inwieweit die Ähnlichkeit des Verhaltens einen Einfluß auf das »Zusammenbleiben« bzw. das »Zusammenpassen« ausübt.

Zu insgesamt 202 Paaren hielten Hill et al. über einen Zeitraum von zwei Jahren Kontakt. Am Ende des Versuchs hatten sich von den Paaren 45 Prozent getrennt.

Hill et al. stellten sich nun die Frage, inwieweit die am Anfang der Beziehung von den Paaren ausgefüllten Fragebögen prognostischen Wert bezüglich der Dauer der Partnerschaft haben. Es zeigte sich dabei, daß Gleichheit im Alter, Körpergröße, physische Attraktivität, Ausbildungsgrad des Vaters, Religiosität, Sex, Rollenverhalten, Einstellung

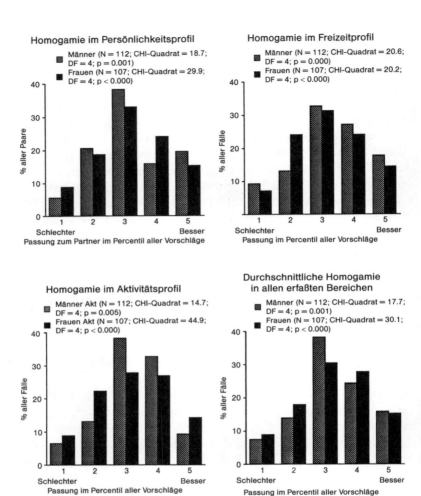

Abb. 135: Homogamie bei Hochzeitspaaren
Diese Abbildungen zeigen Passungen in drei unterschiedlichen Bereichen der gleichen Hochzeitspaare. Die Zahlen von 1 bis 5 stellen die Perzentile dar, in denen das Paar, verglichen mit allen »getesteten« Partnern, schließlich wiederfindet. Je höher die Zahl, desto besser die Passung. Alle drei Bereiche und der Durchschnitt zeigen, daß der mittlere Bereich zwar am häufigsten vorkommt, daß aber eine Asymmetrie in Richtung besserer Passungen besteht. Partner scheinen demnach auch nach Passung gewählt zu werden: Je besser ein Partner aus allen getesteten Partnern paßt, desto eher wird er/sie geheiratet. (Die Werte für die Passungen wurden vor der Heirat erhoben, die Paare kannten sich nicht. Deshalb sind die Passungen auch nicht auf Angleichungsphänomene zurückzuführen).

gegenüber Feminismus, Verhalten gegenüber spontanem Sex, romantische Haltungen und Anzahl der gewünschten Kinder wesentliche Faktoren für die Stabilität von Beziehungen darstellen. Bei Paaren, die im College zusammen ausgingen und die zwei Jahre später wieder untersucht wurden, konnte ermittelt werden, daß diese, je ähnlicher sie sich waren, um so häufiger zwei Jahre zusammenblieben. Als ein besonders wichtiger Faktor für das Andauern der Partnerschaft stellte sich damit »Ähnlichkeit« heraus.

Eine aufwendige Befragung, 1978 durchgeführt von Hatfield et al. (1978) an insgesamt 537 Paaren, die sich gelegentlich oder auch öfter trafen, ergab ebenfalls, daß Gleichheit in der Partnerschaft zu stabilen Beziehungen führt.

Silverman (1971) schaute sich das Ausmaß der Ähnlichkeit von Paaren an, die er in ihrer natürlichen Umgebung filmte. Er fand einen sehr hohen Grad an Ähnlichkeit in der physischen Attraktivität. Silverman konnte auch zeigen, daß (Ehe-)Paare, die sich in der Attraktivität ähnlich waren, glücklicher miteinander waren, wobei Glück in diesem Fall nicht erfragt wurde, sondern anhand von Beobachtungen der Intimität der Paare erschlossen wurde. »Glück durch Gleichheit« läßt sich demnach beobachten und nicht nur erfragen.

Eine der aufwendigsten neueren Studien zur Ähnlichkeit und zum Glück in der Ehe wurde von Weisfeld et al. (1992) durchgeführt. In dieser Studie wurden 1000 britische Paare untersucht. Es ergab sich dabei, daß die Ehen um so glücklicher sind, je dominanter sich der Mann in den Entscheidungsfindungen gibt. Zeigt sich jedoch der Mann zu dominant, dann wird die Ehe schnell unglücklich. Insgesamt wird aber deutlich: Je besser die Passung der Ehe war, um so besser war die Ehe selbst und um so glücklicher. Betrachtet man den Durchschnitt aller Paare, dann spielt – im Gegensatz zu allen anderen Studien – Ähnlichkeit auch für Dominanz eine Rolle. Ähnlichkeit in Entscheidungsfindungen und gleich verteilte Führungseigenschaften in der Entscheidungsfindung sind eher homogam als komplementär.

Es gibt mithin zwei verschiedene Möglichkeiten für glückliche Paare: Entweder ist der Mann dominant und die Frau submissiv – oder die Ehe ist egalitär aufgebaut. Dominanz ist also nicht unbedingt die große Ausnahme vom Homogamieprinzip.

Sind nun Frauen mit dominanten Männern glücklicher als Frauen ohne dominante Männer? Das scheint nicht der Fall zu sein. Die

Überlegenheit des Mannes bei Entscheidungen ist zwar an die Befriedigung der Frau gebunden, aber nicht so stark wie Ähnlichkeit bei Entscheidungsfragen. Gleiche Dominanz in Beziehungen scheint zu glücklicheren Ehen zu führen, als wenn einer der Partner dem anderen die Entscheidungen überläßt. Interessanterweise können Weisfeld et al. zeigen, daß Gleichheit in Ausbildung, Intelligenz, Entscheidungsfähigkeit oder Dominanz bei Entscheidungen, Gesundheit und Attraktivität die Voraussetzungen für eine glückliche Ehe sind.

Jedoch findet man, daß die Überlegenheit des Mannes hinsichtlich Ausbildung, Reichtum seiner Eltern oder Einkommen für eine glückliche Ehe nur von sehr geringer Bedeutung ist. Die Befriedigung des Mannes mit seiner Ehe erhöht sich jedoch unproportional, wenn er eine Frau hat, die er als attraktiver als sich selbst einschätzt.

Das biologische Ergebnis: Fruchtbarkeit

Man kann vermuten, daß eine starke Bindung in der Heirat auch zu einer höheren Reproduktionsrate führt (Platt, 1964). In der Tat zeigen Clarke und Spuhler (1959) zwar geringe, aber konsistente positive Korrelationen in der Ähnlichkeit der Paare für anthropometrische Variablen und der Fruchtbarkeit. Je ähnlicher Gewicht, Statur, Handgelenkumfang, Ohrlänge, Fingerlänge usw. bei verheirateten Paaren sind, um so höher ist die Anzahl der Kinder, die aus solch einer Ehe entstehen.

Spuhler (1967) wies sogar Korrelationen zwischen dem Grad der positiven Verpaarung und der Fruchtbarkeit zwischen zwei Intelligenzmaßen nach. Nennenswert ist auch, daß es eine signifikante Korrelation zwischen Männern und ihren Ehefrauen hinsichtlich der Anzahl ihrer Geschwister gibt. Je mehr Geschwister eine Person hat, um so mehr Kinder hat sie auch.

Kiser (1968) benutzte die Zensusdaten aus Amerika von 1960 und fand, daß eine assortative Paarbildung für Ausbildungsgrad und Fruchtbarkeit nachweisbar ist. Mit zunehmender assortativer Verpaarung erhöhte sich die Lebensfruchtbarkeit um etwa sieben Prozent für weiße Frauen im Alter zwischen 35 und 45 und um elf Prozent für Frauen im Alter zwischen 45 und 54. Die Männer dieser Frauen erfahren eine Erhöhung der Fruchtbarkeit um fünf und respektive um vierzehn Prozent.

Garrison et al. (1968) stellten fest, daß nur ein Zehntel jener Frauen, die einen Mann gleichen Ausbildungsstandes heirateten, kinderlos blieben, während die Frauen, deren Männer weit unter ihrem Stand waren, bis zu einem Viertel kinderlos blieben.

Assortative Paarbildung scheint demnach einen weitreichenden Effekt auf die Fruchtbarkeit von Ehen zu haben. So bleibt die Frage, ob und inwieweit sich auch der soziale Status oder das Partnerwahlkriterium »Attraktivität« gleichfalls auf die Fruchtbarkeit auswirken. Für die Attraktivität liegen keine Daten vor, jedoch wurde das Thema Status bereits untersucht.

Die Annahme, daß es zwischen Ressourcenzugang und Reproduktionserfolg eine positive Korrelation gibt, ist in der Evolutionsbiologie sehr weit verbreitet. Die Voraussetzung für diese Annahme ist, daß Zugang zu Ressourcen und die Kontrolle von solchen Ressourcen Eltern erlaubt, mehr Nachwuchs bis zum Erwachsensein zu bringen. Es gibt Daten von verschiedenen Tierarten, die diese Vorhersage bestätigen. In Primatengesellschaften gibt es Beispiele von positiven Korrelationen zwischen Rang und reproduktivem Erfolg wie Dittus (1977), Packer (1979) und Silk et al. (1981) belegten. Andere Studien vermochten solche Zusammenhänge nicht zu finden, wie die von Altmann (1980) oder Cheney et al. (1981). Um diesem Zusammenhang beim Menschen auf die Spur zu kommen, hat Essock-Vitale (1984) das Forbes-Magazin hergenommen und sich dort die Biographien der 400 reichsten Amerikaner angesehen.

Das Durchschnittseinkommen dieser Oberschicht betrug über 230 Millionen Dollar pro Jahr. Die Informationen über Nachwuchs der jeweiligen Familien, die im Forbes-Magazin nicht aufgelistet waren, wurden im *Who's Who in America* nachgeschlagen. Es zeigte sich, daß die Durchschnittsanzahl der jeweils lebend geborenen Kinder in der amerikanischen High-Society bei etwa 3,1 Kindern pro Familie lag.

Im Gegensatz dazu besagen Daten der amerikanischen Statistik-Behörde, daß die Durchschnittskinderzahl pro Frau in Amerika bei 2,7 liegt. Die reichen Mütter haben also mehr Kinder. Da die Kinderzahl davon abhängen kann, ob eine Frau bereits ihre Berufsausbildung oder ihre Karriere abgeschlossen hat oder nicht, beschränkte Essock-Vitale (1984) ihr Sample auf diejenigen Frauen, die zwischen 45 und 71 Jahre alt waren. Die Frauen der Oberschicht hatten 3,4 Kinder im Durchschnitt. Der amerikanische Durchschnitt beträgt 2,9. Die reichen Frauen haben also signifikant mehr Kinder.

Ähnliche Verhältnisse ergeben sich, wenn man nachprüft, wie viele Kinder tatsächlich überleben. Bei den Kindern des Forbes-Samples, die in den Jahren 1930, 1940, 1950 und 1960 geboren worden waren, lag die durchschnittliche Überlebensrate bei 99 Prozent. Die entsprechenden Überlebensraten für Gesamtamerika sind 89, 93, 96 und 97 Prozent. Die Kinder des Forbes-Sample hatten also eine signifikant höhere Chance, das zwanzigste Lebensjahr zu erreichen.

Sieht man sich nun die Zahlen etwas genauer an und vergleicht man sie mit den Durchschnittszahlen, findet man interessante Ergebnisse. Die 100 Frauen des Forbes-Samples produzierten 310 Kinder mit einer Überlebensrate von 0,99; d. h., es gab 307 überlebende Nachkommen. Die weiblichen 100 Durchschnittsamerikanerinnen produzierten 240 Nachkommen mit einer Überlebensrate von 0,89; d. h. 223 überlebende Nachkommen. Die nicht-weißen Frauen hatten in der gleichen Zeit 290 Kinder mit einer Überlebensrate von 0,88; d. h. 255 lebende Nachkommen.

Die Reichen reproduzierten sich mit einer um 38 Prozent höheren Rate als die Durchschnittsweißen und mit einer 20 Prozent höheren Rate als nicht-weiße Teile der Bevölkerung.

Damit zeigen sich jedoch wiederum zwei sehr unterschiedliche Tendenzen: Einmal scheint es eine optimale Passung zu geben, die mit Fruchtbarkeit und Reproduktion verbunden ist, andererseits gibt es maximale Parameter wie Status, die hohe Reproduktionsraten erlauben. Status wirkt sich auf die Fruchtbarkeit und optimale Passung auf die Überlebenswahrscheinlichkeit des Nachwuchses aus.

Genetische Effekte und die Grenzen der Partnerwahl

Assortative Partnerwahl hat Auswirkungen auf die Verteilung von Genen innerhalb einer Population; diese können ein Merkmal in einer Population wesentlich stärker hervorheben (Jensen, 1978). Damit wird dieses Merkmal auch stärker der Selektion ausgesetzt. Assortatives Verheiraten, das für die meisten menschlichen Merkmale existiert, vielleicht am häufigsten für Intelligenz, berührt den Populationsdurchschnitt, wenn das Merkmal nicht dominant ist. Assortative Paarbildung erhöht die genetische Korrelation zwischen Verwandten. Zur gleichen Zeit werden aber die Unterschiede zwischen Familien markanter, d. h. die Spannbreite an Merkmalen insgesamt in einer Population größer.

Wenn es eine Selektionsschwelle für ein Merkmal gibt, für das keine positive assortative Wahl oder eine mit nur geringer Wahrscheinlichkeit auftritt, dann hat die Erhöhung der Spannbreite an Merkmalen aufgrund der assortativen Partnerwahl das Ergebnis, daß ein größerer Anteil der Population unter diese Schwelle fällt und daß konsequenterweise die relevanten Gene schneller aus dem Genpool der Population eliminiert werden.

Die Konsequenzen einer assortativen Partnerwahl werden verstärkt, wenn diese Art der Partnerwahl für ein bestimmtes Merkmal mit Fruchtbarkeit korreliert.

Assortative Partnerwahl hat aber auch ihre Grenzen, vor allem dort, wo freie Wahl herrscht – wie in unserer modernen Massengesellschaft.

Die obere Grenze des assortativen Verheiratens wird durch epigenetische Regeln gesetzt. Zu eng verwandtschaftliches Verheiraten wird durch negative sexuelle Prägung, die zwischen Menschen auftritt, die zusammen aufwachsen, und durch das Vermeiden von Inzest verhindert (Lumsden und Wilson, 1981).

Es scheint zwar einen sehr starken natürlichen Selektionsdruck auf assortative Partnerwahl zu geben (Thiessen und Gregg, 1980), wovon in erster Linie die Zahl des Nachwuchses und sein Überleben betroffen ist. Ein hohes Maß an assortativer Partnerwahl führt jedoch zwangsläufig zu Inzucht. Inzucht hat aber einen negativen Einfluß auf den Überlebenserfolg des Nachwuchses. Reinerbigkeit wirkt sich zudem auf die Parasitenresistenz aus – sie wird durch den positiven Effekt der Mischerbigkeit und dadurch, daß solche Personen auch generell attraktiver sind, weiter eingeschränkt. Demnach muß es eine optimale genetische Entfernung zum Partner geben.

Das wird deutlich an einer Untersuchung von Heiraten in Japan, die von Schull und Nell (1965) durchgeführt wurde. Sie verglichen über 2300 Kinder aus Ehen zwischen Cousins ersten Grades mit 2000 Kindern aus Ehen, wo die Eltern nicht verwandt waren.

Es wurde eine höhere Todesrate bei Kindern aus Ehen zwischen Verwandten festgestellt. Darüber hinaus unterscheiden sich solche Kinder wesentlich von anderen im Alter, in dem die Kinder zu gehen beginnen und sprechen lernen. Man findet für anthropometrische Maße, für Sehstörungen und Hörgenauigkeit, für neuromuskuläre Funktionen und Intelligenz sehr starke Unterschiede. Die Kinder aus Verwandtenehen schneiden immer schlechter ab. Betrachtet man die Schulleistungen, so sieht man, daß die Leistung im sprachlichen Bereich, im sozialen Bereich, in Mathematik, Musik, Wissenschaft, Kunst und im Sport sehr deutliche Unterschiede aufweisen. Die Leistungsfähigkeit der Kinder aus den Verwandtenehen liegt überall deutlich unter jenen der anderen Kinder.

Positive assortative Wahl hat weitreichende genetische Konsequenzen. Um solche Konsequenzen zu untersuchen, muß aber geklärt sein, inwieweit für die betreffenden Merkmale Vererbbarkeit vorliegt. Wie nah verwandt sind nun Leute in bezug auf Persönlichkeitscharakteristika wirklich?

Mit einem neuen komplexen mathematischen Verfahren finden Russel et al. (1985) für morphologische und für Persönlichkeitsmerkmale relativ hohe Erblichkeit. Das heißt prinzipiell, daß assortative Verpaarung auch einen Effekt auf die vererbte Ähnlichkeit haben muß. Ein solcher Effekt hat auch gesellschaftliche Konsequenzen. Er zeigt sich sehr deutlich für die kognitiven Fähigkeiten des Menschen. Literaturüberblicke weisen für standardisierte Maße des Intelligenzquotienten eine Korrelation von Eltern und Kindern zwischen 0,37 (Bouchard und McGue, 1981) und 0,41 (Jensen, 1978) auf.

Welchen Einfluß hat nun positive assortative Partnerwahl auf die Entwicklung des IQs in einer Population? Der Mittelwert des Intelligenzquotienten, also dessen absolute Höhe, wird sich nicht notwendigerweise ändern. Positive assortative Partnerwahl wird aber die Variabilität des Merkmals verändern. Jensen (1978) zeigte, daß es auf Grund positiver assortativer Partnerwahl etwa zwanzigmal mehr Personen mit einem IQ über 160 gibt, als man bei durchschnittlichen Zufallspaarungen erwarten würde. Die kumulativen Effekte über viele Generationen könnten demnach beträchtlich sein. Freie Partnerwahl und daraus entstehende hohe Homogamie führt konsequenterweise zu einer genetischen Stratifikation unserer Bevölkerung, und das nicht nur bezüglich der Intelligenz.

Mechanismen der Partnerwahl und deren Auswirkungen
Warum könnte sich so ein Prinzip der Gleichheit bei Paaren innerhalb der Evolution entwickelt haben? Das bringt den Begriff der »inklusiven Fitneß« auf den Plan (Hamilton, 1964). Erfolgreiche Gene können sich sowohl durch Effekte auf ihren Besitzer als auch durch Auswirkungen auf die Verwandten des Trägers verbreiten. Dies ist deshalb der Fall, weil Verwandte zumindest teilweise die gleichen Gene besitzen.

Das Prinzip der inklusiven Fitneß beruht auf Kosten (k) und Nutzenvergleichen (n) für Verhalten. Das heißt ganz einfach, ich führe ein Verhalten aus, wenn der Nutzen für mich größer ist, als es die Kosten sind. Sind die Kosten größer, dann muß derjenige, zu dessen Gunsten ich handle, mit mir verwandt sein (r). Je näher er mit mir verwandt ist, um so größer dürfen dann die Kosten für mich sein. Auf diese Art und Weise kann ein Individuum in der Zukunft eine höhere genetische Repräsentation durch Verwandte, die die gleichen Gene teilen, erreichen. Formelhaft ausgedrückt: $n/k > 1/r$ (Hamilton, 1964).

Diese Möglichkeit, den Erfolg durch Wahl eines spezifischen Partners zu erhöhen, schlägt sich natürlich auch in der Partnerwahl nieder. Die Strategie, die ein Individuum jeweils wählt, um sich zu verpaaren, hängt zwar mit von ökologischen und demographischen Bedingungen ab, eine erfolgreiche Genvermehrung ist aber das entscheidende Kriterium für die »Güte« einer Strategie.

Die Konsequenz dieser Sichtweise der Partnerwahl ist, daß Individuen versuchen sollten, die Genübergabe zu optimieren, indem sie sich mit anderen Individuen verpaaren, die ähnliche Gene teilen. Das Ergebnis dieses Vorgangs ist, daß der Nachwuchs, der aus so einer Paarung entsteht, näher verwandt zu beiden Eltern ist als die einfach zu erwartenden 50 %. Dieser »genetische Bonus« wird durch »positives assortatives Verpaaren« erreicht. Man sucht sich einen Partner, der einem ähnlich im Erscheinungsbild ist. Insgesamt entsteht dadurch ein Gewinn an Genvermehrung, ohne mehr in die Reproduktion investieren zu müssen. Ebenfalls werden die Kosten für selbstloses Verhalten, in diesem Fall Investment in die Nachkommen, vergleichsweise reduziert. Um die Genübertragung zu optimieren und dadurch die Fitneß noch weiter zu erhöhen, liegt es deshalb nahe, bei der Partnerwahl auf ähnliche Gene Wert zu legen. Als Ergebnis wird man bei der Partnerwahl in phänotypischer und genotypischer Hinsicht auf große Ähnlichkeit achten.

Das Ergebnis der assortativen Partnerwahl beim Menschen ist, daß sich Partner genetisch ähnlicher sind, als sie zu einer Durchschnittsperson wären. Das hat wichtige Folgen für das Familienleben. Wenn sich zwei Ehepartner sehr ähnlich sind, d. h., wenn sie einen großen Anteil gemeinsamer identischer Gene tragen, dann werden sich ihre Kinder noch ähnlicher sein, und innerhalb der Familie wird es altruistischer zugehen. Durch den hohen Verwandtschaftsgrad bedingt, kann jedes Familienmitglied höhere Kosten für sein Verhalten in Kauf nehmen. Dieser Vorschlag kann empirisch erhärtet werden. Rushton (1989) führt den Fall an, daß Kinder, die ihren Eltern genetisch sehr unähnlich sind, wie z. B. Stiefkinder, eine sehr hohe Gefahr laufen, nicht altruistisch behandelt zu werden. Nach Lightcap (1982) sind eine unvergleichlich hohe Anzahl der von ihren Eltern geschlagenen Kinder Stiefkinder. Ebenso haben Jaffee und Fanshel (1970) gezeigt, daß Adoptionen erfolgreicher sind, wenn die Adoptiveltern das Adoptivkind als ähnlich empfinden. Wenn man diese Argumentationsrichtung weiterverfolgt, könnte man auch davon ausgehen, daß körperliche Attraktivität durch die Abschätzung von Ähnlichkeit zum Beurteiler abhängt. Ähnlichere Personen müßten dann als attraktiver beurteilt werden als unähnlichere Personen.

Der Hauptselektionsdruck geht in Richtung positive assortative Verpaarung, obwohl der Grad, zu dem dies möglich ist, durch die potentiellen Gefahren der Inzuchtsdepression und die Nachteile der Reinerbigkeit in bezug auf Parasitenresistenz eingeschränkt wird. Individuen verheiraten sich auf Grund von Ähnlichkeit bis zu einem Punkt, an dem erhöhte Reinerbigkeit die Überlebensfähigkeit verringert.

Bei solcher Sicht der Partnerwahl stellt sich heraus, daß wir es mit einer gerade teuflischen Mischung verschiedenster Erklärungsprinzipien zu tun haben. Auf der einen Seite finden wir Maximierungstendenzen – nur durch bestmögliche Wahl läßt sich Fitneß direkt steigern. Auf der anderen Seite stehen Optimierungstendenzen – auch die Wahl eines optimal passenden Partners steigert die Fitneß.

Assortatives Partnerwahlverhalten kann aber auch ein einfaches Nebenprodukt der Sexökonomie sein. Gleichheit entsteht, wenn alle Individuen des gleichen Geschlechts innerhalb einer Gesellschaft auf die gleichen Attraktivitätskriterien ansprechen. Sobald es Merkmale gibt, die von allen Individuen als die attraktivsten empfunden werden, dann paaren sich zunächst die Besitzer der attraktiven Merkmale. Dies würde den übrigen Individuen, die weniger extreme Ausprägungen von Merkmalen besitzen, nur übrig lassen, sich mit sich selbst zu paaren. Assortatives Verheiraten entsteht in dieser Theorie durch den sozialen Wettbewerb der Sexökonomie. Obwohl man über die Theorien unterschiedlichster Ansicht sein kann, stehen zwei Prinzipien fest:

– Gleichheit führt unmittelbar zu mehr Kooperation und verhindert Konflikte in Beziehungen,
– reproduktionsbiologisch erhalten wir erhöhte Verwandtschaft, eine höhere Genreplikationsrate und zusätzlich mehr Nachwuchs.

Der Grad der möglichen Verwandtschaft zum Heiratspartner wird dabei durch Inzestvermeidung und die positiven Effekte der Mischerbigkeit optimiert, denn die Qualität des Nachwuchses spielt auch eine Rolle. Die für Parasitenresistenz notwendige Mischerbigkeit wird Heiraten mit zu nahen Verwandten unterbinden. Dies geschieht auf unmittelbarer Ebene wiederum dadurch, daß Attraktivität an Mischerbigkeit und damit auch an Parasitenresistenz gebunden zu sein scheint.

Doch damit haben die biologischen Theorien ihre Erklärungsvorteile noch nicht ausgespielt. Wir brauchen nicht das Bild des »Vaters« oder der »Mutter«, an die wir uns in der Partnerwahl halten, wie es viele psychologische Theorien vorschlagen. Wir können annehmen, daß Kinder ihren Eltern zumindest in Teilbereichen ähnlich sind. Wenn wir also solche Partner bekommen, die uns ähneln, dann sind diese auch unseren Eltern ähnlich. Biologische Theorien können sogar den Effekt »Ich gerate immer an dieselben Frauen/Männer« durchaus auf einfache Weise erklären. Wenn es einen Heiratsmarkt gibt und die Verteilung der Partnermerkmale bekannt ist, bekommt eine Person mit einem bestimmten Partnermarktwert, egal welchen Geschlechts, immer die qualitativ gleichen Partner. Dies gilt ebenso, wenn eine aktive Suche nach gleichen Partnern auftritt. Sobald dann auch, wie wir gesehen haben, bestimmte Persönlichkeitsmerkmale an Partnerqualität gebunden sind, gilt dies auch für diese. Ein einfacheres Erklärungsprinzip als diese durch den Partnermarkt bestimmten Sortiervorgänge auf biologischer Grundlage gibt es nicht.

Das Hauptproblem einer jeden Ähnlichkeitstheorie ist aber, wie Menschen herauszufinden versuchen, ob andere genetisch ähnlich sind. Dazu kommt die Schwierigkeit, daß an bestimmte vorhandene Persönlichkeitszüge einer Person auch sichtbare Zeichen gebunden

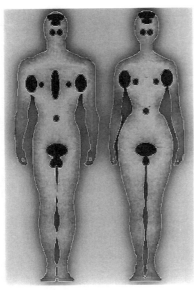

Abb. 135a: Körperduft und Partnerwahl
Die apokrinen Drüsen des Menschen (Körperregionen, in denen sie vorkommen, sind dunkelgrau gekennzeichnet, nach Stoddard, 1990) geben Duftstoffe ab. Dieses Duftdrüsensekret wird in einem bislang unbekannten chemischen Abbauprozeß zu einem für jeden einzelnen Menschen typischen Körpergeruch. Dieser Geruch erlaubt Rückschlüsse auf das Immunsystem ihres Trägers und spielt deshalb in der Partnerwahl eine wichtige Rolle – sie sind mitverantwortlich für Sympathie und Antipathie. Dies ist vor allem auch deshalb der Fall, da Gerüche direkt vom Gehirn wahrgenommen werden. Die Information über Geruch gelangt ohne Umschaltstellen direkt ins Gehirn.

sein müssen, denn sonst kann der andere nicht herausfinden, wie der eventuelle Partner ist. Die Frage, die sich nun stellt, ist: Wie finden Leute eigentlich genetisch ähnliche Partner? Wie kann man Verwandtschaft erkennen? Dazu wurden mehrere Mechanismen vorgeschlagen, die entweder angeborene Detektoren oder phänotypische Passungen sind. Auch der Bekanntheitsgrad oder das Zusammen-aufwachsen könnten Hinweise auf Verwandtschaft oder Ähnlichkeit sein (Holmes und Sherman, 1983). Welche dieser Mechanismen nun wirklich verwickelt sind, darüber kann man nur spekulieren.

Ein Hinweis auf einen möglichen Mechanismus kommt aus einer Richtung, aus der man ihn am wenigsten erwarten würde. Hold und Schleidt (1977) stellten fest, daß Partner sich am Geruch erkennen können. Die Vorgehensweise ist folgende: Die Partner tragen eine Woche nachts ein T-Shirt und benutzen keine Parfüms oder ähnliches. Danach werden die Versuchspersonen vor die Aufgabe gestellt, das Hemd ihres Partners aus einer Reihe solcher Hemden herauszuriechen – das funktioniert in Deutschland ebenso wie in Japan und Italien.

Unser Körper besitzt spezielle Duftorgane, die apokrinen Drüsen, die vor allem in den Achselhöhlen, den Warzenvorhöfen der Brust sowie in der Genital- und Analgegend vorkommen. An diesen Stellen sind sehr häufig auch Haare zu finden. Diese Haare verteilen die von den apokrinen Drüsen abgegebenen Duftstoffe über eine große Fläche. Nach Stoddard (1990) finden sich auf diesen Haaren auch Bakterienarten, die in ihrer Zusammensetzung ganz spezifisch für jedes Individuum sind.

Beauchamps et al. (1990) stellen die Hypothese auf, daß die dort abgegebenen Geruchsstoffe für die Partnerwahl eine ganz erhebliche Rolle spielen. Anscheinend gibt es einen individualspezifischen Geruch, der genetisch festgelegt ist. Darüber hinaus gibt es sogar einen Familiengeruch. Dieser spezifische Körpergeruch ist beim Menschen ein Indikator für bestimmte Eigenschaften seines Immunsystems. Damit ist es ein kleiner Schritt, über den Geruch genetische Ähnlichkeit wahrnehmen zu können. Dies könnte einer der Mechanismen sein, der als »Ähnlichkeitsdetektor« gelten kann. Wenn der Geruch eines anderen Menschen als besonders widerwärtig empfunden wird, dann liegt es nahe, daß dessen Immunsystem möglicherweise nicht zum eigenen paßt. Das könnte auch Folgen für die Gesundheit der Nachkommenschaft haben. Unter Umständen kann bei solchen Inkompatibilitäten ein Embryo in frühen Phasen der Schwangerschaft absterben.

Abb. 135b: Ähnlichkeit?
Diese Abbildung zeigt ein Ehepaar im Alter von 6 Jahren (ganz links der Mann, ganz rechts die Frau). Dazwischen errechnete ein Computer in 12,5 % Schritten die jeweiligen Mittelwerte aus. Das untere Bild zeigt den männlichen Nachwuchs im gleichen Alter. Gleicht er nun den Eltern oder nicht?
Biologische Theorien würden vorschlagen, daß Kinder ihrem genetischen Vater ähnlich sein sollten, um diesem die Vaterschaft zu versichern. In ein ihm ähnliches Kind würde dann der Vater mehr investieren. Dies gilt jedoch nur für Jungen – da hier der halbe Gensatz ja dem Vater eindeutig zuzuordnen ist. Dagegen steht, daß das Kind eigentlich im eigenen Interesse seine Herkunft verschleiern könnte.
Freunde, Verwandte und vor allem die Mutter sagen direkt nach der Geburt, das Kind gleiche dem Vater. Dies gilt mehr für Jungen als für Mädchen. Väter bleiben bei solchen Aussagen eher reserviert. Frauen versuchen anscheinend in ihren Aussagen die Vaterschaftssicherheit der Männer zu erhöhen (Daly und Wilson, 1982).

Der Einsatz von Parfüms und Deodorants führt demnach nicht dazu, daß wir »besser« riechen, sondern dadurch wird unsere genetische Identität verschleiert. Ein parfümierter Mensch hat kurzfristig höhere Partnerchancen, weil seine Immunoidentität nicht erkennbar wird und er dadurch für viel mehr Partnersuchende zum potentiellen Partner wird. Der Einsatz von Parfüm ist demnach ein Trick, der einfach den Kreis der potentiellen Partner kurzfristig erhöht. Sucht man einen Langzeitpartner, ist es jedoch angebracht, auf eine geruchliche Camouflage zu verzichten.

Die Kniffe der Frauen
und die Tricks der Männer

Sobald asymmetrisches Investment vorliegt, ergeben sich daraus eine ganze Reihe möglicher strategischer Kniffe. In erster Linie sollten solche Kniffe bei dem Geschlecht zu suchen sein, welches das höhere Anfangsinvestment hat. Erinnern wir uns an die von Trivers (1972) aufgestellt Theorie, daß ein Partner dazu tendieren wird, den anderen zu verlassen, wenn dessen bereits getätigtes Investment so hoch ist, daß er auch das Restinvestment allein auf sich nehmen wird. Das ist vor allem dann der Fall, wenn es teurer wird, erneut zu einem Punkt zu gelangen, als von diesem Punkt aus weiterzumachen.

Das Geschlecht mit dem höheren Investment sollte also versuchen, das andere Geschlecht in eine Lage zu bringen, in der es Investment leisten muß, da die »Verlassens-Schwelle« für das andere Geschlecht wesentlich niedriger liegen wird.

Daraus ergeben sich eine Reihe von neuen Hypothesen. Frauen dürften versuchen, am Anfang die Eigenschaften der Männer einzuschätzen, inwieweit sie investieren können und welche Figur sie als Investor in der Zukunft machen. Das heißt, die Männer müßten dazu gebracht werden, in der Werbephase so viel Investment zu leisten, daß die »Verlassens-Schwelle« für sie heraufgesetzt wird.

Prinzipiell gibt es dazu mehrere Möglichkeiten. Die eine ist, den Wettbewerb unter den Männern durch Sprödigkeit und die Unsicherheit des »Vielleicht« anzuheizen, denn je mehr Investment er in dieser Phase leisten muß, um so geringer wird seine Tendenz werden, dieses Investment aufzugeben. Die Herstellung von Koordination bis zur Paarung muß für die Männer so teuer werden, daß sie dieses Investment für eine zweite Verpaarung so schnell nicht auf sich nehmen.

Solche strategischen Tricks können jedoch unterlaufen werden. Man könnte davon ausgehen, daß eine Population eine bestimmte Anzahl von Alternativstrategien verträgt, in denen die Kosten für die Paarung einfach herabgesetzt werden, sobald ein kurzzeitiger oder sehr hoher Ressourcengewinn erreicht werden kann.

Da es also nicht unbedingt möglich ist, daß alle Frauen gleichzeitig die Strategien rigoros benutzen, und die Männer dorthin abwandern, wo sie leichter zum Ziel kommen, muß auch den Männern ein Vorteil aus der Sprödigkeit verschafft werden.

Zwei Taktiken bieten sich an. Ohne Zweifel läßt sich die männliche Wettbewerbsorientierung und die Tendenz zur Dominanz benutzen, indem Frauen sich äußerst submissiv darstellen. In den Untersuchungen zum Flirtverhalten haben wir gesehen, daß dies tatsächlich der Fall ist.

Die zweite, ebenso wirksame Taktik ist aber die direkte Ausnutzung der männlichen Tendenz zur sexuellen Eifersucht, wenn sie ihren Fortpflanzungserfolg und ihr Investment gefährdet sehen. Die Aussage »für alle anderen bin ich schwer zu kriegen, nur für dich nicht« ist in der Tat eine von Walster et al. (1973) entdeckte weibliche Strategie, die hohes Interesse bei Männern hervorruft.

Sind die Männer über diese Hürde gesprungen, sind sie tatsächlich in ihrem eigenen Investment gefangen, und die Frau kann durch Dominanz auf größere Ressourcenverpflichtungen drängen.

Sexuelle Eifersucht

Shotland und Straw (1976) ließen Personen, die sie zu einem Experiment eingeladen hatten, wie zufällig Zeugen eines Streits und einer physischen Auseinandersetzung zwischen einem Mann und einer Frau werden. Die Zuschauer griffen in solche Auseinandersetzungen nur selten oder überhaupt nicht ein. Womit hängt das zusammen?

Unter anderem wirken hier Anonymität und andere Phänomene mit; so sind zum Beispiel die für Altruismus notwendigen Grundbedingungen – wie zu erwartende Reziprozität, (Familien-)Gruppenzugehörigkeit oder genetische Ähnlichkeit – nicht gegeben (Grammer, 1988).

Es scheint ein generelles Vorurteil in der Bevölkerung zu geben, daß Konflikte zwischen Männern und Frauen aus Eifersucht geschehen,

Abb. 136: Würden Sie dieser Frau helfen?
Der Wiener Journalist Manfred Sax ließ Schauspieler eine Prügelszene auf öffentlichen Plätzen vorspielen. Obwohl genügend Zuschauer vorhanden waren, griff niemand ein (linke Serie). Als jemand versucht, zögernd einzugreifen, erhält er von einem anderen Zuschauer den Rat: »Laß ihn doch, er wird schon einen Grund haben, daß er sie drischt«.
Die rechte Serie zeigt einen der wenigen vorkommenden Eingriffe durch Dritte – ein junger Mann geht zaghaft dazwischen. Obwohl es natürlich unterschiedlichste Gründe für Nichteingreifen gibt, ist einer davon, daß Gewalt von Männern gegen Frauen als Streit zwischen Partnern gedeutet und weitgehend toleriert wird. Tatsächlich vorkommende ähnliche Fälle, wie zum Beispiel die Vergewaltigung von K. Genovese in New York mit 38 Zuschauern, zeigen die gleichen inaktiven Verhaltensmuster (Fotos: Wiener/Andreas Herrman).

und daß in »jedem« Fall die männliche Eifersucht gerechtfertigt ist. Ein Eingriff in die Konflikte anderer ist deshalb auch nicht notwendig.

Die Überwachung von Partnern ist für Männer und Frauen gleich wichtig, aber aus unterschiedlichen evolutionären Gründen. Wenn sie eine Paarbildung eingegangen sind, ist es für Männer biologisch sinnvoll, die Frau davon abzuhalten, sich von einem anderen Mann befruchten zu lassen. Tut der Mann das nicht, verliert er die Anstrengungen, die er bis zu diesem Tag aufgebracht hat, und sein eigenes elterliches Investment an den Nachwuchs eines anderen (Daly et al., 1982). Dieser biologischen Pragmatik ist einiges an Brisanz zu eigen. Sie ist jedoch absolut ungeeignet, um Normen abzuleiten. Was gut oder schlecht ist, ist nicht Gegenstand der Evolution, sondern liegt letztlich allein in der Entscheidungsfreiheit des Menschen.

Männer, die zum Hahnrei gemacht werden, riskieren nicht nur, daß sie wertvolle Ressourcen in das Kind eines anderen investieren, sie verlieren ebenso für die ganze Zeit die Energie und die Ressourcen, die sie aufgebracht haben, um überhaupt einen Partner zu erhalten. Daly et al. (1982) vermuten, daß sich deshalb männliche sexuelle Eifersucht als einer der Mechanismen entwickelt haben dürfte, um solche Probleme wie Hahnreischaft zu verhindern.

Damit läßt sich die Hypothese aufstellen, daß männliche sexuelle Eifersucht direkt an die potentielle weibliche sexuelle Untreue gebunden ist. Im Gegensatz dazu ist die Untreue des Mannes in sich selbst von geringerem, aber doch vorhandenem Risiko für die Frau. Ohne Taktiken zu entwickeln, um damit ihren Partner zu überwachen und bei sich zu behalten, verliert eine Frau unter Umständen die Ressourcen, die sie über diesen Partner erhalten hätte, wie Geld, Status und Schutz vor anderen Männern.

Die Frau riskiert, daß diese Ressourcen intrasexuell umgelenkt werden, weg von ihr, ihren Kindern und ihrer Verwandtschaft in Richtung anderer Wettbewerberinnen. Weibliche sexuelle Eifersucht sollte jedoch weniger intensiv als männliche Eifersucht sein, weniger klar zentriert auf sexuelle Untreue. Sie dürfte eher den potentiellen Verlust ökonomischer und materieller Ressourcen zum Thema haben.

Eifersucht wird nicht als spezielles Verhaltensmuster definiert, sondern als emotionaler Erfahrungszustand. Verhaltensweisen, die so unterschiedlich sind wie Gewalt und Überwachung von Partnern, können Manifestationen von Eifersucht sein. Der emotionale Inhalt der Eifersucht mag von Wut und Angst bis hin zur Depression reichen. Eifersucht ist auch deshalb nicht als spezifische Emotion zu definieren, sondern eher als spezifisches Verhalten.

Wir können Eifersucht als Zustand definieren, der durch eine wahrgenommene Bedrohung einer Beziehung oder Stellung erzeugt wird und ein Verhalten motiviert, dieser Bedrohung entgegenzutreten.

Eifersucht ist dann sexuellen Ursprungs, wenn die bedrohte Beziehung sexueller Natur ist. Frauen dürften evolutionären Überlegungen zufolge eher eifersüchtig werden, wenn ihre Ressourcen und die Aufmerksamkeit, die sie von ihrem Mann erhalten, bedroht wird, während Männer speziell sexuelle Eifersucht an den Tag legen.

Sexuelle Eifersucht hat sich auch in den Gesetzen niedergeschlagen. Es gibt eine historische Geschichte des Ehebruchs, die eine bemerkenswerte Durchgängigkeit zeigt (Daly et al., 1982). Geschlechtsverkehr zwischen einer verheirateten Frau und einem Mann, der nicht ihr Ehemann ist, gilt in vielen Kulturen als ein Vergehen. Hadjiyanakis (1979) hat die Geschichte der europäischen Ehebruchgesetze untersucht und herausgefunden, daß von den alten Ägyptern und Syriern über die Hebräer und die Römer bis hin zu den Spartanern fast alle mediterranen Völker Ehebruch über den Verheiratungsstatus der Frau definierten. Durchgängig wurden bei Ehebruch beide Teilnehmer ernst, oft mit dem Tod bestraft. Die erste bekannte Rechtsverordnung, die den Ehebruch eines Ehemannes betrifft, kann man erst viel später, und zwar in einem römischen Gesetz aus vorchristlicher Zeit, finden. Der Mann verliert dort die Mitgift seiner Frau, wenn er untreu ist.

Bullough (1976) untersuchte Material aus exotischen und historischen Gesellschaften. Der Status der Frau und nicht der des Mannes, nämlich ob sie verheiratet war oder nicht, definierte das Vergehen bei den Inka, den Maya, den Azteken, am Tigris, in islamischen Ländern und bei germanischen Stämmen. Die Gesetze der afrikanischen Länder zeigen die gleiche Asymmetrie, ebenso wie die der Chinesen und der Japaner.

Es gibt auch bei den Scheidungsurteilen eine eindeutige Tendenz. Kinsey et al. (1953) zeigten auf, daß 51 Prozent der geschiedenen amerikanischen Männer Ehebruch der Frau als Hauptfaktor für ihre Scheidung angaben. Das taten nur 27 Prozent der geschiedenen Frauen. Es zeigt sich dabei ein Doppelstandard, denn die hier befragten Männer hatten doppelt so häufig außerehelichen Geschlechtsverkehr als die Frauen.

Ein ähnliches Muster ergibt sich in einer neueren englischen Studie. 24 Prozent aller geschiedenen Männer und 16 Prozent der geschiedenen Frauen gaben eine ihrerseits initiierte außereheliche Affäre während der Ehe als Scheidungsgrund an. 26 Prozent der Männer und 18 Prozent der geschiedenen Frauen sahen die Untreue des Partners als Grund für das Ende ihrer Ehe an (Thornes und Collard, 1979).

Diese Tendenzen haben sich bis in unsere Zeit erhalten und finden ihren Ausdruck auch in der Gewalt in Paarbeziehungen. In den Jahren 1976 bis 1985 wurden geschätzte 18 417 Menschen in den USA durch ihren Ehepartner getötet. Für 100 Männer, die ihre Frau töteten, töteten nur 75 Frauen ihren Mann (Daly und Wilson, 1992). Dieses Verhältnis 100:75 scheint aber USA-spezifisch zu sein; in allen anderen Ländern liegt es wesentlich niedriger. So hat Kanada ein Verhältnis von 100:31, Dänemark 100:17 und Länder der Dritten Welt wie Indien 100:0.

Daly und Wilson (1992) gingen dem erstaunlichen Unterschied zwischen den USA und allen anderen Ländern, der nicht in biologisch fundierte Thesen paßt, nach. In einer der wohl ausführlichsten Analysen von Morden in der Kriminalgeschichte fördern die Autoren Unglaubliches zutage. Die Morde hängen weder mit der leichten Erreichbarkeit von Waffen in den USA zusammen noch mit sozialen Veränderungen.

Die Motive von Männern und Frauen sind unterschiedlich. Männer bringen Frauen um, von denen sie verlassen wurden. Männer bringen Frauen, ihre ganzen Familien und schließlich sich selbst um – Mordarten, die bei Frauen nie vorkommen. Männer bringen untreue Frauen um – fast nie umgekehrt. Aus anderer Sicht gesehen, bringen Frauen ihre Männer deshalb um, weil sie sie mißbrauchen. Oft erstreckte sich ein solcher Mißbrauch und die entsprechende Gewalt, der die Frau dabei ausgesetzt ist, vor dem Mord über Jahre hinweg. Wenn Frauen ihre Männer umbringen, sind es häufig Akte der Selbstverteidigung, die dann vorkommen, wenn die Frauen um ihr Leben fürchten. Daly und Wilson (1992) gehen deshalb davon aus, daß in Konflikten bei Verheirateten männlicher Zwang und Gewalt vorkommen. Die einzige Option der Frauen ist dann oft Gegengewalt. Eine andere Hypothese der Autoren ist, daß Frauen häufig ihre Kinder auch aus früheren Verbindungen gegen Männer verteidigen. Die geschlechtsunterschiedlichen Motive entsprechen damit durchaus unseren Vorhersagen.

Auch wenn man sogenannte »normale« Eifersucht betrachtet, findet man die vorhergesagten Geschlechtsunterschiede. Ein interessantes Feldexperiment führte Weghorst (1979, 1980) durch. Er ließ Paare, die schon längere Zeit zusammen waren, durch einen Experimentator ansprechen, und der Experimentator nahm dann Augenkontakt mit dem gegengeschlechtlichen Partner auf, sprach mit diesem Partner, sagte, daß er ihn kennen würde, ignorierte aber dabei den gleichgeschlechtlichen Partner. Danach machte er ein Interview mit den Versuchspersonen. Frauen, die aussagten, daß sie Eifersucht verspürten, schauten die Frau, die auf den Mann einging, weniger an oder sprachen mit ihr weniger als solche, die sagten, sie verspürten keine Eifersucht. Die Männer, die Eifersucht empfanden, starrten den Experimentator unentwegt an.

Der Geschlechtsunterschied besteht darin, daß Männer riskieren, den Zugang zu dem reproduktiven Wert ihrer Partnerin zu verlieren. Eine Frau dagegen läuft Gefahr, daß sie die ökonomischen und materiellen Ressourcen einbüßt, zu denen ihr Partner Zugang verschafft hat, oder daß er ihren Reproduktionserfolg aus früheren Verbindungen gefährdet.

Buss (1988) erweiterte diesen Ansatz und versuchte daraus Taktiken abzuleiten, die eingesetzt werden, um Partner an sich zu binden. Er stellte folgende Hypothesen auf:

(1) Männer, mehr als Frauen, versuchen ihre Partnerinnen dadurch zu halten, daß sie ihnen ökonomische und materielle Ressourcen anbieten. Diese Taktik würde die weiblichen Partnerwahlkriterien ausnützen.
(2) Frauen, mehr als Männer, versuchen ihre Partner zu halten, indem sie ihre reproduktiven, d. h. sexuellen Möglichkeiten ausspielen, die dem männlichen Partnerwahlverhalten entsprechen.

Die weiblichen Taktiken werden dahin gehen, daß sie dem Mann klarzumachen versuchen, wie maximal reproduktiv wertvoll sie sind. Das schließt ein Bestreben der Frau ein, ihr äußeres Erscheinungsbild dahingehend zu verändern, daß sie attraktiv, jugendlich und gesund aussieht. Männer hingegen werden sich bemühen, häufiger ihre Frau davon abzuhalten, sie zu verlassen, da sie größere reproduktive Kosten haben, wenn sie eine Partnerin verlieren.

Männer und Frauen können sexuelle Eifersucht entwickeln, aber aus unterschiedlichen unmittelbaren Gründen. Damit lassen sich sehr genaue Vorhersagen machen, welches Geschlecht am besten welche

Taktik einsetzt. Taktiken, die den Partner zum Bleiben überreden sollen, die ökonomische und materielle Ressourcen versprechen, werden für Männer effektiver sein als für Frauen. Taktiken wiederum, die den Partner zum Bleiben bewegen, die versuchen, das äußere Erscheinungsbild und damit den reproduktiven Wert zu verbessern, werden für Frauen wirkungsvoller sein als für Männer.

In der Tat fand Buss (1988) in seinen Studien unter amerikanischen Studenten heraus, daß die vorhergesagten Geschlechtsunterschiede tatsächlich vorkommen. Männer benutzen öfter Imponier-Verhalten, indem sie ihre Ressourcen vorzeigen, und Frauen setzen häufiger auf die Verbesserung ihres Erscheinungsbildes und die Drohung, dem Mann untreu zu werden. Es zeigt sich aber auch, daß die Studenten unterschiedliche Effektivität für verwendete Taktiken angeben. Männer meinen, die effektivste Taktik sei die, der Frau zu zeigen, zu welchen Ressourcen sie Zugang hätten, um sie zum Bleiben zu überreden.

Die Drohung, untreu zu werden, war das effektivste Mittel der Frauen. Die Taktik der Frauen beschränkt sich darauf, dem Mann zu sagen: »Ich ging mit anderen Männern aus, um ihn eifersüchtig zu machen – ich spreche zu anderen Männern auf einer Party, um ihn eifersüchtig zu machen – ich zeige Interesse an anderen Männern, um ihn zu ärgern«.

Das Ergebnis läßt annehmen, daß männliche sexuelle Eifersucht nicht nur eine in der Evolution entstandene Taktik ist, um Frauen vor Fremdbefruchtungen zu behüten, sondern auch tatsächlich bewußt, direkt und beabsichtigt durch die Frauen ausgelöst werden kann, um die Männer an sich zu binden. Das wäre ein schönes Beispiel dafür, daß eine in einem Geschlecht ausgeprägte Verhaltenstendenz vom anderen Geschlecht dafür benutzt werden kann, um das erstere Geschlecht wiederum zu täuschen.

Die Notwendigkeit, den eigenen Reproduktionserfolg zu sichern, führt nicht nur zu geschlechtsspezifischen Überredungstaktiken, sondern viel direkter auch zur Überwachung von Partnern. In vielen Tierarten bringen die Männchen sehr viel Zeit und Energie auf, um die Aktivitäten ihrer Weibchen zu kontrollieren. Unter den Phasmiden (Orthopteros) zum Beispiel agiert das Männchen als lebender Keuschheitsgürtel für das Weibchen (Thornhill und Alcock, 1983), indem das Männchen in der Kopulationsposition für mindestens 72 Tage an das Weibchen gebunden bleibt (Sivinski, 1978). Dieses Verhalten wird von Biologen gewöhnlicherweise als Bewachungsverhalten bezeichnet.

Für Weibchen liegen die Kosten des Bewachtwerdens durch Männchen in der Restriktion bei der Partnerwahl und im Verlust von Ressourcen, die sie von anderen Männchen erhalten könnten. Die Vorteile beinhalten den Schutz vor sexueller Belästigung und die Vorbeugung gegen Infantizid.

Für Männchen bestehen die Nachteile darin, daß es natürlich die Möglichkeiten, andere Weibchen zu befruchten, verliert, wenn es ein Weibchen bewachen muß. Für Männchen dagegen gibt es keine Vorteile, wenn sie von Weibchen bewacht werden.

Flinn (1988) stellte in einem karibischen Dorf mit sogenannten Verandahäusern, wo das ganze Leben einer Familie einsehbar war, Untersuchungen an. Er fand folgendes heraus: Männer, die um die gleiche Frau werben, haben eine höhere Rate von aggressiven Auseinandersetzungen (sich gegenseitig beschimpfen, Kämpfe) als Männer, die nicht in der Werbephase stehen. Mit Männern, die sich nicht um die gleiche Frau bewerben, haben sie weniger häufig Auseinandersetzungen.

Frauen, die sich um den gleichen Mann bewerben, haben keine höhere Rate an aggressiven Auseinandersetzungen als andere Frauen. Exklusive, also monogame Beziehungen, weisen geringere Raten von agonistischen Interaktionen auf als polygame. Partner interagieren häufiger, wenn die Frau empfängnisbereit, d. h. nicht schwanger ist. Männer mit einer empfängnisbereiten Frau haben höhere Raten von agonistischen Interaktionen mit anderen Männern als Männer mit Frauen, die nicht empfängnisbereit sind.

Diese Ergebnisse geben Grund zu der Annahme, daß das Bewachen von Partnern ein wichtiger Aspekt des reproduktiven Wettbewerbs ist.

Fremdgehen: aktive Wahl und Spermienwettbewerb

Ist sexuelle Eifersucht nun berechtigt? Essock-Vitale und McGuire (1985) interviewten 300 verheiratete amerikanische Frauen aller sozialen Schichten in Kalifornien. Die durchschnittliche Anzahl der Sexualpartner variiert sehr stark, und zwar von 1 bis 100. Ein Mittelwert liegt etwa bei 8,8 Sexualpartnern pro Frau. Der Prozentsatz an außerehelichen Affären ist sehr hoch, nämlich 23 Prozent.

Dies entspricht annähernd den 17 Prozent, die Kinsey erfragte (Gebhard und Johnson, 1965). Ein interessanter Schichteffekt ergibt sich dadurch, daß Frauen mit höherer Schulbildung eine größere Tendenz zu außerehelichen Affären zeigten (27,2 Prozent) als solche, die nur eine einfache Schulbildung genossen haben (16,2 Prozent).

Diese Prozentsätze werden durch viele Studien bestätigt. Cuber und Harroff (1965) fanden in einer Untersuchung heraus, daß Männer ebensooft wie Frauen fremdgehen. Athanasiou und Sarkin (1964) schätzen, daß etwa 40 Prozent der Ehemänner und 30 Prozent der Ehefrauen fremdgehen. Nach Hunt (1973) gaben 24 Prozent der Frauen und 32 Prozent der Männer außereheliche Affären zu. Etwa vier Prozent der Frauen waren sich in dieser Untersuchung nicht über die Vaterschaft eines Kindes sicher.

Als nächstliegende Gründe für Fremdgehen werden die Unfähigkeit, Streß in der Ehe zu verarbeiten (Bowman, 1960), oder Versuche angegeben, die Selbstschätzung und Selbstzufriedenheit zu erhöhen (McCary, 1973). Dazu kommt häufig der Wunsch nach neuer emotionaler Befriedigung und neuen sexuellen Erfahrungen; einfache Abenteuerlust läßt sich ebenso als Antwort finden (McCary, 1973). Vor allem der Begriff »Abenteuerlust« wird uns in der folgenden Analyse noch beschäftigen.

Betrachtet man die jeweilige sexuelle Vorgeschichte der Frauen, dann zeigt sich, daß Frauen, die viele sexuelle Abenteuer erlebt hatten, auch in der Ehe häufiger sexuelle Affären hatten und eher geschieden wurden (Essock-Vitale und McGuire, 1985). Eine Tendenz zu sexuellen Abenteuern, die sehr früh beginnen kann (17,7 gegen 20,0 Jahre), setzt sich also über die Ehe hinaus fort. Interessanterweise hatten solche Frauen auch einen geringeren Reproduktionserfolg, und dies ist der Ansatzpunkt für einen der biologischen Erklärungsversuche des »Fremdgehens«.

Frauen scheinen alles zu tun, um die Vaterschaft abzusichern und dem Mann die Angst vor einer Hahnreischaft zu nehmen, um sich damit seine Unterstützung zu sichern. Denn die Wahrscheinlichkeit einer Abtreibung nimmt mit der Vaterschaftsunsicherheit verheirateter Frauen zu.

Absicherung der Vaterschaft scheint damit eine erfolgreiche weibliche Reproduktionsstrategie zu sein, denn Heirat und Stabilität (bzgl.

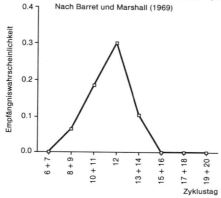
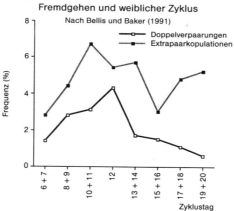

Abb. 137: Fremdgehen und weiblicher Zyklus
Exakt zum Zeitpunkt der höchsten Empfängniswahrscheinlichkeit (oben) gehen Frauen am häufigsten fremd (unten). Dies gilt für einfaches Fremdgehen, aber auch für Doppelverpaarungen, d. h. Geschlechtsverkehr mit einem Fremden und dem Partner in kurzem Abstand.

der sexuellen Treue) in der Ehe sind nach dieser Studie an hohen Reproduktionserfolg gebunden.

Dabei dürfen wir jedoch Stabilität nicht unbedingt mit einem hohen Grad an positiver Bindung gleichsetzen. Stabilität kann ganz andere Gründe haben, und es ist durchaus nicht klar, ob Bindung auch zur Stabilität beiträgt.

Beim Konzept der Bindung handelt es sich um ein Konglomerat der verschiedensten Verhaltensweisen – ein Nachweis für Bindung als separates Konzept besteht nicht. So kann ein hoher Grad an Stabilität durch die relative Tendenz eines Partners zur sexuellen Untreue ausgelöst werden, die nun gar nichts mit Bindung zu tun hat, wenn der andere Partner zum »Bewachen« tendiert. Stabilität einer Paarbindung hat so unter Umständen wenig mit positivem Affekt oder Liebe zu tun.

»Fremdgehen« als solches ist demnach recht häufig – aber welche Konsequenzen hat es? Bellis und Baker (1991) liefern eine erstaunliche Geschichte dazu, die viel Licht auf solche Verhaltenstendenzen wirft.

Nach der Definition sind die meisten Kopulationen bei monogamen Arten Intrapaarkopulationen. Es gibt jedoch ein universelles Merkmal der monogamen Spezies (Mock und Fudjioka, 1990). Dieses Merkmal ist die Tatsache, daß sich beide Geschlechter von monogamen Arten von Zeit zu Zeit auf sogenannte Extrapaarkopulationen (»Fremdgehen«) einlassen.

Der Vorteil der Untreue scheint zumindest für den Mann leicht einzusehen (Trivers, 1972), nämlich die Erhöhung seines reproduktiven Erfolgs. Der Vorteil für den weiblichen Geschlechtspartner kann jedoch sehr viel subtiler sein. Eine spezielle Kategorie der Extrapaarkopulationen sind die sogenannten Doppelkopulationen. Bei Doppelkopulationen verpaart sich das Weibchen mit einem zweiten Männchen, während sie noch fruchtbare Spermien des ersten Männchens in sich trägt. Die Spermien der daran beteiligten Männchen treten nun in Wettbewerb um die Befruchtung.

Wenn die Fähigkeit der Spermien, mit anderen Spermien in Wettbewerb zu treten, vererbbar ist, dann werden Weibchen, die durch Spermien mit Durchsetzungsvermögen befruchtet werden, durch den größeren reproduktiven Erfolg ihrer Söhne profitieren (Fischer, 1930). Falls ein Weibchen nicht in der Lage ist, die Qualität der Spermien aus dem äußeren Erscheinungsbild eines Männchens zu erschließen, dann ist ihre beste Strategie, aktiven Spermienwettbewerb einzuleiten. Die Kosten dafür (zum Beispiel, daß das Männchen sie verläßt) werden minimiert, und die Vorteile lassen sich dadurch maximieren, daß Extrapaarkopulationen zum Zeitpunkt der höchsten Fruchtbarkeitswahrscheinlichkeit vorkommen. Bellis und Baker (1991) haben nun mit Hilfe eines

Fragebogens, der in ganz Großbritannien 1989 durch das Magazin *Company* verteilt wurde, 2708 Antworten gesammelt, aus denen sich ableiten ließ, ob, wie und wann Frauen Intra- oder Extrapaarkopulationen häufiger durchführen.

Intra- und Extrapaarkopulationen kommen nun zu unterschiedlichen Zeiten im Zyklus vor. Bellis und Baker konnten zeigen, daß die Intrapaarkopulationen hauptsächlich in der dritten (unfruchtbaren) Phase des Zyklus vorkommen. Wie vorhergesagt, zeigen die Extrapaarkopulationen einen Höhepunkt kurz vor der Ovulation.

Wenn man jetzt nach Barret und Marshall (1969) die Wahrscheinlichkeit der Empfängnis für Kopulationen an den verschiedenen Tagen des menstruellen Zyklus aufträgt, sieht man, daß der Höhepunkt der Empfängniswahrscheinlichkeit sich exakt mit dem Höhepunkt der Häufigkeiten von Extrapaarkopulationen deckt. »Fremdgegangen« wird dann, wenn die Empfängniswahrscheinlichkeit am höchsten ist.

Das fruchtbare Leben eines männlichen Spermiums ist noch nicht sehr gut bekannt. Man kann jedoch davon ausgehen, daß es zumindest fünf Tage überleben kann (Barret und Marshall, 1969). Diese Zeit kann sogar länger dauern (Smith 1984) und zwar bis 14 Tage; es hängt davon ab, welche Bedingungen das Spermium antrifft. Von den 162 Frauen, die behaupteten, daß ihr letzter Verkehr eine Extrapaarkopulation war, sagten 50 aus, daß dieses Ereignis einen Abstand von fünf Tagen zum letzten Verkehr mit ihrem Partner hatte. Damit kann man bei Extrapaarkopulationen von Doppelverpaarungen sprechen. Auch Doppelverpaarungen kommen in der Studie von Bellis und Baker genauso zum Zeitpunkt der höchsten Empfängniswahrscheinlichkeit vor.

Keiner dieser Trends ändert sich durch die Anwendung von kontrazeptiven Praktiken. Es scheint kein Einfluß auf die Extrapaarkopulationen nachweisbar. Bellis und Baker stellten fest, daß etwa 13,8 Prozent der 145 ungeschützten Kopulationen in der fruchtbaren Periode stattfanden. Im Durchschnitt haben Extrapaarkopulationen, die Spermienwettbewerb auslösen, etwa eine Chance von 50 Prozent für die Befruchtung. Man würde deshalb einen Grad von väterlicher Diskrepanz, d. h. Fälle, in denen der Ehemann nicht der Vater des Kindes ist, von etwa 6,9 Prozent bis 13,8 Prozent voraussagen können. Blutgruppenstudien in Großbritannien bestätigen diese Vorhersage. Dort rangiert die väterliche Diskrepanz in einem Bereich von 5,7 bis 20 Prozent für Südengland (Edwards, 1978).*

Fremdgehen hat also Konsequenzen. Warum ist dies aber so? Eine mögliche Erklärung wäre die, daß Männer immer Frauen unterdrückt haben und sie häufig in Beziehungen zwangen, in denen ihr Partner nicht unbedingt der reproduktiv günstigste Partner war. Solche Bedingungen können in allen Kombinationen vorkommen. Heiraten werden erzwungen, oder es gibt Partner mit hohem Status, also optimale Versorger, deren reproduktives Potential eher geringer sein kann. Männliche sexuelle Eifersucht ist also in biologischen Begriffen eine Verhaltenstendenz, der reales Verhalten von Frauen gegenübersteht, die ebenfalls wie Männer versuchen, ihren reproduktiven Erfolg zu verbessern.

Diese Unsicherheit in den Vaterschaftswahrscheinlichkeiten hat direkte Konsequenzen in unserem Verhalten und sogar für die soziale Struktur von ganzen Gesellschaften.

Die durch Vaterschaftswahrscheinlichkeiten geprägten Verhaltenstendenzen schlagen sich sogar in der Konstruktion ganzer Gesellschaftssysteme nieder. Bei einer Durchsicht von 186 vorindustriellen Gesellschaften, die die meisten Regionen der Welt und verschiedene Ebenen der Komplexität repräsentieren, untersuchten Gaulin und Schlegel (1980), ob die Vaterschaftsverläßlichkeit in den verschiedenen Gesellschaften zu unterschiedlichem väterlichen Verhalten, d. h. Investment in den Nachwuchs, führt. Diese Daten lassen ermessen, ob beispielsweise in einer Gesellschaft ein Doppelstandard betreffend außerehelichem Sex und seiner Frequenz bei Frauen vorliegt. Danach läßt sich eine Gesellschaft einordnen, ob eine hohe oder eher eine geringere Vaterschaftsverläßlichkeit vorhanden ist. Es zeigt sich, daß in der Regel in Gesellschaften mit hoher Vaterschaftsverläßlichkeit das Investment der Männer eher in Richtung ihres eigenen Nachwuch-

---

* Verhütungsmittel spielen auch in den Zeiten von AIDS eine fast zu vernachlässigende Rolle. In den letzten Jahren wurde auf Grund der AIDS-Bedrohung sehr intensiv über den Gebrauch von Verhütungsmitteln geforscht (Darling et al., 1992), dabei stellt sich heraus, daß Kondome und andere Verhütungsmittel sehr selten eingesetzt werden (36 Prozent der Frauen und 45 Prozent der Männer). Eine der häufigsten Antworten bei Befragungen (in diesem Fall zwar über den ersten Geschlechtsverkehr) war: »Der Geschlechtsverkehr war ungeplant« mit 40 Prozent bei Frauen, und »Keine Verhütungsmittel erreichbar« mit 40 Prozent bei den Männern. Ähnliche Verhältnisse sind auch beim »Fremdgehen« zu erwarten.

ses verläuft. In Gesellschaften mit geringer Vaterschaftsverläßlichkeit investieren die Männer eher in den Nachwuchs ihrer Schwestern, mit dem sie sicherer und damit näher verwandt sind, als mit dem möglicherweise unsicheren Nachwuchs ihrer Frauen. Kulturelle Formen des Investments und kulturelle Formen einer Gesellschaft können durch biologische Grundlagen determiniert werden.

Allein die Vaterschaftsverläßlichkeit bestimmt gesellschaftliche Regeln, wie etwa den Weg des Erbes. In Gesellschaften mit geringer Vaterschaftsverläßlichkeit erben eher und signifikant häufiger die Söhne der Schwester das Vermögen des Bruders der Mutter.

Ähnlich geartet sind die sogenannten Muster des Wohnens nach der Heirat. Bei Söhnen mit hoher Vaterschaftsverläßlichkeit ist der Wohnort nach der Heirat eher patrilokal, d. h. am Ort der Abstammung des Vaters. In Gesellschaften mit geringer Vaterschaftsverläßlichkeit ist der Wohnort nach der Heirat eher matrilokal, d. h. bei der Mutter. Das schlägt sich sogar in unseren Vorlieben nieder. Russel und Wells (1986) zeigten, daß gegenüber dem mütterlichen Teil der Verwandtschaft wesentlich positivere Emotionen geäußert werden als gegenüber dem väterlichen. Die inklusive Fitneß liegt uns hier näher als die unsicheren Verwandtschaftsbeziehungen.

Vaterschaftswahrscheinlichkeit – bewußt oder unbewußt – ist also ein zentrales Thema menschlichen und vor allem männlichen Verhaltens. Wenn nun Frauen die Taktik der Extrapaarkopulationen und der Doppelverpaarungen wirklich als Taktik zur Erhöhung ihres Reproduktionserfolges einsetzen, welchen Weg gehen sie dann?

Wie könnten sich die Frauen den Zeitpunkt aussuchen – wo doch der genaue Zeitpunkt der Ovulation und damit der Empfängnisbereitschaft meist unbekannt ist und man in diesem Zusammenhang eher von stiller oder verborgener Ovulation redet? Diese Frage macht einen erneuten Ausflug in die Evolutionstheorie nötig.

Die stille Ovulation

Bei den meisten Säugetieren gibt es einen strikten Zusammenhang zwischen Zyklus und Sexualverhalten. Fast das gesamte Sexualverhalten beschränkt sich dabei auf die Zeit der Ovulation, d. h. die Zeit der maximalen Fruchtbarkeit (Leshner, 1978).

Im Gegensatz zu den meisten anderen Primaten ist beim Menschen die Empfängnisbereitschaft der Frau nicht durch äußere Zeichen direkt erschließbar. Es treten weder äußere Schwellungen auf, die zum Beispiel bei den Schimpansen weithin sichtbar eine Empfängnisbereitschaft anzeigen, noch findet man direkte olfaktorische Reize, die bei vielen Primaten eine Rolle spielen. Schimpansen sind durch geruchliche Überprüfung der Weibchen in der Lage, deren Empfängnisbereitschaft direkt festzustellen (Goodall, 1986). Diese Tatsache der unsichtbaren, nicht unmittelbar durch den Mann überprüfbaren Ovulation ist eines der Rätsel menschlicher Evolutionsgeschichte, und es gibt eine ganze Reihe von Theorien zu diesem Thema.

Die erste Frage ist deshalb die, wie feststellbar oder nachprüfbar Ovulation selbst ist. Dies wäre für die Frauen mit Sicherheit nur ein geringeres Problem. Mittelschmerz und Cervixschleimabsonderungen sind bekannte Symptome, die direkt auf die Ovulation hinweisen könnten. Die Frauen müßten deshalb selbst in der Lage sein, den Ovulationszeitpunkt zu erkennen. Jedoch ist soweit keine Lernverbindung zwischen den Symptomen und der Ovulation ersichtlich. Schwangerschaften sind seltene Ereignisse und nicht unbedingt auf Kopulationen zu einem bestimmten Zeitpunkt zurückführbar. Die Ovulation selbst ist deshalb auch für die Frau größtenteils nicht in einen direkten physiologischen Zusammenhang zu bringen. Es nützt auch nicht, über eine erhöhte sexuelle Aktivität zum Zeitpunkt der Ovulation zu argumentieren, da auch diese erhöhte Aktivität keinen erkennbaren direkten Vorteil und verwertbaren Lernzusammenhang für die Entwicklung einer Strategie oder Taktik bringt.

Taktische Argumentation kann also nicht über diesen Punkt springen, denn um die verborgene, stille oder verschleierte Ovulation taktisch einzusetzen, müßten jeder Frau deren Zeitpunkt und deren Auswirkungen bekannt sein.

Dies ist im Angesicht der Ergebnisse von Bellis und Baker (1991) eher paradox, da ja Extrapaarkopulationen exakt zum Zeitpunkt der Ovulation gehäuft vorkommen. Beim Menschen ist ein Zusammenhang zwischen Ovulation und sexuellem Interesse umstritten. In einer Studie (Slob et al., 1991) wurden zwei Wege verfolgt: Erstens wurde die Temperatur der kleinen Schamlippen in der Reaktion auf erotische Filme gemessen, zweitens die subjektive Erregung erfragt. Es zeigte sich, daß in der lutealen (fruchtbaren) Phase die physiologische Erregung stärker ausfällt, d. h. eine Temperaturerhöhung vorkommt, als in der follikulären Phase. Gleiches gilt für die subjektiv erfragte Erregung.

Alexander und Noonan (1979) haben wohl die bekannteste Hypothese in diesem Bereich aufgestellt. Nach dieser Theorie dient die verborgene Ovulation dazu, daß sich Frauen damit die männliche Fürsorge für ihre Kinder sichern. Männer, die sich auf dauerhafte Beziehungen mit Frauen einlassen, die einen verlängerten Östrus besitzen, erlitten in der Evolution Nachteile, denn sie haben höhere Kosten aufzubringen, um ihre Vaterschaft zu sichern. Wenn Männer ihre Frauen nur während einer kurzen Östrusperiode bewachen müssen, ist die Vaterschaftssicherheit sehr hoch, jedoch entstehen so die geringsten Kosten. Wenn ein Mann eine Frau dauernd bewachen muß, verliert er seine Fähigkeit zu jagen und andere Aktivitäten auszuführen, und dadurch büßt er indirekt zumindest auch die Fähigkeit zur väterlichen Fürsorge ein.

Alexander und Noonan argumentieren deshalb, daß sich der verborgene Östrus entwickelt haben dürfte, weil Frauen damit Männer in eine Beziehung locken konnten. Männer, die nicht wüßten, wann die Frau fruchtbar ist, müßten bei dieser Frau bleiben, um die Befruchtung und damit ihre Vaterschaft zu sichern.

Ähnliche Überlegungen stellt Symons (1979) an. Wenn Menschen in promiskuitiven, polygynen Verbänden lebten und Männer den Frauen Jagdbeute im Austausch für Sex gaben, dann könnten Frauen auf ein solches Angebot damit reagiert haben, ihr Stadium der sexuellen Attraktivität zu verlängern.

Eine Frau, die anzeigt, wann die Ovulation stattfindet, müßte demnach riskieren, das männliche Investment zu verlieren, weil der Mann argwöhnisch würde, daß andere Männer die Ovulation auch festgestellt haben könnten. Diese Entwicklung impliziert, daß es eine männliche Furcht vor Hahnreischaft als evolutionären Druck gibt.

Das Ergebnis dieser Evolutionsgeschichte wäre eine in der Evolution entstandene weibliche Strategie, sich die Mitarbeit des Mannes bei der Kinderaufzucht zu sichern. Der Mechanismus, über den die verborgene Ovulation entstanden wäre, könnte ein verstärktes Vertrauen des Mannes in seine Vaterschaft sein.

Im Gegensatz zu dieser Annahme gehen Benshoff und Thornhill (1979) davon aus, daß der verborgene Östrus sich entwickelt habe, um der Frau die Möglichkeit zu geben, ihren Mann erfolgreich zu betrügen.

Damit könnten die Frauen den negativen Konsequenzen von Machtspielen in Ehen und erzwungenen Verbindungen entgehen. Wir müssen davon ausgehen, daß die freie Partnerwahl, wie wir sie in der anonymen Massengesellschaft antreffen, die Ausnahme ist. Heiraten werden in der Regel in fast allen Gesellschaften aus ökonomischen und politischen Gründen erzwungen. Die Frau war demnach in ihrer Evolutionsgeschichte Spielball ökonomischer und politischer Interessen. Sie bekam zwar einen Partner, der in der Lage zur optimalen Versorgung, aber oft nicht der ideale Vater war.

Wenn Monogamie einmal etabliert ist, dann wäre es – biologisch gesehen – die beste Strategie der Frau, außerhalb ihrer Paarbindung zu kopulieren, weil sie dadurch überlegene Gene erhalten kann. Frauen, die keine Ovulation anzeigen, machen es ihren Männern unmöglich, den reproduktiven Zyklus zu kontrollieren. Die Frau wird damit in die Lage versetzt, sich das beste genetische Material zu suchen und trotzdem die männliche Fürsorge für ihre Kinder zu genießen.

Gleichzeitig hätte der Partner eine »sichere« Vaterschaft und würde deshalb auch das notwendige Investment leisten. In diesem Fall ist das Ergebnis der Entwicklung der verborgenen Ovulation genetisch überlegener Nachwuchs.

Diese zwei miteinander im Wettbewerb stehenden Hypothesen schließen den unterschiedlichen Einfluß von Genen ein. Wenn die väterliches Fürsorgeverhalten auslösenden Gene für den Erfolg des Nachwuchses wichtig sind, dann wäre eine Funktion des verlorenen Östrus in Richtung der Sicherung der männlichen Vaterschaft annehmbar.

In allen Fällen sollte bewußtes Wissen über den Zeitpunkt der Ovulation gegenselektiert werden, weil es die Fähigkeit der Frauen, die Männer zu betrügen und väterliche Fürsorge auszulösen, behindern würde (Strassmann, 1981). Es gibt aber eine Reihe von Beispielen über physiologische Änderungen zum Ovulationszeitpunkt. Hormonelle Änderungen im Zyklus der Frau haben direkte Effekte auf das Zentralnervensystem und bewirken Änderungen im sensorischen Bereich. Diamond und Diamond (1972) stellten fest, daß sich die visuelle Sensitivität zum Zeitpunkt der Ovulation ändert. Frauen, die die Pille nehmen, und Männer haben keine solche Änderungen in der visuellen Wahrnehmung. Laws (1977) entdeckte, daß Änderungen im neuroendokrinen System die akustische Reflexschwelle bei Frauen während der Ovulation ändern. Zudem fand man Änderungen in der akustischen Sensitivität während des menstruellen Zyklus heraus.

Strassmann (1981) geht nun davon aus, daß psychologische und sensorische Änderungen Frauen dazu bringen, sich außerhalb ihrer Paarbindungen mit Männern einzulassen, die überlegene Gene haben. Diese Erklärung unterstützt die Hypothese, daß sich die verborgene Ovulation entwickelt hat, weil sie es der Frau erlaubt, männliche Brutfürsorge zu induzieren, und zwar mit den Männern, die dazu in der Lage sind, die aber nicht notwendigerweise die optimalen genetischen Väter für ihren Nachwuchs sind.

In diesen theoretischen Annäherungen finden wir eine ganze Reihe von möglichen Effekten. Zum einen dürften die Frauen durch die verborgene Ovulation Sex als Ware einsetzen, um Vorteile zu erlangen. Zum anderen könnten sie die Vaterschaft verschleiern und sich so die Mitarbeit der Männer erhalten. Drittens wären sie in der Lage, sich »überlegene Gene« zu verschaffen und so den politischen Ränken und Zwängen ihrer sozialen Umwelt zu entkommen. Eine ganze Menge Vorteile also.

Was aber haben die Männer davon? Der potentielle Vorteil der Männer, der ja bestehen muß, damit sie sich solche Frauen aussuchen, die sie möglicherweise betrügen können, wäre, daß sich Frauen nicht kognitiv gegen die Empfängnis wehren konnten. Dazu kommt, daß Frauen, die keine Ovulation zeigen, den sozialen Frieden nicht stören und dem Mann Kooperation mit anderen Männern erlauben. Wir haben aber gesehen, daß empfängnisbereite Frauen durchaus Aggression in Gruppen unter Männern hervorrufen. Die Vorteile für die Männer sind also schwerer zu sehen. Abgesehen davon, daß Männer auch in der Lage sind, durch die verborgene Ovulation zu »gestohlenen« Kopulationen zu kommen, die immerhin in etwa zehn Prozent zur erfolgreichen Reproduktion führen. Dies könnte durchaus ein Vorteil sein.

Paradoxerweise erscheint hier ein Vorteil, der auch gleichzeitig ein Nachteil ist. Männer müssen, um ihre Investitionen zu sichern, sexuelle Eifersucht zeigen. Gleichzeitig sind sie in der Lage, sich durch Extrapaarkopulationen Vorteile zu verschaffen. Es bleibt die Frage, wie die Frau solche Tendenzen nun wirklich kontrolliert.

Jemanden riechen können und Sensationslust: die Mechanismen

Olfaktorische Reize spielen eine herausragende Rolle im tierischen Sexualverhalten. Beim Menschen sind solche Reize schwierig nachzuweisen, und die damit verbundene Diskussion wird sehr emotional und kontrovers geführt (Doty, 1976). Jedoch weiß man, daß der Mensch in der Lage ist, die Geschlechter durch Geruchsreize allein zu unterscheiden (Hold und Schleidt, 1977).

Tatsächlich finden wir Geschlechtsunterschiede in der Zusammensetzung des menschlichen Achselschweißes. Diese unterschiedliche Zusammensetzung könnte die Grundlage für die Unterscheidungsfähigkeit darstellen. Die Schweißdrüsen des Mannes produzieren mehr 5-alpha-androst-16en-3-alpha-ol und 5-alpha-androst-16en-3-alpha-on als die der Frau (Brooksbank et al., 1974).

Viele Autoren haben darüber spekuliert, daß Androstenon sowie Androstenol männliche Pheromone seien, die dazu dienen, Frauen sexuell zu erregen. Die Frage ist nun, wie Frauen diese Geruchsreize wahrnehmen. Filsinger et al. (1985) wiesen nach, daß Frauen Männer negativ beschrieben, wenn man ihnen Androstenon auf die Oberlippe streicht. Im Gegensatz dazu wurden die Männer als sexuell attraktiv beschrieben, wenn man das gleiche mit Androstenol macht. Maiworm (1990) hat gezeigt, daß Frauen unter dem Einfluß von Androstenol Männer positiv beurteilen, unter dem Einfluß von Androstenon hingegen negativ.

Wir können somit davon ausgehen, daß Frauen den Geruch von Androstenol attraktiv finden und daß die Wahrnehmung dieses Geruchs sich in einer erhöhten weiblichen sexuellen Erregung äußert (McCollough et al., 1981), während Androstenon zu einer negativen emotionalen Haltung gegenüber Männern führt.

Die ganze Lage kompliziert sich jedoch dadurch, daß man in der Analyse frischen Schweißes keine der beiden Substanzen finden kann. Weder Androstenon noch Androstenol können im frischen Schweiß in Konzentrationen, die über der Geruchsschwelle liegen, gefunden werden. Auf Grund dieser Ergebnisse kamen Labows et al. (1979) zu dem Schluß, daß beide Substanzen, Androstenol mit seinem Sandelholzgeruch und Androstenon mit seinem urinähnlichen Geruch, durch Enzyme und Bakterien erst im Schweiß produziert werden. Das primäre

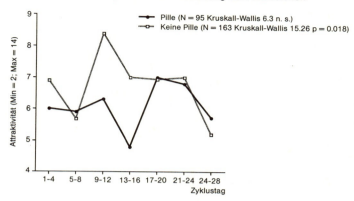

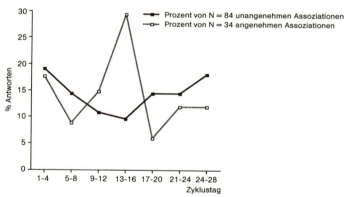

Abb. 138: Androstenon – ein männliches Pheromon?
Gerüche sind für die emotionale Grundeinstellung auch bei Interaktionen mit anderen verantwortlich. Frauen lehnen den urinähnlichen Geruch, den Männer in ihrem Schweiß haben, außerhalb der empfängnisbereiten Zeit ab. Die Bewertung des Geruchs wird aber zur Zeit der höchsten Empfängniswahrscheinlichkeit im Zyklus neutral. Frauen, die die Pille nehmen, zeigen keine solchen Veränderungen (oben). Auch freie Assoziationen zum Geruch des Androstenons werden positiv (unten). Die Frauen ändern demnach auch ihre emotionale Einstellung, wenn sie auf einen Mann treffen, zyklusabhängig – damit haben sie die freie Wahl ihrer Geschlechtspartner zum Zeitpunkt der höchsten Empfängniswahrscheinlichkeit.

Produkt könnte deshalb Androstenol sein, das unter dem Einfluß von Sauerstoff zu Androstenon oxydiert. Androstenon scheint sich sehr schnell zu entwickeln und ist wohl auch der herausragende Duft.

Die Tatsache, daß Frauen ihre emotionale Einstellung gegenüber Männern unter dem Einfluß beider Substanzen ändern, führt zu der Hypothese, daß beide Substanzen doch männliche Pheromone sein könnten. Jedoch liegt diese Hypothese ganz anders, als man anfänglich vermuten würde.

Damit ergeben sich jedoch eine ganze Reihe von Schwierigkeiten. Wenn beide Substanzen Pheromone wären, dann stellt uns die Tatsache, daß ein die Attraktivität erhöhendes Pheromon wie Androstenol gleichzeitig ein abstoßendes Pheromon produziert, vor erhebliche Erklärungsschwierigkeiten. Denn ein Mann, der sehr viel Androstenol produziert, würde auch gleichzeitig Androstenon produzieren und damit die Frauen anziehen und gleichzeitig abstoßen.

Die Frage wäre dann, welchen Vorteil der Signalsender und welchen Vorteil die Signalempfängerin von der Signalwirkung des Androstenons haben.

Gehen wir davon aus, daß der Empfänger in der Regel für die Evolution des Signales verantwortlich zeichnet – dann ist zunächst eine abstoßende Funktion des Androstenons für Frauen ein klarer Vorteil. Sie gefährden damit ihren reproduktiven Erfolg nicht – wenn sie Abstand zu Männern halten und sich nicht mit jedem einlassen.

Für Männer ist ein solcher Vorteil nicht so einfach nachzuweisen – denn er hat ja nichts davon, außer daß ihm die Frauen aus dem Weg gehen, wenn er stinkt. Es muß aber einen Vorteil für beide geben.

Diese Situation wird noch komplizierter, wenn wir die Tatsache berücksichtigen, daß die Geruchswahrnehmung der Frau von ihrem Zyklus abhängt. Die Geruchsschwellen der Frau ändern sich während des Zyklus (Doty, 1976). Zum Zeitpunkt der Ovulation ist die Geruchswahrnehmungsschwelle erniedrigt. In der Tat gibt es einige wenige Ergebnisse, die zeigen, daß auch die Wahrnehmung von Androstenol und Androstenon diesen Schwankungen unterliegt. Benton (1982) zeigte, daß die Anwendung von Androstenol auf die Oberlippe von Frauen zum Zeitpunkt der Ovulation zu Stimmungsänderungen führte. Sie schätzten ihre Stimmung zu diesem Zeitpunkt dann submissiver ein.

Bis zu diesem Punkt können wir also zumindest zwei unterschiedliche olfaktorische Signalsysteme annehmen. Einem liegt Androstenol zugrunde, das auf Frauen sexuell anziehend wirkt, das andere ist Androstenon, das negative Emotionen bei Frauen hervorruft.

Wenn wir die Funktion eines solchen emotionsinduzierenden Signalsystems untersuchen wollen, müssen wir uns in ein völlig anderes Gebiet der evolutionären Erklärungshypothesen begeben. Im Kontrast zu den meisten Tieren kann die Ovulation beim Menschen ja weder direkt durch die Männer noch durch die Frauen festgestellt werden. Wenn die Wahrnehmung von Androstenon mit dem Zyklus variiert, könnte eine stimmungsinduzierende Funktion von Androstenon entweder Kopulationen verstärken oder Kopulationen während des Zyklus verhindern.

Hier können wir die Brücke zu den Ergebnissen von Bellis und Baker (1991) schlagen. Eine zyklusabhängige, veränderte emotionale Einstellung gegenüber Männern könnte einen direkten Einfluß auf Extrapaarkopulationen haben.

Androstenon und Androstenol können als Signalsystem Extrapaarkopulationen hervorrufen, indem sie die emotionale Haltung der Frau gegen Männer modulieren. Männer könnten durch Wahrnehmung, ob sich eine Frau positiv oder negativ zu ihnen verhält, feststellen, ob die Frau zu diesem Zeitpunkt ovuliert.

Wir befragten 290 Frauen nach ihrem Zeitpunkt im Zyklus (Grammer, 1993) und ließen sie Androstenon bewerten. Es zeigte sich in der Studie sehr schnell, daß Frauen im zweiten Teil des Zyklus Androstenon positiver bewerteten als im ersten Abschnitt und im letzten. Bei Frauen, die die Pille nahmen, also keine Ovulation erfuhren, zeichneten sich solche Unterschiede nicht ab.

Im allgemeinen läßt sich sagen, daß Frauen Androstenon negativ beurteilen, was aber zum Zeitpunkt der Ovulation aufgehoben wird. Damit läßt sich festhalten, daß der männliche Körpergeruch, der von Frauen unattraktiv und unangenehm empfunden wird, zum Zeitpunkt der Ovulation anscheinend die emotionale Grundeinstellung zu Männern verändert. Am Optimum der Empfängnisbereitschaft der Frau beurteilten sie Androstenon neutral. Über den Zyklus hin gesehen, liegt dann folgende Situation vor: Androstenon führt bei Frauen während des Zyklus zur negativen Grundhaltung gegenüber Männern; diese negative Grundhaltung wird aber exakt zum Zeitpunkt der Ovulation aufgehoben.

Wir können davon ausgehen, daß Geruch ein Grundmechanismus ist, der Stimmung und Emotionen direkt im Gehirn beeinflußt, da dieser Zugang zum Gehirn nicht durch Filterstationen läuft, die die Signale beeinflussen. Diese Änderungen in der Grundhaltung der Frauen gegenüber männlichem Geruch könnten einen starken Einfluß auf Partnerwahl und selbstinitiierte Kopulationen durch Frauen haben. Damit können wir auch versuchen, eine Möglichkeit der evolutiven Erklärung für die Existenz eines solchen Androstenon-Androstenol-Signalsystems zu finden.

Wie schon ausgeführt, müssen wir bei solchen Erklärungsversuchen zunächst einmal davon ausgehen, daß Sender und Empfänger des Signals einen Vorteil aus der Existenz des Signals haben müssen. Obwohl der Empfänger die Form des Signals diktiert, muß das Signal die Fitneß des Senders und des Empfängers erhöhen. In diesem Fall wäre das eine relativ einfache Geschichte: Der Androstenon produzierende Mann hat einen höheren Reproduktionserfolg als der nicht Androstenon produzierende Mann, weil er nicht ovulierende Frauen abstößt und während der Empfängnisbereitschaft eher bei Frauen landen kann.

Im Mittelwert wird der Androstenon verbreitende Mann also auf mehr Frauen treffen, die sich exakt am Zeitpunkt der Ovulation befinden. Deshalb hat er eine höhere Befruchtungschance. Ein Mann, der kein Androstenon produziert, könnte sich in einer solchen Population nicht durchsetzen.

Die Vorteile für die Frau sind sogar noch größer. Durch das Verschleiern des Östrus ist sie in der Lage, sich männliche Investitionen zu sichern. Sie bekommt »bessere Gene« durch gelegentliche Extrapaarkopulationen, die Spermienkonkurrenz induzieren. Das geschieht nur dadurch, daß sie ihre emotionalen Stimmungen Männern gegenüber in der Mitte des Zyklus ändert.

Frauen können mittels dieses Androstenon-Androstenol Signalsystems mit den negativen Effekten der Monogamie sehr gut zurechtkommen. Dieser stimmungsändernde Effekt des Androstenols erlaubt der Frau, sich einen passenden Partner mit der höchsten genetischen Fitneß auszusuchen.

Damit ist die Geschichte jedoch noch nicht am Ende, denn es gibt spezifische physiologische Anpassungen, die in der gleichen Richtung wirksam werden.

Einen interessanten Beitrag zur Idee der Änderung von Verhalten während des Zyklus liefert die Untersuchung von Monoaminoxydase (MAO). MAO ist ein Enzym, das direkt in das Funktionieren des Gehirns eingreift. Man weiß allerdings noch nicht exakt, was genau passiert, wenn die Konzentration von MAO entweder besonders niedrig oder hoch ist.

Ein Ergebnis geringer MAO-Aktivität im Gehirn mag sein, daß die Fähigkeit eines Individuums, Selbstkontrolle unter verschiedenen Bedingungen zu erhalten, niedriger wird. Hohe Konzentrationen dämpfen einen Organismus, und niedrige Konzentrationen heben das allgemeine Erregungsniveau.

Die Höhe von MAO-Konzentrationen in verschiedenen Personen hängt von zwei Faktoren ab. Sie wird einerseits genetisch kontrolliert (Fowler et al., 1982). Verschiedene Personen haben deshalb, genetisch bedingt, unterschiedlich hohe Konzentrationen. Der zweite Einfluß entsteht durch Sexualhormone. Progesteron erhöht MAO-Aktivität (Klaiber et al., 1967); Östrogene und Androgene auf der anderen Seite setzen sie herab (Klaiber et al. 1976).

Bei der Frau ist es nun so, daß die relative Produktion von Progesteron und Östrogen sich mit dem Zyklus ändert. Frauen haben insgesamt höhere MAO-Aktivitäten als Männer, aber an sich eine geringere Stabilität. Der geringste Aktivitätslevel wird um die Zeit der Ovulation erreicht, wenn der Östrogenlevel am höchsten ist (Klaiber et al., 1967). Nach Ellis (1987) sind folgende Verhaltensmuster an geringe MAO-Aktivitäten gekoppelt: Impulsivität und Monotonievermeidung, Sensationssuche und die Neigung zur Übernahme von hohem Risiko, die Präferenz für aktive soziale Interaktionen und eine Vorliebe für hochvariierende sexuelle Erfahrungen und Partner. Diese Änderungen in der MAO-Aktivität könnten direkt zu Änderungen im Verhältnis von Frauen zu Männern führen und mit für die hohen Raten von Extrapaarkopulationen zum Zeitpunkt der Ovulation verantwortlich sein, wenn Frauen exakt zu diesem Zeitpunkt »sensationslüstern« werden.

Nach Dittami und Grammer (1993) werben Frauen sogar vermehrt zum Zeitpunkt der Ovulation: Sie zeigen mehr Haut und schätzen ihre Kleidung als attraktiver und erotischer ein als Frauen, die sich nicht am Zeitpunkt der Ovulation befinden. Der Anteil der Frauen, die eine Diskothek allein besuchen, ist zum Zeitpunkt der Ovulation höher, als durch Zufall zu erwarten wäre. Dies sind Hinweise darauf, daß wir es tatsächlich mit zyklusabhängigen »Werbeeffekten« zu tun haben. Interessanterweise aber zeigen Frauen, die mit ihren Partnern in die Diskothek kommen, am meisten Haut – eine sexy Frau zu haben, erhöht den Status des Mannes und verschafft ihm Vorteile im intrasexuellen Wettbewerb.

Diese Tendenzen zwischen sexueller Eifersucht des Mannes, Extrapaarkopulationen der Frau und der weiblichen Kontrolle ihrer eigenen Fortpflanzung zeigen ein interessantes Puzzle, in dem Verhalten und Physiologie ein Steinchen auf das andere fügen.

Es wird aber auch klar, inwieweit »Evolutionsgeschichten« als solche tatsächlich faßbar sind. Wir sehen, daß es sich dabei nicht um einfache Wenn-dann-Konstruktionen handeln kann, denn jede Entwicklung löst eine Gegenreaktion aus, und tiefgreifende Konflikte können entstehen. Evolution führt demnach nicht einfach zur Passung, sondern ist eher ein Prozeß, der mühsam versucht, im erfolgreichen »Konzept Mensch« ein Mittelmaß an Stabilität zu erreichen.

Der biologische Imperativ

Sie sind allein in einer Großstadt und wollen abends ausgehen. Wie finden Sie Kontakt, und zu wem können Sie Kontakt aufnehmen? Wir wissen heute, daß Sie in zwanzig Minuten zu Fuß in Manhattan (New York) zweihundertzwanzigtausend Leute treffen könnten. Obwohl diese Zahl bereits 1969 in einer Studie der Regionalen Planungskommission des Staates New York erhoben wurde, dürfte sich diese Situation bis heute kaum verändert haben. Wir sind im Laufe unserer Kulturgeschichte zu einer Gesellschaft von Fremden geworden.

Doch auch in dieser modernen Massengesellschaft erfolgt Partnerwahl nach biologisch begründbaren Prinzipien – eine Tatsache, die nur durch absurden kulturellen Relativismus in Frage gestellt werden kann. Diese Prinzipien sind eindeutig durch die Mechanismen der intra- und intersexuellen Evolution begründbar. Erstaunlicherweise treten sie auch in unserer kulturell stark überformten modernen Massengesellschaft klar zutage.

Es gibt aber keinen singulären Weg zu einem Partner, der völlig durch biologische Tendenzen begründbar wäre. Der Anpassungswert menschlicher Partnerwahl liegt innerhalb der Flexibilität, mit der wir sie ausüben. Es sind biologische Tendenzen, kognitive Prozesse und ökonomische Determinanten zu berücksichtigen. Partnerwahl beim Menschen ist ein komplexer kognitiver Prozeß, den wir erst jetzt zu verstehen beginnen.

Aus der Partnerwahl entstehen aber auch interessante Implikationen. Denn viele der menschlichen Grundtendenzen lassen sich direkt der sexuellen Selektion zuschreiben. Männliche Selbstdarstellung und Statusorientierung sind ein Ergebnis weiblicher Selektionskriterien.

Die Frauen haben zumindest teilweise die Männer zu dem gemacht, was sie heute sind, und umgekehrt. Sogar Mode kann ein Ergebnis der in der sexuellen Selektion wirksamen Mechanismen sein.

Männliches Streben nach Status wird mit Sicherheit durch intrasexuelle Selektion begrenzt, weil der Statuswettbewerb unter Männern dadurch, daß Ressourcen nicht unbegrenzt verfügbar sind, und durch das Ausmaß des Wettbewerbs selbst eingeschränkt wird. Status läßt sich nicht mit Dominanzstreben allein erklären – in Gruppen führt gegenseitige Kooperation zum Erfolg (Grammer und Atzwanger, 1992). Die intrasexuelle Selektion unter Männern beschränkt damit die intersexuelle Selektion auf Status durch die Frauen. Damit könnte letztlich auch unsere hohe kognitive Leistungsfähigkeit ein Ergebnis der sexuellen Selektion sein, denn »Männchen« können durch ihren Erfindungsgeist, über den Statuseffekt hinaus, den reproduktiven Erfolg von »Weibchen« durchaus mehren. In diese Richtung weist auch die Wichtigkeit von Intelligenz als Partnerwahlkriterium. Ein »Weibchen« könnte demnach ihren Erfolg durch Wahl eines »Männchens« mit hohem Status fördern, das in der Lage ist, durch Innovation neue Versorgungsquellen aufzutun.

In diesem Zusammenhang eine Dichotomie »angeboren-erworben« aufstellen zu wollen, wäre grundfalsch. Lumsden und Wilson (1981) argumentierten, als sie ihre Theorie der Genkultur-Koevolution präsentierten, damit, daß weder rein genetische noch rein kulturelle Übertragungsmechanismen von Informationen evolutionär stabil seien. Statt dessen erarbeiteten sie ein Modell, in dem genetische und Umwelteinflüsse in einem sich gegenseitig beeinflussenden Kreislauf stehen, und daß epigenetische Regeln die individuelle Entwicklung in eine Richtung an anderen Alternativen vorbei bestimmen. Nach dieser Theorie gibt es angeborene Tendenzen, die ein Individuum dazu führen, eine Information bevorzugt zu lernen. Daraus entsteht ein dualer Mechanismus des Lernens, bei dem sich genetische Voreinstellungen und zu lernende Information gegenseitig beeinflussen. Die meisten Theorien im evolutionären und sozialen Bereich ziehen nicht in Betracht, daß soziales Lernen von angeborenen Lernfähigkeiten und Lernvoreinstellungen abhängt.

Kritische Faktoren der Partnerwahl

Partnerwahl ist im Zuge der sexuellen Evolution entstanden und deshalb auf Maximierung und/oder Optimierung der reproduktiven Fitneß ausgerichtet.

Nur die Verhaltens- oder Informationssammeltendenzen und die daran gekoppelten Entscheidungsmechanismen können langfristig »überleben«, die in der Lage sind, sich einen Vorteil über andere solche Mechanismen zu verschaffen. Dies gilt für genetische Informationen ebenso wie für rein tradierte kulturelle Informationen. Dieser Zusammenhang legt nahe, daß es nicht das «Gen» ist, das unser Verhalten bestimmt, sondern die »Information«. Gene sind letztlich auch nur Informationsträger.

Demnach ist es völlig gleich, woher die zum Erfolg eines Systems Mensch beitragende Information stammt, solange der Erfolg gewiß ist. Wenn Partnerwahl im Dienste des Reproduktionserfolgs steht, dann muß es Wahlmerkmale geben, die an den Reproduktionserfolg gekoppelt sind. Eine erste begrenzende Variable wird deshalb durch die Verteilung dieser Merkmale in der Population geschaffen.

Die Partnerwahl wird aber durch die Asymmetrien im Investment kompliziert. Denn daraus folgen geschlechtsspezifische Signalsysteme und ebenso begründbare Verhaltenstendenzen.

Aus diesem Grund ist die wohl wichtigste Funktion der Partnerwahl die Anpassung der Wahlkriterien an die populationsspezifischen sozioökonomischen Bedingungen. Partnerwahl soll flexibel sein. Das heißt schließlich, daß kognitive Lernvorgänge und Fähigkeiten im Partnerwahlbereich eine wesentliche Rolle spielen werden, die letztlich zum kulturellen Ausbau von spezifischen Merkmalen und Wahlsystemen führen. Reproduktionserfolg unter den unterschiedlichsten sozioökonomischen Bedingungen erzwingt eine Gen-Kultur-Koevolution mit der Konsequenz der Sexökonomie und der daraus entstehenden Heiratsmärkte mit ihren eigenen Gesetzen.

Eine ganze Reihe von programmierten Konflikten entsteht: Verhaltenskonflikte aus Zweideutigkeit, Entscheidungskonflikte mit Druck auf Nachgiebigkeit, Rollenkonflikte, sexuelle Eifersucht, Dominanztendenzen bei Männern usw.

Partnerwahl in ihrer heutigen Form hat freilich auch genetische Konsequenzen, die man aber nicht so gerne sieht. Die Grundlagen der

Sexualbiologie lassen sich nicht ausschalten. Um einen neuen Informationsträger zu erzeugen, müssen zwei Informationssätze zusammengesetzt werden. Was der neue Träger kann, hängt vom Inhalt der beiden Informationssätze und der Zusatzinformation, die er während seiner Individualentwicklung erhält, ab. Die genetische Zukunft des Menschen leitet sich auch davon ab, welche Informationssätze wie zusammenkommen. Die moderne Massengesellschaft schafft eine freie Partnerwahl, die sich letztlich in sehr hohen Homogamiekoeffizienten ausdrücken kann. Die Passungen sollten durch freie Wahl demnach immer besser werden. Dies wird über kurz oder lang zu einer Stratifizierung der Informationsverteilung in einer Gesellschaft führen, weil immer gleich zu gleich kommen wird. Welche Konsequenzen dies haben wird, wissen wir nicht.

Als Argument gegen eine biologische Verankerung der Partnerwahl wird häufig die Entwicklung von »Normen« in Gesellschaften gebracht. Im allgemeinen können wir aber nur Normen durchsetzen, die auch dem einzelnen dienen; sobald nämlich das einzelne Individuum einen Vorteil daraus ziehen kann, eine Norm zu überschreiten, wird es dies tun, solange die Kosten für die Überschreitung der Normen nicht den möglichen Nutzen überschreiten.

Es gibt folglich auch keine Basis für biologisch geprägte Normen – zur Norm kann letztlich jedes Verhalten erhoben werden. Eine Norm muß sich lediglich in der Fitneß ihrer einzelnen Träger erweisen – tut sie das nicht, wird sie wohl sehr schnell durch die kulturelle Evolution eliminiert (Grammer, 1989b).

Der Übergang von der Kleingruppe zur Großgruppe hat diesen Konflikt, in dem das einzelne Individuum steht, verschärft.

Scheidungen und Trennungen werden immer leichter. Dafür lassen sich viele Gründe nennen – einer dafür sind fehlende und geteilte soziale Netze bei Partnern. Es scheint einen normativen Druck der Kleingruppe auf Zusammenbleiben zu geben (Booth et al., 1992).

Critchfield (1981) hat die prinzipiellen Unterschiede zwischen Kleingruppen und anonymer Massengesellschaft herausgearbeitet. Heirat ist in Kleingruppen zunächst eine Art Überlebensversicherung auf ökonomischer Basis. Entsprechend sind Unverheiratete sehr selten, obwohl es fast immer einige wenige gibt. Zwar werden Liebesheiraten mehr und mehr geduldet, aber die Eltern mischen sich noch immer in die Partnerfindung ein. Heirat und Umwerbungen von Partnern sind eher pragmatisch als romantisch, romantische Liebesheiraten daher selten. Jungfernschaft wird wertgeschätzt, und eine Frau wird in der Regel deshalb ausgewählt, weil sie beim Arbeiten sehr geschickt ist oder weil sie genügend Eigentum besitzt. Schöne und gebildete Frauen haben in der Regel Probleme bei der Partnerfindung.

Von uns durchgeführte Interviews mit Studenten, die vom Dorf in die Großstadt gezogen sind, bestätigen die Aussagen. Auf dem Land ist es unter Umständen schwieriger als in der Stadt, einen Partner zu finden; Beziehungen sind aber auf Grund des hohen Normierungsdrucks eher stabiler. Die Interviews zeigen eine ganze Reihe von Grundbedingungen, die die Sozioökonomie der Stadt der Partnerwahl aufzwingt. Die zu lösenden Probleme sind – neben Kontaktaufnahme zu Fremden – Wahlprobleme, die aus der großen Anzahl von Möglichkeiten einer Wahl entstehen. Ein Partnersuchender muß die Ernsthaftigkeit seiner Zielpersonen überprüfen. Betrug ist möglich, und es gibt eine Angst davor, ausgenutzt zu werden. Dies sind Probleme, die in der dörflichen Kleingruppengesellschaft im wesentlichen durch soziale Verbindungen und Konventionen abgefangen werden.

Der Normierungsdruck auf dem Land wird aber als schlimmer Nachteil empfunden. Erstaunlich ist, daß solche Dinge in den Interviews direkt angesprochen wurden – obwohl es sich um eine sehr kleine Stichprobe handelte. Jeder der Interviewten erwähnte dieses Thema ohne Nachfrage.

Im Dorf herrscht Angst vor der Zensur des Nachbarn. »Was werden wohl die Nachbarn sagen« ist die mächtigste Kraft, die das Dorf zusammenhält. Diese soziale Kontrolle durch die Mitbewohner schafft den Wunsch nach Konformität und Übereinstimmung. Klatsch ist eine der bevorzugten Unterhaltungen. Normierungsdruck und Angst treffen aber nicht nur Frauen, sondern auch Männer. »Fremdkontrolle« ist das Hauptthema der Partnerwahl auf dem Land.

Der Wegfall dieses Drucks – einer der Vorteile der modernen Massengesellschaft – wird dadurch verschärft, daß die soziale Absicherung der Frau fast durchgesetzt wurde. Dies macht es letztlich den Frauen leichter, alternative Strategien zu wählen, sobald Probleme in einer Beziehung auftauchen.

Eine direkte Folge des Fehlens von Normen und Kleingruppenzwängen ist der hohe Anteil von Vergewaltigungen und sexueller Belästigung in der modernen Massengesellschaft. Die Täter sind nicht immer

»krankhaft veranlagte Menschen«, sondern Personen, die die Kosten für ihr Verhalten für so gering halten, daß der momentane Nutzen diese überwiegt. Ein wichtiges Moment dabei ist die fehlende soziale Ächtung der Kleingruppe. Die Vorteile der modernen Massengesellschaft erweisen sich hier eindeutig als Nachteil.

Estrich (1991) zeigt auf, daß die Gesetze in diesem Bereich in den siebziger und achtziger Jahren auf die Initiative feministischer Gesetzesreformen hin zwar verschärft wurden (in der Regel zugunsten der potentiellen Opfer), daß das Problem als solches jedoch rechtlich nicht gelöst wurde. Hier stehen wir am Schlüsselpunkt der Bedeutung biologischer Tendenzen in der Partnerwahl.

Ein eindeutiges Dilemma ist vorhanden. Am einzigen Fall, der bisher den Obersten Gerichtshof der Vereinigten Staaten erreicht hat (Meritor Savings Bank vs. Vinson), wird dies besonders deutlich. Mechelle Vinson wurde von ihrem direkten Vorgesetzten Sydney Taylor nach ihren Angaben mehrmals vergewaltigt und hatte insgesamt 40–50mal Geschlechtsverkehr mit ihm. Sie machte gleichzeitig eine steile Karriere, die aber nachweislich ihren Fähigkeiten zu verdanken war. Taylor leugnete alles ab und schob es auf einen Racheakt von Vinson. Vinson verklagte die Bank, die diese Situation hätte verhindern sollen. In einer ersten Entscheidung des Distriktgerichtes wurde die Klage von Vinson abgewiesen. Nach einem Instanzenweg vor dem Obersten Gerichtshof wurde der Klage von Vinson gegen die Bank schließlich stattgegeben.

Die Richter machten aber freilich Einschränkungen, von denen die zweite hier von Interesse ist: »The gravamen of any sexual harrasment claim is that alleged sexual advances were unwelcome« und weiter: »It does not follow that a complainant's sexually provocative speech or dress is irrelevant as a matter of law in determining whether he or she found particular sexual advances unwelcome« (Estrich, 1991, S. 825). Provokative Kleidung und Flirt wird von den Gerichten eindeutig als Aufforderungsverhalten interpretiert. Diese Einschränkung findet sich im Fall Dockter vs. Rudolf Wolff Futures Inc. wieder. Eine attraktive Frau, Mitte Zwanzig, arbeitet in einer Bar. Dort lernt sie einen Mann kennen, der ihr einen Job als seine Assistentin verschafft. Der Mann macht ihr sexuelle Angebote und wird zudringlich. Sie beschwert sich über das »Begrapschen«, und der Mann akzeptiert seine Niederlage. Kurz darauf wird sie gefeuert; sie verklagt daraufhin die Firma. Ihre

Klage wird abgewiesen, da ihre Reaktionen auf die ersten Annäherungen weder unfreundlich noch unzweideutig gewesen wären. Sie hätte ihrem Chef nicht das Gefühl gegeben, daß seine ersten Annäherungsversuche unwillkommen gewesen wären. Dies ist die Standardentscheidung amerikanischer Gerichte, ein Dilemma.

Sexuelle Belästigung ist mit Sicherheit nicht gesellschaftlich akzeptabel. Andererseits findet, wie wir gezeigt haben, jeder Flirt und jede Annäherung, soll sie effektiv sein, mit ungerichteter Werbung, d. h. der Darstellung sexueller Signale, und Zweideutigkeit, d. h. Indirektheit, zusammen statt. Eine Entscheidung wie die genannte ist damit keineswegs Sexismus der Gerichte, wohl aber ein schlechter Versuch, der Zweideutigkeit solcher Situationen gerecht zu werden.

Zur Lösung des Dilemmas wird von Estrich (1991) vorgeschlagen, Regeln zu schaffen, die Beziehungen zwischen Männern und Frauen am Arbeitsplatz generell verbieten, wenn sie direkt zusammenarbeiten, mit der Konsequenz der Kündigung durch den Arbeitgeber. Die Arbeitgeber müßten dafür sorgen, daß letztlich in ihren Firmen eine ungefährliche Atmosphäre herrscht. Das heißt, die Kosten müßten für alle Beteiligten gleichermaßen erhöht werden. Zumindest in Amerika geschieht dies dadurch, daß ein Mann potentiell in jeder Interaktion mit einer Frau am Arbeitsplatz mit einem Bein im »Gefängnis« steht. Es ist aber auch zu befürchten, daß viele Firmen aus eben diesem Grund zu einer sexistischen Beschäftigungspolitik zurückkehren werden.

Die absolute Notwendigkeit einer solchen Regelung beweist indirekt auch die biologischen Grundlagen der Partnerwahl, die die moderne Massengesellschaft in eine Catch-22-Situation führt, denn die Abschaffung eines Problems schafft ein neues. Wenn sich viele Partner am Arbeitsplatz kennenlernen, dann wird dem Heiratsmarkt ein großer Teil an Substanz entzogen. Dies führt letztlich zu einer weitgehenden Kommerzialisierung des Marktes. Die »freie« Wahl ist die Qual – nur ein kleiner Teil der Partner lernt sich im freien Markt kennen. Wie wir gesehen haben, spielen Verläßlichkeit und Reputation die Hauptrolle bei der Paarfindung. Auf dem freien Markt ist das »Screening« und Abchecken von Partnern mit hohem Zeitaufwand und Konkurrenz verbunden. Partnersuchende Singles müssen dann oft gezwungenermaßen »Zwischenhändler« in Kauf nehmen.

Singles und Partnervermittlungen

In Großstädten mit gehobenem Einkommensniveau scheinen die Singles die Mehrheit der Haushalte zu stellen. Von den 700 000 Haushalten in München sind 350 000 Einpersonenhaushalte. Ob es sich dabei um einen Wertewandel handelt, ist nicht klar, da gezielte empirische Forschungen fehlen.

Die anonyme Massengesellschaft stellt unter anderem auch neue Anforderungen an den Menschen bei der Partnerwahl.

Unsicherheit vor möglichem Betrug entsteht. Aus einer Studie wissen wir, daß etwa 73 Prozent der Partnersuchenden ihren Partner im näheren Umfeld kennenlernen. Die Wahl aus der Nähe scheint die Angst vor möglichem Betrug zu minimieren.

Solche Möglichkeiten, Kosten und Nutzen in einer Interaktion zu erleben, können natürlich auch – direkt oder indirekt – den Reproduktionserfolg der an einer Interaktion Beteiligten beeinflussen.

Mangelnde Einflußnahme der sozialen Umwelt in der Partnerwahl schafft unendlich scheinende Wahlmöglichkeiten, die freilich den Partnersuchenden vor Entscheidungskonflikte stellen.

Die freien Wahlmöglichkeiten erzwingen von uns die andauernde Selbstdarstellung unserer Fähigkeiten und machen den Partnersuchenden zu einer wandelnden »Litfaßsäule«. Um unseren Erfolg zu sichern, müssen wir befähigt sein, selbst Ziele zu verfolgen und die anderer zu erkennen. Wollen andere etwas, müssen wir unsererseits in der Lage sein, sie von unseren Zielen zu überzeugen. Nur wer Signale senden und verstehen kann, vermag andere zu überzeugen. Die Fähigkeit zur intelligenten Signalverarbeitung ist deshalb die Grundbedingung der Partnerwahl.

Der Einfluß, den ich nehme, hängt letztlich auch davon ab, welches Ziel ich bei dieser Interaktion verfolge. Die Ziele in Interaktionen sind an die Aussichten von entstehenden Nutzen oder Kosten gebunden. Es reicht folglich nicht aus, nur Signale zu senden oder zu erkennen, sondern man muß auch noch Ziele von anderen Personen erkennen können.

Gehen wir davon aus, daß Individuen in erster Linie kostenvermeidend denken. Um dies zu erreichen, muß ein Individuum letztlich in der Lage sein, auf den Verlauf einer Interaktion Einfluß zu nehmen und den Interaktionspartner dazu zu bringen, •daß er keine unnötigen Kosten verursacht. Ein Individuum muß ein gewisses manipulatives

Potential besitzt, was um so wichtiger wird, wenn man aus einer Interaktion Vor- und Nachteile erfahren kann. Es dient dazu, dem Interaktionspartner Informationen zuzuspielen oder auch vorzuenthalten. Nur damit ist eine Person in der Lage, den Verlauf einer Interaktion zu beeinflussen. Diese Probleme sind in der unvorhersehbaren Umwelt »Stadt« eher vorhanden als in der »sicheren« Umgebung Kleingruppe »Dorf«. Die moderne Umwelt »Stadt« schöpft im alltäglichen Umgang die Fähigkeiten des Menschen damit stärker aus.

Die Versingelung der Stadt hat für den Single eindeutige ökonomische Vorteile, aber häufig psychische Konsequenzen. Singles bieten mit Sicherheit gesellschaftliche Vorteile: hohe Mobilität, freie Einsetzbarkeit in unterschiedlichsten Regionen. Die Wirtschaft hat sie uns gezüchtet. Singles produzieren aber auch einen Heiratsmarkt. Die Großstadt bietet mehr Wahlmöglichkeiten – die anonyme Massengesellschaft erschwert aber auch Wahl. Es kann zu »Shopping-Effekten« kommen: Der nächste könnte noch besser sein.

Die Welt der totalen Freiheit in der Großstadt hat ihre Nachteile. Diese Situation bietet sich für unsere Betrachtungen als Vorteil an, denn mit fehlendem Normierungsdruck ist der Mensch in der Lage, wesentlich direkter seinen Bedürfnissen nachzugehen als sonst.

Zusätzliche Probleme werden durch unsere Informationsverarbeitungs- und sammelstrategien erzeugt. Sex in der Werbung wird funktionieren, solange es wirksame sexuelle Signale gibt und Werbung Profit verspricht. Die Verwendung von sexuellen Signalen zu Verkaufszwecken hat aber auch Konsequenzen für unser Partnerwahlverhalten.

Bereits um die Jahrhundertwende schreibt Fuchs (1912): »Ungleich raffinierter und für die Zeit bezeichnender ist es, wenn der Händler gegenüber ganz indifferenten Waren zu denselben erotisch stimulierenden Methoden der Anpreisung seiner Waren greift.« Und: »Ein wahrer Hexensabbath von pikant entblößtem Weiberfleisch, von wild emporgewirbelten Röcken zieht die Schaufenster, die Mauern und Wände der Städte entlang, um auf diese Weise die Aufmerksamkeit zu erzwingen und daran die Erinnerung an eine bestimmte Sekt- oder Zigarettenmarke, an bestimmte Stoffe, Schuhe, Haushaltartikel usw. zu ketten.«

Sex in der Werbung erzeugt Trends im Wahlverhalten auf einer biologischen Basis. Der Schritt zum »Farrah-Effekt« ist nur ein kleiner.

Werbung und Medien produzieren – indem sie die Tendenz des Menschen, Prototypen zu erstellen, ausnutzen – unnötig hohe Erwartungshaltung in mögliche Partner.

Nach Fuchs (1912) waren im 19. Jahrhundert Ball und Gesellschaft die fast einzigen üblichen Kuppelmärkte. Berufliche Heiratsvermittler traten ungefähr um 1840 in London und 1860 in Berlin ins öffentliche Leben. Ein anderes Mittel der Partnerfindung war um diese Zeit bereits die Heiratsannonce – die ersten Annoncen datieren um 1690.

Um 1900 zählt Fuchs in einer Ausgabe des Berliner Tageblattes 167 Annoncen. Meistens finden sich in diesen Annoncen Angebote für sogenannte »Geldehen«: Väter suchen Männer (mit Vorliebe mit Titel oder militärischem Rang) für ihre Töchter und bieten eine hohe Mitgift. Andrerseits suchen Männer mit Titel Frau mit Mitgift und bieten Titel. Um die Jahrhundertwende finden wir also ein Muster, in dem Frauen mit hohem finanziellen Status gesellschaftlichen Status erstreben: »Prinz gesucht oder Gentleman von sehr altem Adel, zwecks baldiger Heirat von amerikanischer Dame, Mitte Zwanziger, Doppelwaise, völlig alleinstehend, jährliche Apanage zirka 100 000 Mark, große anmutige Erscheinung, sportliebend, musikalisch« – oder: »Heiratsgesuch. Student der Rechte, in höheren Semestern, sehr hübscher junger Mann von guten Manieren und liebenswürdigem Charakter, strebsam, ohne Schulden, sucht eine reiche Lebensgefährtin. Derselbe sieht nicht auf äußere Erscheinung, Alter und Konfession und andere oft als Mängel bezeichnete Umstände ...«

Man findet aber auch die typischen, noch heute gültigen Muster: Frauen inserieren mit physischer Erscheinung, Männer mit Status.

Heiratsanzeigen sind ein wichtiges Medium in der Partnerfindung. Und zwar nicht erst in der modernen Zeit, sondern seit es weit verbreitete Druckmedien gibt.

Harrison und Saeed (1977) fanden bei der Analyse solcher Anzeigen, daß ein höherer Prozentsatz von Frauen Attraktivität im Tausch für Status und Männer Status im Tausch für Attraktivität anboten. Diese Arbeiten wurden mehrfach repliziert (Bolig et al., 1984; Cameron et al., 1977; Deaux und Hanna, 1984; Koestner und Wheeler, 1988). In einer neueren Studie zeigen Rajecki et al., daß dies auch noch 1991 gilt.

Männer inserieren in Heiratsanzeigen, daß sie Attraktivität suchen, Frauen suchen Status. Wer Status oder Attraktivität anzubieten hatte, war auch in seinen Forderungen höher.

Interessant an dieser Arbeit ist, daß hier erstmalig auch der Erfolg gemessen wurde. Für sechzig Prozent war es die erste Anzeige. Frauen sind mit ihren Anzeigen im allgemeinen erfolgreicher als Männer – sie erhalten mehr Antworten, sie unterscheiden sich aber nicht in der Häufigkeit, mit der sie jemanden treffen. Erfolg hängt an der Länge der Anzeigen – je länger, desto besser. Ebenso wichtig ist das Alter: Anzeigen, die das Alter angaben, und zwar eines zwischen 26 und 38 Jahren, waren am erfolgreichsten.

Ein grundsätzlicher Fehler in der Gesetzgebung wurde 1920 in Deutschland gemacht, als per Gesetz Partnervermittlung als unmoralisch definiert wurde. Das war – leider – nur der billigste Ausweg zur Bereinigung eines wuchernden Marktes.

Der Gesetzgeber drückt sich leider bis heute darum, einen Millionenmarkt durch exakte Regelungen zu kanalisieren. Deshalb wird dieser Markt in eine Grauzone gedrängt, in der sich Betrüger tummeln.

Ahuvia und Adelman (1992) argumentieren damit, daß Heiratsanzeigen und Partnervermittlungen sogenannte »Marriage market intermediaries« (Heiratsmarktzwischenhändler oder HMZ) darstellen, weil sie Marktfunktionen innerhalb des Heiratsmarktes annehmen, die sonst von den Singles selber ausgeübt würden. Um die Rolle der HMZs zu verstehen, muß man die Marktregeln kennen. Ein Markt hat drei Grundfunktionen. Die Suche ist der Prozeß, in dem Information für einen Warenaustausch gesucht und vermittelt wird. In einem kommerziellen Markt gibt es dann Information darüber, welche Produkte wo erhältlich sind und wieviel sie kosten. Im Falle des Heiratsmarktes bezieht sich die Information darauf, andere Singles zu finden, die auch an einer Heirat interessiert sind, und den eigenen Partnermarktwert zu bestimmen. Passung ist ein Prozeß, bei dem kompatible Austauschpartner zusammengebracht werden, seien es Käufer und Verkäufer oder auch Singles. Die Verhandlung schließlich ist die Aushandlung eines »Kaufvertrages«.

Ein formelles Market-intermediary ist jede Organisation, Ereignis oder Medium, das die Effizienz einer oder mehrerer dieser Funktionen erhöht, indem sie Käufern oder Verkäufern die Arbeit abnimmt, die diese sonst selbst auszuführen hätten.

Partnervermittlungen sind aber problematisch, und zwar aus mehreren Gründen. Sie sind oft zu habgierig, d. h., ihre Leistungen sind wesentlich überteuert, ihre Pools, aus denen ausgewählt werden kann, in der Regel zu klein, ihre Effizienz demnach zu gering. Gehen wir in dieser Analyse davon aus, daß wir es mit einer Partnervermittlung zu tun haben, die keine unredlichen Absichten hegt.

Obwohl sich die Anzahl und Art der Partnervermittlungen in den letzten Jahren vervielfacht hat, ist ihr Erfolg begrenzt. Die einzigen unabhängigen Daten kommen von Ahuvia und Adelman (1992), bei denen zehn Prozent der Befragten einen Erfolg angaben. Bedingung für Erfolg ist dabei die Entwicklung einer romantischen Langzeitbeziehung. Der so untersuchte Pool könnte jedoch eine unterdurchschnittliche Effizienz zeigen, da er nur 150 Kunden umfaßte.

Andere Studien über »Gentlepeople«, eines der größten amerikanischen Unternehmen, geben zum Beispiel eine Effizienz von 30 Prozent an (Butterfield, 1984). Glaubhaftere Zahlen kommen von »Great Expectations«, die von 4000 Heiraten aus einem 450 000 Leute fassenden Pool berichten. Das entspräche etwa 15 Prozent Erfolg. Woll und Cozby (1988) schätzten die Effizienz des von ihnen untersuchten Video-Dating-Unternehmens auf 15 Prozent. Man kann deshalb davon ausgehen, daß ein gut geführtes Topunternehmen mit genügender Teilnehmerzahl in etwa eine Effizienz zwischen 10 und 20 Prozent hat. Die Bestimmung von Effizienz ist aber ein sehr schwieriges Unterfangen, da nach unserer Erfahrung Rückmeldungen selten ehrlich sind. Solche Manöver werden aus rechtlichen Gründen durchgeführt – man kann einen Partner finden und dann auf Grund der verworrenen rechtlichen Lage auf Rückerstattung klagen. Das erleichtert die Entwicklung von neuen, ehrlichen Methoden für HMZ keineswegs.

Die Erfolgszahlen sind also sehr gering, was aber verschiedene Gründe hat, da bei der Suche unterschiedliche Strategien vorkommen (Adelman und Ahuvia, 1991). Einmal gibt es die sogenannten »hold-outs«, Personen, die durchaus Chancen auf dem Heiratsmarkt hätten, aber nicht akzeptieren, was der Markt ihnen bietet. Hold-outs leiden unter einem diskrepanten Markt und nicht unter dessen ungenügendem Angebot (Alderson, 1957). Ihr Problem liegt in den Ansprüchen an ihren Partner und nicht in ihren Fähigkeiten, Partner zu treffen oder mit ihnen zu interagieren. Unter Umständen nutzen »hold-outs« auch lediglich das soziale Netz und die Kontakte aus, die ein HMZ bietet.

Eine zweite Gruppe sind die »Marktwitwen oder -witwer« – die in der Regel Opfer von ungenügendem Angebot auf dem Markt sind. Diese Personen würden heiraten, wenn sie in der Lage wären, jemanden ihres eigenen Partnermarktwertes zu treffen und zu finden. Ihnen kann lediglich geholfen werden, wenn ein größerer Pool vorliegt; in einem kleinen Pool sind sie verloren.

Soweit lassen sich die kleinen Erfolgsraten durch Kundenprofile im Ansatz erklären. Es gibt jedoch eine ganze Reihe weiterer Erklärungsmöglichkeiten.

Wie wir gesehen haben, ist Partnersuche auch eine Frage der Selbstdarstellung. Woll und Cozby (1988) und Woll und Young (1989) haben ein Video-Dating-Unternehmen in den USA untersucht. Die folgenden Ausführungen beziehen sich auf deren Ergebnisse.

Überraschend findet man kaum Täuschungsmanöver oder Lügen auf den Videotapes, mit denen sich die Partnersuchenden präsentieren. Dies ist natürlich, wie wir wissen, ein Problem der Überprüfbarkeit. Wenn man einen Langzeitpartner sucht, dann ist Täuschung unangebracht, da dieser die Täuschung leicht entdecken kann. In solch einem Fall sind dann Investment (Zeit und Energie der Suche) verloren.

Strategische Selbstdarstellung in dieser Situation scheint auf zwei sehr unterschiedlichen Schienen zu laufen. Die erste ist der Versuch, ein ehrliches Selbstbild mitzuteilen, die zweite ist die Nischen-Strategie. In dieser Strategie wird ein Herr oder Frau »Richtig« als potentiell gesuchter Partner in eng gesteckten Grenzen beschrieben. Die komplementäre Strategie dazu wäre, eine breite Werbung für sich selbst zu betreiben, die alle Singles gleichermaßen anspricht.

Die Nischenstrategie funktioniert jedoch nicht. Der taktische Fehler ist der, daß dabei die Entscheidung, ob man akzeptiert wird oder nicht, aus der Hand gegeben wird. Derjenige, der sich die Videokassette anschaut, kann entscheiden, ob er Kontakt aufnehmen will oder nicht. Er kann aber auch entscheiden, ob er Herr oder Frau »Richtig« sein will. Damit werden die Auswahlmöglichkeiten unnötig reduziert.

Woll und Young (1989) geben zwei erfolgreiche Strategien der Selbstdarstellung an. Ein Single sollte, um einen größeren Kreis von möglichen Partnern anzusprechen, den Eindruck, den er auf andere macht, zu verbessern suchen. Die Betonung der physischen Attraktivität, des sozialen Status und der emotionalen Wärme ist erfolgversprechend.

Mit anderen Worten: Der Single wäre gut beraten, auf das zu reagieren, was der Markt im allgemeinen sucht, und nicht enge Suchkriterien vorzugeben. Der Single sollte versuchen, originell, intelligent und humorvoll zu wirken. Austrom und Hanel (1983) fanden eine enorme Erhöhung der Antworten auf Heiratsanzeigen, wenn diese Faktoren berücksichtigt wurden. Dieser Effekt dürfte sich auch auf andere Medien der Selbstdarstellung ausdehnen lassen. Selbstdarstellung muß jedoch indirekt bleiben, soll sie wirksam werden. Jede Übertreibung legt Täuschung nahe. Wir wissen, daß die Möglichkeiten zur Täuschung das Mißtrauen in den potentiellen Empfängern weckt.

Die zweite mögliche Strategie ist, die sogenannten singulären Suchcharakteristika herabzuspielen. Werte, Interessen, Religion und andere Charakteristika, auf die nur bestimmte wenige Personenkreise ansprechen, erwähnt man besser nicht.

Vermeidet man zum Beispiel, seine Vorliebe für Punk-Rock zu erwähnen, dann erhöht der Werbende seine Chancen bei der Masse der Singles, während natürlich seine Attraktivität bei einer Minderheit im Pool sinkt, die exakt diesen Musikgeschmack teilt. Das Problem dabei ist aber, daß solche Selbstdarstellung oft zwar niemanden abweist, aber auch niemanden anzieht. Deshalb muß der Werbende mindestens teilweise auf Nischenstrategien eingehen, um unerwünschte Antworten fernzuhalten.

Weitere Probleme, die Unzufriedenheit mit HMZs ergeben, sind die Erwartungen an Partner, die begrenzte Größe von HMZs, Probleme in der Passung und der Auswahl durch den HMZ selbst. Ein anderer Problemkreis sind schließlich Schwierigkeiten beim ersten Treffen und der Interaktion mit einem möglichen Partner.

Überforderte Erwartungen haben wir in der Altersauswahl gesehen – mit zunehmendem Alter der Partner sinkt ihr Partnermarktwert, und sie müssen Abstriche machen. Männer und Frauen in der von uns untersuchten Population müssen in der Regel mit einem Partner an der unteren Wunschgrenze vorlieb nehmen. Ein interessantes, nicht untersuchtes Problem, ist das der »Idiosynkratien«. Ein Beispiel: Ein Mann fordert von einem HMZ, ihm Partnerinnen zu »liefern«, die lange Finger und schmale Hände haben, denn solche Frauen sind nach seiner Meinung sportlich. Wir haben aber gesehen, wie leicht solche Meinungen und Prototypen durch Lernvorgänge generierbar sind. Der komplexe kognitive Wahlvorgang wird in diesem Fall durch einfache erlernte Regeln ersetzt, und die Wahl wird kognitiv »billiger«. Das Ausweichen auf eine solche Methode erschwert aber jede Partnerwahl, weil die Auswahl unnötig eingeschränkt wird.

Außerdem kann es zum sogenannten »Shopping-Effekt« kommen. Es wird abgewartet, ob noch ein besserer Partner kommt: ein Effekt, der sich tatsächlich von uns aufzeigen läßt. Erschwerend kommt hinzu, daß die Erwartungen des Kunden durch Werbung und Verkaufsgespräche so angehoben werden, daß dieser letztlich mit keinem Partner mehr zufrieden ist.

Ein weiteres Problem liegt darin, daß die meisten der HMZ entweder unrichtige oder unpassende Informationen für die Vermittlung verwenden. Damit ist die Passung zwischen den Personen von vornherein nicht optimal.

Nach dem, was wir in diesem Buch kennengelernt haben, könnten wir folgende Vorgaben für die Passung machen:

(1) Attraktivität (auch Körpergröße)
(2) Werte und Ansichten (Konservativität und Religion)
(3) Sexualtrieb
(4) Intelligenz
(5) sozialer Status
(6) Alter
(7) Wohnort

Dies sind diejenigen Variablen, nach denen ein erster Abgleich sinnvoll ist. Die gleichen Variablen sind auch die, die positive Homogamie aufzeigen.

Die häufig durchgeführten Abgleiche nach Persönlichkeit, Freizeit und Hobbys sind demnach höchstens als sekundär zu betrachten. Denn die dort auftretende Homogamie scheint eher ein Anpassungsprozeß zu sein. Dies erscheint in biologischer Sichtweise auch sinnvoll – Anpassungsfähigkeit mag durchaus reproduktiven Erfolg bedeuten. Man wird selten jemanden finden, der genau zu einem paßt, und man würde mit einer direkten Forderung nach Homogamie im Persönlichkeitsbereich die Wahlmöglichkeiten unnötig einschränken. Das Problem der Persönlichkeitspassung ist durch Anpassung billiger zu lösen.

Dabei stellt die Attraktivitätsbeschreibung das Hauptproblem dar – wir haben aber gezeigt, daß Dritte durchaus in der Lage sind, solche Abgleiche vorzunehmen. Ansonsten ist es leider oft so, daß die Vermittler nicht bessere Experten in der Vermittlung sind als die Kunden selbst.

Eine weitere Schwierigkeit stellt die Poolgröße dar. Austrom und

Hanel (1983) haben 482 Singles in Kanada befragt und herausgefunden, daß zehn Prozent HMZ bereits in Anspruch genommen hatten, 20 Prozent besuchten kirchliche Gruppen, 27 Prozent hatten irgendeinen Singles-Klub besucht. Diese Prozentsätze zeigen einen hohen Bedarf an vermittlerischer Tätigkeit, gleich welcher Art. Ist ein Pool größer, erlaubt er einen genaueren und exakteren Abgleich, gleichzeitig erfordern jedoch größere Pools neuere Hilfsmittel. Es ist dann in der Regel zuviel an Information vorhanden und deshalb ein Abgleich von Hand nicht mehr möglich. Damit erweisen sich computergestützte Abgleichsysteme als unumgängliche Notwendigkeit. Woll (1986) argumentiert damit, daß computergestützte Systeme das Potential besitzen, einen besseren Job zu tun als von Hand durchgeführte Vermittlungen. Dies ist ein zweischneidiges Schwert – einfache Adreßverwaltungs- und Abgleichsysteme können eine solche Aufgabe nicht durchführen (sie sind aus unserer Erfahrung noch schlechter als Menschen).

Die Entwicklung von Expertensystemen dagegen erfordert Zeit und einen hohen Aufwand. Aufgrund der komplexen Thematik kann die Entwicklung eines praktikablen Expertensystems Jahre dauern. Da keine Erfahrungswerte auf diesem Gebiet vorliegen, betreten Entwickler hier absolutes Neuland. Programmtechnische Praktikabilität und Machbarkeit stehen oft im Widerspruch zu theoretischen und praktischen Ergebnissen der Partnerforschung. Die vorhandenen Gewichtungssysteme im menschlichen Entscheidungsverhalten sind eben nicht so leicht nachzuprogrammieren. Selbst wenn ein einigermaßen funktionales Programm gelingt, wird es noch eine Menge Handarbeit erfordern, wie unsere Erfahrungen zeigen. Ein solches System kann jedoch ohne Zweifel sehr effektiv für erste Suchprozesse eingesetzt werden. Es hängt aber auch weitgehend davon ab, mit welchen und wie verläßlichen Informationen es gefüttert wird.

HMZs brauchen weiter große Auswahlmöglichkeiten. Poolgrößen werden aber durch soziale Stigmatisierung der HMZ und ihrer Kunden verhindert. Die möglichen finanziellen Gewinnspannen auf diesem Gebiet tragen wesentlich dazu bei. Kunden von HMZs werden als »Verlierer« gebrandmarkt. Das muß nicht stimmen, wie wir in unserer Poolanalyse gezeigt haben.

Von der Stigmatisierung ist in Deutschland, im Gegensatz zu den USA, auch die wissenschaftliche Untersuchung von HMZ betroffen. Dies ist eine unverständliche Lage und zeigt, wie wenig Sozialforschung in der Lage ist, auf echte gesellschaftliche Probleme einzugehen.

Eine Änderung der Situation in diesem speziellen Bereich kann letztlich nur durch den Gesetzgeber geschehen. So würde zum Beispiel ein einfaches Verbot der Fotowerbung mit Lockvögeln den Markt innerhalb kürzester Zeit bereinigen. Eine erhöhte soziale Legitimität für HMZ ist absolut notwendig. Dazu gehören aber Professionalisierung, ethisch vertretbare Marktstrategien und empirische Forschung auf diesem Gebiet. Nur so können Innovationen auf dem Heiratsmarkt durchgesetzt werden.

Die Biologie hat leider die gesellschaftlichen Errungenschaften der Emanzipation still und leise schachmatt gesetzt. Denn es ist mit Sicherheit anzunehmen, daß gerade der Bereich der Partnerwahl in unserer modernen Massengesellschaft immer noch den ausgetretenen Pfaden der Geschlechtsrollenstereotypen folgt.

Schaut man sich an, auf welchem Weg man kulturelle Einflüsse in der Partnerwahl erkunden kann, muß man diesem Zweig der Wissenschaften Versäumnisse vorwerfen. Es gibt keine empirisch begründeten Untersuchungen von kulturellen Entwicklungstendenzen unserer Gesellschaft über längere Zeiträume. Aber gerade an jenen müßten kulturelle Relativisten interessiert sein, um ihre Theorie des von biologischen »Zwängen« freien Menschen zu beweisen.

Da wir nun sichtlich auch in der anonymen Massengesellschaft gut überleben und Partner finden, müssen wir auch Passungen besitzen, die uns Anpassungen an solche relativ neue Umwelten erlauben.

Diese Passung ist einfach: Es ist unser Verhalten, das zwar in erster Linie Bewegung ist, aber auch Funktionen besitzt. Die einfachste Funktion wird schon beim Pantoffeltierchen sichtbar. Das Pantoffeltierchen, das sich vom Dunkeln ins Helle bewegt, versucht seine Umweltbedingungen zu verbessern. Damit aber Verhalten wirksam werden kann, muß die Physiologie mit eingreifen.

Energie muß zur Verfügung gestellt werden. Doch damit nicht genug: Es muß jemand Entscheidungen treffen, wann, wo und wer bewegt wird. Verhalten muß deshalb immer mit einem kognitiven System gekoppelt sein, das durch Rückkopplungsprozesse in beiden Richtungen wirkt.

In der Evolution gibt es zwei Hauptlinien für die Entwicklung von solchen Systemen. Es gibt festgelegte Verhaltensmuster, die nur einfache kognitive Systeme benötigen. In diesem Fall legen die kognitiven Systeme eine einzige Reaktion fest. Diese sind zwar sehr verläßlich, aber wenig flexibel. Wenn es in einer Umwelt zu vielen möglichen Situationen kommen kann, müssen zudem sehr viele solcher Systeme angelegt werden.

Aus diesem Grund gibt es einen zweiten evolutiven Trend: Ein Individuum besitzt einige wenige variable Verhaltensmuster, die mit komplexen kognitiven Systemen gepaart werden. Diese sind sehr flexibel und können sich leicht an sich ändernde Umweltbedingungen anpassen. Durch Lernprozesse können daraus wiederum einfache Reiz-Antwort-Systeme entstehen. Der Nachteil der flexiblen Systeme liegt jedoch darin, daß sie oft relativ ungenau arbeiten.

Jene Passungen im Verhalten, die es uns erlauben, komplexe Gesellschaften zu bauen, liegen in erster Linie in der variablen Antwortmöglichkeit auf Umweltänderungen. Variabilität in Verhaltensprozessen ist deshalb eine der besten Passungen.

Verhalten, gekoppelt mit Lernen, arbeitet deshalb gegen Selektion und erhöht die Variation zwischen den Individuen. Verhalten ist deshalb ein Puffer zwischen Selektion und Umwelt. Es beeinflußt evolutive Prozesse in der Rückkopplung mit der Partnerwahl, deren Zufälligkeit aufgehoben wird, was wiederum evolutionäre Konsequenzen hat.

Sind jedoch komplexe Systeme vorhanden, dann können diese auch auf andere, nicht vorgesehene Weise eingesetzt werden.

Die Voraussetzungen zum Überleben in der Großstadt und die notwendigen Fähigkeiten dazu sind Fähigkeiten zum Senden und Verstehen von Signalen, ein Entscheidungsapparat, der die entsprechenden Wahlmöglichkeiten überprüft, und letztlich notwendige Strategien und Taktiken, die in der Lage sind, die entstehenden sozialen Situationen zu beherrschen.

Der in den Großstadtdschungel verschlagene Steinzeitjäger muß also in erster Linie Fähigkeiten besitzen, die insbesondere seine biologische Grundkonstruktion betreffen. Wie der Kleingruppenmensch hat er ähnliche, vielleicht sogar ausgeprägtere Probleme, die Grundbedingungen der Partnerwahl zu erfüllen, weil er eben die Freiheit der Wahl und damit auch die Qual besitzt. Das soziale Umfeld der Großstadtmenschen ist ein ideales Experimentierfeld, um das Verhalten der Menschen zu untersuchen, wenn sie dem starken Normierungsdruck der Kleingruppe entkommen sind. Wenn es einen biogenetischen Imperativ gibt, dessen ultimater Zweck einzig und allein in der »reproduktiven Fitneßmaximierung« liegt, und wenn genetische Programme auch für die Ausgestaltung unseres Motivationssystems verantwortlich zeichnen, dann müssen wir erwarten, daß auch unser kulturgeprägtes Verhalten in der modernen Massengesellschaft eine reproduktive Zweckdienlichkeit besitzt. Dies betrifft jedoch nicht nur in einfacher Weise unser alltägliches Verhalten und die damit verbundenen Entscheidungsprozesse, sondern auch die damit verbundenen sozialen und kulturellen Dimensionen (Voland, 1990). Inwieweit dieser biogenetische Imperativ im Durchschnitt unserer Population zu erkennen sein sollte, ist eine andere Frage. Denn das Erfolgsrezept einer genetischen Information beruht, wie eingangs aufgeführt, eher auf der Produktion von Phänotypen (Erscheinungsbildern), die in der Lage sind, sich variabel an die unterschiedlichsten Bedingungen anzupassen.

Literatur

Abrams D., Abraham S.C.S., Spears R., Marks D. (1990): AIDS invulnerability: Relationships, sexual behaviour and attitudes among 16-19 year olds. In: Aggleton P., Davies P., Hart G. (ed.): AIDS: Individual, cultural and policy dimensions. Brighton: Falmer Press.

Adams G.R. (1977): Physical attractiveness research: towards a developmental psychology of beauty. Human Development, 20, pp. 217-239.

Addison W.E. (1989): Beardedness as a factor in perceived masculinity. Perceptual and Motor Skills, 68, pp. 921-922.

Adelman M.B., Ahuvia A.C. (1991): Mediated channels for mate seeking - a solution to involuntary singlehood. Critical Studies in Mass Communication, 8: 3.

Ahern F.M., Cole R.E., Johnson R.C., Wong B. (1981): Personality attributes of males and females marrying within vs. across racial/ethnic groups. Behavior Genetics, 11, pp. 181-194.

Ahuvia A.C., Adelman M.B. (1992): Formal intermediaries in the marriage market - A Typology and Review. Journal of Marriage and the Family, 54: 2.

Albright T.R., Hildebrandt K.A. (1988): Consensus in personality judgements at zero acquaintance. Journal of Personality and Social Psychology, 55, pp. 387-395.

Alderson W. (1957): Marketing behavior and executive action. Homewood, IL, R.D. Irwin.

Alexander R.D. (1974): The evolution of social behavior. Annual Review of Ecology and Systematics, 5, pp. 325-383.

Alexander R.D. (1977): Natural selection and the evolution of human sociality. In: Goulden C.E. (ed.): Changing scenes in the natural sciences. Academy of Natural Sciences Special Publication 12, pp. 283-337.

Alexander R.D., Noonan K.M. (1979): Concealment of ovulation, parental care, and human social evolution. In: Chagnon N.A., Irons W.G. (eds.): Evolutionary biology and human social organization. Duxbury, North Scituate, pp. 436-453.

Alexander R.D., Hoogland J.L., Howard R.D., Noonan K.M., Sherman P.W. (1979):

Sexual dimorphism and breeding system in pinnipeds, ungulates, primates, and humans. In: Chagnon N.A., Irons W. (eds.): Evolutionary biology and human social behaviour: An anthropological perspective. North Scitutate MA, Duxbury, pp. 402–435.

Alley T.R. (1983): Infantile head shape as an elicitor of adult protection. Merrill Palmer Quarterly, 29, pp. 411–427.

Altmann J. (1980): Baboon mothers and infants. Cambridge, MA, Harvard Univ. Press.

Amir M. (1971): Patterns in forcible rape. Chicago, Chicago Univ. Press.

Andersen J.F., Andersen P.A., Lustig M.W. (1987): Opposite sex touch avoidance: A national replication and extension. Journal of Nonverbal Behavior, 11, pp. 89–109.

Andersen S.M., Bem S.L. (1981): Sex typing and androgyny in dyadic interaction: Individual differences in responsiveness to physical attractiveness. Journal of Personality and Social Psychology, 41, pp. 74–86.

Anderson C.J., Fisher C. (1991): Male-female relationships in the workplace – perceived motivations in office romance. Sex Roles, 25: 3–4, pp. 147–163.

Anderson J.L., Crawford C.B., Nadeau J., Lindberg T. (1992): Was the duchess of windsor right? A cross-cultural review of the socio-ecology of ideals of female body shape. Ethology and Sociobiology, 13, pp. 197–227.

Anderson R., Nida S.A. (1977): Effect of physical attractiveness on opposite- and same-sex evaluations. Journal of Personality, 46, pp. 401–413.

Argyle M. (1972): The psychology of interpersonal behaviour. Harmondsworth, Penguin.

Argyle M. (1988): Bodily communication. London, Methuen.

Argyle M., Salters V., Nicholson H., Williams M., Burgess P. (1970): The communication of inferior and superior attitudes by verbal and non-verbal signals. British Journal of Social and Clinical Psychology, 9, pp. 222–231.

Athanasiou R., Sarkin R. (1974): Premarital sexual behaviour and postmarital adjustment. Archives of Sexual Behavior, 3, pp. 207–225.

Austrom D., Hanel K. (1983): Looking for companionship in the classified section. Unpublished manuscript.

Bänninger-Huber E., Moser U., Steiner F. (1990): Mikroanalytische Untersuchung affektiver Regulierungsprozesse in Paar-Interaktionen. Zeitschrift für Klinische Psychologie, 19, pp. 123–143.

Barash D.P. (1977): Sociobiology and behaviour. New York, Elsevier North-Holland Inc.

Barclay C.D., Cutting J.E., Kozlowski L.T. (1978): Temporal and spatial factors in gait perception that influence gender recognition. Perception and Psychophysics, 23, pp. 145–152.

Baron R.A. (1981): Olfaction and human social behavior: effects of a pleasant scent on attraction and social perception. Personality, Social Psychol. Bulletin, 7, pp. 611–616.

Barret J.C., Marshall J. (1969): The risk of conception on different days of the menstrual cycle. Population Studies, 23, pp. 455–461.

Bar-Tal D., Saxe L. (1976): Perception of similarily and dissimilarily attractive couples and individuals. Journal of Personality and Social Psychology, 33, pp. 772–781.

Bassili J.N. (1979): Emotion recognition: The role of facial movement and the relative importance of upper and lower areas of the face. Journal of Personality and Social Psychology, 37, pp. 2049–2058.

Bassili J.N. (1981): The attractiveness stereotype: Goodness or glamour? Basic and Applied Social Psychology, 2, pp. 235–252.

Bateman, A.J. (1948): Inter-sexual selection in Drosophila. Heredity 2, 349–368.

Beach F.A. (1976): Sexual attractivity, proceptivity and receptivity in female mammals. Hormones and Behaviour, 7, pp. 105–138.

Beauchamps G., Yamazaki K., Boyse E.A. (1985): The chemosensory recognition of genetic individuality. Scientific American, 253, pp. 66–72.

Beck S.B., Ward-Hull C.I., McLear P.M. (1976): Variables related to women's somatic preferences of the male and female body. Journal of Personality and Social Psychology, 34, pp. 1200–1210.

Bellis M.A., Baker R.R. (1991): Do females promote sperm competition? Data for humans. Animal Behaviour, 40, pp. 997–999.

Benshoof L., Thornhill R. (1979): The evolution of monogamy and concealed ovulation in humans. Journal of Social and Biological Structures, 2, pp. 95–106.

Benson P.I., Karabenick S.A., Lerner R.M. (1976): Pretty pleases: The effects of physical attractiveness, race and sex on receiving help. Journal of Experimental Social Psychology, 12, pp. 9–25.

Benton D. (1982): The influence of androstenol - a putative human pheromone – on mood throughout the menstrual cycle. Biological Psychology, 15, pp. 249–256.

Berg J.H., McQuinn R.D. (1986): Attraction and exchange in continuing and noncontinuing dating relationships. Journal of Personality and Social Psychology, 50, pp. 942–952.

Berk B. (1977): Face-saving at the singles dance. Social Problems, 24, pp. 530–544.

Berry D.S. (1990a): Vocal attractiveness and vocal babyishness: effects on stranger, self, and friend impressions. Journal of Nonverbal Behavior, 14:3, pp. 141–153.

Berry D.S. (1990b): What can a moving face tell us? Journal of Personality and Social Psychology, 58, pp. 1004–1014.

Berry D.S. (1990c): Taking people at face value: Evidence for the kernel of truth hypothesis. Social Cognition, 8, pp. 343–361.

Berry D.S. (1991a): Accuracy in social perception – Contributions of facial and vocal information. Journal of Personality and Social Psychology, 61: 2, pp. 298–307.

Berry D.S. (1991b): Quantized displays of human movement. Journal of Nonverbal Behavior, 15, pp. 81–97.

Berry D.S. (1992): Attractive faces are not all created equal – Joint effects of facial babyishness and attractiveness on social perception. Personality and Social Psychology Bulletin, 17: 5, pp. 523–523.

Berry D.S., Zebrowitz L.A. (1985): Some components and consequences of a babyface. Journal of Personality and Social Psychology, 48, pp. 312–323.

Berscheid E., Walster E. (1974a): Physical attractiveness. In: Berkowitz L. (ed.): Advances in experimental social psychology. San Diego, Academic Press, pp. 157–189.

Berscheid E., Walster E. (1974b): A little bit about love. In: Huston T. (ed.): Foundations of interpersonal attraction. New York, Academic Press.

Berscheid E., Dion K., Walster E., Walster G.W. (1971): Physical attractiveness and dating choice: A test of the matching hypothesis. Journal of Experimental Social Psychology, 7, pp. 173–189.

Biederman H. (1989): Die großen Mütter. Die schöpferische Rolle der Frau in der Menschheitsgeschichte. München.

Birdwhistell R. (1970): Kinesics and context. Philadelphia, Univ. of Pennsylvania Press.

Bloch S., Lemeignan M., Aguilerat N. (1991): Specific respiratory patterns distinguish among human basic emotions. International Journal of Psychophysiology, 11: 2, pp. 141–154.

Bockenholt U., Albert D., Aschenbrenner M., Schmalhofer F. (1991): The effects of attractiveness, dominance, and attribute differences on information acquisition in multiattribute binary choice. Organizational Behavior and Human Decision Processes, 49: 2, pp. 258–281.

Bolig R., Stein P.J., McKenry P.C. (1984): The self-advertising approach to dating: male-female differences. Family Relations, 33, pp. 587–592.

Bollwig N. (1964): Facial expression in primates with remarks on a parallel development in certain carnivores. Behaviour, 22, pp. 167–193.

Booth A., Edwards J.N., Johnson D.R. (1992): Social integration and divorce. Social Forces, 70: 1.

Borgerhoff-Mulder M. (1988): Kipsigis bridewealth payments. In: Betzig L., Borgerhoff M., Turke P. (eds.): Human reproductive behaviour. A Darwinian perspective. Cambridge, Cambridge Univ. Press, pp. 65–82.

Bouchard T.J., McGue M. (1981): Familial studies of intelligence. Science, 212, pp. 1055–1059.

Bowman H.A. (1960): Marriage for moderns. New York, McGraw Hill.

Brace C.L., Montagu A. (1977): Human evolution: An introduction to physical anthropology. New York, MacMillan.

Bradford D.L., Sargent A.G., Sprague M.S. (1980): The executive man and woman: The issue of sexuality. In: Neugarten D.A., Shafritz J.M. (eds.): Sexuality in Organizations. Oak Park, IL, Moore Publ. Co.

Brady J.A. (1978): A matter of dollars and scents. Saturday Review, 5, pp. 54–56.

Breakwell G.M., Fifeschaw C., Clayden K. (1991): Risk-taking, control over partner choice and intended use of condoms by virgins. Journal of Community and Applied Social Psychology, 1: 2, pp. 173–193.

Bridges J.S., McGrail C.A. (1989): Attributions of responsibility for date and stranger rape. Sex Roles, 21, pp. 273–286.

Brooksbank B.W.L., Brown R., Gustavson J.A. (1974): The detection of 5d-androst-16-en-3d-ol in human male axillary sweat. Experientia, 30, pp. 864–865.
Brown G. (1979): Wohin Frauen zuerst schauen. Kurier, 7, pp. 15–15.
Brown P., Levinson S. (1978): Universals in language usage: Politeness phenomena. In: Goody E. (eds.): Questions and politeness. Strategies in social interaction. Cambridge, Cambridge Univ. Press, pp. 56–289.
Brown T.A., Cash T.F., Noles S.W. (1986): Perceptions of physical attractiveness among college students: Selected determinants and methodological matters. Journal of Social Psychology, 126, pp. 305–316.
Brownlow S., Zebrowitz L.A. (1990): Facial appearance, gender, and credibility. Journal of Nonverbal Behavior, 14:1, pp. 51–60.
Bugental D.B., Henker B., Whalen C.K. (1976): Attributional antecedents of verbal and vocal assertiveness. Journal of Personality and Social Psychology, 34, pp. 405–411.
Bullough V.L. (1976): Sexual variance in society and history. New York, Wiley.
Bundeskriminalamt (1991): Polizeiliche Kriminalstatistik 1990. Wiesbaden, Bundeskriminalamt.
Burgess E.W., Wallin P. (1953): Engagement and marriage. New York, Lippincott.
Burt M.R. (1980): Cultural myths and supports for rape. Journal of Personality and Social Psychology, 38, pp. 217–230.
Buss D.M. (1985): Human mate selection. American Scientist, 73, pp. 47–51.
Buss D.M. (1988): From vigilance to violence. Tactics of mate retention in American undergraduates. Ethology and Sociobiology, 9, pp. 291.
Buss D.M. (1989): Sex differences in human mate preferences – Evolutionary hypothesis tested in 37 cultures. Behavioral and Brain Sciences, 14: 3, pp. 519–519.
Buss D.M. (1991): Do women have evolved mate preferences for men with resources? A reply to Smuts. Ethology and Sociobiology, 12, pp. 401–408.
Buss D.M., Barnes M. (1986): Preferences in human mate-selection. Journal of Personality and Social Psychology, 50:3, pp. 559–570.
Buss D.M., Schmitt D. (1991): Sexual strategies theory: A contextual evolutionary analysis of human mating. Unpublished Manuscript.
Butterfield F. (1984): A dating service, but not for just anyone. The New York Times, pp. 8–8.

Cahoon D.D., Edmonds E.M. (1989): Male-female estimates of opposite-sex first impressions concerning females' clothing styles. Bulletin of the Psychonomic Society, 27, pp. 280–281.
Cameron C., Oskamp S., Sparks W. (1977): Courtship American style: Newspaperads. The Family Coordinator, 26, pp. 27–30.
Camras L.A. (1980): Children's understanding of facial expressions used during conflict encounters. Child Development, 51, pp. 879–885.
Camras L.A. (1982): Ethological approaches to non-verbal communication. In:

Feldman R.S. (ed.): Development of non-verbal behavior in children. New York, Springer, pp. 3–28.

Cannon W.B. (1927): The James-Lange-theory of emotion: A critical examination and an alternative theory. American Journal of Psychology, 39, pp. 106–124.

Cant J.G.H. (1981): Hypothesis for the evolution of human breasts and buttocks. American Naturalist, 117, pp. 199–204.

Caro T.M., Sellen D.W. (1989): The reproductive advantages of fat in women. Ethology and Sociobiology, pp. 51–65.

Cash T.F., Cash D.W. (1982): Women's use of cosmetics: Psychosocial correlates and consequences. International Journal of Cosmetic Science, 4, pp. 1–14.

Cavior N., Boblett P.J. (1972): Physical attractiveness of dating vs. married couples. Proc. of the 80th Ann. Conv. of the Am. Psychol. Ass., 7, pp. 175–176.

Chapple E.D. (1970): Culture and biological man: Exploration in behavioral anthropology. New York, Holt, Rinehart and Winston.

Cheney D.L., Lee P.C., Seyfarth R.M. (1981): Behavioral correlates of non-random mortality among free-ranging female vervet monkeys. Behavioral Ecology and Sociobiology, 9, pp. 153–161.

Childress D., McDonald I.C. (1973): Tests for frequency-dependent mating success in the house fly. Behavior Genetics, 3, pp. 217–223.

Chisholm J.S. (1976): On the evolution of rules. In: Chance M.R.A., Larsen R.R. (eds.): The social structure of attention. New York, Wiley, pp. 325–352.

Chisholm J.S. (1991): Whose reproductive value? Commentary to D. Buss's »Sex differences in mate preferences«. Behavioral and Brain Sciences, 14, pp. 519–521.

Christiansen K., Knussmann R., Sperwien A. (1987): Körperbau und Geschlechtsrollenidentifikation beim Mann. Homo, 39, pp. 35–45.

Christopher F.S. (1988): An initial investigation into a continuum of premarital sexual pressure. Journal of Sex Research, 25, pp. 255–266.

Clark L., Lewis D. (1977): The price of coercive sexuality. Toronto, The Women's Press.

Clark M.S., Mills J. (1979): Interpersonal attraction in exchange and communal relationships. Journal of Personality and Social Psychology, 37, pp. 12–24.

Clark R.D., Hatfield E. (1981): Gender differences in receptivity to sexual offers. Unpublished manuscript. Univ. Florida.

Clarke A.C. (1952): An examination of the operation of residential propinquity as a factor in mate selection. American Sociological Review, 17, pp. 17–22.

Clarke P.J., Spuhler J.N. (1959): Differential fertility in relation to body dimensions. Human Biology: A Record of Research, 31, pp. 121–137.

Clore G.L., Wiggins N.H., Itkin I. (1975): Judging attractivness from non-verbal behavior: The gain phenomenon. Journal of Consulting and Clinical Psychology, 43, pp. 491–497.

Clore G.L., Wiggins N.H., Itkin S. (1975): Gain and loss in attraction: Attributions from non-verbal behavior. Journal of Personality and Social Psychology, 31, pp. 706–712.

Condon W.S., Ogston W.D. (1966): Sound film analysis of normal and pathological behavior patterns. Journal of Nervous and Mental Diseases, 143, pp. 338–347.

Congleton R.D. (1989): Efficient status seeking: Externalities, and the evolution of status games. Journal of Economic Behavior and Organization, 11, pp. 175–190.

Cook M. (1981): Social skill and human sexual attraction. In: Cook M. (ed.): The bases of human sexual attraction. London, Academic Press, pp. 145–177.

Cook M., Wilson G. (1979): Love and attraction: An international conference. Oxford, Pergamon Press.

Coombs R.H., Kenkel W.F. (1966): Sex-differences in dating aspirations and satisfaction with computer selected partners. Journal of Marriage and the Family, 28, pp. 62–66.

Cowley J.J., Johnson A.L., Brooksbank B.W.L. (1977): The effect of two odorous compounds on performance in an assessment-of-people test. Psychoneuroendocrinology, 2, pp. 159–172.

Craddock A.E. (1991): Relationships between attitudinal similarity, couple structure, and couple satisfaction within married and defacto couples. Australian Journal of Psychology, 43: 1, pp. 11–16.

Cramer R.E., Lutz D.J., Bartell P.A., Dragna M., Helzer K. (1989): Motivating and reinforcing functions of the male sex role: Social analogues of partial reinforcement, delay of reinforcement, and intermittent shock. Sex Roles, 20, pp. 551–573.

Cramer R.E., Dragna M., Cupp R.G., Stewart P. (1991): Contrast Effects in the Evaluation of the Male Sex Role. Sex Roles, 24: 3–4, pp. 181–193.

Cranach M., Kalbermatten U., Indermühle K., Gugler B. (1980): Zielgerichtetes Handeln. Bern, Huber.

Critchfield R. (1981): Villages. New York, Doubleday.

Critelli J.W., Waid L.R. (1980): Physical attractiveness, romantic love, and equity restoration in dating relationships. Journal of Personality Assessment, 44, pp. 624–629.

Cuber J.S., Harroff P.B. (1965): The significant Americans: A study of sexual behavior among the affluent. New York, Appleton-Century-Crofts.

Cunningham J.D., Antill J.K. (1981): Love in developing romantic relationships. In: Duck S., Gillmore R. (eds.): Personal relationships. London, Academic Press, pp. 27–51.

Cunningham M.R. (1986): Measuring the physical in physical attractiveness: Quasi experiments on the sociobiology of female beauty. Journal of Personality and Social Psychology, 50, pp. 925–935.

Cunningham M.R. (1989): Reactions to heterosexual opening gambits: Female selectivity and male responsiveness. Personality and Social Psychology Bulletin, 15:1, pp. 27–41.

Cutting J.E., Proffitt D.E. (1981): Gait perception as an example of how we may perceive events. In: Walk R.D., Proffitt D.E. (eds.): Intersensory perception and sensory integration. New York, Plenum, pp. 249–273.

Dagostino J.V., Day S.K. (1991): Gender-Role Orientation and Preference for an intimate partner. Psychological Record, 41: 3, pp. 321–328.

Daly M., Wilson M. (1982): Whom are newborn babies said to resemble? Ethology and Sociobiology, 3, pp. 69–78.

Daly M., Wilson M. (1983): Sex, Evolution and Behavior. Boston, Willard Grant.

Daly M., Wilson M., Weghorst S. (1982): Male sexual jealousy. Ethology and Sociobiology, 3, pp. 11–27.

Darling C.A., Davidson J.K., Passarello L.C. (1992): The mystique of first intercourse among college youth – The role of partners, contraceptive practices, and psychological reactions. Journal of Youth and Adolescence, 21: 1.

Darwin C. (1871): The descent of man and selection in relation to sex. London, John Murray.

Darwin C. (1872): The expression of emotions in man and animals. Chicago, Univ. of Chicago Press 1965.

Darwin C. (1874): Die Abstammung des Menschen. Wiesbaden, Fourier (Deutsche Lizenzausgabe von 1986).

Das M., Duffy K.G. (1985): Matching hypothesis of interpersonal attraction: Can compensation occur? Paper presented at the meeting of the Eastern Psychological Association.

Davis C., Cowles M. (1991): Body image and exercise – A study of relationships and comparisons between physically active men and women. Sex Roles, 25: 1–2, pp. 33–43.

Davis L., Lennon S.C. (1985): Self-monitoring, fashion opinion leadership and attitudes towards clothing. In: Solomon M.R. (ed.): The psychology of fashion. Lexington, Heath, pp. 177–182.

Davis M., Weitz S. (1981): Sex differences in body movements and positions. In: Mayo C., Henley N.M. (eds.): Gender and non-verbal behavior. New York, Springer, pp. 83–89.

Dawkins R. (1976): Hierarchical organization: a candidate principle for ethology. In: Bateson P.P.G., Hinde R.A. (eds.): Growing points in ethology. Cambridge, Cambridge Univ. Press, pp. 7–54.

Dawkins R. (1976): The selfish gene. Oxford, Oxford University Press.

Dawkins R., Krebs J.R. (1981): Signale der Tiere: Information oder Manipulation. In: Krebs J.R., Davies N.B. (eds.): Öko-Ethologie. Berlin und Hamburg, Parey, pp. 222–242.

Deaux K., Hanna R. (1984): Courtship in the personals column: The influence of gender and sexual orientation. Sex Roles, 11, pp. 363–375.

Depaulo B.M., Rosenthal R. (1979): Telling lies. Journal of Personality and Social Psychology, 37, pp. 1713–1722.

Depaulo B.M., Rosenthal R., Rosenkrantz J., Green C.R. (1982): Actual and perceived cues to deception: A closer look at speech. Basic and Applied Social Psychology, 3, pp. 291–312.

Depaulo B.M., Stone J.L., Lassiter G.D. (1985): Deceiving and detecting deceit. In: Schlenker B.R. (ed.): The self and social life. New York, McGraw-Hill, pp. 323–370.

Dermer M., Thiel D.L. (1975): When beauty may fail. Journal of Personality and Social Psychology, 31, pp. 1168–1176.

Diamond M., Diamond A.L., Mast M. (1972): Visual sensitivity and sexual arousal levels during the menstrual cycle. Journal of Nervous and Mental Disease, 155, pp. 170–176.

Dion K.K., Berscheid E., Walster E. (1972): What is beautiful is good. Journal of Personality and Social Psychology, 24, pp. 285–290.

Dittami J., Grammer K. (1993): Changes in female sexual advertisement according to menstrual phase. Unpublished manuscript.

Dittus W.P.J. (1977): The social regulation of population density and age-sex distribution in the Toque monkey. Behaviour, 63, pp. 281–322.

Doermer C. (1989): ...auf den ersten Blick. Über die Bedeutung der ersten dreißig Sekunden einer Begegnung. Ludwig-Maximilians-Universität München, Dissertation.

Domangue B.B. (1978): Decoding effects of cognitive complexity, tolerance of ambiguity, and verbal-nonverbal inconsistency. Journal of Personality, 46, pp. 519–535.

Döring G.K. (1990): Empfängnisverhütung. Stuttgart, Thieme.

Doty R.L. (1976): Reproductive endocrine influences upon human nasal chemoreception: a review. In: Doty R.L. (ed.): Mammalian olfaction, reproductive processes and behavior. New York, Academic Press.

Douty H. (1969): Identification instruments for body type: Douty Body Build Scale and Douty Posture Scale.

Downey J.L., Damhave K.W. (1991): The effects of place, type of comment, and effort expended on the perception of flirtation. Journal of Social Behavior and Personality, 6:1, pp. 35–43.

Driscoll R., Davis K.E., Lipetz M.E. (1972): Parental interference and romantic love: The Romeo and Juliet effect. Journal of Personality and Social Psychology, 24, pp. 1–10.

Duck S. (1977): Tell me where is fancy bred: some thoughts on the study of interpersonal attraction. In: Duck S. (ed.): Theory and practice in interpersonal attraction. London, Academic Press.

Duncan S., Fiske D.W. (1977): Face to face interaction: Research methods and theory. Hillsdale, Erlbaum.

Durant R.H., Sanders J.M. (1989): Sexual behaviour and contraceptive risk taking among sexually active adolescent females. Journal of Adolescent Health Care, 10, pp. 1–9.

Dutton D.G., Aron A.P. (1974): Some evidence for heightened sexual attraction under conditions of high anxiety. Journal of Personality and Social Psychology, 30:4, pp. 510–517.

Eckland B.K. (1968): Theories of mate selection. Eugenics Quarterly, 15, pp. 71–84.

Edelmann R.J., Neto F. (1989): Self-reported expression and consequences of embarrassment in Portugal and the U.K. International Journal of Psychology, 24, pp. 351–366.

Edmonds E.M., Cahoon D.D. (1986): Attitudes concerning crimes related to clothing worn by female victims. Bulletin of the Psychonomic Society, 24, pp. 444–446.

Edmonds E.M., Cahoon D.D., Shipman M. (1991): Predictions of opposite-sex attitudes concerning gender-related social issues. Bulletin of the Psychonomic Society, 29: 4, pp. 295–296.

Edwards J.H. (1957): A critical examination of the reputed primary influence of ABO phenotype on fertility and sex-ratio. Br. J. prev. soc. Med., 11, pp. 79–89.

Eibl-Eibesfeldt I. (1968): Zur Ethologie des menschlichen Grußverhaltens. I. Beobachtungen an Balinesen, Papuas, Samoanern nebst vergleichenden Bemerkungen. Zeitschrift für Tierpsychologie, 25, pp. 727–744.

Eibl-Eibesfeldt I. (1970): Liebe und Hass. München, Piper.

Eibl-Eibesfeldt I. (1972): Similarities and differences between cultures in expressive movements. In: Hinde R. A. (ed.): Nonverbal communication. Cambridge, Cambridge Univ. Press, pp. 297–312.

Eibl-Eibesfeldt I. (1973): Der vorprogrammierte Mensch. Das Ererbte als bestimmender Faktor im menschlichen Verhalten. Wien, Molden.

Eibl-Eibesfeldt I. (1978): Grundriß der Vergleichenden Verhaltensforschung. 5. Auflage. München, Piper.

Eibl-Eibesfeldt I. (1984): Die Biologie des menschlichen Verhaltens. München, Piper.

Eibl-Eibesfeldt I. (1990): Dominance, submission, and love: Sexual pathologies from the perspective of ethology. In: Feierman J.R. (ed.): Pedophilia – Biosocial Dimensions. New York, Springer, pp. 150–175.

Ekman P. (1984): Expression and the nature of emotion. In: Scherer K., Ekman P. (eds.): Approaches to emotion. Hillsdale, Lawrence Erlbaum, pp. 319–343.

Ekman P. (1986): Telling lies. New York, Norton.

Ekman P., Friesen W.V. (1969): Nonverbal leakage and clues to deception. Psychiatry, 32, pp. 88–106.

Ekman P., Friesen W.V. (1978): Facial action coding system. Palo Alto, CA, Consulting Psychologists Press.

Ekman P., Friesen W.V., Scherer K. (1976): Body movement and voice pitch in deceptive interaction. Semiotica, 16, pp. 23–27.

Ekman P., Friesen W.V. (1982): Felt, false and miserable smiles. Journal of Nonverbal Behavior, 6:4, pp. 238–252.

Ekman P., Levenson R.W., Friesen W.V. (1983): Autonomous nervous activity distinguishes among emotions. Science, 221, pp. 1208–1209.

Elder G. (1969): Appearance and education in marriage mobility. American Sociological Review, 34, pp. 519–533.

Elias J., Elias V. (1979): Dimensions of masculinity and female reactions to male nudity. In: Cook M., Wilson G. (eds.): Love and attraction: an international conference. Oxford, Pergamon Press.

Ellis L. (1991): Monoamine oxidase and criminality – Identifying an apparent biological marker for antisocial behavior. Journal of Research in Crime and Delinquency, 28: 2, pp. 227-251.
Elsner K. (1982): Wie man eine Frau aufreißt. München, Heyne.
Erikson E.H. (1968): Identity, youth and crisis. New York, Norton.
Essock-Vitale S.M. (1984): The reproductive success of wealthy Americans. Ethology and Sociobiology, 5, pp. 45-49.
Essock-Vitale S.M., McGuire M.T. (1985): Women's lives viewed from an evolutionary perspective. I. Sexual histories, reproductive success, and demographic characteristics of a random sample of American women. Ethology and Sociobiology, 6, pp. 137-154.
Estrich S. (1991): Sex at work. Stanford Law Review, 43: 4, pp. 813-861.
Etkin W. (1964): Reproductive behaviours. In: Etkin W. (ed.): Social behaviour and organization among vertebrates. Chicago, The Univ. of Chicago Press.

Falbo T., Peplau L.A. (1980): Power strategies in intimate relationships. Journal of Personality and Social Psychology, 38, pp. 618-628.
Feierman J.R., Feierman L.A. (1992): Mapping the human ethogram: Femine mannerisms and the concept of gender. Paper presented at the Fourth annual meeting of the Human Behavior and Evolution Society, 1992.
Feltey K.M., Ainslie J.J., Geib A. (1992): Sexual coercion attitudes among high school students – The influence of gender and rape education. Youth and Society, 23: 2, pp. 229-229.
Feyereisen P. (1982): Temporal distribution of co-verbal hand movements. Ethology and Sociobiology, 3, pp. 1-9.
Fichten C.S., Judd D., , Amsel R., Robillard K. (1991): Communication cues used by people with and without visual impairments in daily conversations and dating. Journal of Visual Impairment and Blindness, 85, pp. 371-378.
Figley C.R. (1979): Tactical self-presentation and interpersonal attraction. In: Cook M., Wilson G. (eds.): Love and attraction. London, Pergamon Press, pp. 91-99.
Filsinger E.E., Braun J.J., Monte W.C. (1985): An examination of the effects of putative pheromones on human judgments. Ethology and Sociobiology, 6, pp. 227-236.
Fisher R.A. (1930): The genetical theory of natural selection. London, Oxford, Univ. Press.
Flick M. (1977): Political socialisation: The social functions of sex roles in advertisements. Working papers, Sex roles in advertisements No 2, Bergen, Centre for Mass Communications Research, Inst. of Sociology.
Flinn M.V. (1988): Mate guarding in a Caribean village. Ethology and Sociobiology, 9, pp. 1-28.
Flügel J.C. (1966): The psychology of clothes. New York, International Universities Press.
Fölstad I., Karter A.J. (1992): Parasites, bright males and the immunocompetence handicap. American Naturalist, 139, pp. 603-622.

Ford C.S., Beach F.A. (1951): Patterns of sexual behaviour. New York, Harper and Row.
Ford R.C., McLaughlin F.S. (1987): Should Cupid come to the workplace? Personnel Administrator, 32, pp. 100–110.
Forgas J.P., Moylan S.J. (1991): Affective influences on stereotype judgements. Cognition and Emotion, 5, pp. 379–395.
Forrest J.D. (1987): Unintended pregnancy among American women. Family Planning Perspectives, 19, pp. 76–77.
Forsythe S.M., Drake M.F., Hogan J.H. (1985): Influence of clothing attributes on the perception of personal characteristics. In: Solomon M.R. (ed.): The psychology of fashion. Lexington, Heath, pp. 265–292.
Frank R.H. (1985a): The demand of unobservable and other nonpositional goods. American Economic Review, 75, pp. 101–116.
Frank R.H. (1985b): Choosing the right pond: Human behavior and the quest for status. New York, Oxford, Univ. Press.
Fraser I.H., Craig G.L., Parker D.M. (1991): Reaction time measures of feature saliency in schematic faces. Perception, 19: 5, pp. 661–673.
Freedman D.G. (1969): The survival value of the beard. Psychology Today, October, pp. 36–39.
Fretwell S.D., Lucas H.L. (1969): On territorial behavior and other factors influencing distribution in birds. I. Theoretical development. Acta Biotheoretica, 19, pp. 16–36.
Freud S. (1912): Der Witz und seine Beziehung zum Unbewußten. Leipzig und Wien, Deuticke.
Fridlund A. J., Loftis J. M. (1990): Sex-differences in smiling to babies and animals: do females show a greater preference for juvenescence? Unpublished manuscript.
Frisancho A.R., Klayman J.E. (1977): Influence of maternal nutritional status on prenatal growth in a Peruvian urban population. American Journal of Physical Anthropology, 46, pp. 265–271.
Frisch R.E. (1975): Critical weights, a critical body composition, menarche and the maintainance of menstrual cycles. In: Watts E.S. (ed.): Biosocial interrelations in population adaption. The Hague, Mouton.
Fuchs E. (1912): Illustrierte Sittengeschichte vom Mittelalter bis zur Gegenwart (Bd. 3: Das bürgerliche Zeitalter). München, A. Langen.
Fugita S.S., Hogrebe M.C., Wexley K.N. (1980): Perceptions of deception: Perceived expertise in detecting deception, successfulness of deception and nonverbal cues. Personality, Social Psychol. Bulletin, 6, pp. 637–643.

Gabor M. (1972): The pin-up: a modest history. London, Deutsch.
Gallup G.G. (1982): Permanent breast enlargement in human females: a sociobiological analysis. Journal of Human Evolution, 11, pp. 597–601.
Galton F. (1879): Composite portraits, made by combining those of many different persons in a single resultant figure. Journal of the Anthropological Institute, 8, pp. 132–144.

Galton F. (1883): Inquiries into human faculty and its development (Appendix B). London, MacMillan.

Garcia S., Stinson L., Ickes W., Bissonnette V., Briggs S.R. (1991): Shyness and physical attractiveness in mixed-sex dyads. Journal of Personality and Social Psychology, 61: 1, pp. 35–47.

Gardner R.M., Morrell J.A. (1992): Body-size judgments and eye movements associated with looking at body regions in obese and normal weight subjects. Perceptual and Motor Skills, 73: 2, pp. 675–682.

Garn S. (1955): Relative fat patterning and individual characteristics. Human Biology, 27, pp. 75–89.

Garn S. (1957): Fat weight and fat placement in the female. Science, 121, pp. 1091–1092.

Garn S.M., LaVelle M., Pilkington J.J. (1983): Comparisons of fatness in premenarcheal and postmenarcheal girls of the same age. J. Pediatr., 103, pp. 328–331.

Garner D.M., Garfinkel P.E., Schwarz D., Thompson M. (1980): Cultural expectation of thinness in women. Psychiatric Res. Rep., 47, pp. 483–491.

Garrison F.J., Anderson V.E., Reed S.C. (1968): Assortative marriage. Eugenics Quarterly, 15, pp. 113–127.

Gaulin S.J.C., Schlegel A. (1980): Paternal confidence and paternal investment: A cross cultural test of a sociobiological hypothesis. Ethology and Sociobiology, 1, pp. 301–309.

Gebhard P.H., Johnson A.B. (1979): The Kinsey data: marginal tabulation of the 1938–1963 interviews conducted by the Institute for Sex Research. Philadelphia, Saunders.

Geist V. (1971): Mountain sheeps: A study in behaviour and evolution. Chicago, Univ. of Chicago Press.

Gillan P., Frith C. (1979): Male-female differences in responses to erotica. In: Cook M., Wilson G. (eds.): Love and attraction: An international conference. Oxford, Pergamon Press.

Gillis J.S., Avis W.E. (1980): The male-taller norm in mate selection. Personality, Social Psychol. Bulletin, 6, pp. 396–401.

Givens D.B. (1978): The non-verbal basis of attraction: Flirtation, courtship and seduction. Psychiatry, 41, pp. 346–351.

Glass D.C., Ross D.T., Contrada R.J., Isecke W., Rosenman R.H. (1982): Relative importance of speech characteristics and content of answers in the assessment of behavior pattern A by structured interviews. Basic and Applied Social Psychology, 3, pp. 161–168.

Glenwick D.S., Jason L.A., Elman D. (1978): Physical attractiveness and social contact in singles bars. Journal of Social Psychology, 105, pp. 311–312.

Goffman E. (1959): The presentation of self in everyday life. New York, Doubleday.

Goffman E. (1963): Behavior in public places. New York, The Free Press.

Goffman E. (1979): Gender advertisements. London, MacMillan.

Goldenthal P., Johnston R. (1981): Smiling, appeasement, and the silent bared-teeth display. Ethology and Sociobiology, 2, pp. 127–133.

Goodall J. (1986): The chimpanzees of Gombe. Patterns of Behavior. Cambridge MA, Belknap Harvard Univ. Press.
Goody E. (1978): Introduction. In: Goody E. (ed.): Questions and Politeness. Cambridge, Cambridge Univ. Press, pp. 1–43.
Gorer G. (1948): The American people. New York, Norton.
Gottfredson L.S. (1986): The societal consequences of the g factor in employment. J. Vocat. Behav., 29, pp. 379–410.
Graham J.A., Jouhar A.J. (1980): Cosmetics considered in the context of physical attractiveness: A review. International Journal of Cosmetic Science, 2, pp. 77–101.
Grammer K. (1982): Wettbewerb und Kooperation: Strategien des Eingriffs in Konflikte unter Kindern einer Kindergartengruppe. Universität München, Dissertation.
Grammer K. (1988): Biologische Grundlagen des Sozialverhaltens. Darmstadt, Wissenschaftliche Buchgesellschaft.
Grammer K. (1989a): Zur Ethologie des Flirts. In: Ehalt C. (ed.): Sexualität zwischen Natur und Kultur. Wien, Böhlau (im Druck).
Grammer K. (1989b): Moralisches Handeln – Zur Entwicklung von Grundwerten aus der Sicht der Verhaltensforschung. Schriften der Gesellschaft für Verantwortung in der Wissenschaft, No 6, pp. 105–130.
Grammer K. (1990): Strangers meet: Laughter and nonverbal signs of interest in opposite-sex encounters. Journal of Nonverbal Behavior, 14, pp. 209–236.
Grammer K., Kruck, C. (1991): Decision-making in opposite sex-encounters: Love at first sight? Kyoto: Paper presented at the 22nd International Ethological Conference.
Grammer K. (1992): Variations on a theme: Age dependent mate-selection in humans. Behavioral and Brain Sciences, 15, pp. 100–102.
Grammer K. (1993): 5alpha-androst–16en–3-alpha-on: a male pheromone? Ethology and Sociobiology, 14, im Druck.
Grammer K., Atzwanger K. (1993): Wie du mir, so ich dir: Freundschaften, Verhaltensstrategien und soziale Reziprozität. In: Krebs U., Adick W. (eds.): Evolution, Erziehung, Schule. Erlangen, Universitätsbund, pp. 171–194.
Grammer K., Eibl-Eibesfeldt I. (1989): The ritualisation of laughter. In: Koch W.A. (ed.): Natürlichkeit der Sprache und der Kultur. Bochum, Bochumer Beiträge zur Semiotik, pp. 192–214.
Grammer K., Thornhill R. (1993): Human facial attractiveness: The role of averageness and symmetry. Unpublished manuscript.
Grammer K., Schiefenhövel W., Schleidt M., Lorenz B., Eibl-Eibesfeldt I. (1988): Patterns on the face: brow movements in a crosscultural comparison. Ethology, 77, pp. 279–299.
Graudenz K., Pappritz E. (1969): Etikette neu. München, Südwest Verlag.
Gray J.P., Wolfe L.D. (1980): Height and sexual dimorphism of stature among human societies. American Journal of Physical Anthropology, 53, pp. 441–456.

Graziano W., Brothen T., Berscheid E. (1978): Height and attraction: Do men and women see eye-to-eye? Journal of Personality, 46, pp. 128–145.
Green S.K., Buchanan D.R., Heuer S.K. (1984): Winners, loosers, and choosers: A field investigation of dating instigation. Personality, Social Psychol. Bulletin, 10, pp. 502–511.
Groth N.A. (1979): Men who rape. New York, Plenum.
Grube J.W., Kleinhesselink R.R., Kearney K.A. (1982): Male self-acceptance and attraction to women. Personality, Social Psychol. Bulletin, 8, pp. 107–112.
Gundlach F.C. (1993): Modewelten. Hamburg, Gundlach.
Guthrie R.D. (1969): Evolution of human threat display organs. In: Dobzhansky T., Hecht M.K., Steere C. (eds.): Evolutionary biology. New York, Appleton-Century-Crofts, pp. 257–302.

Hadjiyannakis C. (1969): Les tendences contemporaines concernant la répression du délit d'adultère. Thessaloniki, Ass. Internat. de Droit Pénal.
Hager J.C., Ekman P. (1979): Long-distance transmission of facial affect signals. Ethology and Sociobiology, 1, pp. 77–82.
Hall J.A. (1980): Voice tone and persuasion. Journal of Personality and Social Psychology, 38, pp. 924–934.
Halla W. (1980): Augenbewegungen bei Wahrnehmung unbekannter Personen. Wien, Dissertation an der Grund- und Integrativwissenschaftlichen Fakultät.
Hamid P.N. (1972): Some effects of dress cues on observational accuracy: A perspective estimate, and impression formation. Journal of Social Psychology, 86, pp. 279–289.
Hamilton W.D. (1964): The Genetical Evolution of Social Behaviour. Journal of Theoretical Biology, 7, pp. 1–52.
Hamilton W.D., Zuk M. (1982): Heritable true fitness and bright birds: A role for parasites? Science, 218, pp. 384–387.
Hankins N.E., McKinnie W.T., Bailey R.C. (1979): Effects of height, physique and cranial hair on job-related attributes. Psychological Reports, 45, pp. 853–854.
Harmon L.D. (1973): The Recognition of faces. Scientific American, 227, pp. 71–82.
Harper D.G.C. (1992): Communication. In: Krebs J.R., Davies N.B. (eds.): Behavioural Ecology. An evolutionary approach. Oxford, Blackwell, pp. 347–398.
Harris M.B. (1991): Sex Differences in stereotypes of spectacles. Journal of Applied Social Psychology, 21: 20, pp. 1659.
Harrison A.A., Saeed L. (1977): Let's make a deal: An analysis of revelations and stipulations in lonely hearts advertisements. Journal of Personality and Social Psychology, 35, pp. 257–264.
Harrison G.A., Gibson J.B., Hiorns R.W. (1976): Assortative marriage for psychometric, personality and anthropometric variation in a group of Oxfordshire villages. Journal of Biosocial Science, 8, pp. 145–153.
Hatkoff T.S., Luswell T.E. (1977): Male-female similarities and differences in con-

ceptualizing love. In: Cook M., Wilson G. (eds.): Love and attraction. Oxford, Pergamon Press.

Heiman J.R. (1975): The physiology of erotica. Psychology Today, 8, pp. 90–94.

Helbig G., Buscha J. (1975): Deutsche Grammatik. Ein Handbuch für den Ausländerunterricht. Leipzig, VEB Verlag.

Hellhammer D.H., Hubert W., Schürmeyer T. (1985): Changes in saliva testosterone after psychological stimulation in men. Psychoneuroendocrinology, 10, pp. 77–81.

Hendrick C., Hendrick S.S. (1991): Dimensions of love – A Sociobiological interpretation. Journal of Social and Clinical Psychology, 10: 2, pp. 206–230.

Henley N.M. (1973): Status and sex: Some touching observations. Bulletin of the Psychonomic Society, 2, pp. 91–93.

Henley N.M. (1977): Body politics: Power, sex, and non-verbal communication. Englewood-Cliffs, Prentice-Hall.

Henss R. (1987): Zur Beurteilerübereinstimmung bei der Einschätzung der physischen Attraktivität junger und alter Menschen. Zeitschrift für Sozialpsychologie, 18, pp. 118–130.

Henss R. (1988): ». . . wer ist der/die Schönste im ganzen Land?« Zur Beurteilerübereinstimmung bei der Einschätzung der physischen Attraktivität. Annales – Forschungsmagazin der Universität des Saarlandes, 1, pp. 54–58.

Henss R. (1991): Perceiving age and attractiveness in facial photographs. Journal of Applied Social Psychology, 21: 11, pp. 933–946.

Hess E.H., Seltzer A.L., Shlien J.M. (1965): Pupil response of hetero- and homosexual males to pictures of man and women. Journal of Abnormal Psychology, 70, pp. 165–168.

Hewitt L.E. (1958): Student perceptions of traits desired in themselves as dating and marriage partners. Marriage and Family Living, 20, pp. 344–349.

Hill C.T., Rubin Z., Peplau L.A. (1976): Breakups before marriage: The end of 103 affairs. Journal of Social Issues, 32, pp. 147–168.

Hill E.M., Nocks E.S., Gardner L. (1987): Physical attractiveness: Manipulation by physique and status displays. Ethology and Sociobiology, 8, pp. 143–154.

Hill M.S., Hill R.N. (1973): Hereditary influence on the normal personality using the MMPI. Behavior Genetics, 3, pp. 133–144.

Hinde R.A. (1975): The concept of function. In: Baerends S., Beer C., Manning C. (eds): Function and evolution in behaviour. Oxford, Clarendon.

Hinde, R.A. (1979): Towards understanding relationships. London, Academic Press.

Hinde R.A. (1984): Why do the sexes behave differently in close relationships? Journal of Social and Personal Relationships, 1, pp. 471–501.

Hinsz V.B., Tomhave J.A. (1992): Smile and (half) the world smiles with you, frown and you frown alone. Personality and Social Psychology Bulletin, 17: 5, pp. 249–269.

Hirsch F. (1976): Social limits to economic growth. Cambridge, MA, Harvard Univ. Press.

Hirschberg N., Jones L.E., Haggerty M. (1978): What's in a face: Individual differences in face perception. Journal of Research in Personality, 12, pp. 488-499.

Hirschman E. (1985): Commentary. In: Solomon M.R. (ed.): The psychology of fashion. Lexington, Heath, pp. 207-208.

Hirukawa T., Grammer K., Matsutani H. (1993): A cross-cultural study of sex differences in encounters between strangers. Kyoto, Vortrag auf dem Kongress der Japanese Society for Social Psychology.

Hirukawa, T. (1993): Kao no Miryoku to Shina (»Facial attractiveness and evolution«). In: Yoshikawa S., Nakamura M., Matsutani M. (eds.): Kao to Kokoro (»Face and mind«). Tokio, Saiensu-Sha Co.

Hofstadter D.R. (1980): Gödel, Escher, Bach: An eternal golden braid. Harmondsworth, Penguin Books.

Hold B.C.L., Schleidt M. (1977): The importance of human odour in non-verbal communication. Zeitschrift für Tierpsychologie, 43, pp. 225.

Holfeld U. (1984): Herzfrequenz und Hautwiderstand. Eine psychophysiologische Studie ethologischer Paradigmen. Diplomarbeit im Fachbereich Biologie an der LMU München.

Holmes W., Sherman P.W. (1983): Kin recognition in animals. American Scientist, 71, pp. 46-55.

Holmstrom L.L., Burgess A.W. (1978): The victim of rape. New York, Wiley.

Horvath T. (1979): Correlates of physical beauty in men and women. Social Behavior and Personality, 7:2, pp. 145-151.

Horvath T. (1981): Physical attractiveness: The influence of selected torso-parameters. Archives of Sexual Behavior, 10, pp. 21-24.

Hückstedt B. (1965): Experimentelle Untersuchungen zum Kindchenschema. Zeitschrift für Experimentelle und Angewandte Psychologie, 12, pp. 421-450.

Hudson J.W., Henze L.F. (1969): Campus values in mate selection: A replication. Journal of Marriage and the Family, 31, pp. 772-775.

Humphrey N. (1976): The social function of intellect. In: Bateson P., Hinde R.A. (eds.): Growing Points in Ethology. Cambridge, Cambridge Univ. Press, pp. 303-317.

Hunt M. (1973): Sexual behavior in the 1970's. New York, Playboy Press.

Hunter J.E., Hunter R.F. (1984): Validity and utility of alternative predictors of job performance. Psychological Bulletin, 96, pp. 72-98.

Hursh C.J., Selkin J. (1974): Rape prevention research project. Mimeographed annual report of the Violence Research Unit, Div. of Psychiatric Service, Dept. health and hospitals, Denver, CO.

Huston T.L. (1973): Ambiguity of acceptance, social desirability, and dating choice. Journal of Experimental Social Psychology, 9, pp. 32-42.

Huston T.L., Burgess R.L. (1979): Social exchange in developing relationships: An overview. In: Burgess S., Huston T.L. (eds.): Exchange in developing relationships. New York, Academic Press, pp. 3-27.

Huston T.L., Ruggiero M., Conner E., Geis G. (1981): Bystander intervention into

crime: A study based on naturally occuring episodes. Social Psychology Quarterly, 44, pp. 14–23.
Huxley J.S. (1966): The ritualization of behaviour in animals and men. Philosophical Transactions of the Royal Society, Vol. 251, 772, pp. 249–269.
Hytten F.E. (1954): Clinical and chemical studies in human lactation. VI. The functional capacity of the breast. Br. Med. J., 1, pp. 912–915.

Iliffe A.H. (1960): A study of preferences in femine beauty. British Journal of Psychology, 51, pp. 267–273.

Jaco D.E., Shephard D.M. (1975): Demographic homogenety and spousal consensus: A methodological perspective. Journal of Marriage and the Family, pp. 161–169.
Jacobs L., Berscheid E., Walster E. (1971): Self-esteem and attraction. Journal of Personality and Social Psychology, 17, pp. 84–91.
Jaffee B., Fanshel D. (1970): How they fared in adoption: A follow-up study. New York, Columbia Univ. Press.
Janetos A.C. (1980): Strategies of female mate choice: A theoretical analysis. Behavioral Ethology and Sociobiology, 7, pp. 107–112.
Jensen A.R. (1978): Genetic and behavioral effects of non-random mating. In: Osborne R.T., Noble C.E., Wey N.J. (eds.): Human variations. Biopsychology of age, race and sex. New York, Academic Press, pp. 51–105.
Johansson G. (1973): Visual perception of biological motion and a model of its analysis. Perception and Psychophysics, 14, pp. 201–211.
Johansson G. (1976): Spatio-temporal differentiation and integration in visual motion perception. Psychological Research, 38, pp. 379–393.
Johnson J.D., Jackson L.A. (1988): Assessing the effects of factors that might underlie the differential perception of acquaintance and stranger rape. Sex Roles, 19, pp. 37–45.
Johnson K.L., Edwards R. (1991): The effects of gender and type of romantic touch on perceptions of relational commitment. Journal of Nonverbal Behavior, 15: 1, pp. 43–55.
Jolly A. (1966): Lemur Social Behaviour and primate intelligence. Science, 153, pp. 501–506.
Jones E.E., Gordon E.M. (1972): Timing of self-disclosure and its effects on personal attraction. Journal of Personality and Social Psychology, 24, pp. 358–365.
Jones H.E. (1929): Homogamy in intellectual abilities. American Journal of Sociology, 35, pp. 369–382.
Jourard S.M., Secord P.F. (1955): Body-cathexis and the ideal female figure. Journal of Abnormal and Social Psychology, 50, pp. 243–246.

Kalkofen H., Müller A., Strack M. (1990): Kant's facial aesthetics and Galton's composite portraiture – are prototypes more beautiful? In: Halasz L. (ed.):

Proceedings of the 11th International Congress on Empirical Aesthetics. Budapest, International Association for Empirical Aesthetics, pp. 151-154.

Kanin E.J., Davidson K.R., Schreck S.R. (1970): A research note on male-female differentials in the experience of heterosexual love. Journal of Sex Research, 6, pp. 64-72.

Kant I. (1796): Anthropologie in pragmatischer Hinsicht. Hamburg, Meiner.

Katch V.L., Campaigne B., Freedson P., Sady S., Katch F.I., Behnke A.R. (1980): Contribution of breast volume and weight to fat distribution in females. American Journal of Physical Anthropology, 53, pp. 93-100.

Keating C.F. (1985): Gender and the physiognomy of dominance and attractiveness. Psychology Quarterly, 48, pp. 61-70.

Keating C.F., Bai D.L. (1986): Children's attributions of social dominance from facial cues. Child Development, 57, pp. 1269-1276.

Keating C.F., Mazur A., Segall M.H. (1981): A cross cultural exploration of physiognomic traits of dominance and happiness. Ethology and Sociobiology, 2, pp. 41-48.

Kendon A. (1970): Movement coordination in social interaction: Some examples considered. Acta Psychologica, 32, pp. 1-25.

Kendon A. (1975): Some functions of the face in a kissing round. Semiotica, 15, pp. 299-334.

Kenny C.D., Fletcher D. (1973): Effects of beardedness on person perception. Perceptual and Motor Skills, 47, pp. 413-414.

Kenrick D.T., Cialdini R.B. (1977): Romantic attraction: Misattribution versus reinforcement explanations. Journal of Personality and Social Psychology, 35, pp. 381-391.

Kenrick D.T., Gutierres S.E. (1980): Contrast effects and judgements of physical attractiveness: When beauty becomes a social problem. Journal of Personality and Social Psychology, 38, pp. 131-140.

Kenrick D.T., Keefe R.C. (1992): Age preferences in mates reflect sex differences in human reproductive strategies. Behavioral and Brain Sciences, 15, pp. 75-133.

Kenrick D.T., Saddala E.K., Groth G., Trost M.R. (1990): Evolution, traits, and the stages of human courtship: Qualifying the parental investment model. Journal of Personality, 58, pp. 97-116.

Kephard W.M. (1961): The family, society and the individual. Boston, Houghton Mifflin.

Kinsey A.C., Pomeroy W.B., Martin C.E., Gebhard P.H. (1953): Sexual behaviour in the human female. Philadelphia, Saunders.

Kirkendall L.A. (1965): Premarital intercourse and interpersonal relationships. Julian, NY.

Kirkpatrick C., Cotton J. (1951): Physical attractiveness, age, and marital adjustment. American Sociological Review, 16, pp. 81-86.

Kirk-Smith M.D., Booth D.A., Caroll D., Davies P. (1978): Human social attitudes affected by androstenol. Research Communications in Psychology, Psychiatry and Behavior, 3, pp. 379-384.

Kiser C.B. (1968): Assortative mating by educational attainment in relation to fertility. Eugenics Quarterly, 15, pp. 98–112.

Klaiber E.L., Broverman D.M., Kobayashi Y. (1967): The automization cognitive style, androgens and monoamine oxidase. Psychopharmacologia, 2, pp. 320–336.

Klaiber E.L., Broverman D.M., Vogel W., Kobayashi Y. (1976): The use of steroid hormones in depression. In: Itil T.M., Laudahn G., Herman W.H. (eds.): Psychotrophic action of hormones. New York, Spectrum.

Kleinke C.L., Staneski R.A. (1980): First impression of female bust size. Journal of Social Psychology, 110, pp. 123–134.

Kleinke C.L., Taylor C. (1991): Evaluation of opposite-sex person as a function of gazing, smiling, and forward lean. Journal of Social Psychology, 131: 3, pp. 451–453.

Kleinke C.L., Meeker F.B., Staneski R.A. (1986): Preferences for opening lines: Comparing ratings by men and women. Sex Roles, 15, pp. 585–600.

Knackstedt G., Kleinke C.L. (1990): Eye contact, gender, and personality judgements. Journal of Social Psychology, 131, pp. 303–304.

Kneutgen J. (1964): Beobachtungen über die Anpassung von Verhaltensweisen an gleichförmige Reize. Zeitschrift für Tierpsychologie, 21, pp. 763–779.

Kobarik K. (1981): Changes in physical attractiveness and interpersonal attraction. Basic and Applied Social Psychology, 2, pp. 59–65.

Koch A. (1991): Empirische Untersuchung zur Existenz eines angeborenen Auslösemechanismus bei der optischen Geschlechterwahrnehmung des Menschen. Mainz, Dissertation Fachbereich Biologie der Gutenberg-Universität Mainz.

Koestner R., Wheeler L. (1988): Self-presentation in personal advertisements: The influence of implicit notions of attraction and role expectations. Journal of Social and Personal Relationships, 5, pp. 149–160.

Konishi M. (1965): The role of auditory feedback in the control of vocalization in the white-crowned sparrow. Zeitschrift für Tierpsychologie, 22, pp. 770–783.

Korda M. (1973): Male chauvinism: How it works. New York, Random House.

Kraut R.E., Johnston R.E. (1979): Social and emotional messages of smiling: an ethological approach. Journal of Personality and Social Psychology, 37, pp. 1539–1553.

Kraut R.E., Poe D. (1980): Behavioral roots of person perception: the deception judgements of customs inspectors and laymen. Journal of Personality and Social Psychology, 39, pp. 784–798.

Krebs D., Adinolfi A.A. (1975): Physical attractiveness, social relations, and personality style. Journal of Personality and Social Psychology, 31, pp. 245–253.

Krebs J.R. Davies N.B. (1987): An Introduction to Behavioural Ecology. Sunderland, MA, Sinauer.

Kreuz L.E., Rose R.M., Jennings J.R. (1972): Suppression of plasma testosterone levels and psychological stress: A longitudinal study of young men in an officers' candidate school. Archs gen. Psychiat., 26, pp. 479–482.

Kruck K. (1989): Die Synchronisation im menschlichen Werbeverhalten. Stuttgart, Diplomarbeit Fachbereich Zoologie der Univ. Hohenheim, Stuttgart.

Kummer H. (1971): Primate Societies. Group Techniques of ecological adaptation. Chicago, Aldine.

LaBarre W. (1947): The cultural basis of emotions and gestures. Journal of Personality, 16, pp. 49–68.

Labows J.N., Preti G., Hoelzle E., Leyden E., Kligman A. (1979): Steroid analysis of human apocrine secretion. Steroids, 34, pp. 249–258.

Lack D. (1940): Pair formation in birds. Condor, 42, pp. 269–286.

Lamprecht J. (1990): Definition von Synchronie und Alternieren. Seewiesen, Workshop «Gruppenmechanismen», pp. 1–7.

Lancaster J., Hamburg B. (1986): School-age pregnancy and parenthood. New York, Aldine de Gruyter.

Landreth C. (1941): Factors associated with crying in young children in the nursery school and at home. Child Development, 12:2, pp. 81–97.

Langlois J.H., Roggman L.A. (1990): Attractive faces are only average. Psychological Science, 1, pp. 115–121.

Langthaler W., Elsinghorst J., Maiworm R., Maleska B. (1992): Paarerkennung in Abhängigkeit von Kleidung der Zielpersonen bzw. vom Alter der Beobachter. Unveröffentlichtes Manuskript.

Lanzetta J.T., Sullivan D.G., Masters R.D., McHugo G.V. (1991): Emotional and cognitive responses to televised images of political leaders. In: Kraus S., Perloff R.M. (eds.): Mass media and political thought: toward an information processing approach. Beverly Hills, Sage, pp. 85–116.

Lavrakas P.J. (1975): Female preferences for male physique. Journal of Research in Personality, 9, pp. 324–344.

Laws D.W. (1977): The effects of the normal menstrual cycle and the use of oral contraceptives on the acoustic reflex threshold. Diss. Abstr. Inter., 37, pp. 3338.

Lee J.A. (1973): The colors of love: An exploration of the ways of loving. Don Mills, Ontario, New Press.

Lee J.A. (1974): The styles of loving. Psychology Today, Oct., pp. 44–51.

Leonard C.M., Voeller K.K.S., Kuldau J.M. (1991): When's a smile a smile – Or how to detect a message by digitizing the signal. Psychological Science, 2: 3, pp. 166–172.

Lerner R.M., Orlos J.B., Knapp J.R. (1976): Physical attractiveness, physical effectiveness, and self-concept in late adolescents. Adolescence, 11, pp. 314–326.

Leshner A.I. (1978): An introduction to behavioral endocrinology. New York, Oxford, Univ. Press.

Levenson R.W., Ekman P., Friesen W.V. (1990): Voluntary facial action generates emotion-specific autonomic nervous system activity. Psychophysiology, 27, pp. 363–384.

Levine T.R., McCornack S.A. (1992): Linking love and lies – A formal test of the McCornack and Parks model of deception detection. Journal of Social and Personal Relationships, 9: 1, pp. 143–154.

Levinger G., Snoek J. (1972): Attraction in relationships: A new look at interpersonal attraction. Morristown, NJ, General Learning Press.
Lewicki P. (1986a): Processing information about covariations that cannot be articulated. Journal of Experimental Psychology, 12, pp. 135–146.
Lewicki P. (1986b): Nonconscious social information processing. New York, Academic Press.
Lewontin R.C. (1979): Sociobiology as an adaptionist program. Behavioral Science, 24, pp. 5–14.
Liebowitz M.R. (1983): The chemistry of love. Boston, Little, Brown and Company.
Light L.L., Kayra-Stuart F., Hollander S. (1979): Recognition memory for typical and unusual faces. Journal of Experimental Psychology, 5, pp. 212–228.
Light L.L., Hollander S., Kayra-Stuart F. (1981): Why attractive people are harder to remember. Personality, Social Psychol. Bulletin, 7, pp. 269–276.
Lightcap J.L., Kurland J.A., Burgess R.L. (1982): Child abuse: A test of some predictions from evolutionary theory. Ethology and Sociobiology, 3, pp. 61–67.
Linder D.E., Crane K.A. (1970): Reactance theory analysis of predecisional cognitive processes. Journal of Personality and Social Psychology, 15, pp. 258–264.
Lippa R. (1977): Expressive control, expressive consistency, and the correspondence between expressive behavior and personality. Journal of Personality, 46, pp. 438–461.
Littlepage G.E., Pineault M.A. (1979): Detection of deceptive factual statements from the body and the face. Personality, Social Psychol. Bulletin, 5, pp. 325–328.
Llewellyn-Jones D. (1982): Fundamentals of obstetrics and gynecology. London, Faber and Faber.
Lockard J.S. (1980): Studies of human social signals: Theory, method and data. In: Lockard J.S. (ed.): The evolution of human social behavior. New York, Elsevier, pp. 1–30.
Lockard J.S., Adams R.M. (1980): Courtship behaviors in public: different age sex roles. Ethology and Sociobiology, 1:3, pp. 245–253.
Lockard J.S., Phillips N.K., Heestand J.D. (1982): Bonding process: en face in parent-infant and courtship pairs. Human Ethology Newsletter, 3:8, pp. 11–12.
Lockard J.S., Adams R.M. (1981): Human serial polygyny: Demographic, reproductive, marital and divorce data. Ethology and Sociobiology, 2, pp. 177–186.
Logan J., Smith M., Sachs H., Aquilonius P., et al. (1987): Mapping human brain monoamine oxidase A and B with C-labeled suicide inactivators and PET. Science, 235, pp. 481–485.
Lorenz K. (1943): Die angeborenen Formen möglicher Erfahrung. Zeitschrift für Tierpsychologie, 5, pp. 235–409.
Lorenz K. (1965): Über tierisches und menschliches Verhalten. Bd. I und II. München, Piper.
Lorenz K. (1969): Innate bases of learning. In: Pribram K.H. (ed.): On the biology of learning. New York, Harcourt, pp. 13–94.
Lorenz K. (1973): Die Rückseite des Spiegels. München, Piper.
Lorenz K. (1978): Vergleichende Verhaltensforschung. München, Piper.

Loudun A.S.I., McNeilly A.S., Milne J.A. (1983): Nutrition and lactational control of fertility in red deer. Nature, 302, pp. 145-147.

Low B.S. (1979): Sexual selection and human ornamentation. In: Cagnon N.A., Irons W. (eds.): Evolutionary biology and human social behavior. Boston, Duxbury Press.

Low B.S., Alexander R.D., Noonan K.M. (1987): Human, hips, breasts and buttocks: is fat deceptive? Ethology and Sociobiology, 8:4, pp. 249-257.

Low B.S., Alexander R.D., Noonan K.M. (1988): Response to Judith Anderson's comments on Low, Alexander, and Noonan (1987): Ethology and Sociobiology, 9, pp. 325-328.

Lowe E. D., Lowe J. W. G. (1985): Quantitative analysis of women's dress. In: Solomon M. R. (ed.): The psychology of fashion. Lexington, Heath, pp. 193-206.

Lumsden C.J., Wilson E.O. (1981): Genes, mind and culture: the coevolutionary process. Cambridge, MA, Harvard Univ. Press.

Lyle J. (1990): Körpersprache. Bindlach, Gondrom Verlag.

Maiworm R.E. (1990): Influence of androstenon, androstenol menstrual cycle and oral contraceptives on the attractivity ratings of female probands. München, Paper given at the Ninth Congess of ECRO.

Major B., Williams L. (1980): Frequency of touch by sex and race. Unpublished Manuscript. State Univ. of NY at Buffalo.

Malamuth N.M., Check J. (1980a): Sexual arousal to rape and consenting depictions: The importance of the woman's arousal. Journal of Abnormal Psychology, 89, pp. 763-766.

Malamuth N.M., Check J. (1980b): Penile tumescence and perceptual responses to rape as a function of victim's perceived reactions. Journal of Applied Social Psychology, 10, pp. 528-547.

Malinowski B. (1936): The problem of meaning in primitive languages. In: Ogden C.K., Richards I.A. (eds.): The meaning of meaning. London, Kegan, pp. 296-336.

Marler P. (1983): Some ethological implications for neuroethology: The ontogeny of bird song. In: Ewert J.P., Capranica R.R., Ingle D.J. (eds.): Advances in vertebrate neuroethology. New York, Plenum, pp. 21-52.

Marr D. (1982): Vision. New York, Freeman.

Masters W.H., Johnson V.E., Kolodny R.C. (1990): Liebe und Sexualität. Frankfurt/Main, Ullstein.

Mathews K.E., Cooper S. (1976): Deceit as a function of sex of subject and target person. Sex Roles, 2, pp. 29-37.

Matsumoto D. (1991): Cultural similarities and differences in display rules. Motivation and Emotion, 14: 3, pp. 195-214.

Maynard-Smith J. (1983): Game theory and the evolution of behaviour. Behavioral and Brain Sciences, 7, pp. 95-125.

Mayr E. (1974): Ideological and teleonomic: A new analysis. In: Cohen R.S.,

Wartofsky M.W. (eds.), Boston Studies in the Philosophy of Science, 14. Boston, Reidel.

Mazur A., Mazur J., Keating C.F. (1984): Military rank attainment of a West-Point class effects of cadet's physical features. American Journal of Sociology, 90, pp. 125-150.

McCahill T.W. , Meyer L.C., Fischman A.M. (1979): The aftermath of rape. Lexington, MA, Heath.

McCary J.L. (1973): Human sexuality. New York, Van Nostrand Co.

McCollough P.A., Owen J.W., Pollak E.I. (1981): Does androstenol affect emotion? Ethology and Sociobiology, 2, pp. 85-88.

McCormick N.B., Esser C.J. (1983): The courtship game: Power in the sexual encounter. In: Allgeier E.R., McCormick N.B. (eds.): Changing boundaries: Gender roles and sexual behavior. Palo Alto, Mayfield, pp. 64-86.

McCornack S.A., Parks M.R. (1990): What women know that men don't: Sex differences in determining the truth behind deceptive messages. Journal of Social and Personal Relationships, 7, pp. 107-118.

McFarland D. (1990): Cognition and motivation in animals. Wien, Vortrag am 12. Ethologentreffen 1990 der Ethol. Ges. e.V.

McKeachie W. (1952): Lipstick as a determiner of first impressions of personality: an experiment for the general psychology course. Journal of Social Psychology, 36, pp. 241-244.

McMahan C.R. (1991): Evaluation and reinforcement – What do males and females really want to hear. Sex Roles, 24: 11-1, pp. 771-780.

McNeilly A.S. (1977): Physiology of lactation. Journal of Biosocial Science, 4, pp. 5-21.

Mehrabian A. (1972): Nonverbal communication. Chicago, Aldine.

Miller G.A. (1967): The psychology of communication: Seven essays. The magical number plus or minus two: Some limits for our capacity for processing information. Harmondsworth, Penguin.

Mills J., Aronson E. (1965): Opinion change as a function of the communicator's attractiveness and desire to influence. Journal of Experimental Social Psychology, 1, pp. 156-171.

Millum T. (1975): Images of women: Advertising in women's magazines. Totowa, NJ, Rowman and Littlefield.

Mischkulnig M. (1989): Kindchenschema und Ärgerreduktion. Zeitschrift für Experimentelle und Angewandte Psychologie, 36, pp. 567-578.

Mitton J.B., Grant M.C. (1984): Associations among protein heterozygosity, growth rate and developmental homeostasis. Annual Review of Ecology and Systematics, 15, pp. 479-499.

Mitton J.B. (1992): Theory and data pertinent to the relationship between heterozygosity and fitness. In: Thornhill N.W. (ed.): The natural history of inbreeding and outbreeding: Theoretical and empirical perspectives. Chicago, Univ. of Chicago Press.

Mock D.W., Fujioka M. (1990): Monogamy and long-term pair-bonding in vertebrates. Trends Ecol. Evol., 5, pp. 39-43.

Moerman M.L. (1982): Growth of the birth canal in adolescent girls. Am. J. Obstetr. Gyn., 143, pp. 528–532.

Molcho S. (1983): Körpersprache. München, Mosaik Verlag.

Möllhoff C. (1989): Linguistische Aspekte des Erstkontaktes am Beispiel von Schülergesprächen – über die sprachliche Beziehungsgestaltung in gemischtgeschlechtlichen Dyaden. Göttingen, Magisterarbeit Universität Göttingen.

Money J., Erhardt A.A. (1972): Man and woman. Boy and girl. Baltimore, Johns Hopkins Univ. Press.

Montagner H. (1978): L'Enfant et la Communication. Paris, Stock.

Montepare J.M., Zebrowitz-McArthur L. (1987): Perceptions of adults with childlike voices in two cultures. Journal of Experimental Social Psychology, 23, pp. 331–349.

Montepare J.M., Goldstein S.B., Clausen A. (1987): The identification of emotions from gait information. Journal of Nonverbal Behavior, 11, pp. 33–42.

Moore M.M. (1985): Nonverbal courtship patterns in women: context and consequences. Ethology and Sociobiology, 6, pp. 237–247.

Morland R.L., Zajonc R.B. (1982): Exposure effects in person perception. Journal of Experimental Social Psychology, 18, pp. 395–415.

Morris D. (1966): The rigidification of behaviour. Philosophical Transactions of the Royal Society, Vol. 551, 772, pp. 327–330.

Morris D. (1967): The naked ape. A zoologist's study of the human animal. New York, McGraw-Hill.

Morris D. (1972): Intimate behaviour. London, Jonathan Cape Ltd.

Morse S.J., Reis H.T., Gruzen J., Wolff E. (1978): The »eye of the beholder«: Determinants of physical attractiveness judgments in the U.S. and South Africa. Journal of Personality, 48, pp. 528–541.

Muchlenhard C.L. (1988): Men's self-reports of unwanted sexual activity. Journal of Sex Research, 24, pp. 58–72.

Müller A. (1993): Visuelle Prototypen und die physikalischen Dimensionen von Attraktivität. In: Niketta R., Hassebrauck M. (eds.): Physische Attraktivität (im Druck). Göttingen, Hogrefe.

Murdock G.P. (1967): Ethnographic Atlas. World Cultures, Vol. 2, N° 4.

Murdock G.P., White D.R. (1980): The standard cross-cultural sample and its codes. In: Barry H., Schlegel A. (eds.): Cross-cultural samples and codes. Pittsburgh, Pittsburgh Univ. Press, pp. 3–44.

Murstein B.I. (1970): Stimulus-Value-Role: A theory of marital choice. Journal of Marriage and the Family, pp. 465–481.

Murstein B.I., Christy P. (1976): Physical attractiveness and marriage adjustment in middle-aged couples. Journal of Personality and Social Psychology, 34, pp. 537–542.

Neifert M.R., Seacat J.M., Jobe W.E. (1985): Lactation failure due to insufficient glandular development of the breasts. Pediatrics, 76, pp. 823–828.

Nguyen M.L., Heslin R., Nguyen T.D. (1976): The meaning of touch: Sex and marital status differences. Representative Research in Social Psychology, 7, pp. 13-18.

Nguyen T.D., Heslin R., Nguyen M.L. (1975): The meaning of touch: Sex differences. Journal of Communication, 25, pp. 92-103.

Nichols K.A., Champness B.G. (1971): Eye gaze and the GSR. Journal of Experimental Social Psychology, 7, pp. 623-626.

Nicholson J. (1972): The packaging of rape: a feminist indictment. In: Gabor M. (ed.): The pin-up: A modest history. New York, Bell Publ. Co., pp. 9-12.

Orians G. (1969): On the evolution of mating systems in birds and mammals. American Naturalist, 103, pp. 589-603.

O'Sullivan M., Friesen W.V., Scherer K. (1985): What you say and how you say it: The contribution of speech content and voice quality to judgements of others. Journal of Personality and Social Psychology, 48, pp. 54-62.

Owen F. (1982): Advertising for a partner – varieties of self-presentation. Bulletin of the British Psychological Society, 35, pp. 72-72.

Packer C. (1979): Male dominance and reproductive activity in Papio anubis. Animal Behaviour, 27, pp. 37-45.

Page E.W., Villee C.A., Villee D.B. (1976): Human reproduction: The core content of obstetrics, gynecology and perinatal medicine. Philadelphia, Saunders.

Palermo D.S. (1983): Looking to the future: theory and research in language. In: Seiler T.B., Wannenberger W. (eds.): Concept development and the development of word meaning. New York, Springer, pp. 297-319.

Parker G.A., Baker R.R., Smith V.G.F. (1972): The origin and evolution of gamete dimorphism and the male-female phenomenon. Journal of Theoretical Biology, 36, pp. 529-553.

Peach C., Mitchell J.C. (1988): Marriage distance and ethnicity. In: Mascie-Taylor C.G.N., Boyce A.J. (eds.): Human mating patterns. Cambridge, Cambridge Univ. Press, pp. 31-46.

Pearson J.C. (1985): Gender and communication. Dubuque, IA, WC Brown Publ.

Pennebaker J.W., Dyer M.A., Caulkins R.S., Litowitz D.L., Ackerman P.L., Anderson D.B., McGraw K.M. (1979): Don't girls get prettier at closing time: A country and western application to psychology. Personality, Social Psychol. Bulletin, 5, pp. 122-125.

Perloff L.S., Fetzer B. (1986): Self-other judgements and perceived vulnerability to victimisation. Journal of Personality and Social Psychology, 50, pp. 502-510.

Perper T. (1985): Sex Signals: The Biology of Love. Philadelphia, ISI-Press.

Petty R.E., Mirels H.L. (1981): Intimacy and scarcity of self-disclosure: Effects on interpersonal attraction for males and females. Personality, Social Psychol. Bulletin, 7, pp. 493-503.

Phelps C.D. (1988): Caring and family income. Journal of Economic Behavior and Organization, 10, pp. 83-98.

Pilkington C.J., Tesser A., Stephens D. (1991): Complementarity in romantic rela-

tionships – A self-evaluation maintenance perspective. Journal of Social and Personal Relationships, 8: 4, pp. 481–481.
Pirke K.M., Kockott G., Dittmar F. (1974): Psychosexual stimulation and plasma testosterone in men. Archives of Sexual Behavior, 3, pp. 577–584.
Pitcairn T., Schleidt M. (1976): Dance and Decision: An analysis of courtship dance of the Medlpa New Guinea. Behavior, LVIII 3 – 4, pp. 298–316.
Platt J.R. (1964): Strong inference: Certain systematic methods of scientific thinking may produce much more rapid progress than others. Science, 146, pp. 347–353.
Polhemus T. (1988): Body styles. London, Lennard.
Posner R. (1986): Zur Systematik der Beschreibung verbaler und nonverbaler Kommunikation. In: Bosshardt H.G. (ed.): Perspektiven auf Sprache. Berlin, De Gruyter, pp. 267–313.
Powers W.T. (1973): Behavior: The control of perception. Chicago, Aldine.
Prentice A.M., Roberts S.B., Prentice A., Paul A.A., Watkinson M., Watkinson A.A., Whitehead R.G. (1983): Dietary supplementation of lactating Gambian women. I. Effect on breast milk volume and quality. Human Nutrition: Clinical Nutrition 37:C, pp. 65–74.
Price G.H., Dabbs J.M., Clower B.J., Resin B.P. (1974): At first glance – or is physical attractiveness more than skin deep? Paper presented at the Midwestern Psychol. Ass. Meeting.
Price R.A., Vandenberg S.G. (1979): Matching for physical attractiveness in married couples. Personality and Social Psychology Bulletin, 5, pp. 398–400.
Provine R.R., Young Y.L. (1991): Laughter: a stereotyped human vocalization. Ethology, 89, pp. 115–124.

Rachmandran V.S. (1988): Perceiving shape from shaping. Scientific American, 259:2, pp. 58–65.
Ragan J.M. (1982): Gender displays in portrait photographs. Sex Roles, 8, pp. 33–43.
Rajecki D.W., Flanery R.C. (1981): Social conflict and dominance in children – a case for a primate homology. Advances in Developmental Psychology, 1, pp. 87–129.
Rajecki D.W., Bledsoe S.B., Rasmussen J.L. (1991): Successful personal ads – Gender differences and similarities in offers, stipulations, and outcomes. Basic and Applied Social Psychology, 12:4.
Rao P.P.S., Inbaraj S.B. (1977): Inbreeding in Tamil Nadu, south India. Social Biology, 24, pp. 281–288.
Reed E.W., Reed S.C. (1965): Mental retardation: A family study. Philadelphia, Saunders.
Reis H.T., Wheeler L., Spiegel N., Kernis M.H. (1982): Physical attractiveness in social interaction. II. Why does appearance affect social experience? Journal of Personality and Social Psychology, 43, pp. 979–996.
Reiss I.L. (1960): Toward a sociology of the heterosexual love relationship. Marriage and Family Living, 22, pp. 139–145.

Reiss I.L., Banwart A., Foreman H. (1975): Premarital contraceptive usage: A study and some theoretical explorations. Journal of Marriage and the Family, 37, pp. 619–630.

Renne K.S., Allen P.C. (1976): Gender and the ritual of the door. Sex Roles, 2, pp. 167–174.

Rensch B. (1963): Versuche über menschliche Auslösermerkmale beider Geschlechter. Zeitschrift für Morphologische Anthropologie, 53, pp. 139–164.

Reynolds P.C. (1981): On the evolution of human behavior. Berkeley, Univ. of California Press.

Riedl B.I.M. (1989): Morphologisch-metrische Merkmale des männlichen und weiblichen Partnerleitbildes in ihrer Bedeutung für die Wahl des Ehegatten. Wien, Dissertation Biologie.

Riedl B.I.M. (1990b): Morphologisch-metrische Merkmale des männlichen und weiblichen Partnerleitbildes in ihrer Bedeutung für die Wahl des Ehegatten. Homo, 40:1, pp. 72–85.

Roach M.E., Eicher J.B. (1965): Dress, adornment and the social order. New York, Wiley.

Rosch E.H. (1978): Principles of categorization. In: Rosch E., Lloyd B.B. (eds.): Cognition and categorization. Hillsdale, Erlbaum, pp. 27–47.

Rosenthal R., Hall J.A., DiMatteo M.R., Rogers P.L., Archer D. (1979): Sensitivity to nonverbal communication: the PONS test. Baltimore, Maryland, J. Hopkins Univ. Press.

Rossi W.A. (1976): The sex life of the foot and shoe. New York.

Rowell T. (1979): How would we know if social organization were not adaptive? In: Bernstein I.S., Smith E.O. (eds.): Primate ethology and human origins. New York, Garland, pp. 1–22.

Rowland D.L., Chrisler L.J., Cox D.J. (1982): Flirting between college students and faculty. Journal of Sex Research, 18, pp. 346–359.

Rubin R.T., Reinisch J.M., Haskett F. (1981): Postnatal gonadal steroid effects on human behaviour. Science, 211, pp. 1318–1324.

Rubin Z. (1970): Measurement of romantic love. Journal of Personality and Social Psychology, 16, pp. 265–273.

Rucker M., McGee K., Hopkins M., Harrison A., Utts J. (1985): Effects of similarity and consistency of style of dress on impression formation. In: Solomon M.R. (ed.): The psychology of fashion. Lexington, Heath, pp. 309–320.

Rusbult C.E. (1980): Commitment and satisfaction in romantic associations: a test of the investment model. Journal of Experimental Social Psychology, 16, pp. 172–186.

Rushton J.P. (1987): Genetic similarity, mate choice, and fecundity in humans. Ethology and Sociobiology, 9, pp. 329–333.

Rushton J.P., Russell R.J.H., Wells P.A. (1984): Genetic similarity theory: Beyond kin selection. Behavior Genetics, 14, pp. 179–192.

Russell J.G.B. (1969): Moulding of the pelvic outlet. J. Obstetr. Gyn. Br. Commenw., 76, pp. 817–820.

Russell R.J.H., Wells P.A. (1986): Estimating paternity confidence. Ethology and Sociobiology, 8, pp. 215-220.
Russell R.J.H., Wells P.A. (1992): Social desirability and quality of marriage. Personality and Individual Differences, 13: 7, pp. 787.
Russell R.J.H., Wells P.A., Rushton J.P. (1985): Evidence for genetic similarity detection in human marriage. Ethology and Sociobiology, 6, pp. 183-187.

Sabatelli R.M., Buck R., Dreyer A. (1980): Communication via facial cues in intimate dyads. Personality, Social Psychol. Bulletin, 6, pp. 242-247.
Sabini J., Silver M. (1982): Moralities of everyday life. Oxford Univ. Press, Oxford.
Sack A.J., Keller J.F., Howard R.D. (1982): Conflict tactics and violence in dating situations. International Journal of Sociology of the Family, 12, pp. 89-100.
Sadalla E.K., Kenrick D.T., Vershure B. (1987): Dominance and heterosexual attraction. Journal of Personality and Social Psychology, 52, pp. 730-738.
Safilios-Rothschild C. (1977): Love, sex and sex roles. Englewood-Cliffs, NJ, Prentice-Hall.
Salter F.K. (1989): Urban Ethology: female sexual signals toward dominant males. Unpublished manuscript.
Salusso-Deonier C.J. (1989): Gaining a competitive edge through top quality sizing. Am. Soc. for Quality Control Transactions, pp. 371-376.
Salusso-Deonier C.J., Markee N.L., Pedersen E.L. (1991): Developing realistic stimuli for assessing observers' perceptions of male and female body types. Perceptual and Motor Skills, 72, pp. 603-610.
Sandford J., Cryer L., Christensen B.L., Mattox K.L. (1979): Patterns of reported rape in a tri-ethnic population: Houston, Texas, 1974-1975. American Journal of Public Health, 69, pp. 480-484.
Scheflen A.E. (1965): Quasi-courtship behaviour in psychotherapy. Psychiatry, 28, pp. 245-257.
Scheflen A.E. (1972): Body language and social order. Englewood-Cliffs, NJ, Prentice-Hall.
Scherer K.R. (1981): Speech and emotional states. In: Darby J. (ed.): Speech evaluation in psychiatry. New York, Grune and Stratton.
Schiff A.F. (1979): Statistical trends in rape. J. Forensic. Sci. Soc., 19, pp. 95-106.
Schmid U., Binser H. (1983): Körpermaßtabellen, Marktanteiltabellen und Konstruktionsmaßtabellen für Damenoberbekleidung. Köln, DOB-Treuhand GmbH.
Schmidt C.F., Levin I.P. (1972): Test of an averaging model of person preference: effect of context. Journal of Personality and Social Psychology, 23, pp. 277-282.
Schooley M. (1936): Personality resemblances between married couples. Journal of Abnormal and Social Psychology, 31, pp. 340-347.
Schropp R. (1987): Geben und Nehmen – Humanethologische Aspekte des Objektaustausches. Dissertation im Fachbereich Biologie. München, Universität München.
Schuhmacher A., Knussmann R. (1977): Sind die Körperhöhenunterschiede zwi-

schen den sozialen Ständen beim Menschen ein Modifikations- oder ein Siebungseffekt. Homo, 28, pp. 235-244.
Schull W.J., Neel J.V. (1965): The effect of inbreeding on Japanese children. New York, Harper and Row.
Schürmeyer T., Nieschlag E. (1984): Saliva and serum testosterone under physiological and pharmacological conditions. In: Reed G.F., Riad-Fahmy D., et al. (eds): Immunoassays of steroids in saliva. Cardiff, Alpha Omega Publ., pp. 202-210.
Schwidetzky I. (1950): Großstadt und Kleinstadt nach sozialanthropologischen Untersuchungen in Schlesien. Homo, 1, pp. 154-162.
Secord P.F., Muthard J.E. (1955): Personalities in faces: A descriptive analysis of the perception of women's faces and the identification of some physiognomic determinants. Journal of Psychology, 39, pp. 269-278.
Seidler H., Neubert C. (1988): Ansätze zu einer sozialanthropologischen Bestandsaufnahme in Ostösterreich. Anthropologischer Anzeiger, 46, pp. 27-40.
Sergent J. (1986): Microgenesis of face perception. In: Ellis H.D., Jeeves A.A., Shepherd J. (eds.): Aspects of face processing. Dordrecht, Martinus Nijhoff.
Sever A. (1992): Women, men, and dominance in small groups – A social roles assessment. Canadian Journal of Sociology – Cahiers Canadiens de Sociologie, 16: 3.
Shannon C.E., Weaver W. (1949): The mathematical theory of communication. Urbana, Univ. of Illinois Press.
Shaver P.R., Hazan C. (1988): A biased overview of the study of love. Journal of Social and Personal Relationships, 5, pp. 473-501.
Shepherd J.W., Ellis H.D. (1973): The effect of attractiveness on recognition memory for faces. American Journal of Psychology, 86, pp. 627-633.
Shields S.A., Mallory M.E., Simon A. (1990): The experience and symptoms of blushing as a function of age and reported frequency of blushing. Journal of Nonverbal Behavior, 14, pp. 171-187.
Shields W.M., Shields L.M. (1983): Forcible rape: An evolutionary perspective. Ethology and Sociobiology, 4, pp. 115-136.
Shotland R.L. (1989): A model of the causes of date rape in developing and close relationships. In: Hendrick C. (ed.): Close relationships. Sage, Newbury Park, CA, pp. 247-270.
Shotland R.L. (1992): A theory of the causes of courtship rape 2. Journal of Social Issues, 48: 1, pp. 127-127.
Shotland R.L., Craig J.M. (1988): Can men and women differentiate between friendly and sexually interested behavior? Social Psychology Quarterly, 51, pp. 66-73.
Shotland R.L., Goodstein L. (1983): Just because she doesn't want to doesn't mean it's rape: An experimentally based causal model of the perception of rape in a dating situation. Social Psychology Quarterly, 46, pp. 220-232.
Shotland R.L., Straw M.K. (1976): Bystander response to an assault: When a man attacks a woman. Journal of Personality and Social Psychology, 34, pp. 990-999.

Sigall H., Aronson E. (1969): Liking for an evaluator as a function of her physical attractiveness and nature of the evaluations. Journal of Experimental Social Psychology, 5, pp. 93–98.

Sigall H., Landy D. (1973): Radiating beauty: effects of having a physical attractive partner on person perception. Journal of Personality and Social Psychology, 28, pp. 218–224.

Silk J.B., Clark-Wheatley C.B., Rodman P.S., Samuels A. (1981): Differential reproductive success and facultative adjustment of sex ratios among captive female bonnet macaques. Animal Behaviour, 29, pp. 1106–1120.

Silverman I. (1971): Physical attractiveness and courtship. Sexual Behaviour, 7, pp. 22–27.

Silverstein B., Perdue L., Peterson B., Kelley E. (1986): The role of the mass media in promoting a thin standard of bodily attractiveness for women. Sex Roles, 14, pp. 519–532.

Silverthorne C., Micklewright J., O'Donnel M., Gibson R. (1976): Attribution of personal characteristics as a function of the degree of touch on initial contact and sex. Sex Roles, 2, pp. 185–193.

Simmel G. (1904): Fashion. International Quarterly, 10, pp. 130–155.

Singh D. (1992): The nature and significance of female physical attractiveness. Unpublished manuscript.

Sivinski J. (1978): Intrasexual selection in the stick insects Diapheromera veliei and D. covilleae, and sexual dimorphism in the phasmatodea. Psyche, 85, pp. 395–406.

Skipper J.K., Nass G. (1966): Dating behaviour: a framework analysis and an illustration. Journal of Marriage and the Family, 28, pp. 412–420.

Skrzipek K.H. (1978): Menschliche Auslösermerkmale beider Geschlechter. I. Attrappenwahluntersuchungen der Verhaltensentwicklung. Homo, 29, pp. 75–88.

Skrzipek K.H. (1981): Menschliche Auslösermerkmale beider Geschlechter. II. Attrappenwahluntersuchungen des geschlechtsspezifischen Erkennens bei Kindern und Erwachsenen. Homo, 32, pp. 105–119.

Skrzipek K.H. (1982): Menschliche Auslösermerkmale beider Geschlechter. III. Untersuchung der Verhaltensentwicklung mit reduzierten Attrappen. Homo, 33, pp. 1–12.

Slob A.K., Ernste M., Tenbosch J.J.V.W. (1991): Menstrual cycle phase and sexual arousability in women. Archives of Sexual Behavior, 20: 6, pp. 567–577.

Sloman S., Sloman L. (1988): Mate selection in the service of human evolution. Journal of Social and Biological Structures, 11, pp. 457–468.

Smith H. (1975): What's sexiest about men. Cosmopolitan, pp. 112–113.

Smith J., Chase J., Lieblich A. (1974): Tongue showing: a facial display of humans and other primate species. Semiotica, 11, pp. 201–246.

Smith R.L. (1984): Human sperm competition. In: Smith R.L. (ed.): Sperm competition and the evolution of animal mating systems. London, Academic Press, pp. 601–659.

Snyder E.C. (1966): Marital selectivity in self-adjustment, social adjustment, and I.Q. Journal of Marriage and the Family, pp. 188–189.

Solso R.L., McCarthy J.E. (1981): Prototype formation of faces: a case of pseudo memory. British Journal of Psychology, 72, pp. 499–503.

Spence J.T., Losoff M., Robbins A.S. (1991): Sexually aggressive tactics in dating relationships – Personality and attitudinal correlates. Journal of Social and Clinical Psychology, 10: 3, pp. 289.

Sprecher S., McKinney K., Orbuch T.L. (1991): The effect of current sexual behavior on friendship, dating, and marriage desirability. Journal of Sex Research, 28: 3, pp. 387–408.

Sproles G.B. (1985): Behavioral science theories of fashion. In: Solomon M.R. (ed.): The psychology of fashion. Lexington, Heath, pp. 55–70.

Spuhler J.N. (1967): Behavior and mating patterns in human populations. In: Spuhler J.N. (ed.): Genetic diversity and human behavior. Chicago, Aldine.

Spuhler J.N. (1968): Assortative mating with respect to physical characteristics. Eugenics Quarterly, 15, pp. 128–140.

Spuhler J.N., Clarke P.J. (1961): Migration into the human breeding population of Ann Arbor 1900–1950. Human Biology, 33, pp. 222–236.

Stauffer J., Frost R. (1976): Male and female interest in sexually oriented magazines. Journal of Communication, 26, pp. 25–30.

Stegemann C., Knussmann R. (1984): Empirische Untersuchung zur Paarungssiebung geschlechtsspezifischer Körpermerkmale. Homo, 35, pp. 273–285.

Steiner F. (1990): Identification of affective states and prototypic microsequences in dyads by means of a connectionist model. 4th European Conference on Facial Measurement and Meaning, Oct.1990, pp. 1–11.

Stewart D.B. (1984): The pelvis is a passageway. I. Evolution and adaptations. Br. J. Obstetr. and Gyn., 91, pp. 611–617.

Stoddart D.M. (1990): The scented ape. Cambridge, Cambridge Univ. Press.

Strassmann B.I. (1981): Sexual selection, paternal care, and concealed ovulation in humans. Ethology and Sociobiology, 2, pp. 31–40.

Stroebe W. (1977): Self-esteem and interpersonal attraction. In: Duck S.W. (ed.): Theory and practice in interpersonal attraction. London, Academic Press, pp. 79–104.

Stroebe W., Insko C.A., Thompson V.D., Layton B.D. (1971): Effects of physical attractiveness, attitude similarity and sex on various aspects of interpersonal attraction. Journal of Personality and Social Psychology, 18, pp. 79–88.

Strom J.C., Buck R.W. (1979): Staring and participants' sex: Physiological and subjective reactions. Personality, Social Psychol. Bulletin, 5, pp. 114–117.

Struckman-Johnson D., Struckman-Johnson C. (1991): Men and women's acceptance of coercive sexual strategies varied by initiator gender and couple intimacy. Sex Roles, 25: 11-1, pp. 661.

Summerhayes D.L., Suchner R. (1978): Power implications of touch in male-female relationships. Sex Roles, 4, pp. 103–110.

Surra C.A. (1985): Courtship types: Variations in interdependence between partners and social networks. Journal of Personality and Social Psychology, 49, pp. 357–375.

Susanne C. (1977): Heritability of anthropological factors. Human Biology, 49, pp. 573-580.
Sweat S.J., Zentner M.A. (1985): Attributions toward female appearance styles. In: Solomon M.R. (ed.): The psychology of fashion. Lexington, Heath, pp. 321-335.
Symonds C. (1972): A vocabulary of sexual enticement and proposition. The Journal of Sex Research, 8:2, pp. 136-139.
Symons D. (1979): The evolution of human sexuality. Oxford, Oxford Univ. Press.
Szalay F.S., Costello R.K. (1991): Evolution of permanent estrus displays in hominids. Journal of Human Evolution, 20, pp. 439-464.

Tennov D. (1979): Love and limerance. Scarborough House, Chelsey.
Thelen T.H. (1983): Minority type human mate preference. Social Biology, 30, pp. 162-180.
Thiessen D.D., Gregg B. (1980): Human assortative mating and genetic equilibrium: an evolutionary perspective. Ethology and Sociobiology, 1, pp. 110-140.
Thompson E.H. (1991): The maleness of violence in dating relationships – An appraisal of stereotypes. Sex Roles, 24: 5-6, pp. 261-278.
Thornes B., Collard J. (1979): Who divorces? London, Routledge and Kegan Paul.
Thornhill R., Alcock J. (1983): The evolution of insect mating systems. Cambridge, MA, Harvard Univ. Press.
Thornhill R., Gangestad S.W. (1993): Human facial beauty: Averageness, symmetry and parasite resistance. Human Nature, im Druck.
Thornhill R., Thornhill N.W. (1983): Human rape: An evolutionary analysis. Ethology and Sociobiology, 4, pp. 137-173.
Thornhill R., Thornhill N.W. (1992): The evolutionary psychology of mens coercive sexuality. Behavioral and Brain Sciences, 15: 2, pp. 363-375.
Thornton B., Linnstaedter L. (1980): The influence of physical attractiveness and sex-role congruence on interpersonal attraction. Representative Research in Social Psychology, 11, pp. 55-63.
Thornton G.R. (1944): The effect of wearing glasses upon judgements of personality traits of persons seen briefly. Journal of Applied Psychology, 28, pp. 203-207.
Tooby J., Cosmides L. (1990): On the universality of human nature and the uniqueness of the individual: the role of genetics and adaptation. Journal of Personality, 58, 1.
Tooke W., Camire L. (1991): Patterns of deception in intersexual and intrasexual mating strategies. Ethology and Sociobiology, 12: 5, pp. 345-345.
Touhey J.C. (1974): Effects of dominance and competence on heterosexual attraction. Journal of Social and Clinical Psychology, 13, pp. 22-26.
Tramitz C. (1992): Du und kein anderer. Düsseldorf, Econ.
Tridon A. (1922): Psychoanalysis and love. In: Tridon A. (ed.): Psychoanalysis and love. New York, Perma-Books Edition 1949.
Trivers R.L. (1972): Parental investment and sexual selection. In: Cambell B. (ed.):

Sexual selection and the descent of man 1871–1971. Chicago, Aldine, pp. 136–179.
Trivers R.L. (1985): Social evolution. Menlo Park, CA, Benjamin Cummings.
Turk J., Bell N. (1972): Measuring power in families. Journal of Marriage and the Family, 34, pp. 215–222.

Uher J. (1990): Die Ästhetik von Zick-Zack und Welle. Ethologische Aspekte der Wirkung linearer Muster. München, Dissertation LMU München.
Umiker-Sebeok J. (1981): The seven ages of woman: A view from american magazine advertisement. In: Mayo C., Henley N.M., Kidd R.F. (eds.): Gender and nonverbal behavior. New York, Springer, pp. 209–252.

Valentine T., Bruce V. (1986): Recognising faces: The role of distinctiveness and familiarity. Canadian Journal of Psychology, 40, pp. 300–305.
Van Hooff J.A.R.A.M. (1967): The facial displays of Catarrhine monkeys and apes. In: Morris D. (ed.): Primate ethology. Chicago, Aldine, pp. 7–68.
Van Hooff J.A.R.A.M. (1972): A comparative approach to the phylogeny of laughter and smile. In: Hinde R.A. (ed.): Non-verbal communication. Cambridge, Cambridge Univ. Press, pp. 209–241.
Vine I. (1989): The sociobiology of beauty: are ideals of beauty cultural artefacts or human universals shaped by evolutionary selection? Unpublished manuscript.
Voland E. (1990): Ehe und Evolution. Inwieweit beeinflussen stammesgeschichtlich fixierte Verhaltensimpulse Partnerwahl und Beziehungskrise? Universitas, 7, pp. 613–626.
von Mersi, A. (1992): Bewegungseigenschaften im Laufe des menschlichen Lebens. Innsbruck, Diplomarbeit Universität Innsbruck (Sportwissenschaften).

Walbott H.G. (1990): Mimik im Kontext. Göttingen, Hogrefe.
Wallace B. (1973): Misinformation, fitness and selection. American Naturalist, 107, pp. 1–7.
Waller W. (1937): The rating and dating complex. American Sociological Review, 2, pp. 727–734.
Walsh D.G., Hewitt J. (1985): Giving men the come-on: effect of eye contact and smiling in a bare environment. Perceptual and Motor Skills, 61, pp. 873–874.
Walster E. (1971): Passionate love. In: Murstein B.I. (ed.): Theories of attraction and love. New York, Springer.
Walster E., Walster G.W., Piliavin J., Schmidt L. (1973): «Playing hard to get»: Understanding an elusive dimension. Journal of Personality and Social Psychology, 26, pp. 113–121.
Wang C., Plymate S., Nieschlag E., Paulsen C.A. (1981): Salivary testosterone in men: Further evidence of a direct correlation with free serum testosterone. J. Clin. Endocr. Metab., 53, pp. 1021–1024.
Warner R.M., Malloy D., Schneider K., Knoth R. (1987): Rhythmic organization of

social interaction and observer ratings of positive affect and involvement. Journal of Nonverbal Behavior, 11, pp. 57-74.
Watson D. (1989): Stranger's ratings of the five robust personality factors: Evidence of a surprising accuracy. Journal of Personality and Social Psychology, 57, pp. 120-128.
Weghorst S.J. (1979): Human jealousy as a reproductive strategy. New Orleans, Paper presented to Animal Behavior Society.
Weghorst S.J. (1980): Behavioral correlates of self reported jealousy in a field experiment. Ft. Collins, Colorado, Paper presented to the Animal Behavior Society.
Weinreich J.D. (1977): Human sociobiology: Pairbonding and resource predictability effects of social class and race: Behavioral Ethology and Sociobiology, 2, pp. 91-118.
Weisfeld C.C., Weisfeld G.E., Callaghan J.W. (1982): Female inhibition in mixed-sex competition among young adolescents. Ethology and Sociobiology, 3, pp. 29-42.
Weisfeld G.E., Bloch S.A., Ivers J.W. (1984): Possible determinants of social dominance among adolescent girls. The Journal of Genetic Psychology, 144, pp. 115-129.
Weisfeld G.E., Russell R.J.H., Weisfeld C.C., Wells P.A. (1992): Correlates of satisfaction in British marriages. Ethology and Sociobiology, 13: 2, pp. 125-145.
West S.G., Brown T.J. (1975): Physical attractiveness, the severity of the emergency and helping: A field experiment and interpersonal simulation. Journal of Experimental Social Psychology, 11, pp. 531-538.
West-Eberhard M.J. (1979): Sexual selection, social competition, and evolution. Proc. Philosoph. Soc. Am., 123, pp. 222-234.
White G.L., Fishbein S., Rutstein J. (1981): Passionate love and the misattribution of arousal. Journal of Personality and Social Psychology, 41, pp. 56-62.
Wickler W. (1967): Sociosexual signals and their intraspecific imitation among primates. In: Morris D. (ed.): Primate Ethology. London, Weidenfeld and Nicolson.
Wickler W., Seibt U. (1977): Das Prinzip Eigennutz. Hamburg, Hoffmann und Campe.
Wiggins J.S., Wiggins N.H., Conger J.C. (1968): Correlates of heterosexual somatic preference. Journal of Personality and Social Psychology, 10, pp. 82-90.
Wiley R.H. (1983): The evolution of communication: Information and manipulation. In: Hallidey T.R., Slater P.J.B. (eds.): Communication. Oxford, Blackwell, pp. 82-113.
Williams G.C. (1966): Adaptation and natural selection: A critique of some current evolutionary thought. Princeton, NJ, Princeton Univ. Press.
Willis F.N., Briggs L.F. (1992): Relationship and touch in public settings. Journal of Nonverbal Behavior, 16: 1, pp. 55-63.
Wilson E. (1975): Sociobiology: The new synthesis. Cambridge, MA, Harvard Univ. Press.

Wilson M.I., Daly M. (1992): Who kills whom in spouse killings? On the exceptional sex ratio of spousal homicides in the United States. Criminology, 30, pp. 189-215.

Wilson P.R. (1968): Perceptual distortion of height as a function of ascribed academic status. Journal of Social Psychology, 74, pp. 97-102.

Wilson, W.J. (1987): The truly disadvantaged. Chicago, Chicago Univ. Press.

Winch R. (1958): Mate selection. London, Harper and Row.

Winikoff B. (1983): The effect of birth spacing on child and maternal health. Studies in Family Planning, 14, pp. 231-245.

Wittenberger J.F. (1983): Tactics of mate choice. In: Bateson P. (ed.): Mate choice. Cambridge, Cambridge Univ. Press, pp. 435-447.

Wogalter M.S., Hosie J.A. (1991): Effects of cranial and facial hair on perceptions of age and person. Journal of Social Psychology, 131: 4, pp. 589-591.

Wojtenek W. (1992): Lächeln und Lachen im Kulturenvergleich. Universität Erlangen, Diplomarbeit im Institut für Zoologie.

Woll S.B., McFall M.E. (1978): The effects of false feedback on attributed arousal and rated attractiveness in female subjects. Journal of Personality, 46, pp. 214-229.

Woll S.B., Cozby C.P. (1988): Videodating and other alternatives to traditional methods of relationship initiation. Adv. Pers. Relat., 1, pp. 69-108.

Woll S.B., Young P. (1989): Looking for Mr. and Mrs. Right: Self-presentation in videodating. Journal of Marriage and the Family, 51, pp. 483-488.

Worthy M., Gary A.L., Kahn G.M. (1969): Self-disclosure as an exchange process. Journal of Personality and Social Psychology, 13, pp. 59-63.

Yarbus A.L. (1967): Eyemovements and vision. NewYork, Plenum Press.

Young R.K., Thiessen D. (1991): The Texas rape scale. Ethology and Sociobiology, 13, pp. 19-33.

Zahavi A. (1975): Mate selection – A selection for a handicap. Journal of Theoretical Biology, 53, pp. 205-214.

Zahavi A. (1987): The theory of signal selection and some of its implications. Proceedings of the International Symposium on Biological Evolution, Bari, Italy, 1987, pp. 305-327.

Zetterberg H. (1966): The secret ranking. Journal of Marriage and the Familiy, pp. 134-142.

Zimbardo P.G. (1986): The Stanford shyness project. In: Jones W.H., Cheek J.M., Briggs S.R. (eds.): Shyness: Perspectives on research and treatment. New York, Plenum, pp. 17-26.

Zivin G. (1977): Facial gestures predict preschooler's encounter outcomes. Social Science Information, 16:6, pp. 715-730.

Zonderman A.B., Vandenberg S.G., Spuhler K.P., Fain P.R. (1977): Assortative marriage for cognitive abilities. Behavioral Genetics, 7, pp. 261-271.

Zuckerman M., Driver R.E. (1989): What sounds beautiful is good: The vocal attractiveness stereotype. Journal of Nonverbal Behavior, 13, pp. 67-82.

Zuckerman M., Hall J., DeFrank R.S., Rosenthal R. (1976): Encoding and decoding of spontaneous and posed facial expressions. Journal of Personality and Social Psychology, 34, pp. 966–977.

Zuckerman M., Depaulo B.M., Rosenthal R. (1981): Verbal and nonverbal communication of deception. Adv. Exp. Social Psychol., 14, pp. 1–59.

Sachregister

Ähnlichkeit 23, 223 f.
Ähnlichkeit, Aussehen 407
Ähnlichkeit, Geruch 406 f.
Alter 93, 118, 126
angeboren-erworben 451 f.
Anmachen, Berührungen 304, 351 f.
Anmachen, Taktiken 301 f., 304 ff.
Arbeitsplatz, Sex 22 ff., 440 f.
Attraktivität (vgl. Schönheit) 9, 17, 142, 150, 221 f., 226, 275, 277, 279, 284, 291, 294, 296
Attraktivität, Durchschnitt 156, 164 ff.
Attraktivität, Geschlechtsunterschiede (vgl. Partnerwahl) 173, 228, 234 ff.
Attraktivität, Heiratsmarkttheorie 159, 233 ff., 238, 442 f., 447 ff.
Attraktivität, Kosmetika 211 f.
Attraktivität, Liebe 374 f.
Attraktivität, ökonomische (vgl. Status)
Attraktivität, Parasitenresistenz 177, 235
Attraktivität, Partnerwahl (vgl. Partnerwahl)
Attraktivität, Persönlichkeit 153, 159, 395 f.
Attraktivität, Prototyp 153, 228, 234
Attraktivität, Selbsteinschätzung 212
Attraktivität, Sexyschema 167, 229
Attraktivität, Symmetrie 180, 203, 231
Aufforderungsverhalten 16, 265 f.
Aufmerksamkeitsphase 17

aufrechter Gang, Sexsignale 204 f.
Axillapräsentieren 318, 323

Bart 17, 181
Blickpfade 20
Brauenheben 81, 265
Brille 183
Brüste 20, 22, 25, 202 f., 212, 231, 247, 254 f., 355 f.

Denken, automatisches, autonomes 66
Determinus 33
Dominanz 108, 220, 228, 253 f., 256, 262, 265, 271, 305
Dominanz, Attraktivität 154
Durchschnittsgesichter 62, 164 ff., 407

Ehezufriedenheit, Fruchtbarkeit 398 f.
Ehezufriedenheit, Partnerwahl 395
Eifersucht (vgl. Untreue) 222, 410 ff.
Eifersucht, Geschlechtsunterschiede 298, 415 f.
Eifersucht, Mord 414
Eindrucksbildung 14, 210 ff.
Elterliches Investment 43 ff.
Emotionen 19, 102 ff., 253, 256 ff., 283 f., 308
Emotionen, Wirkung 106
Empfängnisverhütung 119
Erregungspfade 22

Farrah-Effekt 152, 154, 248
Flirt, Sprache 307, 330 ff.
Flirt, Verhaltensrepertoire 52 ff., 66, 312, 324
Flirtinteraktionen, Kontrolle 324 ff.
Formkonstanz 81

Genetik, Partnerwahl 400 f.
Geruch, Duftstoffe 428
Geruch, Sexualverhalten, Ovulation 428 f.
Gerüche, Wahrnehmungsfähigkeit 431 f.
Geschlechter 28
Geschlechtererkennung 99, 196 f.
Geschlechtsmerkmale, sekundäre, Bedeutung 196 ff.
Glatze 182

Haarfarbe, Frisur 212 ff., 218 f., 224
Hahnreischaft 45, 222, 412 f., 425
hair-flip 19, 265 f., 315
Haloeffekt 154
Handikap-Theorie 45, 210, 217, 230, 233
Hautzeigen 222 f., 443
Heiratsmarktanalysen 384, 435 ff.
Heiratsmarkttheorie (vgl. Partnermärkte, Partnermarktwert) 121, 144
Hüftschwung 19, 101, 190

Immunsystem 45
Intelligenz 125, 137, 220, 305
Interesse am Gegenüber und Sprache 300 ff.
Interesse am Gegenüber und Verhalten 300 ff.
Investment 41 ff., 409 f.
Investment, asymmetrisches, Folgen 409 f.

Keuschheit 25, 141
Kindchenschema 95, 158
Kindchenschema, Attraktivität 160 ff.
Kinderwunsch 141, 290
Kleiderrichten 266, 318

Kleidung 17, 209 ff., 215, 217 f., 220 ff., 226, 230, 233, 362
Kleidung, Haut, Hormone 223
Kommunikation, Manipulation, Theorie 249 ff.
Kommunikation, Rahmenbedingungen (vgl. Signale) 81
Kommunikationsfehler 77
Kommunikationskanäle 74, 261
Kontaktlinsen 215
Kontrasterzeugung 83
Körpergröße 138, 242, 245
Körperhaltung, Flirt 312 ff.
Kosmetika 211 f., 216 f., 224, 230
Kosten-Nutzen-Analysen 33, 42, 130

Lächeln 82 f., 257 f., 267, 282 ff., 308 ff., 327
Lachen 90 ff., 308 ff.
Lebenszyklen 28, 128
Liebe auf den ersten Blick 21, 296 f., 371
Liebe, biologische Theorien 372 f.
Liebe, Entstehung 374 f.
Liebe, Funktionen 377
Liebe, Hirnphysiologie 376
Liebe, Phänomenologie 368 ff.
Liebeskummer 376
Lippenstift 17, 215
Lügen, Geschlechtsunterschiede 253, 259
Lügen, Gesicht 256 ff.
Lügen, Sprache 256 ff., 261

Manipulation (vgl. Kommunikation, Täuschung)
Männermagazine, Sexsymbolik, Kulturvergleich 240 f., 244 ff.
Männlichkeit 98
Männlichkeit, Geruch 428 f.
Minus-Gesicht 109
Mode 217 f., 224 ff., 230 f., 233

Ovulation, Wahrnehmbarkeit, Evolution 423 ff.

Parade 14, 15, 190
Parasitenresistenz (vgl. Attraktivität, Parasitenresistenz) 177 f., 226, 230 f.
Parfüm 211
Partnermärkte und -vermittlung 384, 442 ff.
Partnermarktwert 24, 277, 290, 447 f.
Partnersuchbilder 116
Partnerwahl, Ähnlichkeitsprinzip Alter 126 f., 138 f., 142 ff., 375, 388
Partnerwahl, Ähnlichkeitsprinzip Aussehen 135, 238, 382, 386 f.
Partnerwahl, Ähnlichkeitsprinzip, Evolution und Fitneß 403 ff.
Partnerwahl, Ähnlichkeitsprinzip Herkunft 380
Partnerwahl, Ähnlichkeitsprinzip Intelligenz 135, 138 f., 381
Partnerwahl, Ähnlichkeitsprinzip Nähe 380
Partnerwahl, Ähnlichkeitsprinzip Religion 388
Partnerwahl, Ähnlichkeitsprinzip sozialer Status 132 f., 391
Partnerwahl, Ähnlichkeitsprinzip Sozialverhalten 123, 141, 391
Partnerwahl, Formen 378
Partnerwahl, Genetik 235, 400 f.
Partnerwahl, Grundbedingungen 39 f., 46, 116 f., 378, 435 f.
Partnerwahl, Machtverhältnisse 324 ff.
Partnerwahl, Unterschied Stadt–Land 438 ff.
Partnerwahl, Ziele 51, 56, 120, 141, 378
Passung 31, 234, 296
Plus-Gesicht 109
Polygynieschwellenmodell 136
Pornographie 148, 239, 244
Programme, offene 58 ff.
Prototypentheorie 61, 227, 232

reproduktiver Erfolg, Ressourcenzugang 252
reproduktiver Wert 117, 126, 205
Ressourcenzugang 43, 47, 133, 137, 252 f.
Ritualisierung 86 ff., 261

Schönheit (vgl. Attraktivität) 148 ff., 227
Schönheit, Dekorationen 181, 209 f.
Schönheit, Immunsystem 176 ff.
Schönheit, Körper, Figur 186 f.
Schönheit, kultureller Wandel 183 ff., 228 f., 233
Schönheit, Partnerwahl 233
Schönheit, Prototyp, Lernen 227 ff.
Schönheit, Soziobiologie 196 f., 204 f.
Schönheit, Täuschungen 200 ff.
Schüchternheit 298 f., 301
Selbstdarstellung 11, 13, 17, 210, 213 f., 261, 264, 299, 306, 330 ff.
Selbstdarstellung, Sprache 331
Selbstenthüllung 302, 341
Selbstwahrnehmung 244
Selektion, direktionale 156
Selektion, frequenzabhängige 157
Selektion, frequenzabhängige, Haarfarbe 216
Selektion, stabilisierende 156
Sexualität 34 ff.
Sexualität, Aggressivität (vgl. Vergewaltigung) 357 ff.
Sexualität, Aggressivität, Hormone 355 f.
sexuelle Erregung, Berührungen 355 ff.
sexuelle Selektion 39, 148, 196 ff.
sexuelle Selektion, Mode 227, 230
Sexy-Söhne-Hypothese 44
Signale, äußere Botschaft (vgl. Kommunikation) 79 f.
Signale, innere Botschaft 80
Situationen, offene, geschlossene 22
Status 12, 34, 47, 118, 130, 132 ff., 219, 221, 223 f., 226, 230, 235 f., 288 ff., 297, 365, 391
Strategien, Direktheit 74, 304
Strategien, Flirt 70, 264, 282
Strategien, Organisation, innere, äußere 66
Strategien, Partnersuche 285, 384, 442 ff.
Strategien, Risiko 70, 72
Strategien, Spielzüge 69
Strategien, Umwege 69

Submission 111 ff., 242, 253 f., 256, 265
Submission, Winkelhaltung 29, 113, 242, 262, 298
Suchbilder 17, 296
Synchronisation, Werbeverhalten 344 ff.

Tanz (vgl. Werbetanz) 348
Täuschung (vgl. Kommunikation, Lügen) 25, 200 ff., 231
Täuschung, Lüge, Effektivität 249 ff.
Täuschung, Werbeverhalten 57, 252 f., 261 ff.
Teleonomie 31
Triggersignale 80, 196, 230, 248 f., 253 ff., 260 ff., 264 ff., 282, 308

Untreue (vgl. Eifersucht)
Untreue, Kontrazeptiva 421
Untreue, reproduktiver Erfolg 418 f.
Untreue, Spermienwettbewerb 420 f.

Vaterschaftssicherheit (vgl. Untreue, Ovulation) 418 ff.
Vergewaltigung 238, 357 ff.
Vergewaltigung, Reproduktionsstrategie 364
Vergewaltigung, sexuelle Erregung 366
Verhalten, Funktion 30, 89
Verhalten, Passung 32
Verhalten, Variation 33
Verhaltensblockaden 10, 58, 249
Vieldeutigkeit 52, 78, 307

Weiblichkeit 100
Werbetanz (vgl. Synchronisation) 344 ff.
Werbeverhalten, Phasen 10
Werbeverhalten, Repertoire 10
Werbeverhalten, Synchronisation 267, 344 ff.
Werbeverhalten, Taktiken 56 f.
Werbeverhalten, Täuschung (vgl. Täuschung, Werbeverhalten)
Werbung, Sex 239, 241 f.
Wettbewerb (vgl. sexuelle Selektion) 222, 234, 305